经以德光
越得渐丰
贺教方印
科技向项目
成果出版

李鹏林
戊戌方八

教育部哲学社会科学研究重大课题攻关项目

产业集聚与区域经济协调发展研究

INDUSTRIAL AGGLOMERATION AND HARMONIOUS
DEVELOPMENT OF THE REGIONAL ECONOMY

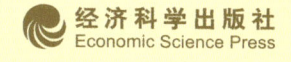

王 珺 等著

经济科学出版社
Economic Science Press

图书在版编目（CIP）数据

产业集聚与区域经济协调发展研究/王珺等著. —北京：经济科学出版社，2012.5
教育部哲学社会科学研究重大课题攻关项目
ISBN 978 - 7 - 5141 - 1761 - 5

Ⅰ.①产… Ⅱ.①王… Ⅲ.①产业经济 - 关系 - 区域经济发展：协调发展 - 研究 - 中国 Ⅳ.①F127

中国版本图书馆 CIP 数据核字（2012）第 060881 号

责任编辑：刘　莎
责任校对：王凡娥
版式设计：代小卫
责任印制：邱　天

产业集聚与区域经济协调发展研究
王　珺　等著
经济科学出版社出版、发行　新华书店经销
社址：北京市海淀区阜成路甲 28 号　邮编：100142
总编部电话：88191217　发行部电话：88191537
网址：www.esp.com.cn
电子邮件：esp@esp.com.cn
北京中科印刷有限公司印装
787×1092　16 开　31 印张　560000 字
2012 年 5 月第 1 版　2012 年 5 月第 1 次印刷
ISBN 978 - 7 - 5141 - 1761 - 5　定价：76.00 元
（图书出现印装问题，本社负责调换。电话：88191502）
（版权所有　翻印必究）

课题组主要成员

（按姓氏笔画为序）

首席专家： 王　珺
主要成员： 万　陆　　毛艳华　　方建国　　王　斌
　　　　　　　丘海雄　　孙洛平　　付光伟　　朱富强
　　　　　　　安　苑　　李胜兰　　李伟娜　　吴迎新
　　　　　　　杨永福　　杨本建　　张永宏　　岳芳敏
　　　　　　　赵　祥　　郭惠武　　贾稳利　　梁　琦
　　　　　　　黄　璜　　谢小平　　曾庆辉　　蔡进兵

编审委员会成员

主　任　孔和平　罗志荣
委　员　郭兆旭　吕　萍　唐俊南　安　远
　　　　文远怀　张　虹　谢　锐　解　丹
　　　　刘　茜

总　序

哲学社会科学是人们认识世界、改造世界的重要工具，是推动历史发展和社会进步的重要力量。哲学社会科学的研究能力和成果，是综合国力的重要组成部分，哲学社会科学的发展水平，体现着一个国家和民族的思维能力、精神状态和文明素质。一个民族要屹立于世界民族之林，不能没有哲学社会科学的熏陶和滋养；一个国家要在国际综合国力竞争中赢得优势，不能没有包括哲学社会科学在内的"软实力"的强大和支撑。

近年来，党和国家高度重视哲学社会科学的繁荣发展。江泽民同志多次强调哲学社会科学在建设中国特色社会主义事业中的重要作用，提出哲学社会科学与自然科学"四个同样重要"、"五个高度重视"、"两个不可替代"等重要思想论断。党的十六大以来，以胡锦涛同志为总书记的党中央始终坚持把哲学社会科学放在十分重要的战略位置，就繁荣发展哲学社会科学做出了一系列重大部署，采取了一系列重大举措。2004年，中共中央下发《关于进一步繁荣发展哲学社会科学的意见》，明确了新世纪繁荣发展哲学社会科学的指导方针、总体目标和主要任务。党的十七大报告明确指出："繁荣发展哲学社会科学，推进学科体系、学术观点、科研方法创新，鼓励哲学社会科学界为党和人民事业发挥思想库作用，推动我国哲学社会科学优秀成果和优秀人才走向世界。"这是党中央在新的历史时期、新的历史阶段为全面建设小康社会，加快推进社会主义现代化建设，实现中华民族伟大复兴提出的重大战略目标和任务，为进一步繁荣发展哲学社会科学指明了方向，提供了根本保证和强大动力。

高校是我国哲学社会科学事业的主力军。改革开放以来，在党中央的坚强领导下，高校哲学社会科学抓住前所未有的发展机遇，紧紧围绕党和国家工作大局，坚持正确的政治方向，贯彻"双百"方针，以发展为主题，以改革为动力，以理论创新为主导，以方法创新为突破口，发扬理论联系实际学风，弘扬求真务实精神，立足创新、提高质量，高校哲学社会科学事业实现了跨越式发展，呈现空前繁荣的发展局面。广大高校哲学社会科学工作者以饱满的热情积极参与马克思主义理论研究和建设工程，大力推进具有中国特色、中国风格、中国气派的哲学社会科学学科体系和教材体系建设，为推进马克思主义中国化，推动理论创新，服务党和国家的政策决策，为弘扬优秀传统文化，培育民族精神，为培养社会主义合格建设者和可靠接班人，做出了不可磨灭的重要贡献。

自 2003 年始，教育部正式启动了哲学社会科学研究重大课题攻关项目计划。这是教育部促进高校哲学社会科学繁荣发展的一项重大举措，也是教育部实施"高校哲学社会科学繁荣计划"的一项重要内容。重大攻关项目采取招投标的组织方式，按照"公平竞争，择优立项，严格管理，铸造精品"的要求进行，每年评审立项约 40 个项目，每个项目资助 30 万～80 万元。项目研究实行首席专家负责制，鼓励跨学科、跨学校、跨地区的联合研究，鼓励吸收国内外专家共同参加课题组研究工作。几年来，重大攻关项目以解决国家经济建设和社会发展过程中具有前瞻性、战略性、全局性的重大理论和实际问题为主攻方向，以提升为党和政府咨询决策服务能力和推动哲学社会科学发展为战略目标，集合高校优秀研究团队和顶尖人才，团结协作，联合攻关，产出了一批标志性研究成果，壮大了科研人才队伍，有效提升了高校哲学社会科学整体实力。国务委员刘延东同志为此做出重要批示，指出重大攻关项目有效调动各方面的积极性，产生了一批重要成果，影响广泛，成效显著；要总结经验，再接再厉，紧密服务国家需求，更好地优化资源，突出重点，多出精品，多出人才，为经济社会发展做出新的贡献。这个重要批示，既充分肯定了重大攻关项目取得的优异成绩，又对重大攻关项目提出了明确的指导意见和殷切希望。

作为教育部社科研究项目的重中之重，我们始终秉持以管理创新服务学术创新的理念，坚持科学管理、民主管理、依法管理，切实增强服务意识，不断创新管理模式，健全管理制度，加强对重大攻关项目的选题遴选、评审立项、组织开题、中期检查到最终成果鉴定的全过程管理，逐渐探索并形成一套成熟的、符合学术研究规律的管理办法，努力将重大攻关项目打造成学术精品工程。我们将项目最终成果汇编成"教育部哲学社会科学研究重大课题攻关项目成果文库"统一组织出版。经济科学出版社倾全社之力，精心组织编辑力量，努力铸造出版精品。国学大师季羡林先生欣然题词："经时济世　继往开来——贺教育部重大攻关项目成果出版"；欧阳中石先生题写了"教育部哲学社会科学研究重大课题攻关项目"的书名，充分体现了他们对繁荣发展高校哲学社会科学的深切勉励和由衷期望。

创新是哲学社会科学研究的灵魂，是推动高校哲学社会科学研究不断深化的不竭动力。我们正处在一个伟大的时代，建设有中国特色的哲学社会科学是历史的呼唤，时代的强音，是推进中国特色社会主义事业的迫切要求。我们要不断增强使命感和责任感，立足新实践，适应新要求，始终坚持以马克思主义为指导，深入贯彻落实科学发展观，以构建具有中国特色社会主义哲学社会科学为己任，振奋精神，开拓进取，以改革创新精神，大力推进高校哲学社会科学繁荣发展，为全面建设小康社会，构建社会主义和谐社会，促进社会主义文化大发展大繁荣贡献更大的力量。

教育部社会科学司

前 言

自2007年1月获得教育部哲学社会科学重大课题攻关项目"产业集聚与区域经济协调发展研究"（项目批准号：06JZD0031）立项以来，对理论文献、国际经验与中国实践三个方面相关问题的关注与跟踪就成为我们开始展开该项目研究的一项基础性工作。

在理论文献的评述上，一方面是系统地梳理理论流派与发展，这包括新古典经济学、新经济地理学、新国际贸易理论以及新经济增长理论等在这个领域中的各种观点；另一方面是建立定期的讨论制度。在最初的两年时间中，基本上是两个星期讨论一次。这种定期的学术沙龙制度，讨论内容主要是理论流派中的各种观点、分析方法与理论思潮等，方式是课题组参与者的主题发言，目的在吸收、消化前人研究成果的基础上，厘清现有理论观点的应用边界，探索现有理论在这个领域中尚未能解决的一些新问题，从而使整个课题组的研究工作进入到这个领域的理论前沿上来。

从国际经验与事实来看，受到市场规模、资源禀赋、政治体制、地理区位以及文化传统等方面的影响，世界各国在产业集聚与地区收入差距之间的关系上差别较大。比如说，东欧等许多国家在20世纪90年代以后，地区收入差距都明显地提高了，其中俄罗斯差距最大，而波兰最小。在厄瓜多尔、马达加斯加和莫桑比克等国家，地区之间的差距明显地大于地区内部的差距。在巴西地区间收入差距从1981~1997年在下降，但是，其他的拉丁美洲国家，诸如秘鲁等，这个比重一直比较稳定。在发达经济中，美国地区间的分工水平高于欧盟，但收入差距却低于欧盟等。但是，在工业化发展进程中，区域差距的倒"U"型一般性事实大致上是存在的，只是转折点与推动力不同而已。这也是富有启发性的。

事实上，无论是研究国际经验还是把握理论文献，目的都是要能够更好地用来分析与解决我国地区间产业分布不平衡与收入差距扩大的问题。在我国，地区之间的收入差距主要是从20世纪90年代拉大的，到2004年以后，这种地区之间的差距又有所收缩。但是，资源的跨地区配置依然面临着许多障碍，由于户籍、社保等基本公共服务方面的制度性缺陷，劳动力要素在空间上流动不畅，这影响了资源配置效率的提高。而且区域倾斜性优惠政策名目繁多，使区域政策碎片化比较明显；地区之间在发展规划、基础设施与产业布局等方面又缺乏有效协调。基于这些问题，我国在"十二五"期间将会继续推进地区平衡发展政策，不过，这种地区平衡政策已从90年代中后期以交通等基础设施投资与转移支付为主转变为以将具有比较优势与地方特色的地区上升为国家级试验区为主。到目前为止，国家发改委已审批了全国38个不同类型的试验区。

当然，要做好这个课题，除了熟悉国际经验和理论文献，了解政策走势之外，走出学校，进行社会调查是必不可少的。特别是课题组的许多成员是一些年轻教师和博士生等，他们思维活跃、对前沿的理论工具与分析手段比较熟悉、数据处理能力强，只是对现实的把握不如有经验的学者，也缺少有针对性应用研究的实践训练等，这种社会调查就显得更加迫切。只有找到了一些现实感，才能对数据有判断，对问题的把握更有针对性。否则，只靠查阅一些数据，然后用教科书上介绍的工具进行计算与处理，就不容易找准现实问题的关键，得出的结论也不一定能作为政策的理论依据。所以，增加对现实的调查是我们开展此项研究的起点。

在此基础上，我们进入了组织研究的过程。由于参与者较多，组织起来变得比较困难，比如说，集中问题、收拢思路、凝练主线等。为了克服这个困难，我们采取了分散讨论、集中提炼的办法。所谓分散讨论就是大家集思广益，对理论与现实中的相关问题通过沙龙方式定期研讨,在此基础上,我试图提炼出历史顺序与理论逻辑相一致的一条主线,再交给大家讨论、修改,经过这样几轮反复,基本上把基于实证结果的理论观点与基本框架确定下来。

研究的结果是撰写的起点。在统一的逻辑框架下,大家分工撰写出来的版本也是五花八门、风格各异的。为了解决这个问题,我们专门举办一次研究成果评介会,请经济学家与相关部门的领导就观点、方法、内容与框架提出了许多有价值的意见与建议。根据这些意见与建议,课题组进行了修改与调整,形成了第二稿。课题组带着这个稿子到广东省一些市、县部门,听取他们的看法,征求他们的意见。在此基础上,又形成了最终的课题报告。

几年来,持续地对产业集聚与地区发展问题的关注与研究,使我们在这个领域不仅积累了大量的数据、案例、理论知识以及分析方法,而且参与课题的一些青年教师和博士生对这个领域的研究兴趣也越来越浓了,其中一部分人已在学术界崭露头角,在这个领域的研究梯队已成长起来。这个团队的成长对中山大学岭南学院的经济学科建设也起了积极的作用。比如说,在此次中山大学岭南学院获得的应用经济学一级学科授予权中,参与此课题的成员及其相关的阶段性研究成果也贡献了应有的一份力量。

摘 要

改革开放以来，随着我国经济的快速发展，经济活动的空间分布发生了明显的变化，不同行业、特别是制造业中的不同行业不断向东部沿海集聚。在产业集聚的同时，地区间的生产总值增长速度也大不相同，进而使地区间，尤其是省际之间的收入差距有所拉大。本课题在广泛调研和全面数据分析的基础上，从地区分工的视角来探讨集聚与地区收入差距之间的关系。首先，从产业专业化与多样化的地区分工类型与产业集聚与扩散的地区分布类型两个视角对产业的空间结构进行了划分。其次，用这个分类、参照国际经验，指出了产业集聚与区域发展关系阶段性演变过程，并判断了现阶段我国制造业部门的产业分布与收入差距所处的阶段。再次，用运输成本与体制和政策这两个因素解释了这个阶段的形成与变化机制。最后，将这种判断与解释具体地应用于我国的不同产业与地区。这种应用从产业与地区实践角度一方面扩展了这个阶段性分析与分析框架的解释力，另一方面印证了我们对我国产业集聚与地区协调发展的阶段性分析与变化趋势的预测。

总体上本课题得出以下几点结论：第一，随着市场经济工业化的发展，地区间产业分工与收入差距是一个从相互对应变为不对应的过程。第二，产业集聚与区域发展之间的联系具有阶段性特征。第三，不同的经济发展水平与体制环境决定了在阶段性转变中的转折点差异。第四，体制与政策因素对我国在阶段性转变中起着更重要的作用。在此基础上，提出了相应的一些政策建议。

本课题研究报告具体分为四个部分的 14 章内容。第一部分包括导论和理论文献评述两章，主要对本课题的研究对象与方法，理论文献与经验数据等做了一个梳理与概述。第二部分以60年来中国各地区间产业分布、专业化分工程度与收入差距为考察对象，以体制与政策的战略性调整为界限区分了地区发展的两个时期，对改革开放以来我国产业集聚与地区收入差距之间的关系进行了描述，然后构建了阶段性的理论框架，并对我国的实践过程做出阶段性判断，最后运用运输成本和体制与政策等两个因素对这一关系进行分析。这一部分包括了历史演变、发展特征以及理论框架与解释三章内容。第三部分是以汽车、电子信息制造业、纺织、家具与建筑卫生陶瓷五个行业的地区性集聚与扩散为案例，运用区位商与行业比重相结合的统一分析方法，考察了它们各自在1998~2007年的空间集聚与扩散过程、原因以及这种变化对地区发展的影响。第四部分选择了我国四个不同的地区类型展开研究，首先考察了这四个不同类型的区域内部的产业分工联系与收入差距情况。其次讨论了不同类型区域的阶段性特征以及形成原因，用运输成本与体制政策两个因素分析解释了这四种不同类型在各自阶段性转变的过程。最后对每个地区的持续转变给出了相关的政策建议。

  本课题研究的创新性体现在三个方面：一是数据中的新发现。通过研究发现，与世界其他国家的经验一样，我国制造业部门的地区分布与地区收入差距也经历了一个倒"U"型过程，分权竞争体制在这过程中发挥了更重要的作用。二是理论上的新解释。我们用产业集聚与扩散的分布指标与专业化与多样化的分工指标对地区间产业分布与分工类型进行了划分，提出了三个阶段的理论观点，即专业化集聚、多样化扩散与专业化扩散。一些发达的市场经济国家已跨入到了第三个阶段，从总体上看，现阶段我国基本上处于多样化扩散阶段。三是方法上的新综合。在过往的分析中，对地区间产业分布的集聚与扩散的描述与对地区间产业分工现象的专业化与多样化的分析是分开的。我们把两者结合起来，并对五大产业的专业化与集聚水平进行分析。

Abstract

　　Since China's reform and opening-up, with the rapid economic development, the spatial distribution of economic activities has appeared obvious changes. Different sectors, in particular, different industries in the manufacturing sector have agglomerated continually to the east coast. During this agglomeration, regional GDP growth rate was also very different, and thus increased the income gap across different regions, especially at the inter-provincial level. Based on the extensive investigation and comprehensive data analysis, this monograph takes the lens of regional labor division to explore the relationship between regional industrial agglomeration and regional income gaps. Firstly, from the perspective of regional industrial division types which are divided into industrial specialization and diversification, and the perspective of spatial types which are divided into industrial agglomeration and diffusion, this monograph structures an industrial spatial classification, and then, using this classification and referencing to international experience, proposes an argument of the stage feature of the evolution of industrial agglomeration and regional development, and makes a judgment on the stage of the industrial distribution in manufacturing sector and the income gap. Secondly, this monograph explains the mechanism of forming and changing of this stage with two factors, i. e. transportation costs, and the institution and policy. Finally, the judgment and explanation are applied concretely in analyzing the situation and transforming process in different industries and regions in China. This approach from the perspective of industrial distribution changes and regional practices, on one hand, enhanced the explanatory power of the analytical framework. On the other hand, it confirmed the stage analysis approach and the forecast on the changing trends of industrial agglomeration and regional coordinated development in China.

　　Four conclusions have been drawn in this research. a) With the development of market-oriented economy and industrialization, the relationship between regional industrial division and income gaps transforms from mutual consistent to inconsistent one. b) There are some stage characteristics on the linkages between industrial agglomeration and regional development. c) It is the difference of economic development level and institutional environment that determines the different turning points for the stage transforming. d) Transportation costs, the institutional and policy factors determine the stage of evolution of industrial agglomeration. Moreover, the factor of institutional and policy plays a more important role in the stage evolution of industrial agglomeration in China. Based on these findings, some policy suggestions are proposed correspondingly.

This research report consists of 4 parts with 14 chapters in total. Part one includes 2 chapters, which are introduction and literature review, and mainly introduces the issues and questions, research objectives and methodology of this research, and searches and overviews relative literatures, data and materials.

Three chapters are included in Part two, which are historical evolution, development characteristics and theoretical structure of this research. This part observes the industrial distribution, degree of specialized division and income gaps across regions in China within 60 years, and divides the regional development into two developing periods according to strategic adjustment of institutional and policy, and describes the relationship between industrial agglomeration and regional income gaps since China's opening-up and reforming. Then, this part builds up a stage theoretical structure based on the stage feature of this research, and proposes the stage division to China's industrial agglomeration as well. Finally, it analyzes the relationship with two dimensions, i. e., transportation costs, and institution and policy.

Part three is composed of five chapters, which respectively focus on the regional industrial concentration and diffusion of automobile, electronic information manufacturing, textile, furniture and building sanitary ceramics industries. Taking the five industries as cases, and with the unity analyzing method of combining location quotient with industrial proportion, this part explores the process of spatial agglomeration and diffusion of each industry respectively during 1998 and 2007, analyzes its reasons and the effectives and influences to local development caused by the change of spatial industrial distribution.

Part four probes four different kinds of regions in China, a) the eastern, middle and western China, b) Guangdong province, c) the Long River Delta, and d) Hong Kong, Macao and Pearl River Delta, respectively in four different chapters. This part, firstly, takes the lens of Gini coefficient of industrial distribution and observes respectively the situation of industrial division linkage and income gap in each region. Then, each chapter respectively discusses its stage characteristics of industrial development and its causes, and expounds the process of phase shift in every region with the two dimensions of transport costs and institutional-policy. Finally, each chapter proposes the corresponding policy implications to the sustainable shift to the region.

The innovativeness of this research project lies in the following three sides: a) New discovery in data. Through studying and analyzing these data, we find out that the regional distribution of China's manufacturing sectors and regional income gaps also experience a process of inverted U-shape as well as that in the other countries and the decentralized competitive institutional plays a more important role in this process. b) New explanation in theory. Taking the distribution index of industrial agglomeration and diffusion, and the industrial division index of specialization and diversification, we proposed a three-stage theory perspective of industry development in regions, that is, specialized agglomeration, diversified diffusion and specialized diffusion. Some developed market-oriented countries have already stepped into the third stage, while China, generally speaking, is now basically in the stage of diversified diffusion. c) New combination in analysis method. In the previous analysis, the description to industrial concentration and diffusion distributed in different regions was separated from the analysis of the specialization and diversification of the industrial division across different regions. We combined them together and analyzed the specialized and agglomeration level of five industries.

目录

第1章 导论 1
1.1 选题背景、研究的问题与意义 1
1.2 总体框架与研究方法 7
1.3 基本观点与政策建议 13
1.4 创新点与内容安排 18

第2章 产业集聚与地区协调发展文献综述 24
2.1 产业集聚现象和理论发展 24
2.2 产业集聚理论 26
2.3 经济发展与地区差距 39
2.4 经济发展过程中的产业集聚 46

第3章 产业集聚与区域发展的历史演变 52
3.1 计划经济体制下的区域经济发展与产业分布 52
3.2 改革开放以来的产业布局与区域发展 64
3.3 综合分析（1949~2007年） 75

第4章 产业集聚与专业化分工的现状 80
4.1 工业集聚和扩散的现状 80
4.2 省区的专业化现状 108

第5章 中国产业集聚与区域协调发展的阶段分析 121
5.1 产业集聚、地区分工与区域协调 121
5.2 专业化集聚阶段 128

5.3　多样化扩散阶段　　141
　　5.4　专业化扩散阶段　　157

第6章 ▶ 汽车产业集聚与扩散分析　　162
　　6.1　基本问题与研究思路　　162
　　6.2　空间分布特征　　168
　　6.3　产业集聚与扩散的特征　　171
　　6.4　产业集聚与扩散的原因　　174
　　6.5　产业集聚与扩散对地区发展的影响　　183
　　6.6　结论与政策建议　　187

第7章 ▶ IT（电子信息）产业集聚与扩散分析　　190
　　7.1　基本问题与研究思路　　190
　　7.2　空间分布特征　　195
　　7.3　产业集聚与扩散的特征　　198
　　7.4　产业集聚与扩散的原因　　200
　　7.5　产业集聚与扩散对地区发展的影响　　207
　　7.6　结论与政策建议　　218

第8章 ▶ 纺织产业集聚与扩散分析　　221
　　8.1　基本问题与研究思路　　221
　　8.2　空间分布特征　　225
　　8.3　产业集聚与扩散的特征　　228
　　8.4　产业集聚与扩散的原因　　231
　　8.5　产业集聚与扩散对地区发展的影响　　240
　　8.6　结论与政策建议　　244

第9章 ▶ 陶瓷产业集聚与扩散分析　　247
　　9.1　基本问题与研究思路　　247
　　9.2　空间分布特征　　250
　　9.3　产业集聚与扩散的特征　　253
　　9.4　产业集聚与扩散的原因　　255
　　9.5　案例分析：佛山陶瓷产业的集聚与扩散　　262
　　9.6　结论与政策建议　　266

第10章 ▶ 家具产业集聚与扩散分析　269

　　10.1　基本问题与研究思路　269
　　10.2　空间分布特征　273
　　10.3　产业集聚与扩散的特征　275
　　10.4　产业集聚与扩散的原因　277
　　10.5　产业集聚与扩散对区域发展的影响　280
　　10.6　结论与政策建议　284

第11章 ▶ 东、中、西三大区域的产业集聚与协调发展　286

　　11.1　问题的提出与研究思路　286
　　11.2　东、中、西三大区域经济发展的特征　290
　　11.3　三大区域产业分工与集聚的动因分析　299
　　11.4　三大区域协调发展的趋势　315
　　11.5　结论与政策建议　324

第12章 ▶ 广东省产业集聚与区域经济协调发展　328

　　12.1　基本问题与研究思路　328
　　12.2　广东省区域经济发展的特征　334
　　12.3　广东产业集聚与扩散的动因分析　342
　　12.4　广东区域协调发展的趋势　358
　　12.5　结论和政策建议　363

第13章 ▶ 港澳珠江三角洲都会区：产业分工、集聚经济与协调发展　373

　　13.1　基本问题与研究思路　373
　　13.2　港澳珠三角区域经济发展的特征　378
　　13.3　港澳珠三角产业分工与协调发展的动因分析　389
　　13.4　港澳珠三角协调发展的趋势　397
　　13.5　基本结论和政策建议　404

第14章 ▶ 沪苏浙产业集聚与区域经济协调发展　411

　　14.1　基本问题与研究思路　411
　　14.2　沪苏浙区域经济发展的特征　415

14.3　沪苏浙产业分工与一体化发展的动因分析　　425

　14.4　沪苏浙区域协调发展的趋势　　438

　14.5　结论与政策建议　　439

主要参考文献　　443

后记　　465

Contents

Chapter 1 Introduction   1

    1.1 Background, Question and Significance   1

    1.2 Framework and Methodology   7

    1.3 Views and Policy Implications   13

    1.4 Findings and Content Arrangement   18

Chapter 2 Agglomeration and Regional Balance Literature Review   24

    2.1 Phenomenon of Industry Agglomeration and Traditional Interpretation   24

    2.2 Industrial Agglomeration Theory   26

    2.3 Economic Development and Regional Disparity   39

    2.4 Industrial Agglomeration in Economic Development Process   46

Chapter 3 The Evolution of Industrial Agglomeration and Regional Development   52

    3.1 Industrial Distribution and Regional Development Under the Planned Economic System   52

    3.2 Industrial Distribution and Regional Development Under the Reform and Opening up   64

    3.3 Comprehensive Analysis: 1949 – 2007   75

Chapter 4 The Fact of Industrial Agglomeration and Regional Division 80

    4.1　The Fact of Industrial Agglomeration and Diffusion　80

    4.2　The Fact of Provinces' Division　108

Chapter 5 The Stage of Industrial Agglomeration and Balanced Development in China 121

    5.1　Agglomeration, Specialization and Balanced Development among Regions　121

    5.2　Specialization-Based Agglomeration　128

    5.3　Diversification-Based Diffusion　141

    5.4　Specialization-Based Diffusion　157

Chapter 6 Analysis of Automobile Industry Agglomeration and Diffusion 162

    6.1　Basic Problems and Research Approach　162

    6.2　Spatial Distribution　168

    6.3　Characteristics of Industry Agglomeration and Diffusion　171

    6.4　Causes of Industry Agglomeration and Diffusion　174

    6.5　Effects of the Industry Agglomeration and Diffusion on the Regional Development　183

    6.6　Conclusions and Recommendations　187

Chapter 7 Analysis of IT Industry Agglomeration and Diffusion 190

    7.1　Basic Problems and Research Approach　190

    7.2　Spatial Distribution　195

    7.3　Characteristics of Industry Agglomeration and Diffusion　198

    7.4　Causes of Industry Agglomeration and Diffusion　200

    7.5　Effects of Industry Agglomeration and Diffusion on the Regional Development　207

    7.6　Conclusions and Recommendations　218

Chapter 8 Analysis of Textile Industry Agglomeration and Diffusion 221

    8.1　Basic Problems and Research Approach　221

8.2　Spatial Distribution　225
8.3　Characteristics of Industry Agglomeration and Diffusion　228
8.4　Causes of Industry Agglomeration and Diffusion　231
8.5　Effects of Industry Agglomeration and Diffusion on the Regional Development　240
8.6　Conclusions and Recommendations　244

Chapter 9　Analysis of Ceramic Industry Agglomeration and Diffusion　247

9.1　Basic Problems and Research Approach　247
9.2　Spatial Distribution of the Ceramic Industry　250
9.3　Characteristics of the Industry Agglomeration and Diffusion　253
9.4　Causes of the Industry Agglomeration and Diffusion　255
9.5　Case Study: Agglomeration and Diffusion of the Foshan Ceramic Industry　262
9.6　Conclusion and Recommendations　266

Chapter 10　Analysis of Furniture Industry Agglomeration and Diffusion　269

10.1　Basic Problems and Research Approach　269
10.2　Spatial Distribution　273
10.3　Characteristics of Industry Agglomeration and Diffusion　275
10.4　Causes of the Industry Agglomeration and Diffusion　277
10.5　Effects of Industry Agglomeration and Diffusion on the Regional Development　280
10.6　Conclusion and Recommendations　284

Chapter 11　Industrial Agglomeration and Balanced Development among Eastern, Central and Western China　286

11.1　Introduction　286
11.2　The Stylized Facts in Economic Development　290
11.3　The Causes of Division of Industry and Industrial Agglomeration　299
11.4　The Trends of Balanced Development　315
11.5　Conclusions　324

Chapter 12　Industrial Agglomeration and Balanced Development within Canton　328

12.1　Introduction　328
12.2　The Stylized Facts in Economic Development　334
12.3　The Causes of Division of Industry and Industrial Agglomeration　342
12.4　The Trends of Balanced Development　358
12.5　Conclusions　363

Chapter 13　Industrial Agglomeration and Balanced Development among Hong Kong, Macao and Pearl River Delta　373

13.1　Introduction　373
13.2　The Stylized Facts in Economic Development　378
13.3　The Causes of Division of Industry and Industrial Agglomeration　389
13.4　The Trends of Balanced Development　397
13.5　Conclusions　404

Chapter 14　Industrial Agglomeration and Balanced Development whithin Yangtze River Delta　411

14.1　Introduction　411
14.2　The Stylized facts in Economic Development　415
14.3　The Causes of Division of Industry and Industrial Agglomeration　425
14.4　The Trends of Balanced Development　438
14.5　Conclusions　439

Main References　443

Postscript　465

第 1 章

导　论

1.1　选题背景、研究的问题与意义

1.1.1　选题的背景

改革开放以来，随着我国经济的快速发展，经济活动的空间分布发生了明显的变化，其中一个变化是以地区专业化为特征的产业集聚的发生与扩展。许多学者采用不同的理论工具测算了我国改革开放以来不同行业、特别是制造业中不同行业的地理集中程度证实了这一变化（梁琦，2004；徐康宁，2007；范剑勇，2008；贺灿飞，2009）。与改革前各个地区忽视比较优势与地区专业化所形成的集聚不足相比（Lardy，1983；Lyons，1987），改革后地区专业化与集聚化的推进与增强对各地区全要素生产率的提高产生了积极影响（Chan，Henderson and Tsui，2009）。在对我国各地区产业空间分布的研究中，除了使用专业化指数等测量手段来衡量我国地区专业化发展程度之外，对不断兴起的产业集群开展研究也成为人们观察与理解我国集聚经济与地区发展的一个重要途径。20 世纪 90 年代以来，在我国一些沿海地区，外资与民营经济呈现了一

种集群化的发展特征,这种集群化的发展不仅改变了原有的地区集聚不足的空间分布状况,而且也成为我国地区专业化的一种重要方式与推动力量(仇保兴,1999;王缉慈等,2001;王珺,2004;孙洛平和孙海琳,2004;符正平,2006)。

在地区专业化有所深化的同时,地区间的生产总值增长速度也大不相同,进而使地区间的收入差距不断拉大。在对地区收入差距的研究中,城乡、省际以及东、中、西等三大经济区都成为人们观察与比较地区收入差距的视角。从城乡收入差距看,城市居民人均可支配收入与农村人均纯收入之比由20世纪80年代初期的2.1∶1扩大到2008年的3.3∶1;省际之间的差距也在拉大,扣除四个直辖市,2009年人均地区生产总值最高的浙江省是这个指标最低的贵州省的4.87倍,而这个比值在1980年是2.15倍。从东、中、西三个经济带的收入差距看,许多的研究分析这三个经济带之间以及每个经济带内部省份之间的地区差距,结果发现,20世纪90年代以来,这三个地区间的差距在拉大,而它们内部各省之间的差距在缩小(Chen and Ravallion,1996)。林毅夫等人(1998)使用泰尔系数分解方法了测算改革开放以来我国区域之间的收入差距变化。结果表明,1978~1995年期间,我国东部地区的内部差距对总体差距的贡献由1978年的26.64%下降到22.86%,中部内部由13.06%下降到12.53%,西部内部由13.15%下降到12.88%,而东中西部之间的差距对总体差距的贡献则由1978年的46.95%上升为1995年的51.72%。此外,改革开放以来,我国地区收入差距在不同的阶段也有不同的演进特点。简、萨克斯和沃纳(Jian,Sachs and Warner,1996)与胡和王(Hu and Wang,1996)以及古拉蒂和胡赛尼(Dayal-Gulati and Husain,2000)等指出在改革开放的头10年,人均实际GDP的地区差异稳步下降,他们认为,农村改革是这个时期促进区域性趋同的主要原因:一方面农业地区直接从农村改革中获得了巨大的推动力,另一方面改革也促进了乡镇企业的迅速发展,所以,这个时期的省际经济出现了趋同。进入20世纪90年代后,地区之间发展与收入差距开始拉大。简等人(Jian,Schs and Warner,1996)把中国的省级行政单位分为两组,沿海与内陆,并剖析造成这个时期地区间差别的原因。他们发现,沿海地区与内陆地区内部差异大幅度下降,而这两组之间差异上升。进入21世纪后,地区间的差距持续地拉大了(陈秀山等,2004;樊纲,2004;许召元、李善同,2006)。

虽然地区间收入差距拉大与许多因素相关,诸如区位、资源、经济基础、公共基础设施、教育水平、开放顺序以及地方分权体制等,但是,当把地区收入水平与产业集聚的空间分布联系起来时,我们会发现产业集聚是造成地区间收入差距的一个重要因素。范剑勇(2008)通过计量分析证实了我国产业集聚如何通过提高地区经济规模与生产率进而持续地影响地区之间的收入差距。除了测量产业集聚对地区收入差距的影响之外，许多学者对产业集群在全国版图上的不均衡分布的考察也间接地说明了它与地区收入差距之间的相关性。刘世锦等（2008）考察了我国产业集群的地区分布不均衡情况。在他们统计的全国4 605个产业集群中，东部地区就有3 630个，占总数的78.8%，其中，江苏、山东、广东与浙江四省就分别占了14.7%、14.4%、13.2%和12.2%，这四个省份之和就占了集群总数的54.5%。中部地区有557个，占总数的12.1%，其中，河南、湖南和湖北分别为177个、105个和98个，分别占3.8%、2.3%和2.1%。西部地区等12省份有418个，仅占全国产业集群总数的9.1%，其中四川有112个，占2.4%，广西有60个，占1.3%。显然，产业集群的地区分布不均衡与地区间收入差距特征是相关的。以沿海省份为主的东部地区收入水平是最高的，产业集群的分布数量也是最多的，中部地区的收入水平低于东部地区，其产业集群的分布数量也比东部沿海地区要少，西部地区的收入水平最低，其产业集群的分布数量也最少。可见，产业集群的地区分布是由东到中西部逐步减少的，我国地区之间的收入水平也是从东部、中西部逐步降低的。虽然产业集群的数量不能完全代表产业集聚的程度，但作为集聚经济的一个结果，其至少能反映产业集聚与地区收入差距之间的联系。这表明，地区之间的产业集群发展规模不同，其收入水平也不尽相同。

　　一些发达国家和地区经济发展的历史实践也为我们观察产业集聚与区域发展差距之间的变动提供了一个经验性视角。巴罗和马丁（Barro and Sala-I-Martin，1991，1995）在研究了1880～1988年美国各州间经济发展情况和1950～1985年西欧73个地区间的经济发展情况后发现，无论是从部门还是从地区的角度考察，地区间个人收入增长是收敛的，不同地区的收入趋同是客观存在的，只不过这种趋同十分缓慢，典型的贫困地区与富裕地区的人均收入差距大约每年缩小2%左右。虽然他们没有从产业集聚的角度分析其中的原因，但是，随后的一些研究把两者联系了起来，并找出了一些产业集聚带来地区间差距变化的证据。米德尔法特（Midelfart-Knarvik，2000）在计算了欧洲14个国家在1970～1997年间的地区专业化指数后发现，1970～1973年与1980～1983年间，欧洲14个国家的地区专业化指数是下降的，这意味着各国间的产业同构程度有所强化。从1980～1983年开始，各国之间产业向专业化发展转变，平均专业化指数从0.404上升到了1994～1997年间的0.471。显然，随着欧盟一体化的增强，欧盟内部各国之间的专业化程度有所提高。而随着欧盟一体化的推进，人均实际收入的基尼系数也有平缓的下降。邓翔等人（2009）利用基尼系数、泰尔系数和变异系数等工具考察了1960～2006年间欧盟各国收入差距的历史演变[①]，他们发现，1960~1983年期间，各国收入差距是明显缩小的，经过了1983~1995年间的波动期，随后又有所下降。金（Kim，1998）考察了美国在1860~1987年间地区专业化指数的变动情况，他发现，除了农业专业化指数持续上升外，制造业和批发业的地区专业化指数都是平缓下降的，其中，制造业从19世纪60年代的0.71左右降低至1987年的0.42，批发业则从20世纪40年代的0.60降至0.21左右。通过多部门的综合平均，美国的地区专业化指数由19世纪60年代的0.6降至20世纪80年代后期的0.2。随着地区专业化指数的下降，美国各个部门之间的相对工资也出现了收敛走势。在1880~1980年间，农业与非农业工资之比从0.2上升到了0.69，美国南部与北部的平均工资之比从0.41上升到0.9，中西部与北部平均工资之比从0.82上升到1。综上所述，欧盟各国是伴随着专业化指数的上升，地区收入差距基尼系数是缓慢下降的。美国则是在地区专业化指数平缓降低的同时，地区收入差距也在下降。

显然，产业集聚与地区间收入差距是相关的。当产业由集聚转向扩散时，地区间收入增长也会出现由发散转为收敛。世界银行（2009）在总结了国家之间、各国内部的地区之间、城乡之间以及先进地区与落后地区之间的历史发展进程基础上提出了地区间收入差距先分化、后趋同的观点。他们认为，经济发展一般是先从个别地区率先启动的，这会引起这些地区与其他地区的发展差距，由此带来地区间收入差距的分化。在市场一体化发展的推动下，这种分化又引起人口与资本流动，扩大了贸易范围，有利于先发地区的发展。通过吸引人口与公司，先发地区促进了经济的进一步集聚，进而成为创新与增长的中心。当然，这个过程不会永远持续下去。堵塞、拥挤与污染等因素也会累积成一个严重的问题，这就构成了反集聚的力量，它与集聚经济相互抵消，致使先发地区的经济集聚趋缓（世界银行，2009）。概括地说，集聚引起分化，扩散产生趋同。

1.1.2 研究的问题

从上述的理论与经验来看，要对我国区域发展不平衡进行一个有效的治理，需要从分析我国的产业集聚入手。这就提出了许多值得研究的问题，比如说，什么是产业集聚的形成机制？产业集聚与地区专业化分工之间是什么关系？产业集

---

① 欧盟成员国最初有法国、联邦德国、意大利、卢森堡、比利时、荷兰6个国家，1973年，英国、丹麦和爱尔兰加入，变为欧盟9国。1989年，希腊加入，欧盟变为10国。1986年，西班牙、葡萄牙加入，欧盟变为12个国家。1995年，奥地利、芬兰和瑞典加入，欧盟成员国变为15个，2003年，马耳他、塞浦路斯、波兰、匈牙利、捷克、斯洛伐克、斯洛文尼亚、爱沙尼亚、拉脱维亚、立陶宛加入，欧盟变为25个成员国。

聚对地区发展究竟会产生什么样的影响？伴随着一个地区的快速发展，地区间产业分布不均匀不可避免吗？如果产业集聚必然导致地区间分化，扩散导致趋同，那么，在什么条件下产业集聚会转向扩散？如果现实中还不具备这种条件或这种转变条件还不成熟，是否有必要通过某些手段来推动产业扩散呢？在这个过程中，政府应该做什么？从我国的实践来看，现阶段我国是否已开始了大范围的产业集聚或扩散过程？与理论模型和国际经验相比，现阶段我国产业集聚与地区收入差距之间联系的异同点在哪里？什么因素决定了这种异同？这对地区协调发展会产生什么样的影响？在推进产业集聚与地区协调发展中，如何处理市场与政府之间的关系？什么是我国产业集聚与地区发展的未来趋势？从理论文献看，学者们已从不同角度、采用不同的方法对上述一些问题进行了许多的实证研究，不过，许多问题还有待深入讨论，诸如产业集聚与地区发展之间的非线性关系如何通过阶段性变化加以分析，这种阶段性变动对区域协调发展的影响，以及在推进阶段性转变中的制度安排与政策工具的使用等。

1.1.3 选题的意义

区域发展不平衡一直是制约中国地区协调发展的基本问题。在我国"八五"规划初期，国家开始把缩小地区差距作为地区经济协调发展的主要任务之一。《"九五"规划纲要》明确提出"把坚持区域经济协调发展、逐步缩小地区经济发展差距"作为我国今后五年乃至到2010年中长期国民经济与社会发展的重要指导方针。《"十五"规划纲要》以"实施西部大开发战略，促进地区经济协调发展"为题，明确了西部大开发战略的具体实施。在《"十一五"规划纲要》中区域发展的总体战略又被确定为"坚持实施推进西部大开发，振兴东北地区等老工业基地，促进中部地区崛起，鼓励东部地区率先发展，健全区域协调互动机制，形成合理的区域发展格局"。经过了持续的政策引导与努力，地区间的收入差距得到一定的遏制。一项研究结果显示，2004年以来，我国各地人均收入的差异呈现了逐年下降的态势，地区间基本公共服务供给差异有所缩小，省际人均财政支出的变异系数和基尼系数也分别从0.739和0.325减少为0.662和0.296（国务院发展中心课题组，2010）。

然而，问题依然比较突出，例如，由于户籍、社保、基本公共服务等方面的制度性缺陷限制了劳动力要素在空间上的自由流动，影响了资源配置效率的提高。此外，区域倾斜性优惠政策名目繁多，使得区域政策存在碎片化倾向，在一定程度上也扭曲了价格信号，导致资源难以真正按照效率最优的原则进行配置。再有，地区间在发展规划、基础设施与产业发展等方面往往缺乏必要的协调与合作，既造成了大量的重复建设和资源浪费现象，也导致了恶性竞争，使得整体利益受损。为了持续地治理这个问题，《"十二五"规划纲要草案》再次把以"优化格局、促进区域协调发展和城镇化健康发展"作为实施区域发展的总体战略。可见，长期以来，扭转区域不平衡成为了我国可持续发展中的一项重大战略任务。

本课题的研究是在总结国内外产业集聚与区域发展实践、梳理与评述现有文献的基础上，从产业集聚的视角探索地区间由不平衡发展转向平衡发展的路径、方式与机制。一方面为我国在区域协调发展中对重大战略性与关键性问题的破解提供一些可行的理论思路；另一方面根据分析思路提出一些有针对性与借鉴意义的政策与建议。其主要意义与价值：

一是有助于寻求产业集聚与区域发展的协调机制。区域协调发展作为一种国家战略具有全局性和导向性，而产业集聚主要是通过市场引导资源流动的结果。区域发展要建立在市场机制基础上，否则，尽管国家对落后地区进行大量的公共设施建设与项目投资，但是，受到地区间工资与资本收益率差异的影响，落后地区的民间资本与技术人才等又不同程度地流向了东部沿海地区，从而影响落后地区的发展。对于地方政府来说，既不能因为追求本地区GDP增长而禁止外地商品流入和本地资源流出，也不愿意为维护统一的市场而妨碍了它们各自的经济增长率。所以，探索建立既有利于维护统一市场又有利于集聚要素与资源配置的制度环境，找到集聚与协调的微观机制就变得十分重要。本课题试图在这个方面进行一些探索。

二是有助于总结与提炼我国产业集聚与区域发展的多种实践。区位、资源与发展水平的差异不仅决定着我国地区间发展的不平衡特征，也推动着走向协调发展的多样化实践。"十二五"期间我国确定了以突出核心区带动周边区域的经济发展思路，诸如以珠三角地区为重点的产业转型升级试验、以两湖经济圈为主的两型社会试验[①]、以重庆与成都为重点的城乡统筹与综合改革试验、以天津为试点的利用外资与发展试验、以上海浦东为主的自主创新试验区等。同时，构建沿陇海、沿京广、沿京九和沿长江中游经济带，推进大城市、中小城镇与周边城市群的对接和联系，如太原城市群、皖江城市带、鄱阳湖生态经济区、中原经济区、武汉城市圈、环长株潭城市群等区域发展等。此外，以产业集群、产业园区的发展为抓手，促进地区间的经济合作，发达地区有针对性地引导本地区的一部分产业转移与扩散，落后地区发挥比较优势，利用交通网络，吸引集群化的产业流入等，从而促进两地之间的产业合作。区域性政策引导与各地区试验将对我国

---

① 两型社会是指环境友好型与资源节约型的社会。

区域协调发展产生重要的影响。

三是有助于推进产业集聚与区域发展的经济理论创新。现有的文献显示,关于产业集聚与扩散对区域发展影响的研究很多(梁琦,2004;范剑勇、朱国林,2002;贺灿飞、刘洋,2006),专业化与多样化的类型与区域发展的分析结果也不少(Jacobs,2007;Imbs and Wacziarg,2003),但很少有文献把两者结合起来的分析。如果两者的分析没有得到一个有效的结合,那么,对产业集聚与扩散中地区间专业化分工所发生的变化就说不清楚。在这个意义上说,艾金格和汉斯伯格(Aiginger and Rossi-Hansberg,2006)做了重要探索,他们提出一个地区的产业布局在集聚向扩散的转变过程中专业化程度会不断提高。不过,他仅仅以发达国家为研究对象,而没有分析发展中国家的情况。

四是有助于在分析基础上提出有针对性的政策与建议。原有的区域发展政策更偏重于各地区、特别是欠发达地区自身如何发展的问题。实际上,在市场经济条件下,强调发达地区与落后地区之间的互动是区域协调发展的关键。不可否认,政府有针对性的干预措施是帮助发展中地区的一种手段,但是,有效地促进资源的跨地区流动也是有效的政策工具。所以,更深入地理解并认识与发展阶段相适应的资源流动特征、类型以及不同资源之间的流动组合,这对制定更有针对性的区域发展政策具有重要意义。

1.2 总体框架与研究方法

1.2.1 总体框架

本课题的基本逻辑是在辨析概念的基础上,首先从基于专业化与多样化的地区分工与基于集聚与扩散的地区产业分布两个视角对产业的空间结构进行了划分。其次用这个分类,并参照国际经验判断了我国产业的地区分布与分工的阶段。再次用运输成本与体制和政策等两个因素解释了这个阶段的形成与变化。最后将这种判断与解释应用于我国的不同产业与地区。这种应用从产业与地区实践角度印证了我们对我国产业集聚与地区协调发展的阶段性分析与变化趋势的预测。在此基础上,我们也提出了相应的一些政策建议。沿着这个逻辑,我们构建本课题研究的总体框架。具体如下:

首先是概念辨析。本课题研究的是我国在经济转轨时期各地区产业的分布特征、变动机制与地区的协调发展,这需要先对产业的空间分布所涉及的集聚与分散,以及区域协调发展等基本概念加以限定。产业集聚是指产业活动在地理上集中的过程。在中心—外围模型中,一个地区的产业集聚是另一个地区的产业扩散。所以,我们把集聚与扩散结合起来一并考察。本课题界定的区域协调发展是指地区间产业专业化分工有所深化,人均收入水平差距又逐步缩小的地区经济格局。这个含义包括了两个方面:一是地区间存在着产业之间或产业内部的专业化分工,而不是经济总量在全国各省区市均衡分布。经济总量在很小一部分区域集聚,同时集聚相应规模的人口,包括就业人口和赡养人口确实是多数国家与地区发展的一条基本经验。从人均生活水平与基本公共服务来说,只要经济集聚较高的地区与经济集聚度较低的地区大致相当就可以了。二是地区间人均收入水平的差距缩小至劳动力在综合地考虑了各地区收入水平与生活成本后流动趋于零。比如说,A 地区比 B 地区的收入水平高,但是,A 地区的生活费用也比 B 地区高。在考虑了综合成本之后,诸如生活费用、住房开支以及交通成本等,除专业技术与职业兴趣需求引起的劳动力流动外。所以,大体均衡并不完全是各地区收入水平趋同,B 地区的劳动力不再为追求高收入而向 A 地区流动。这两个方面是缺一不可的。如果人均收入水平大体均衡,但缺乏地区间产业分工与互动,那么,作为政府分散化投资的结果,这种地区间收入均等化会以空间配置效率的损失为代价。比如,在苏联时期,政府致力于将圣彼得堡、中部地区和中乌拉尔等老工业区的经济比例从 65% 缩减到 32%,这迫使生产向东部地区转移。1925 年东部地区的生产为 4%,到了国家解体时,这个比例提升到了 28%,这种行为导致了苏联空间配置效率的低下。只有地区间产业分工,而不考虑地区间人均收入水平差距因素,那么,这也不能看成是区域协调发展。一些学者对当前的发展中国家与发达国家间基于产业链的垂直分工联系的研究发现,这种专业化分工的联系并不一定导致两者间收入差距的缩小(Sachs,2007)。国际贸易对交易双方福利的不对等影响也适用于对地区间经济的解释。

其次是阶段判断。作为地区间经济密度指标,产业集聚与分散并没有包含专业化分工联系,而地区间专业化分工程度却是区域协调发展中的一个基本内容,这就需要在分析产业集聚与分散中引入专业化与多样化类型。由此,本课题研究对地区间产业分布的考察确定了两种维度,即基于空间集聚与分散的地区间密度差异和从专业化与多样化度量的分工结构。为了完整地把握这两个维度对地区间产业分布的现状、特征与演变,我们先把这两个维度的交互组成了四种类型:第一种类型是专业化与集聚化同时上升的专业化集聚;第二种类型是专业化与集聚化都下降的多样化分散;第三种类型是专业化上升而集聚化下降的专业化分散;第四种类型是专业化下降与集聚上升多样化集聚。这四种类型将构成我们理解国际经验与观察中国实践的基本框架。在这四种类型中，每一种类型与地区间收入差距的变动都会存在着复杂的联系。表面上看，库兹涅茨（Kuznets，1955）的收入不平等和发展的倒"U"型模型与威廉姆森（Williamson，1965）的地区间收入不平等的倒"U"型模式是相关的。本课题的计算结果也表明，地区间产业分布不均匀与收入差距不平衡之间存在着一定的对应关系。随着地区间产业分布的均匀化，地区间收入差距也由扩大向收缩的转变。这两者间同时出现转折的现象不是偶然的，而现有的经济理论对地区间产业分布不均衡与收入差距不平衡之间的关系还缺乏有说服力的理论解释（Ray，1998；Kim，2008），本研究课题将立足于中国实践，在31个省市和39个制造业部门产业数据进行处理基础上，把我国30年来地区产业结构的分布变化概括为从专业化集聚转变为多样化分散的过程。专业化集聚作为一个起点是与计划经济时期各地区高度均衡的经济背景相关的（Fujita et al.，2004）。

再次是理论解释。结合新经济地理学与我国产业集聚与区域发展的实践，本课题研究把运输成本与体制政策作为解释我国在产业集聚与区域发展中的阶段性特征与演变的两个基本因素。新经济地理学主要用运输成本这个因素解释地区产业分布的变化，这并不完全适用于对中国各地区的产业分布与分工变动的解释，单纯用体制与政策因素也不能很好地解释我国产业集聚的微观机制，这两个因素的任何一种变化都会对地区间的产业分布与分工产生影响，这就需要把两个因素组合起来，但运输成本降低是基础性的，体制与政策调整是导向性的。通过这两个因素组合分析，既可以阐述我国各地区产业分布与分工变动的一般性，也可以发现与解释我国不同于其他国家的特殊性。从运输成本看，随着工业化的推进，这是一个由高到低的过程。从经济体制与相关的政策来看，是否有组织、有计划地推进区域经济一体化，这也是完全不同的。本课题用这两个因素的相关变动解释了我国各地区产业分布与分工变动的历史与现状，预测了未来的发展趋势。比如说，在20世纪70年代后期到90年代后期的近20年间是我国从计划经济向市场体制转变的时期。在这个时期内，地区间运输成本依然较高。按照新经济地理学的观点，较高的运输成本会导致地区间产业分散，但是，我国并没有出现这种情况，相反，却进入了专业化集聚的阶段，一个重要的原因是这个时期我国的地区发展政策从以平衡发展为主转向了以不平衡发展为主，这使沿海地区可利用接近国际市场的区位优势，扩大外贸、利用外资，从而集聚了大量的国内市场短缺的非耐用和耐用消费品行业，从而导致了沿海地区与内陆地区产业结构差异以及地区产业分布的不平衡。自党的十五大提出了西部大开发战略以来，跨地区的交通等基础设施建设全面地展开，到了21世纪初期，地区间运输条件得到了明显的改善。按照新经济地理学的理论逻辑，在这种条件下，产业的地区分布是趋于不均匀的。但是，分权竞争体制带来了相同的耐用与非耐用产品等制造业在全国各地遍地开花，重复建设比比皆是，重复建设导致了市场分割与地方保护（张可云，2005），这就是我国转向多样化扩散阶段的背景与动力。在运输成本进一步降低下，随着市场一体化政策的全力推进，以追求规模经济与集聚经济收益的资源跨地区流动将会更大量地发生，这将会促进我国向专业化分散阶段转变。

最后是应用分析。本课题研究将阶段性判断框架从两个层面应用于我国的实践：一是单一产业的分析视角。通过对单一产业的考察，可以观察所选择的每个产业从集聚到扩散的具体演变过程。本课题选择了制造业中的五个行业，即汽车、电子信息、服装纺织、家具与陶瓷等。描述与解剖它们各自在 1998～2007 年间在空间分布变化过程、变动机理以及这种变化对地区发展的影响，从而总结各省市在专业化与多样化选择的路径与机理。二是不同类型地区的分析视角。受到资源结构、运输条件与交流基础的影响，地区间的经济互动是多种多样的，地区之间经济合作也开展了多种尝试。本课题选择了东、中、西部地区之间、长三角内部各省市之间、港澳珠三角地区之间，以及率先提出"腾笼换鸟"、产业"双转移"的广东省内较发达地区与落后地区之间四种类型作为产业集聚与收入差距变动关系的考察对象，选择这四种类型的考虑：一是具有地区间产业集聚与区域发展的率先试验性，如长三角内部的上海、江苏与浙江之间的经济互动；港澳珠三角地区之间的经济分工与合作等。二是有典型性，诸如广东内部珠三角地区与粤东、粤西与粤北之间的收入差距比我国的东、中、西部地区之间的收入差距更大。三是全局性，诸如我国东部、中、西部地区之间的产业分布与收入差距等。考察不同的类型也可以印证不同发展水平的地区产业分布与分工大约处于发展过程中的什么样阶段以及采取什么样的政策等。

1.2.2 研究方法

考察中国在产业集聚、分散与地区发展中的多个经济、单一产业与地区类型，选定相关的分析对象与测量指标是不可缺少的。不同的分析对象需要有不同的测量指标。对中国多个产业与地区发展的考察是以制造业的多部门为对象，采用了应用比较广泛的基尼系数考察制造业部门在各省市的分布与变动过程，一方面通过测算各地区的专业化指数来说明中国各地区制造业部门的分布特征；另一方面把这种产业结构的地区分布与收入水平的地区分布对应起来，观察与分析两者之间的联系。在对地区间收入水平的衡量上，本课题用人均 GDP 基尼系数、城市居民可支配人均收入以及各地区农村人均纯收入基尼系数等进行了尝试，结果表明，虽然不同指标的计算会有一定的偏差，比如说，用人均 GDP 往往会高估地区间的收入差距①，而用各地区城市居民可支配收入或农村人均纯收入指标，都会由于各地区城市化率、城市发展水平以及农村基础等不同而难以作为一个综合性指标，但是，一方面用反映各种收入水平指标计算出来的结果具有趋同性；另一方面各地区人均 GDP 是相对可获得数据的一个综合性指标，所以，我们更多地采用人均 GDP 基尼系数这一指标来度量地区收入差距。

　　汽车、电子信息制造、纺织、家具与卫生陶瓷五个行业被入选为单一产业的分析对象，这主要有三点考虑：一是现阶段我国处于工业化发展阶段。这些行业的入选因为是，一方面它们都是制造业部门，它们都具有不过多依赖自然资源的特点，比较容易发生地域性集聚与分散的变动，使我们能比较清楚地观察这些行业结构的地域性变化。另一方面是它们在这个阶段的工业发展中承担的突出作用。比如说，在这个阶段，除汽车之外，其余四个行业的进入壁垒较低，购买这些产品的人包括了社会上所有的收入阶层。二是它们基本上以竞争性产业为主，参与者具有各种不同类型的经济成分与背景。特别是一些劳动力密集型行业，诸如纺织、家具、陶瓷等，虽然生产中要求的知识也在日益增加，但是，土地与劳动力成本的提高使这些行业在一些沿海省份，诸如广东、浙江等地，已发生了这种转移，这种实践有利于我们观察行业发展的地区性梯度变化。三是五个行业代表了多个类型。比如说，按照格雷菲（Gereffi，1994；1999）的划分，汽车与汽车配件行业是一个由生产者主导的行业，每一辆汽车中的零部件可以多达 5 000 多个，该行业不仅包括较高的技术，还有多个密切相关的组装程序，经济规模较大，在全球的扩散也不如其他几个行业那么广泛。而家具、纺织与陶瓷等，属于由购买者驱动型的行业，它的竞争力更多地依赖品牌与市场网络，等等。此外，相对于其他行业来说，电子信息制造业具有产品周期短、技术更新快、时效性强的特点，所以，它的地区性集聚与扩散过程与速度也不同于其他行业。在对这些单一产业的测算上，我们采用区位商与行业比重相结合的方法。因为在现实经济中一些产业可能既在一个地区也在全国同行业中都有优势，而区位商或行业比重

---

① 鉴于现有统计的有限性，在人口流动或不流动的条件下，对地区间收入水平差距的估计是不同的。在人口不流动的条件下，使用地区间人均 GDP 指标能够比较真实地反映地区收入差距情况。在人口特别是劳动力流动较大的情况下，人均 GDP 指标就容易高估地区之间的收入差距。比如说，在劳动力净流出的省份中，流出的劳动力没有对本省的产值做出贡献，但是在统计中这部分人却往往没有被减掉，这就容易低估人均收入水平值。相反，在劳动力净流入的省市中，流入的劳动力对该省市产值做出了贡献，也获得了一定报酬。但是，在人均统计中，这部分人的贡献与报酬却不容易反映出来，还是以过去的常住人口作为人均统计口径，这就容易高估这些净流入地区的人均 GDP 产值。这样，流出地区的低估与流入省市的高估就会使得计算而得的收入差距比实际的地区间收入差距的值有所拉大。

都只说明了其中的一个方面①，比如说，一个产业在地区经济中有优势，但不一定在全国有优势，相反，在全国有优势、也不一定在地区经济中有优势。把两个指标结合起来，就可以避免用这两个指标分开考察所观察不到的空白点。

考察不同地区在产业集聚与区域发展过程中的实践也是一项有示范意义的研究工作。根据我国地区发展的实际情况，如前所述，本课题确定了四种不同类型的地区作为分析对象，然后用专业化指数、地区间产业分布与收入差距的基尼系数等统计工具对这些不同地区的发展类型进行研究，通过分析，一方面可以发现我国各地区在产业集聚与协调发展实践的多样性，另一方面根据这些地区类型的发展水平差异可以把这些实践归结于我国专业化发展的不同阶段，比如广东内部的珠三角地区与粤东、粤西与粤北之间由于相互收入水平与产业分布差异性较大，因而可以归结于专业化集聚阶段，中国的东、中、西部之间的收入差距不平衡与产业分布不平衡之间已处于多样化分散阶段，珠三角地区内部、长三角地区内部城市之间等一些经济发展水平相对较高地区间的协调已跨入专业化分散阶段等，从而通过这些不同类型的实践可以印证我们提出的产业集聚与区域协调发展之间的阶段性理论。

本课题研究首先以典型调查与系统数据分析相结合展开实证性研究。在典型调研方面，自 2007 年下半年以来，课题组陆续赴江西省的景德镇市，湖南省的长沙、株洲、湘潭等市，浙江省的杭州与金华等市，山东省的济南、诸城、日照与青岛等市，江苏省的昆山、苏州、常熟与无锡等市以及上海和重庆等市，调研各省市在产业集聚与地区发展等方面的相关问题。特别是对广东省内不同地区之间的产业转移、升级与地区发展进行了比较系统、全面的跟踪调查，这一方面是广东省内存在着不同地区间的发展类型，诸如粤港澳地区之间的同文化、跨边界类型，珠三角地区与粤东、粤西、粤北等地的较大地区差距等；另一方面是金融危机以来，广东省政府主动推进的产业转移与升级提供了大量可观察的事件与案例，诸如珠三角地区大力推进的"腾笼换鸟"战略②，粤东、粤西、粤北地区以产业转移园区的方式吸纳珠三角地区企业与项目落户的情况，以及广东省政府推

---

① 区位商是一个给定的区域中某个产业产值所占该地区总产值的份额与全国经济中该产业产值占全国总产值份额的比值。这个指标测度了一个地区的产业份额与全国平均水平的差异。如果这个指标高于全国平均水平，这意味着该产业在该地区具有集聚性优势，相反，就不具有这种优势。用这个指标可度量单一产业是否以及在哪里出现集聚与分散的现象。行业比重是该产业在全国这个产业生产总值中的份额，这可衡量一个地区的该产业在全国该产业中的相对地位。

② "腾笼换鸟"是广东省主动推进产业转移与升级的一种形象说法。它是指劳动力密集型产业作为珠三角地区经济发展的一个重要支撑，占据了较多的土地资源。随着劳动力成本与土地价格升高，相当一部分附加值较低的劳动力密集型行业向外迁移，腾出来的空间留给较高附加值的企业与项目等。

动两地间有针对性地对口合作的"双转移"① 战略与政策等等。这些调研不仅给本课题研究提供了大量的典型性事实，也使研究的问题更有现实针对性，提炼的理论有解释力，提出的建议有实践需求。本课题使用的系统数据主要来源于国家统计局的中国工业企业数据库（1998～2007）、历年《中国统计年鉴》，各省、区、市历年统计年鉴，《新中国55年统计资料汇编》以及《新中国60年统计资料汇编》等。

其次，采用分类方法将复杂的实践分成不同类型，从而找出不同类型的具体问题与发展特征，诸如本课题研究把专业化与多样化的类型与集聚与分散的两种分析视角结合起来，就分成了四种可观察的地区经济类型。在此基础上，描述与概括不同类型的特征与变化条件，同时，本着历史逻辑与理论逻辑相结合的方法，确定了这四种不同类型之间的内在联系与发展顺序，由此，从总体上将我国的产业集聚与区域协调发展过程概括为不同的阶段，不同地区的实践处于这个发展过程的不同阶段等。

最后，对这个历史发展过程的转换顺序与转折点给出符合实际的理论解释。本课题以新经济地理学与新制度经济学为理论工具，将其应用于中国各地区发展的多样化实践，提出了一个解释框架，即运输成本与体制和政策这两个因素的组合。因为这两个因素的任何一种变化对各地区的资源配置与要素流动会产生不同的影响，这会导致地区间的产业分布差异，从而引起地区间收入差距的变化。

1.3 基本观点与政策建议

1.3.1 基本观点

通过理论分析与经验考察，本课题对产业集聚与区域协调发展问题的研究大致形成以下几个主要的观点。

第一，随着市场经济工业化的发展，地区间产业分布与收入差距是相互对应的。本课题的实证结果与国际经验表明，地区间产业分布经历了从专业化集聚到多样化扩散、再到专业化扩散的波浪型过程。而地区间人均收入差距则呈现了一

---

① 双转移政策是对广东省内部产业结构有意识地调整的一种概括。它是指珠三角地区的一些污染性、消耗资源较大的产业转移出去，而粤东、粤西、粤北的劳动力经过了培训后转移出来的情况。

个库兹涅茨（1955）所概括的倒"U"型模式。其中，在产业分布中的前两个阶段走势与人均收入差距的变动过程是一致的。一些学者（Williamson，1965；Kim，1995）解释了产业分布倒"U"型模式的原因，他们认为，在工业化发展初期，资源禀赋、市场规模与地理区位对一个国家和地区经济启动是基本的。鉴于各国和地区在这些方面的差异，因而在工业化初期的地区间产业分布不平衡会上升，随着发展又会下降。由于生产决定分配，所以，地区之间的产业分布不平衡导致了收入差距的不平衡。随着产业分布向地区平衡发展的转变，地区间收入差距也会缩小。这是资源大量流动对地区间产业分布不平衡与人均收入不平衡程度的改善（Rosen and Resnick，1980；Henderson et al.，2001，2002；Baum-Snow，2007）。但是，地区间产业集聚与扩散并没有因此而停下来，它继续向着专业化扩散转变。与多样化扩散阶段相似，专业化扩散也是以地区间产业分布均衡化为特征的，但是，地区间专业化分工程度却发生了明显的变化，这是通过要素流动和产业转移实现集聚经济与规模经济收益的结果（Rossi-Hansberg，2005）。这种流动是地区间收入差距缩小的过程，也是地区间分工深化的过程。在这个阶段，两者之间不对应就发生了。

第二，产业集聚与区域发展之间的联系具有阶段性特征。根据我们的分类，改革开放以来，我国经历了从专业化集聚阶段向多样化分散阶段的转变。以专业化集聚阶段为启动，一方面是我国地区发展战略从过分强调"填平补齐"式的平衡发展转向以不平衡发展为主的推动结果；另一方面也是因为工业化发展机制从行政调拨资源为主转到以市场配置资源为主上来。由于市场配置是以承认地区间自然资源禀赋以及进入国际市场的区位差异为前提的，所以，这会导致各地区发展机会的差异。在专业化集聚阶段，由于发展路径的差异，一些地区通过利用外资兴建了许多适合国内与国际市场需要的产业，诸如纺织、汽车、电子等，而其他地区则缺少这样的发展机会，这就引起了地区间产业分布的不平衡。1978~2000年，在我国工业总产值中，东部地区所占的份额从59.2%上升到69.7%，而中西部地区分别从25.1%和15.7%下降到18.8%和11.5%。产业集聚程度增大也导致了收入差距的扩大。在多样化分散阶段，各地区都发展了一些技术门槛较低、价高利大的制造业以及适合本地市场的服务业，使产业门类出现了产业均匀性分布的变化，致使地区间产业集聚度下降。本课题对五个产业的案例研究说明了这一点。随着产业门类的均匀性分布，地区间人均收入差距也缩小了。不过，在这个阶段，企业的规模经济与集聚经济在受到资源流动限制下都不容易达到最大化。随着市场一体化的推进，为追求集聚经济外部性收益而引起的资源流动会增大。这会导致在不同的地区集聚不同的产业或产业链的不同环节，这就是我们所说的专业化分散阶段。虽然现阶段我国还没有整体地跨入到这个阶段，不过，有两个事实表明了这种发展趋势。一是从本课题研究区域篇中可以看出，我国经济较发达地区，诸如长三角和珠三角等地已出现了从多样化转向专业化转变的迹象。二是国际经验研究显示，当人均收入达到 8 000～12 000 美元时，一个国家或地区将会从多样化转向专业化阶段（Imbs and Wacziarg, 2003）。

第三，不同的经济发展水平与体制环境决定了在阶段性转变中的转折点差异。受到体制与结构等因素的影响，各国或地区在从专业化集聚、经过多样化分散到专业化分散的转变中，转变点是不完全相同的。美国和欧盟等国家从专业化集聚向多样化扩散阶段的转变是发生在从工业社会向后工业社会转变时期（Midelfart-Knarvik, 2000）。产业结构的变动，如服务业与高科技产业的分散化成长是主要的推动力（Duranton and Overman, 2005）。我国的这个阶段性转变发生在工业化时期。这表明，在工业化时期，产业集聚还有一定的上升空间，但是却提前转向了多样化分散阶段，这主要与分权竞争下的地方重复建设和市场分割相关（王珺，2004）。由此产生的影响是，虽然地区间收入差距比以前有所缩小，但是，地区间的专业化分工并没有有效地建立起来，这对我国产业资本等资源跨地区自由流动产生了极大的需求。从理论与国际经验看，从多样化扩散向专业化扩散的转变就是由经济主体为追求规模收益递增和集聚经济外部性收益来推动的。可观察的转折点就是产业资本等资源跨地区流动，不仅是人力资本，更重要的是国内产业资本的跨地区流动。对于我国来说，分权竞争体制与地方保护推动了从专业化集聚向多样化扩散的转变，但是，不能推动从多样化扩散向专业化扩散的转变。因为这种地区间专业化分工是由企业通过资源自由流动来实现的。虽然我国尚未大规模地发生从多样化扩散向专业化扩散的转变，但是，理解与认识这两个转折点的差异，对于加快这种阶段性转变是十分重要的。

第四，体制与政策因素对我国在阶段性转变中起着更重要的作用。运输成本和体制与政策两个因素推动了地区间产业结构分布的变化。新经济地理学强调了运输成本对产业分布变化的影响。他们认为，在运输成本较低时，地区间容易出现经济集聚。如果运输成本较高，各地区产业都会多样化发展，地区间产业发生均衡分布。然而，20 世纪 80 年代以来，中国运输条件并没有得到明显改善，但是，地区间的产业分布却发生了从均匀向非均匀的变化，显然，这与我国从平衡转向非平衡的地区发展政策是紧密相关的。90 年代后期至 21 世纪初，我国省级之间的交通等基础设施得到较大程度的改善，运输成本也明显地降低了，但是，地区性的产业集聚不仅没有显著地发生，却发生了从专业化集聚向多样化扩散的阶段。这种扩散不是资源流动的结果，而是各地方政府在本地区大力投资、大上项目的结果。目前，我国一些较发达地区已产生了转向专业化扩散阶段的迹象，随着交通等基础设施的大幅度改善与运输成本的降低，维护统一市场、推进要素流动的区域一体化政策就成为了加速从第二阶段转向第三阶段的重点。如果这个体制与政策实施有效,那么,就会延迟这种转变,进而分工对地区增长的促进作用就无法得以释放。

1.3.2 政策建议

根据研究,在通过产业集聚与扩散促进地区间从非平衡走向平衡发展中,本课题提出以下几点相关的政策建议:

首先,要把政府对产业活动的干预政策放在市场机制的基础上。产业集聚、扩散与协调发展是一个政府协调与市场机制共同作用的结果。然而,这两种手段是完全不同的。政府干预是对整个地区产业活动进行一个有意识地调整与安排。这种安排是通过经济主体发生作用的,而经济主体的行为是通过市场经济的利益导向来引导的,所以,政府干预必须要建立在市场经济的基础上。要以市场经济为基础,就需要理解要素与产品的相对价格变动,这是把握产业结构与转移变动的时机。如果市场上的相对价格没有变化,而政府仅仅通过出台一些倾斜性政策来推动产业调整与转移,那么,这种政策就变得难以实施。如果强制地实施,其代价也会很大。近年来,一些地方推动产业调整与扩散的实践表明,一些倾斜性政策之所以难以推行或实施效果不佳,一个重要的原因是这种政策的基础尚未发生明显的变化。不过,在"十二五"期间,随着国内外环境与发展方式的调整,生产要素与资产的相对价格将会发生明显的变化。如果市场上相对价格发生了变化,但政府并没有出台有效的引导政策,那么,这也会延迟产业转移与调整的速度。

其次,要针对地区发展的不同阶段与类型,使用不同的政策工具。不同的经济学派对政府治理地区不平衡手段的认识是不同的。新古典理论基于规模收入不变与完全竞争的假设认为政府的作用仅限于通过基础设施投资来影响产品、劳动力与其他生产要素等流动,而没有能力决定一个地区基于资源流动的向心力与离心力变化。从不完全竞争与规模报酬递增原理出发的新经济地理理论认为,政府的干预工具不仅限于基础设施投资,也包括了对平衡与不平衡、一体化与非一体化的政策引导等。如果政府先给予特定地区一些补贴,那么,这很可能就成为了地区间不平衡的一种发展路径。按照这种观点的理解,鉴于各地区市场规模与资源禀赋的差异,没有政府干预,就不可能实现各地区的分工与配置效率最大化。鉴于历史背景、文化传统与体制惯性等因素,在我国各级政府协调区域发展的手段中,基础设施投资与区域一体化政策协调等两个政策工具是基本的。对于正处在转向专业化扩散阶段的我国经济较发达地区来说,要针对目前地方壁垒等亟待解决的问题，以大力推进区域经济一体化为重点，维护统一市场与促进要素跨地区流动。对于经济相对落后的地区来说，加速交通、通讯网络等基础设施建设，积极培育地方性集群发展，以便加速资本与劳动的跨地区流动和中西部地区与东部地区间的经济连接是当务之急。

再次，在经济较发达地区推进区域经济一体化进程中，土地管理与规划要成为一项重要的协调内容。所有的产业集聚与扩散都是在土地上实现的。本课题研究表明，一个国家内部不同地区之间的要素与产业流动主要是土地差价作用的结果，而不是劳动成本的差距。地区间的地价差距与人口密度、经济开发程度是相关的。我国经济较发达地区的地价要比西部地区高出几倍至十几倍。目前，北京、上海和广州等一些大城市已发生了产业转移的实践，即传统产业因城市地价明显地高于周边地区而从中心商业区搬迁到周边地区，同时，高附加值的工业迁入到城市地区。随着交通等基础设施的建设与区域经济一体化的推进，由地价差距引起的产业流动需求日益增加、范围也会相应地扩大，这就需要协调土地管理与规划，更好地保证在土地价格在产业集聚与扩散中的配置作用。因为过于苛刻的管理措施会遏制密度与集聚经济的效益，同样，僵化的土地市场管理也可能制约产业的跨地区流动。

最后，要把地区协调发展的政策重点从缩小地区间经济总量上的差距转变到每个人的基本公共服务均等化上来。地区协调发展并不是全国各地区都要大搞工业、大建城市、大规模集聚经济和人口，都要以 GDP 增长为中心，而是在一部分国土空间作为城市化空间，提供工业品和服务产品，集聚经济和人口，绝大部分国土空间作为农业空间或生态空间，以提供农产品为主，或以提供生态产品为主。这就要鼓励人员流动，从而减少各地区人口对本地区资源开发的压力。而基本公共服务均等化是推进这种区域性功能开发战略的基本保证。改革开放以来，各地区基本公共服务与当地 GDP 和财政收入挂钩，导致了地区间公共服务水平差距的扩大。发达地区经济成长性较强，财力增加较快，能够相应增加对社会事业的投入。经济落后地区受到自身财力的约束，加之中央财政转移支付规模有限，与发达地区的公共服务水平差距越来越大。促进地区协调发展不是单纯缩小地区间经济总量的差距，而是在完善公共财政制度，使所有人享有基本公共服务的均等化。在这个过程中，中央财政要扮演更重要的角色。因为不管劳动力流动到哪个省份，都能得到教育、卫生、社保等基本公共服务，减少了劳动力流动的后顾之忧，这就为地区间基于资源与环境的功能性规划实施提供了条件。

1.4　创新点与内容安排

1.4.1　创新点

本课题的创新之处可概括为三个方面：

首先是数据中的新发现。通过对我国制造业部门的地区分布与分工的实证描述与计算发现，改革开放以来，我国制造业部门的地区分布与地区收入差距一样都经历了一个倒"U"型过程。其中，制造业地区分布与地区间收入差距各自的拐点大约都发生在 2004~2005 年间。这个实践印证了库兹涅茨（Kuznets，1955）提出的地区发展与收入差距之间的倒"U"型关系与威廉姆森（Williamson，1965）提出的地区发展与收入差距之间的倒"U"型关系。这也表明了我国在这个过程中的实践符合国际经验所概括出来的一般性。所不同的是转折点的差异，我国的转折点发生在工业化时期，而不是国际经验中大部分国家发生在工业社会转向后工业社会的时期。原因在于，主要的推动力不同。对于大多数国家来说，转向服务业的结构变动是推进这种地区分布均匀化的主要动力，而我国的分权竞争体制则发挥了更重要的作用。

基于我国发达地区的实证研究与欧盟一些国家的经验可以发现，制造业部门的地区分布并没有随着地区间收入差距的缩小而稳定下来，而是沿着专业化取向持续变动。这样，地区间的产业分布呈现了一个波浪型，而地区间收入差距并没有随之上升。这就是我们所说的专业化扩散阶段。随着收入水平的提高与资源流动，我国也会逐步转向这个阶段。

其次是理论上的新解释。我们用产业集聚与扩散的指标与专业化与多样化的分工指标对地区间产业分布与分工的类型进行了划分，考察了在市场经济的工业化发展中的起点与路径，从而提出了三个阶段的理论观点，即产业集聚与地区协调发展之间的非线性关系是通过专业化集聚、多样化扩散与专业化扩散的三个阶段反映出来的。一些发达的市场经济国家已跨入到了第三个阶段，我国一些较发达地区之间的产业分布也显露了向第三阶段转变的迹象。但是，从总体上看，按照这种阶段性的类型，现阶段我国基本上处于多样化扩散阶段。随着产业资本等资源流动增加，一些较发达地区的产业扩散会大量地发生。

我们用运输成本与体制及政策等两个因素构建这种阶段性转变的动力解释框

架。其中，运输成本是基础性的，反映了经济发展过程的一般性特征，体制与政策因素是说明我国制造业部门的地区分布与分工发展不同于其他国家的差异性因素。这两个因素在不同时期的作用差异与变化解释了我国产业集聚与地区协调发展的历史、现状与未来走势。

最后是方法上的新综合。在方法上的新综合包括了两个方面：一是对多个产业部门的描述与分析。比如说，在过往的分析中，对地区间产业分布的集聚与扩散的描述与对地区间产业分工现象的专业化与多样化的分析是分开的。即使有一些研究把两者结合了起来（范剑勇，2008），但是并没有从理论说清楚这两种现象的联系。无疑，这两种空间分布的经济现象是不同的，需要用不同的手段进行描述与概括，但是，也需要在分析基础上进行综合。只有这样，才能发现分开描述所不能发现的问题。比如说，制造业部门的地区分布与分工变化的阶段性问题就是通过这种综合概括出来的。

二是对单一产业集聚与扩散的描述。区位商和行业比重是解释单一产业的地区间分布与分工优势的两个基本指标。不过，大量的文献显示，过往的研究是将两个指标分开的。如果把两个指标结合起来，用综合的视角考察一个产业的空间结构变化，就可以弥补单一指标所不能发现的空白点，诸如一个行业在一个地区有优势，但不一定在国家的行业中有优势；如果一个行业在国家行业中有优势，但不一定在地区中具有优势。两个指标的交叉组合构成了一个行业的四种不同类型，从而可以完整地观察行业的地区分布。此外，为了说明行业分布的动态性，我们用了两个时点的地区分布进行对比，找出这种差异，就找出了地区间产业分布的变动。

1.4.2 内容安排

全书分为四个部分，共有 14 章。第一部分是在突出问题意识与导向的基础上，对本课题的研究对象与方法、理论文献与经验数据等做了一个梳理与概述，目的在于找出这个领域中的重点与难点，以便集中地探索。这部分包括了两章。第 1 章作为导论，对全书的选题背景、主要观点、理论框架、使用方法、数据处理、研究特色以及政策建议做一个概述性引导，以便于整体地把握本报告的逻辑思路。第 2 章对产业集聚与区域发展的理论文献与经验研究进行了系统的综述。通过梳理发现，在已有的研究中存在着一种普遍的现象，即"头痛医头、脚痛医脚"的研究较多，讨论产业集聚的文献只关注其形成，而没有与地区专业化程度以及地区从不平衡转向平衡的发展机制结合起来；研究地区发展的文献把讨论的重点更多地集中于发达地区与落后地区之间如何推动从不平衡转向平衡发展的政策措施；关注地区专业化的研究又缺乏与产业集聚和地区发展之间的联系等。所以，要考察产业集聚与区域协调发展，首先需要摈弃简单的解决方法，以一种与产业分布类型和变动特征相适应的更综合的分析框架来讨论产业集聚、分散与地区协调发展之间的机制。

第二部分是以 60 年来中国各地区间产业分布、专业化分工程度与收入差距为考察对象，首先回顾了我国产业集聚与区域发展的历史与现状，以体制与政策的战略性调整为界限区分了地区发展的两个时期，即以地区间平衡发展为主的计划经济时期与以不平衡发展为主的市场经济体制时期。阐述了在计划经济时期市场配置资源的方式被抑制，行政性划拨作为基本的资源配置方式所导致的地区间低水平平衡的结果和在市场经济取向体制时期市场配置资源机制得到释放所引起的一部分地区先发展而形成的地区间差距。其次从专业化与多样化角度实证地刻画了在市场经济体制中地区专业化的特征与变化，最后用本课题归纳的分析框架解释了这种特征与变化的过程与影响。第二部分包括了三章。第 3 章运对我国 60 年以来的产业分布、政府的区域经济发展战略和地区经济发展的过程进行了动态的、实证性描述，概括了新中国成立以来不同时期产业分布与地区发展的阶段性特征，讨论了这种变动与国家战略、区域政策、地理区位已经与区位相关的外资、贸易和要素流动等因素在地区产业分布中的作用。第 4 章对 1998~2007 年我国产业集聚的情况和产业分布的特征与阶段进行研究。这项研究从三个方面展开：一是考察了我国产业集聚的总体水平，把工业部门 39 个行业分为高集聚度，集聚；高集聚度，扩散；低集聚度，集聚；低集聚度，在扩散四种类型，并对这四种类型的产业特征和区域特征进行了分析总结。从市场需求、规模经济以及产业链相等方面讨论了哪些产业具有多样化分布特点，哪些产业具有地区专业化分布的特征。由于不同产业市场需求在每个发展阶段是不同的，这就决定了不同阶段下的地区产业分布的不同特征。二是总体经济的专业化与多样化程度。在对我国人均收入水平与地区专业化分布程度的相关性分析后指出，与世界许多国家走过的地区发展道路一样，随着人均收入水平的提高，我国也经历了从地区产业分布的多样化向专业化的转变。三是分别计算了 31 个省市人均收入水平与地区专业化程度，并归纳了上升、下降、倒"U"型和波浪四种类型，从中发现，12 个省市的专业化程度是随着收入水平提高而上升的。但是，在这一组里，既有收入水平最高的三个直辖市、江苏省与山东等省市，也有我国收入水平最低的贵州、甘肃等省份。事实上，这是不同阶段的反映。收入水平最高的省市已经过了多样化阶段，转向了专业化发展阶段。而收入水平较低的省份尚未跨入多样化发展阶段。福建与四川两个省份是下降的。此外，有 13 个省份是倒"U"型的，这表明了大部分省市正在或已进入多样化的发展阶段。还有四个省市是波浪型的，诸如重庆、湖南、宁夏与云南等。第5章是试图对我国产业分布与地区发展的复杂类型与特征进行一个理论化解释。首先用反映经济密度的集聚与分散的指标与反映专业分工程度的专业化与多样化对地区发展进行一个分类，其次用历史逻辑与理论逻辑相结合的分析方法概括我国产业集聚与地区发展的阶段性特征以及变动过程。最后用运输成本与体制和政策两个因素组合的解释框架论证了这个阶段性变动的内在机制，从而指出我国所经历的地区发展除了具有与其他国家相同的一般性外，也有自己的特殊性。其中，体制与政策调整对这种差异性的形成产生了重要的影响。

第三部分是以汽车、电子信息制造业、纺织、家具与建筑洁具陶瓷五大行业为案例，运用统一的实证方法，研究了它们在 1998～2007 年间的集聚与扩散过程、原因以及这种变化对地区发展的影响。一个地区的产业结构包含了可转移和不可转移的两种产业，如托儿所、修理业、水电等公共服务等适合于本地需求的个人服务业属于这种不易发生转移的行业，而可标准化与规模化生产的以全国或全球市场为主的产品属于可转移的行业。这部分选入的行业基本上是在这个时期可转移的行业。本课题采用的统一方法是从区位商与行业比重等两个维度来衡量每个行业的集聚度与专业化水平，这样，可以从全国版图上看出每个行业的分布特征。通过对这个产业分布在 1998 年和 2007 年两个时点的比较，发现它们之间的差异，这种差异就是在这个时期内的一种变动。对五个行业的分析表明，在这个时期内，这五个行业是从集聚到扩散的过程，这印证了总体经济中我国处于多样化分散阶段的结论。在原因分析中，这种分散主要不是来自于市场推动的产业转移与流动，而是各地区通过有组织地动员本地资源、积极培育与发展产业集群的结果。这些产业的多样化分布对地方经济的发展产生了积极作用。这部分包括了五章。第6章考察了汽车行业在我国各省市分布的历史、现状，分析了这种演变的动因，这包括全球化的产业调整与转移，和我国各省市的集群化发展实践等。讨论了汽车产业的地区分布变动对地区发展的经济影响等。第7章简要地描述了我国 IT 行业的区域性分布特征和形成机理，通过对美国、中国台湾地区以及大陆电子信息制造业的产业集聚与扩散实践，指出了 IT 行业的地域性分布变动往往是以产业链为基础的。此外，这一章也比较了我国不同地区，如珠三角地区、长三角地区和环渤海地区在电子信息制造业的发展特征与前景以及对每个地区经济结构的影响。第8章考察了我国纺织业的地区性集聚与扩散的演变、特征和趋势。从这一章分析中可以看到，在各地区工业化初期兴起的纺织行业也是产业转移发生较早的一个劳动密集型行业。在不同地区形成的集聚与扩散既有政府通过集群的本地化扶持，也有通过市场机制形成的地区间转移。在纺织产业转移与扩散中，作者指出了基于市场机制的政府引导作为一个有效的经验，这个行业对于观察地区间的产业转移与平衡发展具有一定的典型意义。第9章以我国在20世纪90年代以来各地兴起的陶瓷行业为研究对象，通过对陶瓷行业10多年来的地区分布的基尼系数的计算发现，与我国的其他制造业一样，该产业部门也经历了一个从90年代中期的集聚度上升到21世纪头几年开始分散的走势，并从市场、行政体制、资源禀赋与文化四个因素讨论了该产业分散化的原因，分析了该行业的发展对地方经济的影响，进而提出了相应的政策建议等。第10章研究了我国家具行业在近10年来的地区分布现象与特征，通过对家具行业细分，如木制、金属、竹藤、塑料与其他家具等，观察不同类型的家具行业的集聚与转移特点、形成机制以及地区性影响。

第四部分选择了我国地区间经济联系比较紧密的四个不同的区域类型展开研究，首先，用产业分布的基尼系数来观察这四个不同类型的区域在它们内部的产业分工联系与收入差距情况。通过实证研究发现，这四种不同类型是处在地区协调发展的不同阶段。其次讨论了不同类型的区域在形成这种阶段性转变的原因，其中，运输成本与体制政策等因素在这种过程中的重要作用。最后对每个地区的持续转变给出了相关的政策建议。这部分分为四章，第11章考察了我国东、中、西部之间的产业分布与地区收入差距变动的历史与现状，讨论了形成这种现状的机制，其中交通等基础设施与基于体制与政策的战略调整对地区产业分布与分工联系具有重要的影响。最后结合我国地区间的平衡发展导向与规划给出了相关的政策建议。第12章集中地考察了广东省内部的珠三角等较发达地区与粤东、粤西、粤北之间的产业分布与收入差距之间的关系。广东省作为一个地区发展的案例是有典型性的，一是地区间收入差距较大；二是劳动力跨地区流动的人口规模较大。这一章在实证地刻画广东内部地区间产业分布与收入差距特征的基础上，集中地讨论了缩小地区间的途径、方式与政策，诸如当前较发达地区的一些劳动力密集型产业发生省内跨地区流动的情况以及因素分析，广东省政府出台的各种产业转移措施，如交通等基础设施、产业转移园区建设、对口帮扶的政策等，最后就加速产业转移与地区分工的问题提出了相应的政策建议。第13章是以30年来港澳珠三角地区之间的产业分工变化为考察对象，研究了这个地区从收入差距较大的"前店后厂"式的垂直性分工向人均收入差距逐步缩小的以水平式分工为主转变的具体过程、做法与效果，讨论了地区产业分工深化需要解决的问题与政策建议等。第14章是以长三角地区内部的上海、江苏、浙江三省市间产业分工与收入差距变动为考察对象的。通过研究发现，与其他区域的经济合作不同，这三省市之间的人均收入水平都比较高，相互之间的收入差距也不大，而且历史上的经贸联系也比较密切，所以，目前已出现了从多样化分散向专业化分散转变的势头。为了加速缩小人均收入差距并提高地区间专业化分工程度，围绕着体制与政策调整提出了相应的建议。总之，本课题报告是各章相对独立、同时又服从于一个主线、相互有紧密联系的一个整体。

在课题主持人的组织下，中山大学岭南学院、管理学院、社会学系、地理规划学院以及华南师范大学管理学院等不同领域的10多名教师以及10多位博士生由始至终地参与了课题大约半个月至一个月一次的讨论，通过集思广益与大范围地实地调研，凝练了问题与思路，统一了研究与分析方法。从而形成了以主线贯穿各章的框架。在此基础上，按照专题分成了研究小组，有针对性地开展专题调研与撰写专题报告。通过三易其稿，课题主持人于2010年6月18日在广州中山大学举办了一次成果评价会，邀请了中国社会科学院经济研究所张曙光教授、清华大学人文社会科学院政治经济学研究中心的蔡继明教授、广东省委党校陈鸿宇教授、广东省社会科学院副院长李新家教授、华南农业大学经管学院院长罗必良教授、广东省委政策研究室副主任吴茂芹研究员、广东省人民政府发展研究中心副主任李鲁云研究员以及《学术研究》杂志副主编雷比璐等专家、学者，参与了讨论与评述，并将一些应用性的研究成果与建议呈报给广东省委与省政府决策部门，同时，通过媒体进行了发布，并收到了良好的社会效果。在此基础上，根据大家的意见与建议，进行了修改与完善，现已完成的研究报告就是这个集体智慧的结果。

在统一思路与方法的限定下，本课题进行了分工，具体地说，王珺撰写第1章；杨本建撰写第2章；杨永福与李伟娜撰写了第3章；梁琦与黄璜撰写了第4章；郭惠武与谢小平撰写了第5章；万陆与王斌撰写了第6章；方建国、曾庆辉与贾稳利撰写了第7章；岳芳敏、蔡进兵和杨本建撰写了第8章；孙洛平与张永宏撰写了第9章；丘海雄与付光伟撰写了第10章；朱富强、李胜兰与安苑撰写了第11章；赵祥撰写了第12章；毛艳华撰写了第13章；吴迎新撰写了第14章。

第 2 章

产业集聚与地区协调发展文献综述

2.1 产业集聚现象和理论发展

集聚是伴随经济发展的重要现象。从全球层面来看，1980 年，北美自由贸易区的 GDP 占全世界 GDP 总和的 27%、欧盟占 29%、东亚占 14%，三个区域 GDP 占全世界 GDP 总和的 70%，2000 年，三个地区的 GDP 比重分别为 35%、25%、23%，总和为 83%，世界上绝大部分的经济活动集中在这三个区域（Fujita and Mori，2005）。从国家层面来看，2001 年仅占日本国土面积 10.4% 的三大城市群经济圈（即东京圈、名古屋圈和阪神圈），其人口、国民生产总值、工业分别占日本 48.6%、66.2%、68.9%（刘贵清，2006）。从地区层面来看，美国的加利福尼亚的产业集聚区、硅谷，意大利中北部的艾米利亚—罗马格纳和图斯卡尼等地区、德国巴登—符腾堡地区、法国欧叶纳克斯地区都集中了大量的中小企业。印度班加罗尔的软件产业集聚区、巴西西诺斯谷（Sinos Valley）鞋业产业区、中国珠三角地区、长三角地区等地区在经济增长中起到了发动机的作用。集聚的另一个表现为人口的流动与城市兴起。在美国，每年有 3 500 万的人口更换居住场所；在东京，3 500 万人口拥挤在这块不足日本总面积 4% 的土地上①；而巴西的里约热内卢拥挤了 600 万人口。在新加坡，不到 700 平方公里的土地上，有 500 万人在这里生活、工作和谋求发展机会。1970～1995 年期间，韩国的城市人口比例翻了四番，增至 82%。中国在 1978～2008 年期间，大约 1.5 亿的人口涌入珠三角、长三角等地区，在仅为 300 平方公里的深圳人口却超达 1 400 万②（世界银行报告，2009）。

不同层面的集聚嵌入到一个经济整体当中，形成一个复杂的系统，在经济发展过程中扮演了重要的角色。对这一重要现象的分析和解释对于制定和设计城市与区域发展的政策至关重要。正因为如此，经济学家很早就对产业集聚现象进行了关注并给出了多种理论解释。以图能（von Thünen，1826）、韦伯（Weber，1909）、克里斯塔勒（Christaller，1933）、胡佛（Hoover，1948）、廖什（Lösch，1939）、艾萨德（Isard，1956）为代表的传统区位理论主要围绕着企业最优选址而展开。他们是在假定市场是外生给定的条件下，分析企业如何根据市场的分布来选择最优的最优区位。在分析企业为什么会集中在一个地区的现象时，经济学家首先关注的是自然条件和资源禀赋的差异，认为港口、码头、矿产资源在空间上分布的不均匀导致了企业会向某一具有优势的地方集中。但是，在自然条件和资源禀赋并不占优势的地方，大量的集聚活动仍然发生。因此，经济学家开始从外生的自然因素转移到内生的经济因素寻求解释。这其中最为明显和影响最深远的当属马歇尔（Marshall，1890）提出的三种外部经济：上下游的关联、共享劳动力市场和技术外溢。从外部经济的角度来解释企业空间集中，显然比从自然条件和资源禀赋的角度更加深刻。它表明经济活动的集聚可能是经济活动本身带来的，这一洞见对在经济思想方面是重大的推进，直到现在它仍然是研究空间经济活动的理论基石。但是思想上的推进并不等于经济理论的发展，如何把外部经济纳入到经济学的分析框架中来，是经济学家推进经济理论的面临的难题。这是因为，在完全竞争的分析框架中找不到分析外部经济的工具。

20 世纪 30 年代，美国经济学家张伯伦（Chamberlin，1933）发表的《垄断经济理论》和英国经济学家罗宾逊（Robinson，1933）发表的《不完全竞争经济学》为把不完全竞争纳入经济分析在理论上开辟了道路。迪克西特和斯蒂格利茨（Dixit and Stiglitz，1977）发表的著名论文《垄断竞争和最优产品多样化》模型化了张伯伦的思想，为把空间的维度纳入主流经济学的分析框架提供了技术工具（其模型简称为 D‐S 模型）。D‐S 模型把基于外部规模经济带来的报酬递增和不完全竞争纳入到了一般均衡的分析中，通过生产的规模经济与消费者的多样

---

① 2009 年世界银行报告：《重塑世界经济地理》，清华大学出版社 2009 年版，报告掠影部分。
② "深圳人口密度全球第五　成中国最拥挤城市"，《广州日报》，2010/01/15 08：11，深圳目前常住人口超过 1 400 万，但户籍人口却只有 200 多万。

化偏好之间的权衡来构建了垄断竞争的均衡。在 D－S 模型中，贸易一方面扩大了市场，使得市场上生产产品的种类和数量都增加，从而每一个厂商都获得了更大的规模经济；另一方面消费者也能购买到更多种类的产品，带来社会福利的增加。克鲁格曼（Krugman，1991b）在 D－S 模型的框架下把萨缪尔森（Samuelson，1954）提出的"冰山成本"的概念引入了区位理论中，用以表示空间的概念，认为在运输成本、需求和多样性偏好的相互作用下，企业会集聚其他企业周围，形成"中心（core）—外围（periphery）"，第一次模型化了马歇尔上下游关联的思想，为分析经济活动的集聚找到了工具。

2.2 产业集聚理论

2.2.1 产业集聚的相关概念

1. 产业集聚的概念与分类

马歇尔（Marshall，1920）认为产业集聚就是行业相同或相关的大量的中小企业集中在一起通过专业化分工从而获得某种外部经济优势的过程。在他的分析中，专业化分工与地理上的邻近是产业集聚的主要特征，企业之间通过专业化分工获得外部规模经济，而这种分工在空间上集中在某一较小的区域内。空间上的临近既为企业之间的专业化分工提供了便利，反过来，通过分工带来的外部规模经济又会吸引更多的企业进入。新经济地理学创始人克鲁格曼（Krugman，1991a，1991b）认为产业集聚是建立在运输成本与外部经济基础上的。他认为产业集聚即是建立在金钱外部性基础上的产业空间集中。在垄断竞争的框架下，运输成本变化被包含在产品价格中，无须外力市场自身就能引导产业向某一地区集中。波特（Porter，1990，1998）则认为产业集聚是密切相连的众多企业与机构在空间上集中，形成持续竞争优势的现象，这种竞争优势主要是因为众多的中小企业空间上集中带来的激烈竞争从而带来创新与革新而产生的，竞争是产业集聚或集群最重要的特征。

产业集聚的结果是带来集聚经济或集聚优势。按照胡佛（Hoover，1948）划分，可以分为地方化经济与城市化经济两种类型。地方化经济是特定产业内的企业通过共享劳动力市场、上下游的关联和技术外溢等方式来获得规模报酬递增的形式，这种集聚经济优势并不是在单个企业内发生，而是由行业内企业之间相互临近带来的。城市化经济是一种多样化的外部经济，是指不同行业企业之间空间的临近通过共享、匹配、学习等方式来获得规模报酬递增的形式。城市作为多种产品与服务的提供场所，不同行业的集中带来的共享基础设施、共享劳动力和共享供应商、技术外溢以及巨大的中间产品和服务的市场，给城市企业带来的规模报酬递增。地方化经济与城市化经济虽然在对集聚机制的解释上稍有差别，但二者的区分并不是绝对的，并且往往同时存在于一个区域或城市中。

2. 外部经济

规模经济或规模报酬递增指的是这么一种状态，即随着厂商生产产品的数量增加，其生产的平均成本不断下降。从投入—产出的角度看，即是厂商增加一单位投入将获得超过一单位的产出。在存在规模经济的条件下，厂商生产越多，生产每一单位产品所需的平均成本就会越低，其获得的利润也越大，从而在市场竞争中比规模较小的厂商更具优势。外部经济也叫外部规模报酬递增或外部性，是相对于企业内部规模报酬递增而言的，它并不是指单个厂商生产规模的变化带来成本的节约，而是指同一行业产出水平的增加带来的单个厂商的平均成本的下降。单个厂商平均成本的下降得益于同一行业内其他厂商的数量与生产规模，也即得益于行业内的专业化分工程度。在新经济地理学的分析中，垄断竞争的市场结构下，每一个厂商的内部规模经济代表了该企业在行业中的市场势力，而外部规模经济则代表同一行业临近厂商之间的专业化分工程度。

西托夫斯基（Scitovsky, 1954）区分了纯外部性与金钱外部性，纯外部性也叫技术的外部性，是指随着同一行业内厂商的数量与产出规模的增加，单个企业投入与产出的技术关系发生变化的情况。技术外部性通过影响厂商的生产函数从而影响产出，最为常见的例子就是行业内的技术外溢现象。它指随着行业产出规模的不断扩大，各厂商积累的知识与技术就会越多，这种技术和知识通过工人或企业家之间的交流、模仿或学习，或是共享等方式扩散到整个行业，从而改变整个行业内厂商的生产函数。技术外部性是城市经济理论（Henderson, 1988; Lucas and Hansberg, 2002）、新增长理论（Lucas, 1988; Romer, 1986）和新贸易理论（Krugman, 1979, 1980）重要的理论基石。与技术外部性不同的是，金钱外部性是通过市场中的价格效应在厂商之间传递的。最为著名的例子即是马歇尔所说的上下游关联和共享劳动力市场，上下游关联指的是在某一区域内存在一个巨大的本地市场，能够支持一个专门的中间产品市场存在下去。中间产品市场的出现使得该行业专业化分工深化，从而给单个厂商带来报酬递增的好处；劳动力市场的共享增强了工人与厂商之间的匹配，减少了单个厂商受到异质性冲击的概率,从而带来报酬递增的现象。这种通过价格效应传导的外部性是新经济地理学的理论基础,在空间上它的作用范围比技术外部性更加广泛。

前面所说的这种外部经济是行业内企业的相互靠近的结果;此外,还有一种基于行业间企业相互邻近而发生的外部经济。前一种外部经济通常称为马歇尔外部性,后一种外部经济则称为雅各布斯外部性。

2.2.2 产业集聚的相关理论

1. 新贸易理论

传统的贸易理论认为国家之间的贸易源于比较优势。生产技术水平导致的劳动生产率的差异以及要素禀赋差异是比较优势的主要来源(Ricardo, 1817; Heckscher, 1919; Ohlin, 1933)。在规模报酬不变、完全竞争和商品同质的假设下,传统的贸易理论认为贸易自由化和市场一体化会导致基于比较优势基础上的专业化分工,从而最终导致要素价格的均等化,在两个部门两种要素和两个国家的分析框架下,贸易更多地会在劳动生产率相对差异和资源禀赋相对差异较大的国家之间展开。但是,20世纪70年代,这一理论含义受到了现实的挑战,贸易不仅在资源禀赋相似的国家大量发生,而且相对劳动生产率差异不大的发达国家之间的贸易成为当时国际贸易的主要组成部分。基于比较优势的贸易理论对这种现象显得无能为力,新贸易理论应运而生。

克鲁格曼(Krugman, 1979)首先在垄断竞争的框架下构建了一个两国基于福利提高的贸易模型来解释这种有悖于比较优势的贸易现象。他认为国际贸易之所以会在比较优势相近的国家内发生,是因为产业内各企业要更好地获得规模经济。在垄断竞争的市场结构下,贸易自由化不仅使得本国消费者能够消费到国外的产品,增加了市场中产品的种类,而且生产每一种产品的企业由于贸易自由化扩大了市场,从而能够扩大生产规模获得规模经济,因此降低了生产每一种产品的生产成本,从而降低了产品的市场价格。规模报酬递增带来的企业生产规模的扩大提高了工人的实际工资,从而提高了工人的福利水平。

克鲁格曼(Krugman, 1980)在他原有工作(Krugman, 1979)的基础上引入了贸易成本,可以看做是新经济地理理论的雏形。在克鲁格曼(Krugman, 1979)的模型中,两国之间的产品贸易是不存在运输成本的,因此,产品的生产与本地的市场规模没有关系,在消费者偏好多样性的假设下,企业的规模报酬递增来自贸易自由化带来的每一种产品的市场扩大。在克鲁格曼(Krugman, 1980)的模型中,企业的规模报酬递增并不是来自于贸易自由化带来的市场扩大，而完全是由于消费者多样化偏好带来的。

　　这与新经济地理学的模型相似。同时，贸易成本的引入使得企业的生产取决于市场的分布情况，贸易的一国生产何种产品取决于其国内市场对该种产品的需求，一般来说，一国倾向于生产国内市场需求较大的产品，这是因为把产品卖给本地市场节约了贸易成本，换句话说，一国更加可能出口企业国内市场需求较大的产品，这就是著名的本地市场效应，这实际上是说本地市场效应会导致某一产品的生产在某一地区集中。这一效应也是新经济地理模型中导致企业集聚的向心力之一。但是，新贸易理论与新经济地理理论仍然存在本质的区别，首先，在新贸易理论的模型中，消费者（工人）与企业都是不能在国与国之间流动的，只是产品之间的贸易带来生产的集中，而这种集中是贸易自由化带来的专业化的结果。在中心—外围的模型中，消费者（工人）和企业是可以自由流动的，产业集聚是本地市场效应和价格指数效应带来的产业集中的结果。其次，在新贸易理论中，在本地市场的作用下，自由贸易带来的集聚，并没有形成中心—外围，而是各国在贸易过程中相互专业化，而新经济地理模型中，随着贸易成本的下降，产业的集中会形成稳定的中心—外围。

2. 新经济地理理论

　　尽管克鲁格曼（Krugman，1979，1980）的新国际贸易的理论模型具有新经济地理学的理论雏形，但这一理论假定要素是不能流动的，因此不能给产业集聚分析提供一个完整的理论基础。克鲁格曼（Krugman，1991a，1991b）在迪克西特—斯蒂格利茨（Dixit-Stiglitz）框架下把要素流动、运输成本和报酬递增结合起来，构建的中心—外围模型才为产业集聚的分析提供了完整的理论框架。其基于消费者与生产者区位选择的一般均衡分析奠定了空间经济理论的微观基础，其他集聚模型，如垂直关联模型（Krugman and Venables，1995；Venables，1996；Puga，1999）、资本松脚模型（Martin and Rogers，1995）、企业家松脚模型（Ottaviano，1996；Forslid，1999；Forslid and Ottaviano，2002）等无不基于此发展而来。理解了中心—外围模型（CP 模型）阐述的产业集聚机制就很容易理解其他产业集聚的机制。

　　在该模型中，克鲁格曼存在着两个部门：农业部门和工业部门，农业部门生产同质性产品并且是规模报酬不变的，工业部门生产差异化产品并且是规模报酬递增的，每一个工业部门厂商面临的市场都是垄断竞争市场。假定经济社会中存在两个技术和消费者偏好完全相同的地区，农业劳动力平均分布在这两个地区且不可以自由流动，而工业部门的劳动可以在两个地区自由流动。两个地区可以自由贸易，农业部门贸易不存在运输成本，而工业品的贸易则需要运输成本，且运输成本用"冰山"成本形式表示。克鲁格曼试图回答：均衡时，两个地区的人口与经济活动是如何分布的？在他看来，企业会选择进入市场较大的地区，因为靠近市场可以节约运输成本，而企业的进入本身带来了工人（消费者）的进入，这将对其他企业的产品产生需求，因此，企业的进入扩大了该地区的需求，市场需求的扩大又会吸引新的企业进入。进入市场较大的地区，可以节约运输成本，提高劳动力的实际工资，这种效应被称之为本地市场效应，而运输成本的减少又会导致产品的价格较低，较低的价格提高了企业的需求水平，这种效应称之为价格指数效应。同时，多个企业进入某一地区会导致竞争的增加，这时，企业有向企业分布较少地区转移的动机，这种的效应被称之为本地竞争效应。在工业部门劳动力可以自由流动的假设下，工业部门平均分布在两个地区是一种均衡。然而，这种对称均衡是不稳定的。随着运输成本的下降，在本地市场效应的作用下，靠近市场的地区的实际工资较高，这时劳动力会流向企业多的地区，同时，两个地区的工业品的价格指数也会发生变化，价格指数效应又会进一步吸引企业集聚，随着企业的进一步集聚，劳动力转移会进一步加剧，最终工业部门劳动力集中在一个地区，而另一个地区完全沦为农产品的产区。这时候的均衡我们称之为中心—外围均衡。当运输成本进一步下降时，本地市场效应和价格指数效应变小，而本地竞争效应会变大，从而工业部门在两个地区均衡分布是一种均衡。

3. 城市经济理论

在现代社会中，最为常见和最为重要的产业集聚现象是城市的出现，经济活动在空间上的集中最终会带来城市化。图能（Von Thünen，1826）首先构建了一个竞租理论模型分析了城市周围土地的使用问题。在存在运输成本的条件下，越是靠近城市的地区的土地价格越高，运输成本越低，越是远离城市的地区土地价格越低，运输成本越高，因此，各种行业在城市周围的分布取决于运输成本与土地价格之间的权衡。阿朗索（Alonso，1964）把图能的模型应用到城市内部，用通勤成本代替运输成本，用城市中间的商业区代替城市，构建了一个"单中心城市模型"，又一次得出了土地利用圈层分布的结果。

竞租模型在假定城市已经存在的条件下分析城市土地空间利用的问题，而并没有对城市如何出现，为什么会出现在这个地区等问题进行讨论。这在一定程度上归因于无法找到合适的理论工具把城市产生纳入一个统一的分析框架中。亨德森（Henderson，1974，1988）把外部经济纳入到城市经济的分析中，并把这种分析扩展到多城市体系。不同于竞租模型的是，亨德森的分析并没有涉及运输成本和城市外围的空间，换句话说，空间问题并没有被纳入到他的分析中。他分析的是在一个城市体系中，最优城市规模和最优城市数量是如何决定的。亨德森

(Henderson，1974，1988）假定通勤成本只在每一个城市内部存在，而工人在城市之间的迁移成本为零，从消费者效用最大化的角度出发，他认为，规模经济导致了人口向城市集聚，而土地成本和通勤成本的上升又促使人们离开城市，这两种力量的均衡决定了城市的最优规模。当城市规模超过最优规模时，人们将会迁往另一个城市。城市的最优规模是由城市的产业决定的，两个毫不相干的产业即使在空间上非常靠近，也不会产生集聚效益而只会带来拥挤，因此，某一个城市的产业决定了该城市的最佳规模。藤田和小川（Fujita and Ogawa，1982）假设外部经济会随两个厂商之间的距离增大而减少，外部经济会促使厂商集中在一个地区，是一种向心力；同时，企业在地租和工人通勤成本之间的权衡又会使得企业有远离中心区的动机，这种动机构成了一种离心力[①]。向心力与离心力之间的相互作用会使企业的组织结构发生变化，导致以与消费者相接触的前向部门留在的城市核心区，而不与消费者直接相接触的后向部门则迁移到地租较低的地区。这个模型比单中心城市模型更能准确地描述大都市的多中心城市结构。藤田（Fujita，1996）认为，在城市向心力和离心力的作用下单一的中心城市得以维持的条件是，产品的差异化足够大。只要产品的差异化足够大，随着人口的增加，单一的城市是唯一的均衡。当产品的差异化有限，与人口规模相对应的市场潜力曲线值超过某一临界点时，新的城市就会出现。藤田和滨口（Fujita and Hamaguchi，2001）构建了一个城市体系模型，把城市体系的演化内生于经济活动当中。他们假定生产中间产品的技术是报酬递增的，而生产最终产品的技术是报酬不变的，当中间产品的运输成本较高时，中间产品与最终产品部门都会留在城市；当中间产品的运输成本较低时，中间产品部门留在城市，而最终产品部门则部分留在城市，部分迁出城市，也即当中间产品的运输成本下降到某一临界点，随着中心城市人口的增长，新的城市会出现。

  城市的离心力源于拥挤、运输成本和不可流动要素。城市的向心力源于企业或人之间的临近带来的外部经济。这种外部经济分为两种：一种是源于行业内部的马歇尔外部经济，另一种是源于行业间的雅各布斯外部经济。亨德森（1974；1988）、藤田等（Fujita et al.，1999）的城市模型都是构建在马歇尔外部经济基础上的。杜兰顿和普加（Duranton and Puga，2001）在雅各布斯外部性的基础上构建了一个城市体系模型，他们认为多样化城市与专业化城市是共存的。由于新企业往往需要不断地试错来找到自己的核心优势。因此，多样化为新企业进入试错提供了便利从而有利于新企业的诞生，一旦这些新出生的企业在多样化城市中

[①] 在藤田和小川（Fujita and Ogawa，1982）看来，企业位于地租较低的地区商业区的机构能够以较低的工资招到工人，因为地租较低，工人的生活成本较低，同时工人也不用支付通往核心区的通勤成本，因此，地租较低的地区的工人工资也较低。

找到自己的核心优势，其就会迁到专业化城市去获得马歇尔外部性。

2.2.3 产业集聚的机制

目前，对产业集聚机制的研究大多是沿着马歇尔（Marshall，1920）总结的三种外部经济展开。他在巨著《经济学原理》中提出了产业集中于一个区域可以带来三种优势：共享劳动力市场、获得中间投入品以及技术外溢。共享劳动力市场是指在产业集聚区中存在着一个劳动力蓄水池，这种劳动力蓄水池的作用在于给企业扩大劳动力需求提供了保证，同时降低了专业劳动力的失业风险。获得中间产品投入是指产业区的各企业之间存在着上下游的分工，产业区内的企业中间产品由专业的中间商提供，在产业区内的下游企业可以近距离地获得中间投入品。而技术外溢则是指企业之间的近距离接触有利于新技术的传播。罗森塔尔和斯特兰格（Rosenthal and Strange，2003）把三种外部经济优势重新归纳为：共享、匹配和学习三种，杜兰顿和普加（Duranton and Puga，2004）对这三种微观机制进行了详细阐述。

1. 共享

（1）共享中间投入品

上下游产业之间的关联是产业集聚的重要机制，因为中间产品生产商和最终产品生产商的靠近可以节约运输成本、提高生产效率（Ethier，1982；Krugman，1980）。在存在众多中间产品生产商和最终产品生产商的地区，共享中间投入品容易形成专门的中间产品市场，从而有利于中间产品市场的专业化和规模化。在雷曼和藤田（Abdel-Rahman and Fujita，1990）的模型中，即使最终产品市场是完全竞争的，在垄断竞争的市场结构下中间产品的共享也能带来总体的报酬递增，从而导致集聚的发生。

（2）专业化分工优势

分工可以带来报酬递增。在亚当·斯密的著名的制造针工厂的例子中，工人人数的增长会带来产出的更快增加，这是因为工人人数的增加可以使工人专注于某一环节的工作，节约从一种工作转到另一工作的时间，从而带来生产效率的提高。斯蒂格勒（Stigler，1951）认为当某一产业处于成长期时，不会存在专门的中间产品市场，这时候的产业没有完全得到专业化分工的好处，当这一产业进入成熟期时，最终产品市场的扩大会导致中间产品市场的出现，从而充分获得了专业化分工的好处，当该产业处于衰退期时，这种分工优势又会丧失。其实，专业化分工带来的好处不仅仅是节约转换时间、提高熟练程度，更重要的是会带来创新从而带来报酬递增。单个工人专业化分工带来的报酬递增的强度决定了总体上报酬递增（Duranton，1998），也即劳动力分工受限于劳动力市场的容量。但是，劳动力市场的无限扩大并不一定会带来分工的不断深化，分工的不断深化也带来协调成本的增加，从而制约了报酬递增的实现（Becker and Murphy，1992）。

（3）共享劳动力市场

共享劳动力市场是马歇尔的三种外部经济优势之一。克鲁格曼（Krugman，1991a）把这一思想模型化了，他认为企业由于受到需求市场的冲击经营状况往往会出现波动，有些企业的经营状况好的同时有些企业的经营状况会恶化，这时候裁员将是企业应对危机的重要手段。当存在一个较大的劳动力市场时，异质性的冲击使得某一被裁的劳动力不用流动就可以在当地找到一份适意的工作，相反，当企业的经营状况需要扩大时，也比较容易在市场上找到新的劳动力。

2. 匹配

匹配模型可以分为两种：一种是劳动力市场中雇主与雇员的匹配；一种是产品市场中中间产品与最终产品的匹配。就前一种而言，劳动力大量地集中于某一地区可以减少劳动力的搜寻成本，增加劳动力和企业的匹配程度。在一个较大的劳动力市场，市场上存在的众多的企业（雇主）和众多的劳动力（雇员），相互搜寻的成本就较低，从而使得异质性的企业与异质性的劳动力容易形成匹配（Helsley and Strange，1990）。就后一种而言，在一个存在大量中间产品商的市场中，最终产品制造商可以很快找到在适合自己生产的中间产品，从而提高生产效率（Grossman and Helpman，2002）。

3. 学习

在一个临近的区域，至少有两种途径可以看作是技术外溢带来的收益：一种是企业家和劳动力通过正式和非正式的交流和分享知识和技能可能会产生生产的外部性（Marsharll，1890；Lucas，1988；Jovanovic and Rob，1989；Grossman and Helpman，1991；Saxenian，1994；Glaeser，1999）。经验研究发现，这种技术外溢在高新技术产业变得更加重要（Saxenian，1994）。另一种是地理上的临近导致企业之间可以更加容易地分享新技术的信息，从而使得新技术更容易被采用（Griliches，1958）。技术外溢带来的外部性被克鲁格曼（Krugman，1998）称为纯外部经济。

2.2.4 集聚与扩散

在中心—外围模型中，经济活动是集聚还是分散取决于向心力（centripetal

和离心力（centrifugal）的力量对比。这就是前面所述的本地市场效应和价格指数效应以及本地竞争效应。

向心力与离心力之间的消长随运输成本的变化而变化。在假定工人自由流动的条件下，当运输成本很高时，单个企业迁移到另一个地区所获得的收益很小，因此企业迁移不会发生。当运输成本下降时，本地市场效应和价格指数效应变大，如果一个偶然机会导致一个企业迁移到另外一个地区，正反馈机制就会发生，对称均衡就会被打破，其他企业也会向该地区迁移，最终导致企业完全集中在一个地区形成中心—外围（core-periphery）的空间分布格局。当运输成本进一步下降时，本地市场效应和价格指数效应变小，市场竞争效应变大，这时候企业又会由核心区迁移到外围区。如图 2-1 所示，我们用 T 表示运输成本，用 Y 表示制造业在两个地区的份额。用 T（S）表示维持对称分布的支撑点（sustain-point），用 T（B）表示对称分布瓦解的突变点（break-point），用实线表示稳定均衡，用虚线表示不稳定均衡。我们发现，当运输成本较高（T 较大）的时候，制造业平均分布在两个地区是稳定均衡，每个地区的制造业份额为 0.5，当运输成本下降达到突变点 T（B）时，制造业的分布就会集中在一个地区（要么在地区 1，要么在地区 2），形成中心—外围的空间分布模式；并且这种中心—外围模式在运输成本小于 T（S）的条件下得到维持。当运输成本进一步下降时，制造业又会由集中走向分散。

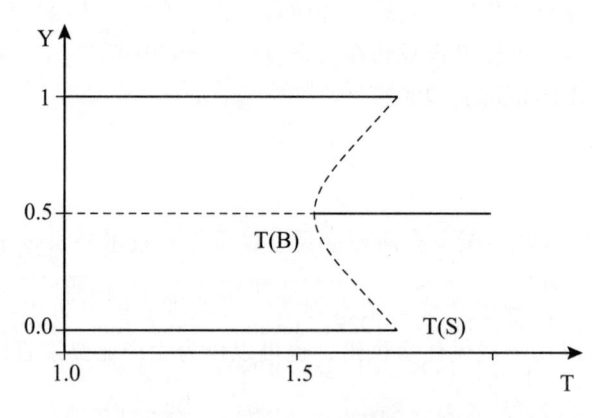

图 2-1　中心—外围分岔点

在此基础上，克鲁格曼（Krugman，1998）认为影响经济活动空间分布的向心力和离心力都至少存在三种。如表 2-1 所示，向心力包括：市场规模效应、厚的劳动力市场和纯的外部经济，离心力包括不可流动的要素、地租和纯的外部不经济。目前，克鲁格曼（Krugman，1991a）、克鲁格曼（Krugman，1991b）、杜兰顿和普加（Duranton and Puga，2004）分别对三种向心力进行了严格的分析。在离心力的分析中,克鲁格曼(Krugman,1991a)、维纳布尔斯(Venables,1996)对不可流动要素进行了分析①,但对地租和纯外部不经济的分析则大多限于城市经济学(Alonso,1964;Tabuchi,1997),而在区域层面的分析并不多见。

表 2 – 1　　　　　　　　　　集聚的离心力和向心力

向心力(centripetal)	离心力(centrifugal)
市场规模效应(market-size effects)	不可流动要素(immobile factors)
厚的劳动力市场(thick labour markets)	地租(land rents)
纯的外部经济(pure external economies)	纯的外部不经济(pure external diseconomies)

资料来源:克鲁格曼(1998)。

实际上,在区域层面土地这种生产要素同样影响着经济活动的空间分布。遗憾的是,现有的新经济的地理文献很少把它纳入到一般均衡的分析中来(Combes,2005)。埃尔普曼(Helpman,1998)首先在中心—外围模型的基础上,把住房当作一种产品纳入到消费者的效用函数中。他假定住房作为一种产品在地区之间是不能流动的,因此作为一种离心力而存在。当制造业产品之间的替代弹性较大而且住房消费在消费者的消费中占较大份额时,不管运输成本大小,市场规模效应都小于住房成本带来的分散力,经济活动都是分散的;当产品的替代性较小,而且住房的份额较小时,在运输成本较高的条件下,市场规模效应大于住房成本带来的分散力,经济活动集聚,而在运输成本较低的条件下,市场规模效应小于住房成本,经济活动分散。

但是埃尔普曼(Helpman,1998)的模型只分析了与土地相关的住房供给在集聚中的作用,并没有直接对土地进行分析。实际上,土地作为一种固定生产要素,对它密集的使用会带来地租的上升。这种上升会导致企业生产成本的增加。在埃尔普曼(Helpman,1998)的基础上,弗鲁戈和田渊(Pflüger and Tabuchi,2010)把土地作为一种生产要素纳入到新经济地理学的分析中,在他们的模型当中,土地既可以用于提供住房供给,也可以作为生产要素直接进入企业的生产函数。结果发现,当考虑土地作为一种生产要素时,随着运输成本的下降产业集聚呈倒"U"型变化趋势。当运输成本较高时,集聚的离心力大于向心力,产业分散分布在两个地区;当运输成本下降时,集聚的向心力大于离心力,部分而不是全部产业会集中到一个地区,这是因为土地作为一种固定的生产要素,其价格上

---

① 克鲁格曼(1991a)假定农业劳动力是不流动的,满足农业劳动力的需求构成了经济活动集聚的离心力;维纳布尔斯(1996)则假定劳动力在国际之间是不能流动的,满足各地区之间的市场需求构成了集聚的离心力。

升阻碍了经济活动的进一步集聚；当运输成本进一步下降时，依赖于市场规模效应的向心力会下降，而依赖于土地价格的离心力的会上升，这时产业又会分散。

2.2.5 产业集聚：经验研究的方法

产业集聚现象在世界范围内大量存在，在对产业集聚的研究中，不仅理论上出现了大量的理论观点，诸如资本流动模型（Martin and Rogers，1995）、企业家流动模型（Ottaviano，1996；Forslid，1999；Forslid and Ottaviano，2002）、城市经济理论模型（Fujita et al.，1999）等。作为当前区位理论的主流与核心，新经济地理学由于其模型比较复杂，往往需要依靠计算机模拟来看两个变量之间的关系，因此，在经验研究方面，对产业集聚的研究在理论上还远没有成熟，目前还没有找到比较成熟的方法来验证新经济地理学的框架。虽然如此，经济学家们还是构建了一些指标和方法来度量产业集聚及其经济绩效。这里介绍的是研究产业集聚的几种主要的方法。

1. 赫芬达尔指数

Herfindahl-Hirschman Index，简称 HHI，是测量产业集中度的综合指数，指的是各市场竞争主体所占行业总收入或总资产百分比的平方和，用来计量市场份额的变化。其计算公式为：

$$H = \sum_{i=1}^{n} S_i^2 = \sum_{i=1}^{n} (x_i/X)^2$$

其中，X 代表产业或全部产业总销售（产值、增加值）；x_i 代表 i 企业或产业的销售（产值、增加值）规模；n 代表企业数或产业数，H 指数越小，则产业市场集聚程度越小；反之，说明产业市场集聚程度越大。如果 $H=1$，则意味着该产业销售（产值、增加值）集中在一个企业，如果 $H=0$，则意味该产业有无数个规模相似的企业，类似于完全竞争市场的情况。

2. 空间基尼系数

空间基尼系数是把收入分配领域中对不平等的测算方法运用空间经济分析中，用来度量空间经济分布的不均等。很多经济学家都用这个指数来度量产业的集聚程度，诸如文玫（2004）、艾金杰和汉斯伯格（Aiginger and Hansberg，2006）等。空间基尼系数的计算公式为：

$$G = \frac{1}{2n^2 \bar{s}_k} \sum_{i=1}^{n} \sum_{j=1}^{n} |s_{ki} - s_{kj}|$$

其中，s_{ki} 和 s_{kj} 是地区 i、j 在产业 k 中所占的份额；n 是地区个数；$\bar{s}_k$ 是各地区在产业 k 中所占比例的均值。显然，当一个行业完全均匀地分布在所有地区时，G 值为 0，而当一个行业完全集中在一个地区，则 G 值为 1。这样，基尼系数的上升意味着产业集中度的上升。

3. 区位商

区位商是用来度量一个地区某一产业的相对专业化程度。其计算公式为：

$$L_{ij} = \frac{q_{ij}/q_j}{q_i/q_c}$$

其中，q_{ij} 表示地区 j 产业 i 的产值；q_j 表示地区 j 的工业总产值；q_i 表示行业 i 的全国总产值；q_c 表示全国工业总产值。可见，区位商可以测度一个地区的产业结构与全国平均水平的差异，从而揭示一个地区在特定行业上的专业化水平。区位商越高，表示地区 j 在产业 i 上的专业化优势越明显，反之则反是。

4. 产业中心值

产业中心值是由全斯塔路等（Traistaru et al., 2003）在研究欧洲的专业化和集中化时提出的一种指数，其优点在于考虑到了距离在产业集聚中的作用。

$$C = \frac{1}{N}\left(\sum_j \frac{\sum_j s_j^k}{\delta_{ij}} + \frac{\sum_i s_i^k}{\delta_{ii}}\right)$$

其中，k 为产业数量；N 为地区数量；s_i^k、s_j^k 为第 i、j 地区的第 k 产业产值占全国该行业产值的比例；δ_{ij} 为地区首府 i、j 之间的直线距离；δ_{ii} 为地区 i 的区内距离，计算公式为 $\frac{1}{3}\left(\frac{\text{area}_i}{\pi}\right)^{0.5}$。该值越大，越接近于 1 表示产业集聚程度越高。

5. EG 指数

埃利森和格莱泽（Ellison and Glaeser, 1997）定义了一个总体地理集中度指数 $G = \sum_i (s_i - x_i)^2$，其中 s_i 代表某产业 i 地区就业占该产业全国就业人数的比例；x_i 代表 i 地区全部就业占全国总就业的比例，然后，证明了 G 的期望值为：

$$E(G) = \left(1 - \sum_i x_i^2\right) H_E$$

H_E 为赫芬达尔指数,得到:

$$\gamma_{EG} = \frac{\frac{\sum_i (s_i - x_i)^2}{\left(1 - \sum_i x_i^2\right)} - H_E}{1 - H_E}$$

在此基础上,莫雷尔和赛迪洛特(Maurel and Sédillot,1999)考虑了企业定位中的企业规模因素,得到:

$$\gamma_{MS} = \frac{\frac{\sum_i s_i^2 - \sum_i x_i^2}{\left(1 - \sum_i x_i^2\right)} - H_E}{1 - H_E}$$

EG 指数区分了企业随机集中和由于外部性和自然优势共享产生的集中,控制了区域规模和市场集中度的影响,具有更明确的地理含义,弥补了区域基尼系数的缺陷,适合于各区域层次和产业层次(2-SIC、3-SIC、4-SIC)的分析。

6. 杜兰顿—奥弗曼(Duranton-Overman)指数

杜兰顿和奥弗曼(Duranton and Overman,2005)提出,度量产业集聚的系数应该满足:一是产业间可比;二是能够控制整体经济的集聚程度;三是地理空间的差异与产业分类的差异不会影响系数的估计值;四是能够控制产业的集中程度;五是能够进行估计结果的显著性检验。基于此,他们提出了一种测度方法。这一方法具体做法是:

第一步,选择观察对象。确定相对阈值,让后按照企业的就业人数规模对企业进行排序,确保 90% 的就业人数在被考察的范围内。

第二步,估计 Kernel 密度。i 产业中有 n 个企业,计算每两个企业的欧几里得距离,共有 $\frac{n(n-1)}{2}$ 个距离,在任意一点 d,双边距离密度估计是:

$$\hat{K}(d) = \frac{1}{n(n-1)h} \sum_{i=1}^{n-1} \sum_{j=i+1}^{n} f\left(\frac{d - d_{i,j}}{h}\right)$$

其中,$d_{i,j}$ 表示企业 i 和 j 的欧几里得距离;h 是窗宽;f 是 Kernel 密度函数。

第三步,构造虚拟产业和企业,从所有地区中随机选择区位,构造虚拟企业,在计算双边距离集。

第四步,构造产业内集中和分散系数。

2.3 经济发展与地区差距

自20世纪80年代以来，虽然中国经济获得了长期的高增长，但经济增长在各个地区之间呈现出非一致性以及因此造成的地区之间的收入差距日益成为政府、学者和公众关心的重要问题。尽管学者们对地区之间的收入差距的程度存在争论，但这种非一致性对中国后续的经济增长乃至社会发展都产生了严重的负面影响已是学界的共识。综合起来，现有对地区间收入差距的研究主要集中在两个方面：一是收入差距的实证分析，即采取各种指标和方法来刻画中国的收入差距；二是地区间收入差距的理论解释，即地区间收入差距产生的原因分析。

2.3.1 中国地区差距的演变：经验研究

对中国地区差距的关注是从实证分析开始的，实证分析目前是对中国地区差距研究的主要形式[①]。由于中国国土面积大，地区之间的经济增长很不平衡，因此，从客观上来说，需要一些研究从实证的角度来准确地刻画中国地区之间的收入差距，这是对地区差距这一问题研究的起点。但是，由于在发展经济学与增长理论中对研究收入差距的变量和方法很多，各种变量和方法对样本的要求也各不相同，因此，采用这些方法对中国地区收入差距的研究往往会得出不同的结论。正是因为这样，经济学界对中国地区间收入差距产生了持久的争论。

1. 收入差距度量指标及其分解

基尼系数、EG指数和泰尔指数是目前用来研究和度量我国地区收入差距的主要指标和方法。由于基尼系数和泰尔指数可以进一步分解，学者们用这两个指标来观察地区差距的演变和经济收敛的趋势。林毅夫等（1998）是较早利用泰尔指数分解方法来观察改革开放以来中国区域之间的收入差距变化的。他们研究表明，1978～1995年间，中国东部地区的内部差距对总体差距的贡献由1978年的26.64%下降为22.86%，而中部内部由13.06%下降到12.53%，西部内部则由13.15%下降到12.88%，但东中西部之间的差距对总体差距贡献则由1978年

---

① 张吉鹏、吴桂英（2004）对中国是地区差距的研究方法和成因做了综述。

的 46.95% 上升为 1995 年的 51.72%。中东西部之间的收入差距增大了。同是采用泰尔指数分解法，范剑勇和朱国林（2002）的研究结论与林毅夫等（1998）有所不同，他们研究发现，1978~1999 年间东、中、西部区域之间的收入差距由 37.75% 上升为 70.01%，而东部内部之间的收入差距则由 52.22% 下降到 25.5%，而中部内部由 6.2% 下降到 1.65%，西部则由 4.01% 下降到 2.84%，中国的区域之间的收入差距呈现出"俱乐部"收敛的态势，区域内部的收入差距在缩小，而区域之间的收入差距在扩大。许召元、李善同（2006）用 1990 年不变价测算了 1978~2004 年的基尼系数，研究发现 1978~1990 年间，基尼系数由 0.359 下降到 0.227，而 1991~2003 年间，基尼系数不断扩大，由 0.227 上升到 0.35，而 2004 年则由 0.35 下降到 0.34。坎博和张（Kanbur and Zhang，2003）采用了 1952~2000 年间中国 28 个省的城市和农村的真实人均消费数据，计算全国的真实人均消费的基尼系数和 EG 指数，结果显示，1984 年以来，中国的真实的人均消费基尼系数与 EG 指数都是在上升的。这些研究无一例外地表明，改革开放以来中国的地区差距加大了。

2. 经济增长方面的实证研究

中国经济保持了 30 年的高增长，创造了世界经济增长历史上的奇迹，从总体上而言，中国的经济增长效果是显著的，但考虑到中国各地的人文地理条件、产业结构、市场化程度、经济自由化程度和城市化程度的不同，中国的经济增长是否能带来地区之间人均收入的收敛，不同的研究得出了不同的结论。一些研究，如蔡昉和都阳（2002）、沈坤荣和马俊（2002）发现中国的经济增长"俱乐部收敛"的特征不显著，在东中西部内部，产出具有明显的集聚现象，而且存在着条件收敛的特征，具有相同人力资本和开放程度的省区的经济增长呈收敛趋势。另外一些研究认为，在改革开放的不同阶段，中国区域的经济增长是收敛趋势是不一样的，在 1990 年以前，中国省际经济增长存在着绝对收敛或至少存在条件收敛，而 1990 年以后，收敛的条件不存在，经济增长呈现发散趋势（林毅夫、刘明兴，2003）。另一些研究（Dayal-Gulati and Husain，2000；Démurger et al.，2002）把中国的区域划分得更细，从而得出了与上述文献不同的结论，他们把中国划分为华北、东北、沿海、东南和西部五个区域，并发现中国跨省的经济增长呈"俱乐部收敛"的态势，而这种结论在徐现祥和舒元（2004）的研究中也得了证实。但是，一些研究也表明，2000 年以来，地区收入差距的增速有缩小的趋势，地区之间的收敛是存在的（许召元、李善同，2006）。

从上面两个方面的研究可知，对中国地区间收入差距的实证研究的争议来自于选取样本的差异和研究方法的不同。无论是采用基尼系数、变异系数和泰尔指数的方法来直接度量，还是经济增长收敛性的视角来审视中国地区间的收入差距，改革开放以来，中国地区间的收入差距扩大是不争的事实。

2.3.2 地区差距的理论解释

按照刘夏明等（2004）的归纳，在研究区域经济的理论中，存在三种影响较大的理论：扩散效应理论（trick-down approach）、累积因果循环理论（cumulative causation model），这一理论主要来源于缪尔达尔（Myrda，1957）和赫希曼（Hirschman，1958）和区域的经济增长理论（economic growth theory）[①]。前两种理论主要强调需求的作用，后一种则主要强调供给的作用。扩散理论认为经济发展的资金应该首先投放到局部的某个区域，等这个区域发展到一定程度后，它就会对其他地区产生需求，从而对这些地区产生辐射和扩散，最终带动其他地区发展，等该地区的土地和人工成本上升时，地区之间的收入差距就会缩小。但是，现实中往往存在着报酬递增的现象，即要素投放到某一地区使得这一地区的需求扩大，这一地区的需求扩大又进一步要求扩大投入，如此累积循环会使得地区之间的收入差距变得越来越大，这正是累积因果循环理论的逻辑。区域的经济增长理论认为，各地的要素禀赋、人力资本结构和政策因素不同会导致区域间经济增长的速度不同，经济增长率的差异在一定程度上会使得区域间的人均收入差距越来越大。

由于中国现有的经济制度脱胎于传统的计划经济体制，学者对中国区域收入差距扩大的解释往往带有制度分析的色彩，这其中最有影响的当属林毅夫等（1998）的经济发展战略解释。林毅夫等（1998）认为，中国计划经济时期选择的重工业化优先发展的战略，使得很多企业的配置与比较优势相背离，改革开放以来，东部率先发展的战略使得东部地区的省区依据靠近市场和优先发展的政策等有利条件迅速兴起了一批符合比较优势的企业，而原有的国有企业也纷纷转型，从而经济得到迅速的发展，相比之下，中西部的大部分省区仍然依赖于计划经济遗留下来的国有企业，加上地理优势的相对劣势，经济增长相对缓慢，从而区域之间的经济差距不断扩大。但是，德莫格等（Démurger et al.，2002）研究发现，尽管地理因素和偏向政策因素对沿海地区经济增长的贡献大小相同，但地理因素的影响往往落后于政策因素。如果说发展战略和偏向发现的政策是影响收入差距的主要因素，那么在20世纪90年代后期的平衡发展政策应该对区域间的收入差距起到平衡作用，但事实上这些政策收效甚微，区域间的收入差距在进一

[①] 三种理论的详细内容请见刘夏明、魏英琪和李国平（2004）对中国地区差距的理论综述。

步扩大。

另外一些的理论从对外开放和地理优势的角度来分析中国区域间的收入差距。德莫格等（Démurger et al., 2002）认为，地理优势和由此获得的优惠政策是决定区域差距的两大因素，正是由于东部沿海地区靠近国际市场，从而获得了先发展的优惠政策。反过来，由于东部沿海先发展，外商投资企业所创造的集聚效应使得沿海的乡镇企业发展快于内陆省区。地理优势和由此带来的偏向政策与户籍制度下的劳动力市场分割和金融市场的发育滞后共同造成了中国区域间收入差距的扩大。张和张（Zhang and Zhang, 2003）沿着扩散效应理论的路径，认为中国区域差距来源于国际贸易和FDI两大因素。他认为国际贸易和FDI都集中在中国的东部沿海各省区。而这些省区凭着自己低廉的劳动力成本、较好的基础设施和与海外华人的密切联系先发展起来，这种发展并不以牺牲别的地方发展为代价，因而对整个经济的发展是有利的。事实上，东部地区的发展依赖于优惠政策，从另一个角度来说，这种偏向政策在一定程度了牺牲了内陆的发展，而且随着东部发展起来以后，其对中西部的扩散效应和外溢效应并不足以缩小它们之间的区域差距。

还有一些文献从政策或博弈的角度分析了中国区域差距。杨（Young, 2000）认为渐进式改革的路径使得中国各省区之间为了追求各自的利益而使得产业同构的现象严重，产业同构又使得有的省区的企业缺乏比较优势，从而失去效率。陆铭和陈钊（2009）认为正是各省区地方保护主义使得中国的经济发展失去了国内规模经济的优势。这一结论在庞塞特（Poncet, 2002, 2003）中的研究得到了证实，庞塞特（Poncet, 2003）研究指出，中国省区之间的贸易壁垒大致与欧盟内部各成员国之间相同。蔡昉和都阳（2000）从人力资本的角度来解释了中国的区域差距。但是，人力资本的增长往往具有内生性，因此，与其说人力资本是收入差距产生的原因，不如说是其带来的结果。

范剑勇（2004，2008）试图从新经济地理学的视角来分析中国地区差距的问题。他从垄断竞争的分析范式出发，把报酬递增与运输成本和需求结合起来分析。分析发现地区差距在产业结构上是由于第二产业产值偏高并整体向东部沿海地区集聚所致。黄玖立（2009）在范剑勇（2004）的基础上加入了国际贸易的因素，分析表明，在劳动力自由流动的条件下，对外贸易天然的地理优势和各种政策优惠和倾斜导致了产业越来越集中在中国的东部沿海地区并导致了地区差距的扩大。

诚然，地理优势和贸易自由化确实是影响中国区域差距的重要因素。在全球化的今天，资本的流动日益频繁，不可流动的要素在经济发展的过程中变得越来越重要，由此带来的经济地方化的发展趋势也越来越明显，因此，在贸易自由和资本全球化加深的同时，经济发展越来越依赖于地理位置、制度因素等不可流动的要素。现有的研究虽然注意到了这些因素在经济发展过程中的重要性，但鲜有文献对地理优势、对外开放和政策如何相互作用，又如何作用于中国经济发展，造成目前区域收入差距扩大进行分析[①]。政策因素和人力资本往往具有内生性，因此，这些分析并不能对中国收入差距的扩大给出一个比较完整的系统的解释。

2.3.3 地区差距动态变化理论

如果把区域的收入差距的变化看作是整个经济发展的一个视角，则区域间的收入差距的变化包含了丰富的发展经济学的内涵，库兹涅茨（Kuznets，1955）最为著名的贡献就是给经济发展的各阶段的收入差距做出了令人信服的判断和理论解释。威廉姆森（Williamson，1965）则把库兹涅茨的理论运用于区域之间的分析，结果表明，随着经济的发展，区域之间的差距也呈先扩大后缩小的趋势。如果用工资率来代表人均收入差距，刘易斯（Lewis，1954）的二元经济理论对起飞阶段经济结构的变迁进行了清晰的刻画。

1. 库兹涅茨的倒"U"型假说

对于收入分配和经济增长的关系论述影响最为深远的当属库兹涅茨提出的收入分配和经济增长呈倒"U"型关系的假说。1955年，库兹涅茨在美国经济协会上发表了著名的《经济增长与收入不公平》的就职演说，对经济增长与收入分配之间的动态关系提出了创见性的分析。他根据处于经济增长的早期阶段的普鲁士（1854~1875），处于经济发展后期阶段的美国、英国和德国萨克森地区（1880~1950）收入的统计资料，提出了随着经济发展，收入差距先扩大、后缩小的趋势，他认为"收入分配不平等的长期趋势可以假设为：在前工业文明向工业文明过渡的经济增长早期阶段迅速扩大，而后是短暂稳定，然后在增长的后期逐渐缩小"（Kuznets，1955）。这一假说的提出对收入分配的研究产生了重要影响，成为发展经济学和经济史收入分配研究的核心。

库兹涅茨倒"U"型假说是工业化过程中收入分配与经济增长的一般关系总结，由于其简洁，假设条件少而受到欢迎和采用。但是，其实用性却存在着广泛的争议，一些学者的研究结论证实了该假说，如巴罗（Barro，2000）根据84个国家的面板数据得出了类似倒"U"型的库兹涅茨曲线，王亚芬等（2007）发现我国发达地区的收入分配呈倒"U"型规律，但城镇内部的收入差距还在进一步

---

① 在这方面黄玖立（2009）对此作了尝试性的研究。

扩大。但另一些研究却对倒"U"型假说提出了质疑,格鲁斯曼(Grossman,2001)运用戈特沙尔克和斯米丁(Gottschalk and Smeeding, 1997)提供的OECD19个国家数据绘制了图形,结果显示,收入分配的基尼系数与人均GDP之间呈"U"型关系,而非倒"U"型关系。在国内,是否存在倒"U"型假说,也存在着广泛的争议(钱敏泽,2007),这些争议可能忽略了库兹涅茨假说的约束条件和实用性,从而得出了各自不同的结论。

库兹涅茨倒"U"型假说是对一个国家和地区收入分配随经济增长的变化而变动的总体趋势的判断,没有直接提及区域之间横向关系的变化。在研究中,我们会发现一个大国的内部发展往往是不平衡的,这种现象在中国最为明显,中国幅员辽阔,各省区经济发展的历史条件、资源禀赋和地理条件各不相同,那么,从一个国家内部各地区来看,经济发展与收入差距之间的关系是否也是一种先拉大后缩小的关系呢?这就不得不提到威廉姆森(Williamson, 1965)的贡献。

2. 威廉姆森的倒"U"型理论

美国经济学家威廉姆森(Williamson, 1965)从地区的视角来观察收入差距随经济发展的动态变化,提出了著名的威廉姆森倒"U"型假说。在库兹涅茨的基础上,威廉姆森(Williamson, 1965)从时间序列和截面两个维度来分析区域差距与经济发展的变化情况。他运用英格兰东部长达110年的统计资料,同时根据24个国家的截面统计资料进行了"剖面和时间序列分析",得出随着国家经济发展,区域间增长差异是倒"U"型变化的结论。在经济发展的初期,随着总体经济的增长,区域之间经济发展的差异会扩大,然后区域差距保持稳定,随着经济的进一步发展,区域差距会逐渐缩小。

威廉姆森认为至少四个方面的因素导致地区收入差距随经济增长呈倒"U"型变化。第一是地区之间的劳动力迁移。在经济发展的初期,由于交通运输条件落后,劳动力的迁移成本很高,大规模的劳动力迁移不会发生。那些具有较高的人力资本和良好企业家精神的劳动力开始迁移。随着经济的进一步发展,交通运输成本下降,劳动力迁移的成本也会下降,大规模的劳动力迁移发生,与此同时,发达地区的劳动力市场也渐趋饱和。随着经济的进一步发展,部分劳动力开始回流到迁出区。第二是资金的流向。在发展的初期,由于发达地区存在集聚的外部经济,不发达地区市场不健全和缺乏企业家精神,因此资金会流向发达地区,随着资金在发达地区的边际收益率递减,全国统一市场的建立,资金开始流向不发达地区。第三是国家政策的选择。在经济发展的初期,国家会集中人力、物力、财力和提供各项优惠政策去发展基础条件较好的地区,优先发展部分地区是当时国家的最优选择。当经济发展到一定阶段时,国家发展目标由经济发展将转向社会全面发展。这时,国家投资将转向于不发达区域,并出台相关政策引导产业向不发达区域转移,以实现区域均衡协调发展。第四是地区之间沟通渠道的改善。在经济发展的初期,由于市场分割严重,各地沟通渠道单一,发达地区的技术、信息等对不发达地区的影响是很有限的。随着经济沟通渠道的改善,发达地区对不发达地区的扩散效应增大,从而导致地区之间的收入差距会缩小。

区域差距随经济增长动态变化一直是区域经济理论中有争议的话题。威廉姆森的倒"U"型理论则明确表现,随着经济的不断发展,地区差距会呈现出先变大后缩小的趋势。通过纵向和横向的数据分析,这一理论得到了较好的验证。但是,这一理论也有其明显的缺陷,如没有明确理论所指的区域是什么范围,使得不同学者在研究中得到了不同的结论,如巴罗(Barro,1991)和索罗(Solow,1956)的研究得出了穷国的增长率快于富国,经济增长率最终收敛的结论,而鲍莫尔(Baumol,1986)和狄龙(DeLong,1988)先后利用22个国家1870~1979年间的人均收入增长率与1870年人均收入水平进行相关分析,结果证明"一国的增长率与人均GDP之间并不存在系统的关系"。另外,这一理论也没有考虑到技术进步和报酬递增的作用。

3. 二元经济理论

与库兹涅茨同时期的发展经济学家刘易斯(Lewis,1954)提出了工业化阶段现代部门和传统部门的互动推动经济发展的二元经济模型也同样影响深远。该理论明确地提出了各国经济发展都面临的一个阶段,即社会是既存在大量的落后部门又存在少量的现代部门的"二元经济",传统部门劳动的边际生产力为负或零,而现代部门则为正,从而现代部门与传统部门之间存在着工资差异会导致劳动力由传统部门流向现代部门,直到两个部门的边际工资率相等。刘易斯这种划分在很大程度上符合发展中国家"传统与现代"经济并存的实际,讨论发展中国家最为关心的如何实现"经济现代化"问题,因而被广泛地用于分析发展中国家经济发展的问题。

二元经济理论实际上与后来经济增长理论如出一辙,它把经济发展看作是传统部门不断萎缩,而现代部门不断扩张的过程,传统部门为现代部门提供了劳动力,廉价的劳动力为先进部门提供了利润,增加了整个社会的储蓄,从而促进了投资的增加。从收入分配的角度来看,二元经济理论实际上是承认经济发展的初期收入的差距会促使劳动力跨部门流动,当经济发展到一定程度,社会中经济的二元结构不明显或消失后,经济社会中的工资差异会消失,从而收入差距也趋向平均。与库兹涅茨不同的是,二元经济理论揭示了收入差距与经济发展的机理,即劳动力的跨部门流动。这种流动不仅使得先进部门在整个社会经济中的份额增加,同时也带来了城市化和需求偏好的改变,从而推动了整个社会结构的变化。

总体而言,无论是库兹涅茨的倒"U"型假说,还是威廉姆森的倒"U"型理论,还是刘易斯的二元经济理论,它们都没有把空间的概念纳入经济发展的分析框架中去。劳动力流动在刘易斯的理论中是跨部门流动的,但现实中,劳动力在跨部门流动的同时,也进行了区位的转移,如在墨西哥、印度等国家大量的移民涌入城市,改革开放以来中国跨地区的劳动力流动达1.5亿以上①,因此,后来的经济学家把刘易斯的二元经济理论同新经济地理学结合起来,从空间的角度来说明了劳动力流动带来的经济发展和区域差异(Murata,2002,2008)。在经济发展地方化和城市化发展越来越迅速的今天,从空间的角度来观察经济发展将是一个新的视角。

2.4 经济发展过程中的产业集聚

从经济发展的角度来看,劳动力的流动既是跨部门,同时又是跨空间的。劳动力是从农业部门流向工业部门、从农村走向城市的。这种流动既包含了要素重新配置带来效率提高的含义,同时又包含了产业集聚与专业化带来效率提高含义。伴随着经济的全球化,集聚经济和城市经济成为了经济发展的主要形式,一方面一个国家和地区的产业越来越集中在少数的几个区域,地区之间的经济发展不平衡加剧,另一方面,新的都市圈和城市群不断的出现,成为新的经济增长极(世界银行,2009)。由于报酬递增的作用,劳动力的转移既是企业需求的结果,同时也为企业创造了需求,从而形成集聚。新经济地理理论把要素流动与贸易统一放入垄断竞争的框架中分析,清晰地揭示了产业之间集聚的机制,得出了随着运输成本下降,产业会出现先集聚后扩散的趋势的结论,但把这一框架放入经济发展学的视角去分析时需要考虑到需求结构的变化。

2.4.1 集聚与专业化的动态经验研究

在克鲁格曼(1991a,1993)的模型中,集聚与专业化是同步进行的,随着

---

① 蔡昉等:《中国工业重新配置与劳动力流动趋势》,载《中国工业经济》2009年第8期,第5~16页。

运输成本的降低，产业集聚同时也带来了专业化，然而，随着运输成本的进一步下降，产业会走向扩散，随着运输成本的不断下降，产业集聚呈倒"U"型变化。随后的一些研究也发现（如 Kim，1995），随着运输成本的下降，专业化呈先上升和下降的趋势。在这些研究中，作者认为产业集聚与专业化即使不是同一的经济现象，两者也有密切的联系。然而，另一方面克鲁格曼（Krugman，1991a，1993）又对欧盟一体化形成中心—外围结构后各成员国之间的收入差距是否能够收敛表示担心，认为产业集聚并不能必然缩小收入差距。如果产业集聚能与专业化同步进行，则两地的人均收入则是收敛的。显然，在中心—外围模型中，克鲁格曼忽视了集中与专业化的区别①。

很多经验研究发现，产业的集中化并不必然带来专业化。研究发现，经济活动越来越向北方集聚，南北之间的差距越来越大。按照比较优势理论，通过自由贸易实现的专业化会提高两国的生产率水平，使得两国的要素区域价格均等化，从而使得两国的人均收入水平出现收敛趋势。因此，南北差距不断扩大，而产业却不断地向北方集聚，说明产业集聚并不必然带来专业化，而且在某种程度上说，是产业集聚导致了这种差距的扩大。霍利提（Hallet，2000）研究发现，欧盟一体化的过程中，中心地区的经济活动增加了外围地区的成本，从而使得各国的收入差距有扩大的趋势。艾金杰和戴维斯（Aiginger and Davies，2004）发现近 15 年来，欧盟内部各成员国的专业化程度是不断上升的，而集中化则是不断下降的，产业的扩散伴随着专业化的加深，艾金杰和汉斯伯格（Aiginger and Rossi-Hansberg，2006）在他们的基础上，运用欧盟各成员国和美国的数据研究发现，随着运输成本的下降，欧盟内部和美国各州的专业化都是不断上升的，而产业的集聚水平却呈现先上升后下降的趋势。这些经验研究表明，产业集聚与专业化是两个不同的经济现象，虽然这两种经济现象有着密切的联系，但它们随着运输成本变化的变动方向是不相同的。

2.4.2　产业集聚的两个阶段

阿西莫格鲁和瑞里波提（Acemoglu and Zilibotti，1997）认为从增长的角度

---

① 中心—外围模型（Krugman，1991b）之所以无法说明产业集聚与专业化的差异，关键在于其模型设定存在两个部门（工业部门和农业部门）和两种劳动力（工业劳动力和农业劳动力），在工业劳动力可以自由流动，而农业劳动力不可以自由流动的假设下，要素流动和贸易同时带来的专业化和集聚，这里说的集聚是工业部门的集中，而专业化是形成中心—外围，是工业部门和农业部门在空间区位上的分工，核心区生产工业产品并进口农产品，而外围区生产农业产品。因此，在这种条件下，专业化总是和集聚是同一的。其实，就专业化而言，关注工业部门与农业部门之间的分工是没有意义的，专业化应该是工业部门内部生产按照各自优势进行配置的结果。

来看，投资是由专业化走向多样化的，这是投资者规避风险的结果。虽然他们的分析说明了随着经济的发展产业由专业化走向多样化的发展趋势，但他们没有直接分析产业的变化。艾博斯和瓦拉格（Imbs and Wacziarg，2003）运用跨国数据研究发现，各国在经济发展过程中，其专业化程度与人均收入呈倒"U"型关系，在经济发展的初期，随着人均收入的提高，其专业化的程度是下降的，经济发展呈多样化状态，当人均收入进一步上升时，专业化程度又会上升，经济发展呈专业化状态。但是，这些分析都没有把产业的空间分布与专业化和多样化结合起来分析。卢卡斯和汉斯伯格（Lucas and Rossi-Hansberg，2002）以及汉斯伯格（Rossi-Hansberg，2005）从城市经济学的视角，运用生产的外部性而非金钱的外部性构建了一个空间贸易理论模型。这一模型把贸易、要素流动和报酬递增置于同一框架中分析了集聚与专业化的形态。

汉斯伯格（Rossi-Hansberg，2005）把土地作为一种生产要素纳入生产函数的分析中，并把生产的外部性看作是产业集聚的来源。他认为，在存在集聚效应的条件下，土地成本与运输成本之间的权衡决定了产业的空间分布。他假定生产的空间是线性和连续的，社会中存在两个经济部门（最终产品生产部门和中间产品生产部门）以及两种要素（土地和劳动力），生产中间产品需要土地和劳动力两种投入，而生产最终产品则需要土地、劳动力和中间产品三种投入，消费者只消费最终产品。在完全竞争的市场条件下，当中间产品的相对价格高于一个临界价格时，这个地区专业化生产中间产品，反之，则生产最终产品，当中间产品的相对价格等于临界价格时，这个地区就生产两种产品。在劳动力自由流动的条件下[①]，生产外部性带来的集聚效应与运输成本之间的力量对比会构成不同地区之间的专业化水平。同类企业集中生产一种产品可以获得生产外部性带来的好处，但却要远离其供应商[②]，在中间产品与最终产品的运输都存在成本的情况下，远离供应商会增加企业生产成本。当两地的运输成本很高时，生产外部性带来的集聚效应小于运输成本带来的高成本效应，这时候一个地区既生产最终产品又生产中间产品，当运输成本下降时，集聚效应会大于高成本效应，这时该地区会专业化生产某一产品。因此，随着运输成本的下降地区之间的专业化水平会上升。对于企业来说，无论是生产中间产品还是最终产品，运输成本的下降都会使得企业集聚在一起所获得生产外部性带来的报酬递增大于进口产品带来的高价格效应，这时候集聚会发生，某种类型的企业在某一地区的密度会增大，当运输成

[①] 汉斯伯格（2005）假设劳动力在地区（国家）之间的流动会受到限制，在这里我们不考虑这种情况。

[②] 当一个地区专业化生产最终产品时，其需要进口中间产品以进行生产，而当该地区专业化生产中间产品时，其需要进口最终产品以供工人消费。

本进一步下降时，高价格效应变得微不足道，而这时企业密度高的地区面临高的地租，当高地租超过生产外部性带来的报酬递增时，企业就会分散分布，集聚最终会走向扩散。汉斯伯格（Rossi-Hansberg，2005）的模型表明，与中心—外围模型相似，伴随着运输成本的下降，企业集聚呈先集聚后扩山的倒"U"型趋势，地区之间的专业化水平呈不断上升的。

虽然汉斯伯格（Rossi-Hansberg，2005）的分析突破了中心—外围模型把集聚等同于专业化的局限，但他的分析也没有和经济发展结合起来分析[①]，而克鲁格曼和维纳布尔斯（Krugman and Venables，1995）、普加和维纳布尔斯（Puga and Venables，1996）从贸易与运输成本视角来分析了产业集聚与经济发展的关系，但他们的分析是建立在劳动力不流动的基础上的，而产业集聚则通过前向和后向关联来实现。村田（Murata，2005）从空间的视角分析了经济由前工业社会向工业社会转变的过程中，劳动力流动、贸易与产业集聚的关系。他认为，随着运输成本的下降，劳动力由农业部门流向工业部门，随着消费结构的变化，这一过程既是劳动力在部门之间的再配置，同时也是产业集聚的过程，在这一过程中企业家的流动起到了重要作用。村田的分析在一定程度上是重新建构传统发展经济学的理论，他把空间的维度纳入经济发展分析中，因此他的分析也只限于制造业与农业之间的专业化。

如果把贸易、要素流动与报酬递增结合起来考察，那么随着经济发展与分工的深化，产业集聚也呈现出不同的形态。对于一个国家来，最重要的经济变化是从前工业化社会向工业社会的转变。在这一过程中存在着两个显著性的变化：一是劳动力从传统的农业部门大量地转移到现代的工业部门；二是产业结构将遵循配第—克拉克定理发生变化：从以农业部门为主转向以工业部门为主，然后再转为以服务业为主。伴随着劳动力的转移，不仅产业在产值上会发生根本变化，而且在空间分布上也会发生改变，城市化就是这一过程中产业不断集聚的结果。随着经济的进一步发展，市场的扩大会使分工不断深化，在经济发展的初期，伴随着运输成本的下降劳动力的流动带来了城市化的发展，这时候制造业和农业的分工是主要的形式，在城市集中了大量的制造业部门构成集聚的核心区，而在农村则保留的农业部门作为集聚的外围区。地区之间的分工主要体现在制造业和农业上，当经济进一步发展时，运输成本进一步下降，由于不可流动要素价格和拥挤

---

① 克劳斯和汉斯伯格（Klaus and Rossi-Hansberg，2010）对经济发展中的产业集聚进行了分析，但在分析中他区分的是制造业部门和服务业部门，而不是农业部门和制造业部门，分析的是一种后工业化社会的经济发展情况，运用的数据也是美国20世纪80年来以来的数据。普加和维纳布尔斯（1996）从国与国的视角来分析了产业集聚与经济发展的关系，但他们的分析是建立在劳动力不流动的基础上的，而产业集聚则通过上下游的关联来实现。

成本的上升，会导致核心区制造业和服务业以及制造业内部各产业的空间分布出现分化，服务业和能承受高地租的产业会留在核心区，而不能承受高地租的产业会迁到外围区。这也就是克鲁格曼（Krugman, 1991b）所说的扩散阶段，然而从分工深化和动态的角度来看，尽管制造业在整体上空间分布更加均匀了，但核心区集中了能承受高地租的服务业和相关的制造业行业。这时候的产业分工是制造业内部各行业之间分工或制造业与制造业各个环节之间的分工，分工更加深化了。因此，随着运输成本的下降，产业的空间分布是先集聚后下降，但专业化分工是不断深化的。

2.4.3 产业集聚与地区协调的机制

早在 1776 年斯密就对分工与生产率增进之间的关系进行了探讨，而后来的发展经济学，如克拉克（Clark, 1940）、刘易斯（Lewis, 1954）、库兹涅茨（Kuznets, 1966）、钱纳里和赛尔昆（Chenery and Syrquin, 1975）、钱纳里（Chenery, 1988）等从要素报酬的角度来看待经济发展的问题时却往往缺乏对分工进行深入的分析，这一方面可能是因为找不到一种合适的工具来处理分工带来报酬递增的问题；另一方面或许是因为分工的探讨属于国际贸易探讨的范畴，这个议题在发展经济学中被忽略的。虽然发展理论与贸易理论在地区协调发展方面，都把落脚点放在收入水平趋同上，二者对于如何实现地区协调却各有侧重。传统的二元经济理论认为劳动力由传统部门流向现代部门会带来效率的提高，两个部门的工资水平的差异是劳动力流动的主要原因（Clark, 1940; Lewis, 1954）。因此，在二元经济理论的框架下，当传统部门的剩余劳动力转移完毕，两个工资趋同时，地区之间的协调发展就会实现，地区之间的劳动力自由流动是实现地区协调发展的主要手段。贸易理论是从相对劳动生产率的差异和资源禀赋的差异的角度来说明经济体之间的自由交换可以增进社会福利，因为自由贸易可以增进分工，而分工可以获得专业化优势，而两地的专业化在自由贸易的前提下可以实现要素价格的均等化。当两国要素价格实现均等之时，协调发展就会实现。因此，从贸易理论的视角来看，自由贸易是地区协调发展的主要手段。

新经济地理学的模型表示，随着市场制度的不断完善，交通运输条件的改善和通信技术的进步，运输成本的下降会使得产业的空间分布呈先集聚后扩散的"U"型趋势。如果我们把分工、产业集聚和地区差距结合起来，我们认为，区域协调发展的内涵主要包括两个方面：一是收入水平的趋同；二是地区之间实现分工，区域协调发展的目标是收入水平的趋同，而实现这一目标的地手段是地区之间实现分工。因此，判断区域协调发展的指标有两个：一是地区之间的人均收入基尼系数；二是地区之间的产业同构指数。这两个指标可以用来评价区域协调发展的实现程度。当产业空间分布处于集聚阶段时，不均匀的产业分布会带来收入差距的扩大，当产业的空间分布处于扩散阶段时，均匀的产业分布会带来收入差距的缩小，这时分工会进一步深化。

在前工业社会，由于运输成本很高，市场狭小，地区之间的经济联系非常少，经济中既不存在大规模的劳动力流动，也不存在大规模的贸易往来，企业在空间上的分布式分散的，自给自足的发展是这一阶段的主要特点，少数制造业的空间布局多半以各地的自然优势为基础。这时候的地区差距不大，经济发展处于低水平均衡。当现代经济部门得到一定的发展时，交通运输条件相对改善，运输成本下降了，这时，具有自然条件优势的地区，如港口、码头等以及比较优势的地区会首先发展起来。另外，地区之间与部门间的收入水平差距加大从而导致了大规模的劳动力流动发生。由于报酬递增的作用，劳动力的流动既是产业集聚的结果又反过来促进了产业的集聚，产业集聚使地区间分化成中心—外围。这一阶段的分工主要体现在农业与制造业之间，是一种产业间的分工。而制造业内部各行业之间的分工并不明显改善，因此，伴随集聚的发生，这一阶段的区域间的人均收入的基尼系数会变大。当经济进一步发展，交通运输条件进一步改善，运输成本进一步下降时，劳动力流动会减少，由于集聚的向心力和离心力发生了变化，产业会趋于扩散，地区之间大规模的贸易就会发生，这时的分工是制造业内部或者某一行业各个生产环节上的。随着分工范围的不断扩展和深化，地区之间的收入水平进一步缩小，地区协调发展最终实现。

当然，在经济发展的过程中，制度也是影响产业集聚与区域协调的重要因素。政府的区域经济发展战略、体制和对外开放政策等都会影响产业的空间分布和专业化。如果把制度因素和单纯的运输成本结合起来，产业集聚、专业化和地区收入差距之间的关系可能会发生变化。本研究的分析充分考虑到了中国区域经济的发展战略和分权改革的体制，把体制和政策与单纯的运输成本相结合，来分析产业集聚、专业化和地区收入差距之间的关系。

第 3 章

产业集聚与区域发展的历史演变

本章主要观察中国产业集聚与区域发展的过程，目的是为本课题的研究梳理出当前产业集聚与协调发展的历史因素和基础条件。从历史来看，中国区域经济在发展方式上经历了由高度集中的计划向渐进推进的市场的转变，在发展战略上经历了由均衡发展到非均衡发展再到协调发展的过程。因此，本章以 1978 年改革开放为分界点，把新中国成立 60 年的产业与区域发展分为两个阶段，从 1949～1978 年为计划经济体制下的区域发展时期；从 1979 年至现在为经济转型和建立社会主义市场经济体制下的区域发展时期。为了更好地刻画 60 年来发展战略和政策在区域发展过程中的作用，本章在第 1 节首先阐述第一个时期区域发展的政策、产业分布状况和特征，在第 2 节阐述第二个时期区域发展的政策、产业分布以及市场发育对产业布局的影响，在第 3 节综合分析 60 年来产业集聚的特征与影响因素进行分析。

3.1 计划经济体制下的区域经济发展与产业分布

在计划经济体制下，由于不存在真正的企业，一切产业布局都是政府直接主导和参与的结果。政府通过各种项目的方式把各种产业配置在各个地区，产业的布局并不是按照市场规律来进行的，社会目标、国家战略等都是政府布局产业考虑的重要因素。在这 30 年中，由于政府的战略随着不同时期的内外部因素而发生变化，政府的产业布局也发生了多次改变。

3.1.1 国民经济恢复时期（1949~1952年）

新中国成立以来，国民经济得到一定的恢复和发展。即使是在国民经济贫弱的年代，我国沿海和内地经济发展不平衡也已经成为中国经济发展特征之一。根据资源禀赋和地理特征，政府重点发展了东北、华北和华东地区，国民经济恢复迅速，到1952年，东部沿海地区的工业产值和内地工业产值分别增长了1.43倍和1.5倍，沿海地区工业产值占工业总产值的比重有所下降，内地工业产值占工业总产值的比重有所上升。工业布局得到了改善，经济格局已经由原来的以沿海为主，逐步向内地转移。

由表3-1可知，国民经济恢复时期，与中西部一些省份相比，辽宁在全国工业总产值中比重最大，比重为11.86%，其次是黑龙江，所占比重为7.5%，这说明东北地区是国民经济恢复时期的重点区域，而此时的华东和华北地区由于其自然条件优越、靠近原料市场等优势，也得到了一定程度的发展。

表3-1 部分省份工业总产值（1949~1952年） 单位：亿元

年份	工业总产值	黑龙江	吉林	辽宁	山西	四川	贵州	陕西	甘肃	青海	宁夏	河南	湖北	湖南
1949	140	7.53	3.54	11.9	3.73	7.11	2.06	2.86	1.27	0.19	0.13	2.98	4.79	3.18
1950	191	11.08	5.87	23.5	5.47	7.21	2.18	3.28	1.47	0.2	0.14	4.33	6.67	4.15
1951	264	12.6	7.18	31.4	7.31	10.82	2.66	3.83	1.95	0.24	0.17	6.25	8.15	5.82
1952	349	17.88	10.48	45.3	10.78	15.63	3.04	4.95	2.42	0.27	0.2	9.98	9.99	8.19
总计	944	49.09	27.07	112.1	27.29	40.77	9.94	14.92	7.11	0.9	0.64	23.54	29.6	21.34

资料来源：《新中国55年统计资料汇编》。

发展迅速的工矿业，主要集中在东北，这是因为政府将大部分工矿企业的项目集中于东北地区，形成钢铁、电力、煤炭、机械等产业的地区集中，从而形成在中央政策指导下的工矿产业集聚。在以辽宁为中心的东北地区，国家首先投资建设了一批煤炭、电力、钢铁、铝冶炼、机械等重点项目。在1950~1952年开工的17项苏联援建项目中，有13项都集中在东北地区。从工业基建投资来看，1950~1952年全国累计完成的投资总额中，有一半多投到东北地区。同时，国家又逐渐把一些电力、钢铁、机械制造和轻工业企业内迁到东北北部、西北、华北和华东一些靠近市场和原料、燃料产地的地区，以降低成本，从而促进内地落后地区经济发展。这里以煤炭、发电、钢三个典型产业为例，分析这三个产业的集聚情况。

由图3-1可知，东北三省的煤炭产量较高，从1949~1952年辽宁与其他省市相比，从540万吨上升到1176万吨，一直保持产量最高。除了东北三省，河北和陕西的煤炭产量也较高,这是因为这两个地区具有自然资源优势,接近原料产地,靠近市场。而其他地区煤炭产量相对较少,内蒙古在所取样本省市中的比重最小,到1952年才达到75万吨。从全国来看,这五个省份在全国所占的比重大。由此可以判定,东北三省和河北、陕西这些省份,在煤炭资源丰富的地方已经存在着煤炭产业的集聚。

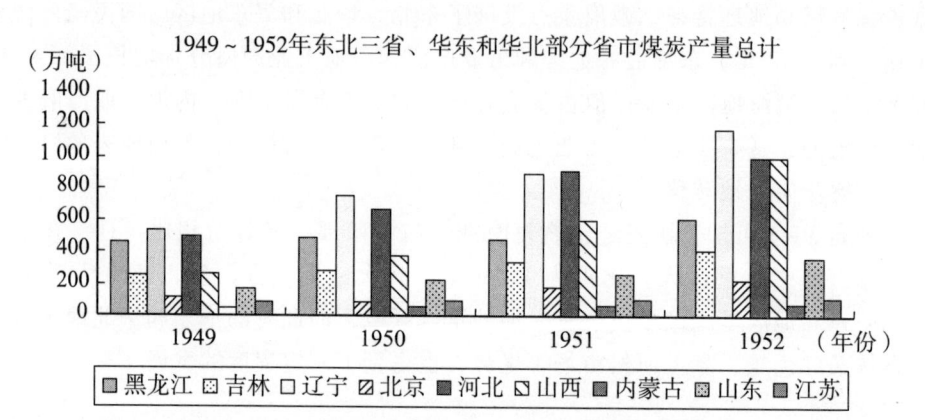

图3-1 东北三省、华东和华北部分省市煤炭产量(1949~1952年)
资料来源:《新中国55年统计资料汇编》。

发电量的增长能够表明工业生产恢复的速度。由图3-2可知,辽宁是这一时期发电量最大的省份,其次是吉林省和黑龙江省。辽宁的发电量从1949年的8.1亿千瓦/时增长到1952年的17.3亿千瓦/时,吉林和黑龙江分别是从1949年1.9亿千瓦/时和7.32亿千瓦/时分别增长到1952年的4.2亿千瓦/时和13.41亿千瓦/时。50年代以辽宁为中心的阜新、抚顺、大连、水丰等发电厂的建立,使东北三省发电厂发展速度加快,促进了工业的较快发展。

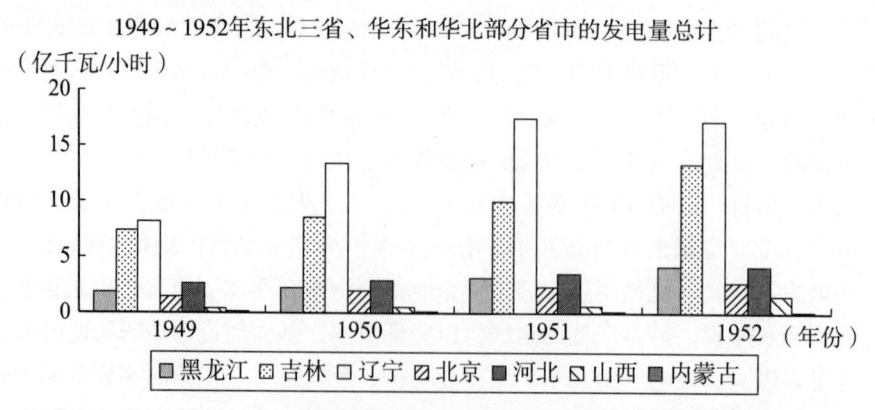

图3-2 东北三省、华东和华北部分省市发电量(1949~1952年)
资料来源:《新中国55年统计资料汇编》。

由图 3-3 可知，1949～1952 年辽宁的钢产量最高，一直占全国钢产量 50%以上的比重。此外，陕西的钢产量较高，从 1949 年的 1.22 万吨到 1952 年的 9.22 万吨增长了近 8 倍。东北和山西的钢产量较高，自然资源基础好，政府给予政策支持，钢产量的不断提高在国民经济恢复时期对工业经济发展起到很大作用。

1949～1952年东北三省、华东和华北部分省市钢产量总计

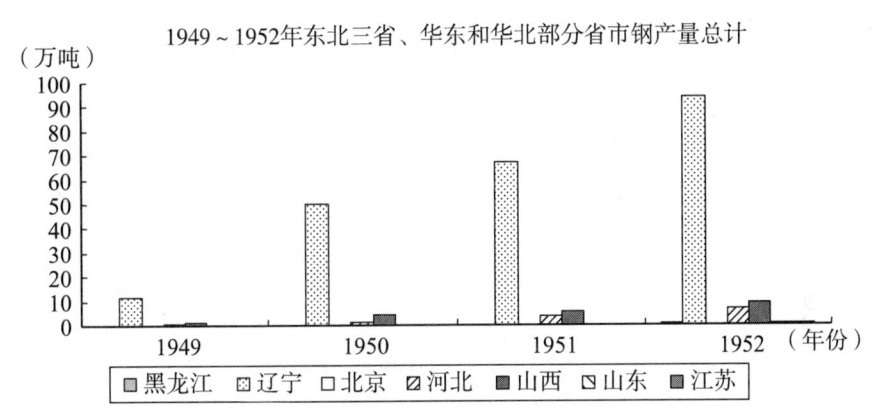

图例：黑龙江　辽宁　北京　河北　山西　山东　江苏

图 3-3　东北三省、华东和华北部分省市钢产量（1949～1952 年）

资料来源：《新中国 55 年统计资料汇编》。

这一时期政府的目标是尽快恢复遭受战争破坏的国民经济。由于战争的威胁没有完全消除，因此在产业政策和产业布局上，政府既兼顾了整体国民经济的恢复，对已经存在的企业和企业主实行了稳定、支持的政策，同时又利用东北具有一定工业基础，是较早解放的大片区，自然资源丰富等特点，也考虑到东北临近苏联，受战争威胁较小等地理优势，把很多产业以项目的方式布局到东北三省，这可以看作是东北工业基地建设的前奏。虽然这一时期的产业布局是根据工业基础、自然资源以及区位等因素综合考虑的结果，但由于政府在制定产业政策和配置工业项目时，并没有按照利润最大化的方式来进行，因此，尽管配置在东北三省的项目中，所属的行业各不相同，产业同构的系数也相对较低，但由于没有市场，企业不能按照市场来配置资源，因此也没有形成有效的分工格局。

3.1.2　第一个五年计划时期（1953～1957 年）

1953 年开始，中央政府制定了第一个五年计划，开始了大规模的经济建设，确定了均衡的区域经济发展战略。在国民经济恢复时期，政府就提出要改变工业布局集中于沿海地区的现状，1950 年的中央财经工业会议就提出"要改变工业生产过分集中于沿海地区不合理倾向"，并明确指出要加强西北、西南地区的铁

路建设。"一五"建设的基本任务是,集中主要力量进行以苏联帮助我国设计的156个建设单位为中心的、由限额以上的694个建设单位组成的工业建设,建立社会主义工业化的初步基础;发展部分集体所有制的农业生产合作社,并发展手工业生产合作社,建立对农业和手工业的社会主义改造的初步基础;基本上把资本主义工商业分别纳入各种形式的国家资本主义的轨道,建立对私营工商业的社会主义改造的基础。

基于国防安全的考虑,工业布局的重心需要从沿海转移到内地。为此,"一五"期间制定的区域经济发展战略是:为逐步改变原有工业布局不合理的状态,适应于"巩固国防的条件",必须积极在内地建立新的工业基地。利用、改造和扩建原来的工业基地,"则是创造新工业基地的一种必要条件。"① (见表3-2) 据统计,苏联援助的156个项目的80%、694个限额以上重点工程的68%分布在内地,1952年国家对沿海和内地的投资占全国投资额的比重分别为43.3%和39.3%(因扣除了全国统一购买的机车辆、船舶、飞机的费用,所以两项相加不等于100,下同),到了1957年,这一比例则分别为41.6%和49.7%,内地比沿海高8个高分点②。

表3-2　　　　　　　　"一五"时期重点工业项目的大区分布

地区	项目数（个）	占全部项目数的百分比（%）
东北	56	37.3
西北	33	22
华北	27	18
中南	18	12
西南	11	7.3
华东	5	3.4

注：在156项原计划中,有4项在"一五"期间没有实施(第二汽车厂、第二拖拉机厂等),二项重复计算,实际施工建设是150项,完成投资近200亿元,单项从1 000多万元到6亿元不等。

资料来源：吴传钧,《中国经济地理》,科学出版社1998年版,第160页。

在1952年上马建设的项目中,以当时的沿海和内地划分(沿海地区包括:辽宁、河北、天津、北京、山东、江苏、上海、安徽、浙江、福建、广东、广

---

① 中共中央文献研究室：《建国以来重要文献选编》第6册,中央文献出版社1993年版,第312页。
② 薄一波,《若干重大决策与事件的回顾》上卷,中共中央党校出版社1991年版,第299页。

西，其余为内地），150 项中沿海占 32 项，只占全部项目的 1/5；国内建设的 694 个项目中，内地占 68%，沿海只占 32%。由于用于沿海工业的改造、扩建、新建的投资少了，老工业基地的作用，特别是以上海为中心的长江三角洲及华北沿海工业的作用、潜力未得到应有的加强和开发，不仅没有大型的原材料项目，而且配套项目也很少，以致沿海地区的工业增长速度低于内地。1952~1957 年，全国工业平均增长 15.5%，其中内地为 17.8%，沿海为 14.4%。

由于政府强调均衡发展，这一时期的产业分布比较分散，除了东部沿海由于战争考虑项目配置较少以外，东北、华北、西北等地上了大量的项目。分散的产业布局中建成一大批工业基地，在政府的统筹安排下，各地的专业化程度也有所加强。但由于缺乏市场，真正的专业化分工并不明显。

3.1.3 "大跃进"与国民经济的调整时期（1958~1965 年）

1957 年下半年，由于"左"倾思想的泛滥，政府经济发展的目标和政策也随之改变。1958 年 5 月的中共八大二次会议，正式通过了"鼓足干劲、力争上游、多快好省地建设社会主义"的总路线。伴随着总路线的提出，中央把很多项目配置的权力下放到地方，并在执行过程中仍然坚持了均衡发展区域经济战略，这体现在中央将全国划分为七大经济协作区，要求各区"尽快地分别建立大型的工业骨干和经济中心，形成若干个具有比较完整的工业体系的经济区域"[①]。在"左"倾错误思想的指导下，虽然在某种程度上仍然坚持了均衡的区域经济发展战略，但中央政府的经济发展战略开始出现紊乱，这主要体现在投资增长过快，地方政府的自主权增多，上马的项目过多。据不完全统计，"二五"计划期间，全国施工的大中小型项目达 21.6 万之多，新建的工业点数以万计，导致了资源巨大的浪费。

1958~1960 年，"大跃进"使得国民经济严重失调，经济发展陷入困境，粮食产量大幅度下降，国民经济遭遇巨大困难。面对这种困境，中央政府开始着手调整"以钢为纲"、全面"跃进"的经济发展政策，在坚持原来均衡的区域经济战略的基础上，把大部分项目审批权上收，与此同时加大了对内地的投资比例，继"二五"时期提高到 53.7% 之后，1963~1965 年内地投资比例又上升到 58%，沿海地区只占 39.4%。在这一时期，建成了一大批工业基地，如武汉和包头的钢铁基地，山西、内蒙古和河南的煤炭基地，兰州的石油化工基地，成都、重庆的机械、钢铁基地。1965 年与 1957 年相比，中西部地区的工业产值占

---

① 中共中央文献研究室：《建国以来重要文献选编》第 11 册，中央文献出版社 1995 年版，第 344 页。

全国工业总产值的比例即由 32.1% 提高到 35%。

这一时期，由于"左"倾错误的干扰，区域经济发展战略一度出现紊乱，导致国民经济比例严重失调，但是我们也看到无论是权力下放还是上收，政府指导经济发展仍然是延续了原来的区域经济平衡发展的战略，只是在"大跃进"期间的权力下放和高指标的确定导致了有序的经济建设中断。从这一时期的统计数据看，政府仍然是把大部分的项目配置在东北和华北、西北三个地区，这体现了政府在制定经济发展战略的同时，既考虑到了区域平衡的问题，同时也考虑导致政治和国家战略的问题。虽然这一时期的项目投资是在平衡的区域经济战略下完成的，但是各地区之间的经济发展差距在一定程度上还是存在，东北、华北由于原来的工业基础好，在"一五"和"二五"期间政府进行了大量的项目配置，因而成为中国主要的工业基地，而西南、东部沿海地区的工业程度远低于前两个地区。这一状态直到"文革"和后来的"三线"建设才有所改变。

3.1.4 "文革"和"三线"建设时期（1966~1977年）

进入 20 世纪 60 年代中后期，中国的周边环境恶化，中苏关系破裂、台海局势紧张，战争威胁加大。出于国防和备战的考虑，中央政府对全国的经济发展与工业布局作出了两项重要的决定：(1)突击进行"三线"建设；(2)进一步强调建立独立的地区工业体系。这两项决定导致了我国工业的空间布局发展了重要变化，这也是新中国成立以来第一次大规模的战略转移。1964 年 8 月，毛泽东在中央书记处会议上两次指出，要准备帝国主义可能发动侵略战争。现在工厂都集中在大城市和沿海地区，不利于备战。各省都要建立自己的战略后方。此会议决定，首先集中力量建设"三线"，在人力、物力、财力上给予保证。第一线能搬迁的项目要搬，明后年不能见效的项目一律缩小规模。1964 年 12 月，根据毛主席指示拟定的"三五"计划设想，确定投资重点要向既不是沿海，也不靠近北方的"大三线"地区转移，重点是四川、贵州、陕西和"三西"地区（豫西、鄂西和湘西），其中特别要加快以攀枝花、酒泉和重庆为中心的工业建设，要将内地建设成为一个部门比较齐全、工农业协调发展的强大战略后方。内地的工业建设要大分散、小集中，不搞大城市，工厂布点要"靠山、分散、隐蔽"，有的要"进洞"等。

如表 3-3 所示，1952~1975 年间，全国基本建设投资配置在沿海的平均为 40%，而配置在内地的平均为 55%，长期以来内地投资比例高于沿海。这种差异在"三五"和"四五"期间表现得更为显著，投资比例分别为 66.8% 和 53.5%，而"三线"地区分别为 52.7% 和 41.1%。产业在"三线"内的布局也存在差异，如表 3-4 所示，投资比例最高的为四川省，为 12.09%，其次为湖北省，为 7.38%，比例最小的为贵州省，为 4.22%，约为四川省投资比例的 1/3。相对而言，东部沿海地区的投资比例相对集中，除了辽宁一省投资比例为 5.13% 以外，其他几省的投资比例都没有超过 3.5%。

表 3-3　　　　全国基本建设在大区域间的分配（1952~1975 年）　　单位：%

时期	沿海	内地	
		总计	其中"三线"地区
"一五"	41.8	47.8	30.6
"二五"	42.3	53.9	36.9
调整时期	39.4	58.0	38.2
"三五"	30.9	66.8	52.7
"四五"	39.4	53.5	41.1
1952~1975 年	40.0	55.0	40.0

注：沿海、内地的数据总计不等于 100，是因为统一购置的运输工具等不分地区的投资未划入地区内。

资料来源：吴传钧，《中国经济地理》，科学出版社 1998 年版，第 162 页。

表 3-4　　　　部分省、市基本建设投资占全国总投资的比例（1969~1972 年）　　单位：%

"三线"地区	占比	沿海地区	占比
四川	12.09	辽宁	5.13
湖北	7.38	上海	2.38
陕西	6.07	天津	1.62
河南	4.87	江苏	2.40
贵州	4.22	广东	3.44

资料来源：吴传钧，《中国经济地理》，科学出版社 1998 年版，第 162 页。

到了 20 世纪 70 年代末，"三线"已经建成了 2 000 多个大中型骨干企业和科研单位，形成了 45 个大型生产科研基地和 30 个新兴工业城市，使广大的战略后方基本建成了以国防科技工业为重点、门类比较齐全的体系，到 1975 年，"三线"地区的工业固定资产已占全国的 35%。

"三线"建设时期，国家投资重点包括机械工业、电力工业、能源工业、化学工业、原材料工业。我们试图发现这些重点产业在这一时期的聚集情况，由于数据收集和产业发展状况不同，选取钢、原煤、发电量、水泥、汽车、化学、化学肥料、化学纤维9个产业分别代表机械工业、电力工业、能源工业、化学工业、原材料工业来计算各省在全国的比重，以此观察各个产业的集聚程度。

由表3-5可知，湖北省的钢产量在全国的比重最高，除了1967~1969年有所下降之外，其他时间都一直处于上升趋势，1977年占全国比重达到10.85%。山西占全国比重也较高，1973年占全国比重达到4.21%。从全国范围来看，钢在湖北和山西的集聚程度较高。另外，由于四川省的数据缺失，但是在具有数据的年份，四川的钢产量占全国比重也比较高，四川也是钢的产业聚集地。

表3-5　　　各省钢产量占全国的比重（1964~1977年）　　　单位：%

年份	甘肃	广西	贵州	河南	湖北	湖南	青海	山西	陕西	四川	云南
1964	0.05	0.00	0.11	0.62	7.30	0.22	0.00	3.05	0.09	0.00	0.58
1965	0.07	0.00	0.18	0.93	7.03	0.33	0.00	3.27	0.11	0.28	0.61
1966	0.18	0.04	0.20	1.03	7.43	0.50	0.00	3.16	0.21	0.00	0.71
1967	0.19	0.05	0.24	1.23	7.30	0.63	0.00	3.27	0.27	0.00	0.70
1968	0.12	0.01	0.30	0.87	5.57	0.27	0.00	2.50	0.16	0.00	0.05
1969	0.17	0.08	0.10	1.02	5.93	0.44	0.00	1.98	0.21	0.00	0.66
1970	0.23	0.31	0.26	1.25	7.10	0.77	0.17	2.93	0.25	2.45	0.69
1971	0.32	0.52	0.29	1.22	7.12	1.39	0.31	3.57	0.35	0.00	0.78
1972	0.35	0.66	0.16	1.28	6.86	1.67	0.46	4.00	0.43	0.00	1.04
1973	0.33	0.69	0.06	1.15	6.84	1.91	0.49	4.21	0.50	0.00	1.24
1974	0.41	0.62	0.04	1.64	6.83	0.64	0.59	2.80	0.65	0.00	1.21
1975	0.38	0.54	0.16	1.82	9.51	1.32	0.59	3.31	0.63	4.45	1.06
1976	0.53	0.51	0.07	0.72	10.10	0.85	0.71	2.31	0.63	0.00	0.39
1977	0.56	0.62	0.21	1.78	10.90	1.58	0.62	3.22	0.66	0.00	0.95

资料来源：由《新中国55年统计资料汇编》计算而得。

由表3-6可知，除了四川省某些年份的数据缺失之外，从总体上来看其他省份的发电量都处于增长的趋势。甘肃省的发电量增长速度最快，这与其钢铁产量的生产比重大有很大关系。河南省的发电量在全国的比重增长较快，1968~1971年占全国比重最高，其次是湖北和湖南，发电量比重均较高于其他省份。值得注意的是广西虽然发电量所占比重不高，但是一直处于增长状态，增长速度较快。发电量的比重大小与该省份工业产量的生产状况有关，工业产量大则发电量的比重大，反之则小。所以发电量较高的省份一般具有产业集聚的可能。

表3-6　　　各省发电量占全国的比重（1964~1977年）　　　单位：%

年份	甘肃	广西	贵州	河南	湖北	湖南	青海	山西	陕西	四川	云南
1964	2.84	0.85	0.74	3.14	2.77	2.41	0.14	3.75	2.06	0.00	1.96
1965	2.95	0.94	0.87	3.47	2.67	2.62	0.13	3.80	2.14	2.14	2.05
1966	2.93	1.07	1.04	3.78	2.85	2.77	0.13	3.74	2.22	0.00	2.21
1967	2.96	1.22	1.64	4.09	2.83	3.01	0.18	3.86	2.03	0.00	2.20
1968	3.36	0.93	1.45	3.90	2.33	3.07	0.20	3.22	1.91	0.00	0.84
1969	3.38	1.36	1.02	4.16	2.45	3.18	0.20	3.27	2.27	0.00	2.26
1970	3.60	1.34	1.33	4.21	3.45	3.52	0.23	3.63	2.32	2.33	2.39
1971	3.71	1.42	1.74	4.10	4.02	3.25	0.24	3.60	2.51	0.00	2.27
1972	3.75	1.60	1.47	4.13	4.36	3.41	0.22	3.79	2.55	0.00	2.37
1973	4.22	1.65	1.26	3.97	4.26	4.11	0.23	3.97	3.23	0.00	2.37
1974	4.91	1.80	1.03	4.52	4.18	3.16	0.23	4.12	2.22	0.00	2.49
1975	4.86	1.80	1.46	4.11	4.66	3.49	0.23	3.98	2.24	4.26	2.16
1976	5.25	1.93	1.22	3.86	3.72	3.37	0.22	3.73	2.27	0.00	1.69
1977	5.06	2.00	1.43	4.87	3.51	3.57	0.23	3.95	2.49	0.00	1.97

资料来源：由《新中国55年统计资料汇编》计算而得。

由表3-7可知，1964~1969年山西省的水泥产量在全国的比重最高，后来有所下降。增长速度最快的是河南，1973~1977年比重最大，说明这段时间内河南的水泥生产产量很大。湖南省的增长速度也很快，从1964年1.50%增长到1977年的5.14%。从全国范围来看，这些省份的水泥都产生了不同程度的集聚。

表3-7　　　各省水泥产量占全国的比重（1964~1977年）　　　单位：%

年份	甘肃	广西	贵州	河南	湖北	湖南	青海	山西	陕西	四川	云南
1964	3.59	0.81	1.92	2.73	0.09	1.50	0.04	5.68	3.33	0.00	2.35
1965	3.85	2.66	1.66	2.75	0.14	1.73	0.09	5.29	3.36	3.12	2.51
1966	3.24	3.50	1.87	3.28	0.18	1.73	0.12	5.29	3.61	0.00	2.33
1967	3.24	3.77	2.28	4.31	0.16	2.18	0.17	5.60	2.17	0.00	3.02
1968	3.48	1.90	2.69	3.72	0.11	2.07	0.16	5.60	1.75	0.00	0.99
1969	3.81	4.02	0.93	4.70	0.11	2.93	0.13	5.38	2.66	0.00	2.28
1970	3.12	3.58	1.94	4.54	0.14	3.83	0.11	4.49	2.89	4.19	2.42

续表

年份	甘肃	广西	贵州	河南	湖北	湖南	青海	山西	陕西	四川	云南
1971	2.71	3.50	2.38	4.62	0.18	4.58	0.12	4.16	3.14	0.00	2.36
1972	2.67	3.67	2.21	4.71	0.26	4.53	0.12	4.49	3.27	0.00	2.27
1973	2.43	3.77	1.13	4.69	0.37	5.05	0.14	4.45	3.63	0.00	2.37
1974	2.97	3.76	1.19	6.20	0.43	3.82	0.17	4.34	3.91	0.00	2.46
1975	3.05	3.57	1.76	5.88	0.44	4.78	0.21	3.89	3.50	4.84	2.01
1976	3.03	3.67	1.22	4.84	0.38	4.77	0.18	3.94	3.21	0.00	1.58
1977	2.62	3.42	1.65	6.36	0.42	5.14	0.26	3.98	3.44	0.00	1.84

资料来源：由《新中国55年统计资料汇编》计算而得。

由表3-8可知：汽车产业在20世纪60年代只是朝阳产业，在"三线"建设时期云南的汽车产量比重较高，但是1975年开始下降。而增长速度最快的是河南省，从1970年的0.58%增长到1977年的1.54%，从全国来看，河南省的汽车产业开始产生集聚。另外，广西、湖南、青海、山西、陕西的比重都增长较快，汽车产业在不同程度上也产生了集中。

表3-8　　各省汽车产量占全国的比重（1970~1977年）　　单位：%

年份	广西	河南	湖南	青海	山西	陕西	云南
1970	0.34	0.58	0.28	0.24	0.44	0.13	1.44
1971	0.14	0.69	0.42	0.28	0.46	0.40	1.29
1972	0.22	0.75	0.40	0.28	0.38	0.42	1.03
1973	0.27	0.86	0.51	0.26	0.22	0.20	1.60
1974	0.48	0.63	0.94	0.30	0.33	0.26	1.04
1975	0.57	0.72	0.71	0.38	0.53	0.36	1.09
1976	0.74	0.83	0.45	0.52	0.54	0.45	0.50
1977	0.80	1.54	1.06	0.59	0.71	0.63	0.96

注：由于数据缺失，所以只显示可查数据的年份和省份的数据。
资料来源：由《新中国55年统计资料汇编》计算而得。

由表3-9可知1970年以前，除了很多省份数据缺失原因之外，河南和甘肃省的产量比重仍然显著。尤其是1969年之后，河南和甘肃比重居样本产业比重最高。化学纤维产业在不同程度上也产生了集聚。

表 3-9　　各省化学纤维产量占全国的比重（1964~1977 年）　　单位：%

年份	甘肃	广西	河南	湖北	青海	山西	陕西	四川
1964	0.00	0.00	2.49	0.00	0.00	0.00	0.00	0.00
1965	0.00	0.00	9.38	0.00	0.00	0.00	0.00	0.06
1966	0.00	0.00	8.18	0.00	0.00	0.00	2.37	0.00
1967	0.00	0.00	6.70	0.00	0.00	0.00	2.49	0.00
1968	0.00	0.00	5.83	0.00	0.00	0.00	0.00	0.00
1969	0.45	0.00	6.61	0.00	0.00	0.00	0.45	0.00
1970	4.86	0.10	8.92	0.00	0.10	0.00	0.69	0.50
1971	6.09	0.08	7.59	0.00	0.17	0.25	1.08	0.33
1972	5.54	0.15	6.41	1.02	0.15	0.29	1.09	0.22
1973	5.04	0.20	4.30	1.41	0.13	0.40	0.81	0.27
1974	5.47	0.21	7.15	1.54	0.07	0.42	0.07	0.00
1975	4.72	0.32	4.97	1.68	0.06	0.45	0.84	0.06
1976	5.27	0.34	2.74	3.01	0.27	0.48	0.96	0.07
1977	2.79	0.32	3.53	2.21	0.58	0.42	0.95	0.02

注：由于数据缺失，所以只显示可查数据的年份和省份的数据。

资料来源：由《新中国 55 年统计资料汇编》计算而得。

政府主要是从国防备战的角度来考虑这一时期的产业布局，因此这种服从于国家战略的项目安排往往缺乏全面规划与综合平衡，总体项目布点则要求"靠山、分散、隐蔽"，特殊项目要求"进洞"，做到大分散、小集中、不搞大城市。这种布局方式没有发挥企业和产业的规模经济，致使成本过高，导致了资源浪费，同时很多项目的布局没有考虑到当时的区位条件，不能有效地发挥辐射和带动作用。

3.1.5　产业布局的特征

（1）产业布局服从于国家战略。由于计划经济时期不存在真正的企业，市场机制在产业布局的过程中不起作用，产业的空间布局往往是中央和地方政府直接作用的结果。因此，政府的目标往往直接体现在产业的空间布局中。一般来说，政府的目标是多元的，既有经济的，也有社会的，还包括政治的和整个国家战略的。面对复杂的国内外环境，以及工业多集中在沿海地区的现实，1949~1977年中，政府一直试图扭转这种不平衡的经济发展趋势，推行均衡的区域经济发展战略。在这种思想的指引下，大量的项目配置在内地。同时，由于各个时期国家面临的国内外政治环境不同，国家的战略和各个时期确定的经济建设任务也会随之改变。这种变化最后体现在产业空间布局上，表现为"大跃进"时期大量上钢项目、"文革"时期的"三线"建设等。

（2）产业集中的效率低下。服从于国家战略的产业布局摈弃了效率的原则，这种产业集中并不是基于比较优势、报酬递增以及企业家的外部性，而是政府行政命令的结果。这时建成的工业基地和产业中心往往也是低效的，因此在其内部不可能进行有效的专业化分工，获得集聚和专业化带来的外部经济，当这种计划体制被打破时，这些基地和产业中心也就失去了自生能力。虽然建成的攀枝花钢铁基地、湖北十堰的"二汽"基地等为地方经济发展做出了巨大贡献，同时也带来一定程度的专业化，但这种集中始终不是市场作用的结果，共享、匹配和学习等优势没有得到充分的体现。

（3）低水平的地区平衡。遵循于地区平衡经济发展战略的产业空间布局并不能有效地带动地区的经济发展，各地的经济发展差距虽然较小，但长期停留在很低的发展水平。这一方面是因为，政府建设的各种项目是资本密集型的，这种类型的项目不能有效地带来就业，提高普通工人的劳动收入，同时，也是因为基于战略的产业空间布局的低效率不能起到增长极和辐射带动作用。

3.2　改革开放以来的产业布局与区域发展

党的十一届三中全会以后，党和国家的工作重心转移到经济建设上来，在对整个经济体制进行改革的同时，渐进式的开放政策表明政府放弃了前30年坚持的平衡的区域经济发展战略，取而代之的是非平衡的经济发展战略，东部地区由于区位和政策优势率先发展起来，而中部和西部则发展相对缓慢，20世纪90年代末和21世纪初，政府相继推行了西部大开发、振兴东北老工业基地和中部崛起的发展战略，强调区域协调发展，东部地区的率先发展和开放导致了大量的产业集聚，在累积循环机制的作用下，东部与中、西部地区的经济发展差距逐渐拉大。在市场的作用下，地区的产业布局逐渐符合各自的比较优势，专业化分工不断加深。同时，在分权的体制下，地方政府分割和保护市场的行为对地区之间的专业化起到了阻碍作用。

3.2.1 改革开放与非平衡区域经济发展战略

农村联产承包责任制的推行可以视作政府调整资源配置方式,注重发挥经济效率提高的起点,在随后的城市经济体制改革中,政府通过各种方式调整了资源配置的方式。体现在区域发展层面上,政府改变过去一味追求地区平衡发展的战略,开始根据区位、自然条件等配置资源,把经济发展战略由过去以追求平衡为重心调整为追求以效率为重心,沿海的开放可以看做这种战略调整的直接体现。这意味着区域非平衡发展战略取代了平衡发展战略,成为政府产业布局和区域发展的指导思想。

1978年12月中央工作会议上,邓小平指出:"在经济政策上,我认为要允许一部分地区、一部分企业、一部分工人农民,由于辛勤努力成绩大而收入先多一些,生活先好起来,一部分人生活先好起来,就必然产生极大的示范力量,影响左邻右舍,带动其他地区、其他单位的人们向他们学习。这样,就会使整个国民经济不断地波浪式地向前发展,使全国各族人民都能比较快地富裕起来。"进入80年代,邓小平多次强调注重比较优势发挥,承认不平衡。随后,邓小平提出了分两步走的思想,第一步,"沿海地区要加快对外开放,使这个拥有两亿人口的广大地带较快地先发展起来,从而带动内地更好地发展,这是一个事关大局的问题。内地要顾全这个大局";第二步,"在本世纪末达到小康的时候","又要求沿海拿出更多力量来帮助内地发展,这也是一个大局。那时沿海也要服从这个大局"[1]。这表明,当时中央政府考虑把经济发展的战略从平衡发展转向梯度推进的非平衡发展。

遵循这种非平衡的区域发展战略,政府提出了"沿海地区经济优先发展战略",在政策支持、项目建设、资金投入上把重点放在了东部沿海。"六五"期间,国家在东部、中部、西部的基本建设投资分别为47.7%、29.3%、17.2%[2],东部所占的投资份额第一次超过中西部之和。同时,国家先后在广东、福建成立了深圳、珠海、汕头、厦门4个经济特区,1984年进一步开放大连、天津、上海、湛江等14个沿海城市,1985年又开放了长江、珠江、闽南3个三角洲地带,随后增加山东半岛和辽东半岛。"七五"期间,国家对东部沿海地区的投资倾斜度进一步加大,国家在东部、中部、西部的基本建设投资份额分

---

[1] 邓小平:《邓小平文选》第3卷,人民出版社1991年版,第278页、第374页。
[2] 郭岚:《中国区域差异与区域经济协调发展研究》,四川出版集团巴蜀书2008年版,第93页。

别是53.1%、25.04%、16.12%。在整个80年代国家9 000亿元的基建总投资中,东部地区占了50%以上。进入90年代,政府提出了梯度推进的区域经济发展战略,希望通过逐步开放、东西互动等方式把东部地区的资金、技术带到中西部,从而带动内地的发展。

3.2.2 区域协调的发展战略

1995年9月,中共十四届五中全会通过的《中共中央关于制定国民经济和社会发展"九五"计划和2010年远景目标的建议》中,提出了坚持区域经济协调发展,逐步缩小地区发展差距的思想。1996年3月,在第八次全国人民代表大会上通过了《国民经济和社会发展"九五"计划和2010年远景目标规划纲要》,规定把"坚持区域经济协调发展,逐步缩小地区发展差距"作为一项基本指导方针。2003年10月,党的十六届三中全会首次明确提出了科学院发展观,把统筹区域发展作为科学发展的重要内容。2006年3月,十届全国人大四次会议通过了《中共中央关于制定国民经济和社会发展第十一个五年规划纲要》中将促进区域协调发展单独列为一篇,并将我国区域总体发展战略界定为"坚持实施推进西部大开发,振兴东北地区等老工业基地,促进中部地区崛起,东部地区率先发展的区域发展总体战略,健全区域协调互动机制,形成合理的区域发展格局。"自此,中央政府明确提出了区域协调的经济发展战略。

在这一战略的指导下,国家加大了对中西部基础产业和基础设施建设的投入。2006年,中西部地区基础产业和基础设施施工项目68 678个,占全国的66.8%,比2002年提高6.4个百分点;施工项目计划总投资69 056亿元,占50.7%,比2002年提高8个百分点;完成投资21 178亿元,占53.0%,比2002年提高5.5个百分点[①]。2003~2006年,中西部地区基础产业和基础设施完成投资61 709亿元,年均增长29.6%,比全国快3.5个百分点。基础产业和基础设施建设为中、西部的经济快速发展提供了条件。如图3-4所示,2001~2007年中、西部与东部的收入差距呈先扩大后缩小的趋势。

---

① 国家统计局:《发展回顾报告四:基础产业基础设施建设成效显著》,http://www.gov.cn/gzdt/2007-09。

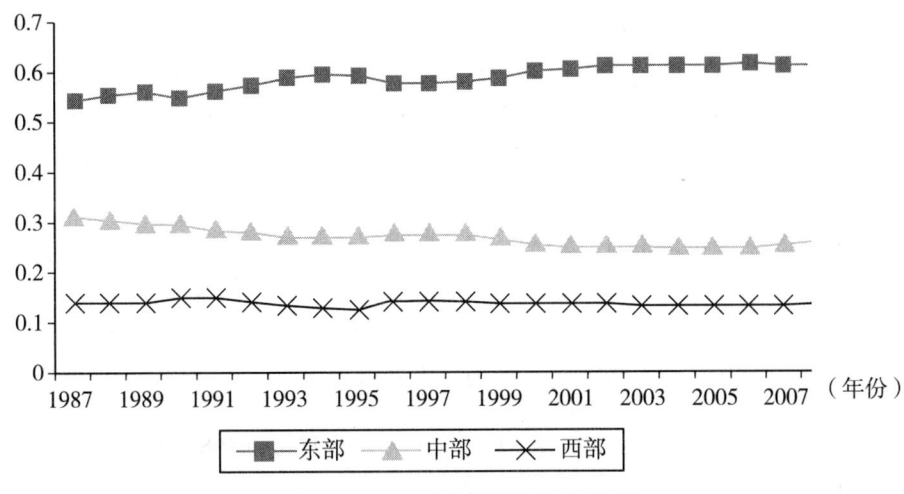

图 3-4　三大区域的收入份额

资料来源：根据历年《中国统计年鉴》计算而得。

3.2.3　市场发育与产业集聚

从区域经济的层面看，后 30 年与前 30 年最大的差别在于，让市场在地区产业布局中发挥了作用。随着东部沿海的开放，政府在给予资金、项目投入的同时，也给予了相关的特殊政策，通过建立特区、承认私营企业的合法地位、改革国有企业等方式培育市场。20 世纪 80 年代以后，大量的外资进入沿海的广东、浙江、江苏等地，而当地兴起了很多以从事加工贸易的中小私营企业，同时随着劳动力流动的限制放松，中西部的劳动力开始流向东部。要素流动、区位优势带来国际贸易等有利条件使得沿海地区经济迅速发展，集聚优势开始体现。

1. FDI 与产业集聚

新经济地理学认为，产业集聚是导致分布区域发展不平衡的重要因素，而国际直接投资是导致产业集聚的重要因素。改革开放以来，中国吸引了大量 FDI，这不仅促进了经济的快速发展，也使中国成为世界经济舞台重要的一员。从 1993 年起，我国一直是世界发展中国家最大的 FDI 流入国（见表 3-10）。FDI 的区位选择绝大部分在东部沿海，据有关资料统计，1985～1989 年东部沿海地区实际利用外资额占全国 88.9%，中西部地区所占比例合计为 11.1%。从 1990～2001 年，东部沿海地区实际利用外资额均占全国 85% 以上，1998 年所占比例高达 91.96%，而中西部地区 18 个省市，所占比例合计不到 15%。由表 3-11 可知，各地区制造业资本占全国制造业资本份额比中部和西部大 3 倍以上，东部地区制造业外商资本占全国制造业的份额从 1995 年的 86.44% 上升到 2004 年的 90.6%，而中部地区和西部地区低于 6%。从各地区制造业外商资本占该地区总资本的份额和各地区制造业外商资本占全国制造业总资本的份额来看，东部地区也远远高于中部和西部地区。全国制造业总资本和全国制造业外商资本都高度集中在东部，特别集中在上海、江苏、浙江、广东、山东以及辽宁 6 省市，FDI 的流入不仅带来了大量的资金、技术，同时激发了企业家精神，广东、浙江、江苏等东部地区的民间资本也调动起来，形成各种产业集群，同时国内的资本也纷纷进入这些地区，原来一些分布在中、西部的企业也向东部转移。东部的珠三角、长三角和环渤海地区先后成为了我国的三大制造业基地。

表 3-10　　　　中国进出口额、FDI、对外开放程度（1983~2006 年）

年份	GDP 总额（万元）	进出口（万元）	外资（万元）	贸易开放度	外资开放度	经济开放度
1983	5 962.70	861.93	39.12	14.46	0.66	15.11
1984	7 208.10	1 242.36	62.87	17.24	0.87	18.11
1985	9 016.00	2 044.15	130.99	22.67	1.45	24.13
1986	10 275.20	2 550.04	250.69	24.82	2.44	27.26
1987	12 058.60	3 117.56	318.73	25.85	2.64	28.50
1988	15 042.80	3 825.84	380.76	25.43	2.53	27.96
1989	16 992.30	4 204.75	378.76	24.75	2.23	26.97
1990	18 667.80	5 521.50	492.17	29.58	2.64	32.21
1991	21 781.50	7 223.31	614.81	33.16	2.82	35.99
1992	26 923.50	9 130.63	1 059.07	33.91	3.93	37.85
1993	35 333.90	11 276.23	2 241.42	31.91	6.34	38.26
1994	48 197.90	20 394.28	3 724.27	42.31	7.73	50.04
1995	60 793.70	23 454.62	4 019.34	38.58	6.61	45.19
1996	71 176.60	24 100.62	4 556.07	33.86	6.40	40.26
1997	78 973.00	26 955.76	5 339.59	34.13	6.76	40.89
1998	84 402.30	26 819.82	4 848.18	31.78	5.74	37.52
1999	89 677.10	29 852.95	4 359.20	33.29	4.86	38.15
2000	99 214.60	39 266.47	4 914.41	39.58	4.95	44.53
2001	109 655.20	42 183.73	4 111.19	38.47	3.75	42.22
2002	120 332.70	51 381.13	4 553.18	42.70	3.78	46.48

续表

年份	GDP总额（万元）	进出口（万元）	外资（万元）	贸易开放度	外资开放度	经济开放度
2003	135 822.80	70 436.44	4 646.71	51.86	3.42	55.28
2004	159 878.30	95 562.10	5 303.07	59.77	3.32	63.09
2005	183 084.80	116 528.51	5 933.28	63.65	3.24	66.89
2006	209 407.00	140 362.21	5 538.15	67.03	2.64	69.67

资料来源：根据历年《中国统计年鉴》计算而得。

表3-11 中国制造业总资本和外商资本的地区分布及制造业外商资本的重要性（1995~2004年） 单位：%

指标	年份	全国	东部	中部	西部
各地区制造业总资本占全国制造业资本的份额	1995	100	65.8	19.57	14.63
	2004	100	70.44	17.29	12.28
各地区制造业外商资本占全国制造业的份额	1995	100	86.44	8.5	5.06
	2004	100	90.6	6.33	3.06
各地区制造业外商资本占该地区总资本的份额	1995	17.28	22.7	7.51	5.98
	2004	31.51	40.53	11.54	7.86
各地区制造业外商资本占全国制造业总资本的份额	1995	17.28	14.94	1.47	0.87
	2004	31.51	28.55	2	0.97

资料来源：冼国明、文东伟，《FDI、地区专业化与产业集聚》，载《管理世界》2006年第12期，第18~31页。

2. 国际贸易与产业集聚

改革开放30多年来，中国的对外开放尤其是对外贸易取得了快速的发展，如图3-5所示，中国进出口总额从1978年的335亿元增加到166 740.2亿元，增幅近470倍。通过参与国际分工中国的经济取得了快速的发展，1978~2007年实际国内生产总值（1978年不变价格）平均年增长率为9.8%。实际人均国内生产总值年平均增长率为8.2%。然而，在国际贸易迅速增加，国内生产总值快速增长的同时，国内各地区的对外贸易依存度存在巨大差异。凭借良好地理优势、以前的工业基础和政府的优惠政策，东部沿海地区的对外贸易迅速增长，工业化水平也迅速提升，集中了中国大部分的经济活动，如表3-12所示，2000年，东部地区的出口总额为18 648亿元，占出口总额的91.14%；中部地区为

1 285 亿元，占 6.28%；西部地区为 529 亿元，占 2.58%。随着对外开放的加深，产业集聚的趋势进一步显现，东部地区实际 GDP 为 18 745 亿元，而国土面积为 128 万平方公里，每平方公里的 GDP 为 146.52 万元，中部地区实际 GDP 为 8 096 亿元，每平方公里的 GDP 为 28.11 万元，西部地区的实际 GDP 为 3 350 亿元，每平方公里的 GDP 为 8.17 万元，从 GDP 总量来说，东部地区是中部的 2.32 倍，是西部的 5.6 倍，从经济密度来说，东部地区是中部的 5.21 倍，是西部地区的 17.93 倍。经济活动在东部地区集聚非常明显。

表 3-12　　　　　　　　东中西部发展概况（2000 年）

项目	水平值			比重（%）		
	东部	中部	西部	东部	中部	西部
出口（亿元）	18 648	1 285	529	91.14	6.28	2.58
实际 GDP（亿元）	18 754	8 096	3 350	62.10	26.81	11.09
总人口（万人）	52 835	43 940	25 314	43.28	35.99	20.73
面积（万平方公里）	128	288	410	15.44	34.92	49.64
经济密度（万元/平方公里）	146.52	28.11	8.17	—	—	—

资料来源：黄玖立，《对外贸易、地理优势与中国的地区差异》，中国经济出版社 2009 年版，第 3 页。

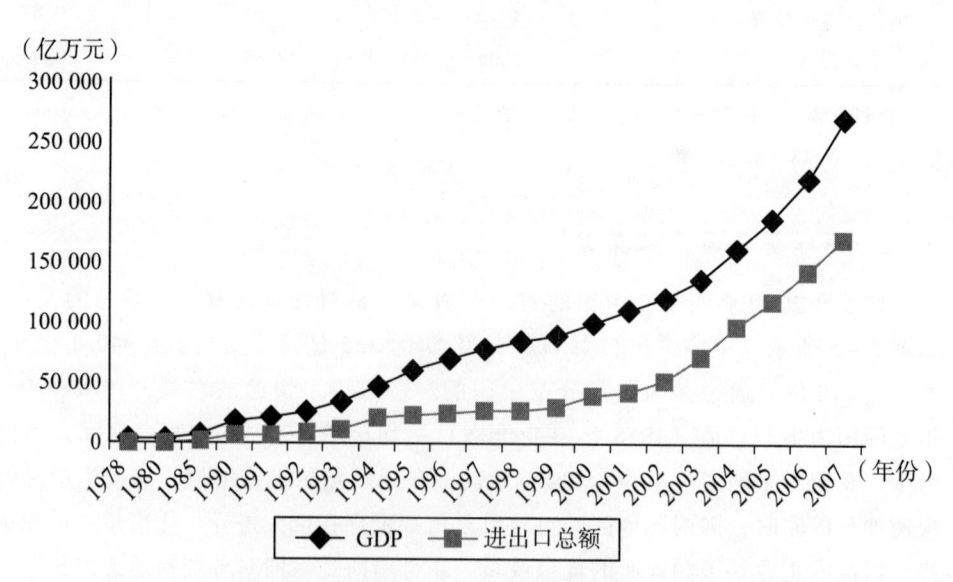

图 3-5　中国 GDP 和进出口总额的变化情况（1978～2007 年）

资料来源：《中国历年统计年鉴》。

3. 劳动力流动与产业集聚

人口数量和密集程度是一个地区市场规模大小及产业集聚程度的有力表现。当市场发展到一定程度以后，大量劳动力和资金会流入产业集聚的地区，表现为农村人口流向城市，西部地区劳动力流向东部，农业劳动力转变为非农劳动力，从而导致农村人口密度下降、城市产业集聚地区的人口密度上升。在我国，由于人口条件、地理位置、国家政策等优势，制造业主要集中在东部沿海地区。改革开放以来，沿海地区制造业的产业集中吸引了大量农村劳动力，大量农村劳动力的转移不仅缓解了劳动力输出地区的贫困状况，也促进了沿海地区的工业化进程和产业集聚的产生。

表 3 - 13 表明，东部沿海地区无论在总人口数、人口密度还是在农村人口密度变化上都比其他地区更有优势。从 1980 ~ 2000 年，在总人变化上和人口密度增加幅度上看，东北三省、中部和西部地区仅有少量增加，而东部沿海地区增加量却很显著。在农村人口密度的变化上，东部沿海地区从 1980 ~ 1990 年有小幅度上升，但是到 2000 年人口密度下降到 269 人/平方公里，比 1980 年下降了 19 人/平方公里，比 1990 年下降了 25 人/平方公里；而同时 2000 年人口密度比 1980 年增加了 117 人/平方公里，比 1990 年增加了 62 人/平方公里，这说明东部沿海地区一部分农业人口转变为非农村人口或流出，同时流入大量非农业人口。同时，东北、中部和西南地区的农村人口密度在逐步减少，大部分原因是流入东部沿海地区，转变为非农村劳动力。

表 3 - 13　　各地区总人口数、人口密度、农村人口密度变化（1980 ~ 2000 年）

区域	总人口数（万人）			人口密度（人/平方公里）			农村人口密度（人/平方公里）		
	1980 年	1990 年	2000 年	1980 年	1990 年	2000 年	1980 年	1990 年	2000 年
东北三省	8 902	9 934	10 655	113	126	135	68	66	65
东部沿海	30 522	35 339	40 838	346	401	463	288	294	269
中部	27 890	32 273	35 147	271	315	342	201	250	240
西北	8 659	10 101	11 548	20	23	27	16	17	18
西南	19 307	22 009	23 721	141	160	173	124	131	126

资料来源：范剑勇，《产业集聚与中国地区差异研究》，格致出版社 2008 年版，第 219 页。

3.2.4 地区经济差异与专业化分工

在改革开放初期，政府把平衡的区域经济发展战略调整为非平衡的经济发展战略。有良好的地理区位和优惠政策的支持，东部地区率先融入到国际市场的分工中去，经济活动有了快速的发展，珠三角、长三角等地区的经济发展水平长期处于前列。由于 FDI 的大量流入、进出口总额的增长和劳动力的流入，东部地区迅速成为中国制造业的核心区。中西部地区由于对外开放晚，远离国际市场等因素，经济发展速度相对缓慢。这种差异在人均 GDP 基尼系数上最为明显。如图 3-6 所示，从 1978~2007 年间，人均 GDP 基尼系数呈先下降后上升再下降的趋势，从 1978~1990 年间，人均 GDP 基尼系数呈下降趋势，这可能是因为东部地区原有的重工业基础较为薄弱，经过 10 多年的发展经济实力有了一定的提升，而中西部由于原有的重工业基础较为雄厚，在政府尚未对国有企业进行大规模的产权改革之前，中西部地区大量的国有企业在制造业中仍然占较大的份额。因此，从总体上看全国各省区的人均 GDP 基尼系数呈下降趋势，而这时的产业空间分布也是相对平均的。从 1991~2003 年，人均 GDP 基尼系数和产业集聚总体上呈上升趋势，这是因为经过 10 多年的发展，东部地区区位和市场优势得到了体现，随着经济体制改革的深入，各种产业空间再配置发生（文玫，2004），产业向东部转移在一定程度上导致了中西部经济发展衰落，体现在经济发展差异上和产业空间分布上，人均 GDP 基尼系数和产业集聚指数都呈上升趋势，地区经济差距增长，产业向东部集聚明显。从 2003~2007 年 4 年中，人均 GDP 基尼系数和产业集聚指数都呈下降趋势。在东部地区发展到一定水平以后，国家根据"两个大局"的思想开始着手调整非平衡的区域发展战略，取而代之的是区域协调的发展战略，西部大开发、中部崛起和振兴东北老工业基地等战略相继提出。同时，在分权竞争的体制下，各地方政府都致力于经济建设，加快了本地的基础设施建设，致使本地运输成本呈下降趋势。另外，经过近 20 年的发展，国内市场开始扩展，部分产业开始由原来的单纯出口转向出口和进入国内市场并重，为了靠近国内市场，一些产业开始重新选址。在这三个条件的综合作用下，中国的产业集聚水平开始下降，从而人均 GDP 基尼系数也开始下降。

随着人均 GDP 基尼系数变大，东中西部的相对人均收入也变大。图 3-7 中，1978~2007 年，中、西部的城镇居民人均纯收入相对东部逐渐变小，从 1978 年的 0.9 以上下降到 2002 年的 0.7。直到 2003 年后才略有提升，并且西部城镇居民的人均纯收入要高于中部地区，这种趋势在 2003 年发生逆转。图 3-8 中，1978~2007 年，中、西部的农村居民人均纯收入相对东部逐渐变小，西部地区的相对人均纯收入从 1978 年的 0.73 下降到 2003 年的 0.45，中部地区则从 0.77 下降到 0.57，并且中部地区农村居民人均纯收入一直高于西部，1995 年以后，这种差距有变大的趋势。

随着产业空间分布的变化，全国制造业平均的专业化水平呈先上升后下降的趋势。如图 3-9 所示，1998 年全国平均的专业化水平为 0.62，上升到 2004 年的 0.67，然后下降到 2007 年的 0.66。从各省来看，如图 3-10 所示，除了内蒙古、福建、浙江、湖南、四川五省（区）2007 年的专业化水平略低于 1998 年以

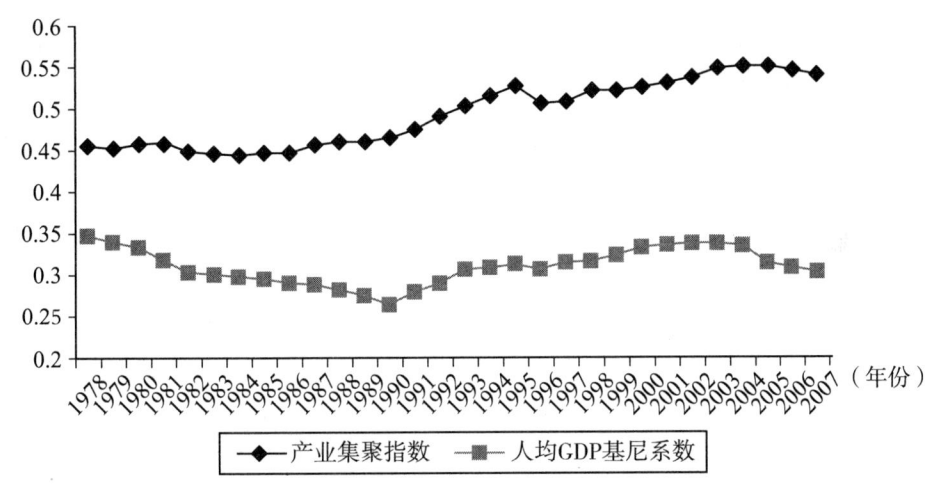

图 3-6　中国产业集聚指数和人均 GDP 基尼系数变动情况（1978~2007 年）

资料来源：根据历年《中国统计年鉴》计算而得。

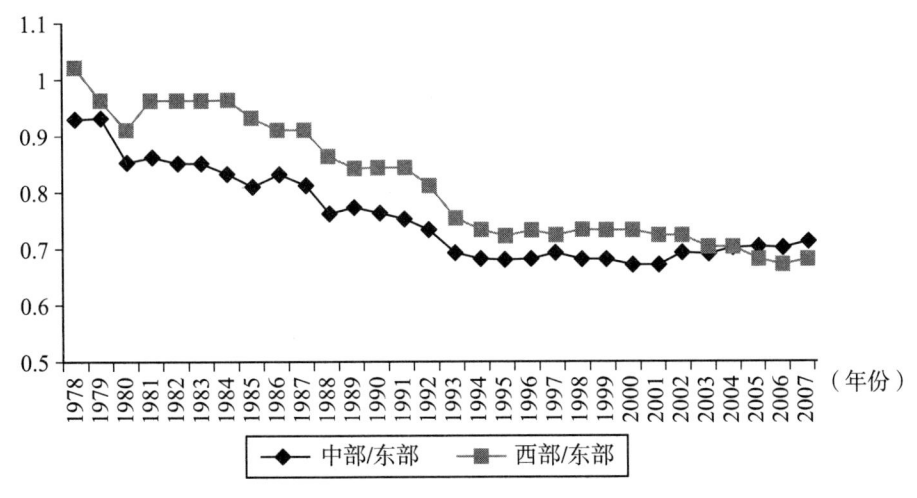

图 3-7　城镇居民的相对人均纯收入（1978~2007 年）

资料来源：根据历年《中国统计年鉴》计算而得。

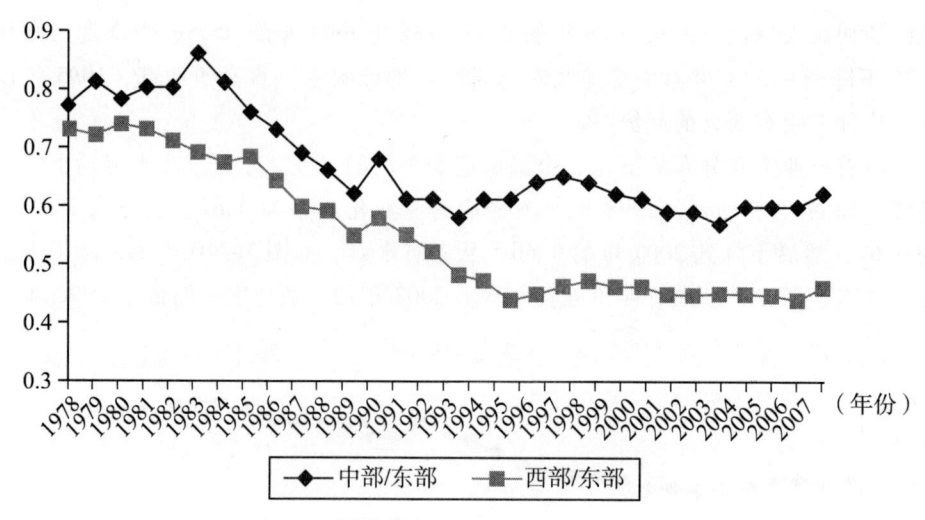

图 3-8　农村居民的相对人均纯收入（1978~2007 年）

资料来源：根据历年《中国统计年鉴》计算而得。

外，其他各省市（区）的专业化水平都呈上升趋势。如果考虑到图 3-6 中的产业集聚指数和人均 GDP 基尼系数，发现 1998~2007 年间，专业化水平、产业集聚水平和地区收入差距都呈上升趋势。

从全国平均水平看，2004 年后专业化水平开始下降，和上面所说的分权竞争地方政府基础设施建设加快和国内市场拓展是一致的。基础设施建设加快降低了地区内的运输成本，而国内市场的发展壮大使得一些企业重新选址，各地区的产业结构趋同的趋势加大，因此，这时候专业化水平会下降，而集聚的产业也呈扩散趋势。

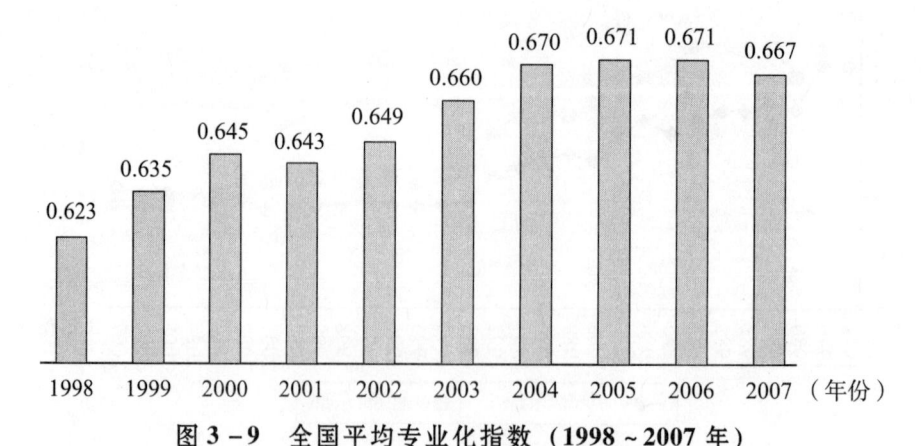

图 3-9　全国平均专业化指数（1998~2007 年）

资料来源：根据《中国统计年鉴》（1998~2007）计算而得。

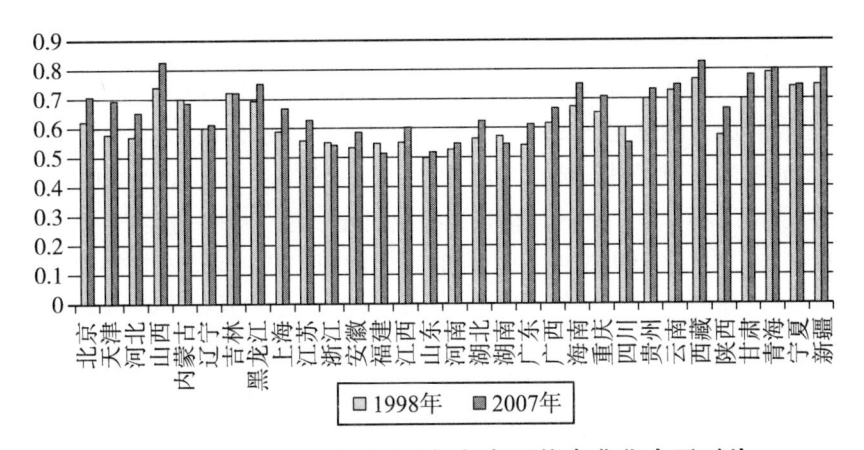

图 3-10 1998 年与 2007 年各省区的专业化水平对比

资料来源：根据各省统计年鉴（1998~2007）计算而得。

按照传统的比较优势理论，专业化水平的上升是市场分工深化的体现，而专业化分工会带来要素价格的均等化，从而缩小收入差距。但是，数据显示，从 1998~2007 年，专业化水平的上升带来了收入差距的扩大。考虑到原有的工业基础，我们不难发现，这其实是体制改革带来的企业重新选择，从而带来了各省区专业化水平的提升，但是这也意味着很多企业进入了市场较大的产业集聚区去获得外部经济优势，而外围区的产业或企业会减少，这一方面带来的各省区之间专业化水平的提升，同时也导致它们之间的收入差距扩大。

3.3 综合分析（1949~2007 年）

3.3.1 产业格局变化及特征

1. 格局变化

在中国的经济体制下，区域经济发展战略经历了从强调区域经济的平衡发展到强调区域经济的非平衡发展，再到区域经济的协调发展过程。与此相应，区域经济发展的重心逐渐由内地向沿海倾斜。

第一，重工业产业集聚及重点发展内地（1949~1978 年）。新中国成立后，国民经济恢复之后，鉴于内地经济严重落后于沿海，国家侧重发展内地经济。20

世纪 50 年代积极进行东北工业基地建设，60、70 年代进行"三线建设"，建设过程中，政府有计划、有目的地发展某些重工业产业，使这些产业在特定的区域产生集聚，目的是能够建立相对完整的工业体系、均衡发展的经济区域。总体来说，这一时期的区域经济发展格局的特点是：内地经济发展速度迅速提高，与沿海的差距逐渐缩小；各个地区逐渐形成自给自足、独立完整的经济结构和体系。

第二，经济重心和集聚中心开始东移（1979～1985 年）。1979 年开始，中国开始探索以经济特区为突破口启动沿海地区的对外开放。伴随经济体制改革、经济结构调整和沿海地区对外开放的展开，市场对资源的调节作用越来越大，产业集聚的产生部分是政府政策的结果，市场的竞争作用也促成了很多产业的集聚。与此同时，沿海地区的发展开始加速，经济发展的重心开始东移。

第三，沿海成为制造业中心（1986～1990 年）。这一时期区域经济发展战略以"沿海地区经济发展战略"的正式提出为其主要特征，明确划分中国区域经济发展的三大地带，并突出东部沿海地区的发展。这时的产业集聚不再像改革开放之前那样以重工业为主，很多轻工业和服务制造业也产生了集聚。在区域经济发展上，由于沿海地区在对外开放上的先行和国家在投资上的倾斜，以珠江三角洲和长江三角洲为中心的沿海地区获得了大大高于全国平均速度的发展。

第四，集聚水平提升（1991～2004 年）。1991 年七届人大四次会议通过的"八五"计划纲要中提出的区域经济发展战略是"根据统筹规划、合理分工、优势互补、协调发展、利益兼顾、共同富裕的原则，努力改善地区结构和生产力布局"；"正确处理发挥地区优势与全国统筹规划、沿海与内地、经济不发达地区与较不发达地区之间的关系，促进地区经济朝合理分工、各展所长、优势互补、协调发展的方向前进"；"积极扶持少数民族和贫苦地区的发展，以利于逐步实现共同富裕"。但是，由于沿海地区的产业集聚已经达到一定的水平，在累积循环的作用下，东部沿海仍然呈集聚趋势。

第五，产业扩散（2004～2007 年）。进入 21 世纪以来，和谐、创新成为经济发展的目标和动力，科学发展观、新型工业化道路、社会主义新农村、现代产业体系都成为和谐经济发展的典型。同时，实施西部大开发、振兴东北地区等老工业基地，促进中部地区崛起，鼓励东部地区加快发展，是从全面建设和谐社会的整体战略部署。同时，国内市场的发育，集聚设施的改善促使产业开始扩散，集聚水平开始下降。

2. 区域经济发展的特征

第一，从平衡工业布局、备战到经济建设、改革开放。1979 年以前，区域经济发展战略的出发点和目的主要有两个，即平衡工业布局和备战，1979 年以后则转变为推进经济建设和改革开放。新中国成立初期,中国面临的是历史上形成的工业过于集中在沿海的不合理状况。1952 年,在全国工业总产值中,沿海占 68.12%,内地仅占 31.18%。这种状况不利于全国工业的平衡布局,也不利于当时中国面临的国际环境决定的备战的需要。到 1978 年,经过 20 多年的建设,工业倚重于沿海的状况有了改变。在全国工业总产值中,沿海的比重下降为 59.18%,内地的比重上升到 40.12%。这样,区域经济发展的任务由平衡工业布局转向推进现代化建设,加上国际形势的变化,区域经济发展也由备战的需要转向改革开放的需要。

第二,投资重点从内地到沿海。1979 年以前,投资重点在内地,1979 年以后,投资重点在沿海。1953~1978 年间,在全民所有制基本建设投资中,沿海占 35.17%,内地占 55.12%,不分地区的投资占 9.11%。内地比沿海高出 19.15 个百分点。1979~1990 年间,在全民所有制基本建设投资中,沿海占 49.19%,内地占 43.12%,不分地区的投资占 6.19%,沿海比内地高出 6.17 个百分点。从全社会固定资产投资上看,1982~1990 年间,沿海占 54.16%,内地占 41%,不分地区的投资占 4.14%,沿海比内地高出 13.16 个百分点。

第三,经济增长源从内地到沿海。1979 年以前,虽然投资的重点在内地,但是由于内地原有经济基础薄弱,所以,全国经济的增长主要靠充分利用沿海原有工业基地,特别是上海、辽宁、天津、北京。这 4 个地区成为经济增长的主要源头,其国民收入年均增长速度均高于全国平均水平。1979 年以后,上述 4 个老工业基地老化,其国民收入年均增长速度低于全国平均水平。在这一阶段,国民经济的增长源头转换为沿海新兴工业地区,特别是浙江、广东、福建、江苏、山东。这 5 个地区的国民收入年均增长速度均高于全国平均水平。

第四,轻重工业向轻工业转变。1979 年以前,各个地区的重工业比重均处于上升态势。1979~1990 年间,全国除天津、山西、江西、河南、西藏、陕西、青海这 7 个地区的重工业产值比重继续有所提高外,其他地区的重工业产值比重均呈下降趋势,轻工业产值比重相应上升。这一阶段,工业增长最快的浙江、广东、福建、江苏、山东 5 省也是轻工业产值比重较高的地区。

第五,计划经济体制向市场经济体制转变。1979 年以前,区域经济增长是依托于传统的计划经济体制,国家是实施区域经济发展的唯一投资主体。从区域经济发展战略的实施手段上看,主要靠国家财政投资的直接倾斜。1979 年以后,各个区域的经济体制开始向市场经济体制过渡,投资主体开始向多元化方向发展。区域经济发展较快的地区,也是市场经济体制发育相对较快的地区。这表明市场经济体制开始成为区域经济发展的依托。

3.3.2 影响因素

第一,历史因素。东部沿海曾经是中国近代工业的发源地之一。从鸦片战争结束到甲午战争结束的近半个世纪,东南沿海地带开始形成近代工业中心,如上海、广州和武汉等。到第一次世界大战前,东南地带仍然是中国近代工业的主要区域,以上海为中心的长江三角洲、以广州为中心的珠江三角洲以及武汉约占全国工厂数量的57%。第二次世界大战前,东北地区、华北地区工业开始兴起。抗日战争时期,民族资本主义受到打击,东部沿海的工业受到很大损失。中华人民共和国成立之初,全国70%以上的工业集中在东部沿海地区。计划经济建设开始后,虽然在第一到第五个五年计划期间投资的重点在内地,但是东部沿海地区相对于内地来说一直具有优势,这就使处理内地与沿海关系成为协调经济发展格局的主要任务。

第二,区位、自然因素。20世纪70年代以来,世界经济重心开始向亚太地区特别是东亚地区转移给中国经济发展带来了良好的机遇。东南沿海地区具有接受这种机遇的最为有利的地理条件、人文条件和区位优势。中西部特别是西部在上述方面明显逊于东部,而且,由于交通条件等方面的限制,大规模的经济建设和经济开发难以在短时期内取得明显成效。从自然资源条件上看,中西部地区的自然资源优势是明显的,其土地面积占全国陆地面积的86%。一次能源探明储量中,石油占67%,天然气占76%,水能占77%,45种主要矿产资源累计探明储量的潜在价值,中西部占91%。但是,中西部自然资源转化为经济成果的能力低于东部沿海地区。而且,东部相对来说可以比较便利地利用国际国内两种资源。因此,中西部将自然资源转化为经济增长成就的能力比较低下,而且,相对于东部来说还在逐渐下降。

第三,经济体制与经济政策因素。1979年以来,东部沿海地区在经济体制改革与对外开放等方面走在中西部前面,因此,在利用市场机制作用和利用国外资源方面与中西部地带相比有明显优势。内地有相对较多的大中型国有企业,国有企业改革任务艰巨,企业亏损等负担明显重于东部。在经济政策上,国家选择东部地带进行对外开放试点,其突出表现在对经济特区和沿海开放城市的优惠支持上,这使得东中西部的政策差异存在着从沿海到内地、从南向北递减的趋势,影响了地区经济发展,成为造成区域经济发展差异的重要政策原因。

第四,财政投资对区域经济差异的影响。财政投资既是地区投资的重要组成部分,也是缩小地区投资差距的主要手段。从过去几十年的发展趋势看,国家从东部向中、西部转移支付的比重不断减少。1953~1978年国家从东部转移到中西部的国民收入占整个东部国民收入的10%,而1979~1989年相应比重却降到4%,1989~1998年这一比例更下降到2.3%,同期国家财政转移占东部积累额的比重也由48%下降为10%[①]。财政投资是政府宏观调控的主要手段,对区域经济影响作用重大。

---

① 赵凌云:《1979~1991年间中国区域经济格局变化、原因及其效应》,载《中国经济史研究》2001年第2期,第64~79页。

第4章

产业集聚与专业化分工的现状

本章分析 1998~2007 年 10 年间中国产业集聚水平的变化、特征以及各省区之间专业化分工的演进。第 1 节着重考察以下几个方面的问题：1998~2007 年间，各行业的集聚程度如何？哪些行业进一步集聚、哪些行业发生了扩散，这些行业在向哪些省份集聚或扩散，即各行业产业分布的格局发生了什么变化？集聚或扩散的行业具有什么样的特征？第 2 节着重考察，1998~2007 年间中国各省区产业的专业化水平及其发展趋势，并对原因进行分析。通过对这些问题的研究，以期对我国 10 年来产业集聚的现状有一个总体的认识。

4.1 工业集聚和扩散的现状

4.1.1 工业总体的集聚程度

根据每个省、市的工业份额，我们可以计算出中国 1998~2007 年工业基尼系数，并得到图 4-1。根据图 4-1，1998~2007 年中国工业总体的集聚程度有一定提高，工业的基尼系数由 1998 年的 0.52 提高到 2007 年的 0.54。2003 年以前基尼系数上升较快，2003~2005 年工业集聚程度变化不大。2006 年和 2007 年有所下降。

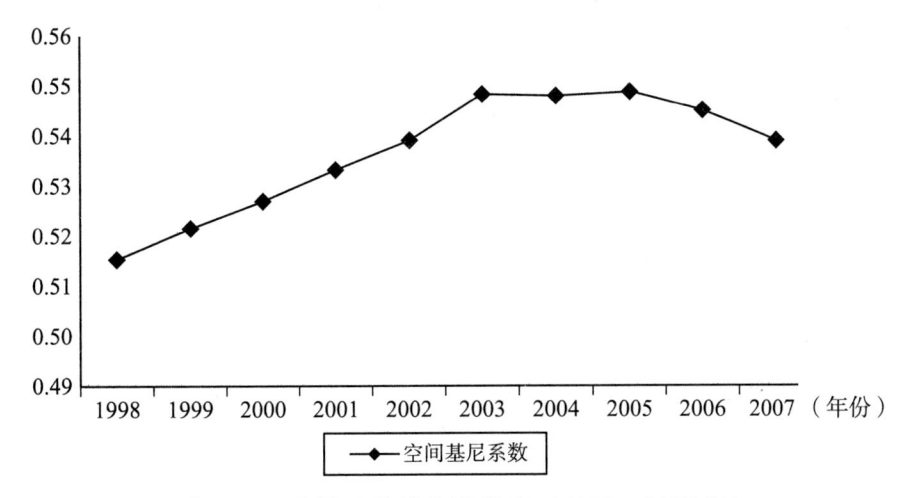

图 4-1　中国工业的集聚程度（1998~2007年）

资料来源：根据历年《中国统计年鉴》计算而得。

由表4-1可以看出，全国有13个省份的工业份额上升，18个省份工业份额下降，上海下降的幅度最大，减少了0.02，广东的份额也有所下降，山东、浙江、江苏的份额有一定程度的上升，排在前5位的省、市工业份额由1998年的0.50上升为2007年的0.54。除排在前5位的省、市之外，其他省份的份额增加或减少的幅度都很微小，因此，1998~2007年，中国工业集聚程度的提高实质上就表现为东南沿海省、市工业份额的进一步上升。

表 4-1　1998年和2007年各省的工业份额及其变化

排名	1998年		2007年		份额的变化	
	省份	工业份额	省份	工业份额	省份	变化值
1	广东	0.1441	广东	0.1349	山东	0.0307
2	江苏	0.1150	江苏	0.1316	浙江	0.0185
3	山东	0.0923	山东	0.1231	江苏	0.0166
4	上海	0.0810	浙江	0.0882	内蒙古	0.0056
5	浙江	0.0697	上海	0.0578	河南	0.0041
6	辽宁	0.0482	河南	0.0474	江西	0.0041
7	河南	0.0432	辽宁	0.0449	山西	0.0038
8	河北	0.0422	河北	0.0428	湖南	0.0020
9	湖北	0.0379	福建	0.0306	福建	0.0016
10	天津	0.0303	四川	0.0265	河北	0.0006
11	北京	0.0298	北京	0.0261	陕西	0.0003

续表

排名	1998年		2007年		份额的变化	
	省份	工业份额	省份	工业份额	省份	变化值
12	福建	0.0290	天津	0.0255	西藏	-0.0001
13	四川	0.0287	湖北	0.0235	青海	-0.0002
14	黑龙江	0.0259	湖南	0.0209	宁夏	-0.0003
15	安徽	0.0210	安徽	0.0197	新疆	-0.0003
16	湖南	0.0189	山西	0.0197	海南	-0.0004
17	吉林	0.0177	黑龙江	0.0163	贵州	-0.0011
18	山西	0.0159	江西	0.0156	安徽	-0.0013
19	云南	0.0156	吉林	0.0148	重庆	-0.0015
20	广西	0.0137	内蒙古	0.0144	甘肃	-0.0016
21	陕西	0.0135	陕西	0.0138	四川	-0.0021
22	重庆	0.0122	云南	0.0108	吉林	-0.0029
23	江西	0.0115	广西	0.0107	广西	-0.0030
24	甘肃	0.0096	重庆	0.0107	辽宁	-0.0032
25	新疆	0.0090	新疆	0.0087	北京	-0.0037
26	内蒙古	0.0089	甘肃	0.0080	云南	-0.0048
27	贵州	0.0072	贵州	0.0061	天津	-0.0048
28	宁夏	0.0029	宁夏	0.0026	广东	-0.0092
29	海南	0.0027	海南	0.0023	黑龙江	-0.0096
30	青海	0.0022	青海	0.0020	湖北	-0.0144
31	西藏	0.0002	西藏	0.0001	上海	-0.0232
	前10位的份额	0.7039	前10位的份额	0.7278		
	前5位的份额	0.5021	前5位的份额	0.5356		

资料来源：根据历年《中国统计年鉴》计算而得。

4.1.2 工业各行业的集聚现状

为了更深入地考察近10年来我国产业集聚的状况，我们对各行业的集聚或扩散的状况进行比较详细地考察。下面从产业的集聚程度以及1998~2007年集聚或扩散的情况两个维度对 38 个工业行业进行划分，进而分类做出分析。集聚度高于平均水平的行业，称为高集聚度行业，低于平均水平的称为低集聚度行业，这里用基尼系数来度量集聚程度，一个行业的集聚程度用该行业 1998 年和 2007 年基尼系数（Gini）的平均值来代表；1998~2007 年集聚度上升的行业称为集聚行业，对于集聚度下降的行业称为扩散行业。这样把 38 个行业分成四类：高集聚度，集聚的行业（可用 CC 表示）；高集聚度，扩散的行业（可用 CD 表示）；低集聚度，集聚的行业（可用 DC 表示）；低集聚度，扩散的行业（可用 DD 表示），具体见表 4-2。

表 4-2　　　　　　　　　　　四类行业的集聚情况

类型	行业	1998 年 Gini	2007 年 Gini	增长	增长幅度	平均 Gini
高集聚度，集聚	化学纤维制造业	0.7038	0.8168	0.1130	0.1606	0.7603
	造纸及纸制品业	0.6001	0.6840	0.0839	0.1399	0.6421
	橡胶制品业	0.6274	0.7032	0.0758	0.1208	0.6653
	家具制造业	0.6563	0.7286	0.0723	0.1102	0.6924
	纺织业	0.6939	0.7576	0.0637	0.0918	0.7258
	通信设备、计算机	0.7515	0.8122	0.0607	0.0808	0.7818
	通用设备制造业	0.6427	0.6766	0.0339	0.0528	0.6597
	其他采矿业	0.7947	0.8325	0.0377	0.0475	0.8136
	金属制品业	0.6856	0.7147	0.0291	0.0424	0.7001
	煤炭开采和洗选业	0.6459	0.6724	0.0264	0.0409	0.6592
	电气机械及器材制造业	0.6916	0.7194	0.0278	0.0402	0.7055
	皮革、毛皮制品业	0.7514	0.7619	0.0106	0.0140	0.7566
	文教体育用品制造业	0.8198	0.8235	0.0037	0.0045	0.8217
	纺织服装、鞋、帽制造业	0.7689	0.7715	0.0026	0.0033	0.7702
	平均	0.7024	0.7482	0.0458	0.0678	0.7253
高集聚度，扩散	黑色金属矿采选业	0.6648	0.6290	-0.0358	-0.0538	0.6469
	石油和天然气开采业	0.7509	0.7255	-0.0255	-0.0339	0.7382
	塑料制品业	0.7305	0.7192	-0.0113	-0.0155	0.7248
	仪器仪表制造业	0.7665	0.7585	-0.0080	-0.0104	0.7625
	工艺品及其他制造业	0.7545	0.7543	-0.0002	-0.0002	0.7544
	平均	0.7334	0.7173	-0.0161	-0.0228	0.7254

续表

类型	行业	1998年 Gini	2007年 Gini	增长	增长幅度	平均 Gini
低集聚度，集聚	有色金属冶炼及压延	0.4229	0.5041	0.0812	0.1919	0.4635
	化学原料及化学制品制造	0.5210	0.5878	0.0668	0.1282	0.5544
	农副食品加工业	0.5207	0.5859	0.0652	0.1252	0.5533
	印刷业和记录媒介的复制	0.5676	0.6238	0.0562	0.0990	0.5957
	非金属矿物制品业	0.5365	0.5892	0.0527	0.0982	0.5629
	木材加工业	0.6074	0.6385	0.0310	0.0511	0.6230
	非金属矿采选业	0.5607	0.5850	0.0243	0.0434	0.5729
	黑色金属冶炼及压延	0.5290	0.5488	0.0198	0.0374	0.5389
	有色金属矿采选业	0.6342	0.6434	0.0092	0.0145	0.6388
	燃气生产和供应业	0.5725	0.5784	0.0058	0.0102	0.5754
	水的生产和供应业	0.5467	0.5478	0.0011	0.0020	0.5473
	平均	0.5472	0.5848	0.0376	0.0728	0.5660
低集聚度，扩散	烟草制品业	0.6105	0.5559	-0.0546	-0.0895	0.5832
	石油加工、炼焦	0.5631	0.5239	-0.0393	-0.0697	0.5435
	电力、热力生产供应	0.4805	0.4551	-0.0254	-0.0529	0.4678
	饮料制造业	0.5197	0.4976	-0.0221	-0.0425	0.5087
	交通运输设备制造业	0.5731	0.5508	-0.0223	-0.0389	0.5620
	专用设备制造业	0.6060	0.5979	-0.0081	-0.0133	0.6019
	食品制造业	0.5571	0.5507	-0.0065	-0.0116	0.5539
	医药制造业	0.4989	0.4939	-0.0050	-0.0100	0.4964
	平均	0.5511	0.5282	-0.0229	-0.0410	0.5397

资料来源：根据中国工业企业数据库计算而得。

由表4-2可以看到，高集聚度的行业和低集聚度的行业各为19个，集聚的行业相对于扩散的行业占更大比重，集聚行业为25个，扩散的行业有13个。下面我们对这四类行业中集聚或扩散幅度较大的行业在空间上的变动情况作具体考察：

1. 高集聚度、集聚的行业

有14个具有较高的集聚度行业，在1998~2007年其间集聚度有进一步的提升。1998 年这 14 个行业的平均集聚度为 0.70，2007 年增长至 0.75，增长率为 6.5%，集聚程度增长幅度最快的前 6 个行业是化学纤维制造业、造纸及纸制品业、橡胶制品业、家具制造业、纺织业及通信设备、计算机及其他电子设备制造业，下面对这些行业分别进行考察。

化学纤维制造业基尼系数 2007 年比 1998 年增长了 16.06%，1998～2007 年化学纤维制造业空间变化的主要特征是上海、广东、山东 3 个化纤生产大省的份额有较大幅度的下降，而江苏、浙江的份额有较大幅度的上升，1998 年江苏、浙江化学纤维制造业所占份额总计为 0.35，而到 2008 年两省的总份额增加到 0.69，浙江省跃居第 1 位。上海、山东掉出了前 5 位，福建、河南进入了前 5 位。其他省份的份额变化不大（见表 4 - 3）。

表 4 - 3　　　　　　　　　化学纤维制造业的分布状况

排名	1998 年		2007 年		增长		下降	
	省份	份额	省份	份额	省份	增长额	省份	下降额
1	江苏	0.2349	浙江	0.3755	浙江	0.2594	上海	-0.1337
2	上海	0.1584	江苏	0.3173	江苏	0.0824	山东	-0.0739
3	浙江	0.1161	福建	0.0532	福建	0.0150	广东	-0.0674
4	广东	0.1086	广东	0.0412	新疆	0.0058	黑龙江	-0.0142
5	山东	0.1069	河南	0.0340	甘肃	0.0043	湖北	-0.0114
	合计	0.7248	合计	0.8212	平均	0.0734	平均	-0.0601

资料来源：根据中国工业企业数据库计算而得。

对于造纸及纸制品业，2007 年的基尼系数比 1998 年增长了 14%。山东及江苏的份额上升幅度较大，山东的份额由 0.13 上升为 0.23，江苏由 0.08 上升至 0.11，上海、广东的份额均有所减少，但减少幅度不大，前 5 位省份的份额由 1998 年的 0.56 上升至 2007 年的 0.69（见表 4 - 4）。

表 4 - 4　　　　　　　　　造纸及纸制品业分布状况

排名	1998 年		2007 年		增长		下降	
	省份	份额	省份	份额	省份	增长额	省份	下降额
1	广东	0.1827	山东	0.2254	山东	0.0912	广东	-0.0268
2	山东	0.1342	广东	0.1560	江苏	0.0347	上海	-0.0259
3	浙江	0.0977	江苏	0.1147	河南	0.0188	河北	-0.0231

续表

排名	1998年		2007年		增长		下降	
	省份	份额	省份	份额	省份	增长额	省份	下降额
4	江苏	0.0800	浙江	0.1138	浙江	0.0161	湖北	-0.0176
5	河南	0.0615	河南	0.0803	海南	0.0087	黑龙江	-0.0133
	合计	0.5561	合计	0.6901	平均	0.0339	平均	-0.0214

资料来源：根据中国工业企业数据库计算而得。

橡胶制品业2007年的基尼系数比1998年增长了12%，山东、江苏、浙江等橡胶制品业的生产大省总份额由1998年的0.35上升为2007年的0.51，其中，山东上升了0.09，江苏上升了0.04，浙江上升了0.02，而份额下降较大的省份为上海、天津、湖北及广东（见表4-5）。

表4-5　　　　　　　　　　橡胶制品业分布状况

排名	1998年		2007年		增长		下降	
	省份	份额	省份	份额	省份	增长额	省份	下降额
1	山东	0.1883	山东	0.2810	山东	0.0927	上海	-0.0690
2	上海	0.1247	江苏	0.1292	江苏	0.0401	天津	-0.0261
3	广东	0.1004	浙江	0.1042	浙江	0.0226	湖北	-0.0216
4	江苏	0.0891	广东	0.0797	福建	0.0219	广东	-0.0207
5	浙江	0.0815	福建	0.0591	河南	0.0184	黑龙江	-0.0127
	合计	0.5840	合计	0.6531	平均	0.0392	平均	-0.0300

资料来源：根据中国工业企业数据库计算而得。

对于家具制造业，2007年的基尼系数比1998年增长了11%。家具制造业主要集中在广东、浙江、山东、江苏、上海及辽宁。广东、浙江、山东3省所占份额由1998年的0.42上升至2007年的0.54。广东的份额最大，1998年为0.27，2007年为0.28，浙江、辽宁、山东的份额也有所增加。天津、江苏、北京的家具制造业份额都有一定程度的下降（见表4-6）。

纺织业2007年的基尼系数比1998年增长了9%。纺织业的主要产地为江苏、浙江、山东、广东几个省，这4个省纺织业的份额1998年为0.62，2007年为0.69。山东和浙江的份额有一定的增长，分别增加了0.09和0.06，虽然江苏仍排第1位，但浙江大幅缩小了与江苏的差距。上海的份额下降较多，减少了0.04，由1998年的第5位下降至2007年的第9位。广东减少了0.03（见表4-7）。

表4-6 家具制造业分布状况

排名	1998年		2007年		增长		下降	
	省份	份额	省份	份额	省份	增长额	省份	下降额
1	广东	0.2673	广东	0.2765	浙江	0.0758	天津	-0.0387
2	上海	0.1016	浙江	0.1567	辽宁	0.0392	江苏	-0.0342
3	江苏	0.0901	山东	0.1078	山东	0.0318	北京	-0.0314
4	浙江	0.0809	上海	0.0840	四川	0.0161	湖北	-0.0248
5	山东	0.0760	辽宁	0.0658	福建	0.0147	黑龙江	-0.0184
	合计	0.6158	合计	0.6908	平均	0.0355	平均	-0.0295

资料来源：根据中国工业企业数据库计算而得。

表4-7 纺织业分布状况

排名	1998年		2007年		增长		下降	
	省份	份额	省份	份额	省份	增长额	省份	下降额
1	江苏	0.2402	江苏	0.2336	山东	0.0892	上海	-0.0412
2	浙江	0.1654	浙江	0.2250	浙江	0.0595	广东	-0.0308
3	山东	0.1101	山东	0.1993	福建	0.0174	湖北	-0.0216
4	广东	0.1094	广东	0.0786	江西	0.0044	天津	-0.0139
5	上海	0.0614	河南	0.0382	内蒙古	0.0037	安徽	-0.0127
	合计	0.6865	合计	0.7746	平均	0.0349	平均	-0.0241

资料来源：根据中国工业企业数据库计算而得。

对于通信设备、计算机及其他电子设备制造业，2007年的基尼系数比1998年增长了8%。前4位的排名顺序没有变化，广东所占份额持续排名第1位，且有进一步上升，江苏、上海及山东的份额有一定幅度的上升，江苏由1998年的0.11上升至2007年的0.21，上海上升了0.02，山东由1998年的第9位提升为2007年的第5位。四川、陕西和天津的份额都有所下降，天津下降至第6位。该产业持续向沿海发达地区集聚的趋势比较明显（见表4-8）。

2. 高集聚度、扩散的行业

集聚度较高且扩散的行业有五个：黑色金属矿采选业；石油和天然气开采业；塑料制品业；仪器仪表及文化、办公用机械制造业；工艺品及其他制造业。平均集聚度由1998年的0.73下降至2007年的0.72。

表4-8　　　　　　通信设备、计算机及其他电子设备制造业分布状况

排名	1998年		2007年		增长		下降	
	省份	份额	省份	份额	省份	增长额	省份	下降额
1	广东	0.3234	广东	0.3416	江苏	0.0914	北京	-0.0329
2	江苏	0.1163	江苏	0.2077	上海	0.0231	四川	-0.0245
3	上海	0.1088	上海	0.1318	山东	0.0184	陕西	-0.0205
4	北京	0.1056	北京	0.0727	广东	0.0183	福建	-0.0154
5	天津	0.0635	山东	0.0504	内蒙古	0.0015	天津	-0.0153
	合计	0.7175	合计	0.8043	平均	0.0305	平均	-0.0217

资料来源：根据中国工业企业数据库计算而得。

黑色金属矿采选业2007年的基尼系数比1998年下降了5.4%。河北1998年及2007年所占份额均排第1位，1998年为0.27，2007年为0.28，排名第2位的辽宁省及安徽、广东、湖北等省份的份额都有一定的下降，而内蒙古、江西、陕西等省份的份额有一定的上升，内蒙古份额上升最大，已进入前5位，安徽和广东退出了前5位（见表4-9）。

表4-9　　　　　　　　黑色金属矿采选业分布状况

排名	1998年		2007年		增长		下降	
	省份	份额	省份	份额	省份	增长额	省份	下降额
1	河北	0.2660	河北	0.2753	内蒙古	0.0457	辽宁	-0.0358
2	辽宁	0.1650	辽宁	0.1292	江西	0.0244	广东	-0.0343
3	山东	0.0834	山东	0.0959	山西	0.0195	湖北	-0.0336
4	安徽	0.0695	内蒙古	0.0597	福建	0.0171	安徽	-0.0317
5	广东	0.0620	山西	0.0475	四川	0.0133	海南	-0.0199
	合计	0.6459	合计	0.6076	平均	0.0240	平均	-0.0310

资料来源：根据中国工业企业数据库计算而得。

对于石油和天然气开采业，2007年的基尼系数比1998年下降了3.4%，1998~2007年，黑龙江和山东石油的主产省份份额有一定下降，黑龙江仍稳居第1位，山东下降一位，两省的总份额由0.44下降至0.34，陕西、天津、新疆的份额有一定的上升，陕西和天津均进入了前5位，新疆升至第2位（见表4-10）。

塑料制品业和仪器仪表及文化、办公用机械制造业及工艺品及其他制造业集聚程度和布局情况均变化不大。

表 4-10　　　　　　　　　石油和天然气开采业分布状况

排名	1998 年		2007 年		增长		下降	
	省份	份额	省份	份额	省份	增长额	省份	下降额
1	黑龙江	0.3092	黑龙江	0.2357	陕西	0.0955	黑龙江	-0.0736
2	山东	0.1365	新疆	0.1431	天津	0.0410	甘肃	-0.0339
3	新疆	0.1255	山东	0.1088	新疆	0.0175	山东	-0.0277
4	辽宁	0.0750	陕西	0.1066	吉林	0.0150	辽宁	-0.0256
5	河北	0.0521	天津	0.0813	四川	0.0092	河北	-0.0088
	合计	0.6984	合计	0.6754	平均	0.0356	平均	-0.0339

资料来源：根据中国工业企业数据库计算而得。

3. 低集聚度、集聚的行业

集聚度较低，但出现了集聚趋势的行业有 11 个，平均集聚程度由 1998 年的 0.55 上升为 2007 年的 0.58。基尼系数增长幅度较大的行业为有色金属冶炼及压延加工业、化学原料及化学制品制造业、农副食品加工业、印刷业和记录媒介的复制、非金属矿物制品业。

有色金属冶炼及压延加工业 2007 年的基尼系数比 1998 年增长了 19%。1998 年江苏、广东、河南该行业的名列前 3 位，2007 年广东的份额略有下降，江苏和河南的份额均有上升，山东、江西、浙江的份额都有一定的上升，山东和浙江进入了前 5 位。份额下降较大主要是辽宁和上海，分别下降了 0.04 和 0.02，辽宁和甘肃退出了前 5 位（见表 4-11）。

表 4-11　　　　　　　　有色金属冶炼及压延加工业分布状况

排名	1998 年		2007 年		增长		下降	
	省份	份额	省份	份额	省份	增长额	省份	下降额
1	江苏	0.0942	江苏	0.1036	山东	0.0491	辽宁	-0.0356
2	广东	0.0920	河南	0.0934	江西	0.0425	上海	-0.0222
3	河南	0.0675	山东	0.0889	河南	0.0259	广西	-0.0200
4	辽宁	0.0668	广东	0.0819	浙江	0.0240	贵州	-0.0116
5	甘肃	0.0543	浙江	0.0770	内蒙古	0.0152	河北	-0.0115
	合计	0.3748	合计	0.4448	平均	0.0313	平均	-0.0202

资料来源：根据中国工业企业数据库计算而得。

化学原料及化学制品制造业，2007 年的基尼系数比 1998 年上升了 12.8%。

该行业主要集中于沿海经济发达的省份,且沿海省份的总体份额进一步增加。前5位的省份,除上海之外,集聚程度都有所上升。山东上升幅度最大,增加了0.08,江苏增加了0.03,浙江增加了0.01。天津、湖北、河北及辽宁等省、市的份额有所下降(见表4-12)。

表4-12 化学原料及化学制品制造业分布状况

排名	1998年		2007年		增长		下降	
	省份	份额	省份	份额	省份	增长额	省份	下降额
1	江苏	0.1673	江苏	0.1974	山东	0.0802	上海	-0.0188
2	广东	0.0920	山东	0.1631	江苏	0.0301	天津	-0.0187
3	山东	0.0828	广东	0.0954	浙江	0.0147	湖北	-0.0154
4	上海	0.0810	浙江	0.0817	内蒙古	0.0059	河北	-0.0149
5	浙江	0.0670	上海	0.0622	新疆	0.0035	辽宁	-0.0132
	合计	0.4902	合计	0.5997	平均	0.0269	平均	-0.0162

资料来源:根据中国工业企业数据库计算而得。

对于农副食品加工业,2007年的基尼系数比1998年上升了12.5%,该行业主要集中在山东、河南等农业大省以及江苏和广东两个沿海省份,10年间,广东和江苏的份额有一定下降,分别下降了0.04和0.02,山东上升幅度较大,上升了0.09,进一步巩固了第1位的优势,河南的份额也上升了0.02。上海、浙江等其他沿海省、市的份额也有所下降(见表4-13)。

表4-13 农副食品加工业分布状况

排名	1998年		2007年		增长		下降	
	省份	份额	省份	份额	省份	增长额	省份	下降额
1	山东	0.1702	山东	0.2649	山东	0.0947	广东	-0.0383
2	广东	0.1041	河南	0.0923	河南	0.0229	江苏	-0.0212
3	江苏	0.0893	江苏	0.0681	辽宁	0.0182	湖北	-0.0197
4	河南	0.0694	广东	0.0657	河北	0.0149	上海	-0.0183
5	浙江	0.0486	辽宁	0.0600	吉林	0.0144	浙江	-0.0183
	合计	0.4816	合计	0.5510	平均	0.0330	平均	-0.0232

资料来源:根据中国工业企业数据库计算而得。

对于印刷业和记录媒介的复制行业,2007年的基尼系数比1998年上升了9.8%。该行业主要集中在东部沿海地区,且10年间,广东、浙江、山东的份额进一步上升,北京、云南、上海、江苏的份额略有下降(见表4-14)。

表4-14　　　　　　印刷业和记录媒介的复制行业分布状况

排名	1998年		2007年		增长		下降	
	省份	份额	省份	份额	省份	增长额	省份	下降额
1	北京	0.0800	广东	0.2443	浙江	0.0599	北京	-0.0299
2	广东	0.1863	浙江	0.1138	广东	0.0580	云南	-0.0259
3	上海	0.1017	上海	0.0824	山东	0.0237	江苏	-0.0215
4	江苏	0.0981	山东	0.0804	重庆	0.0077	上海	-0.0193
5	山东	0.0567	江苏	0.0765	安徽	0.0067	天津	-0.0146
	合计	0.5228	合计	0.5975	平均	0.0312	平均	-0.0222

资料来源:根据中国工业企业数据库计算而得。

非金属矿物制品业2007年的基尼系数比1998年上升了9.8%。该行业主要集中在山东、河南、广东、江苏、浙江5个省份,5个省份1998年的总份额为0.50,2007年为0.55。广东的份额下降了0.03,由1998年的第1位降到2007年的第3位,山东、河南、上升幅度较大,分别增加了0.06和0.03。2007年山东所占份额最高(见表4-15)。

表4-15　　　　　　非金属矿物制品业分布状况

排名	1998年		2007年		增长		下降	
	省份	份额	省份	份额	省份	增长额	省份	下降额
1	广东	0.1446	山东	0.1813	山东	0.0639	广东	-0.0315
2	山东	0.1174	河南	0.1136	河南	0.0325	湖北	-0.0244
3	江苏	0.0966	广东	0.1131	福建	0.0185	上海	-0.0153
4	河南	0.0811	江苏	0.0855	辽宁	0.0129	北京	-0.0135
5	浙江	0.0593	浙江	0.0595	重庆	0.0085	江苏	-0.0112
	合计	0.4991	合计	0.5530	平均	0.0273	平均	-0.0192

资料来源:根据中国工业企业数据库计算而得。

4. 低集聚度、扩散

集聚度较低,且进一步扩散的行业有8个,其中扩散幅度较大的行业主要有烟草制品业、石油加工、炼焦及核燃料加工业、电力、热力的生产和供应业、饮料制造业、交通运输设备制造业。平均的基尼系数由1998年的0.55下降为2007

年的 0.53，下降了 2%。

烟草加工业 2007 年的基尼系数比 1998 年下降了 8.95%。烟草大省云南份额虽然持续保持第 1 位的位置，但其份额也有较大幅度的下降，由 1998 年的 0.28 下降为 2007 年的 0.19，而江苏、浙江、上海、广东几个沿海省市烟草业的份额都有一定程度的上升（见表 4-16）。

表 4-16　　　　　　　　　　烟草制品业分布状况

排名	1998 年		2007 年		增长		下降	
	省份	份额	省份	份额	省份	增长额	省份	下降额
1	云南	0.2811	云南	0.1944	江苏	0.0351	云南	-0.0868
2	湖南	0.0942	湖南	0.0942	浙江	0.0252	四川	-0.0195
3	贵州	0.0608	上海	0.0749	上海	0.0217	贵州	-0.0175
4	湖北	0.0575	江苏	0.0640	广东	0.0130	重庆	-0.0078
5	上海	0.0532	广东	0.0610	江西	0.0082	黑龙江	-0.0035
	合计	0.5469	合计	0.4886	平均	0.0206	平均	-0.0270

资料来源：根据中国工业企业数据库计算而得。

石油加工、炼焦及核燃料加工业 2007 年的基尼系数比 1998 年下降了 6.97%，该行业的主产省份如辽宁、广东及江苏的份额都有一定程度的下降，山东份额有所上升，2007 年升至第 1 位，陕西、山西、新疆等中西部省份的份额也有一定上升（见表 4-17）。

表 4-17　　　　　　　石油加工、炼焦及核燃料加工业分布状况

排名	1998 年		2007 年		增长		下降	
	省份	份额	省份	份额	省份	增长额	省份	下降额
1	辽宁	0.1705	山东	0.1326	山东	0.0304	辽宁	-0.0447
2	山东	0.1022	辽宁	0.1258	陕西	0.0286	江苏	-0.0225
3	广东	0.0876	广东	0.0859	山西	0.0248	黑龙江	-0.0213
4	江苏	0.0732	山西	0.0582	新疆	0.0182	北京	-0.0145
5	黑龙江	0.0700	上海	0.0556	河北	0.0182	湖北	-0.0143
	合计	0.5035	合计	0.4580	平均	0.0241	平均	-0.0234

资料来源：根据中国工业企业数据库计算而得。

电力、热力的生产和供应业 2007 年的基尼系数比 1998 年下降了 5.29%。该行业在全国的分布格局总体变化不大，主要集中于电力需求较大的沿海省份和河

北、河南等煤炭产量丰富的中部省份，广东及河北的份额有较大的下降，分别下降了 0.04 和 0.03，北京、浙江及江苏几个经济较发达的省、市有一定程度的上升（见表 4-18）。

表 4-18　　　　　　　　电力、热力的生产和供应业分布状况

排名	1998 年		2007 年		增长		下降	
	省份	份额	省份	份额	省份	增长额	省份	下降额
1	广东	0.1652	广东	0.1232	北京	0.0378	广东	-0.0420
2	山东	0.0980	山东	0.0980	浙江	0.0287	河北	-0.0346
3	河北	0.0872	浙江	0.0848	江苏	0.0155	辽宁	-0.0089
4	河南	0.0649	江苏	0.0777	贵州	0.0114	上海	-0.0075
5	江苏	0.0622	河南	0.0601	内蒙古	0.0068	陕西	-0.0060
	合计	0.4774	合计	0.4438	平均	0.0201	平均	-0.0198

资料来源：根据中国工业企业数据库计算而得。

饮料制造业 2007 年的基尼系数较 1998 年下降了 4.25%，饮料制造业主要集中于东部沿海省份和四川，广东省的份额下降最大，从 0.12 下降至 0.09，山东的份额上升至第 1 位，同时四川、陕西、河南等中部省份都略有上升（见表 4-19）。

表 4-19　　　　　　　　饮料制造业分布状况

排名	1998 年		2007 年		增长		下降	
	省份	份额	省份	份额	省份	增长额	省份	下降额
1	广东	0.1184	山东	0.1271	四川	0.0235	广东	-0.0315
2	山东	0.1121	四川	0.1218	山东	0.0150	上海	-0.0186
3	四川	0.0983	广东	0.0870	陕西	0.0129	安徽	-0.0185
4	江苏	0.0786	浙江	0.0824	河南	0.0114	北京	-0.0140
5	浙江	0.0741	江苏	0.0675	贵州	0.0101	黑龙江	-0.0117
	合计	0.4816	合计	0.4858	平均	0.0146	平均	-0.0188

资料来源：根据中国工业企业数据库计算而得。

交通运输设备制造业 2007 年的基尼系数较 1998 年下降了 11.14%，交通运输设备制造业主要集中于东部沿海省份，上海的份额下降最大，湖北、吉林等交通运输设备制造业历史基础较好的省份份额也略有下降，重庆的份额上升最大，广东省份额上升至第 1 位，同时浙江、山东和北京等东部省份略有上升（见表 4-20）。

表 4-20　　　　　　　　　　　交通运输设备制造业分布状况

排名	1998 年		2007 年		增长		下降	
	省份	份额	省份	份额	省份	增长额	省份	下降额
1	上海	0.1586	广东	0.1102	重庆	0.0529	上海	-0.0584
2	江苏	0.1057	上海	0.1002	广东	0.0337	湖北	-0.0279
3	吉林	0.0941	江苏	0.0897	浙江	0.0302	吉林	-0.0241
4	湖北	0.0877	山东	0.0884	山东	0.0239	江苏	-0.0159
5	广东	0.0765	浙江	0.0757	北京	0.0106	江西	-0.0109
	合计	0.5225	合计	0.4643	平均	0.0303	平均	-0.0275

资料来源：根据中国工业企业数据库计算而得。

4.1.3　工业集聚与行业特征

下面具体看这四类产业具有什么样的特征。我们主要从产业的平均企业规模、出口比例、新产品比例、研发密集度、中间品密集度、资本密集度及产业的增长率几个方面来考察，产业特征具体的度量方法和含义见表 4-21。

表 4-21　　　　　　　　　　　产业特征

产业特征	度量方法	含义
平均企业规模	有两种度量方法：(1) 工业总产值/企业个数 (2) 全部从业人员年平均余额/企业个数 (1999 年、2003 年、2007 年的三年平均)	度量规模经济
出口比例	出口交货值/工业销售产值 (1999 年、2003 年、2007 年的三年平均)	度量出口依存度
新产品比例	新产品产值/工业总产值 (1999 年、2003 年、2007 年的三年平均)	度量创新的成果
研发密集度	研发费用/工业增加值 (2001 年、2005 年、2006 年、2007 年四年平均值)	度量创新的投入
中间投入密集度	工业中间投入/工业总产值 (1999 年、2003 年、2007 年的三年平均)	度量产业的总体关联程度
资本密集度	(固定资本余额 + 流动资本余额)/从业人员 (1999 年、2003 年、2007 年的三年平均)	度量产业的资本密集程度

每一个产业特征由高到低排序，分为高、中、低三个部分，38个行业中，排在前12位的为"高"、排在13~25位为"中"，排在后13位为"低"。这样我们可以得到表4-22。

平均企业规模可以用来度量产业的规模经济程度（Amiti，1997），一般认为规模经济越大的产业，其集聚倾向就越强，但在此，无论是用职工数量还是总产值来度量，高集聚度的行业不具有明显的规模经济的特征，高、中、低三个档次在四类行业中的分布基本相近，而且对于低集聚度、扩散的行业，平均企业规模超过了四类行业的平均水平。从平均值来看，高集聚度、扩散的行业规模较大，主要原因是其中的石油及天然气开采业中的企业的规模巨大，由于此行业依赖于

表4-22　　　　　　　　　　各类行业的特征

类型	行业	平均规模（职工）	平均规模（总产值）	出口比例	新产品比例	研发密集度	中间品密集度	资本密集度
高集聚度，集聚	化学纤维制造业	高	高	低	高	高	高	高
	造纸及纸制品业	低	中	中	中	中	中	中
	橡胶制品业	中	中	高	高	高	中	中
	家具制造业	低	低	高	中	中	中	低
	纺织业	中	中	高	中	中	高	低
	通信设备、计算机	高	高	高	高	高	高	高
	通用设备制造业	低	中	中	高	高	中	中
	其他采矿业	高	高	中	低	低	低	低
	金属制品业	低	低	高	中	中	高	低
	煤炭开采和洗选业	高	高	低	低	高	低	低
	电气机械及器材制造业	中	高	高	高	高	高	中
	皮革、毛皮制品业	高	中	高	中	低	中	低
	文教体育用品制造业	中	低	高	中	低	中	低
	纺织服装、鞋、帽制造业	中	低	高	中	低	中	低
高集聚度，扩散	黑色金属矿采选业	中	低	低	低	低	低	低
	石油和天然气开采业	高	高	低	低	中	低	高
	塑料制品业	低	低	高	中	低	高	中
	仪器仪表制造业	中	中	高	高	高	中	中
	工艺品及其他制造业	低	低	高	中	中	中	低

续表

类型	行业	平均规模（职工）	平均规模（总产值）	出口比例	新产品比例	研发密集度	中间品密集度	资本密集度
低集聚度，集聚	有色金属冶炼及压延	中	高	中	中	中	高	高
	化学原料及化学制品制造	低	中	中	高	高	高	高
	农副食品加工业	低	中	中	低	低	高	中
	印刷业和记录媒介的复制	低	低	中	低	中	低	中
	非金属矿物制品业	低	低	低	低	低	低	中
	木材加工业	低	低	中	低	中	中	低
	非金属矿采选业	中	低	低	低	低	低	低
	黑色金属冶炼及压延	高	高	低	高	高	高	高
	有色金属矿采选业	中	中	低	低	低	低	低
	燃气生产和供应业	高	高	低	低	低	中	高
	水的生产和供应业	低	低	低	低	低	低	中
低集聚度，扩散	烟草制品业	高	高	低	中	低	低	高
	石油加工、炼焦	高	高	低	低	低	高	高
	电力、热力生产供应	高	高	低	低	低	低	高
	饮料制造业	中	中	低	高	中	低	中
	交通运输设备制造业	高	高	中	高	高	高	高
	专用设备制造业	中	中	中	高	高	高	中
	食品制造业	低	中	中	中	中	高	中
	医药制造业	中	中	中	高	高	低	中

资料来源：根据中国工业企业数据库计算而得。

自然资源禀赋，而石油和天然气矿藏只是在全国少数地区分布，所以该行业显示出较高的集聚度，因此，该行业的集聚并不是由于规模经济导致。

对于出口比例，高集聚度的行业明显具有较高的出口比例，高出口比例的行业全部集中于高集聚度的行业中，且高集聚度、集聚的行业具有更高的出口比例。低集聚度的行业出口比例较低，出口比例全部都处于中、低位置。从平均的出口比例来看，集聚度较高的行业也明显高于低集聚度的行业。出口比例较高的行业倾向于向靠近重要港口、市场完善的珠江三角洲和长江三角洲集中，这造成了此类行业集聚程度的提高。

一般认为，技术的外溢是造成产业集聚的一个重要原因，所以，技术密集型且创新行为活跃的行业具有更高的集聚度。这里，产业的新产品的比例和研发密集度可以代表一个行业的创新活跃度，但根据表 4-23 的结果，很难得出这一判断。对于新产品的比例，高集聚度、集聚的行业与低集聚度、扩散的行业具有较高的新产品比例，而另外两类行业新产品比例较低，低集聚度、扩散的行业总体上新产品比例最高，而低集聚度、集聚的行业新产品比例最低。在高集聚度的行业中，进一步集聚的行业比扩散的行业具有更高的新产品比例。对于研发密集度，低集聚度、集聚的行业具有较低的研发密集度，其他三类行业相差不大，低集聚度、扩散的行业研发密集度仍然具有最高的水平，而且行业的新产品比例和研发密集度大致上具有正比例关系，即研发密集度越高的行业，其新产品比例也较高。为什么集聚度较低的行业也具有较高的新产品比例和研发密集度？这一点可以与前面的平均规模结合起来考虑，由于低集聚度的行业，尤其是正在扩散的低集聚度的行业，其平均规模较大，所以这类行业中的企业具有比较雄厚的资金从事研发活动，从而发挥研发投入的规模效应。

表 4-23　　　　　　　　各类行业产业特征的平均值

类型	平均规模（职工）	平均规模（总产值，千元）	出口比例	新产品比例	研发密集度	中间品密集度	资本密集度
高集聚度，集聚	377.03	76 413.91	0.29	0.0742	0.0114	0.76	182.22
高集聚度，扩散	1 941.08	730 177.43	0.25	0.0429	0.0101	0.66	236.98
低集聚度，集聚	283.53	79 994.68	0.08	0.0281	0.0053	0.73	274.30
低集聚度，扩散	417.41	301 857.00	0.06	0.0962	0.0146	0.69	492.40

资料来源：根据中国工业企业数据库计算而得。

中间品的密集度四类行业相差不大，高、中、低密集度的水平在各类行业上分布比较均匀，但从平均水平来看，就 1998~2007 年集聚的行业相对于扩散的行业具有更高的中间品密集度，从这一点可以大致判断产业关联效应在这 10 年中对于产业的集聚起了一定的作用。

低集聚度的行业普遍具有较高的资本密集度，而高集聚的行业资本密集度较低，而且，扩散的行业也比集聚的行业具有更高的资本密集度，这说明目前在中国，劳动密集型的行业更容易集聚。

4.1.4　产业集聚的区域特征

产业集聚意味着某个产业更加倾向于在一些特定的地区布局，而不是在所有地区均匀分布。因此,一个重要的问题是:产业的集中和分散是否与分布地的某些区域特征有关?特定类型的产业是否会集聚在具有特定类型地理特征的区域?

表4-24列出了一系列区域特征 $\{z_i\}$,包括市场潜力(market potential)、资本—劳动比率、平均工资水平、研发与技术水平、教育投入等等。这些区域特征有助于我们理解产业的区域分布情况。

表4-24 区域特征

区域特征	指标描述
市场潜力	某区域市场大小的一个代理指标。根据哈里斯(Harris, 1954),区域 i 的市场潜力 $MP_i = \sum_{j=1}^{n} \frac{GDP_j}{d_{ij}}$。其中 GDP_j 代表区域 j 的地区,d_{ij} 代表区域 i 与区域 j 之间的距离
资本—劳动比率	固定资产净值年平均余额/从业人员年平均人数
工业平均工资水平	工业工资总额/工业从业人员年平均人数
技术	年底专业技术人员数/年底从业人员数
研发	平均每万人拥有的授权专利数
教育	人均教育经费投入
农业生产	第一产业增加值占地区生产总值的比重

为了衡量某个产业 k 在时期 t 的区域特征偏度(district characteristic bias),对于区域 i 的某项区域特征 z_i,我们用区域 i 产业 k 的产值占全国产业 k 总产值的比重 $s_i^k(t)$ 进行加权。定义产业 k 在时期 t 的区域特征偏度 $DCB_i^k(t)$ 如下:

$$DCB^k(t) = \sum_i s_i^k(t) z_i \qquad (4-1)$$

按照上述定义,我们将区域特征序列 $\{z_i\}$,即市场潜力、资本—劳动比率等逐个代入式(4-1),就可以得到不同产业该区域特征的指标。我们根据全国31个省和直辖市的情况,每个区域选定表4-24所列的重要区域特征,计算了38个产业的区域特征偏度,时间跨度从1998~2007年,共计10年。我们没有将各个产业的区域特征偏度列出,而是按照产业布局的变化特征对产业进行划分(见表4-24),分析和比较每组产业的区域特征偏度。

1. 市场潜力

哈里斯(Harris, 1954)构造了市场潜力函数:$MP_i = \sum_{j=1}^{n} \frac{M_j}{d_{ij}}$,其中 M_j 指区

域 j 对区域 i 的商品的需求。在经验研究中，通常用区域 j 的地区生产总值 GDP_j 代替 M_j，其逻辑是，区域 j 的地区生产总值越高，就越有可能对区域 i 产生更大的需求。这个市场潜力等式近似地表明了地点与总需求之间的关系。哈里斯（Harris，1954）发现，生产地的市场潜力通常较高，这正好支持了经济活动集聚的观点，并表明集聚现象和选址决策不仅关系到供给，还与需求有关。

在计算出每个区域的市场潜力后，我们用区域 i 产业 k 的产值占全国产业 k 总产值的比重 $s_i^k(t)$ 进行加权，得到各产业的区域市场潜力偏度（见表4-25）。在计算各区域的市场潜力时，为了剔除价格变化的影响，我们以1998年为基期，用各省或直辖市的 GDP 指数对地区生产总值进行了平减处理。

表 4-25 按集聚水平变化情况分类产业的区域市场潜力偏度（1998~2007年）

类型	1998年	1999年	2000年	2001年	2002年	2003年	2004年	2005年	2006年	2007年
CC	104.5	103.5	104.9	106.1	106.5	109.1	117.9	124.6	126.2	131.4
CD	95.6	95.5	97.4	98.4	99.0	101.8	108.1	112.9	116.0	120.6
DC	101.1	99.3	101.2	102.5	102.7	105.9	112.8	117.5	120.5	125.6
DD	101.5	100.1	101.1	101.7	105.4	112.1	117.1	119.7	125.0
All	101.7	100.5	102.0	103.1	103.6	106.4	113.9	119.6	121.8	126.9

资料来源：根据中国工业企业数据库和《中国统计年鉴》计算而得。

由表4-25我们可以看到，从1998~2007年，各组产业的区域市场潜力偏度都表现出增加的趋势，这是因为，在这个时期各地的地区生产总值都在增加，这意味着对外部区域存在更大的需求。

但是，在按集聚水平变化情况划分的不同产业类别中，其区域市场潜力偏度存在显著差异（见图4-2）。

（1）对那些集聚度较高，而且在整个时间段表现出集聚水平增加的产业（CC）而言，其市场潜力偏度是最高的。这意味着，这些集聚程度较高的产业在空间分布上对应着较大的本地市场，从需求方面支撑了该类产业的生产，因此，这类产业在期末比期初具有更高的集聚水平。

（2）对于对那些集聚度较高，但是在整个时间段表现出集聚水平减少的产业（CD），其市场潜力偏度是最低的。可能正是由于缺乏足够的需求支撑，这些产业的空间布局从最初的高集聚度逐渐变得相对分散。

（3）对那些集聚度较低，然而在整个时间段表现出集聚水平增加的产业（DC）来说，其市场潜力偏度仅次于高集聚度、集聚（CC）产业。尽管起初这些产业的空间分布是较为分散的，但是，由于这些产业分布的区域具有较高的市

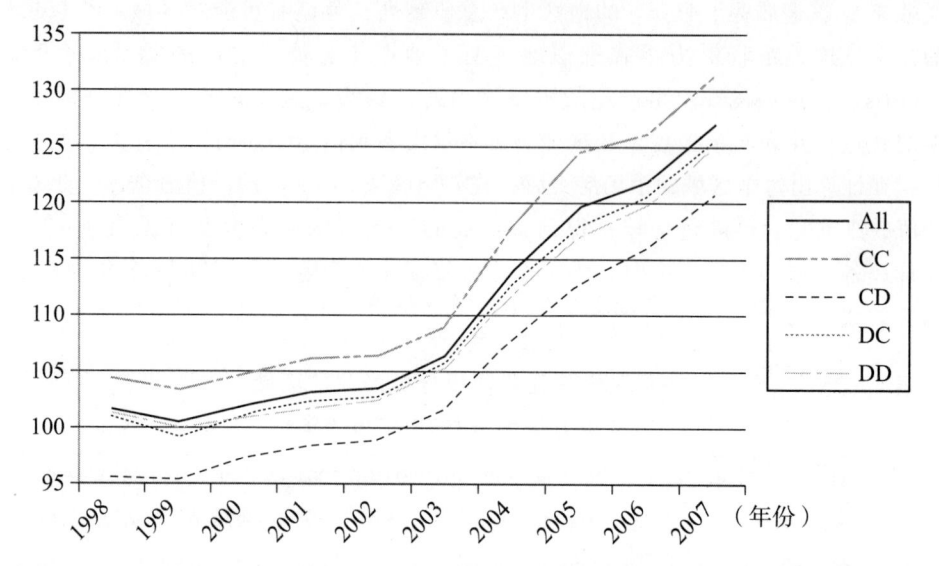

场潜力，这意味着更多的需求，从而使得生产更加集中。

图 4-2 按集聚水平变化情况分类产业的区域市场潜力偏度（1998~2007 年）

资料来源：根据中国工业企业数据库和《中国统计年鉴》计算而得。

（4）对于那些集聚度较低，而且在整个时间段表现出集聚水平减少的产业（DD），其区域市场潜力偏度在四组产业中排在倒数第 2 位。可能由于缺乏足够大的市场容量，使得这类产业的集聚水平继续下降。

2. 资本—劳动比率

一个区域的资本—劳动比率在某种程度上反映了该区域的要素禀赋情况。根据赫克歇尔-俄林理论（Ohlin, 1933），在各区域生产同一种产品的技术水平相同的情况下，两个区域生产同一产品的价格差别来自于产品的成本差别，这种成本差别来自于生产过程中所使用的生产要素的价格差别，这种生产要素的价格差别则取决于各地区各种生产要素的相对丰裕程度，即相对禀赋差异。因此，由要素禀赋差异而产生的价格差异将导致不同区域之间的产业分工。从我国的实际情况看，仍在劳动密集型技术方面具有比较优势。

为了测度区域 i 的资本—劳动比率，我们考虑使用该区域的资本指标和劳动指标。历年《中国统计年鉴》上的全社会固定资产投资是一个流量概念；而就业人数只统计年底数，是一个存量的概念，不能直接比较。因此，我们使用了工业企业数据库，对于区域 i，分别加总该区域的固定资产净值年平均余额和从业人员年平均人数，然后用该区域的固定资产净值年平均余额除以从业人员年平均人数，以此度量该区域的资本—劳动比率。为了避免物价变化的影响，我们以1998年为基期，利用历年各地的固定资产投资价格指数对固定资产净值年平均余额进行了平减处理。

对于各个区域的资本—劳动比率，用 $s_i^k(t)$ 进行加权，就可以计算出各产业的区域资本—劳动比率偏度（见表4-26）。从1998~2007年，各产业的区域资本—劳动比率偏度呈现出上升的趋势，但是，在按集聚水平变化情况划分的各个产业类别中，该指标的相对大小是不同的（见图4-3）。

表4-26　　　　　　按集聚水平变化情况分类产业的
区域资本—劳动比率偏度（1998~2007年）

类型	1998年	1999年	2000年	2001年	2002年	2003年	2004年	2005年	2006年	2007年
CC	74.9	85.2	95.5	99.8	102.6	104.7	101.9	107.6	119.5	124.8
CD	77.5	87.0	99.0	107.1	112.0	114.2	113.7	119.8	131.2	137.4
DC	74.6	85.7	96.2	104.2	108.7	111.5	111.7	117.8	130.9	138.3
DD	74.9	86.1	97.9	106.8	113.1	117.3	118.4	124.5	137.5	144.6
All	75.1	85.8	96.7	103.5	107.8	110.6	109.7	115.7	128.2	134.5

资料来源：根据《中国统计年鉴》计算而得。

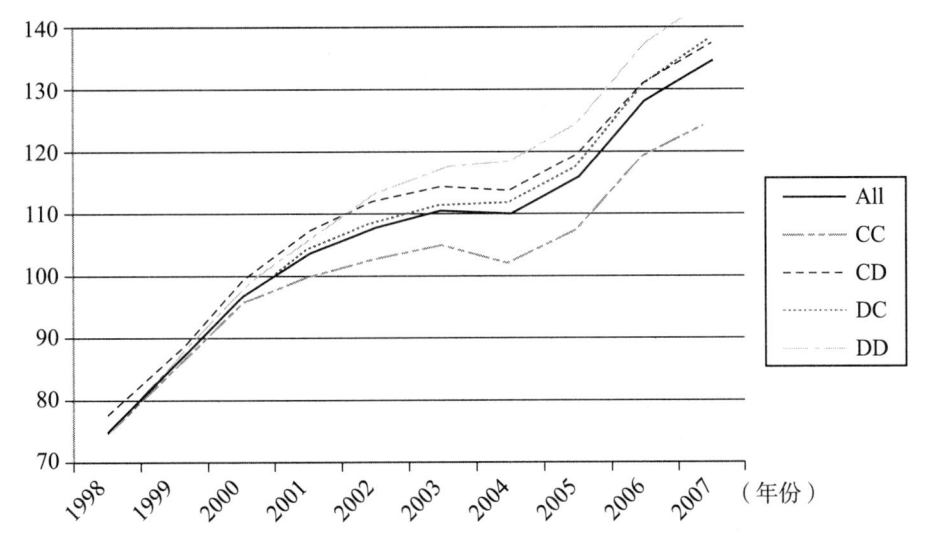

图4-3　按集聚水平变化情况分类产业的区域资本—
劳动比率偏度（1998~2007年）

资料来源：根据《中国统计年鉴》计算而得。

我们可以对各组产业类别的区域资本—劳动比率偏度进行比较：

（1）对那些集聚度较高，而且在整个时间段表现出集聚水平增加的产业（CC）而言，其区域资本—劳动比率偏度除了1998年的数据外，其他各年都是最低的。

（2）对于对那些集聚度较高，但是在整个时间段表现出集聚水平减少的产业（CD），其区域资本—劳动比率偏度在1998~2001年是最高的，在2002~2006年是第二高的，在2007年则是第三高的，而且一直高于全部产业的平均水平。

（3）对那些集聚度较低，但是在整个时间段表现出集聚水平增加的产业（DC）来说，其区域资本—劳动比率偏度在1998年是最低的，1999~2006年则是第二低的，在2007年则是第三低的。

（4）对于那些集聚度较低，而且在整个时间段表现出集聚水平减少的产业（DD），其区域资本—劳动比率偏度在1998~2001年间是第二高的，在2002~2007年都是最高的。除了1998年外，均高于平均水平。

因此，从总体看，在一个产业所定位的区域中，这些区域的资本—劳动比率越低，该产业在全国的布局就越集中；在一个产业分布的区域中，这些区域的资本—劳动比率越高，该产业的集聚水平就越低。这与赫克歇尔—俄林理论的逻辑一致：要素禀赋在区域间是非均匀分布的，其中的一些区域劳动力相对较为密集；假定生产技术是可以选择的，要素之间存在替代，那么产业将集中在这些劳动力相对丰裕（也就是资本—劳动比率低）的区域。

3. 工业平均工资水平

为了考察产业分布区域的工业平均工资水平与产业集聚水平变化情况之间的关系，我们用各个区域的工业工资总额除以该区域工业从业人员年平均人数，得到这个区域的工业平均工资水平。其中，为了衡量实际工资水平，工资总额用该区域的消费者物价指数进行了平减处理。在此基础上，我们利用式（4-1），计算了每个产业的区域工业工资水平偏度。

按照新经济地理模型（Krugman，1991；Fujita et al.，1999），集聚会提高实际工资。这种因果关系也可能是反向的，如果平均工资水平可以真实反映劳动力的素质及其受教育水平，那么，工资水平越高的区域，其人力资本水平也越高。人力资本水平的差异可能造成技术差异，技术差异可以为区域带来不同的比较优势，而各区域更倾向于生产本区域具有比较优势的产品，使得某些产业向特定区域集聚。

但是，较高的平均工资水平也是产业布局走向分散的原因。对于企业而言，工资水平上升增加了生产成本，如果企业定位于其他工资水平较低的区位带来的成本节约能够补偿相应的运输费用，企业的空间选址活动可能区域分散。

综上所述，对于一个具有较高工资水平的区域而言，它既可能进一步吸引产业向它集聚，也可能导致产业走向分散。因此，各产业的区域工业平均工资水平偏度和产业集聚水平变化情况之间的关系也是不明确的（见表 4-27）。

表 4-27　　按集聚水平变化情况分类产业的区域工业
平均工资水平偏度（1998~2007 年）

	1998 年	1999 年	2000 年	2001 年	2002 年	2003 年	2004 年	2005 年	2006 年	2007 年
CC	8.39	9.07	10.18	11.14	12.18	13.07	14.52	15.99	18.11	20.81
CD	8.27	8.91	9.92	11.02	12.06	13.04	14.56	16.12	18.42	21.20
DC	7.94	8.64	9.64	10.92	11.72	12.71	14.19	15.72	17.87	20.44
DD	7.90	8.63	9.72	11.00	11.88	13.00	14.61	16.14	18.31	20.83
All	8.14	8.83	9.89	11.03	11.97	12.95	14.45	15.96	18.12	20.76

资料来源：根据《中国统计年鉴》计算而得。

（1）对那些集聚度较高，而且在整个时间段表现出集聚水平增加的产业（CC）而言，其区域工业平均工资水平偏度在 1998~2003 年都是最高的，但在 2004~2007 年则排在第 3 位。

（2）对于对那些集聚度较高，但是在整个时间段表现出集聚水平减少的产业（CD），其区域工业平均工资水平偏度在 1998~2005 年排在第 2 位，2006 年和 2007 年都排在第 1 位，而且每年均高于全部产业平均水平。

（3）对那些集聚度较低，然而在整个时间段表现出集聚水平增加的产业（DC）来说，其区域工业平均工资水平偏度在 1998 年和 1999 年排在第 3 位，在 2000~2007 年均为最低，而且每年均低于全部产业的平均水平。

（4）对于那些集聚度较低，而且在整个时间段表现出集聚水平减少的产业（DD），其区域工业平均工资水平偏度在 1998 年和 1999 年是最低的，在 2000~2003 年排在第三，2004 年为最高，2005~2007 年排在第 2 位（见图 4-4）。

4. 技术水平

根据李嘉图（Ricardo）模型，技术差异可以为区域带来不同的比较优势，而各区域更倾向于生产本区域具有比较优势的产品，从而产生了一些产业在特定区域集聚的现象。

为了测度一个区域的技术水平，我们考虑用该区域的专业技术人员占全部从业人员的比重来衡量。基于数据的可得性，从 1999~2002 年，我们用年底专业技术人员数除以年底从业人员数；从 2003 年起，由于统计口径发生了变化，我们改用城镇单位专业技术人员（年底）数除以城镇单位就业人员数（年底）。因此，2003 年前后的数据不具有可比性。

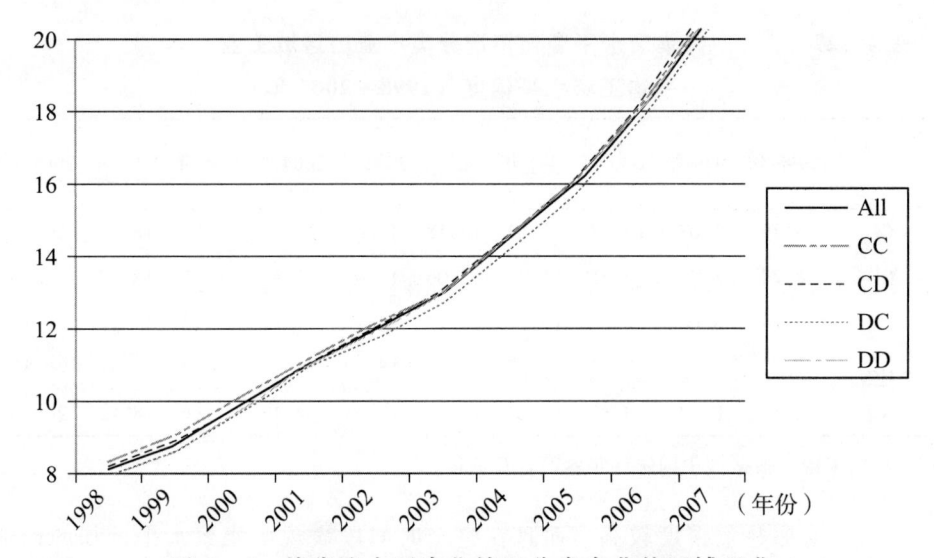

图 4-4　按集聚水平变化情况分类产业的区域工业平均工资水平偏度（1998~2007 年）

资料来源：根据中国工业企业数据库和《中国统计年鉴》计算而得。

在上述数据基础上得到的各类产业的区域技术水平偏度在两个时段也表现出不同的特性（见表 4-28）。1999~2002 年的区域技术水平偏度远低于 2003~2007 年的同一指标，这是因为，城镇单位的专业技术人员占城镇单位就业人员的比重相对较高。

表 4-28　按集聚水平变化情况分类产业的区域技术水平偏度（1999~2007 年）

	1999 年	2000 年	2001 年	2002 年	2003 年	2004 年	2005 年	2006 年	2007 年
CC	0.0110	0.0102	0.0093	0.0090	0.0428	0.0433	0.0456	0.0467	0.0465
CD	0.0104	0.0097	0.0092	0.0090	0.0410	0.0410	0.0420	0.0430	0.0427
DC	0.0107	0.0099	0.0094	0.0089	0.0414	0.0412	0.0420	0.0427	0.0420
DD	0.0110	0.0102	0.0097	0.0094	0.0412	0.0408	0.0414	0.0420	0.0412
All	0.0109	0.0101	0.0094	0.0091	0.0418	0.0419	0.0432	0.0441	0.0436

资料来源：根据中国工业企业数据库和《中国统计年鉴》计算而得。

在这两个不同的时间段,集聚水平变化情况不同的产业的表现也有所差别(见图4-5)。在第一个时间段,低集聚度、扩散的产业(DD)的区域技术水平偏度最高;而高集聚度、扩散的产业(CD)的区域技术水平偏度最低,这与李嘉图模型不一致。在第二个时间段,高集聚度、集聚的产业(CC)的区域技术水平偏度最高;而低集聚度、扩散的产业(DD)的区域技术水平偏度最低,这是与李嘉图模型一致的。

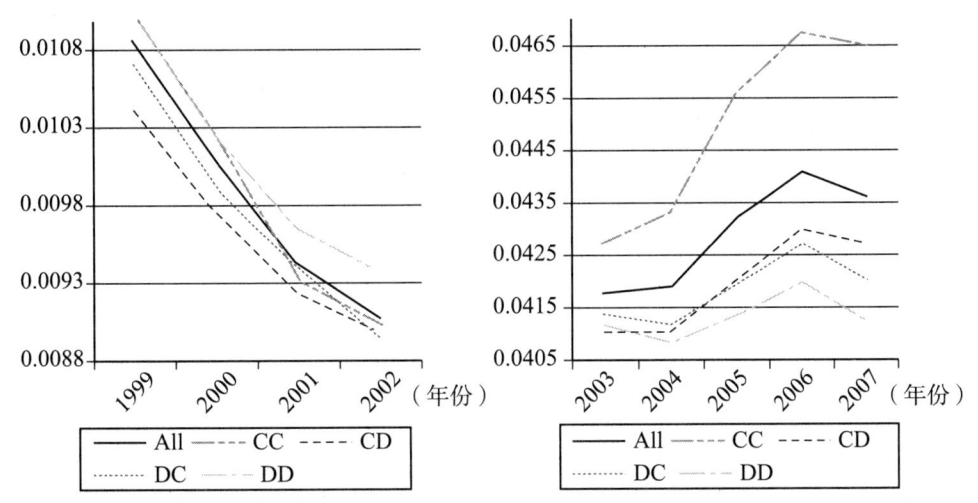

图4-5 按集聚水平变化情况分类产业的区域技术水平偏度(1999~2007年)

资料来源:根据中国工业企业数据库和《中国统计年鉴》计算而得。

5. 研发水平

技术或信息溢出也是产业集聚的一个原因(Marshall,1920;Krugman,1991;Audretsch and Feldman,1996),但很难直接测量。我们考虑用每万人拥有的授权专利数来间接表示信息溢出的强度。在此基础上,我们利用式(4-1),计算出各类产业的区域研发水平偏度(见表4-29)。

表4-29　　　　按集聚水平变化情况分类产业的区域研发水平偏度(1998~2007年)

	1998年	1999年	2000年	2001年	2002年	2003年	2004年	2005年	2006年	2007年
CC	0.837	1.219	1.188	1.347	1.615	2.340	2.206	2.519	3.272	4.424
CD	0.804	1.135	1.094	1.256	1.464	2.098	1.993	2.214	2.813	3.739
DC	0.702	1.040	1.006	1.145	1.312	1.890	1.711	1.873	2.423	3.165
DD	0.690	1.038	1.024	1.142	1.310	1.986	1.779	1.980	2.525	3.332
All	0.763	1.118	1.088	1.233	1.443	2.103	1.945	2.178	2.809	3.740

资料来源:根据中国工业企业数据库和《中国统计年鉴》计算而得。

从图 4-6 我们可以看到，沿着全部产业平均的区域研发水平偏度，四类产业形成了泾渭分明的两组：高集聚度产业（CC 和 CD）的区域研发水平偏度高于低集聚度产业（DC 和 DD）。这意味着，集聚程度较高的产业所在的区域相应具有较高的研发水平；或者说，这些产业更加依赖于创新的氛围，从而集中在一些研发水平较高的区域进行生产。

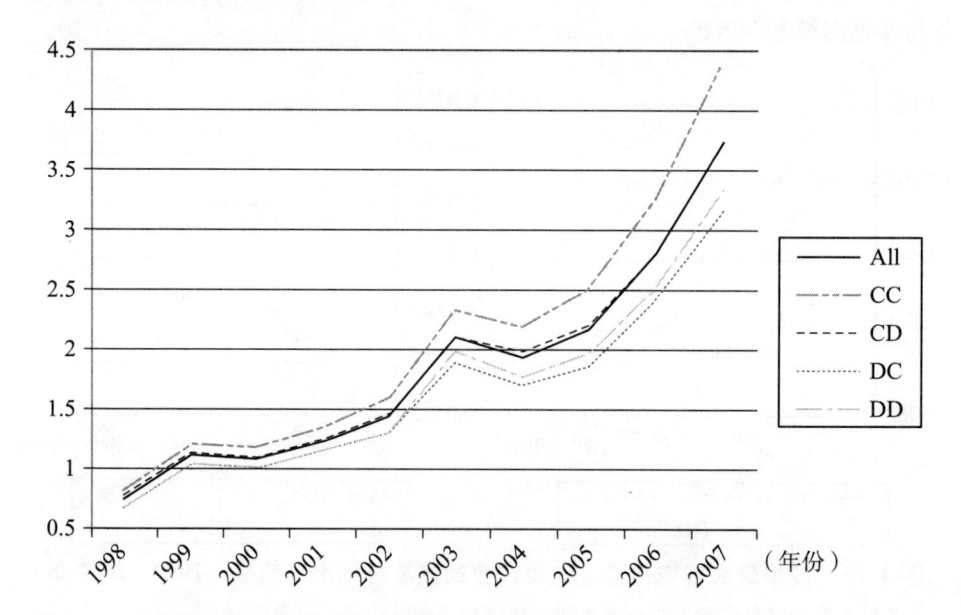

图 4-6　按集聚水平变化情况分类产业的区域研发水平偏度（1998~2007 年）

资料来源：根据中国工业企业数据库和《中国统计年鉴》计算而得。

6. 教育水平

一个区域的教育水平既影响到当地的人力资本水平，也影响到该区域创新的可能性，进而影响到企业是否定位在该区域的决策。为了考察产业所在区域的教育水平特征，我们用各个区域的人均教育经费投入来衡量该区域的教育水平，在此基础上，我们得到不同产业的区域教育水平偏度（见表 4-30）。

如图 4-7 所示，从 1998~2007 年，所有产业的区域教育水平偏度都表现出递增的趋势，这说明各区域的人均教育经费投入在逐年增加。但是，不同产业的区域教育水平偏度是有差异的。高集聚度、集聚的产业（CC）的区域教育水平偏度最高；低集聚度、集聚的产业（DC）的区域教育水平偏度最低；高集聚度、扩散的产业（CD）和低集聚度、集聚的产业（DD）的区域教育水平偏度则基本持平。总体而言，高集聚度产业所在区域具有较高的教育水平；而低集聚度产业所在地区的教育水平相对较低。

表4-30　　　　　按集聚水平变化情况分类产业的区域
教育水平偏度（1998~2007年）

	1998年	1999年	2000年	2001年	2002年	2003年	2004年	2005年	2006年	2007年
CC	309.7	363.2	382.1	449.1	530.7	615.4	699.5	807.1	893.3	887.5
CD	290.3	337.7	353.2	424.8	500.0	582.0	660.8	750.8	838.3	833.3
DC	281.8	331.0	349.7	417.8	489.3	560.7	611.4	690.9	781.0	762.4
DD	283.9	337.1	363.9	430.6	514.3	587.3	656.9	755.1	843.3	801.5
All	293.6	345.0	365.1	432.9	511.2	589.2	659.9	755.1	843.0	826.0

资料来源：根据中国工业企业数据库和《中国统计年鉴》计算而得。

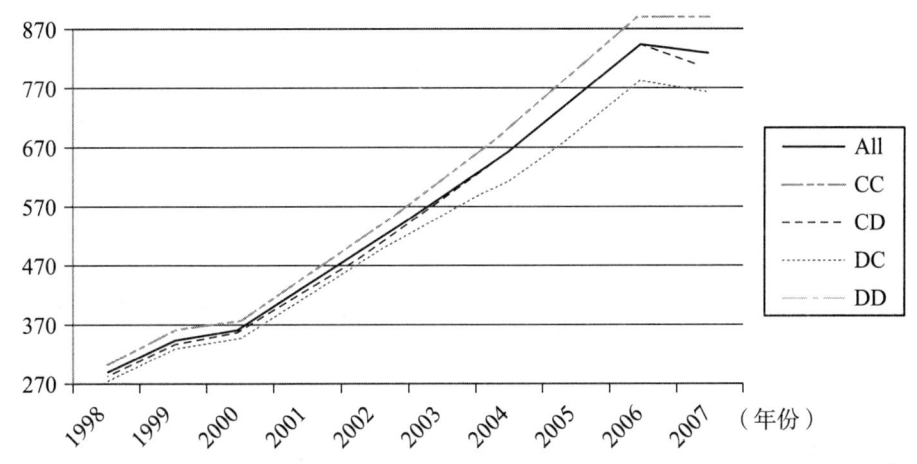

图4-7　按集聚水平变化情况分类产业的区域教育水平偏度（1998~2007年）

资料来源：根据中国工业企业数据库和《中国统计年鉴》计算而得。

7. 农业生产

农业剩余可以为部分工业部门提供原材料，因此，农业基础较好的地区可能导致以农业产品为主要投入品的部分工业部门集中在这些区域；但是，在工业化的中后期，工业生产主要集中在重化工业部门，企业的前后向关联主要集中在工业部门内部或工业部门和服务业部门之间，农业部门的作用逐渐减弱。因此，产业较为集聚的区域，可能农业的比重较低，而第二产业和第三产业的比重较高。

从1998~2007年，所有产业的区域农业生产偏度都表现出降低的趋势，这说明各区域的农业生产增加值占地区生产总值的比例在逐年减少，这与我国的工业化进程有关（见表4-31）。

表4-31　按集聚水平变化情况分类产业的区域农业生产偏度（1998~2007年）

	1998年	1999年	2000年	2001年	2002年	2003年	2004年	2005年	2006年	2007年
CC	0.151	0.140	0.130	0.125	0.116	0.105	0.101	0.091	0.087	0.084
CD	0.158	0.146	0.134	0.127	0.121	0.111	0.112	0.104	0.097	0.094
DC	0.171	0.159	0.148	0.140	0.132	0.123	0.125	0.116	0.108	0.106
DD	0.171	0.157	0.146	0.140	0.133	0.123	0.124	0.115	0.107	0.105
All	0.162	0.150	0.139	0.133	0.125	0.115	0.114	0.105	0.099	0.096

资料来源：根据中国工业企业数据库和《中国统计年鉴》计算而得。

不同产业的区域农业生产偏度存在显著差异。高集聚度产业（CC和CD）的区域农业生产偏度低于低集聚度产业（CC和CD）。这说明，集聚水平较高的产业所在的区域往往农业生产占比较低（见图4-8）。

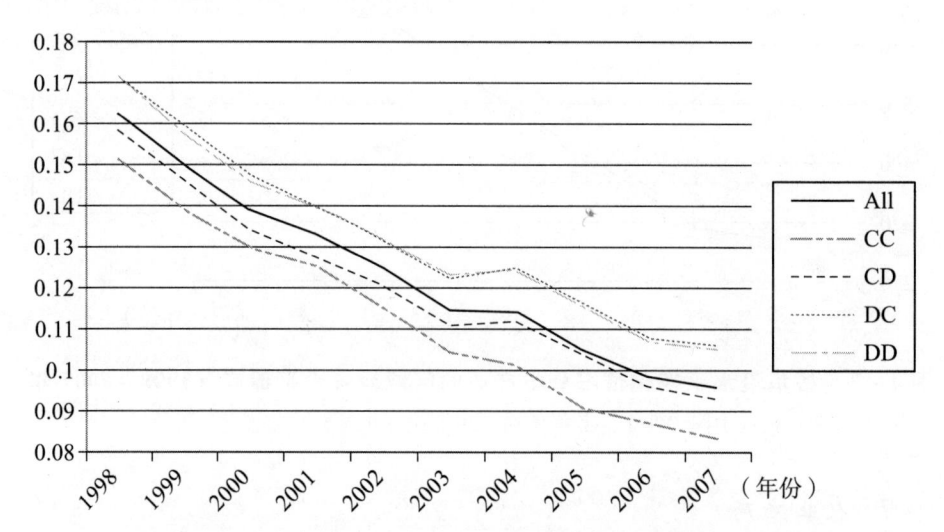

图4-8　按集聚水平变化情况分类产业的区域农业生产偏度（1998~2007年）

资料来源：根据中国工业企业数据库和《中国统计年鉴》计算而得。

4.2　省区的专业化现状

4.2.1　经济发展过程中的专业化

在区域的层面上，有三种理论对地区专业化问题进行了阐述。传统的国际贸易理论认为，自由贸易会带来两地之间的专业化。贸易理论是假设资本和劳动力等要素是不能在地区之间流动的，单纯商品贸易从而使得两地根据比较优势选择自己的产业，技术、劳动力和自然资源禀赋决定了产业集中的区位（Ohlin，1933）。但是，比较优势并不是地区专业化的唯一解释。不同于传统的贸易理论的是，新贸易理论在研究区域之间的产业分布和专业化时考虑到运输成本以及报酬递增在的作用。在垄断竞争的市场假设下，新贸易理论认为规模经济是地区专业化的主要动力，经济活动在少数地区的集中目的是为了获得规模经济（Krugman，1979，1980）。在此基础上，新经济地理理论把分析的单位并不局限于两个国家之间，因此放松了要素不能流动前提假设，从而使得专业化完全内生化（Krugman，1991；Fujita et al.，1999）。产业的分布取决于规模经济与运输成本的相互作用，在本地市场效应和价格指数的作用下，企业会选择相互集中从而获得规模经济，在竞争或拥挤效应的作用下，企业会选择相互分散。当运输成本较高时，企业是相互分散的，当运输成本下降时企业是集聚的，当运输成本进一步下降企业由集聚走向分散。在这一过程中，地区之间的专业化是不断深化的（Rossi-Hansberg，2005；Aiginger and Rossi-Hansberg，2006）。

在全球化和经济转型的过程中，中国省区之间的专业化程度也备受关注。一些研究认为，经济转型培育了市场主体，推动了基础设施建设从而降低了运输成本，随着市场的发育和要素流动，按照比较优势来选择的产业在沿海地区迅速发展起来，沿海与内地之间的产业分工出现（林毅夫等，1999；贺灿飞、谢秀珍，2006）。同时，FDI的流入，国际贸易的增长也影响了中国产业的分布与各省区的专业化水平（冼国明、文东伟，2006）。另一些研究发现，在制度层面上，分权竞争的体制下，地方政府的市场保护行为又会限制要素流动和产业同构（Young，2000；白重恩等，2004；路江涌、陶志刚，2007）。

这些研究较为完整地刻画了中国各地区专业化的影响因素，但是都没有包含经济发展的含义。从经济发展的过程来看，一个地区或国家选择的专业化水平往往随经济发展的阶段不同而不同。阿西莫格鲁和瑞立波蒂（Acemoglu and Zilibotti，1997）指出，在经济发展的过程中，一个国家或地区的产业一般是由专业化走向多样化的，因为多样化的产业结构不仅是市场发展的结果，也是实现经济增长的内在要求，这是因为多样化的产业结构可以减少投资的风险。伊伯斯和瓦克齐亚格（Imbs and Wacziar，2003）通过运用全球60多个国家研究产业集中度与人家收入水平的关系。他们发现，随着收入水平的不断上升，一个国家或地区的专业化水平呈先下降后上升的趋势，当人均收入低于约9 000美元时，产业是走向多样化的，当人均收入这一水平时，产业会由多样化走向专业化。

因此随着人均收入的增加一个国家或地区的产业的专业化水平呈"U"型变化趋势。

本节参照伊伯斯和瓦克齐亚格（2003）的方法，把中国各省区的专业化的水平经济发展的阶段结合起来分析，按照人均收入水平的高低来观察各省区的专业化程度，从而判断它们所处的专业阶段，并在指出它们发展的趋势。在此基础上，本节试图对各省区专业化水平的影响因素进行分析。

4.2.2 全国总体情况

采用伊伯斯和瓦克齐亚格（2003）的方法，本节对1998~2007年全国31个省区的人均收入分别与该省区的空间基尼系数、赫芬达尔指数和区位商之间的关系进行关系曲线进行平滑处理，得到的结果如图4-9、图4-10、图4-11所示。

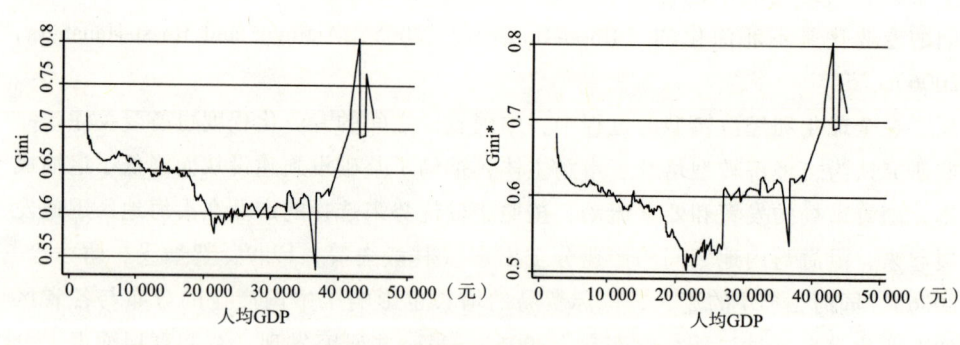

图4-9 空间基尼系数与人均GDP

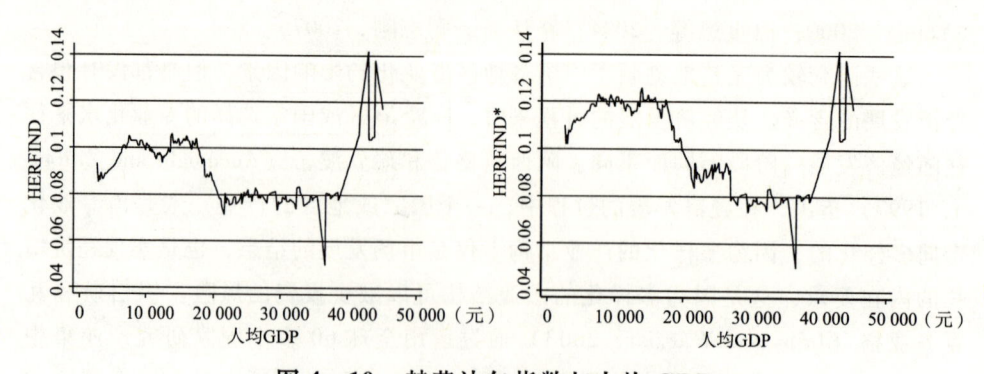

图4-10 赫芬达尔指数与人均GDP

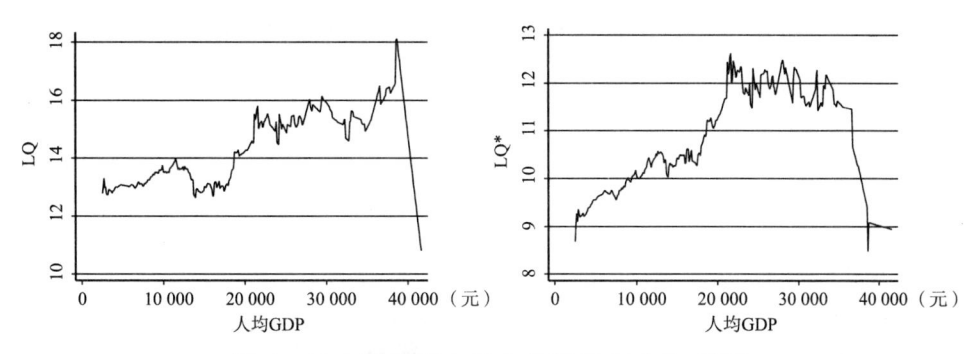

图 4-11 区位商大于 1 的数目与人均 GDP

图 4-9、图 4-10、图 4-11 中左边是各省区人均 GDP 分别与工业的空间基尼系数、赫芬达尔指数和区位商之间的关系进行平滑处理的结果，而右边则是各省区人均 GDP 分别与制造业的空间基尼系数、赫芬达尔指数和区位商之间的关系进行平滑处理的结果。在图 4-9 和图 4-10 中，工业与制造业的专业化水平都经历了先下降后上升的"U"型变化过程，当人均 GDP 在 20 000~40 000 元的区间，产业专业化水平达到最低，之后专业化水平开始上升。不同的是，图 4-9 和图 4-10 在开始的阶段有一定差异，具体表现在空间基尼系数下降而赫芬达尔指数上升，往后，则二者的走势都是先下降、后上升，近似"U"型曲线。由于区位商大于 1 的产业数目越多则代表该地区产业越多样化，越少则代表越专业化，因此图 4-11 所描述的产业多样化走势与图 4-9、图 4-10 是一致的，近似倒"U"型曲线。从以上三幅图来看，我国产业多样化到专业化的转折点大概出现在 30 000~40 000 元之间。

为了对比分析，用 LOWESS 方法对上述三种关系进行处理，得到图 4-12、图 4-13、图 4-14。

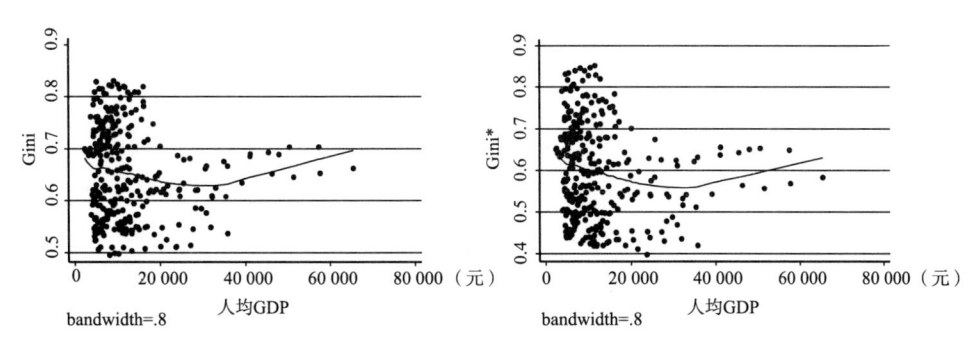

图 4-12 基尼系数与人均 GDP

上图与图 4-9、图 4-10、图 4-11 相比平滑许多，这主要是带宽选择的问题。图中，工业与制造业的产业多样化走势完全一样。图 4-12 和图 4-13 呈现出"U"型，图 4-14 则是倒"U"型，这与图 4-9、图 4-10、图 4-11 的结果是相近的，也是与理论一致的。

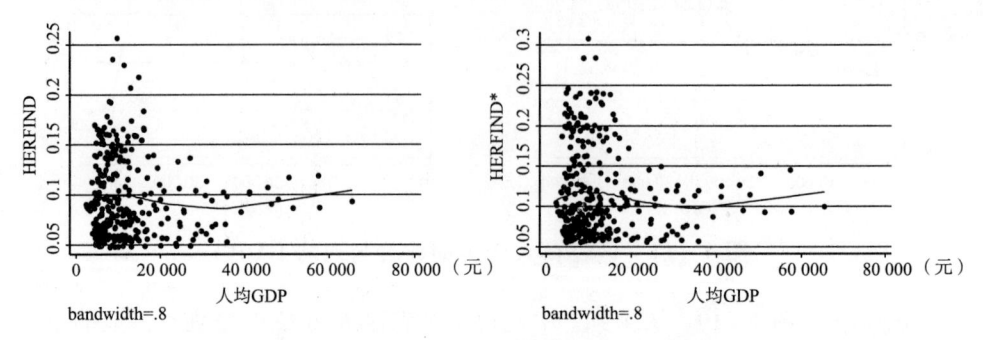

图 4-13　赫芬达尔指数与人均 GDP

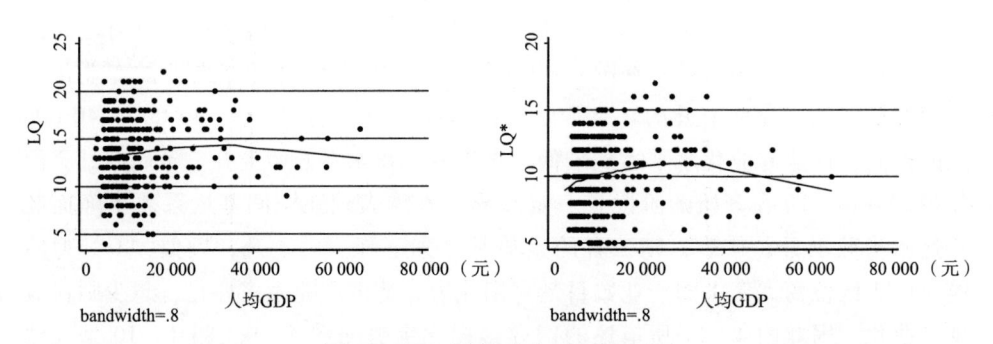

图 4-14　区位商与人均 GDP

下面，为确定"U"型曲线最低点（或最高点）的确切范围，用产业多样化指数对人均 GDP 及其平方作固定效应回归，结果如表 4-32 所示。

表 4-32　　　　　专业化指数对人均 GDP 的固定效应回归

	工业		
	空间基尼系数	赫芬达尔指数	区位商
人均 GDP	-4.40E-06**	-5.99E-07	1.16E-04*
	(0.47E-06)	(-6.92E-07)	(6.21E-05)
人均 GDP 平方	-7.28E-11**	7.36E-12	-1.65E-09
	(2.86E-11)	(-1.34E-11)	(1.21E-09)
常数项	0.689**	0.102**	12.453**
	(0.013)	(0.006)	(0.539)
R-sq	0.031	0.004	0.016
极值点	30 200	40 700	35 152

续表

	制造业		
	空间基尼系数	赫芬达尔指数	区位商
人均 GDP	-6.37E-06**	-1.09E-06	1.7E-04**
	(1.89E-06)	(9.33E-07)	(4.64E-05)
人均 GDP 平方	9.83E-11**	1.26E-11	-2.76E-09**
	(3.67E-11)	(1.81E-11)	(9.01E-10)
常数项	0.651**	0.125**	8.729**
	(0.016)	(0.008)	(0.402)
R-sq	0.043	0.009	0.047
极值点	32 401	43 254	30 797

注：*、**、*** 分别为能通过 10%、2.5% 和 1% 的显著性水平。

由表 4-32 可知，工业和制造业的基尼系数，以及制造业的区位商对人均 GDP 及其平方的回归系数比较显著，都能通过 5% 的显著性水平。但工业和制造业的赫芬达尔指数，以及工业的区位商对人均 GDP 及其平方的回归系数则不十分显著。因此，由前者所预测的最低点（或最高点）较为准确，从多样化到专业化的转折点应该出现在 30 200～32 401 元之间。另外，对于回归系数不显著的指标，我们再看一看它们所对应的图［图 4-13 及图 4-14（左）］，可发现它们除了多样化到专业化的那个拐点外，还存在另一个拐点，它出现在 15 000 元左右的位置，是从专业化到多样化的拐点，这说明在刚开始的一段时间里产业是先专业化再多样化的。

综合起来，运用各省区 1998～2007 年的数据发现，当人均收入水平低于 15 000 元时，全国的产业向专业化发展，当人均收入水平处于 15 000～32 401 元时，产业由专业化走向多样化，当人均收入水平超过 40 000 元时，产业会由多样化走向专业化。从整体上看，随着人均 GDP 的增长，全国存在一个由专业化向多样化再向专业化的"U"型过程。

4.2.3 各省区的专业化情况

前一部分的分析表明，随着人均 GDP 的增长，全国的产业由一个先从专业化走向多样化再走向专业化的"U"型趋势，且转折点在 30 200～32 401 元之间。按照这一趋势，人均 GDP 低于这一水平的省区，基尼系数与人均 GDP 的关系曲线就应该是上升的；而高于这一水平的省市，其关系曲线则应该下降的；跨越了这一水平的省区，其关系曲线应该也呈现"U"型。情况是否如此？下面，我们对每一省区都采用 LOWESS 的方法描述基尼系数与人均 GDP 的关系。结果如图 4-15 所示，我们将 31 个省区分为四种类型：上升型，包括上海、北京、天津、江苏、山东、河北、山西、海南、陕西、安徽、甘肃、贵州 12 个省市区①；下降型，包括福建、四川 2 个省区；倒"U"型，包括浙江、广东、辽宁、内蒙古、黑龙江、吉林、新疆、湖北、河南、青海、西藏、江西、广西 13 个省区；波浪型，包括重庆、湖南、宁夏、云南 4 个省市区。

（1）上升型

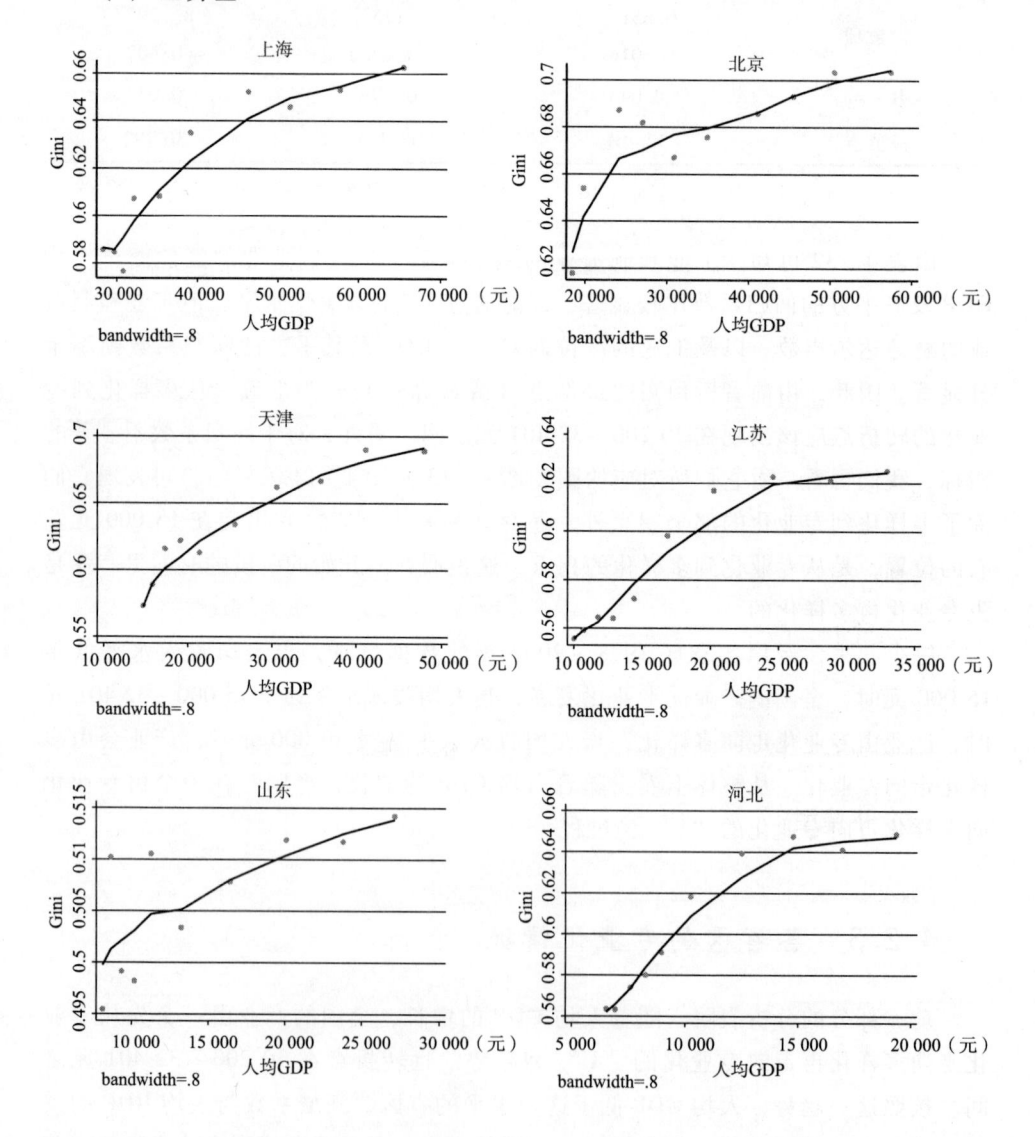

---

① 海南、甘肃和贵州严格来说是钩型，但这三省大部分时间是上升的，因此将它们都归入上升型。

(2) 下降型

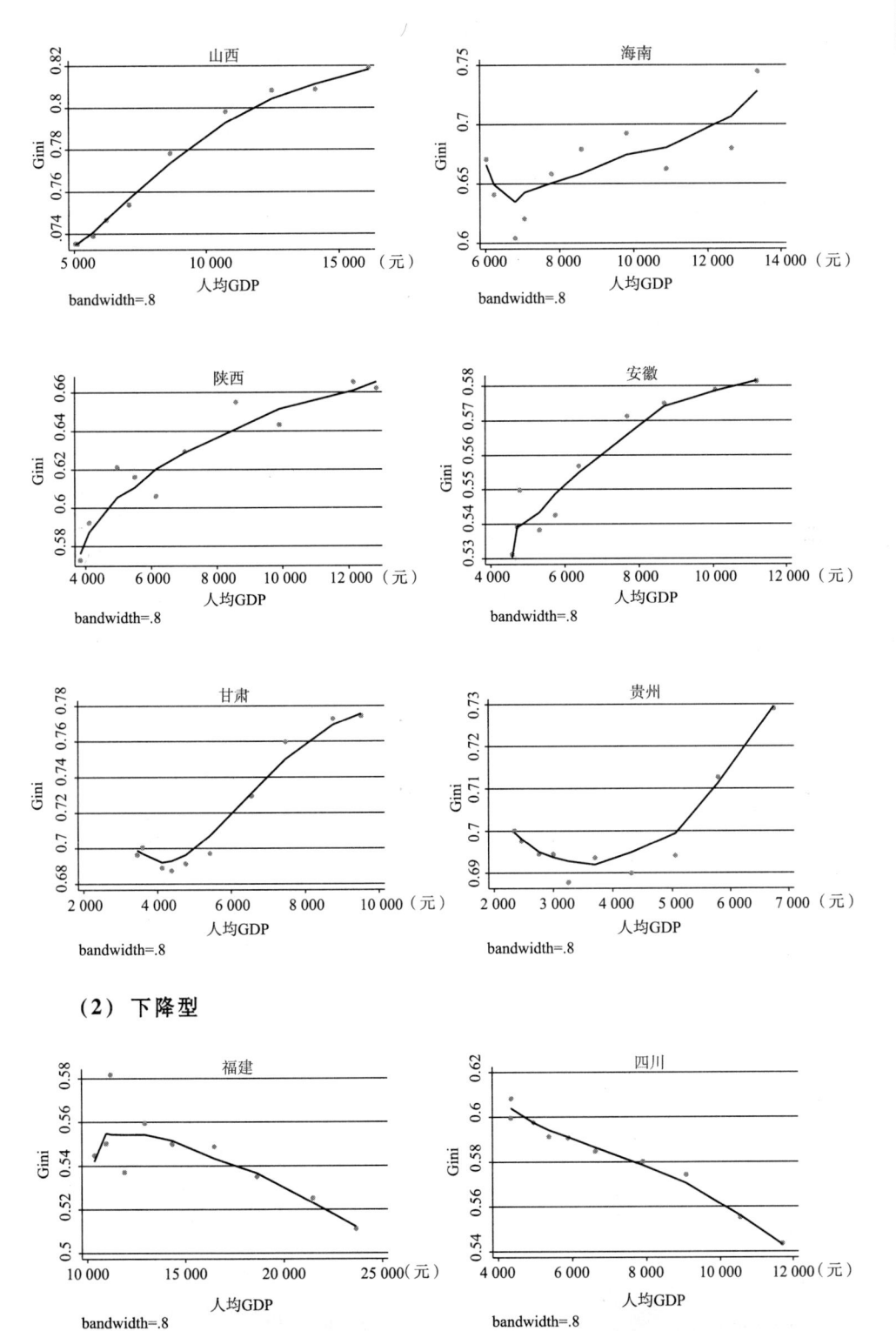

(3) 倒"U"型

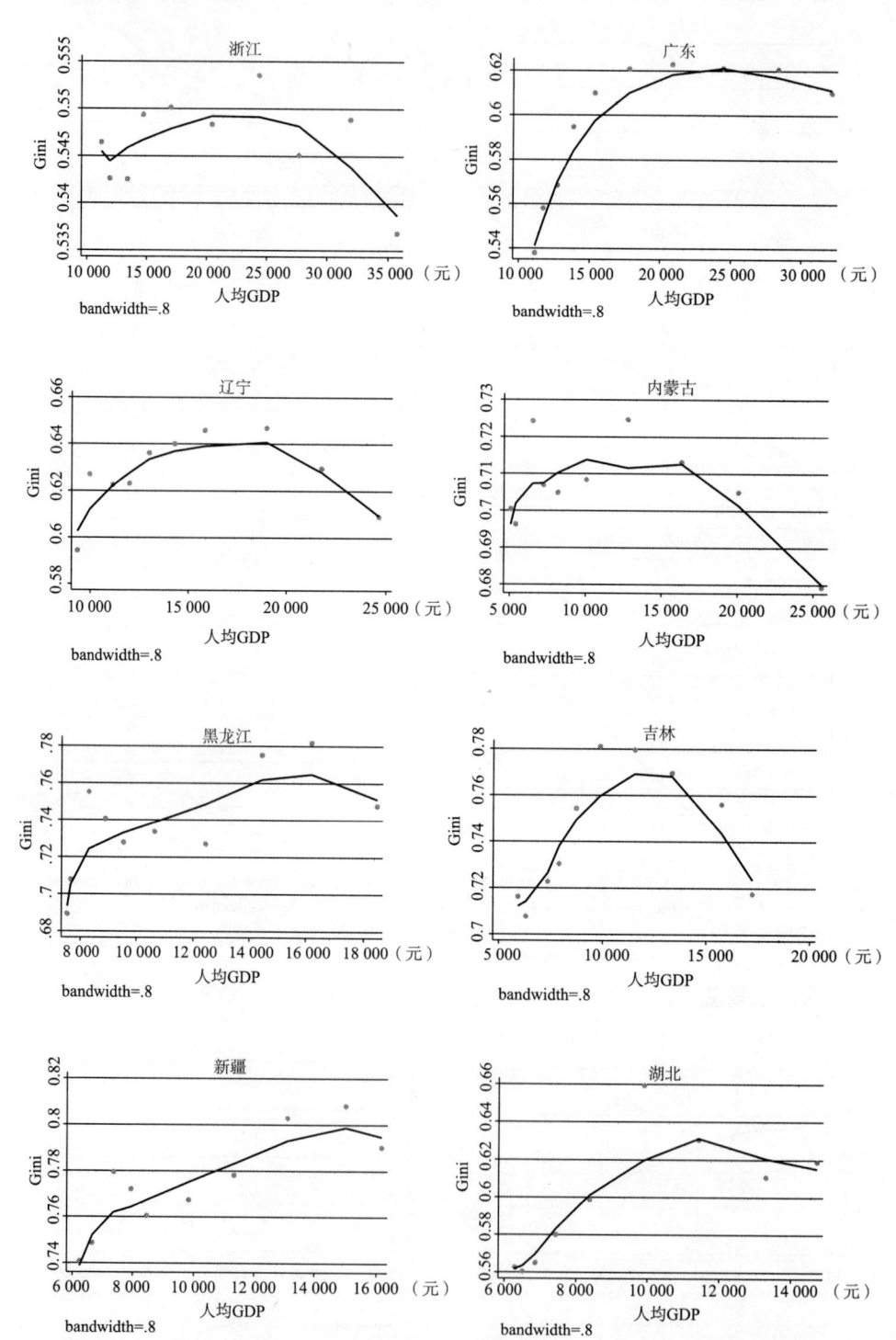

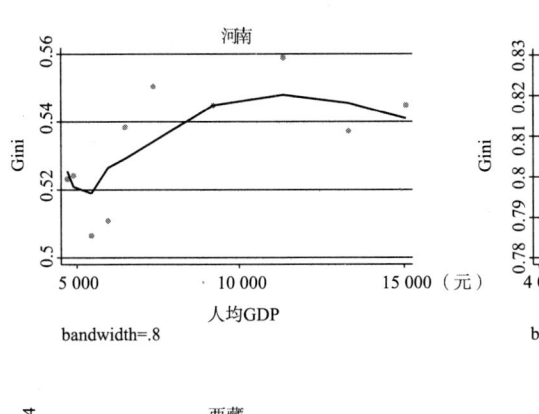

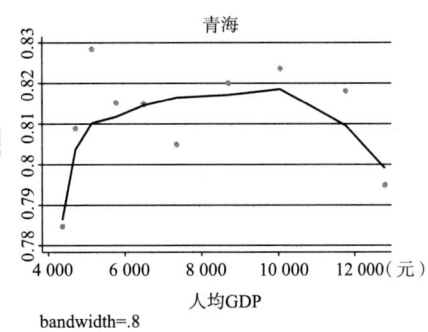

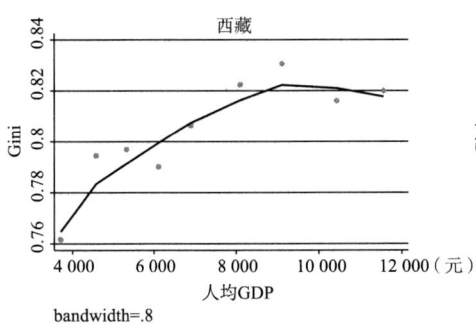

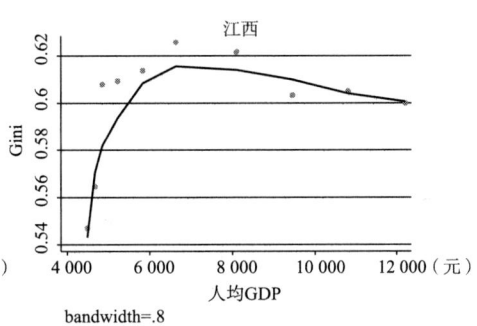

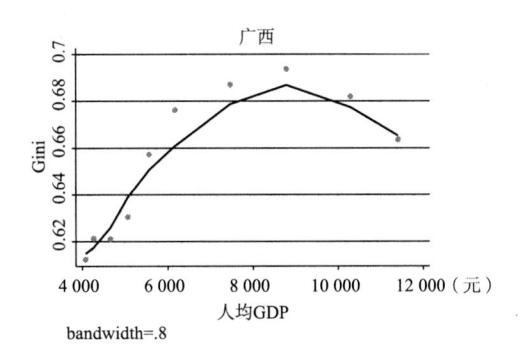

(4) 波浪型

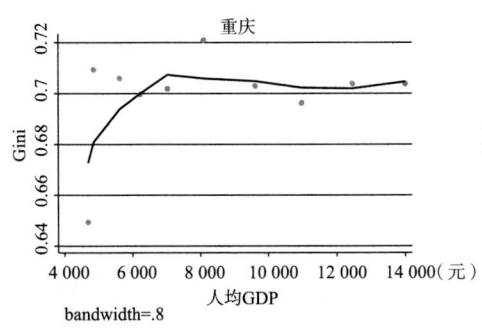

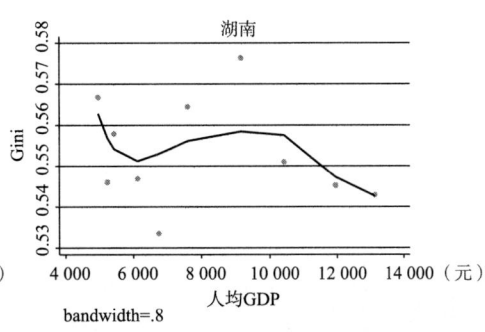

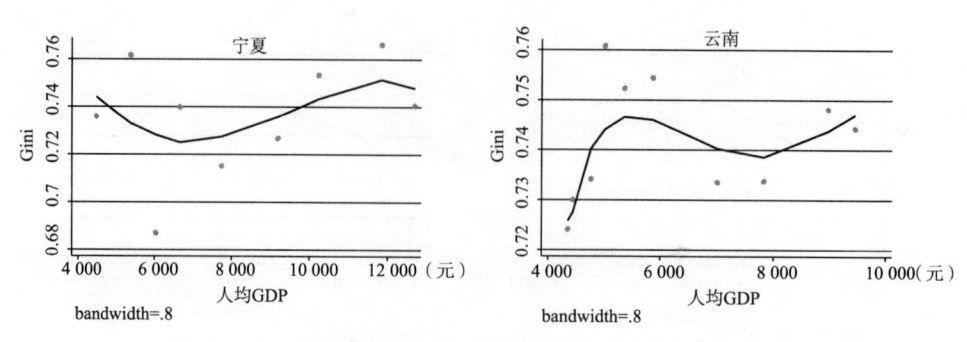

图 4-15 各省区空间基尼系数与人均 GDP 关系曲线

如果前面的判断是正确的，以各省市的人均 GDP 水平来看，在我国分布最广的应该是下降型的省市，其次是"U"型，上升型的极少。但在我国分布最广的是倒"U"型，其次是上升型，下降型极少，还出现了波浪型。上升型主要集中在我国的华东、华北和西北地区。倒"U"型则主要分布在我国的东北和华北、西部，以及中南部地区。下降型和波浪型则主要分布在西南地区。这与我们的理论预期有差别。为了更好地分析这种差别，我们将 2007 年[①]各省市的人均 GDP 分为五个档次，看看这四种类型分别在这五档中的分布情况（见图 4-16）。

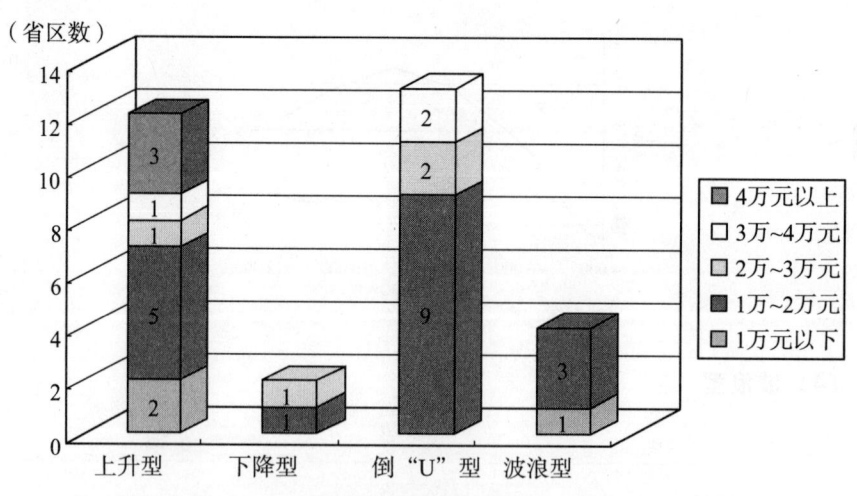

图 4-16 四种类型的收入分布（2007 年）

资料来源：根据相关年份的统计年鉴计算而得。

---

① 各省在 1998~2007 年间的人均 GDP 都是逐年递增的，因此 2007 年的人均 GDP 是各省最高的一年。

由图 4-16 可知，上升型在五个档次中都占有一定的比例，其中人均 GDP 40 000 元以上的省份全部集中在上升型，所包含的省市有三个：上海、北京和天津，上海和北京的人均 GDP 在较早的时期就达到 30 000 元以上，因此这是与假设相符的。但是上升型中，有 5 个省区的人均 GDP 为 10 000~20 000 元，还有 2 个省区 10 000 元以下，这就与理论预期不符。下降型的两个省：福建和四川，分别处在中档和较低档，都没有达到 30 000 元以上的人均 GDP 水平，因此是符合理论预期。倒"U"型在 30 000~40 000 元这一档中占的比例最高，包括浙江和广东 2 个省，若按假设它们应该是"U"型，另外，倒"U"型在中档和较低档所占比例也是最高的。还有四个排在最后两档的省市，按假设应该是下降型的，却成了波浪型。总的来说，上升型涵盖了我国从最富到最穷，每一个档次的省份；倒"U"型主要集中了我国中等收入水平的省份；下降型和波浪型则主要是一些中等偏低收入水平的省份。

根据上面的分析，只有上海、北京、福建和四川 4 个省市是符合理论预期，其他省市都不符合。在绝大部分省市都不符合穷省多样化、富省专业化的假设的情况下，为什么全国产业的专业化水平依然还能呈现"U"型呢？为了回答这个问题，下面分别对各省 1998~2007 年间的平均基尼系数与平均人均 GDP，以及各年的平均基尼系数与平均人均 GDP 作非参数分析。

如图 4-17 所示，如果各省都遵循穷省多样化、富省专业化的假设，那么两幅图都应该是"U"型的。但图 4-17 中，省间的横向比较呈"U"型，而逐年的纵向比较则近似倒"U"型。前面提到，这是因为左图以及前面的全国整体情况图反映的是省与省之间的差异，它体现了我国产业多样化发展的整体状况，但是具体到每一个省它们都有自己不同的发展轨迹。由于图中每一个点都代表一个省份，我们就可以清晰地看到每一个省所处的位置，按前面提出的三阶段分，每一个省在 1998~2007 年期间所处的阶段可归纳为表 4-33。

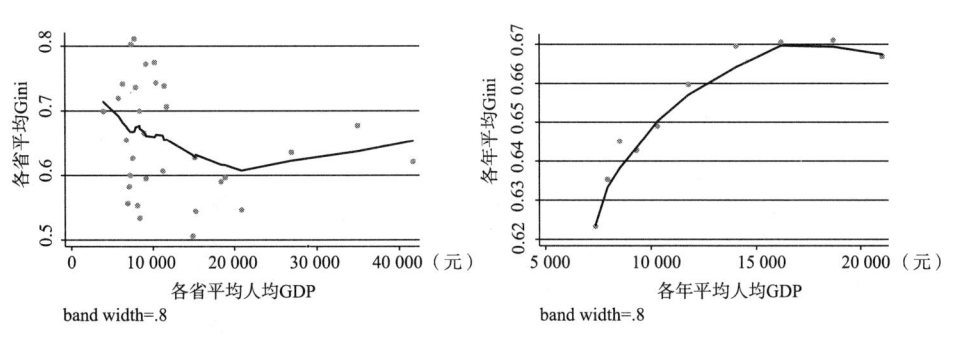

图 4-17 平均 Gini 与平均人均 GDP 的关系

表 4-33　　　　　　　　　　各省所处的阶段

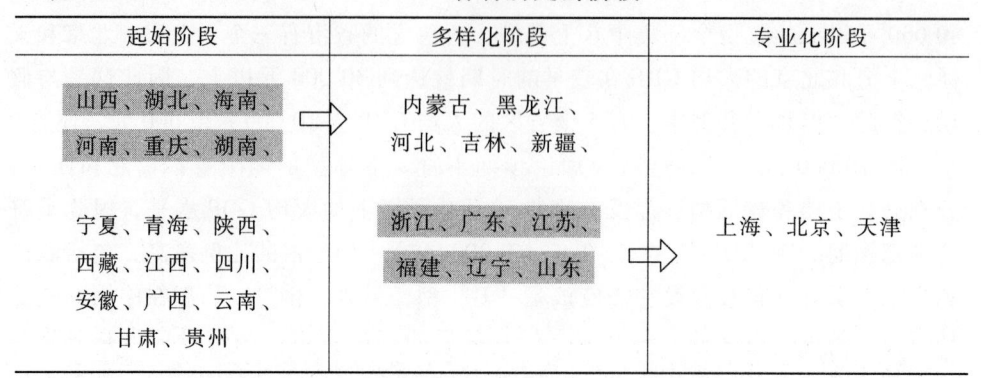

起始阶段	多样化阶段	专业化阶段
山西、湖北、海南、河南、重庆、湖南	内蒙古、黑龙江、河北、吉林、新疆、	上海、北京、天津
宁夏、青海、陕西、西藏、江西、四川、安徽、广西、云南、甘肃、贵州	浙江、广东、江苏、福建、辽宁、山东	

处于起始阶段的是山西、湖北、海南、宁夏、贵州等 17 个省区，处于多样化阶段的是内蒙古、黑龙江、浙江、山东等 11 个省区，而处于专业化阶段的是上海、北京、天津 3 个省区。也即，有 20 个省区处于专业化发展阶段，有 11 个省区处于多样化发展阶段。需要注意的是，处于起始阶段的省份不一定正在往多样化发展，处于多样化阶段的省份也不一定正在往专业化发展，只是它们在全国整体的产业多样化曲线上所处的位置较其他省份更专业化或是更多样化而已。另外，阴影部分的省份是已经达到了其所处阶段的末期，正在朝下一阶段发展，判断标准是该省 2007 年人均 GDP 水平已经达到两阶段分界点的位置。

第 5 章

中国产业集聚与区域协调发展的阶段分析

5.1 产业集聚、地区分工与区域协调

5.1.1 背景和问题

产业集聚与地区分工是地区经济发展的一组基本关系。这里，我们分析的是全国的情形，因此，所说的产业，指的是整个工业部门。

产业集聚指的是产业活动在地理上的总量分布结构。从动态的角度看，如果产业活动持续地向某些地区集中，在地理上呈现出一种非均匀分布的状态，那么，产业是集聚的；如果产业活动向更多的地方布局，在地理上呈现出一种均匀分布的特征，那么，产业是扩散的。

产业布局的载体是地区。地区分工指的是每个地区专业化于某些产品（或某一产品的部分环节）的生产，地区间则通过贸易互通有无。地区分工的原因：一是比较优势；二是规模经济。分工总是和贸易相关：消费者的需求是多样化的。如果贸易不能发生，一个地区的消费者就不能通过出口本地的产品去换取另一个地区的产品，分工也就不能发生。

对于地区经济发展来说，产业集聚与地区分工有着不同的含义。一方面，集

聚意味着地区间收入的差异化:从微观的角度看,企业聚在一起能够发挥集聚经济的作用,提高了生产率,并愿意为此支付更高的工资(Glaeser et al., 1995; Moretti, 2004; Rosenthal and Strange, 2004),这将导致人均收入的地区分化。从宏观的角度看,对我国这样一个正处于工业化过程中、第二产业比例较高的发展中国家而言,工业集中的地区产值较高,人均收入也相应较高。另一方面,分工则意味着地区之间的协作:通过专业化生产,各地区能充分利用自身的比较优势或者规模经济,所需的其他产品则通过贸易获得。

观察区域间的协调与否,往往存在两个方面的考量:一是地区间的人均收入水平差异;二是地区间的分工协作。在低水平均衡下,整个工业部门在地理上是一种无分工的均匀分布,地区间自给自足,单个产业的规模有限,难以获得外部规模经济带来的效益,企业的生产率较低,因此工资水平较低,但地区间的收入差异较小。在高水平均衡下,整个工业部门在地理上形成一种有分工的均匀分布。产业活动在有分工的情况下分布到更多的地区,地区间形成分工网络,互相协作,每个地区专业化于某类产业,可以充分发挥自身优势,获得外部规模经济带来的效率提高,因此,地区间的人均收入将在较高水平上收敛。

我国区域经济发展的起点是改革开放的初始状态,这是一个低水平的均衡状况:地区内自给自足,人均收入较低但地区间收入差距较小。发展的目标,则是从这个低水平的均衡过渡到一个地区间分工协作,人均收入在较高水平上趋同的等水平均衡。那么,首先要弄清楚的是,改革开放30多年来,我国的产业集聚经历了怎样的发展阶段?又表现出怎样的趋势?

5.1.2 中国产业集聚的发展阶段

在我国产业与区域数据的基础上,结合相关文献,可以将我国的产业集聚与地区收入差距的演变划分为三个阶段:一是专业化集聚、地区间人均收入差距扩大的阶段;二是多样化扩散、地区间人均收入差距缩小的阶段;三是专业化扩散、地区间人均收入差距继续缩小的阶段。

在图5-1中,横轴为人均国内生产总值(GDP),反映的是一个国家的经济发展阶段,与时间顺序也是一致的。纵轴数据分别代表区域平均专业化水平、产业集聚水平(用工业的空间基尼系数表示)以及地区间人均收入的差距(用区域人均GDP的基尼系数表示)。其中,产业集聚水平及人均GDP基尼系数曲线的实线部分由1978~2007年的数据拟合得到,虚线部分是根据经验文献(Rossi-Hansberg, 2005; Aiginger and Rossi-Hansberg, 2006)做趋势外推的结果。对于专业化水平曲线来说,2007年之前的部分,即人均GDP达到22 698元之前的部分由 1998~2007 年以来每年各省专业化水平的平均值拟合而成；2007 年之后的部分，是根据各省人均收入与专业化水平的关系，并结合现有文献的研究成果（Imbs and Wacziarg，2003）进行推演的结果。

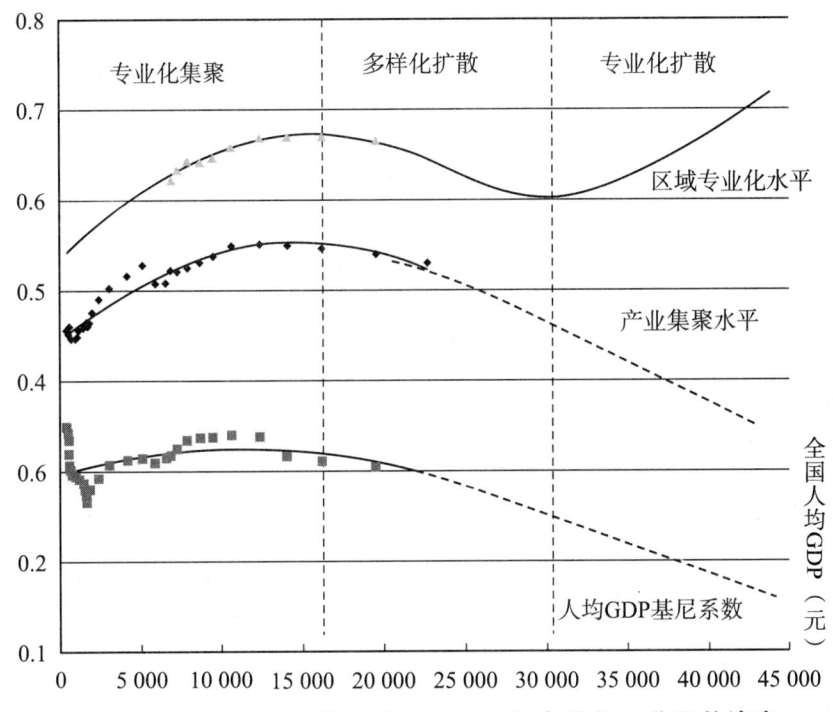

图 5-1 产业集聚、地区分工和地区间人均收入差距的演变

资料来源：根据《中国统计年鉴》、中国工业企业数据库数据计算而得。

从图 5-1 我们可以看出，随着人均 GDP 的上升，产业集聚水平和地区间人均收入差距均呈倒"U"型，区域的专业化水平则表现出波浪上升的趋势。当人均 GDP 处于 14 000~16 000 元之间时，从专业化发展转变为多样化发展，这是第一个转折点；当人均 GDP 处于 30 000~32 000 元之间时，从多样化发展转向专业化发展，这是第二个转折点。根据这两个转折点，我国产业集聚的演变可以划分为三个阶段：专业化集聚阶段、多样化扩散阶段和专业化扩散阶段。

在不同的阶段，地区间人均收入差距的变化趋势是不同的。地区间人均收入差距是产业集聚的结果：集聚导致分化，扩散带来趋同。图 5-1 展示的是用人均 GDP 基尼系数度量的情形。在第一阶段，地区间人均收入差距是扩大的，而在后两个阶段，地区间人均收入差异缩小了。用城镇居民家庭人均可支配收入的基尼系数和农村居民家庭人均纯收入的基尼系数度量，也可以得到相同的结果（见图 5-2）。那么，是什么因素导致了产业集聚的阶段性演变？

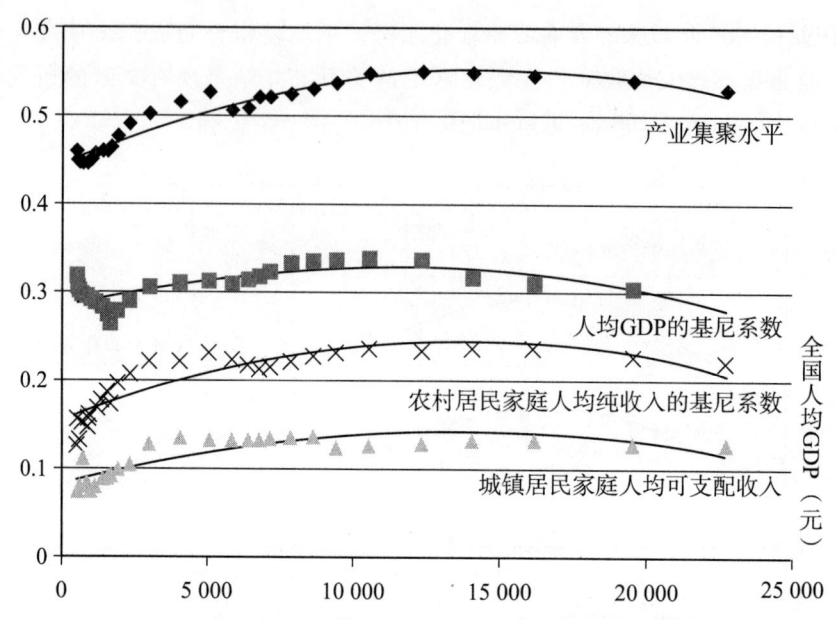

图 5-2 用不同指标度量的地区间人均收入差异及其变化趋势

资料来源：根据《中国统计年鉴》、中国工业企业数据库数据计算而得。

5.1.3 产业集聚发展阶段性演进的影响因素

产业集聚与地区分工的影响因素主要包括两个方面的内容：一是运输成本；二是体制与政策。一方面，聚在一起是有收益的，例如可以分享自然禀赋和外部性（Ellison and Glaeser, 1997），这构成了经济活动的向心力；另一方面，集聚也带来了拥挤，由于对不可流动要素的竞争加剧，地租也上升了，这构成了经济活动的离心力（Helpman, 1998）。经济活动的集聚与否，取决于向心力和离心力的净效应。运输成本以及政策因素的变化将影响向心力和离心力的合力，从而决定了经济活动的集聚程度；不仅如此，运输成本以及政策因素的变化还将影响地区间的贸易情况和投资方向，这将在地区分工上反映出来。

第一，运输成本是产业集聚和地区分工的关键驱动力量。

随着运输成本的降低，制造业集聚的长期趋势通常是一个倒"U"型。运输成本很高的时候，阻碍了地区间的贸易，为了满足本地市场的需要，每个地区都将是自给自足的，产业的地区布局是分散化的；当运输成本下降时，地区间可以以较低的成本进行贸易，这时，企业在市场较大的区域集聚能够发挥规模经济，而且，较低的成本也使供应外地成为可能，可能形成"中心—外围"结构，这时，拥挤程度和地价都将提高，但是，向心力和离心力的合力仍是正的，因此，集聚程度提高了；当运输成本足够低时，基于生产成本和运输费用的权衡，制造业可能会再一次分布到内陆地区（Krugman and Venables，1995；Fujita, Krugman and Venables，1999；Aiginger and Rossi-Hansberg，2006；Chan, Henderson and Tsui，2008）。

随着运输成本的降低，地区间贸易更易于开展，这对专业化是有利的：消费者可以以更低的价格从外地购买产品以满足本地市场需求，这时，就不必自行生产所有的产品，而且，通过专业化生产某一种或几种产品用以出口，企业可以有效利用外部规模经济带来的好处。因此，运输成本的下降将促进地区间分工的发展（Abdel-Rahman，1996；Aiginger and Rossi-Hansberg，2006）。

从一个国家经济发展的动态角度看，随着经济的发展，运输成本将呈现出下降的趋势。出现这种趋势的原因：一是运输技术的发展；二是基础设施的改善。因此，在其他条件不变时，产业资源会先集聚，后扩散；专业化水平则持续提高。

从欧洲和美国的实际情况看，产业集聚与地区分工的发展趋势印证了这一点。20世纪80年代以来，欧盟内部各国之间的一体化程度不断提高，阻碍产品流通的壁垒在逐渐消失，运输成本逐渐下降。与此相适应，从20世纪80年代初到90年代末，欧盟的制造业布局表现出扩散的趋势，而各地的专业化水平在提高（Midelfart-Knarvik et al.，2000；范剑勇，2008）。艾金格和罗斯—汉斯伯格（Aiginger and Rossi-Hansberg，2006）考察了美国的情况，研究发现，从1987~1996年，美国的产业集聚水平在最初略有上升，此后一直都在下降；地区专业化水平则表现出上升的趋势。

第二，运输成本的作用是重要的，但是，一个国家的区域发展通常还依赖于本国的体制和政策，对于我国这样一个转型国家来说更是如此。

作为一个转型经济体，我国经历着微观决策权从政府转移到企业和家庭以及经济权力从中央下放到地方的过程。对于我国的区域发展而言，微观决策权的转移意味着从计划到市场的转变，让市场发挥作用，"把价格搞对"；财政分权和人事任命上的政治集权，则造就了地方政府之间的"标尺竞争"。

在市场化改革的过程中，中央政府的作用不在于决定资源如何分配，而在于制定地区发展战略，引导资源的流向。在改革开放的前期，中央政府的理念是"让一部分人先富起来"，采取的是不平衡的发展战略；当不平衡的发展战略加强了东部沿海地区的比较优势，拉大了沿海和内陆省份之间的收入差距，使地区差距问题突出时，中央政府开始采取平衡的发展战略。

在地方财政分权的情况下，地方政府为了在标尺竞争中胜出，纷纷出台了各种政策，这是塑造我国经济地理的重要因素。根据政策对产品流通的影响，我们可以将其划分为两类：一体化的政策和非一体化的政策。非一体化政策是对产品的区际流动设置障碍，不利于市场整合的政策；一体化政策则是促进产品在地区之间自由流通，有利于形成全国范围内统一产品市场的政策。

因此，不同的运输成本和政策对经济地理有不同的影响。为了展示这一点，我们可以将运输成本和政策组合的各种组合绘制在图5-3中。例如，象限A表示运输成本高，同时采取一体化政策的情况；象限B表示运输成本高，同时采取非一体化政策的情形；象限C、D的意义依此类推。

```
                    运输成本
                  高         低
         一体化 |  A -------> D  |
   政策         |----------------|
        非一体化|  B ------->  C |
```

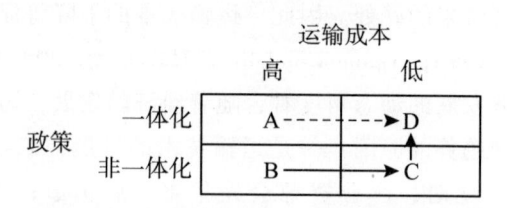

图5-3　运输成本和政策的各种组合

相应的结果则可以用图5-4表示。这里，专业化/多样化以及集聚/扩散都是针对动态变化而言的：专业化指的是分工水平在不断提高，多样化则指分工水平的下降；集聚指的是产业集聚水平在不断提高，扩散则指产业集聚水平的下降。在图5-4中，象限1表示产业集聚水平和专业化水平都在上升的情况。象限2反映的是产业集聚水平上升，而专业化水平下降的情形。象限3表示产业集聚水平和专业化水平都在下降的情况。象限4则表示产业集聚水平下降，而专业化水平上升的情形。

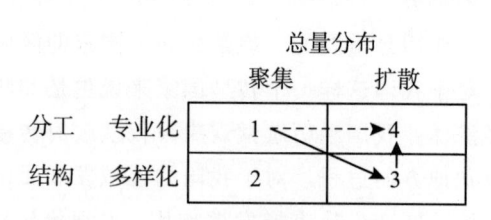

```
                    总量分布
                  聚集        扩散
         专业化 |  1 -------> 4  |
   分工         |        ↘   ↑  |
   结构  多样化 |  2         3   |
```

图5-4　产业集聚的发展阶段

例如，20世纪80年代以来欧洲一体化的过程中，欧盟采取了一系列有利于市场整合的政策，提高了欧盟内部各国之间的一体化。此外，运输技术等方面的进展也减少了运输成本。也就是说，欧盟产业资源地理布局的变化是在一体化政策和运输成本不断降低的条件下完成的。在图5-3中，表现为从象限A直接过渡到象限D的一种发展路径。这种情况下，欧盟的产业集聚水平表现出先上升，后下降的趋势；而专业化水平则不断上升。在图5-4中，表现为从象限1直接过渡到象限4，经历了一种从专业化集聚到专业化扩散的发展历程。在我国产业集聚与地区分工的过程中,产业集聚水平是先上升,后下降的;但是,专业化水平则先上升,然后出现了转折。

那么,如何解释我国产业集聚与地区分工的演变?

5.1.4 运输成本、政策与中国的经济地理

我国区域经济发展的起点,是改革开放的初始状态。这是一个低水平的均衡状况:一方面,各地区基本上是自给自足的,地区之间的产业结构十分相近。另一方面,产业资源在区域间是均匀分布的,各地区的人均收入在较低的水平上趋同。为什么会形成这种发展特点?这是计划经济下产业资源的行政性配置所形成的均等化和分散化的结果。1949 年,中国工业在地理上是高度集中的:70% 的工业份额集聚在只占国土面积 12% 的东部沿海地区。此后,国家第一个五年计划所采取的内陆发展策略试图平衡地区间的发展,因此,将 2/3 的新工业项目布局于内陆省份。在 1953~1978 年间,基于对潜在军事冲突可能带来的工业破坏的战略考虑,工业企业的选址基本上遵从靠山、分散和隐蔽的原则,完全忽略了经济因素(文玫,2004),这使工业的地理布局更为分散。而且,由于以计划和行政命令而不是以市场和价格信号作为资源配置的依据,各地区间缺乏产品流通,为了满足当地需要,只能自给自足,最终,产业结构是趋同的(黄玖立、李坤望,2006)。

改革开放后,工业企业的选址问题从备战的策略选择问题重新转变为一个根据成本收益分析进行选择的经济问题,因此,超过半数的二位数工业进行了重新定位(文玫,2004)。在这个过程中,地区的比较优势重新变得重要起来:长江三角洲和珠江三角洲距离大的港口比较近,也更为接近国际市场;长江以南地区的水资源比较丰富;辽宁和陕西的矿产资源比较充裕;等等。良好的自然条件为相关产业资源向这些地区集聚创造了条件(陆铭、陈钊,2006)。同时,本着"发展是硬道理"、"让一部分人先富起来"的发展理念,中央政府的不平衡发展战略发挥了重要作用:原本就具有地理优势的东部沿海地区成为经济政策的试验田,获得了率先发展的优惠政策。这种东部率先发展的战略,促进了产业资源向那些本来就具有比较优势的地区的集聚(Démurger et al., 2002)。由于这种比较优势和不平衡发展战略的叠加,尽管这个阶段运输成本较高,地区间的一体化程度较低(图 5-3 中的象限 B),还是进入了专业化集聚的发展阶段(图 5-4 中的象限 1)。

地理优势和由此带来的地区不平衡战略的结果是地区间收入差距的扩大。为此,中央政府采取了一些旨在缩小地区间收入差距的平衡发展政策,这在一定程度上影响了我国的经济地理。但是,多级财政分权和单一政治集中相结合的分权

模式把公共部门的"多任务目标"治理转换为地方政府之间以 GDP 为单一目标的"标尺竞争"机制,构成了地方政府"为增长而竞争"的激励,这是当前重塑我国经济地理的主要因素。一方面,对于地方政府而言,标尺竞争的一个重要策略是为地方经济"招商引资",尤其是竞相吸引外部资本(张晏和夏纪军,2005),这就派生了改善地方公共基础设施的激励(张军等,2007)。这里,公共基础设施不仅包括交通基础设施,还包括了能源基础设施和通讯基础设施等。公共基础设施是一种未支付的投入,这时,厂商按照公共投入的边际产品价值获得利润或租金,这将吸引外部企业进入,直到租金完全消失为止(Eberts and McMillen, 1999)。另一方面,在以经济指标为核心的官员考核制度下,地方政府官员有激励去模仿其他省区成功的经济发展战略和产业政策(Thun, 2004; He and Zhu, 2007),容易忽视本地的比较优势,从而非理性投资于高附加值、资本密集型产业,结果是重点产业遍地开花,这种重复建设又导致了市场分割和地方保护(张可云,2005),不利于地区分工。大体上,这个阶段的运输成本在降低,因此,为了平衡聚集在少数地区带来的拥挤效应和地价的上升,产业资源在逐渐扩散;但是,地方政府的分权竞争却产生了强大的非一体化的力量(图5-3 中象限 C),在使产业资源扩散的同时也阻碍了专业化的发展,因此,我国产业资源的地理分布表现为一个多样化扩散的过程(图5-4 中象限3)。这是目前我们正在经历的发展阶段。

然而,在这个阶段,产业资源在地区间的配置是缺乏效率的:没有形成分工,地区之间缺乏协作。我们的目标是一种高水平的均衡,即整个制造业在地理上形成一种有分工的均匀分布,这对应着图5-4 中的象限4,是一个专业化扩散的阶段,那么我们能否从目前的发展阶段过渡到这种高水平的均衡呢?从地区的长期经济发展看,分工提高效率,只有市场整合才能发挥规模经济的作用,这将促使地方政府放弃地方保护主义和市场分割的政策。可以预期,随着运输成本不断降低和一体化政策的推进(图5-3 中的象限 D),我国的地区经济发展将从多样化扩散的阶段过渡到专业化扩散的阶段,最终达到高水平的均衡(图5-4 中的象限4)。

5.2 专业化集聚阶段

改革开放至 21 世纪初,运输成本和体制/政策的特征影响了各地区向心力和离心力的力量对比,从而在我国出现了专业化集聚的空间经济格局。在 20 世纪 70 年代末至 2000 年左右,我国基础设施建设步伐相对缓慢,区域间运输成本较高,在此时期,国家推行了由沿海向内陆逐步开放的政策,这样东部沿海地区在经济开放过程中的区位优势便体现得特别明显,再加上国家在这一时期的投资及税收偏向政策,东部沿海地区出现了较强的向心力。同时,在这个阶段,虽然东部地区的产业份额较大,但由于此阶段中国各区域城乡建设用地和商业用地的供给仍然比较充足,土地要素并不缺乏,所以东部地区的地价并没有比中西部地区有明显的提高,各地区的地价差距仍然较小,所以东部地区的离心力并不明显。由于东部地区的向心力大于离心力,所以东部逐渐形成了产业集聚的中心。总体来看,此阶段,我国区域经济发展呈现出的特征是:产业向东部沿海地区集聚;大部分省份专业化水平提升;产业的集聚与区域的专业化引起区域间人均收入差距的扩大。

5.2.1 运输成本与体制政策的特征

1. 运输成本偏高

中国在 2000 年之前交通基础设施发展缓慢,铁路、公路里程增长不明显,国内区域间的运输成本总体较高,且在 1978~1990 年代中后期都没有出现较大幅度的下降,中国铁路里程在 1978~1994 年,从 5.2 万公里增长到 5.9 万公里,17 年间仅增长了 14.1%,但 1994~2004 年的 11 年间,便由 5.9 万公里上升到 7.4 万公里,上升了 26.1%(见图 5-5)。公路在 1978 年为 89.0 万公里,1994 年为 111.8 万公里,增长了 25.6%,2004 年为 187.1 万公里,较 1994 年增长了 67.4%(见图 5-6)。

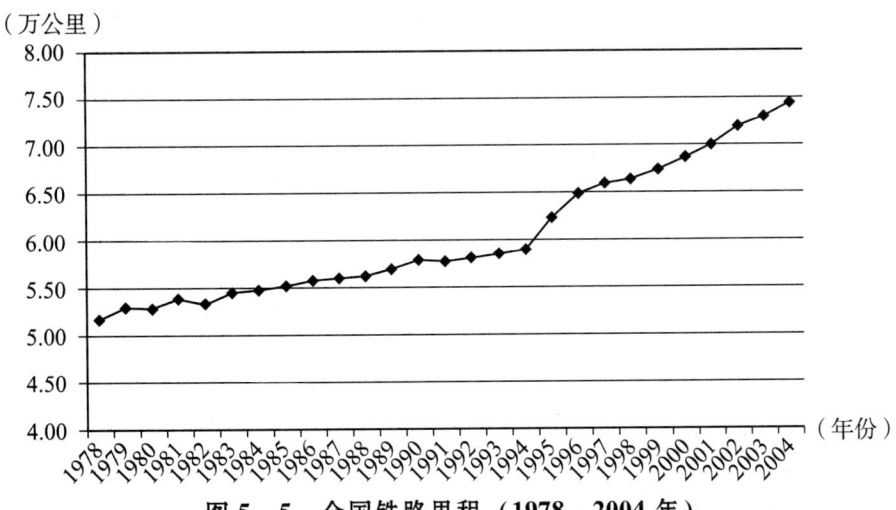

图 5-5 全国铁路里程(1978~2004 年)

资料来源:《新中国 60 年统计资料汇编》。

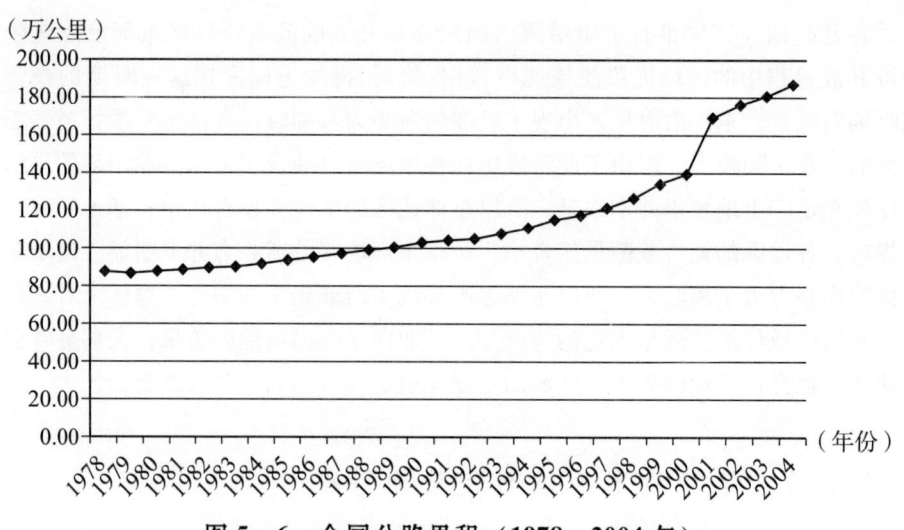

图 5-6　全国公路里程（1978~2004 年）

资料来源：《新中国 60 年统计资料汇编》。

2. 不平衡的发展战略

在多样化集聚阶段，国家采取了不平衡的发展战略，对东部沿海地区在经济开放、投资及税收政策等方面进行倾斜。

(1) 经济开放的次序

中国实行了由沿海向内地逐步推进的开放政策。在经济开放过程中，东部沿海地区具有明显的区位优势，首先，在目前国际贸易仍然以海运为主的情况下，沿海省市到世界市场的运输成本较低；其次，东南沿海各省、市与中国香港、台湾地区靠近，相互之间有着多方面的紧密联系，而中国香港、台湾地区又是中国海外投资的主力军。由于地区间区位优势上的差异，国家也采取了差异化的开放政策，对于沿海地区给予更多的外贸和外商投资政策优惠。20 世纪 80 年代开始，国家给予东部以特区、开发区、开放城市、开放区 4 个不同优惠等级的优惠政策，1980 年 8 月批准设立了深圳、珠海、厦门、汕头 4 个经济特区，1988 年 4 月设立海南经济特区，经济特区采取"市场调节为主的区域性外向型经济形式"。1984 年 5 月中央决定进一步开放大连、秦皇岛、天津、烟台、青岛、连云港、南通、上海、宁波、温州、福州、广州、湛江、北海 14 个沿海开放城市，在沿海开放城市中，外资企业享受与经济特区类似的优惠待遇。1985 年 2 月，把长江三角洲、珠江三角洲、闽南的厦、漳、泉三角地区，以及胶东半岛、辽东半岛也列为经济开放地区。而同时期，却很少有针对内陆地区的开放政策。

(2) 投资的地区倾向

改革开放初期，为了抓住发展机会，让东部地区率先发展，进而带动全国，中央的建设投资也对东部沿海地区实行了较大幅度的倾斜。1981~1995年，东部地区国有单位固定资产投资占全国的比重由45.91%上升到54.27%，中西部地区由27.98%下降到24.54%，西部地区则由17.49%下降到14.27%[①]。在基本建设投资方面，在"五五"时期，沿海与内地基建投资之比为0.84∶1，"六五"时期则提高到1.03∶1，"七五"时期进一步提高到1.27∶1；到了"八五"期末上升到1.39∶1（见表5-1）。

表5-1　　　　"四五"至"八五"期间三大区域基本建设投资额比较

时期	全国（亿元）	东部		中部		西部		中西部	
		总额（亿元）	比重（%）	总额（亿元）	比重（%）	总额（亿元）	比重（%）	总额（亿元）	比重（%）
"四五"	1 764.0	625.4	35.5	527.3	29.9	432.0	24.4	959.3	54.4
"五五"	2 342.1	988.2	42.2	706.0	30.1	465.6	19.9	1 171.6	50.0
"六五"	3 410.1	1 627.0	47.7	997.5	29.3	587.7	17.2	1 585.2	46.5
"七五"	7 349.1	3 800.5	51.7	1 792.7	24.4	1 223.5	16.7	3 016.2	41.1
"八五"	23 584.3	12 474.4	52.9	5 505.4	23.3	3 460.1	14.7	8 963.5	38.0

注：由于部分投资额为分区，故东中西三个地区的份额之和不等于100%。
资料来源：张慕、程建国，《中国地带差距与中西部开发》，清华大学出版社2000年版，第88页。

（3）税收优惠政策的差异

为了进一步推动东部沿海地区的发展，吸引外商对沿海地区的投资，国家对主要集中于东部地区的经济开放等特殊发展区域给予较大的税收优惠政策（见表5-2），对经济特区各类企业的自用货物免征进口关税和工商统一税；对于国外进口的商品，实行减半征收进口关税和工商统一税，特区自产的商品在区内销售，也减半征收工商统一税，对沿海开放城市、沿江开放城市及沿海经济开发区征收24%的所得税税率，但在全国其他地区，1993年以前的所得税税率为55%，1993年以后为33%。

由于推行了差别化的税收政策，地区之间的税负情况存在着差异（见表5-3）。1993~1996年，东部地区的平均税负最低，为8.48%，中部为8.81%，排在中间，西部的平均税负最高，为10.93%。

---

① 由于存在未分区投资，所以三大区投资比重总和不为1。资料来源：魏后凯等：《中国地区发展：经济增长、制度变迁与地区差异》，经济管理出版社1997年版，第28页。

表 5 – 2　　　　　　　　　特殊经济区域的优惠政策

区域类型	经济特区	沿海开放城市	沿江开放城市	沿海经济开发区	经济技术开发区	延边开放城市	高新技术产业开发区
所得税税率（%）	15	24	24	24	10~15	24	15

资料来源：张慕、程建国，《中国地带差距与中西部开发》，清华大学出版社 2000 年版，第 89 页。

表 5 – 3　　　　　各地区的税负情况（1993~1996 年）　　　　单位：%

地区	1993 年	1994 年	1995 年	1996 年	平均值
东部 7 省市	9.99	9.62	5.89	8.41	8.48
中部 9 省	10.61	9.63	6.11	8.87	8.81
西部 7 省区	12.51	12.16	8.32	10.74	10.93

资料来源：张慕、程建国，《中国地带差距与中西部开发》，清华大学出版社 2000 年版，第 85 页。

5.2.2　产业集聚与区域专业化

1. 产业向东部集聚

根据新经济地理的"中心—外围"模型，在运输成本较高的情况下，规模经济的利益难以覆盖运输成本，产业倾向于根据各地区的需求而分散化分布，或者不会出现快速的产业集聚（Krugman，1991；Fujita，Krugman and Venables，1999）。而中国却在 1978~2004 年，运输成本较高的情况下出现了明显的集聚。其主要原因就是国家实行了倾向于东部地区的不平衡发展战略。

克鲁格曼和里瓦斯（Krugman and Livas，1996）认为对外贸易会导致国内的某些地区更多地依靠外部的产业关联，在原来的集聚中心也存在拥挤效应（congestion effect）的情况下，对外贸易收益较大的地区会形成新的产业集聚中心。汉森（Hanson，1992）研究了墨西哥的发展过程，在北美自由贸易区建立后，逐渐在墨西哥与美国的边境上形成了新的集聚区，墨西哥城在全国的中心地位被削弱。贝伦斯（Behrens，2003）引入了国内区域间的贸易成本和区域间的贸易量作为条件来考察对外开放对于国内产业集聚的影响，他发现对于区域间贸易成本高、区域间贸易量少的国家，贸易自由化会导致区域间发展不平衡；对于区域间贸易成本低、区域间贸易量大的国家，贸易自由化会导致区域经济收敛，所以对于基础设施条件较差的发展中国家，对外开放往往会导致其国内的产业集聚程度上升，而对于基础设施较好，并且区域间贸易量较大的发达国家，对外贸易会导致国内产业的扩散。

在国内区域间运输成本较大的情况下，不同区域在对外开放方面的收益是不同的，由于沿海地区海运方便，对国外的运输成本更低，所以沿海地区在经济开放过程中受益相对更大，而内陆省份由于远离海港，并且开放程度相对较低，所以对外开放对其影响较小。同时，我国实行了按区域逐步开放的政策，这种不平衡的对外开放政策促进了沿海地区外贸的发展和外资投资量的增加，截至1990年年底，深圳等4个特区10年累计完成基建投资超过300亿元，14个沿海开放城市在"七五"（1986~1990年）期间，外商直接投资超过100亿美元，已投产"三资"企业2 000多家[①]，沿海12个省、市、区外贸出口额增长迅速，1978~2004年，东部地区的出口额占全国的比重始终在75%以上（见图5-7和图5-8）。改革开放以来，外资也主要集中于东部沿海地区，1978~2004年，东部沿海地区FDI投资额一直占全国的78%以上，相对内陆地区而言，在引进和利用外资方面的优势非常明显（见图5-9）。

图 5-7　全国出口额占 GDP 的比重（1978~2004 年）

资料来源：《新中国 60 年统计资料汇编》。

在外贸和外资大幅度增长的推动下，国内也出现了中西部的劳动力向沿海地区流动的局面。如表5-4所示，在2000年跨省流动的劳动力中，82%流向了东部地区；而从流动来源来看，56%来自于中部地区，34%来自于西部地区。流动的数量也逐年增长。区域间劳动力流动绝大部分来自于农村。据国家统计局农村社会经济调查总队的调查数据，1997年中国农村劳动力跨省流动就业量为1 487万人，占农业劳动力比重为3.24%，2000年为2 825万人，比重为5.89%（见

---

① 吴敬琏：《当代中国经济改革》，上海远东出版社2004年版，第283~284页。

表5-5)。

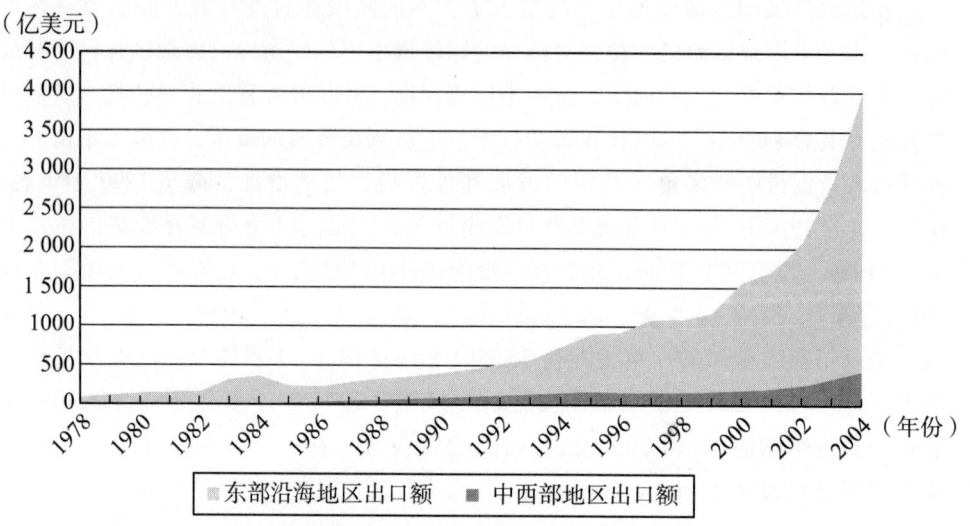

图5-8 东部沿海和内陆地区出口额的比较（1978~2004年）

资料来源：《新中国60年统计资料汇编》。

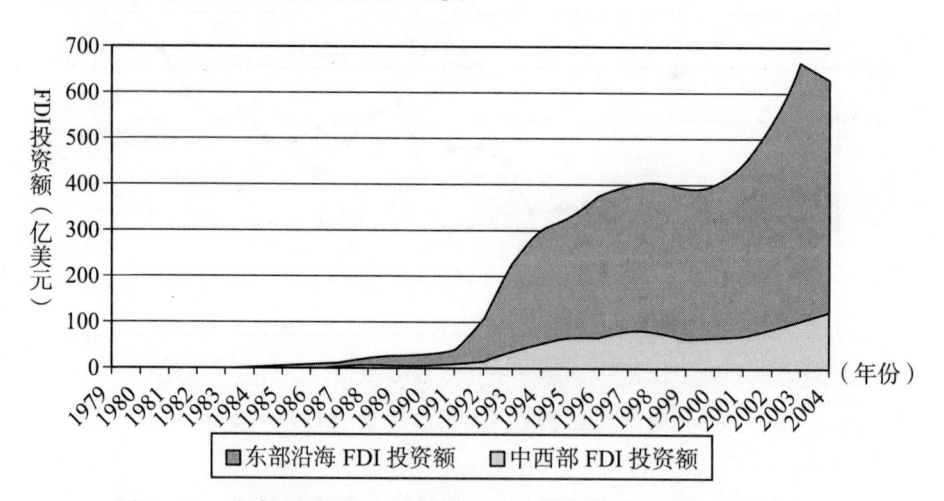

图5-9 东部沿海和内陆地区FDI的比较（1978~2004年）

资料来源：《新中国60年统计资料汇编》。

在高运输成本下推行的不平衡发展政策，导致我国在20世纪70年代末期到2004年间产业集聚水平有较大幅度的上升，工业分布的基尼系数由1978年的0.46提高到2004年的0.55。尤其在1985年以后，工业的集聚水平出现了快速上升，工业加速向东部沿海地区集中。到2000年后，全国大部分工业集中于沿海地区，仅广东、江苏、山东、上海、浙江5个省、市的工业份额便占到了全国的一半以上。所以在这一时期，中国基本形成了"中心—外围"的区域发展格局。

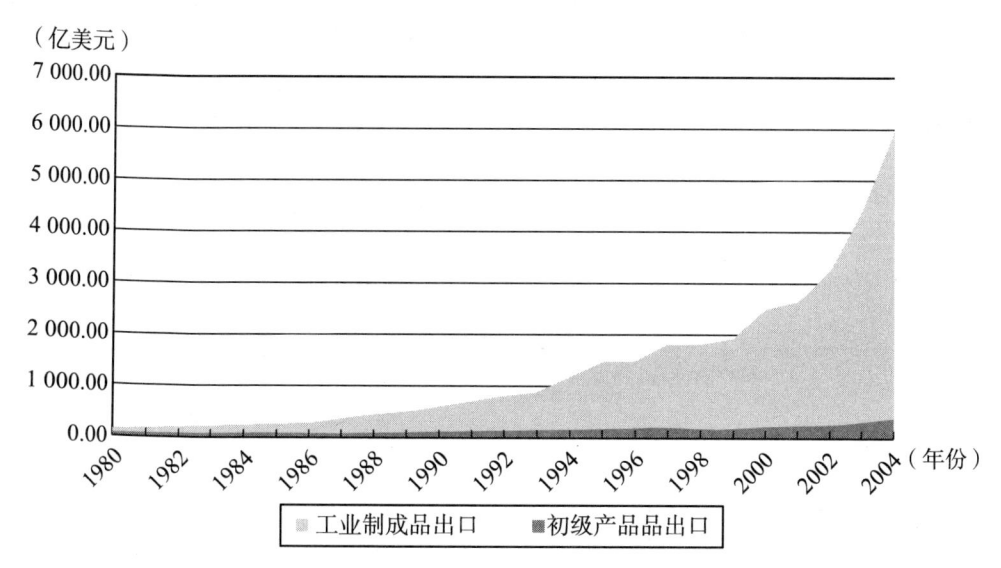

图 5-10　中国工业制成品及初级产品出口情况（1980~2004 年）

资料来源：《新中国 60 年统计资料汇编》。

如表 5-6 所示，中国在参与国际分工的过程中，逐渐成为全球重要的制造业基地，通信设备、计算机及其他电子设备制造业、交通运输设备制造业、电气机械及器材制造业和化学原料及化学制品制造业在工业中占有重要的地位，尤其是通信设备、计算机及其他电子设备制造业在工业中的比重大幅上升，1999 年后在工业中的排名一直居于第 1 位。沿海地区也主要集中于发展这几项产业，在 2004 年，通信设备、计算机及其他电子设备制造业在北京、天津、上海、江苏、广东的份额都是第 1 位，浙江的 IT 产业在省内的份额也排在第 4 位（见表 5-7）。山东、河北、辽宁、福建、广西、海南几个省区则更多地集中于传统制造业，如农副食品加工业、纺织业、黑色金属冶炼及压延加工业等，电力和热力的生产和供应业也占较大比重（见表 5-8）。

3. 内陆地区的资源优势与地区专业化

内陆省份由于其资源禀赋和以往的工业基础，更多地集中于能源、矿产产业和生产原材料的重工业。其中，山西、内蒙古、黑龙江、贵州、青海、宁夏及新疆主要集中于能源和矿产业（见表 5-9），而安徽、江西、河南、湖北、湖南等省份主要从事冶金、石化等原材料制造业（见表 5-10）。

表5-4 农村转移劳动力跨省流动的地区结构（2000年） 单位：%

流入地＼流出地	东部地区	中部地区	西部地区	总计
东部地区	7.5	48.5	26	82.0
中部地区	1.8	6.1	2.4	10.3
西部地区	0.7	1.4	5.5	7.7
总计	10	56	34	100

资料来源：《中国农村劳动力就业及流动状况》，国家统计局农村社会经济调查总队（2000）。

表5-5 中国农村劳动力跨省流动就业状况（1997~2000年）

	1997年	1998年	1999年	2000年
占农业劳动力比重（%）	3.235	3.885	4.511	5.891
跨省流动就业人数（万人）	1 487	1 804	2 115	2 825

资料来源：历年《中国农村劳动力就业及流动状况》，国家统计局农村社会经济调查总队。

2. 地区专业化水平提高

随着产业集聚水平的提高，在1998~2004年期间，全国大部分省份的专业化水平也有较大幅度提升，区域平均专业化水平由1998年的0.62上升到2004年的0.67。首先，由于对外开放，东部沿海地区产业份额上升，东部沿海地区主要是外向型经济，出口占较大比重，出口产品中制造业的最终产品较多，而内陆地区主要生产矿产品、原材料及机器设备，为东部沿海地区提供上游产品；其次，在东部沿海地区，不同的省份由于产业的内部关联和规模经济，省份之间的产业也有差异；最后，内陆省份根据自身的资源基础，发挥比较优势以走向专业化。改革开放之初，中国利用了劳动力资源丰富的比较优势，大力发展以最终产品的制造业为主的劳动密集型产业，而出口为导向的最终产品制造业主要集中于沿海地区；内陆省份国有企业比重相对较大，且多以重工业为主，这些内陆国有企业所从事的采矿业、原材料制造业以及装备制造业为沿海地区的最终产品制造业提供了上游产品。这样就在沿海和内陆省份之间基本形成了上下游的分工。由图5-10可以看出，在出口产品中，尤其是20世纪90年代以后，工业制成品的比重不断上升，而初级产品的出口比重有很大下降，最终产品制造业成为对外贸易的主导产业，沿海与内陆地区企业所面对的市场的差异导致区域间产业的差异。

表 5-6　各行业在全部工业中的比重及排名（1998~2004 年）

		通信设备、计算机及其他电子设备制造业	纺织业	化学原料及化学制品制造业	交通运输设备制造业	电气机械及器材制造业
份额	1998	0.064	0.061	0.066	0.062	0.052
	1999	0.080	0.061	0.067	0.064	0.054
	2000	0.087	0.058	0.066	0.062	0.054
	2001	0.093	0.057	0.066	0.067	0.056
	2002	0.101	0.056	0.064	0.074	0.053
	2003	0.109	0.053	0.064	0.078	0.054
	2004	0.112	0.050	0.065	0.071	0.054
排名	1998	3	5	2	4	7
	1999	1	5	3	4	7
	2000	1	5	3	4	7
	2001	1	6	4	3	7
	2002	1	6	4	3	7
	2003	1	7	5	2	6
	2004	1	7	5	3	6

资料来源：根据各省历年统计年鉴的原始数据计算而得。

表 5-7　各行业在东部各省内的排名（一）（2004 年）

地区	通信设备、计算机及其他电子设备制造业	交通运输设备制造业	化学原料及化学制品制造业	电气机械及器材制造业	纺织业
北京	1	2	4	6	20
天津	1	3	4	6	16
上海	1	2	6	5	11
江苏	1	8	2	6	3
浙江	4	6	5	2	1
广东	1	5	4	2	8

资料来源：根据各省历年统计年鉴的原始数据计算而得。

表 5-8　　各行业在东部各省内的排名（二）（2004 年）

地区	农副食品加工	电力、热力的生产和供应业	纺织业	黑色金属冶炼及压延加工业	化学原料及化学制品制造业	交通运输	非金属矿物制品业
河北	4	2	7	1	3	8	5
辽宁	8	3	15	1	6	4	32
福建	7	2	4	10	9	11	33
广西	2	4	15	2	6	1	7
海南	2	4	19	13	3	1	9
山东	1	14	3	6	2	8	4

资料来源：根据各省历年统计年鉴的原始数据计算而得。

表 5-9　　各行业在中西部各省内的排名（一）（2004 年）

地区	电力、热力的生产和供应业	煤炭开采和洗选业	黑色金属冶炼及压延加工业	石油和天然气开采业	石油加工、炼焦及核燃料加工业	有色金属冶炼及压延加工业	非金属矿物制品业
山西	4	1	2	38	3	6	8
内蒙古	2	3	1	15	10	5	8
黑龙江	3	7	11	1	2	24	15
贵州	1	7	2	38	21	3	11
青海	1	10	4	2	29	3	7
宁夏	1	4	5	26	6	2	7
新疆	4	12	3	1	2	14	8

资料来源：根据各省历年统计年鉴的原始数据计算而得。

表 5-10　　各行业在中西部省内的排名（二）（2004 年）

地区	黑色金属冶炼及压延加工业	电力、热力的生产和供应业	非金属矿物制品业	有色金属冶炼及压延加工业	石油加工、炼焦及核燃料加工业	烟草制品业	通用设备制造业
安徽	1	2	8	6	11	14	12
江西	1	3	6	2	5	12	16
河南	4	1	3	11	11	18	12
湖北	2	3	8	11	5	12	9
湖南	1	2	8	4	5	6	16

续表

地区	黑色金属冶炼及压延加工业	电力、热力的生产和供应业	非金属矿物制品业	有色金属冶炼及压延加工业	石油加工、炼焦及核燃料加工业	烟草制品业	通用设备制造业
重庆	4	2	5	6	30	13	7
四川	1	2	8	12	21	18	9
云南	4	3	7	2	20	1	18
西藏	30	4	2	31	26	22	32
陕西	10	2	17	14	4	15	12
甘肃	4	3	7	2	1	10	13

资料来源：根据各省历年统计年鉴的原始数据计算而得。

5.2.3 地区收入差距扩大

在中国专业化集聚的阶段，即 1990~2004 年，名义人均 GDP 在 1 644~12 335 元之间，地区收入差距不断扩大，人均 GDP 的基尼系数 1990 年为 0.2658，2004 年为 0.3373。空间上的产业集聚是地区间人均收入差距扩大的重要原因，产业集聚扩大了地区间的技术差异，也引起了投资的不平衡，最终导致地区间收入差距扩大。

产业集聚会产生技术外溢，而技术外溢有利于集聚区生产效率的提高，集聚区域与边缘区域在技术和效率上的差距会导致生产率的地区差异，由于工资水平是由边际劳动生产率决定的，生产率的差距最终会导致地区间的收入差距。马丁和奥塔维亚诺（Martin and Ottaviano，1999）的知识全球溢出模型发现知识的地方化溢出导致中心区的增长率高于外围区，最终中心区的资本劳动比提高，从而人均收入提高，导致中心区与外围区之间的收入差距扩大。科勒（Keller，2000）利用 14 个 OECD 国家的制造业数据，发现与主要技术国家（如美国）的距离每增加 10%，该国劳动生产力将下降 0.15%。这种劳动生产率的差距将导致收入差距扩大。我国沿海地区的产业集聚也存在明显的技术外溢，沿海地区的技术水平和劳动生产率也高于内陆地区，贺灿飞（2009）利用中国 1980~2004 年间制造业的数据，证实了中国制造业中产业地理集中程度和产业劳动生产率之间存在正相关关系。沿海地区与内陆地区之间的技术差距也是区域间收入差距扩大的原因之一。

投资的不平衡会引起区域增长率的差异，进而导致地区间人均收入差距的扩大，如图 5-11 所示的散点图，我们可以看出，在中国，东部地区全社会固定资产投资占全国的比重越高，则区域间人均收入差距就越大。如图 5-12 所示，

1978年以后,东部全社会固定资产投资占全国的比重有较大幅度的增加,由1978年的48.6%最高上升到1994年的64.9%,1992~2004年间基本上在60%以上,直到实施西部大开发战略后,东部的比重才略有下降。投资向东部沿海地区的大量集中推动了地区生产总值的快速增长,增长速度远高于东部地区人口的增长速度,人均GDP的增长也较快,而内陆地区投资相对较少,人均收入增长也相对缓慢,从而拉大了区域间人均GDP的差距。

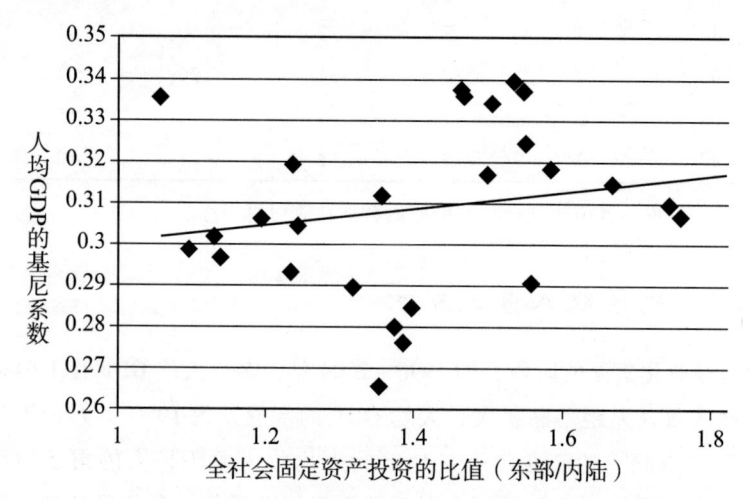

图 5-11 投资的地区倾向与地区间人均收入差距

资料来源:根据《中国统计年鉴》和《新中国60年统计资料汇编》的原始数据计算而得。

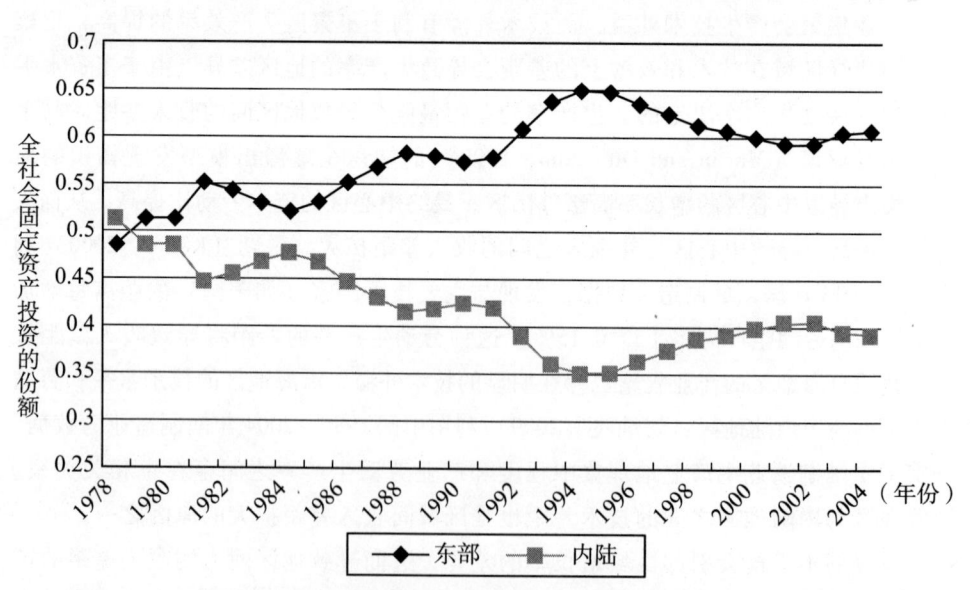

图 5-12 东部沿海及内陆地区全社会固定资产投资总值占全国的比重

资料来源:根据《新中国60年统计资料汇编》的原始数据计算而得。

5.3 多样化扩散阶段

经过上一阶段的发展，由产业集聚带来的区域间发展不平衡问题越来越突出，因此，国家层面出台了一系列平衡发展政策，更多的基础设施投资流向中西部地区；而且，地方政府之间的竞争也促进了中西部地区基础设施的改善。其中，交通基础设施条件的改善降低了运输成本，也改变了经济活动向心力和离心力的力量对比。这时，地价的作用也逐渐凸显出来：经过前一阶段的发展，经济活动向东部沿海集聚，这带来了拥挤效应，而且，土地这种不可流动要素的竞争加剧，基于国家粮食安全的考虑，土地供应也有所收紧，这时，在那些原有的集聚区，特别是在许多大城市中，地价上升很快，其作为离心力的作用更加显著。基于生产成本和运输成本的权衡取舍，这将促使产业活动逐渐向内陆省份扩散。

同时，从体制/政策的角度看，地方政府的分权竞争导致了以下两方面的影响：一是各地拥有了良好的基础设施，这有利于各地的招商引资，也有利于内地承接原有集聚区的产业转移。因此，这将使制造业在地区分布上变得更为均匀。二是地方保护主义和重复建设问题突出，这阻碍了地区间的分工与贸易，不利于专业化的发展。

由于上述运输成本和体制/政策因素的变化，我国产业活动的地理分布表现为一个多样化扩散的过程：产业集聚水平下降，地区专业化水平下降（多样化程度提高），地区间收入差距缩小。

5.3.1 运输成本与体制政策的变化

1. 运输成本持续下降

交通运输方面的基础设施是影响运输成本的重要因素，主要包括公路、铁路和河道这几个方面的内容，我们可以分别用公路里程、铁路营业里程和内河航道里程这几个指标进行刻画。为了便于比较，我们把这些指标转换成以1985年为基期的指数，处理的结果描述在图5-13中。从时间序列看，铁路里程和内河航道里程的增长比较平稳，而公路里程则增长迅速。总体上，交通基础设施的存量水平表现出不断上升的趋势，为产品在地区间的流通提供了便利。从这个意义上讲，交通基础设施的改善降低了运输成本。

2. 地方政府竞争与市场分割

（1）制度背景：财政分权与地方政府的"标尺竞争"

高度的财政分权是我国经济发展中一个重要的特征事实（Jin, Qian and Weingast, 2005）。在20世纪90年代，发达国家州（省）级政府财政支出占各级政府支出总额的平均比重大概为30%，最分权的日本和加拿大也只占60%左右（世界银行，1997）。我国的省级财政支出占全国财政支出的比重近年来一直保持在70%左右（黄佩华，2005），从这个角度看，我国的分权水平是相当高的。

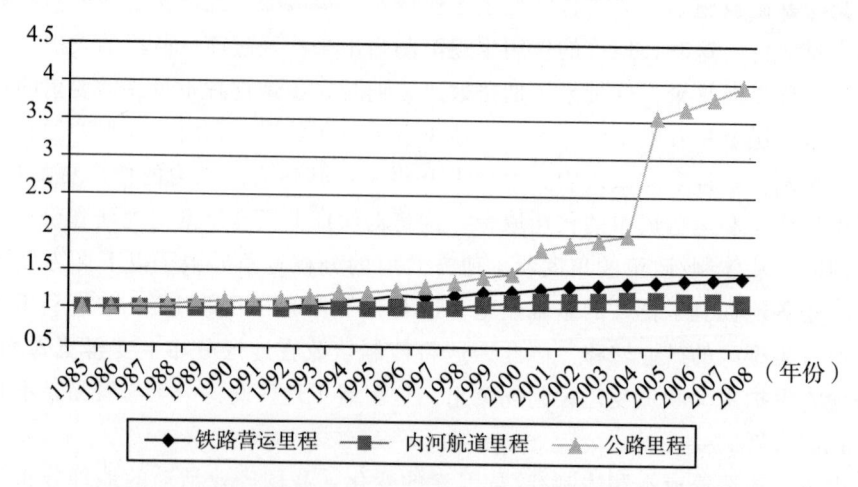

图5-13　交通基础设施指数的变动模式（1985～2008年）

注：2005年起公路里程包括村道。

资料来源：根据《新中国60年统计资料汇编》的原始数据计算而得。

与财政分权的情况相反，我国在政治上是高度集权的。这种集权主要是人事任命上的。新中国成立之后，中国干部人事管理制度的最基本原则是"党管干部"，同时实行"分部分级"管理。党中央拥有任命地方官员的政治上的绝对权威。地方政府的官员是上级任命的而不是基层选举出来的，中央政府严格管理下级政府官员的任免。这种与财政分权相结合的政治上的中央集权在中国产生了"向上负责"而不是"向下负责"的政治激励与治理模式：地方政府在获得了财政分权好处的同时，必须服从中央政府的权威和保持目标的一致。对于中国的地方政府官员而言，其升迁机会依赖于其任职期间的政绩，他们面临的政治激励与推动地方经济增长激励之间存在良好的兼容性。

我国这种政府多级财政分权和单一政治集中相结合的分权模式把公共部门的"多任务目标"治理转换为地方政府之间以经济为目标增长的"标尺竞争"机制

(张晏，2005）。它以一个自上而下而不是自下而上的高度分权的结构创建了政府间"为增长而竞争"的发展共识和强大激励（张军，2007）。

（2）地区间基础设施的比较

由于地方政府之间的标尺竞争，我国的区域发展具有以下特点：各地区发展迅速，地区间问题突出。因此，当地区经济差距在持续扩大时，中央政府采取了一系列旨在缩小地区间差距的政策。随着西部大开发、振兴东北老工业地区和促进中部地区崛起战略的实施，近年来东中西部在基础设施上的实力对比发生了改变。

从流量上看，更多的基础设施投资流向中西部地区，这将逐步改善中西部地区的基础设施条件。这里，我们用基础设施的资本形成来反映其流量变动。在《中国统计年鉴》中，我们可以获得以下几类基础设施的资本形成指标：一是电力、燃气及水的生产和供应业；二是交通运输、仓储和邮政业；三是水利、环境和公共设施管理业。这三类投资的指标大体上涵盖了基础设施的范畴（世界银行，1995；Prud'homme，2004），可以大致刻画出基础设施的流量变化。

从基础设施流量的角度看，中西部基础设施的投资形成略快于东部（见图5－14）。东部基础设施投资占全国的比重有所下降，中部的比重则有所提高，西部的比重保持不变（见表5－11）。

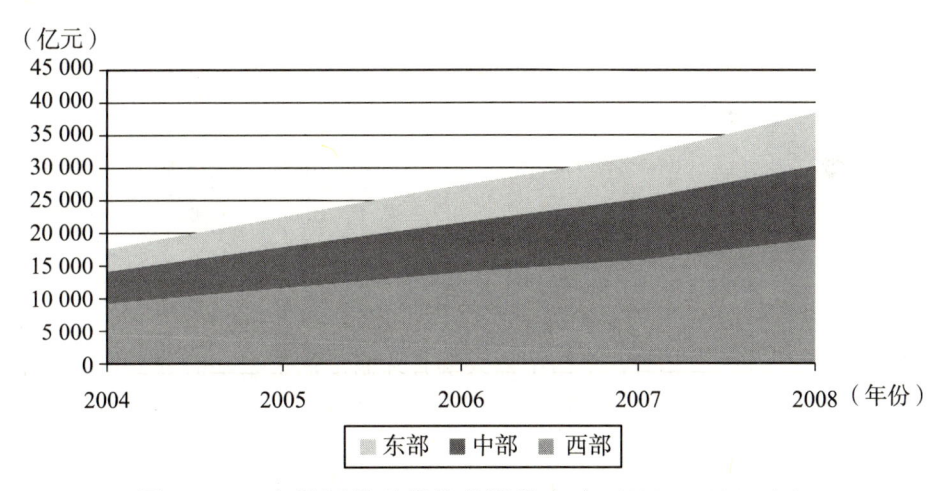

图 5－14 各地区基础设施投资的变动（2004～2008 年）

资料来源：根据《中国统计年鉴》的原始数据计算而得。

从存量上看，近年来中西部地区的基础设施也得到了明显改善。具体来说，从公路里程的变化看，从 1998～2008 年，中西部铁路里程改善的幅度大于东部；从公路里程占全国比重的角度看，东部的份额在下降，而中西部在提高（见表 5－12）。

表 5-11　　　　各地区基础设施投资的变化（2004～2008 年）

年份	基础设施投资（亿元）			占全国比重		
	东部	中部	西部	东部	中部	西部
2004	9 244.68	4 831.60	3 646.32	0.52	0.27	0.21
2005	11 348.37	6 422.43	4 612.82	0.51	0.29	0.21
2006	13 908.97	7 827.46	5 807.77	0.50	0.28	0.21
2007	15 712.41	9 443.21	6 658.80	0.49	0.30	0.21
2008	18 898.79	11 366.08	8 165.35	0.49	0.30	0.21

资料来源：根据《中国统计年鉴》的原始数据计算而得。

表 5-12　　　　各地区公路里程的变化（1998～2008 年）

年份	公路里程（公里）			占全国比重		
	东部	中部	西部	东部	中部	西部
1998	461 786	436 937	298 806	0.39	0.36	0.25
1999	479 815	454 985	328 877	0.38	0.36	0.26
2000	498 840	496 190	445 398	0.35	0.34	0.31
2001	546 598	577 639	466 197	0.34	0.36	0.29
2002	561 153	607 315	486 357	0.34	0.37	0.29
2003	579 071	624 058	495 885	0.34	0.37	0.29
2004	606 765	642 774	510 293	0.34	0.37	0.29
2005	631 316	747 021	613 230	0.32	0.38	0.31
2006	1 083 215	1 331 306	878 983	0.33	0.40	0.27
2007	1 119 811	1 361 767	919 149	0.33	0.40	0.27
2008	1 153 758	1 406 259	952 198	0.33	0.40	0.27

资料来源：根据《新中国 60 年统计资料汇编》的原始数据计算而得。

为了观察公路里程随时间推移发生的变化，我们将其转换成以 1998 年为基期的指数。1999 年以后，和西部大开发战略的实施同步，西部的公路里程得到了大幅改善，增长幅度明显高于东部，并一度领先于中部地区；2004 年以后，伴随中部崛起战略的提出，中部的公路里程增长迅速，其增幅甚至超过了西部的增长（见图 5-15）。

从铁路营业里程的角度看，由于中部地区包含了黑龙江和吉林两个东北老工业基地，其铁路营业里程从一开始就高于东部和西部地区（见表 5-13）。从增长幅度看，西部地区铁路营业里程增长幅度最快，东部地区次之，中部地区最慢

(见图 5-16），即便如此，截至 2008 年，中部的铁路营业里程仍然排在首位。从份额的角度看，在整个考察期内，东部的铁路营业里程基本保持不变，中部地区有所下降，西部地区则有所增加（见表 5-13）。

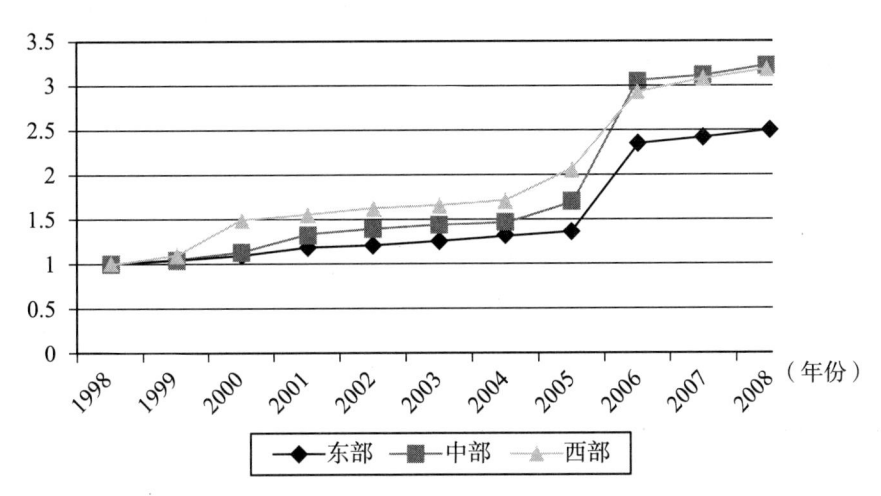

图 5-15　各地区公路里程指数的变动（1998～2008 年）

注：2005 年起公路里程包括村道。

资料来源：根据《新中国 60 年统计资料汇编》的原始数据计算而得。

表 5-13　各地区铁路营业里程的变化（1998～2008 年）

年份	铁路营业里程（公里）			占全国比重		
	东部	中部	西部	东部	中部	西部
1998	21 454	30 129	14 874	0.32	0.45	0.22
1999	21 519	31 299	16 237	0.31	0.45	0.24
2000	21 477	31 387	16 737	0.31	0.45	0.24
2001	21 635	31 447	17 418	0.31	0.45	0.25
2002	22 167	31 591	17 808	0.31	0.44	0.25
2003	23 214	31 510	17 800	0.32	0.43	0.25
2004	24 021	32 655	17 926	0.32	0.44	0.24
2005	24 891	33 561	18 427	0.32	0.44	0.24
2006	25 136	33 576	19 763	0.32	0.43	0.25
2007	25 383	35 026	20 462	0.31	0.43	0.25
2008	25 448	34 076	20 567	0.32	0.43	0.26

资料来源：根据《新中国 60 年统计资料汇编》的原始数据计算而得。

(3) 地方政府竞争与招商引资的策略选择

在招商引资的过程中,地方政府对产业的发展具有很大的影响力。地方政府可以通过以下行为影响当地的产业发展:一是为某些产业向中央政府争取尽可能多的优惠政策和项目资源;二是在本省范围内制定相关政策发展和保护本地经济。这时,在以经济指标为核心的官员考核制度下,地方政府官员有激励去模仿其他省区成功的经济发展战略和产业政策。

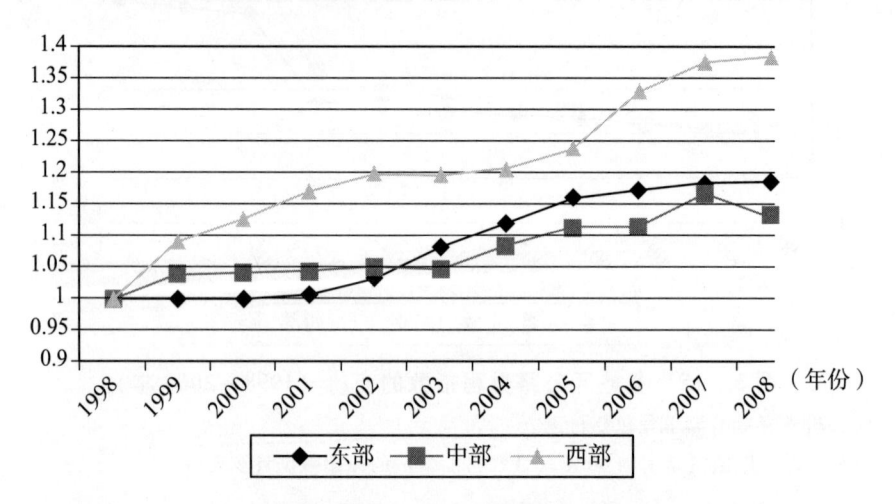

图 5-16　各地区铁路营业里程指数的变动(1998~2008 年)

资料来源:根据《新中国 60 年统计资料汇编》的原始数据计算而得。

5.3.2　产业扩散与区域多样化

1. 中西部地区基础设施的改善与产业活动的扩散

基础设施的改善将从以下方面改变产业的空间布局:一方面,由于前一阶段的发展,原有集聚区,特别是在原有的大城市中,地价的上升导致了成本的增加,而交通基础设施的改善降低了运输成本,基于生产成本和运输成本的权衡,制造业有向地价较低的区域转移的倾向。另一方面,除了降低运输成本的作用以外,公共基础设施本身也提供了向心力。公共基础设施的改善有利于当地招商引资,这将带动当地的就业增加和收入提高,基于本地市场效应的作用,这将继续吸引制造业的进入,形成累积循环。

(1) 交通基础设施改善、地价上升与产业转移

土地是一种不可流动要素,当经济活动不断往一个地区集聚时,竞租行为将

使地价不断上升，这构成了经济活动的一种离心力。由于数据的限制，我们这里用各地区省会城市工业用地的地价变动作为说明，结果列示在图5-17中。从图中我们可以看到，东部沿海地区是最先形成的集聚区域，因此，其地价一直领先于中西部地区。由于东中西部发展的梯度变化，近年来中部地区的发展拉近了东中部之间的地价差异，然而，西部的经济活动集聚仍然不足，东西部之间的地价差距在逐渐扩大。

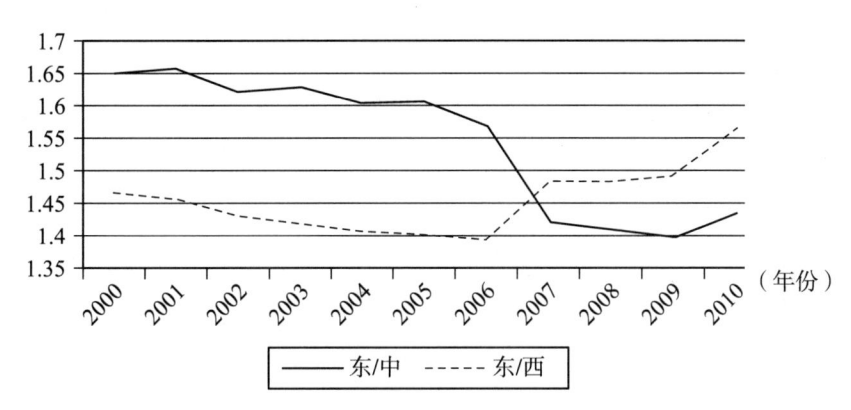

图 5-17 各地区省会城市工业用地价格比率的变化（2000~2010年）

资料来源：根据国土资源部《中国城市地价动态监测系统》计算而得。

从全国重点城市工业地价的变化（见表5-14）看，各地间的地价梯度也是十分明显的，在珠三角、长三角和京津这些集聚程度较高的地区，其工业用地成本远高于中西部地区。2010年，珠三角和长三角重点城市工业用地价格分别是中南区的1.46倍和1.28倍，是西南区的1.49倍和1.30倍，是西北区的1.69倍和1.47倍。

表 5-14　　　　全国重点城市工业地价的变化（2000~2010年）

年份	全国平均	长三角	京津	珠三角	中南区	西南区	西北区
2000	429.5	465.7	629.5	444.0	332.8	431.6	367.5
2001	438.2	482.8	642.0	446.0	339.8	436.4	375.3
2002	449.0	496.2	664.0	452.7	368.6	439.4	387.2
2003	459.0	512.9	672.5	463.0	377.6	445.4	394.8
2004	470.3	527.5	686.5	471.3	392.4	455.0	399.3
2005	481.1	540.1	721.5	487.3	401.2	460.6	404.7
2006	502.8	560.5	754.0	540.2	424.2	474.2	413.7
2007	609.2	665.4	870.5	837.8	502.0	507.8	435.3

续表

年份	全国平均	长三角	京津	珠三角	中南区	西南区	西北区
2008	598.0	665.9	941.0	683.0	531.6	513.6	447.3
2009	606.6	673.5	955.5	695.5	535.0	526.6	453.5
2010	643.3	707.2	1 076.5	810.8	553.6	543.8	479.5

资料来源：根据国土资源部《中国城市地价动态监测系统》计算而得。其中，长三角包括沪、苏、浙3省，珠三角包括广东省，中南区包括湘、鄂、赣、皖、渝5个省区，西南区包括川、滇、贵、桂、陕5省，西北区则包含蒙、晋、甘、宁、青、新6省区。

地价的上升将导致生产成本的增加，这会影响企业的选址决策。根据深圳市贸发局的调查，导致企业外迁的因素中，"厂房租金太贵"和"用地需求无法满足"都排在前3位中（魏后凯，2010）。当中西部地区的交通基础设施得到改善时，将进一步改变经济活动向心力/离心力的力量对比。这时，企业的选址行为从地价较高的地区转移到地价较低的地区更为有利，这构成了产业转移的动力。

（2）公共基础设施投资与地区间招商引资的变化

除了降低运输成本，通过共享机制，公共基础设施本身也为经济活动提供了向心力（Duranton and Puga, 2004）。基础设施投资和制造业投资之间的关联为此提供了证据。基于2004~2008年31个省和直辖市的人均基础设施投资和人均制造业投资的对数值，我们绘制了散点图，结果列示在图5-18中。从图中我们可以看出，两者之间存在显著的正向关联，上述事实说明，一个地区的基础设施对当地招商引资的拉动是显著为正的。基础设施投资和外商直接投资的关系也支持了这一点（见图5-19）。一个地区的基础设施越好，越能吸引外商直接投资。

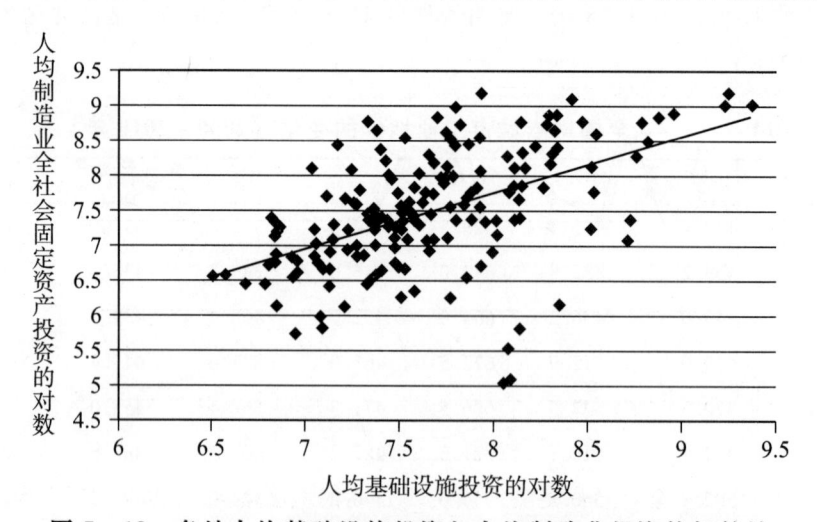

图5-18 各地人均基础设施投资与人均制造业投资的相关性

资料来源：根据《中国统计年鉴》和《新中国60年统计资料汇编》的原始数据计算而得。

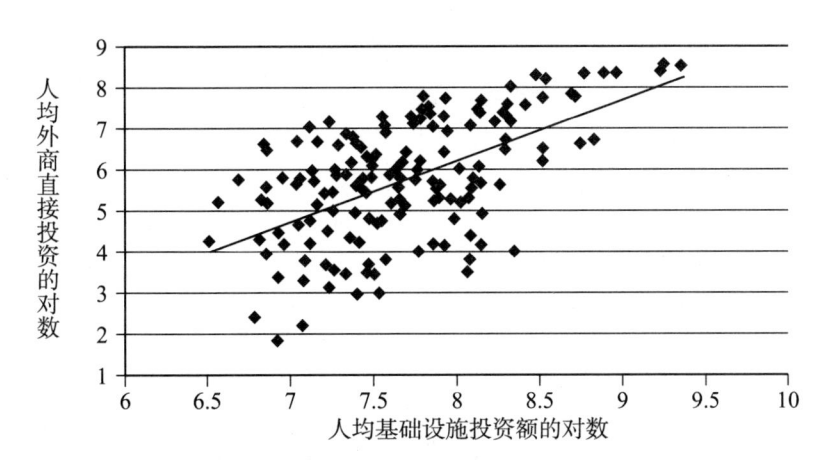

图 5-19　各地人均基础设施投资与人均 FDI 的相关性

资料来源：根据《中国统计年鉴》和《新中国 60 年统计资料汇编》的原始数据计算而得。

按照上述思路，近年来中西部地区公共基础设施的改善将为这些地区的招商引资和承接产业转移创造条件。这将在全社会固定资产投资的变化上体现出来。从全社会固定资产投资的增长速度看，中西部地区的投资增长明显加快。尤其是在 2004 年以后，中西部全社会固定资产投资的增速后来居上，超过了东部地区（见图 5-20）。从各地区全社会固定资产投资份额的变化看，1980 年以来，东部地区的投资份额一直高于中西部地区。但是，在 2004 年以来，东部地区的投

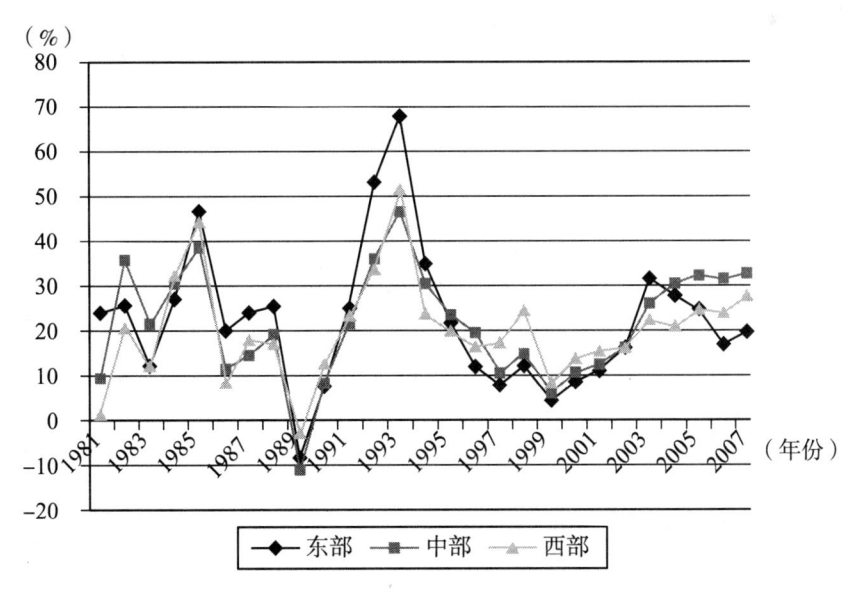

图 5-20　全社会固定资产投资增长率的地区差异（1981~2007 年）

资料来源：根据历年《中国统计年鉴》的原始数据计算而得。

资份额逐渐下降，中部地区增长明显，西部地区也在2004年的基础上有所提高（见图5-21）。两者的变化是高度一致的。

全社会固定资产投资去向的改变将改变工业集聚的格局（见图5-22）。当投资集中在东部沿海地区时，工业活动也大量集中在这个区域，因此工业的集聚水平在提高；反之，当投资往内陆地区扩散时，工业的集聚程度下降。因此，随着内陆（中西部）地区投资的增多，这意味着资源大量投入到内陆省份，工业活动的集聚趋势，也由原来往东部地区的集聚转向往内陆地区的扩散。

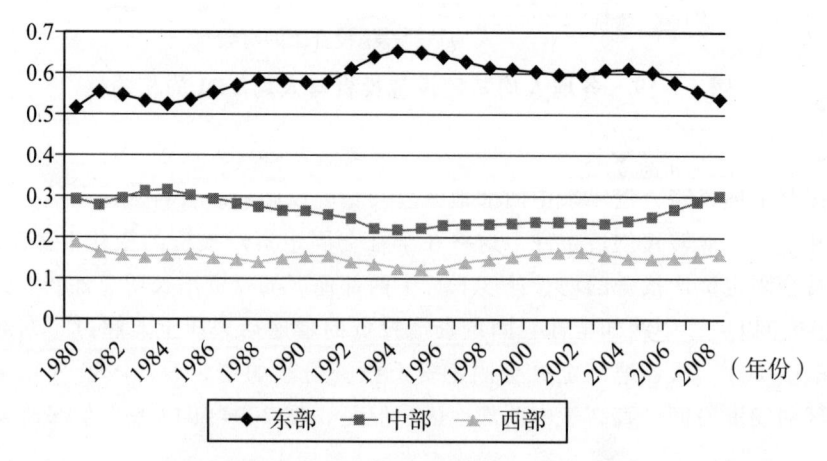

图5-21 全国固定资产投资比重的地区分布（1980~2008年）

资料来源：根据历年《中国统计年鉴》的原始数据计算而得。

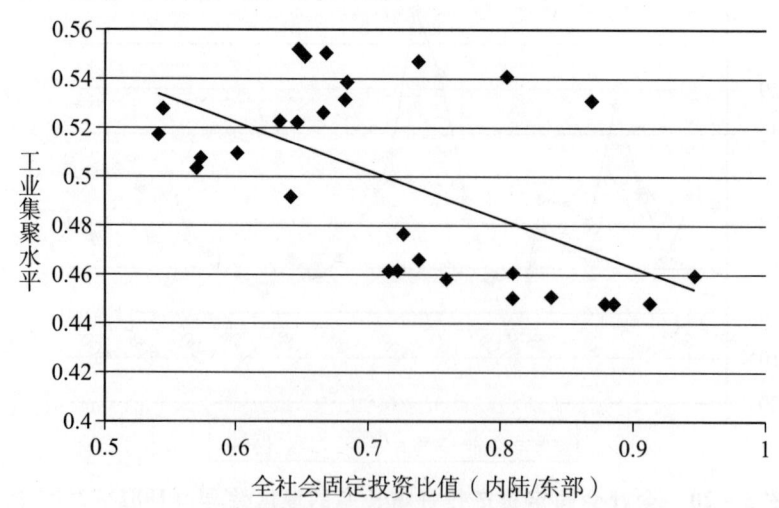

图5-22 全社会固定资产投资的去向与工业集聚

资料来源：根据《中国统计年鉴》、国家统计局工业企业数据库的原始数据计算而得。

(3) 基础设施的综合作用

从上面的分析我们知道，一方面，交通基础设施的改善改变了向心力/离心力的力量对比，使地价的作用凸显出来，这为产业从东部地区向中西部地区转移提供了激励。另一方面，公共基础设施本身也提供了向心力，近年来中西部公共基础设施的大幅改善为当地的招商引资创造了条件。这两方面综合作用的结果，将使中西部地区的制造业得到发展的机会，这将带来中西部地区的就业增加和收入提高，由于本地市场效应的放大作用，这会继续吸引制造业的进入，形成累积循环。

这在各地市场潜力的比较上有所反映。从图 5-23 看，在 2004 年之前，东部沿海和内陆地区之间市场潜力的差距一直在拉大，但在 2004 年之后，两者的差距趋于稳定，而且有下降的趋势。这里，市场潜力大致度量了地区市场容量的大小，其变化趋势表明，由于前述机制的作用，内陆省份的市场得到了拓展，由于本地市场效应，可以预期，这种趋势可能将继续下去，也就是说，制造业将进一步向内陆地区扩散。

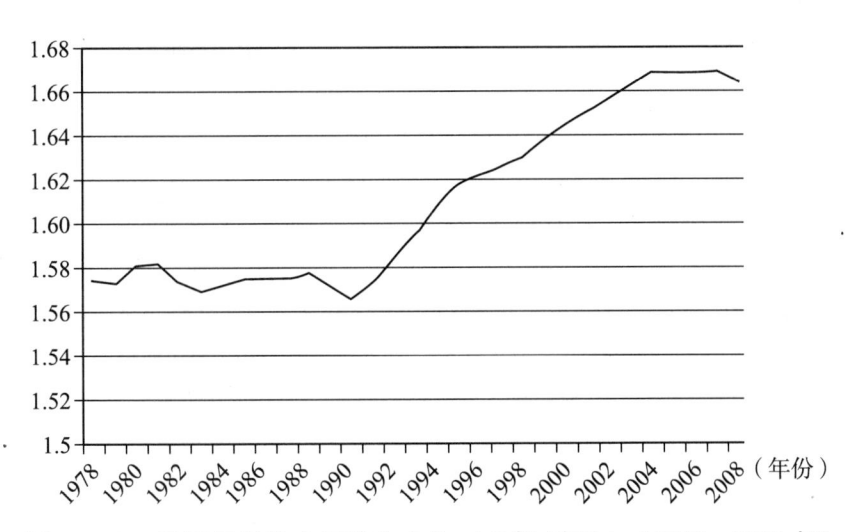

图 5-23 地区间平均市场潜力之比（东部/内陆）（1978~2008 年）

资料来源：根据《新中国 60 年统计资料汇编》的原始数据计算而得。其中，市场潜力的计算公式为 $MP_i = \sum_{i \neq j} \frac{GRP_j}{d_{ij}} + \frac{GRP_i}{d_{ii}}$，其中，$GRP$ 为 i 省区的实际地区生产总值，这里折算为 1978 年不变价；d_{ij} 是 i 省区与 j 省区之间的距离；d_{ii} 是省区的内部距离，计算公式为 $d_{ii} = \frac{2}{3}\sqrt{\frac{Area_i}{\pi}}$，这里的 $Area_i$ 是 i 省区的面积。

2. 地方政府竞争与地区产业多样化

国家重点发展的产业通常都有较强的政策支持，为了获取相关优惠，各省自然将这些产业作为自己规划发展的重点。在各方博弈的情况下，中央的优惠政策较为均匀地分配到各省，结果是，尽管这些产业在全国范围内得以发展，但这种发展在地理上是比较均匀的，难以实现省际分工，并不能真正提高效率（见表5-15）。

表5-15　各地区各产业在"七五"、"八五"期间对优惠政策的诉求

	类别	要求成为重点的理由	政策要求
产业	冶金工业、煤炭工业、石油工业、电力工业、核工业、化学工业、农业、林业、交通运输业、邮电通信业；等等	基础行业，"瓶颈"行业	给予优先政策；优先发展
	微电子工业、航空工业、航天工业、某些机械工业、部分化学工业、核工业；等等	高技术行业	
	纺织工业、轻工业、电子工业、船舶工业；等等	劳动密集行业或技术密集行业	
	纺织工业、轻工业、船舶工业；等等	出口创汇行业	
	机械工业、微电子工业、汽车工业、建材工业、建筑业、化学工业；等等	支柱产业、带头行业	
地区	东部地区	对外开放地区，资金收益率高，劳动生产率高，新产品新技术比率高	
	中部地区	老工业基地，工业基础雄厚，技术力量强，大中型国有企业多，地理位置适中	
	西部地区	资源地区，为东中部长期作贡献，能源充裕，延边地区，少数民族地区	

资料来源：江小涓，《体制转轨中的产业政策：对中国经验的实证分析及前景展望》，上海人民出版社、上海三联出版社1996年版，第106页。

更关键的是，地方政府官员的职业发展以及辖区财政收入与其辖区的发展息息相关。为了在地区间的标尺竞争中胜出，招商引资是地方政府的重要手段。但是，引入什么样的产业资源呢？在对产业发展缺乏足够信息时，模仿领先省份的

产业政策或者与中央的产业规划保持一致,就成了地方政府的必然选择(Besley and Case, 1995; Baicker, 2005)。因此,在"九五"、"十五"期间,除了某些比较突出的优势产业外(例如,云南的烟草、山西的煤炭,等等),大部分省份的支柱产业和重点发展产业都存在重合,这些支柱产业或重点产业都与国家的重点产业高度相似。比如,在"九五"期间,国家强调的机械、电子、石油化工、汽车制造和建材建筑也是绝大部分省份重点发展的产业;又如,在国家"十五"规划中,计划重点发展电子信息、机械装备、汽车、石油化工等高新技术产业和资金密集型产业,这些产业也同样成为各省"十五"规划的重点(见表 5 – 16)。随着"九五"、"十五"的完成,各地相似的重点产业也就发展起来,最终使得各地区拥有了相似的产业构成,表现出多样化发展的特征。这种重复建设又导致了市场分割和地方保护(张可云,2005)。

表 5 – 16　　　　各省"九五"、"十五"的重点发展产业

地区	"九五"计划强调的重点产业	"十五"计划强调的重点产业
北京	农副产品、汽车、电子、机械装备、建筑业、高新技术产业	电子信息、生物工程和新医药、光机电一体化、新材料、环保与资源综合利用
天津	机械、电子、化工、冶金	电子信息、汽车、生物技术和现代医药、石油专用管材和高档金属制品、精细化工
河北	化工、医药、机械、汽车、电子、冶金、建筑、建材、纺织、轻工(食品)	冶金、能源、医药、化工、机械装备、建筑、建材、食品、纺织;电子信息、生物工程与现代医药、新材料、光机电一体化、环保产业等高新技术产业
山西	能源、冶金、机电、化工、建筑建材、轻纺、食品、医药	煤炭、冶金、化工、机械、建材、电子信息、新材料、医药
内蒙古	以毛绒纺织、皮革、食品、医药为主的农畜产品加工业;能源、冶金、机械电子	食品加工、毛纺、饲料、能源、冶金、化工、机械、建材;稀土、生物技术、新材料等高新技术产业
辽宁	石化、冶金、电子信息和机械	汽车、石化、电子信息产品制造和钢铁;新型建筑材料、先进制造和成套设备、环保设备、生物和基因制药
吉林	汽车、石化、食品、医药和电子工业	汽车、合成材料和精细化工、玉米加工转化、液晶—光电子、现代中药产业
黑龙江	汽车、化工、食品、电子和医药	装备、石化、医药、食品、高新技术产业、绿色食品、旅游

续表

地区	"九五"计划强调的重点产业	"十五"计划强调的重点产业
上海	汽车、通信设备、机电设备、家用电器、石油化工及精细化工、钢铁、集成电路与计算机、现代生物技术与新药、新材料	信息、金融、商贸、汽车、成套设备、房地产、生物医药、新材料、环境保护、现代物流
江苏	机械、电子、化工、汽车工业和建筑业、轻工业、纺织丝绸	电子信息、生物工程和新医药、新材料、机械设备制造、石化、汽车、钢铁
浙江	纺织丝绸、轻工、食品、建材、机械、电子、化工、医药	纺织服装、轻工业、食品、机械、石化、建材、冶金;生物工程和新医药、新材料、光机电一体化、环保等新兴产业
安徽	机械、日用电器及电子、汽车、石油化工和精细化工、建筑	农副产品深加工、机械装备及配件、电子电器、新型建材及优质金属材料、电子信息、生物工程和新医药、新材料
福建	石油化工、机械电子、林产加工、建材、水产等支柱产业和轻纺工业等重点产业	轻纺、建材、林产、冶金;电子信息、机械、石化;生物工程、新材料、新能源、新医药等高新技术产业
江西	汽车、机械、电子、化工、冶金、建材、食品	食品、汽车、有色冶金、石油化工;电子信息、生物工程和新材料等高新技术产业
山东	化工、电力、运输机械、纺织、食品、造纸	家电、汽车、装备制造、纺织、化工、建材、造纸、食品、电子信息、生物工程、新材料
河南	轻纺、食品、冶金、建材、机械、电子、石油、化工	食品、有色金属、煤化工和石油化工、机械装备、轻纺、电子、生物、新材料
湖北	汽车、机电、冶金、化工、建材;以纺织服装、食品为主体的轻纺业	汽车、装备、钢铁、化工、建材、轻纺、建筑;光电子信息、生物工程、新材料、机电一体化等高新产业
湖南	冶金、机械电子、建材建筑、化工、食品、轻工、纺织、医药	冶金、机械、石化、食品、医药、建材、轻工、纺织;电子信息、新材料、生物工程和先进制造业技术产业
广东	汽车、石化、机械、电子、轻工、纺织、建材建筑、医药、冶金、森林工业	信息技术、生物技术、光机电一体化和新材料等高新技术产业;电子信息、电器机械和石油化工;纺织服装、食品饮料和建筑材料;汽车、医药、造纸、环保
广西	蔗糖加工、有色金属、汽车和机械制造、建材	汽车、机械、制糖、建材、化工、纺织;电子信息、生物工程、新材料、环保等高新技术产业

续表

地区	"九五"计划强调的重点产业	"十五"计划强调的重点产业
海南	油气化工、汽车制造、饮料食品、化纤纺织、医药、浆纸、建材、冶金	热带农业、生物工程、医药产业、海洋产业、生态环保、天然气利用、光纤通信
重庆	机械、化工、冶金、电子信息、建筑、旅游和食品	汽车摩托车、化工医药；食品、建筑建材、旅游；信息工程、生物工程和环保工程等高新技术产业
四川	电子信息、机械冶金、建筑建材、饮料食品、化学医药、旅游	电子信息、水电、机械冶金、医药化工、饮料食品；能源、轻纺、建材、装备制造；电子信息、光电子、生物、新材料、环保、核技术应用、航空航天等高新技术产业
贵州	"两烟一酒"、电力、矿产开采及加工、汽车及零部件工业、绿色产业和旅游业	"两烟一酒"、生物制药、特色食品；航空航天和电子工业
云南	烟草、以食品加工为重点的生物资源产业、以磷化工、有色金属为重点的矿产业、旅游业	烟草、旅游；现代生物医药、电子信息、新材料、光机电一体化等高新技术产业
西藏	旅游、畜牧	旅游业、藏医药业、高原特色生物产业和绿色食品业、农畜产品加工业和民族手工业、矿业、建筑建材
陕西	机械、电子、高新技术产业；纺织、食品、医药、冶金、化工、建材、能源；有色金属、黄金、林特产品加工	装备、能源、高新技术产业
甘肃	石油化工、建筑建材、机械电子、轻纺、食品和医药等	石油化工、有色冶金、机械电子、轻纺食品、医药、建材
青海	能源、盐化工、石油天然气化学工业、冶金	盐化工、电力高耗电工业、油气化工、藏药、绿色食品、生物制品、旅游
宁夏	化工、冶金、机械、农副产品加工、建筑建材	特色绿色食品、特色生物医药、天然气化工、新材料；石化、冶金、机电、煤炭、轻纺、建材
新疆	石油、天然气化工和化学工业、纺织、食品、建筑建材、机械电子	石油和天然气化工、轻纺、食品、有色金属；生物技术、信息技术、新能源、新材料、矿产资源开发等高新技术产业

资料来源：贺灿飞，《中国制造业地理集中与集聚》，科学出版社2009年版，第75~77页。

5.3.3 地区收入差距逐步缩小

东部产业向中西部地区扩散,导致中西部地区产业集聚程度上升,这促进了中西部地区人均收入的提高,进而缩小了地区收入差距。

首先产业向中西部地区集聚,促进了中西部地区技术和效率的提高,进而导致人均收入上升。我们以省和直辖市为观察点,计算了 2005~2007 年这一时段每平方公里居民点及工矿用地上工业增加值的对数值来衡量经济的密度,即各地的产业集聚程度,同时通过工业从业人员平均的应付主营业务工资额来度量人均收入。结果呈现在图 5-24 上,可以发现,在 2005~2007 年中西部地区各省平均的经济密度与东部地区的差距在缩小,2005 年东部经济密度是中西部经济密度的 1.123 倍,到 2007 年,下降至 1.105 倍,同时东部与中西部工资的比值也由 2005 年的 1.020 下降至 2007 年的 1.006。

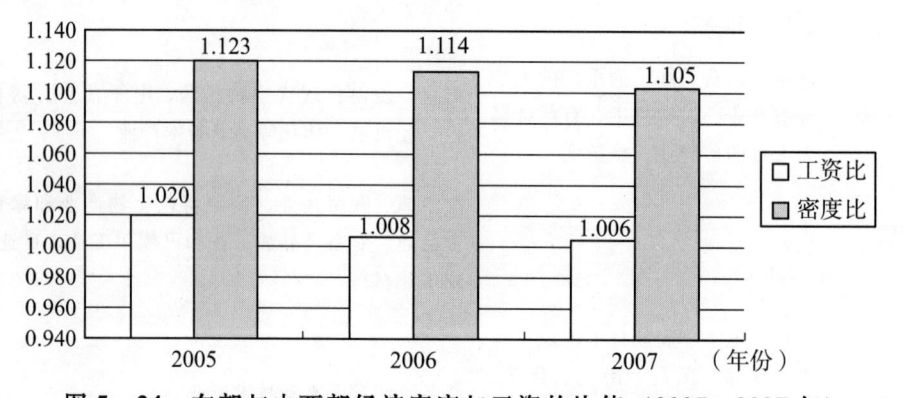

图 5-24 东部与中西部经济密度与工资的比值(2005~2007 年)

资料来源:根据《中国统计年鉴》、国家统计局工业企业数据库的原始数据计算而得。

在投资方面,随着产业向中西部的扩散,中西部的全社会投资量也出现了较大幅度的增长,东部与中西部之间投资的差距在缩小,中西部地区全社会固定资产投资总值在全国所占的比重由 2005 年的 0.40,上升至 2007 年的 0.46,东部和中西部之间投资趋于平衡也是区域间收入差距缩小的重要原因(见图 5-25)。

总体上来看,在目前的多样化扩散阶段,地区间人均收入水平的差距是在逐渐缩小的。但是,在这个阶段,产业资源在地区间的配置是缺乏效率的,没有形成分工,地区之间缺乏协作。我们的目标是一种高水平的均衡,即整个制造业在地理上形成一种有分工的均匀分布,所以,需要过渡到一个专业化扩散的阶段。

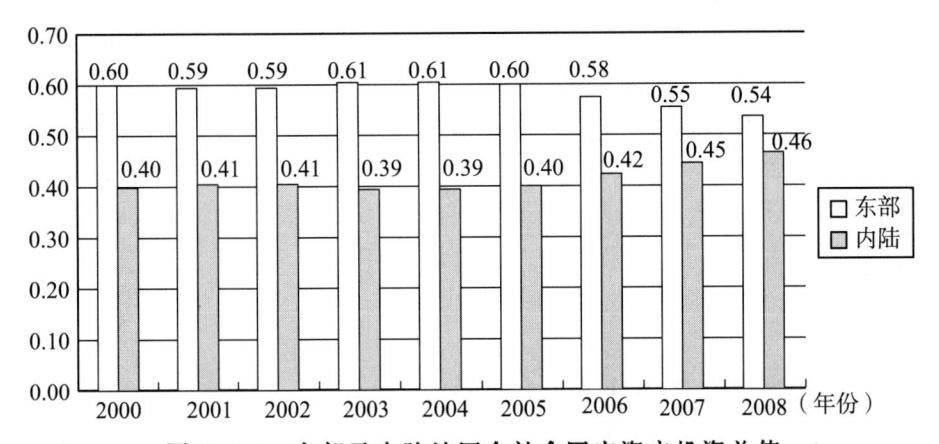

图 5-25　东部及内陆地区全社会固定资产投资总值
占全国的比重（2000~2008 年）

资料来源：根据《新中国 60 年统计资料汇编》的原始数据计算而得。

5.4　专业化扩散阶段

随着未来运输成本的进一步下降和区域间市场一体化程度的不断提高，东部地区的向心力相对减弱，同时东部地区的地价逐渐升高，东部与其他地区的地价差距已经达到较高的水平，这导致东部地区的企业难以承受较高的土地成本，东部地区的离心力相对加强，所以在全国范围内工业将会进一步扩散。同时，市场化的推进将进一步促进全国统一市场的形成，这时，省际分工将更能提高效率，这将推动各省区从多样化发展转向专业化发展，进入专业化扩散的阶段，在此阶段，区域间的分工加强，各区域的主导产业在规模和技术水平方面相类似，这有利于区域间在产业规模和人均收入上的差距进一步缩小。

5.4.1　运输成本与体制演变的前景

1. 运输成本继续下降

近些年来，中国的交通基础设施发展已经取得瞩目的成就，各地已经建成了较密集的高速公路网络，全国的高速铁路网正在形成，航空业也发展迅速。国家新一轮西部大开发战略开始逐步推进，中央提出了"六个更加注重"，其中首要的一点就是更加注重基础设施的建设[①],因此,可以预见,未来内陆省份的基础设施必将迎来新一轮的建设高潮,公路、铁路及航空网络的建设将继续有所推进。就高速铁路建设来说,21 世纪的中国开始迈入"高铁时代",目前包括京沪高铁等在建铁路重点工程有 277 项,开工建设的客运专线及城际铁路项目已超过 40 项,建设规模超过 1 万公里[②]。交通运输基础设施的建设必将导致地区间的运输成本有更大幅度的下降,而随着运输成本的下降,内陆地区与国外市场更加接近,同时国内地区间贸易的成本也将大大下降。

2. 区域市场一体化程度不断提高

在第二阶段,地方政府普遍采取了地方保护主义的措施,由于较发达地区在高新技术产业拥有比较优势,且通常具有更快的技术进步速度,所以往往在收益分配中占据更高的谈判地位,从而在分工收益中得到了较大的份额。一方面,而对于落后地区而言,如果它选择加入区域分工体系,只能分享分工收益的较少部分;另一方面,如果落后地区不参加区域分工,则虽然会损失当前的分工利益,但却可以通过大力推动高技术产业的发展,从而在未来谈判中占据有利地位,由于在多样化扩散阶段,内陆地区与沿海发达地区的技术差距比较大,所以内陆地区进行地方保护的动力比较强(陆铭、陈钊,2006)。而随着内陆地区产业的发展,区域之间的技术差距在逐渐缩小,沿海地区部分较成熟的高技术产业也逐渐向内陆地区转移,内陆地区高技术产业的竞争力逐步增强,同时加上中央政府对内陆地区的政策倾斜,内陆各省份参与国内分工体系的利益逐渐增大,地方保护也随之减弱,这推动了全国经济一体化的发展。

同时,近年来,地方性的一体化在全国各区域大面积铺开,如长江三角洲两省一市的一体化、珠江三角洲经济区的一体化、长株潭城市群、北部湾地区、环渤海经济圈、武汉城市圈、中原城市群等,各区域的一体化和城市群的发展都注重减少市场分割,努力破除省际和城市间商品和要素流动的壁垒,缩小地区间各项政策的差异,地方政府也在具有公共性和外部性的环境治理、交通基础设施建设、城乡规划及引水工程建设方面加强了合作与协调,这些努力必将对全国区域的一体化和统一市场的形成起到重要的推动作用(见表 5-17)。

---

① 中共中央、国务院召开的西部大开发工作会议 2010 年 7 月 5~6 日在北京举行,胡锦涛提出"六个注重",即更加注重基础设施建设,着力提升发展保障能力;更加注重生态环境保护,着力建设美好家园和国家生态安全屏障;更加注重经济结构调整和自主创新,着力推进特色优势产业发展;更加注重社会事业发展,着力促进基本公共服务均等化和民生改善;更加注重优化区域布局,着力培育新的经济增长极;更加注重体制机制创新,着力扩大对内对外开放。见中国网,网址:http://www.china.com.cn/news/txt/2010-07/07/content_20439341.htm。

② 资料来源:朱希伟、陶永亮,《经济集聚与区域协调》,2011 年,打印稿。

表 5-17　　近年来国务院批复的有关区域经济一体化的区域规划和相关政策

时间	区域规划和相关政策
2007 年 12 月	国务院批准武汉城市圈和长株潭城市群为"全国资源节约型和环境友好型社会建设综合配套改革试验区"
2008 年 2 月	国务院批准实施《广西北部湾经济区发展规划》
2008 年 9 月	国务院发布《关于进一步推进长江三角洲地区改革开放和经济社会发展的指导意见》
2008 年 12 月	国务院常务会议审议并原则通过《珠江三角洲地区改革发展规划纲要》
2009 年 5 月	国务院发布《关于支持福建省加快建设海峡西岸经济区的若干意见》
2009 年 6 月	国务院正式批准《关中—天水经济区发展规划》
2009 年 7 月	国务院常务会议讨论并原则通过《辽宁沿海经济带的发展规划》

资料来源：魏后凯、白玫、王业强，《中国区域经济的微观透析——企业迁移的视角》，经济管理出版社 2010 年版，第 73~74 页。

5.4.2　产业扩散与区域专业化

1. 产业进一步扩散

在第三阶段，运输成本不断下降，同时沿海地区的拥挤效应越来越突出，尤其是由于东部沿海地区土地资源逐步被充分利用，东部地区的地价也加速上升，持续上升的土地价格增加了企业的成本，在沿海和内陆地区之间地价差距达到一定程度时，沿海地的企业逐渐向内陆省份迁移。如表 5-18 所示，2000~2010 年，在省会城市商业用地方面，东部地区与中、西部地区的差距有一定的扩大，2000 年东部地区的地价是中部的 2.38 倍，但 2008 年已经达到 2.89 倍，东部地区是西部地区的 2.02 倍，2010 年达到 2.34 倍。在省会工业用地方面，2000 年东部是中部的 1.65 倍，是西部的 1.46 倍，到 2010 年，东部地区是中部的 1.44 倍，略有下降，但东部达到了西部的 1.56 倍，有一定的上升。在省会城市生活用地方面，2000 年东部是中部的 2.90 倍，是西部的 2.73 倍，在 2010 年东部是中部的 3.47 倍，是西部的 2.78 倍[1]。东部与中西部之间较高的地价差距是推动东部地区的产业向中西部扩散的重要力量。另外需要注意的是随着内陆地区在第

---

[1] 根据国土资源部《中国城市地价动态监测系统》计算而得。

二阶段产业的发展,人均收入不断增加,市场规模扩大,促进了内陆省份产业的进一步发展,从而产业集聚程度会进一步下降。

表5-18　　　　　　　　各地区省会城市土地价格　　　　　　单位:元/平方米

用地类型	年份	东部	中部	西部
商业用地	2000	5 288	2 213	2 621
	2005	7 479	2 817	3 401
	2010	11 123	3 847	4 746
工业用地	2000	573	347	391
	2005	613	382	437
	2010	788	549	504
生活用地	2000	3 672	1 267	1 343
	2005	5 447	1 710	1 942
	2010	8 650	2 496	3 101

资料来源:根据国土资源部《中国城市地价动态监测系统》计算而得。

2. 区域专业化的进程

在第三阶段,产业继续扩散的同时,各区域的专业化程度会上升,区域分工增强。伊伯斯和瓦克齐亚格(2003)发现随着人均收入水平的上升,国家产业专业化程度出现倒"U"型的发展路径,即在人均收入相对较低时,国家的专业化较高,随着人均收入水平的上升,国家的产业多样化水平也逐渐上升,当收入到达一定水平时,又开始向专业化方向发展。在中国,各区域产业结构的发展也应符合伊伯斯和瓦克齐亚格的预测,即各区域在经历了由专业化程度较高走向多样化的过程后,随着经济的发展,再次由多样化向专业化方向发展。其主要的动力一方面是运输成本的不断下降;另一方面是全国统一市场的逐步形成,这两方面的因素使得国内企业所面对的市场持续扩大,区域间的贸易也不断增大,此时,各区域会根据各自的优势,通过专业化来实现规模经济,所以,平均的区域专业化水平会提升。

产业在扩散过程中,对于不同的产业,扩散的次序不同,这也是导致区域间分工的重要原因。藤田昌久等(Fujita, Krugman and Venables, 1999)研究了在国际产业扩散过程中,不同特征产业扩散的次序,他们发现,由于集聚中心工资较高,造成了劳动密集型产业的成本增加,所以,劳动密集度较高的产业会先从聚集中心中扩散出来,普加和维纳布尔斯(1996)也发现随着区域相对工资的增长,劳动密集型产业、下游产业和产业关联较弱的产业会在早期转移,产业按次序的转移就会在一定时期内形成集聚中心与外围区域之间的产业差异，同时由于产业会向具有一定禀赋和优势的地区扩散，所以也会促进外围区域之间的产业差异，从而推动各区域的产业分工和专业化。由于中国在第二阶段发生的产业扩散会促进区域间的工资差距逐渐缩小，这样，工资的差距不再成为决定产业转移的重要因素，而如上所述，区域间的地价差距在此阶段仍然较大，所以，产业扩散的动力和次序也就主要取决于地价的差距。对于外部性要求不高，运输成本较低，同时占用土地面积较大的产业则较早向内陆地区扩散，而能够承受较高地价，且更需要大城市外部性的产业最后扩散。2000年以来，部分劳动密集型和土地密集型产业逐步向内陆省份扩散，如纺织业、纺织服装制造业、皮革制品业、陶瓷制品业及金属制品业等，在近些年，电子及通讯器材产业也出现了向内陆省份扩散的迹象。在产业按次序扩散过程中，也促进了我国区域间的分工和区域专业化水平的提升。

5.4.3 地区收入差距继续缩小

在专业化扩散阶段，产业集聚程度下降，内陆省份产业的发展仍然是地区收入趋同的重要因素。而区域间的水平分工是在本阶段促进收入差距缩小的又一因素。在产业不断扩散及省际贸易增大的过程中，各地区能充分发挥出本地的比较优势，同时也实现了规模经济，这样，各地区间的分工不断深化，在此阶段的分工不再像第一阶段的垂直分工，而是一种水平性的分工，即各地区产业的技术水平和产业规模相差不大，劳动力的工资也较为接近，地区间的收入差距缩小。在本报告的第四篇我们可以看到，在长江三角洲和珠江三角洲两个收入水平较高的地区，出现了地区和城市间的分工不断增进同时收入差距不断缩小的局面，随着经济的发展，长江三角洲和珠江三角洲目前的状况就是我国区域经济发展的未来前景。

在专业化扩散阶段，运输成本下降，内陆地区市场规模扩大，各地区产业发展相对均衡，中西部地区的投资也必将有较大幅度上升，由图5-25中，2000年以后中西部全社会固定资产投资占全国的比重有一定程度的上升，若这种投资的势头能够继续，则中西部地区的经济增长率仍将维持较高水平，从而促进人均收入的上升，东部与中西部之间的区域收入差距也会进一步缩小。

第 6 章

汽车产业集聚与扩散分析

6.1 基本问题与研究思路

6.1.1 产业背景与问题提出

1. 世界汽车生产中心的演变

汽车产业是制造业众多门类中最能代表现代化工业大生产的,一方面,汽车产业属于资本密集型生产部门,内部规模经济较强;另一方面,汽车产业需要复杂的生产配套体系,其上下游企业间存在很强的前后向关联。在汽车产业高度成熟的西方国家,通常认为综合性汽车生产企业要达到年产 100 万辆的产能才能充分发挥规模经济的作用。不仅如此,汽车产业的配套体系相当复杂,涉及机械仪表、钢铁化工、电子电器等多个行业部门,基本上涵盖了制造业中的各大门类。因此,一个国家的汽车生产能力在很大程度上反映了这个国家的制造业综合水平。也正是因为以上原因,在 20 世纪 70 年代之前的相当长一段时间内,全球的汽车生产活动主要集中在欧美发达国家。其中美国是世界最大的汽车生产国和消费国,1960 年的汽车产量占到了全球总产量的 53.9%。在欧洲地区,汽车制造业则是集中在英国、德国和法国等几个传统的工业强国。虽然苏联和东欧地区也独立发展了自己的汽车制造工业，但是无论生产规模还是技术水平都无法与西方国家竞争。至于发展中国家，在当时要么根本不具备汽车生产能力，要么其汽车产业依靠国家补贴和贸易保护政策生存，效率低下，产量极其有限，基本上不具备真正意义上的市场生存能力。

全球性的汽车产业扩散始于20世纪70年代，一方面是日本汽车产业的兴起；另一方面是汽车产业开始通过技术输出和资本输出的方式向发展中国家转移。从汽车产业国际转移的路径来看，发展中国家发展汽车产业通常要经历"成品车进口→半散件进口组装（SKD）→全散件进口组装（CKD）→本地整车制造"4个阶段（迪肯，2007）。但由于汽车产业对资本投入、市场规模和产业配套能力都有相当高的要求，迄今为止也只有少数发展中国家走完了以上4个阶段，基本都是东亚和拉美的新兴工业化国家。借助于产业转移，东亚地区已经开始取代北美，成为新的世界汽车生产中心。到2009年，中、日、韩三国的汽车生产总量已经超过全球汽车总产量的1/3以上。由于东亚经济体还拥有庞大的增长潜力，可以预计东亚地区在世界汽车工业版图中的比重还将继续增加。

相比于东亚地区的快速增长，北美的汽车产业正在不断萎缩。受到2007年以来的国际金融危机影响，美国汽车产业出现了较大幅度的萎缩，已经让出了世界头号汽车生产大国的位置。由于美国制造业衰落的趋势不可避免，可以预期北美的汽车产业比重还将持续下降。欧洲则在全球汽车版图中保持了相对稳定的比重。但在欧洲内部，汽车产业的经济地理也在重构，其转移的目的地是新发展的南欧和东欧地区。在拉美地区，墨西哥和巴西从20世纪70年代开始积极发展本国汽车产业，努力谋求汽车大国的地位。但由于拉美经济发展势头不及东亚，因此与东亚的飞速发展势头相比，拉美地区在全球汽车版图中只能占据相对较小的比重（见表6-1）。

表6-1　　　　2006年世界主要汽车生产国的产量与全球占比

排名	国家	产量（万辆）	全球产量（万辆）	全球占比
1	日本	1 148.42	6 921.28	0.17
2	美国	1 126.40	6 921.28	0.16
3	中国	727.97	6 921.28	0.11
4	德国	581.96	6 921.28	0.08
5	韩国	393.59	6 921.28	0.06
6	法国	316.92	6 921.28	0.05
7	西班牙	277.74	6 921.28	0.04

续表

排名	国家	产量（万辆）	全球产量（万辆）	全球占比
8	巴西	261.10	6 921.28	0.04
9	加拿大	257.23	6 921.28	0.04
10	墨西哥	204.55	6 921.28	0.03
11	印度	194.44	6 921.28	0.03
12	英国	164.84	6 921.28	0.02
13	俄罗斯	149.81	6 921.28	0.02
14	泰国	129.61	6 921.28	0.02
15	意大利	121.16	6 921.28	0.02
合计	15国小计			0.87
	中日韩合计			0.33
	北美合计			0.20
	欧洲合计			0.21
	拉美			0.07

资料来源：《中国汽车工业年鉴（2006）》。

驱动汽车工业在全球扩散转移的动力主要来自于两个方面：一是发达国家劳动力成本不断上升，必须通过向发展中国家产业转移来降低成本。另一个更重要的动力是为了开拓新的海外市场。前者导致了汽车产业从发达国家向低成本的发展中国家转移，也就是所谓垂直型 FDI。后者则使得汽车产业转移的路径变得更加复杂，跨国投资不仅发生在发达国家与发展中国家之间，同时也发生在发达国家彼此之间，也就是所谓水平型 FDI。在以开拓海外市场为目的的产业转移中，东道国本地的市场规模就显得尤为重要。这就使得发展中国家的经济发展水平成为决定全球性汽车扩散和转移的关键性因素。因为只有当国民收入发展到一定阶段之后，这个国家才能够提供足够大规模的本地市场，得以支撑汽车产业所需要的大规模生产方式。同时，也只有当国民收入发展到一定程度之后，东道国地区的制造业体系日益完备，才能为汽车生产提供足够的生产配套能力。

2. 我国汽车产业的发展现状

中国的汽车产业也是从对外引进起步的，但很快就转向了全面封闭的自我发展。在新中国第一个五年计划时期，我国从苏联引进全套技术设备，在吉林长春成立了第一汽车制造厂,迄今为止,吉林长春都集中了我国相当大一部分的汽车生产。在20世纪60年代,国家又先后在四川、陕西等"三线"地区建立了一批载货汽车生产厂和配套企业。到1975年,我国又自主建成了位于湖北十堰的东风汽车厂(二汽),成为除吉林之外我国第二个汽车生产中心。加上各个省市自行上马的众多小型汽车生产企业,到70年代末期,我国已经建成了自成一体的汽车产业体系。但这个体系的缺陷也是非常突出的,产品结构单一、生产规模过小、产业布局分散、产业区位不合理、技术发展水平滞后、投资不足等等,诸多不足使得改革开放之后,我国就立即面临了汽车生产,尤其是乘用车供不应求的紧张局面。因此在20世纪80~90年代的20年时间里,我国汽车供应,尤其是轿车的供应很大程度上要依赖于进口。

为了克服供需矛盾,中央政府开始谋划加快汽车工业的发展。从"七五"规划开始,汽车制造开始列入到国民经济的支柱性产业中,从国家层面上推动发展。为了克服资本不足的困难和获得国外先进技术,我国的汽车产业在改革初始就探索对外引进的发展模式。从20世纪80~90年代初,中央先后批准在北京、上海、广州等对外开放城市以及一汽和东风等国家重点生产企业建立合资生产企业。其中,上海汽车厂与德国大众的合资项目取得了巨大的成功,在很长一段时间内成为了中国合资汽车的成功样板。此外,大量地方企业纷纷通过技术引进的途径引进国内市场适销车型,例如重庆引进了五十铃的货车和铃木的微型车,江西引进了五十铃的轻型货车,海南引进了马自达轿车生产线,内蒙古引进奔驰重型车生产技术,天津引进日本大发的轿车,都在当时取得了巨大的市场成功,相应地也推动了中国汽车产业的空间分散。

进入21世纪之后,中国汽车产业迎来了一个新的转折点。这个转折点源于家庭轿车市场的发展。在此之前,中国的汽车市场基本是以商用和政府公用为主的。到2000年,在主要的大城市以及长珠三角等经济发达地区,人均GDP已达到2 500美元的水平,已经具备了购买家庭汽车的能力。这意味着中国的汽车市场容量出现了倍数化的扩大,立即带动了中国汽车产业部门的爆炸性增长。从1999~2007年,以销售额衡量的中国工业部门生产规模增长了6.2倍,而同期汽车产业销售额增长了8.1倍。汽车产业增长速度明显快于中国经济整体增长速度(见图6-1)。2007年以来的国际金融危机虽然严重打击了全球汽车产业,但却给中国汽车产业提供了难得的赶超发展机遇。根据中国汽车协会公布的数据,2009年中国汽车产销分别为1 379.10万辆和1 364.48万辆,同比增长了48.30%和46.15%,已经超过美国和日本成为全球第一的汽车生产大国和消费大国。

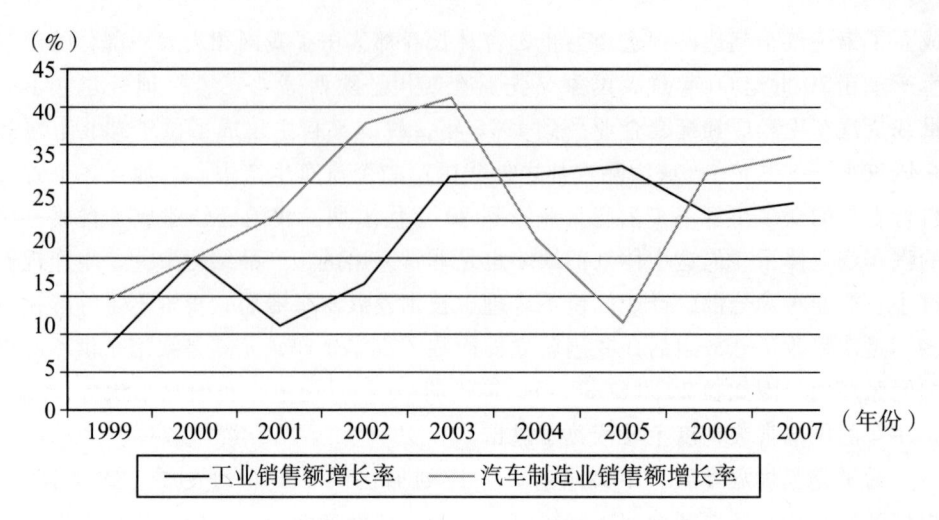

图 6-1 中国汽车制造业增速与工业总体增速比较（1999~2007 年）

资料来源：根据中国工业企业数据库计算而得。

3. 问题的提出

中国汽车产业布局一直面临着集中和分散的矛盾。在计划经济年代，中央政府集中全国力量建设长春一汽和湖北二汽。但是全国各地方政府从发展本地经济的考虑，几乎在每个省份都建立了一批低水平的汽车生产企业。改革开放之后，随着外国资本和民间资本的进入，汽车产业已经形成了多元化的资本结构，但是中央政府对汽车行业的行业管制政策始终没有完全取消，主要目的还是为了提高汽车产业集中度，抑制地方政府分权竞争导致的重复建设。对外开放、市场化改革、政府干预纠缠在一起，加上汽车产业在当前发展阶段的龙头产业地位，使得汽车产业的区位问题变得尤为复杂。在这一章中，我们将依次研究以下三个相互关联的问题：

（1）近 10 年来，随着汽车产业飞速发展，中国汽车产业在空间布局上发生了哪些变化？产业集聚与扩散的特征是什么？

（2）推动汽车产业空间布局变化的原因是什么？

（3）汽车产业的集聚与扩散对地区经济发展产生了什么影响？

6.1.2 研究思路和方法

本书采用了以下的研究思路和研究方法。

第一，从地区集中度和相对专业化两个维度来分析汽车产业在全国的集聚情况。如果一个地区汽车产业占全国汽车行业比重很大，那么我们就认为汽车产业在当地集聚。如果一个地方汽车产业的区位商大于1，我们就认为该地区相对专业化于汽车生产。这样就可以区分出四种类型：第一类是汽车产业集聚，同时在本地区形成了相对专业化。第二类是汽车产业集聚，但在本地区经济中的相对比重并不高。第三类是汽车产业在当地形成了相对专业化，但占全行业比重不是很大。第四类是汽车产业在当地经济中的相对比重不高，在全国汽车产业中所占份额也较小。使用行业比重和区位商建立一个四象限的坐标系，可以分别将这4种类型四个象限中。

第二，采用了历史比较分析方法。通过对1998年和2007年两个时点的产业分布进行对比分析，进而找出汽车产业在这10年间是如何集聚与扩散的。

第三，从对外开放、市场化改革与市场规模、产业政策与政府行为等几个维度分析汽车产业的集聚与扩散机制。大量实证研究表明，我国的产业区位分布主要是受到地理区位、市场化改革和国家有关产业政策影响的（Wei，2000；白重恩和杜颖娟等，2004；金煜和陈钊等，2006；贺灿飞，2009）。改革开放使得沿海地区具有相对于内陆的区位优势；市场化进程以及交通条件的改善便利了商品与要素的集聚；地方政府之间的竞争一方面分割了市场，同时又对地方经济发展和地方性产业集群的发展具有重要的引导扶持作用；最后，国家的宏观发展政策以及汽车行业的国家产业政策也对汽车产业的区位分布产生了重大的影响。本研究认为，这些影响因素之间的相互作用，对当下汽车产业布局的形成以及未来的发展变化产生了决定性的作用。

第四，本书从汽车产业对区域经济发展的拉动作用、汽车产业对产业结构调整和产业升级的带动作用、汽车产业集群的地区性辐射三个方面讨论汽车产业集聚对地方经济的影响。

6.1.3 产业界定与数据来源

本书所研究的汽车产业限定为汽车制造业，主要包括整车制造、零配件制造、特种车辆以及车身制造四大类。在国家统计标准中，属于3位数的行业类别，行业代码为372。值得说明的是在2002年，国家对统计口径进行了调整，与1994年版的统计口径相比，汽车制造业所涵盖的子行业部门稍有变化，除了一些4位数子行业的合并分拆，主要变化是将汽车修理归入到汽车制造业中。由于我们的研究起点始于1998年，为保持前后口径一致，我们对2002年之后的数据按照1994年版统计口径进行了调整。

本书中涉及汽车产业空间分布情况的数据全部来自于国家统计局工业企业数

据库。至于全国的汽车产量以及企业数量等统计数据,则主要来自于历年的汽车产业统计年鉴。其他数据来自于笔者从其他学者的研究报告以及地方政府文件资料的收集整理。

6.2 空间分布特征

6.2.1 产业集聚的识别

产业集聚描述了生产活动在空间的非均匀分布。要描述经济活动在不同地区的分布情况,通常使用该地区本行业占全行业比重来衡量(例如,金煜等,2006)。具体的测度公式为:

$$S_j = \frac{v_j}{\sum_j v_j}$$

其中,v_j 代表 j 省份汽车产业的规模,我们使用当年汽车产业的销售额来测度。公式含义是计算 i 省份汽车产业的当年销售额占全国汽车产业总销售额的比重。

要识别汽车产业的集聚区位,一种方法是先验性地选取行业比重最大的前 N 个地区作为汽车产业集聚地区。但是 N 值到底取多少才合适,并没有一个一致认可的标准。另一些学者建议同时采用行业比重和区位商来识别产业集聚区位,通常的标准是如果一个地区的相关行业区位商大于1,且行业比重超过平均值,就认为属于产业集聚区位。但是,这样做等于把产业集聚与相对专业化联系起来了,而产业集聚并不必然意味着专业化水平提升。因此,我们尝试采用另一种思路来识别集聚。基本思想是,产业集聚意味着大部分生产活动集中在少数几个地区,每个集聚区位所占行业比重应该明显大于非集聚区位的行业比重。由此我们可以得到两条识别原则:第一条识别原则能够占据足够大的行业比重。我们选取累计比重接近或超过全行业比重50%以上的前 N 个省份为产业集聚省份。第二条识别原则是集聚区位和非集聚区位之间在产业规模上存在明显的差异。做法是将各地区汽车产业规模按从大到小排序,求出排序两两相邻省份之间的产业规模下降速度。从图形上来看,前 N 个集聚省份与非集聚省份的分界线应该位于产业规模下降速度某个极大值位置上。

产业规模下降速度的计算公式为:

$$V_K = \frac{S_K - S_{K+1}}{\bar{S}}$$

其中，S_K 和 S_{K+1} 分别代表按规模从大到小排序的各个省份汽车业占行业比重，$\bar{S}$ 代表平均规模水平。按内地 31 个省市直辖市计算，这个行业比重平均值为 3.23%。

图 6-2 和图 6-3 分别给出了 1998 年和 2007 年汽车产业的省际产业规模下降速度。以 1998 年度为例，图中可以确认存在着 2 个极值点，分别位于第 2 和第 4 的位置。这意味着，合理的产业集聚省份数量可以选取 1 个或者 3 个。进一步分析发现，排名前三的省市已经占全国总规模的 47.27%，基本接近 50%，而且第三与第四名地区之间在产业份额上存在很大的差距，所以，我们认为 1998 年中国汽车产业主要集聚在上海、吉林、湖北三地。同样方法，到 2007 年，按行业比重排序

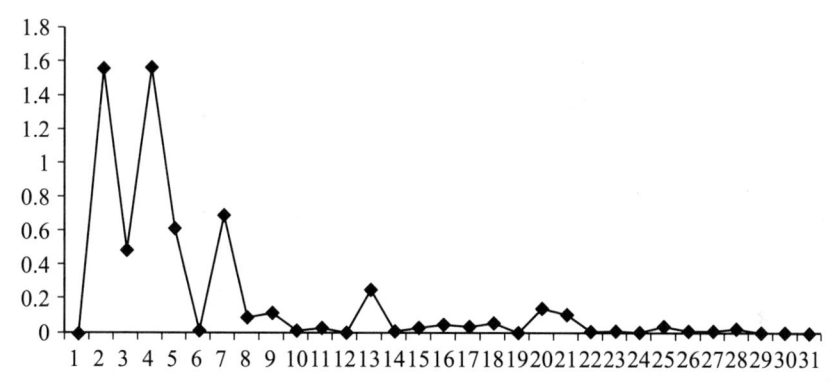

图 6-2 省际汽车产业规模下降速度（1998 年）

资料来源：根据中国工业企业数据库计算而得。

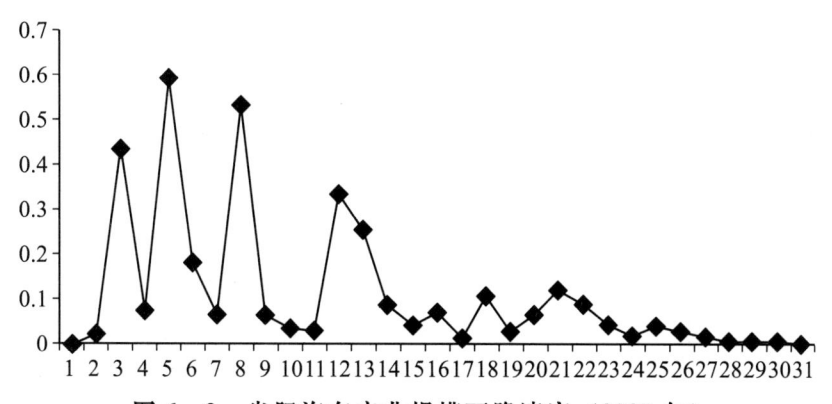

图 6-3 省际汽车产业规模下降速度（2007 年）

资料来源：根据中国工业企业数据库计算而得。

后的前几个极值点分别在第 3、第 5 和第 8 的位置，相应的集聚地区数量可以取 2 个、4 个或 7 个。进一步计算发现，前 4 个地区累计产业比重分别为 40.50%，离 50% 还有较大差距。所以我们将集聚省份数量 N 取到 7 个，分别为上海、广东、吉林、山东、湖北、江苏和浙江，占全国汽车行业比重 61.11%。

6.2.2 四种类型划分

根据前面所列的研究思路，我们可以用行业比重和区位商两个指标去描述汽车产业的空间分布。在 6.2.1 节中，我们讨论了如何根据地区集中度去识别产业集聚的区位。至于产业的地方专业化水平，通常用区位商来计算，公式为：

$$L_{ij} = \frac{v_{ij}/\sum_i v_{ij}}{\sum_j v_{ij}/\sum_j \sum_i v_{ij}},$$

其中，v_{ij} 代表 j 省份 i 行业的当年销售额。算式的分子代表了 i 产业在 j 地区工业部门中所占的份额，分母代表 i 产业在全国经济中所占的份额。该公式的实质是在计算行业比重时，将地区经济总量作为加权值放入到计算式中。如果区位商指标 $L_{ij} > 1$，就表示地区 j 在产业 i 上的专业化水平超过全国平均水平。按照区位商是否大于 1 为标准，我们可以区分出汽车产业在哪些地区工业部门中具有更加重要的地位。

这样，汽车产业在全国的空间布局可以分为四种类型，分别位于坐标系的四个象限之中。象限 1 表示集聚了汽车产业，同时也是汽车产业相对专业化的地区。象限 2 表示集聚了汽车产业，但区位商小于 1，汽车产业专业化水平较低的地区。象限 3 表示汽车产业占行业比重较低，但在本地经济中相对占比高，区位商大于 1，相对专业化水平较高的地区。象限 4 表示既没有集聚汽车产业，汽车产业相对专业化水平也较低的地区。

图 6-4 和图 6-5 分别代表了 1998 年和 2007 年汽车产业在全国的空间分布情况。在 1998 年，全国汽车产业的空间分布只存在着 3 种类型，分别位于象限 1、象限 3 和象限 4 中。到 2007 年，有 4 个省份进入到象限 2 中。这些地区都是经济发达大省，尽管其汽车产业已经占有了相当高的行业比重，但相比广西、南海等内陆欠发达省份，汽车产业在其本地经济中的相对比重是偏低的。此外，象限 3 中的地区数量也从 4 个上升到 7 个，这是近年来内陆省份积极发展汽车产业的结果。虽然在汽车产业的规模上内陆无法与沿海地区相比，但已经在当地经济部门中占据了相当大的比重，对支撑当地经济发展作出了重大的贡献。

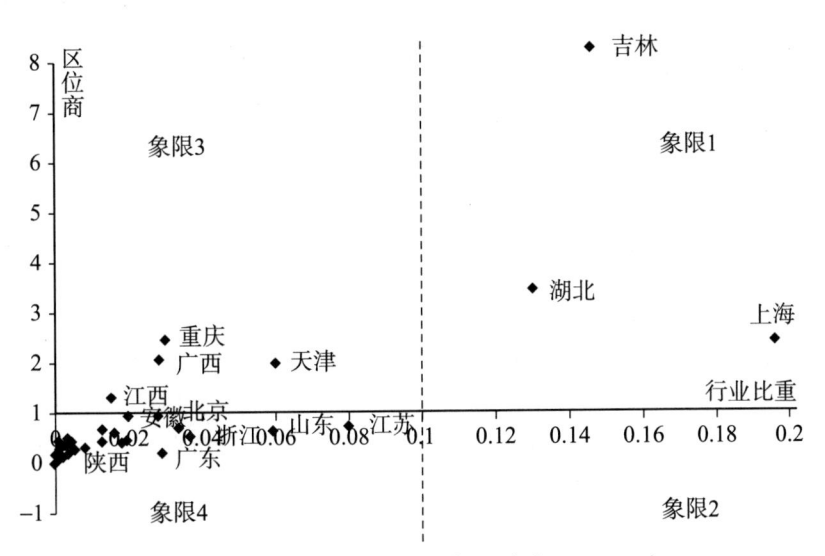

图 6-4　全国汽车产业的空间分布（1998 年）

资料来源：根据中国工业企业数据库计算而得。

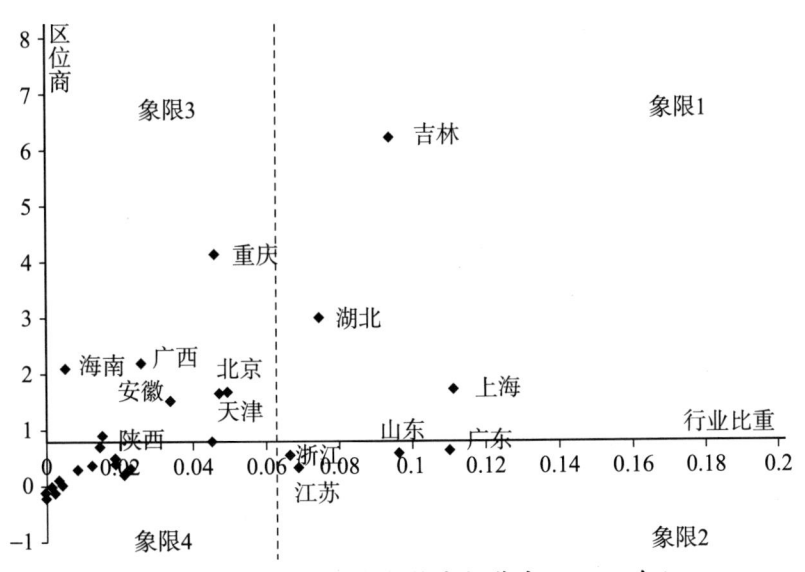

图 6-5　全国汽车产业的空间分布（2007 年）

资料来源：根据中国工业企业数据库计算而得。

6.3　产业集聚与扩散的特征

通过比较图 6-4 和图 6-5，可以看出，中国汽车产业出现了以下几个特征：

首先,产业集聚水平下降,产业布局区域分散。在 1998 年,第 1 象限的上海、湖北、吉林地区总共集中了全国 47.3% 的生产份额。而到 2007 年,产业集聚的地区增加到了 7 个,每个地区的份额所占的份额也摊薄了。用基尼系数可以更准确地测量汽车产业空间集中度下降的趋势。图 6-6 反映的是从 1995~2007 年我国以省为地理单元的汽车工业的空间基尼系数。从时间上来看,汽车产业的分散化要早于全国工业部门的扩散。在 2004 年之前,中国工业部门整体上仍在不断集聚的。而中国汽车产业的分散化趋势始于 1999~2000 年之间。这个时间正好与汽车进入中国家庭,汽车产业在全国开始快速增长的时间同步。从下降趋势上,汽车产业集中度的下降速度也明显快于中国工业部门的下降速度。1995 年,全国工业部门的整体基尼系数为 0.48,同时期汽车产业部门的基尼系数是 0.6。到 2007 年,全国工业部门的整体基尼系数上升到 0.54,而汽车工业的基尼系数下降为 0.56,两者已经非常接近了。

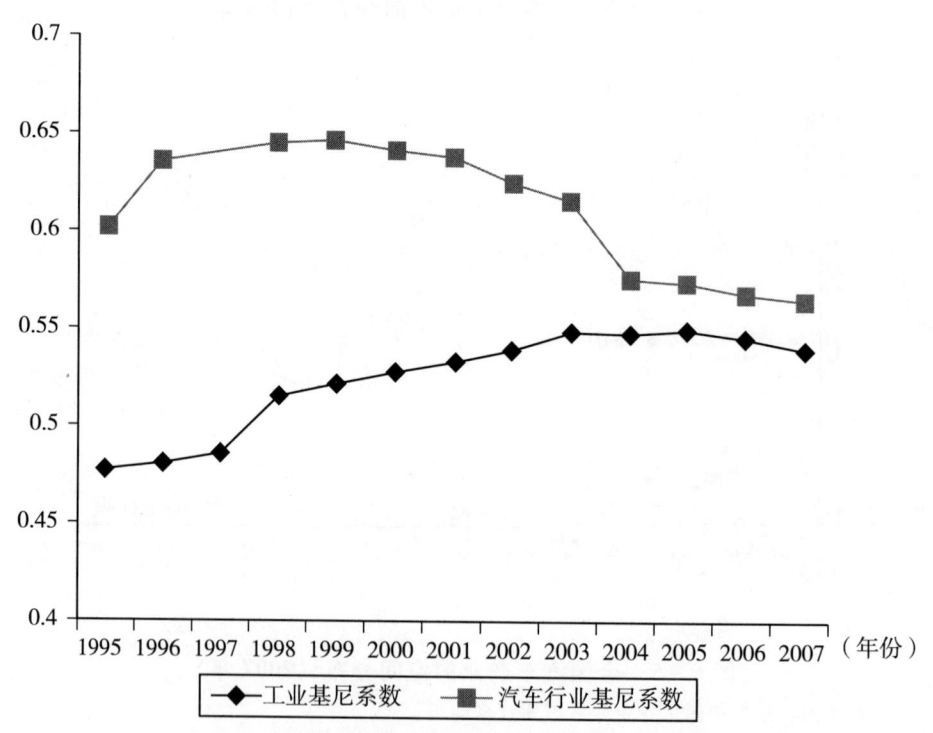

图 6-6 工业及汽车产业的空间基尼系数变动（1995~2007 年）
资料来源:根据中国工业企业数据库计算而得。

其次,产业重心由内陆转向沿海地区。对比图 6-4 和图 6-5 中两个时点的汽车产业的集聚区位变动,从图上来看,到 2007 年,新增加的 4 个产业集聚地区全部都位于东部沿海地区。在 1998 年,除了上海,产业规模排名第二和第三的吉林和湖北都位于内陆地区。到 2007 年,广东、浙江、山东和江苏进入到了第 2 象限,加上停留在第 1 象限的上海,全国汽车产业相对集中的 7 个地区中有 5 个在东部,占到全国汽车份额的 44.5%。尽管汽车产业在东部地区的经济发展中同样扮演了重要角色,但相对于第 1 和第 3 象限的内陆地区,广东等沿海省份经济发达,对单一汽车产业的依赖程度要远远小于内陆省份。所以在坐标系上,这些新增加的产业集聚区域全部都位于第 2 象限。

最后,地区性汽车产业集群发展迅猛。虽然从全国层面来看,汽车产业在不同省际之间表现出分散化的趋势。但在区域经济的层面内,地方性产业集群已经成为汽车生产最基本的组织形态。这些产业集群通常由整车制造厂和零配件企业集聚而成。从区域经济的角度,全国被划分为东、中、西和东北四大经济区,其中东部地区又可以划分为环渤三角、长三角和珠三角三块。与这些区域经济块相对应,我国的汽车产业也形成了相对集聚的六个汽车产业带:

一是环渤海汽车产业带。环渤海汽车产业带以北京为中心,包括了天津、河北、山东地区的多个汽车产业集群。其中,北京汽车集群以北汽集团为龙头,主要品牌有北京现代、北京吉普和北汽福田。天津产业集群以一汽丰田为核心。山东汽车工业以农用车和载货车为主,龙头企业是中国重型汽车集团,此外还有一汽青岛汽车厂以及上海通用东岳汽车有限公司。这个地区也集聚了众多有实力的汽车零部件企业,例如北京现代摩比斯、天津电装、天津斯坦雷、摩托罗拉(天津)、天津津丰、天津星光、北京蒙诺;等等。

二是长三角汽车产业带。上海是长三角的龙头城市,也是目前中国最大的轿车生产基地。上汽集团拥有上海大众、上海通用两大轿车合资生产企业和上汽股份汽车公司,在其周围聚集了 50 多家世界一流的汽车零部件合资企业,同时对浙江、江苏和安徽地区形成了很强的产业辐射能力。浙江的吉利汽车、安徽的奇瑞汽车都已经发展成为代表性的民族工业品牌。这个地区同样集聚了以万向集团、华翔集团为代表的一批实力雄厚的汽车零部件公司和一大批中小零部件企业。

三是珠三角汽车产业带。珠三角的汽车集群以广州核心,龙头企业是广汽集团和东风本田,拥有广州本田和广州丰田、东风日产三大合资品牌。此外,一汽大众即将在紧邻广州的佛山投资,建立一汽大众的华南生产基地。深圳民营整车企业比亚迪近年来发展势头也非常迅猛,未来深穗两市的汽车产业可能连成一片,进一步强化珠三角产业集群在全国中的比重。在零配件行业,珠三角已经吸引了大量日系配套企业进驻,本地零配件产业也发展迅速。

四是东北汽车产业带。东北是我国传统老工业基地,拥有雄厚的汽车制造基础。一汽集团的总部在吉林长春,黑龙江省拥有哈飞汽车集团,辽宁省以华晨汽车为龙头。这个地区的产业配套力量也非常雄厚，包括一汽富奥、一汽光洋、一汽东机工、长春海拉、长春富奥—江森、一汽—凯尔·海斯、长春塔奥、西门子（长春）、吉林北方捷凯、三菱发动机等诸多零配件企业。

五是华中汽车产业带。华中汽车产业集群以武汉为中心，龙头企业是东风集团。2003年东风汽车集团总部从位于湖北腹地的十堰迁移至武汉，大大改善了东风集团的交通区位条件，目前，东风与PSA（标致—雪铁龙）集团、日产和本田三大国际汽车集团都有合资项目。集群内的零配件配套企业包括有神龙汽车襄樊零部件工厂、法雷奥汽车空调、荆州恒隆、湖北法雷奥车灯等，与日产和本田的合资也带动了一大批日系零部件企业在当地投资。

六是西部汽车产业带。作为我国传统的"三线"工业基地，西南地区在计划经济时期建立了完善的机械工业体系。我国西部的造车板块以直辖市重庆为中心，当地的龙头企业是长安汽车集团，旗下拥有长安汽车股份有限公司、长安铃木汽车公司和长安福特公司等子公司。同时这里还聚集了庆铃汽车和重庆红岩汽车。此外，成都、贵州和西安地区都形成了具有相当规模的汽车产业集群。

6.4 产业集聚与扩散的原因

自然资源禀赋、规模经济和经济政策是影响企业选址的三大因素（金煜等，2006）。汽车产业对自然资源禀赋的依赖相对较小，产业如何布局主要受到规模经济和经济政策的影响。其中，外部规模经济是形成产业集聚的主要市场机制，它对产业集聚的影响主要是通过本地市场效应、价格指数效应和市场拥挤效应实现的（Baldwin et al., 2002）。本地市场效应使得企业选址偏好于大市场地区，价格指数效应降低了企业的生产成本和劳动者的生活成本，进一步强化了现有的集聚。而拥挤效应一方面表现为市场竞争随集聚加强趋于激烈；另一方面表现为包括地价在内的不可流动要素成本会随着集聚加强不断上升，对企业形成挤出效应。在政策层面，目前对产业布局影响较大的因素分别是对外开放与市场化改革、分权竞争以及特殊的产业政策几个方面。其中，对外开放和市场化改革打破了原有的国有经济垄断格局，并在整体上形成了以东部沿海为重心的产业集聚。分权竞争则导致了市场分割，增加了制度性的贸易障碍（Fujita et al., 2001；贺灿飞，2009）。

从我国汽车产业的发展情况来看，国际产业转移、市场化改革、本地市场规模是促使我国汽车产业再选址和集聚的主要因素。分权竞争，以及产业政策中一些限制企业自由进入的行政性门槛则是导致产业扩散的主要力量。由于目前汽车产业整体上依然处于价高利大的快速发展阶段，来自于土地价格和市场竞争的拥挤效应尚未显现。

6.4.1 国际产业转移

国际产业转移带来了先进的技术和资本，除了带动中国汽车技术进步，另一个重要影响就是打破了计划经济时期的产业布局，汽车产业重心整体上从东三省和内陆老工业基地转向沿海。

外资进入所带来的第一个冲击就是上海大众的崛起。在计划经济时代，我国的汽车企业基本都建设在东北老工业基地和"三线"地区。即便是我国最重要的经济中心上海，其下属的上海拖汽总公司（现在的上海汽车集团）也只有年产3 000~5 000台老式上海牌轿车的能力，生产方式甚至还停留在手工制造阶段。但是在1984年上海拖汽总公司与德国大众集团成立上海大众合资公司之后，只用了短短几年时间，上海大众生产的桑塔纳就一跃成为全国市场占有率最高的国产轿车。实际上在那时候，国内也基本上没有其他品牌的轿车可以选择。等到长春一汽和大众的合资项目最终在1992年落地之后，上海已经牢牢坐稳了全国轿车老大的位置。随着国内汽车市场需求发生了从载货车到乘用车的结构性转变，上海也就逐步取代了吉林和湖北的地位，成为全国最大的汽车生产中心。相比之下，原来代表我国汽车生产最高水平的一汽集团和二汽（东风）集团却因为在对外引进上的行动滞后而错失了时机。例如一汽与德国大众也一直在紧锣密鼓进行合资谈判，但受到多方因素干扰，谈判进程一波三折，直到1992年才达成正式协议。此后一汽虽然推出了捷达轿车与桑塔纳抗衡，也取得了不俗的市场成绩，但这时上海大众在轿车领域的领先地位已经难以动摇。

进入21世纪之后，中国汽车制造业实际利用外资金额增长更加迅速（见图6-7），在国际汽车产业转移的推动下，广州成为汽车产业发展最快的城市。与上海相比，广州的汽车工业基础还要薄弱得多，在20世纪80年代初只有几家完全形不成规模的企业，从事少量的汽车生产。在1985年，几乎与上海大众成立的同一时期，广州汽车厂与法国标致集团成立了合资企业，走上了发展汽车产业之路。但是和上海大众的迅速崛起相比，广州的对外引进之路要坎坷得多。由于法国标致并没有给予中国市场以足够的重视，加上合资厂引进车型的失误，广州标致并没有取得预期之中的成功，最终于1997年年底宣布解散。但是，广州标致也培养了一批懂得现代汽车生产的技术人员与管理人员，为广州留下了一个继续发展汽车制造业的基础。在原有标致厂人员和设备的基础上，从1998年开始，广州先后成功引进了日本本田和丰田集团，加上东风本田，广州同时集聚了三大日系汽车生产企业，这又进一步吸引了大批的日系零配件企业到广州投资，使得广州在短短几年时间内，就发展成为具有完备汽车生产配套能力的汽车城市。到2008年，广州汽车工业全年总产值约2 500亿元，占全国份额约10%，这个国内轿车业"后起之秀"已经成功地坐上了国内轿车制造的头把交椅[①]。而且在这个过程中，原来广州标致时期培养的技术和管理人才都成长成为几个合资公司中的骨干，为广州汽车产业发展发挥了重要作用。

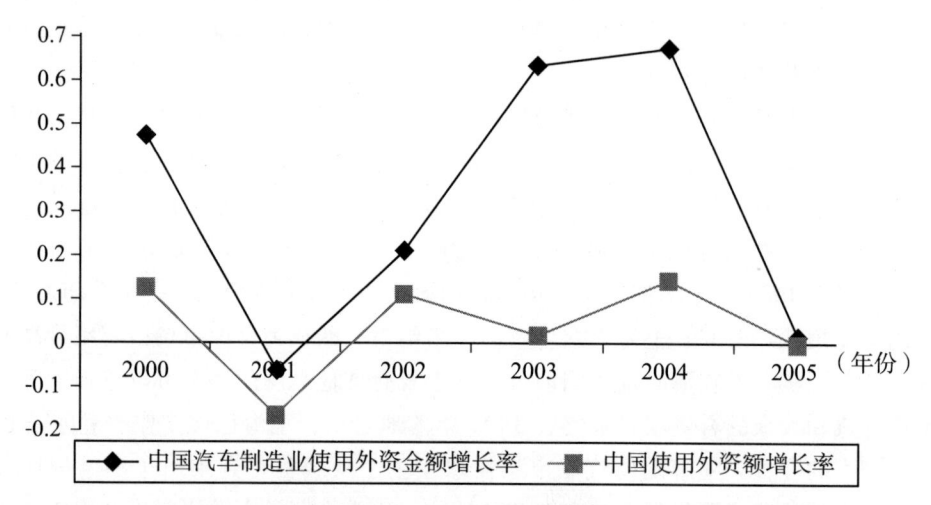

图6-7 中国汽车制造业实际使用外资金额增长率（2000~2005年）

资料来源：汽车行业实际利用外资数据来自《中国外商投资报告（2006）》。全国实际利用外资数据来自《中国统计年鉴（2008）》。

在20世纪80年代，由于政策的限制，外资进入中国的地区仅限于少数沿海地区，造成了沿海地区先行一步的优势局面。到90年代后，国家开始放松对外资进入中国汽车行业的限制，在中国加入WTO前夕，中国迎来了一波国际汽车产业转移的高峰（见表6-2）。从1994年汽车工业产业政策出台到2001年中国加入WTO为止的短短几年时间里，当时国际上主要的9家汽车集团全部都完成了在中国的生产布局，合资的区域也从东部沿海深入到内陆省份，为中西部地区的老工业基地注入了活力。例如重庆长安集团是位于西南地区的大型国有汽车生产企业，在1993年就引进了日本铃木公司的技术，生产长安铃木轿车，在全国微型车市场上占有一席之地。但是长安集团真正的大发展还要等到2001年与美

① 资料来源：2008年广东国民经济和社会发展统计公报。

国福特公司成立合资企业，此后合资企业所推出的蒙迪欧系列轿车很快就成为全国市场上的主流车型之一，重庆市也依靠对外引进成功地盘活了老工业基础，确立了在西部地区的汽车产业中心地位。

表6-2 改革开放以来我国汽车工业部分对外合资与合作项目

世界著名汽车公司	合资合作企业	生产车型	项目开始年份	主要生产地
通用	上海通用	轿车	1999	上海
	金杯通用	SUV	2000	沈阳
	上海通用五菱	微型车	2002	柳州，青岛
铃木	长安铃木	轿车	1993	重庆
	长安汽车	微型车	1996	重庆
	昌河铃木	微型车	1995	江西
五十铃	庆铃汽车	轻型、重型载货车	1985	重庆
	江铃五十铃	轻型载货车	1993	江西
	广州五十铃	大型客车	2000	广州
	北京北铃	专用车	1994	北京
菲亚特	南亚自动车	轿车	1999	南京
富士重工	贵州航空	轿车（技术引进）	1988	贵州
大宇	桂林大宇	大中型客车	1994	桂林
福特	长安福特	轿车	2001	重庆
	江铃福特	轻型客车、商务车	1995	江西
马自达	海南马自达	技术引进	1992	海南
	一汽马自达	轿车	2005	吉林
	长安马自达		2006	重庆
沃尔沃	济南重型	重型载货车	2003	济南
	西安西沃	客车	1994	西安
克莱斯勒	北京吉普	轻型越野车	1983	北京
	东南汽车	MPV（技术引进，授权生产）	2007	福建
奔驰	亚星奔驰	大、中型客车	1997	扬州
	包头北方奔驰	重型载货车（技术引进）	1988	包头
	安凯客车	大、中型客车（技术引进）	1993	安徽
	福建戴姆勒	轻型商用客车 SUV	2007	福建

续表

世界著名汽车公司	合资合作企业	生产车型	项目开始年份	主要生产地
	北京奔驰—戴姆勒	轿车	2005	北京
三菱	长丰汽车	轻型越野车（技术引进）	1996	湖南
	哈飞汽车	微型车、大型客车、轿车（技术引进）	1996	黑龙江
	北京吉普	轻型越野车（技术引进）	2002	北京
	东南汽车	轿车	2006	福建
现代	北京现代	轿车	2002	北京
	东风悦达起亚	轿车	2002	江苏
	武汉万通	轻型客车（技术引进）	1996	湖北
	荣成华泰	轻型越野车（技术引进）	1996	山东
	江淮汽车	轻型客车（技术引进）	2001	江苏
大众	上海大众	轿车（合资）	1985	上海
	一汽大众	轿车	1991	长春
雷诺	三江雷诺	轻型客车	1994	湖北
日产	东风汽车	商用车、轿车	2002	湖北、广州
	郑州日产	轻型载货车	1993	河南
日产柴	东风日产柴	重型载货汽车底盘、大客车底盘	1996	浙江
丰田	天津一汽丰田	轿车	2000	天津
	沈阳金杯	轻型客车（技术引进）	1991	沈阳
	四川丰田	轻型客车	1998	四川
	广州丰田	轿车	2004	广州
大发	天津夏利	轿车（技术引进）	1984	天津
日野	沈飞日野	大、中型客车	2000	沈阳
PSA	神龙汽车	轿车	1992	湖北
	广州标致	轻型车、轿车	1985（1997停）	广州
本田	广州本田	轿车	1999	广州
	东风本田	轿车	2003	广州
宝马	沈阳BMW	轿车	2002	沈阳

资料来源：根据相关资料搜集整理。

6.4.2 市场化改革

中国汽车产业的体制改革比较晚，一直到20世纪80年代后期，汽车产业还是实行定点生产的方式。例如，国务院1988年发布的《关于严格限制轿车生产点的通知》，就用行政方式命令除了6家指定企业之外，其他企业一律不准从事轿车生产。直到今天，相比于大部分已经完全放开的经济领域，中国汽车产业依然保留了众多的行政管制，企业要从事整车和发动机生产依然需要由中央政府审核批准。在整车企业中，除了少数几家民营企业外，其他都是国有企业以及由国有企业控股的合资企业。但尽管如此，和20世纪90年代相比，今天中国汽车产业的市场化程度还是大大提高了。这一方面是通过国有企业改革，企业的自主权大大增加，另外还来自于大量民间资本的涌入（见图6-8）。由于取消了对零配件行业的管制，大量外资和民营资本进入到了零配件行业，主导了零配件行业的发展。即便在整车领域，也有像吉利、比亚迪等民营企业成功地进入，并在众多国外品牌垄断中国汽车市场的格局中，率先树立起国有汽车品牌。

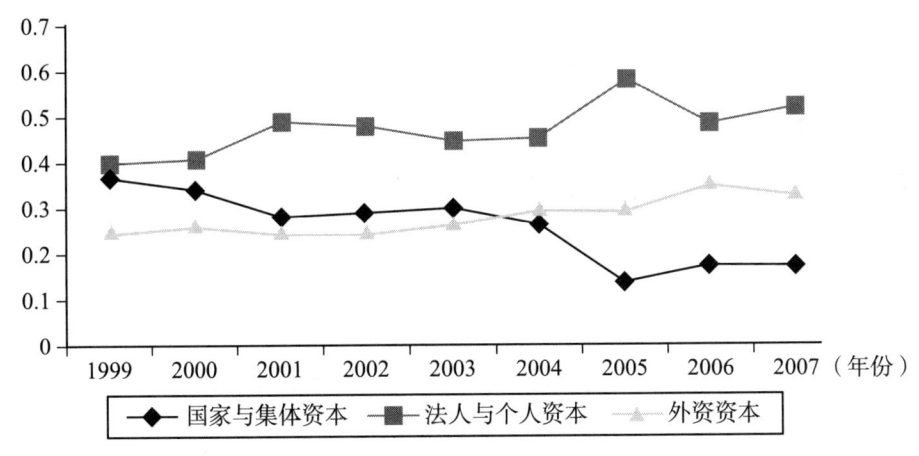

图6-8 汽车工业资本构成变化（1999~2007年）

资料来源：历年中国汽车统计年鉴。

市场化改革的一个明显结果就是增加了资本的流动性，使得企业可以按照市场机制进行重新选址。改革前我国汽车工业布局的一个重要缺陷就是布局过于分散，整车企业和配套企业可能分别位于不同的省份，或者隶属于不同的行政系统。不仅整车企业之间缺乏联系，上下游企业之间必要的交流协作也非常困难。而从国际经验来看，汽车产业集聚首先意味着配套运输成本的节约，原材料、劳动力和知识共享以及上下游企业之间更有效率的分工协作。所以汽车产业生产总是以产业集群方式进行的,整车企业和配套企业往往集中在一个地区。这样一种集群化的产业布局,也是在我国的市场化改革之后,资本得以自由流动,企业可以自主选址之后才能得以实现。如果没有市场化改革,不赋予资本和企业自主选址的权利,我们很难想象今天中国汽车产业高度集群化发展的局面。

6.4.3 市场规模

本地市场效应是促使产业集聚的核心机制。根据新经济地理模型,产业的前后向关联度越强,本地市场效应所产生的集聚力也就越强(Krugman,1991a)。汽车是关联度非常强的行业,这可以解释为什么汽车产业不以出口为导向,同样在改革开放后迅速向东部沿海地区集聚。主要原因在于地区之间的汽车消费能力存在极大差异,这主要是由于地区间经济发展水平的差异导致的,使得东部地区集中了我国大部分的汽车消费市场。图6-9表示了我国从2002~2007年间,全国新注册民用汽车数量,总计约2 930万辆,其中,广东、浙江、山东三省的新车注册量就占到全国总数的29.68%。

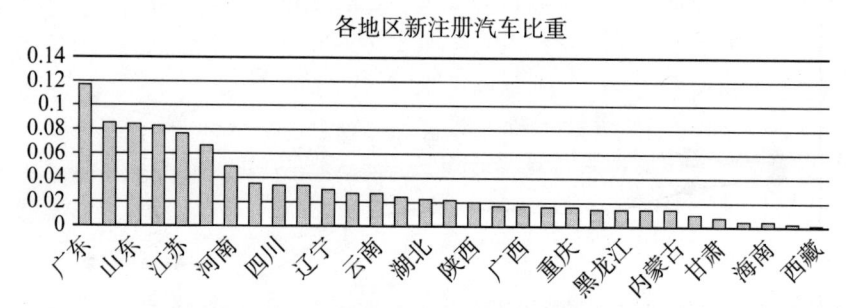

图6-9 中国各省(市、区)汽车市场规模比较(2002~2007年)
资料来源:根据历年中国汽车统计年鉴计算而得。

比较各个地区的市场规模,我们会发现自1998年以来,产业集聚的方向是与地方市场的规模大小高度一致的。从1998~2007年,新的产业集聚地区恰好就是汽车市场规模最大的几个地区。广东是全国最大的汽车消费市场,一个省份就占到全国市场份额的11.75%,同时也是汽车产业发展速度最快的地区,所占行业比重从1998年全国第10位上升到全国第2位。在这段时期吉林和湖北的汽车生产规模已经从全国第2位和第3位掉到第4位和第5位,与之相应的是这两个省份的本地市场规模都不大。湖北只占全国市场总规模的2.28%,仅排到全国第15位;吉林只有全国市场规模的1.68%,居全国第20位,这两个省份市场规模合起来也只有广东一省市场规模的1/3强。这样巨大的市场规模不仅对国际资本产生了很大的吸引力,促使了三大日系制造商集中在广州投资。而且甚至打破了原本很难自由流动的国有资本壁垒,使得公司总部原本在湖北的二汽(东风)集团克服了种种行政干扰,基于同样的原因,总部远在吉林的一汽大众也正紧锣密鼓筹备在佛山建立华南汽车生产基地,预计投资总额达到 80 亿元人民币,到 2013 年投产。

6.4.4 分权竞争

汽车产业的发展不可避免要受到来自政府部门的指导干预,也需要政府部门的支持与配合。相比于传统的劳动密集型产业,汽车制造业资金需求量大,生产技术要求高,配套体系复杂,来自政府的影响更加直接和明显。在中国汽车工业的对外开放和市场化过程中,政府部门始终发挥着巨大的作用。政府对汽车产业发展的作用体现在以下几个方面。首先,大部分整车生产企业都属于国有或政府控股企业,政府通过直接投资和金融借贷等方式为汽车工业发展提供了很大一部分资本投入。其次,政府部门主导了各种对外合作。凡是涉及对外合资以及技术引进等方面的重大谈判项目,通常都是由当地政府和中央有关部门直接主导进行的。再次,地方政府为汽车产业发展承担了必不可少的配套性支持工作。这些工作包括生产用地的征地拆迁、通水通电和交通网络配套、员工的生活配套和家属安置、企业的生产性配套和其他各类涉及地方政府的相关事宜等等。最后,按照中国汽车工业的有关产业政策,中央政府和省级政府还承担着对汽车工业生产性投资的审批职能。无论是外国企业、地方企业还是民营企业,需要进入整车与发动机等核心生产领域,都需要获得中央主管部门的审核批准。

在很大程度上,地方政府的积极扶持是地方性产业集群得以发展的关键性因素(丘海雄、徐建牛,2004;何晓星,2005;王珺,2005)。以广州的汽车产业发展为例,从 20 世纪 80 年代广州发展汽车产业以来,广州市政府直接主导了广汽集团所有的重大对外谈判项目。广汽集团与法国标致的合资与分手、广汽集团与日本本田公司、与日本丰田公司的合资都是由广州市政府有关领导直接带队谈判的。为了满足丰田集团对生产场地的要求,广州市政府在短短 1 年多的时间内,集中政府财力、物力完成了对南沙地区的征地拆迁和基础设施建设工作,促成了日本丰田落户广州。东风日产的乘用车项目能够落户在广州花都区,也是与广州市与花都区政府卓有成效的保障工作分不开的。当这些龙头企业落户之后,又很短时间内带动一大批下游产业链条上的配套企业进入当地。因此至少对于汽车产业而言,地方性产业集群的培育与成长在很大程度上是由政府所主导的。

但是,政府的积极扶植与干预在促进地方性产业集群成长的同时,也会产生重复建设和市场分割的问题（张晔和刘志彪，2005；周黎安，2007）。从早期的彩电、洗衣机，到后来的钢铁、汽车产业，几乎每一轮的经济热点都会引发一轮全国性的重复建设。汽车产业同样是受到重复建设影响比较严重的行业。以2006年数据为例，当年全国共有整车生产企业117家，改装车厂470家，发动机企业52家。比世界上其他主要汽车生产国家的汽车生产总数加起来还要多。在全国各省的"十一五"规划中，共有北京、安徽、天津、河北、福建、江西、山西、山东、河南、陕西、辽宁、湖北、吉林、湖南、黑龙江、上海、广西、江苏、海南、浙江、重庆21个省市区将汽车规划为了本省（直辖市）的支柱性产业。由此可见，汽车产业出现全国性的扩散，主要原因就是地方政府驱动下的发展冲动。

6.4.5 产业政策

除了地方政府的影响之外，中国汽车产业的发展还直接受到来自中央政府的行业管理和宏观调控政策的影响。汽车产业政策是我国最早出台的行业性产业政策，表明了中央政府对有序引导汽车产业发展的重视程度。从目标导向来看，中央政府出台的种种管理措施都是以提高产业集中度为目标的。例如20世纪80年代，在全国的轿车生产供不应求的局面下，1988年国务院发布的《关于严格限制轿车生产点的通知》，用行政命令方式限定了只有6家定点生产企业允许生产轿车，其余企业一律不允许上马轿车生产项目[①]。进入到90年代后，随着体制改革的深化，原有的行政指令方式已经不合时宜，中央在1994年和2004年先后出台了两项国家性的汽车产业政策，以继续行使行业管理职能。这两项产业政策虽然放开了对零部件产业的管制，但依然严格保留了对整车生产和发动机生产项目的行政审批[②]。按照产业政策规定，只有被列入国家生产目录的企业才具有生产整车和发动机的资格。从实施效果来看，汽车产业政策对中国汽车产业的飞速发展和加快对外开放起到了相当积极的作用，但却没有解决中国汽车产业集中度低、产业布局分散的问题。

导致中央产业政策失灵的第一个原因来自于地方政府与中央政府的博弈。在地方分权体制下，当地方政府与中央政府就发展与限制的问题进行博弈时，地方

[①] 当时将这6家企业称为三大三小。其中三大分别是长春一汽、湖北东风和上海上汽，三小是北京、广州和天津的三家地方生产企业。

[②] 1994年颁布的《汽车工业产业政策》要求新上马的整车和发动机生产项目：1）发动机排量在1600cc以下的轿车项目，不低于年产15万辆；2）轻型货车项目不低于年产10万辆；3）轻型客车项目不低于年产5万辆；4）重型货车项目不低于年产1万辆的标准。2004年新版《汽车产业发展政策》要求新建汽车生产企业的投资总额不得低于20亿元人民币，发动机生产企业的投资总额不得低于15亿元人民币。

政府往往占据主动地位。例如安徽省的汽车产业发展就利用了"先上车、再买票"的策略。1997 年,安徽省政府与芜湖市政府联合成立了"安徽汽车零部件工业公司"(后改为安徽奇瑞汽车有限公司),在未获得国家许可的情况下私自从国外引进了发动机和整车装配线开始了整车生产。最早生产的一批汽车由于没有生产许可证,无法在市场正常销售,就被芜湖市政府指定为当地出租车。其后,安徽省和芜湖市地方政府展开了一系列复杂的运作。先是在 2000 年,奇瑞公司以无偿让出其 20% 的注册资本给上汽集团的代价,将企业挂靠到上汽集团,使用上汽集团的许可证生产销售汽车。到 2004 年,已经发展壮大的奇瑞再从上汽集团退出,正式列入了国家轿车生产目录。这样前后历时 7 年时间,在地方政府与中央主管部门的一系列博弈之后,安徽省最终还是进入到轿车生产行业中。

  导致汽车产业政策失灵的另一个原因是现有的行业管理方式过多地依赖于行政干预手段,而忽视了市场机制的引导作用。我们知道,市场条件下的产业集聚是建立在效率基础之上的,当生产企业可以自由选址,商品与要素能够自由流动,生产活动的空间布局将实现资源的有效配置。而我国现行的产业政策依旧沿袭了计划经济时期的管理思路,对产业准入设置了行政审批门槛,冀望以此来控制地方政府的建设冲动,提高产业集中度。但在市场经济的大环境下,实施行业准入制度的客观效果是限制了资本的自由进入和退出,使得生产许可证变成了一种具有经济价值的稀缺性资源。在优质企业不得进入的同时,行业中的劣质企业也不会主动退出,结果是汽车行业失去了正常的退出机制。第一部国家汽车产业政策是 1994 年颁布的,从那时起到 2007 年,尽管国家一直强调要推动劣质企业退出和加快兼并重组,但全国的汽车生产企业数量仅仅由 122 家减少到 117 家,退出的企业数微不足道。当资本流动受到限制之后,企业的区位选择也受到人为的干扰。由于国家基本不再颁发新的生产许可证,新企业的进入途径只能是收购兼并行业内的劣质企业,往往需要按照属地政府要求在当地投资生产。因此,国家产业政策实施的最终结果不仅没有促进产业集聚,反而对现有的分散化格局起到了维系作用。

6.5 产业集聚与扩散对地区发展的影响

6.5.1 产业链在本地区的延伸

  汽车属于典型的值高利大型产业部门,一旦在某个地区形成集聚,就成为拉动该地区经济发展的支柱型产业。从西方发达国家的经验来看，汽车在美国、日本、德国这些国家的工业化过程中都曾经扮演过极为关键的作用，在很长一段时间内都是这些国家重要的经济支柱。目前我国正处在工业化和重型化的阶段，汽车产业作为代表性的资本密集型产业部门，对所在地的经济发展作用尤为显著。以广州为例，在1998年时候，广州规模以上汽车工业总产值只有32.36亿元，产值仅占到广州地区生产总值的0.45%。随着三大日系汽车在广州集聚，汽车产业对广州的经济发展的拉动作用迅速体现出来。从1997~2007年，广州地区生产总值由1 678亿元上升到约7 050亿元，总增幅为3.2倍。其中，规模以上汽车制造业的增加值从7.6亿元上升到487亿元，足足增长了63倍。10年间广州汽车产业从占GDP比重的0.45%上升到6.9%，拉动地区GDP上升了28.57%。高速发展的汽车产业同时为广州政府提供了巨大的财政税收。按照应缴纳税款统计，2007年广州规模以上汽车产业应缴纳企业所得税为10.58亿元，增值税为79.17亿元，分别占到规模以上工业部门应纳企业所得税和增值税的9.03%和20.62%。

汽车产业对地方经济的贡献不仅仅来自于汽车制造本身，同时面还来自于汽车产业对地方经济带来的广泛拉动效应。由图6-10可以看出，汽车产业关联的产业范围非常广。在整个汽车制造环节中，整车生产所创造的价值只占到汽车总价值的30%左右，其余70%的价值都是来自于相关的零部件配套产业，涉及钢铁冶金、机械装备、石油加工、橡胶、化工、电器、电子、纺织皮革等多个行业，几乎涵盖了现代制造业的各个部门。1980年日本仅汽车制造一个部门就消耗了日本当年全部工业产出中的17.5%的钢材、20.6%的特种钢、53.2%的橡胶、61.2%的弹簧、80.6%的铝锭、32.6%的轴承、10.1%的聚氯乙烯、11.1%的涂料（刘志迎等，2005）。郭克莎（2001）用国内历年的投入产出数据计算发现，从1990~1997年，中国汽车业对主要上游产业所产生的完全需求大概占汽车总产值的92%~94%，由此带来的增加值比汽车工业自身创造的增加值多2.26倍。换句话说，汽车产业对上游产业发展产生了2.26倍的带动效应。

除了对工业部门的带动效应之外，现代经济体系越来越重视汽车工业对下游生产服务业的推动作用。根据有关资料，在欧美发达国家每台汽车价格中的40%左右要支付给金融、保险、法律咨询、产业服务、科研设计、广告公司等各种服务部门（郭克莎，2001）。不仅如此，通过对关联产业的带动，汽车制造业的发展对就业市场的贡献也是非常明显的。1994年世界主要汽车生产国中，汽车制造业所创造的间接就业与直接就业之比，美国为1.01、日本为0.71、德国为0.66、法国为0.43。而如果将诸如道路建设、管理服务机构及其他与汽车使用有关部门的就业考虑进去，汽车产业所创造的间接就业比重还要高得多。据德国汽车工业协会按"宽"口径计算，1997年德国汽车产业的直接和间接就业人数达到500万人，其中汽车工业的直接就业为67万人，配套工业行业的间接就业为98万人，与汽车销售和使用有关的间接就业为335万人，汽车产业间接就业为直接就业的6.5倍（杜渐，2004）。在中国，虽然没有这方面的明确统计数据，但根据国际经验参照来看，汽车产业的发展对于解决地方就业也具有相当大的贡献。

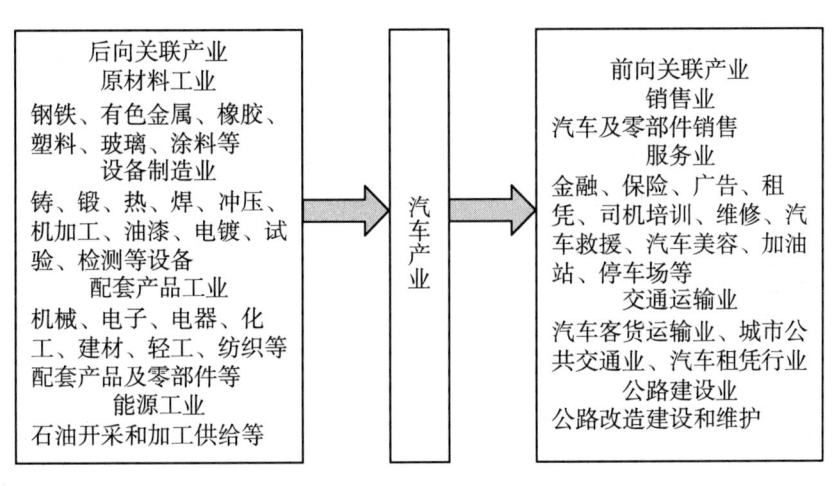

```
┌─────────────────────┐        ┌─────────────────────┐
│   后向关联产业        │        │   前向关联产业        │
│    原材料工业         │        │     销售业           │
│ 钢铁、有色金属、橡胶、 │        │  汽车及零部件销售     │
│ 塑料、玻璃、涂料等    │        │     服务业           │
│    设备制造业         │   汽    │ 金融、保险、广告、租 │
│ 铸、锻、热、焊、冲压、│──▶车 ──▶│ 凭、司机培训、维修、汽│
│ 机加工、油漆、电镀、试│   产    │ 车救援、汽车美容、加油│
│ 验、检测等设备        │   业    │ 站、停车场等         │
│    配套产品工业       │        │     交通运输业       │
│ 机械、电子、电器、化   │        │ 汽车客货运输业、城市公│
│ 工、建材、轻工、纺织等│        │ 共交通业、汽车租凭行业│
│ 配套产品及零部件等    │        │    公路建设业        │
│    能源工业          │        │  公路改造建设和维护   │
│ 石油开采和加工供给等  │        │                     │
└─────────────────────┘        └─────────────────────┘
```

图 6 – 10　汽车工业前后向产业关联

资料来源：刘志迎、丰志培、董晓燕，《中国轿车产业发展——基于产业组织理论的研究》，合肥工业大学出版社2005年版，第51页。

6.5.2　地区产业结构的提升

总体上来看，我国的工业结构依然是以劳动密集型为主的，汽车产业的发展能够有效地带动地方经济结构调整和产业升级。

我国沿海地区尽管经济水平相对发达，但经济结构却是处于全球价值链的低端，实现结构调整和产业升级的要求相当急迫。尤其是珠三角地区，在历史上一直是以商业为主，工业部门主要是通过改革后"三来一补"发展起来的，所依赖的主要是廉价和丰富的人力资源，技术含量低，附加值低，与广东全国经济大省的地位严重不匹配。随着汽车产业在本地区发展集聚，汽车产业相应地成为广东省构建现代产业体系的支柱性产业部门。广州是珠三角乃至全国的中心城市，也是汽车产业在华南地区最主要的集聚区域。从历史上看，广州并不具备现代化重工业的基础，其优势产业主要是商贸、轻纺、食品、医药、建材等等。为了构建广州的先进制造业体系，广州制定了重点发展汽车、电子和石油化工行业的发展战略。到 2007 年，这三大产业合计占到全市规模以上工业总产值比重的 43.43%。其中，汽车产业对广州结构调整和产业升级的推动效果最为明显，汽车产业已经占到全市规模以上工业总产值的 18.22%，成为了广州实现结构调整和产业升级的主要拉动力量。

汽车产业集聚对于中、西部地区老工业基地技术改造和工业振兴同样也具有重要的意义。经过新中国成立后的前 30 年建设，东部和内陆"三线"地区已经建成了相对齐备的工业体系。然而在改革开放之后，受到区位和体制的影响，中、西部地区的经济发展长期陷于停滞，原有的工业基础大部分已经失去了竞争力。从 20 世纪 90 年代中期以来，以西部大开发为标志，国家不断加大对中西部地区的投资，也陆续出台了多项区域振兴政策，但至今所取得的收效都有限。究其原因，地理区位是限制中西部经济发展和产业振兴的重要因素。由于我国经济结构属于出口拉动型，因此具有竞争力、高速成长的产业部门基本都是出口导向的，客观上需要集中到沿海地区。实证研究表明，我国各地区的经济发展水平主要取决于其与沿海港口的距离远近（印德米尔特·吉尔和霍米·卡拉斯，2008）。由于不适合发展出口型经济，中西部地区要实现工业振兴和产业升级迟迟难以找到合适的产业切入点。汽车产业的飞速发展为中西部地区提供了难得的机遇。这是因为我国的汽车产业是依靠巨大的国内市场需求发展起来的，受到区位因素的影响相对较小。加上我国以前的汽车生产企业大多在内地，因此即便是汽车产业的重心也在向沿海转移，但整体性的产业布局并没有出现类似 IT 电子那样一边倒地向沿海集聚的态势。诸如长春、沈阳、武汉、重庆等区域性中心城市的汽车产业集群发展不仅具有很强的区域竞争力，在全国范围内也都具有相当强的竞争力。对于这些地区而言，汽车产业不仅仅有助于当地的经济发展，而且通过汽车产业链条的延伸，同时带动了本地区工业部门的整体振兴和产业升级。

6.5.3 经济辐射的半径扩大

按照汽车产业的集聚规律，产业集群通常会在核心企业周围半径 5 公里的范围内集聚一次配套产业，在半径为 5～10 公里的范围圈内发展二次配套产业，在半径 10 公里以外的范围圈内发展三四次配套产业。从我国的经验来看，实际上汽车产业对周边地区形成的经济影响和辐射半径要大得多。因为我国的汽车产业大多数集聚在中心城市中，而中心城市都存在着土地、交通、劳动力成本等问题。因此随着汽车产业规模不断扩大，许多对运输成本相对不敏感的非核心配套生产往往会扩散到周边的二三线城市，形成以一个集群带动多个集群，以中心城市带动周边城市的经济辐射效应。

从我国目前的汽车产业分布来看，每个区域内的中心城市都带动了周边很大一个区域汽车产业的发展。例如在长三角，以上海为龙头，浙江、江苏乃至安徽的汽车工业都取得了飞速的发展。上海是这个区域的龙头城市，也是最先发展汽车产业的。在从20世纪80~90年代很长一段时间里，上海大众出产的桑塔纳在国内市场一枝独秀，无论是技术还是产量都代表了当时中国轿车生产的最高水平。而为上海大众配套也带动了周边城市汽配产业的发展，大量民间资本进入到汽车零部件生产行业中。长三角地区拥有了良好的配套产业基础，又为浙江、江苏、安徽等地区的整车产业发展提供了良好的外部环境和技术保障。可以说，这些周边省市的发展与上海汽车产业的产业拉动和技术溢出效应是密不可分的。现在，同样的故事也正在珠三角上演。随着广州汽车产业集群规模日益扩大，在整个珠三角地区，汽车配套产业发展方兴未艾。深圳出产的比亚迪已经成为代表性的民族品牌。佛山则在一些零配件领域已经对广州形成了竞争压力，投资总额达80亿元的一汽大众华南汽车生产基地也正在紧张的筹建之中。东莞则集聚了国内最主要的改装车生产厂。此外，惠州、江门、肇庆等地区都在积极发展本地区的汽配产业集群。而比亚迪在韶关投产建厂，标志着汽车产业的区域带动作用已经跨出珠三角，开始辐射到相对落后的粤北地区。这将对解决广东经济发展两极分化，实现区域协调发展发挥重要的作用。

6.6 结论与政策建议

通过对中国汽车产业仅10年来的集聚与扩散现象分析，本章得出四个基本结论：

第一，从全国性产业布局来看，中国汽车产业表现出了布局的大范围调整。一方面是许多省份都在发展本地区汽车产业，汽车产业的空间集中度不断下降。另一方面是汽车产业重心从内陆转到沿海形成新的集聚区域。通过比较1998年和2007年两个时点的空间布局变动，我们发现虽然汽车产业空间集中度下降有地方政府分散化布局的因素，但主要原因还是来自于向沿海地区进行区位调整和重新集聚而造成的。

第二，从地区性层面来看，汽车产业已经形成了集群式发展的良好形态。汽车产业集群通常围绕中心城市分布。从全国范围来看，形成了环渤海、长三角、珠三角、东北、华中、西部一共六大汽车工业带，形成了全国层面的多中心产业布局。

第三，对外开放、市场化改革和政府的行政干预是推动汽车产业布局变化的主要原因。其中，外国资本的涌入打破了计划经济的生产格局，导致了汽车产业技术进步和区位调整。市场化改革增加了资本的流动性，推动产业重心向东部沿海的大市场转移。地方政府的分权竞争诱使产业布局趋于分散，抵消了汽车产业政策引导产业集聚的努力。

第四，汽车产业集聚对区域经济发展产生了巨大的促进作用，同时也有力地带动了地方经济结构调整和产业升级。通过发展汽车工业，原本以轻工业为主的沿海地区逐步完成了由轻到重、由传统制造业到现代制造业的结构调整与产业升级。汽车产业集聚也有力地推动了老工业基地的技术改造和经济振兴。此外，随着集群规模的不断扩大，产业集群的区域辐射力也逐步增加，逐步带动起周边地区配套性产业集群的发展。

展望未来，在经过近10年的高速发展之后，我国汽车市场依旧有很大的发展潜力。据统计2008年我国千人汽车保有量为38辆，远低于发达国家120辆/千人的水平。从目前全国各地所出台的"十二五"期间发展规划来看，各个地方政府乃至汽车生产企业都在积极扩充产能。此外，环保新能源技术的应用也将为汽车产业带来新的发展空间。因此可以合理预计，在未来5～10年间，中国汽车工业还将继续保持高速发展的势头，相应其对区域经济所产生的支柱与拉动作用也将继续维持。

从汽车产业布局来看，我们预计随着国家汽车产业逐步发展成熟，汽车产业的集聚程度将会逐步提升。这种判断是基于以下几个考虑得出的。首先，全球所有的重要汽车制造商都已经完成了在中国的产业布局，国际产业转移对我国汽车产业格局带来的冲击和影响已经基本到位。其次，地方性的汽车产业组织已经高度集群化，规模经济效应日益明显，推动产业集聚的向心力在不断增大。再次，从改革的趋势来看，我国对汽车汽车工业的行业管制正在逐步放宽，越来越多民营资本进入到汽车产业之中，有利于降低行政干预的影响，发挥市场机制引导资源配置的作用。最后，交通条件的持续改善和地区之间行政壁垒的不断下降也都会有利于汽车产业从分散走向集聚。

为了促使我国汽车产业进一步优化产业布局，实现健康有序发展，我们提出以下政策建议。

第一，打破地区之间的行政壁垒，鼓励要素跨区域自由流动。尽管在全国范围内，汽车产业布局处于分散状态。但是在市场机制的引导下，各个行政区域内部，汽车产业已经出现了良好的集聚势头，汽车产业集群蓬勃发展。下一步的国家政策应该致力于打破地区之间的行政边界和要素流动壁垒，鼓励资本跨区域流动和企业跨区域重组，逐步提高汽车产业的行业集中度。

第二，改变管理思路，发挥市场机制的作用来优化产业布局。汽车产业是受到重复建设影响比较严重的产业部门，从 10 多年来汽车产业政策的实施效果来看，现行依靠行政核准的管理方式并没有起到引导产业合理布局的作用。结合改革开放以来的历史经验，有关管理部门需要改变思路，尽可能减少行政审批和行政管制，更多地发挥市场的力量，依靠市场的引导机制和优胜劣汰的竞争机制来实现优化产业布局的目的。

第三，放开民间资本进入汽车产业的限制。目前，国家对民间资本进入整车产业还有较多的限制。这既不利于市场机制充分发挥作用，客观上也使得汽车产业受到较多的行政干预影响。各项研究都证明了，行政干预和地方保护往往发生在国有资本比重比较高的行业中，因此也更容易出盲目扩张与重复建设的问题。所以，推动汽车产业合理布局的另一个重要方面是要不断放松行业管制，进一步开放民间资本进入，依靠民营经济的活力推动我国汽车产业提升效率，优化配置。

第7章

IT（电子信息）产业集聚与扩散分析

7.1 基本问题与研究思路

7.1.1 产业背景与研究问题提出

1. 全球IT产业的总体状况

经过20世纪90年代全球IT产业的快速发展，电子信息产业的全球化逐步形成了由三个层次组成的"金字塔"体系，最顶端的是欧美和日本等发达国家和地区，掌握着具有战略性地位的技术标准和核心技术；中间层次则是一些后起的新兴工业化国家和地区，如韩国、中国台湾地区等，以制造和实用技术研发为重点；最底层的是众多发展中国家和地区，以加工、组装为特征。在中国大陆地区则形成了以珠三角的东莞、长江三角洲的苏州为代表的东部沿海地区的IT制造业集聚现象。

根据英国《经济学家》(Economist Intelligence Unit) 杂志发布的一份报告显示，2008年世界IT产业竞争力排名的前10位依次是美国、中国台湾地区、英国、瑞典、丹麦、加拿大、澳大利亚、韩国、新加坡和荷兰。这些国家和地区中，美国、英国、瑞典、丹麦、加拿大、澳大利亚、荷兰等国家处于全球 IT 产业链的高端，这些国家拥有 IT 产业的知名品牌，在 IT 产业中负责标准制定和产品研发以及系统集成，控制着核心产品和新产品的生产；韩国、新加坡以及中国台湾地区处于产业链的中间层次，这些国家和地区虽然起步比较晚，但是经过多年的积累，这些国家和地区也具备了较好的生产技术水平，正发展成为集成电路等部分关键元器件的生产基地，并生产部分高端产品和新产品。根据表 7 - 1 可以看到，我国 IT 产业整体竞争力在国际 IT 产业中排名 50 位，综合竞争力分数为 27.4（百分制），说明我国 IT 产业整体竞争力还很弱，我国现阶段的 IT 产业集聚多是围绕 IT 产业链低端环节的集聚，从我国 IT 产业整体发展情况来看，这个集聚过程仍在继续。我国 IT 产业无论从产业链发展，还是规模扩展方面都还有较长的路要走。因此，我国 IT 产业集聚状态如何变化发展将是一个值得探讨的重要问题。

表 7 - 1　　世界 IT 产业竞争力分数及排名（2007 ~ 2008 年）

国家和地区	分数（百分制）	排名	
		2008 年	2007 年
美国	74.6	1	1
中国台湾地区	69.2	2	6
英国	67.2	3	4
瑞典	66.0	4	7
丹麦	65.2	5	8
加拿大	64.4	6	9
澳大利亚	64.1	7	5
韩国	64.1	8	3
新加坡	63.4	9	11
荷兰	62.7	10	12
瑞士	62.3	11	10
日本	62.2	12	2
芬兰	61.5	13	13
挪威	59.7	14	14
爱尔兰	59.4	15	15
以色列	56.7	16	20
新西兰	56.6	17	17
奥地利	56.1	18	19

续表

国家和地区	分数（百分制）	排名 2008 年	排名 2007 年
德国	55.4	19	16
法国	54.3	20	18
中国香港地区	54.1	21	21
……	……	……	……
印度	28.9	48	46
俄罗斯	27.7	49	48
中国	27.6	50	49
委内瑞拉	25.7	51	52
……	……	……	……

资料来源：Economist Intelligence Unit. "How technology sectors grow: Benchmarking IT industry competitiveness 2008", 2008.

2. 中国 IT 产业的发展现状

20 世纪 90 年代中后期，IT 产业逐渐进入到国内，在很短的时间内得到迅速的发展，对各地的发展都到了巨大的推动作用。尤其是近些年 IT 产业需求和规模增长的速度一直高于整个工业经济的发展，成为国民经济中重要的产业之一。如图 7-1 所示，我们选取了从 1998～2006 年全国工业总产值和 IT 产业的产值

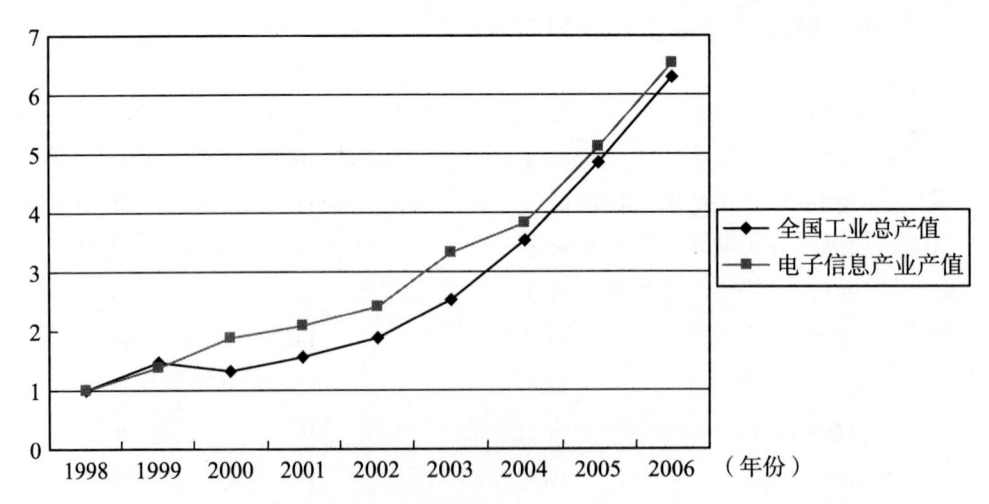

图 7-1 电子信息产业产值与全国工业总产值比较（1998～2006 年）

资料来源：根据中国工业企业数据库计算而得。

进行对比,将 1998 年的指标作为基准 1,通过对比我们可以看出:在 1998～2006 年间,我国的工业总产值和电子信息产业产值都增加了 5 倍多。尤其是在 2002～2006 年间,工业产值和电子信息产业产值得到迅速发展,平均增幅达到 40.2%。在这段时间内,电子信息产业产值的增长速度,一直高于国内工业总产值的增长速度。因此可以看出,电子信息产业的发展对国内工业经济的持续发展起了较大的推动作用。

在"九五"期间,全国电子信息产业保持年平均 20% 以上的增长速度,到 2000 年总产值达到 7 000 亿元,销售收入达到 6 000 亿元,进入世界前 5 位;2003 年我国电子信息产业实现销售收入 1.88 万亿元,当年折合 2 300 亿美元,超过日本的 1 900 亿美元。全国电子信息产品出口达到 1 241 亿美元,成为我国外贸出口的第一大支柱产业,占当年全国出口总额的 1/3。2007 年我国电子信息产业实现销售收入 5.6 万亿元,同比增长 18%;增加值 13 000 亿元,同比增长 18.2%;软件业务收入 5 800 亿元,增长 20.8%;电子信息产品进出口总额 8 047 亿美元,同比增长 23.5%。信息产业销售收入占全国工业的比重为 12%,增加值占全国 GDP 的比重达 5.27%,产品进出口占全国外贸总额的 37%。党的十六大报告中明确指出,基本实现工业化是我国在 21 世纪头 20 年经济发展的主要战略目标之一,并郑重提出"坚持以信息化带动工业化,以工业化促进信息化。走出一条科技含量高、经济效益好、资源消耗低、环境污染少、人力资源优势得到充分发挥的新型工业化路子"。走新兴工业化道路就要"优先发展信息产业,在经济和社会领域中广泛应用信息技术。"我国在国民经济"十五"计划纲要中也提出了"加速发展信息产业,大力推进信息化"的目标,这是对中国工业化发展提出的新方向,标志着我国工业化进入一个新的阶段,而这一阶段能否成功取决于信息产业的发展与壮大。

2004 年国家信息产业部颁发 2004 年 364 号文同意北京、天津、上海、青岛、苏州、杭州、深圳、厦门沿海地区、广东珠三角地区 9 个城市和地区成为国家首批电子信息产业基地。目前,在中国大陆地区的 IT(电子信息)产业主要以区域集聚的形式发展,产业主要集中在东部沿海和几个直辖市等适宜 IT 产业发展地区,产业结构正从原来的以制造、组装为主的"大进大出"薄利外销的制造业生产模式,逐渐向引入研发的第二层次演化,产业集聚程度持续提高和与全球 IT 产业结构紧密结合成为我国 IT 产业发展的主要特征,这类似于走新经济地理学所谓的倒"U"型曲线的前半段历程(见图 7-2)。

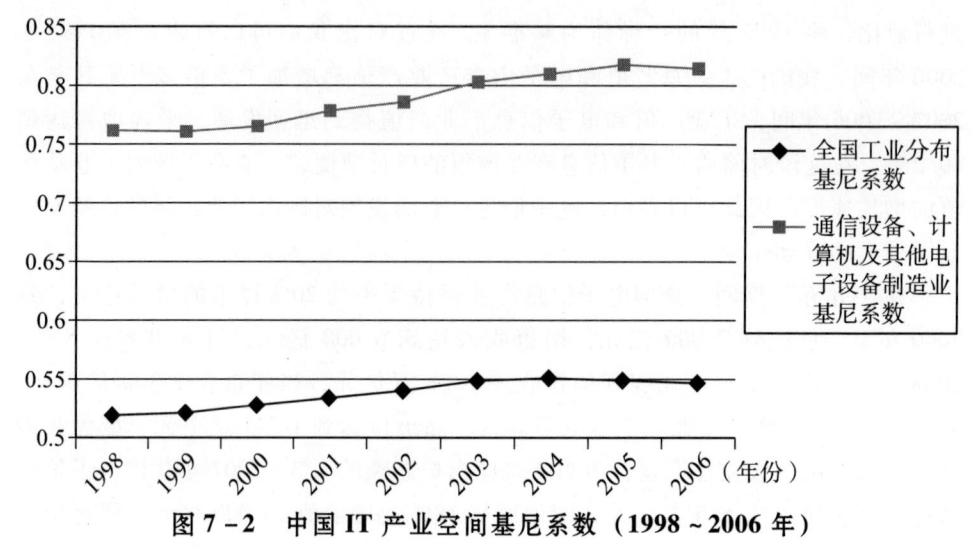

图 7-2　中国 IT 产业空间基尼系数（1998~2006 年）

资料来源：根据中国工业企业数据库计算而得。

3. 本章研究的问题

自 IT 产业引入我国市场以来，在地域上主要呈现出向东部沿海地区集聚的态势，在广东、上海、北京等沿海省份形成产业集群。那么，长期以来在我国各省区的空间分布是怎样的？IT 产业的空间分布经历了怎样的变化？这种变化的动因是什么？IT 产业的集聚对该地区经济、社会发展产生了哪些影响？这样的研究不仅能对相关理论有所发展，而且对于制定国家层面的产业发展政策、产业布局规划具有一定的指导意义，对于地方政府把握产业空间布局的规律也有指导性。我们主要研究的问题是：（1）在中国 IT 产业是如何集聚的？（2）如何识别？（3）引起集聚的影响因素有哪些？（4）IT 产业在中国的区域性集聚对当地经济的影响如何？（5）未来的发展趋势及我们的对策。

7.1.2　研究思路和方法

本章沿用了第 6 章关于中国汽车产业的研究方法。通过使用行业比重和区位商两个经济指标，区分出 IT 产业在空间分布的四种类型。然后采用比较分析的方法，通过对比 1998 年和 2007 年 IT 产业空间分布的变动情况，找出 IT 产业集聚和扩散的特征。具体方法可见汽车产业章，本章不再赘述。

7.1.3　产业界定与数据来源

IT（电子信息）产业作为高新技术产业，是指生产、处理和传输信息产品设施、设备的产业，涵盖于硬件、软件和信息服务等领域。按照目前中国工业与信息化部的划分，我国的电子信息产业主要包括电子信息制造业（占全产业产值约90%）和软件产业（占全产业产值约10%）。电子信息产业作为主导性、战略性产业受到世界各国的日益重视。随着信息化社会在全球范围内的不断拓展，电子信息产业呈现跨国投资和跨国生产的发展趋势。

本章选取1998～2007年10年的数据进行分析。所采用的数据来自《中国统计年鉴》（1999～2008）、31个各省（市、自治区）（不包括中国台湾、香港特别行政区、澳门特别行政区）统计年鉴（1999～2008）、《中国市场统计年鉴》（1999、2008）。

我们用《中国统计年鉴》（1999～2008）工业部门39个两位数行业的销售收入计算出各省（市、自治区）（不包括中国台湾、香港特别行政区、澳门特别行政区）39个行业的区位商、空间基尼系数，并计算出各省（市、自治区）各行业产值占该行业总产值的比重、各省各行业的从业人数。

通过采用《中国市场统计年鉴》（1999、2008）IT行四位数行业的数据，我们以销售收入计算出了IT业四位数行业的空间基尼系数、区位商和产业的份额。但是，由于1998～2007年期间四位数行业统计口径和划分标准变化很大，2003年变动一次，使得1998年IT业四位数的划分与2007年的划分差异很大，无法进行直接比较，因而我们不用四位数行业的数据来进行直接比较，而是在必要的时候作为一个辅助的说明。

7.2 空间分布特征

7.2.1 集聚的识别

本章沿用第6章对汽车产业集聚的识别方法，将不同省份电子产业规模从大到小排序后，通过寻找我们可以通过比较不同地区IT产业的行业比重，以及地区之间的产业规模变化率来识别IT产业集聚的具体区位。图7-3表示了1998年经过按规模大小排序之后省际IT行业的规模下降率。横坐标从1～31分别代表全国31个省、市、自治区，按行业比重从大到小排序。根据极大值选取的方法，可以找到一个较大的极值和一个较小的极值，分别位于第2和第4的位置，

这意味着取 $N=1$ 或者 $N=3$ 作为 1998 年产业集聚的地区数量是比较合适的。进一步考察发现，位列前 3 位的广东、江苏、上海分别占全国 IT 行业比重的 35.6%、12.8% 和 12.0%，累计占据全国 IT 产业总份额的 60.3%。由此做出判断，1998 年中国 IT 行业主要集聚在这 3 个省市。依据同样的方法，2007 年产业的集聚地区是广东、江苏、上海和北京 4 个省市，四省市合计占到全国 IT 行业比重的 65.8%（见图 7-4）。

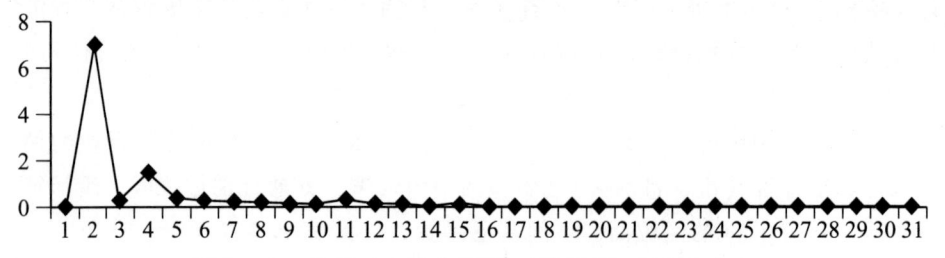

图 7-3　省际 IT 行业规模下降速度（1998 年）

资料来源：根据中国工业企业数据库计算而得。

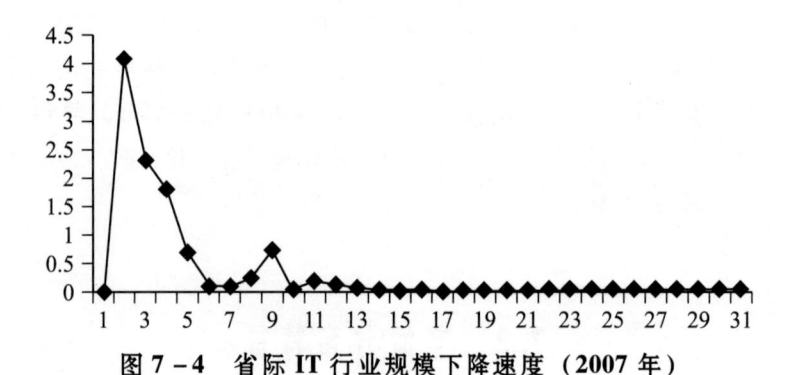

图 7-4　省际 IT 行业规模下降速度（2007 年）

资料来源：根据中国工业企业数据库计算而得。

7.2.2　四种类型划分

各地区 IT 产业的发展规模不仅仅影响到 IT 产业的集聚水平，同时也影响到不同地区的间的分工。因此，我们需要同时从行业比重和相对专业化水平两个维度来完整刻画 IT 产业在空间的分布特征。这两个维度结合使用，我们就可以得到四类分布类型。其中，区位商大于 1，同时属于产业集聚的地区归入第 1 象限。区位商小于等于 1，属于产业集聚的地区归入到第 2 象限。区位商大于 1，不属于产业集聚的归入第 3 象限。区位商小于 1，同时不属于产业集聚的地区归入第 4 象限。具体方法参见汽车产业章节，此处不再赘述。

从 IT 产业在全国地理空间的总体分布来看，IT 产业多集中在沿海市场经济发达、市场机制健全的地区。通过区位商和行业比重的数据分析我们可以看出，在 1998 年全国 IT 产业主要集中在广东、江苏、上海、天津等地区。在这个时期，我国的中西部地区也表现出较高的专业化水平，如四川（见图 7-5）。但到了 2007 年年末，全国 IT 的产业主要集中在广东、上海、北京、天津、江苏等珠三角、长三角、环渤海湾这几个区域，10 年前，四川、陕西等中西部区在 IT 产业上的显性比较优势也逐渐消失（见图 7-6）。这些沿海区域开发时间较早，对外

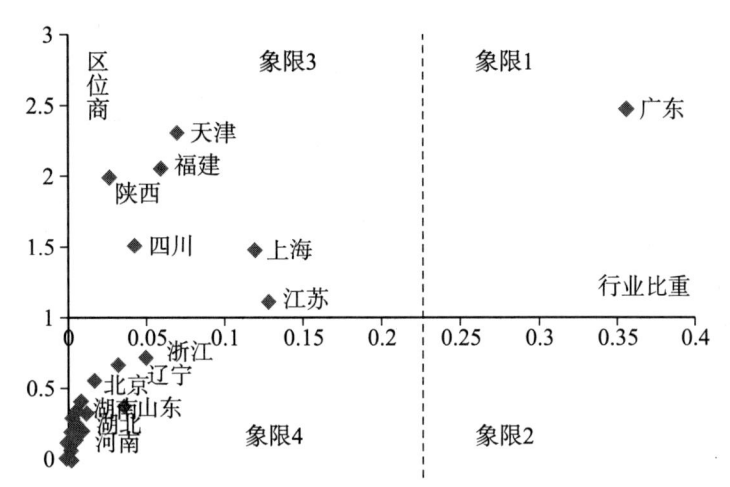

图 7-5　全国 IT 产业空间集聚情况（1998 年）

资料来源：根据中国工业企业数据库计算而得。

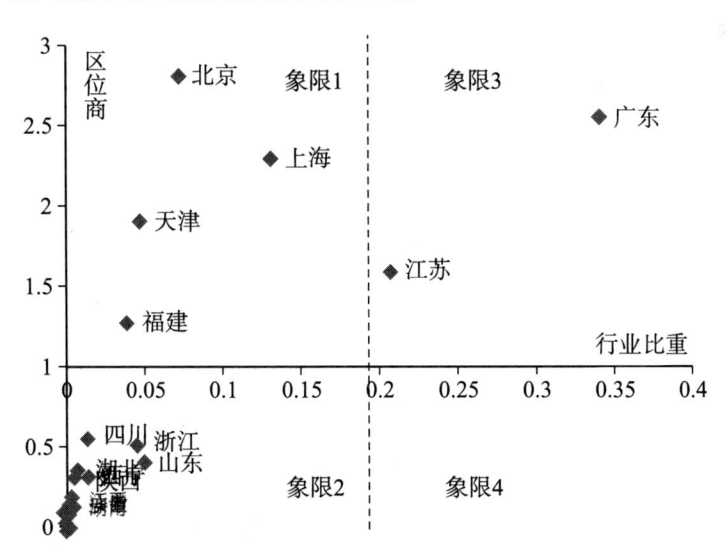

图 7-6　全国 IT 产业空间集聚情况（2007 年）

资料来源：根据中国工业企业数据库计算而得。

开放程度较高,市场经济发达,并且具有良好的区位条件、经济基础和资源禀赋等,并吸引了大量的廉价劳动力,为IT产业集聚发展创造了良好的条件。

7.3 产业集聚与扩散的特征

通过比较图7-5和图7-6所发生的变化,我们可以发现:

首先,产业集聚在东部沿海区域,向中西部转移扩散的趋势不明显。在近10年的发展过程中,我国IT产业的空间分布也发生了变化。在1998年影响我国IT产业集聚的因素既有外部投资的影响,又有当地IT产业本身资源禀赋的影响。例如,陕西等地区由于IT产业发展的人力资源优势(电子类高校或军工科研单位集聚)存在一定的竞争优势。但到2007年我国IT产业已在东部发达地区出现了明显的集聚,东部地区占据了市场的绝大多数份额,四川、陕西等省的IT产业占全国的比重下降,而北京、上海和江苏的份额明显上升,环境因素对产业发展的影响逐步加大,人才向东部发达地区的流动对当地IT产业发展的影响比较明显。

在东部,IT产业正从珠三角向长三角和环渤海地区扩散。20世纪80年代,广东得改革开放之先,经济快速发展,珠江三角洲地区成为外商投资的沃土,承接先进国家和地区产业的大量转移,引进了大量的外资、技术、设备。由于产业的发展需要上下游产品配套,转移到珠江三角洲的产业呈现出相对集中的趋势。东莞承接日本、我国台湾和香港地区的产业转移,形成以电子信息、电子五金为主的IT产业集群。东莞的IT产业主要依靠充分利用国家和地区的优惠政策,凭借毗邻香港地区、交通便利、劳动力低廉等优势,大力开展对外合作,大规模吸引外商投资发展起来的,特别是抓住90年代中期国际IT产业转移的机遇,吸引大量的上下游配套企业落户本地,逐步形成较完善的地方产业配套体系。但是,随着国内经济发展格局的变化,长三角、环渤海区域经济逐渐活跃,技术水平不断提高,大量外来务工人员涌入到这些区域,为区域发展提供了大量廉价劳动力,IT产业集群快速发展的势头也呈现出从珠江三角洲到长江三角洲,再到环渤海地区逐步"北上"的发展轨迹。

为了更清楚地了解我国IT产业集聚程度的变化趋势,我们把IT产业集聚程度较高的省市从1998~2007年的区位商变动绘制成折线图,如图7-7所示。

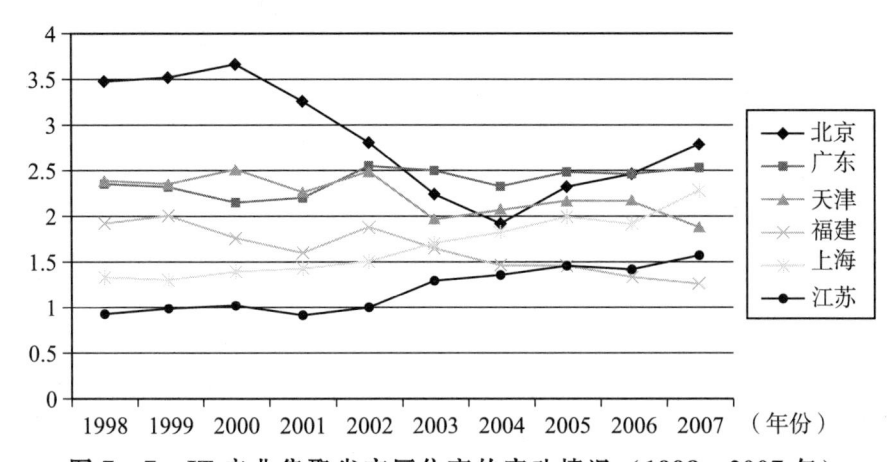

图 7-7　IT 产业集聚省市区位商的变动情况（1998~2007 年）

资料来源：根据中国工业企业数据库计算而得。

从图 7-7 可见，总体而言，IT 产业集聚程度较高省市的区位商总体保持稳定。其中上海市和江苏省 IT 产业区位商基本保持逐年增长；广东省的 IT 产业区位商基本保持不变。这也反映了 1999~2007 年我国 IT 产业保持了集中在东部的空间格局，其中，长三角 IT 产业的增长速度超过珠三角，以及珠三角地区部分 IT 制造企业向长三角地区、环渤海地区转移的态势。

尽管中国 IT 产业目前存在从珠三角向长三角、环渤海区域转移的趋势，但是 IT 产业从东部沿海区域向中西部扩散的趋势并不明显。一方面，IT 产业的发展对市场环境要求较高，需要有良好的制度环境扶持，优越的交通运输条件和完善的供应链体系、廉价的劳动力市场等作为保障。东部沿海地区能够较好地满足 IT 产业发展的需求，而中西部区域市场环境相对较差；另一方面，由于我国政府在国民经济计划纲要中提出了"加速发展信息产业，大力推进信息化"的目标，发展空间巨大，因此全国各省市都在力推 IT 产业为城市和区域经济的主导产业或支柱产业，东部地方政府没有将 IT 产业转移到中西部发展的动力，虽然也有类似深圳中兴、华为等企业在西安高新区投资建厂的个别案例，以及台资富士康因劳资成本问题的个别生产线的内迁案例，但是我国 IT 产业总体上还是集聚在东部沿海地区，向中西部转移的趋势不明显，在中西部还未能形成上下游企业结合稳固的 IT 产业集群。

其次，IT 产业的集聚是基于产业链集聚。目前我国 IT 产业制造业所发展的业务主要以低附加值生产活动为主，依靠低廉的劳动力来获取竞争优势，依靠高新技术发展的产业集群以及资本与技术结合型产业集群的发展还非常滞后。从产品价值链的角度看，目前我国 IT 产业制造业集群大都呈现出一种"中间大、两头小"的菱形组织结构，也就是说盈利较少的生产制造环节能力较强，而利润丰厚的研发、设计以及市场营销、品牌等高端、终端环节较弱。这说明我国 IT 产业集群还在于利用劳动力低成本的竞争优势，局限于中低档生产制造环节，仍处于产品价值链的低端部分。例如，在深圳的著名台资 IT 企业——富士康科技集团主要从事电子信息制造业的代工生产，2010 年富士康仅在深圳的员工就有数十万人。东莞市统计局在 2010 年 5 月 14 日发布的"东莞市第二次全国主要经济普查数据公报"显示，2008 年东莞制造业的毛利润仅为 2.49%。

虽然我国 IT 产业整体发展还处在产业链低端水平，但在部分区域已经存在向产业链高端发展的趋势。以北京中关村科技园为例，中关村高新技术产业集群是目前中国唯一真正意义上的知识和技术密集型的高科技产业集群，它依靠地区独有的知识和人力资本，利用地区产业政策，高科技产业获得快速发展。联想、新浪、搜狐等一大批 IT 技术企业和互联网服务企业的出现，有力地推动了 IT 产业和相关服务业的发展。在深圳地区，IT 产业也逐渐从传统的加工制造等低端产业向自主创新、自主研发等高端环节发展，以华为、中兴为代表的本土 IT 高新技术企业自主创新能力的提高，有效地带动了整个区域 IT 产业的持续发展。

7.4 产业集聚与扩散的原因

7.4.1 中国 IT 产业集聚原因

与汽车产业类似，尽管在改革开放之前中国就已经建立起一个相对完整的 IT 电子产业体系，但整体水平与国际先进水平差距较大。尤其在消费类电子方面，几乎没有得到怎么发展。改革开放之后，中国依靠劳动力成本优势，依靠承接国际产业转移，电子产业进入到高速发展时期。由于大量电子产品是以出口为导向的，为就近出口，电子产业基本集聚在沿海地区。地方政府的积极扶持进一步强化了沿海地区的集聚优势。而在扩散力方面，土地价格对电子产品的影响也是比较小的，加上出口导向的生产方式减弱了企业在本地市场的竞争，使得电子产业始终表现为高度集聚的趋势。

1. 国际产业转移

当前在高新技术产业群中，IT 产业影响最大、涉及面最广泛。IT 产业的集聚有其不同于传统产业的特点，它的退出成本低使得外迁型 IT 企业几乎无退出障碍，因此招商地区对自身 IT 产业投资环境因素优劣的把握显得尤为重要。由于我国的 IT 产业是全球产业链的一部分，因此对区域基础设施条件的要求较高，特别是交通、邮电通讯。IT 产业的核心要素是信息流动的顺利和物流的高效。区域基础设施的发达是实现信息交流和货物传递的基本前提，也是对外联系的基本条件。这有利于降低 IT 产业投资成本，提高效益和效率。IT 产业的研发部分对区域人力资源环境要求较高，而 IT 产业的制造部分则对区域地理位置和物流等配套产业有较高的要求。因此，由于沿海地区比内陆地区有更强的区位优势和政策环境优势，我国的 IT 产业一直在往沿海发达地区和国际化大都市区域集聚。

IT 产业是一个国际化程度较高的产业，从全球竞争观点来看，在空间选址上，自然会寻求更具优势的地方。中国大陆的 IT 产业内需市场潜力巨大、工资水平低以及工程技术、研发人力资源丰富，因此全球 IT 产业链向中国大陆转移是产业发展的必然选择。20 世纪 90 年代中期至 2007 年，中国 IT 产业中三资企业的比重大幅度上升（见表 7-2）。就历史而言，IT 产业的发展历程经历了生产制造端从美国迁徙到日本，日本转移到韩国，韩国又转到中国台湾地区，直到近 10 多年的向中国大陆转移的阶段。

表 7-2　　　　　　　"三资企业"增加值占产业增加值比重　　　单位：%

产业	1995 年	2000 年	2003 年	2004 年	2005 年	2006 年	2007 年
电子及通信设备制造业	57.59	63.40	64.55	71.03	74.72	74.06	71.25
电子计算机及办公设备制造业	66.98	75.11	85.17	87.05	91.20	86.02	90.64

资料来源：《中国高技术产业统计年鉴（2008）》。

IT 产业制造环节向中国大陆转移的第一个阶段是向珠三角地区集聚。由于珠三角地区是中国改革的先行地区，毗邻港澳台地区，可以利用香港地区的口岸、台湾地区的研发和东莞的制造业来形成完整的产业链，高效地使产品进入国际市场。所以，珠三角的 IT 产业主要集聚在东莞地区，以低廉的原材料和劳动力成本为优势，以国际市场为目标的"大进大出"的外贸加工模式生产，并且形成了上下游产业结合的 IT 产业集群。

长江三角洲濒临东海，地处中国大陆海岸线中部，长江的入海口。作为我国沿海经济带和长江经济带的交汇点，区域内外交通的优势突出。21 世纪初以来，IT 产业又进行着一场全球范围的大迁移，IT 产业向更适合它发展的国家和地区汇聚。中国台湾地区的 IT 产业向长三角的转移。首先看中的是大陆腹地广阔的市场前景。其次是长江三角洲地区拥有众多的 IT 产业人才，两省一市的高校在校人数位居全国前列，无论从社会秩序、治安状况，还是从劳动者工作态度各方面的水平来看，长江三角洲地区的人文环境都优于珠三角地区。再加上区域内各级政府为了吸引外资争相对外商投资提供各种优惠政策，在国家税收的优惠条例外还制定合理而稳定的地方引资政策。如 IT 企业在国家规定的免征地方所得税期满后，再免征地方所得税 3 年。而且区域内政府行为相对规范，税收及各种收费都有章可循，营造了良好的政策环境，这些条件也促进了以台资企业为龙头的、上下游企业齐全的长三角 IT 产业集群的形成。在长三角的台资 IT 企业生产更关注的是国内市场需求，因而由于市场锁定的原因，有些企业的研发中心也会设在当地，聘请更多的本土研发人才，其产业的根植性要强于东莞地区。但是与东莞地区类似的是，长三角地区拥有自主知识产权的技术还比较少，作为制造业后续支撑产业的软件业发展滞后。外资局限在台资及日韩资本，欧美投资很少。

相对而言，北京、天津和深圳的 IT 产业发展具有位于高端价值链的特征和本土化特征。IT 产业在这些地区的集聚更多的是看中优良的区域资讯、教育资源、研发资源和医疗环境。这些地区能够提供大量低成本、训练有素同时具备商业知识、管理经验和英语交流技能的 IT 技术人员，有完备的金融市场、原材料供给、知识产权保护、商检海关运作管理与服务，再加上法律体系相对完善和特殊的城市地理位置，成为了 IT 产业技术研发和软件服务业成长的乐土。本土知名龙头 IT 企业和欧美著名 IT 企业能够在此集聚发展，也形成了 IT 产业集群。

2. 政府扶植

IT 产业作为区域经济中的新兴产业和具有运用"信息化"带动传统产业升级的产业，在 20 世纪 90 年代以来一直是地方政府大力扶植和引导的产业。同时地方政府的分权竞争，使得 IT 产业能够在各个地区获得优先发展的公共资源供给。各个地区的地方政府针对全球 IT 产业链转移的趋势，首先是采取土地招商、税收减免和简化通关手续等优惠措施。例如，东莞采取的是镇一级的政府以廉价的土地、税收的优惠来吸引中国台湾地区的 IT 企业落户；苏州等长三角地区是以省、市级政府建设的开发区来吸引台资企业（如苏州工业园、昆山经济开发区等），在园区内提供良好的基础设施，低廉的土地使用价格，以及国家级开发区在税收、金融和海关通关的优惠条件（例如苏州工业园区推行的"零费率"政策）。其次是在 IT 产业升级的相关配套政策环境上给予支持，苏州市政府对 IT 企业的人力资源培训上给予政策支持，在园区需要的高端研发人才吸引上采取特殊扶持政策；上海、深圳、北京地区在 IT 产业竞争中虽然没有土地优势，但是地方政府利用归国留学生创业园、高新技术产业孵化器、科技企业上市等政策，以及优良的资讯、教育和医疗环境，吸引了大批的高端科技人才集聚和在本地区创业，有力地支持了本土IT企业的发展和IT产业高端研发机构的集聚。

对地方政府这两种扶持政策的追踪研究发现，仅以土地低廉价格和税收优惠政策吸引IT企业在本地生产的模式，具有明显的缺陷。外来的IT企业在此仅仅是将产业链的低端环节放到该地区，与当地产业和经济关联度不大，当成本优势不再明显的时候就很容易迁出。21世纪初发生的部分中国台湾地区IT企业从东莞迁移到长三角地区的情况就说明这种依靠低成本优势而形成的外来产业集群的具有很大的不稳定性。而优良的区域资讯、教育和医疗环境，再加上特殊的地理位置可以吸引IT产业的高端产业链企业集聚，同时也可以吸引高端科技人才集聚，北京、上海、深圳等国内沿海重要城市IT产业的集聚就受到这类环境的影响，加之地方政府在税收和高技术产业的扶持政策，使得国内、国际的IT产业企业和研发机构能够在此集聚。这些地区的IT产业集群具有了一定的"根植性"，对当地经济社会产生了正面的影响。目前，苏州和东莞等地的地方政府已经意识到原有低成本招商政策的缺陷，积极地营造能够吸引IT产业高端价值链和高端人才在本地落户的政策环境。昆山实行的是"广吸引、低门槛、给机会、奖股权"的人才激励政策；苏州市利用毗邻上海的地理优势，通过吸引IT产业研发机构进入苏州工业园区，加快外企本地化进程来解决"根植性"问题；东莞市成立松山湖科技园区引进IT产业高端研发机构，投入资金建立市镇各种层次的技术创新平台、企业技术研发中心，引进科研院所进行产学研结合来解决IT产业升级、产品创新问题，统筹各镇的IT企业的发展，提高了IT产业在全球价值链的位置，促进了外来企业与本地企业的互动，形成了上下游产业相关企业集聚的产业集群。

7.4.2 国际经验

1. 美国

可以说，美国的IT产业的发展是伴随着硅谷的发展而进行的。硅谷，作为美国信息社会"最完美的范例"，"世界微电子之乡"，是美国最为成功的高技术开发区之一。20世纪50年代，美国硅谷第一家半导体公司——肖克利半导体实验室的创建标志硅谷的崛起。此后美国IT产业不断发展，在集聚的同时持续地进行升级，并不断向世界各地进行技术扩散，始终引领世界IT产业向前发展。硅谷IT产业的发展之路如下：

20世纪50年代初至60年代末是硅谷发展的初期。在此期间政府的采购对硅谷的发展起了关键作用：1955年美国联邦政府采购了40%的半导体产品，

1960 年为 50%；1960 年政府购买了 100% 的集成电路产品，1962 年为 94%。1964 年之前联邦政府实际上是美国制造的集成电路的唯一用户（肖仁浩，2006），并且在这一阶段初步形成了硅谷的发展模式，即"学术—工业综合体"，以及风险资本与创新公司的初步结合，这也成为硅谷之后一直长盛不衰的秘诀。

20 世纪 70 年代初至 80 年代中期，是硅谷的迅速发展时期。1971 年微处理器的发明使生产微机成为可能。微处理器使硅谷从而也使整个美国进入微电子时代，微电子业给硅谷带来了巨大的财富，1978 年硅谷 50 家大的电子公司总销售额高达 884 亿美元，占当年国民生产总值的 4% 左右。在这一时期，硅谷不仅仅在美国，而且在整个世界上都是发展最快、最为富有的地区之一。

20 世纪 80~90 年代中期，硅谷完成了一次产业升级，影响了整个 IT 产业的空间分布。80 年代，伴随着 IT 制造业技术的逐步成熟和日本等亚洲半导体行业的崛起，硅谷在 IT 制造业的优势不再存在，并一度处于短暂的低潮时期。但随着 90 年代初软件业的崛起，硅谷的创新优势便迅速显现并锋芒毕露，很快便度过了危机。软件公司不像半导体公司或微机制造公司那样需要大量资金，它们是创业时投资最少，却获利最多的产业，这个时期大量风险投资的投入也为软件业迅猛发展做了助推剂。这一时期，硅谷的集成电路产业结构也向高度专业化转化，开始形成了设计业、制造业、封装业、测试业独立成行的局面。硅谷在这一时期越来越成为一个设计和发明的知识中心，而渐渐将制造业和封装业等分散到临近各州和其他国家和地区，也正是在这个时间中国台湾地区开始接受硅谷的一部分产业转移。

20 世纪 90 年代中期到现在，开始了新一轮的全球产业升级。IT 软件业在 90 年代迅速发展，并在 90 年代末逐步成熟并标准化，IT 软件业外包成为硅谷这个时期进行产业扩散的主要方式，这个时期硅谷将软件行业的低端逐步转向了印度等地区，并带来了印度软件外包业的兴起。在这个过程中，硅谷则在进行着新一轮的产业升级，IT 企业更加专注于创新和研发，硅谷已经成为世界 IT 产业的研发中心。伴随着惠普合并康柏、IBM 出售个人 PC 业务部等一系列事件，美国硅谷的产业集聚又开始向 IT 软件增值服务业务领域进行新一轮的转移（宋霞，2002）。

有人将美国硅谷 IT 产业集群发展的成功原因归纳为五个方面：（1）促进技术创新与产业化的科技管理机制；（2）全方位的研究与开发机制；（3）培养与引进并举的人力资源管理机制；（4）风险投资机制；（5）全球化的国际分工机制。其核心仍在于美国 IT 产业集群强有力的创新能力（肖仁浩，2006）。

2. 中国台湾地区

当 20 世纪 80 年代早期台湾地区开始着手发展 IT 产业时，几乎没有人能够预测到，在未来 20 年内该地区能在全球 IT 硬件制造领域获得主导地位。

20 世纪 80 年代初台湾地区 IT 厂商抓住了 IBM 开放 PC 构架的商机，在全球个人电脑产业高速增长的阶段，从显示器、机箱、键盘、扫描仪等电脑外围设备入手，利用台湾地区岛内相对廉价的土地和劳动力成本发展起面向全球市场的电脑代工生产，仅用了 10 多年时间就使 IT 产业成为台湾地区第一大支柱产业。到 1995 年，台湾地区 IT 产业总产值达到 200 亿美元，也因此在世界 IT 硬件制造领域获得了成功。然而，此时的台湾地区 IT 产业作为世界主要硬件生产商的地位并不为产品用户所觉察到。这是因为台湾地区生产的许多 IT 产品都是贴牌产品，台湾地区计算机企业扮演着的只是代工的角色。然而，他们正是在这个过程中积累了 IT 制造产业丰富的经验，既包括生产能力方面的，也包括诸如产品设计和物流管理等比较复杂的工作方面的，并成功地进行了产业的升级。

台湾地区的 IT 产业集群主要集中在从台北到新竹（台湾地区北部）这一区域，岛内的 IT 生产和研发企业大都位于此。在这一区域内聚集着大量的 IT 制造产业相关的公司和机构：第一种是个人计算机及外设生产商和庞大的零部件供应商和分包商，他们大多是中小型企业，这些企业构成了一个庞大的专业协作的生产网络。个人计算机及外设生产商承担着最后产品集成安装的过程，大量的零部件供应商和分包商主要为计算机及外设生产商的生产服务，PC 及其子产品的生产被拆分为不同的生产阶段，而每一个生产阶段都由独立的分包商负责。另外，PC 及其子产品由一系列电子部件组成，其中每一个部件都能从专业化的供应商那里顺利获得。虽然不是每一种零部件台湾地区都能生产，其中有些关键性的零部件和高质量的输入设备需要向国外供应商购买。但是，庞大的电子零部件供应商与分包商在地域的集中仍然是台湾地区 IT 产业的一个主要优势。

在 90 年代后期，台湾地区的 IT 产业开始寻求集聚后的升级之路，并将低端产业链向中国大陆及东南亚转移。

台湾地区的 IT 产业升级主要是从 20 世纪 90 年代末开始，且经历了从 OEM 到 ODM 再到部分 OBM 等系列连续发展阶段（Schmitz and Knorringa, 2000）。首先是台湾地区 IT 产业内部开始由简单的成熟子产品加工转向相关新产品的开发中来，并逐步带动产业集群的重心转移到新产品的开发。伴随着这个过程，台湾地区 IT 产业在国际 IT 产业链条中的功能也发生了实质性升级：IT 产业中的功能升级主要是通过委托加工（OEM）的方式进行的，利用这种方式的当地企业省去了在营销和售后服务上的大量投资，同时也规避了自己对市场环境不熟悉的缺点，与此同时也能打开产品的销路。随着时间的推移，经验不断积累，集聚区域内企业的产品设计和生产能力就会不断提高，并且有一部分企业就开始具备根据客户提供的规格要求，进行自主的设计生产（ODM）。这期间虽然自己仍没有自有品牌，但产品的生产能力已经非常成熟，企业此时所缺的就是对市场的把握能力和自有品牌的建立；但是品牌的培养和终端市场的开拓已经不仅仅像生产那么简单，已经不是在台湾地区 IT 产业集聚区域内能够学习的。这一步的成长也是台湾地区 IT 产业集聚、升级最困难的一部分，这需要在 IT 产业集群中的企业有良好的企业家精神引导，台湾地区 IT 产业中出现了宏基和明基两家企业成功创造了自己的品牌，带领 IT 产业集群进入自主品牌生产（OBM）。

在产业功能升级阶段，台湾地区的 IT 制造业中的生产技术基本成熟，台湾地区 IT 产业将中下游产品加速外包，并开始向我国大陆转移（鹿燕，2008）。

随着经济的发展，台湾地区的劳动员工薪酬和土地价格不断上扬，台湾地区的企业运营成本不断提高。此时，我国大陆地区正在招商引资，内陆有大量的廉价劳动力，并且在各种政策优惠政策下外资企业的运营成本很低，另外台湾地区与大陆之间的文化差异小，因此为台湾地区 IT 产业向国内转移提供了有利条件。加之台湾地区陆地面积狭小，IT 产业要想进行升级，必然要把更多的力量投向研发和营销领域，减少在制造职能上的投入，为岛内的高技术含量企业提供发展空间，因而也必须摆脱代工模式，进入高附加值的研发、销售和增值服务领域。正是在这一系列的因素驱动下，台湾地区的 IT 产业在不断升级的同时，将部分产业转移到了我国大陆的珠三角、福建沿海地区、长三角等地区，完成了相应的产业转移过程（伍一聆，2007）。

美国 IT 产业和中国台湾地区的 IT 产业，前者位于 IT 产业链高端，后者位于 IT 产业中间层次，二者的发展过程也不尽相同，但二者的发展过程中都经历了产业集聚和升级的过程，并且在此过程中，我们都能看到企业不断加大研发，进行创新的身影。因此，我国要使 IT 产业能够很好地发展，就必须推动 IT 产业的升级，而要推动 IT 产业的升级就必须要加大企业的研发与创新的支持，这个过程中政府相应的支持就必不可少，硅谷早先的研发完全是官方性质的，之后政府对企业研发的支持一直都起着重要作用。

我们选取美国和中国台湾地区的 IT 产业集聚、升级的发展经验进行介绍，一是这两个地区可以代表 IT 产业链的高端和中间层次的产业发展；二是因为这两个地区的 IT 产业竞争力排名分别位于第 1 位和第 2 位（见表 7-1），说明这两个地区的 IT 产业发展比较好，最后一个原因是这两个地区都有比较典型的 IT 产业集群和相应的升级、转移过程。通过对现阶段 IT 产业发展比较好的国家和地区发展路径的了解，能对未来我国 IT 产业如何集聚发展有一个更加明晰的认识。

从美国硅谷和中国台湾地区的 IT 产业集群发展过程中我们也不难看出，每次集聚和升级都伴随着新一轮的产业扩散过程。虽然我国 IT 制造业现在总体上仍处于不断集聚的过程，但在以后进一步发展过程中，要想对 IT 产业进行结构升级，就不可避免地会出现产业的扩散转移现象。并且，由于我国现在地方经济发展的不平衡性，能否在东部 IT 产业集聚、升级的过程中成功地将 IT 制造业低端部分向中西部地区转移应该进行更多的研究，以便更好地引导我国 IT 产业的升级和转移，促进区域经济的协调发展。

7.5 产业集聚与扩散对地区发展的影响

我国 IT 产业目前所形成的产业集聚区域主要有珠江三角洲（东莞、深圳等地）和长江三角洲（上海、昆山、苏州等地），而在直辖市中北京、天津也有 IT 产业的集聚。这些地区的产业集聚的路径略有不同，但是对当地经济增长、产业结构的调整和居民收入的增加的影响作用十分显著。

7.5.1 珠江三角洲

珠江三角洲电子信息产业主要集聚在东莞、深圳、广州等地发展，其中以东莞的 IT 制造产业最为发达，是我国最早的 IT 制造产业集群。20 世纪 90 年代中后期，中国台湾地区政治、经济环境动荡，劳动力成本和用地成本日益增加，企业将部分生产能力转移到大陆成为一种合理的选择。台商来大陆投资，一方面可以降低成本，赢得竞争优势；另一方面，大陆潜在的市场也为其提供了广阔的发展空间。

1. 东莞

东莞由于毗邻广州、深圳，有海运和高速公路直到香港地区，每天有 8 000 多个集装箱运到香港地区转运出口。海运交通成本低和土地成本较低，成为台商在 IT 产业转移上的重要地理区域。台湾地区十大电脑厂商都先后在东莞投资、落户，建成了全球电脑资讯及配套产品加工制造基地，目前东莞已成为大陆、台湾地区 IT 企业最密集的地区之一。2004 年，规模以上电子信息产业完成工业总产值 1 402.94 亿元，比上年增长 34.2%，占全市规模以上工业总产值的 54.3%；占全市规模以上工业利润的 39.9%，IT 产业已成为东莞的第一大支柱产业。目前，东莞共有电子产品制造企业 3 600 多家，以生产电脑配件为主，电脑资讯产品在全球市场占有份额超过 10% 的有 10 多种，其中电脑磁头、电脑机箱及半成品占 40%，敷铜板、电脑驱动器占 30%，高级交流电容器、行输出变压器占 27%，电脑扫描仪、微型马达占 20%，电脑键盘占 15%，电子元件占 12%。加工生产的电脑磁头、主机板、显示器、电源供应器、扫描仪、微型马达等产品产量均居世界前列，东莞已经成为全球主要电脑制造商的零部件采购基地之一。IBM、康柏、惠普、贝尔、联想等电脑公司都把东莞作为重要零部件采购基地。IBM大中华区副总经理李祖藩对此的评价是："如果东莞通往深圳皇岗的公路被切断，全球70%的计算机厂商将受影响"。东莞IT产业的发展极大地带动了区域经济的发展，2004年东莞生产总值为1 806.03亿元，2005年东莞的生产总值2 182亿元，2006年达2 624.63亿元，比上年增长19.0%；2007年东莞生产总值达到3 151亿元，迈入"3 000亿俱乐部"，年人均可支配收入27 025元居全国第一。

  尽管IT产业对东莞经济增长影响较大，但是东莞IT产业的产业结构层次较低，主要通过中国台湾地区母公司承接欧美国家订单，按欧美国家的设计和技术定牌生产（OEM），然后利用口岸便利的优势通过香港地区出口，东莞充当电脑等信息产品配件出口加工基地的角色。"三来一补"企业具有灵活方便、运作简单、效率相对较高的特点，特别适合以出口市场为导向的台资IT企业。东莞IT产业结构的特点是产业链比较长、产业集聚程度高而且配套齐全，例如电子信息产业制造企业就相对比较集中，一台整机电脑的95%的零部件在东莞都有企业在生产。

  而这种生产模式加速了东莞"配套加工"的良性循环，吸引众多的国内外电子企业落户东莞，使东莞配套优势逐渐确立（杨建梅、冯广森，2002）。由于当年台湾地区当局限制高技术产业转移大陆。到2000年，东莞所有的台资IT企业都属于中小型企业，其资产总额大都在5 000万元人民币以下。其中中型企业共有13家，仅占企业总数的2%。其余98%的企业都是总资产在5 000万元人民币以下的小型企业，而资产总额在1 000万元人民币以下的企业总数占85%。

  另一个突出的问题是东莞IT产业以生产电脑零配件为主，技术含量低、附加值不高。长期以来IT产品以出口加工贸易为主，技术设备要求不高，新产品的开发能力薄弱，产品的更新换代过分依赖国际市场，产业发展受国际因素影响较大。大多数企业长期以来的销售网络主要放在国外市场，对国内市场的重视程度和开发力度明显不足，很多企业被称为高新技术产业中的"劳动密集型"企业。大多数电子及通讯产品生产企业在核心技术方面对外依赖性，自主创新的核心技术很少，主要依赖外商提供。而且关键零部件也仍要依赖进口，尤其是较高端产品，如笔记型计算机、服务器、工作站等。主要是生产技术成熟及改进型产品，创新研发活动往往是在其他地区完成的。即使有研发活动也往往是针对竞争需要而改进工艺或增添新功能，缺乏根本性的创新。致使研究开发经费投入占产品的销售收入的比例严重失衡（李传志、张兵，2006a，2006b）。

2. 深圳

  20世纪90年代后期，深圳开始了"第二次创业"的产业转型期。深圳将高新技术产业作为产业转型的突破口，1998年全市高新技术产业产值655.18亿元，占工业总产值的35.44%，其中电子信息产品产值602.12亿元，成为主要的支柱产业。2005年，深圳电子信息产业产值占全省信息产业的50%以上，约占全国的1/6。深圳电子信息产业全年实现工业总产值5 551.34亿元，同比增长31.7%，比全市工业总产值增速高10.6%，占全市工业总产值的58.0%。深圳已成为全国重要的电子信息产品制造基地、出口基地、配套中心和交易中心。

深圳的电子信息产业与台资企业占据绝大部分比重的东莞不同，国内企业占据了相当大的比重。如通讯设备方面的"华为"、"中兴通讯"，计算机方面的"长城"，手机方面的"中科健"、"康佳"等企业在国内市场上有相当的影响力。深圳的IT产业尽管在研发水平上低于国外的同类先进企业，但是在中低端产品研发方面具有自主知识产权，在产业发展方面具有"根植性"。加之与东莞IT产业相毗邻，在产业学习和知识创新方面具有巨大的集聚优势，因而其产品也具有价格竞争优势。迈瑞、中兴、华为、创维—GRB电子、朗科、比克电池、赛格导航、黎明网络等企业被相关协会授予"深圳电子信息产业自主创新优秀企业"。深圳市科技和信息局副局长贾兴东介绍说，"深圳电子信息产业自主创新呈现出了四个90%以上的格局，即90%以上的研发机构设在企业；90%以上的研发人员集中在企业；90%以上的资金来源于企业；90%以上的职务发明专利来自于企业"。2005年深圳市电子百强企业年研发经费投入之和为86.08亿元，占营业收入比重的5.7%，高于全部电子百强企业3.7%的平均水平，明显高于全行业2.1%的平均水平，已逐步与国际高技术企业的投入水平接轨。2005年华为、中兴通讯申请的PCT（"专利合作条约"）专利分别居发展中国家企业的第3位和第9位，华为首次跃居全球第37位。深圳还通过大力推动电子产品和企业"走出去"战略，涌现出华为、中兴、康佳、创维等一批行业骨干企业。由于这些龙头企业在产业链中处于核心、主导地位，带动了配套中小企业发展，促进了产业链的壮大和拓展。

从1980~2007年，深圳电子信息制造业工业产值年均增速达到56.6%。2007年电子信息制造业实现规模以上工业产值5 306.8亿元，同比增长19.7%，占全市工业总产值的60.9%，成为名副其实的第一支柱产业，对全市工业总产值增长的贡献率达到66.7%，占广东省电子信息产业工业增加值的56.5%；全年完成电子产品销售额1 108亿美元，比2006年增长19.7%，占广东省电子信息产品总销售额（2 090亿美元）的53.0%；占全国电子工业产品总销售额（7 368亿美元）的15.0%。在软件业方面，2007年，深圳软件业总收入达到813.5亿元，同比增长36%，位居全国大中城市第2位，对全市GDP贡献率达到13%，成为全国唯一的软件产业对GDP贡献率突破10%的城市。与此同时，深圳的手机、程控交换机、通信基站、彩电、计算机、嵌入式软件等多项产品产量位居全国乃至全球前列，手机产量占全国 30%，彩电占全国 21%，程控交换机占全国 32.6%，半导体集成电路占全国 15%，微型计算机占全国 16%。

2007 年深圳居民人均可支配收入 24 870.21 元，高于上海的 23 623 元，广州的 22 469 元，温州的 24 002 元。深圳电子信息产业的集聚和升级带来了高新技术产业的长足发展，为实现从"速度深圳"向"和谐深圳"、"效益深圳"的区域经济社会发展目标转变奠定了基础。在经济较快发展的同时，深圳每平方公里工业用地产出的工业增加值达 11.2 亿元，同比增长 18.1 个百分点；万元 GDP 耗能 0.59 吨标准煤，低于全国平均水平的一半。自 1997 年实施最低生活保障制度以来，深圳先后 4 次调整最低生活保障标准，目前深圳最低生活保障标准在国内各大城市中是最高的。

7.5.2 长江三角洲

长三角城市群的空间地域范围涉及两省一市，包括 1 个直辖市：上海；3 个副省级市：南京、杭州、宁波；12 个地级市：江苏省的苏州、无锡、常州、镇江、南通、扬州、泰州和浙江省的湖州、嘉兴、绍兴、舟山、台州，总共 16 个城市。土地面积 10 万平方公里，占全国总面积的 1%；人口 7 570 万，占全国人口总数的 5.9%。其中科技人员占区域总人口的 3.8%，年产值占全国 GDP 的 18%。以上海为首的长江三角洲地区产业基础条件较好，经济发达、市场运作规范、整体实力较强，并且偏重于制造业的发展，是大型生产企业的基地，同时也是外资大量进入的地区。

1. 苏州

早期中国台湾地区 IT 产业投资长三角主要限于零星的中小企业，规模有限、形态单一。近年来随着台湾地区大企业的投资相继从筹备设厂阶段进入企业生产阶段，台资 IT 产业投资长三角从以往以单打独斗、个别办厂为主的发展方式，转向集体合作、集聚发展，从单纯的委托加工变为邀请上下游工厂共同参与。在龙头企业的带动下，通过前后相关联，台资 IT 产业投资长三角地区已出现"龙头"带"配套"，"配套"引"龙头"的良性发展势头。1993 年台湾地区的明基电脑投资苏州后，带动了罗技、罗礼、名硕等一大批配套企业，先后到苏州投资鼠标、键盘、主板、显示器、光驱、扫描仪等产品，在苏州地区形成了完整的计算机产业链。许多厂商通过产业公会邀集相关会员厂商集体前往长三角特定地区投资，或由核心企业带动相关（或周边产业）企业一起投资。当某公司在一地区投资后，如果投资收益较好，该公司还会不断扩大投资，包括增资和设立新公司，通过上下游产品的配套及共享技术与销售渠道来获得规模经济。这导致了"台商北移"现象的出现。

随着长三角投资环境的逐步改善以及台资企业适应性的增强，越来越多的台商改变了最初以加工出口为主的投资形态，而逐渐以抢占和拓展当地市场为主。原先在长三角投资的台商相继掀起了新一轮的"增资热"，利用当地丰富的原材料市场、产品销售市场和技术管理人才市场等有利因素，不断扩充生产规模，进行全方位、多层次的市场布局，以抢占更多新的商机和市场。目前台商在长三角投资所需的大部分半成品和原材料已不再从台湾地区本岛取得，而是进行就地采购。在劳动力资源方面，为了降低企业经营成本，培养和谐的企业文化，以及更好地与当地企业进行分工合作与策略联盟，台资企业已逐渐减少使用台湾地区母厂派遣的干部，转而启用当地的管理人才和技术人才（查志强，2003）。长三角电子信息产业的生产模式从 OEM 正在向 ODM 的转变。许多知名高科技企业纷纷聘用大陆人才在长三角筹建研发中心、IC 设计中心及软件开发基地。除此之外，台资 IT 企业在长三角设立研发基地的规模和功能也在不断扩大，研发经费、企业投资总额比重逐年提高，研发产品涵盖了个人电脑、家电、通讯、光纤，甚至关系到台湾地区知识经济命脉的半导体产业的 IC 设计也在其中。苏州电子信息产业正在形成一个完整的产业链，产业集群功能也日趋完善。

长江三角洲电子信息产业的发展也推动了当地经济的快速发展，以苏州为例，1993 年苏州 GDP 总量约 500 亿元，人均 GDP 超过 1 000 美元，用了 4 年的时间突破千亿元；2004 年长江三角洲地区 16 城市 GDP 总值达到 28 775 亿元，人均 GDP（按户籍人口计算）35 147 元，人均 GDP 苏州位居榜首，达到 57 992 元，上海退居次席，无锡以 52 825 元排第 3 位。但是，值得注意的是，在苏州 GDP 由于引入外资快速增长的同时，苏州的人均收入的增长却非常缓慢，与相邻的杭州、宁波、上海相比，2005 年苏州人均 GDP 仅次于上海（比上海低 396 元），分别高于杭州、宁波 22 339 元、22 881 元，但城市居民人均收入则为四市最低，比上海低 2 369 元，比宁波低 1 132 元，比杭州低 325 元。2007 年苏州规模以上工业总产值大于深圳，效益基本相当。但苏州高新技术产业不如深圳。苏州高新技术产业完成产值 5 245.91 亿元，占规模以上工业总产值的比重为 33%，比上年提高 1 个百分点。深圳高新技术产品产值 7 598.76 亿元，比上年增长 20.5%，其中具有自主知识产权的高新技术产品产值 4 454.39 亿元，增长 21.9%，占全部高新技术产品产值比重 58.6%，比上年提高 0.7 个百分点。苏州近 90% 的高新技术产业产值主要由外资企业实现，具有自主知识产权的比重明显低于深圳。

苏州 IT 产业的形成显然属于"外迁型"集聚，同其他奉行赶超战略和发展外向型经济的国家和地区一样，地方政府在产业集群的形成上发挥了主导作用，具体表现在苏州、昆山等地区的经济开发区建设政策上。按照孵化理论，这种集聚区域是一种为新生企业而设计的受控制的环境（Lalkaka，1994），它可以位于产业链的任何位置，所以这类产业集群能被用来执行符合自身区域发展目标的产业战略和产业政策。苏州等地区的地方政府就是运用该理论来建设特殊的经济开发区，统筹提供良好的基础设施和投资便利，低廉的地价和税收，形成强大的区位优势和政策环境优势。以苏州工业园区为例，园区管理局拥有上不封顶的自行审批特权，外事管理权，全年365天（每天24小时）的快速物流通关，使苏州开发区成为国内外资本的重要集聚地（王晓燕、郑京淑，2007）。在技术和政策支持方面，苏州拥有5个国家级开发区和10个省级开发区，在人才资源和政策优势方面产生了强大的吸引力。这些开发区成为IT产业集群发展的重要载体。"苏州模式"是典型的外资牵引型，通过低廉的土地和人力资源大量吸引外商直接投资，从而迅速拉动了当地GDP的增长，但另外，由于外资企业在内地的发展策略及其享有的税收优惠政策，其对当地人均收入的增长却不能起到相应的促进作用。

苏州的经济发展以占用大量土地为基础。土地单位面积GDP不高，远低于上海、深圳，更不能与香港地区等国际化大城市进行比较。在能源消耗上，苏州发展以消耗大量能源为基础，2005年单位GDP电耗（全社会用电量/GDP）达1 405.8千瓦/万元，居江苏省各市之首。人与环境、资源矛盾突出，使得苏州生态发展不可持续。随着城市化的推进，工业项目也从城区迁到农村，由此，工业污染也随着项目的外迁而向农村扩散。近几年来，社会经济发展不平衡使得苏州发展的社会问题越来越突出。因此，"苏州发展模式"值得深入探讨。

2. 上海

上海作为我国的电子工业的重要基地，到20世纪70年代末，全市已形成有一定技术基础和生产能力的电子工业体系。党的十一届三中全会后特别是20世纪90年代以来，上海把优先发展信息产业作为全面实施信息化发展战略的重要内容，推动形成了门类齐全、结构合理、布局完善的产业体系。

上海电子信息产业在20世纪90年代逐步形成独立的产业体系，部分产品门类在国内具有领先优势。上海市政府逐步建立了推进信息产业发展的统筹管理体制，聚焦通信、计算机等领域实施一系列扶持政策，并在20世纪90年代末启动建设了作为国家"909"项目主体工程的深亚微米超大规模集成电路生产线。1990~1998年间，信息产品制造业总产值增长7倍，到1999年，上海基本形成了以微电子为基础，以通信设备、真空器件、数字视听产品为主体，规模较大的电子信息产业体系，总产值占全国的1/7，利润占全国的1/5。1999~2007年，上海的信息产业总规模从 775 亿元增至 7 417 亿元，跃居全国第 3 位。其中电子信息产品制造业销售收入从 617.2 亿元增至 5 914.8 亿元，软件和信息服务业经营收入从 157.7 亿元增至 1 502.3 亿元；产业增加值从 246.4 亿元增至 1 651.3 亿元，占全市 GDP 比重从 6.1% 提高到 13.8%，连续 4 年位居全市 "第一支柱产业"（上海市信息委，2008）。

在集成电路生产方面，上海已成为目前唯一的国家级微电子产业基地和国家级集成电路研发中心所在地，集成电路产业从引进、消化吸收起步逐步走向了自主创新。2001～2007 年，上海集成电路产业销售收入从 43 亿元增至 389.5 亿元，年均增速为 44%。全市已有中芯国际、华虹 NEC、宏力、台积电、先进等公司的 8 条 8 英寸生产线，中芯国际 1 条 12 英寸生产线投产，上海成为国内芯片制造业最集中、产能规模最大、晶圆尺寸最齐全的地区之一。在设计领域，全市共有 160 家集成电路设计企业，在移动终端基带芯片、平板显示驱动芯片以及数字音视频图像处理、信道和解码芯片等方面的创新获得突破；在制造领域，工艺水平已达到国际主流的 12 英寸、65 纳米等级，芯片月产能近 30 万片 8 英寸晶圆，中芯国际跻身全球芯片代工三强；在封装测试领域，行业销售收入占集成电路产业总收入的 40% 以上，占全国比重近 1/3。

在计算机生产领域，上海计算机生产产业销售收入 1990～2007 年，从 3 亿元增至 3 156 亿元，年均增速超过 50%。通信设备制造业在 2007 年产业销售收入达到 522.6 亿元。

随着电子信息硬件设备生产领域的发展，2000～2007 年，软件产业年经营收入从 48 亿元增至 527.5 亿元，年均增速达 50% 以上，总量占全国的 1/8。

上海市委、市政府于 2001 年年初作出全面推进信息化建设的决定，在全市 "十五" 计划中把信息产业列为大力发展的六大支柱产业之首，并进一步把信息产业发展重点明确为集成电路、软件和互联网信息服务业。上海抓住全球信息产业转移的机遇，集聚了一批国内外知名 IT 企业和研发机构，形成了中心城区以软件、互联网服务等信息服务业为主，城乡结合部和郊区工业园区以电子信息产品制造业为主的电子信息产业整体布局。

7.5.3 环渤海地区

1. 北京

北京市电子信息产业的发展有独特的政策和智力资源优势，全国 1/3 以上的高级软件人才，近 1/2 的高级系统集成人才，半数以上的半导体专家和 1/5 左右的集成电路设计、制造专家集聚在北京；电子工业科技人员比例北京比全国约高 2.2 个百分点。北京从事移动通信研究、开发、生产的科技队伍，云集了多名国家级专家，具有高级职称的学者、专家、工程技术人员数百名，直接工作在移动通信系统开发和生产第一线的科技人员数千名。北京在电子信息领域还建有数十家国家级科研中心、工程技术中心或实验室。由于国家有关部门和市政府的支持，北京中关村电子一条街、上地、丰台、亦庄等开发区，为电子信息产业发展创造了优良条件和环境。北京作为首都和我国对外改革开放的窗口，用电子信息技术改造传统产业、进行现代化建设，提高科学管理水平、开展电子信息服务的任务十分艰巨。北京庞大的用户群和旺盛的需求，是北京电子信息产业发展的得天独厚的条件（李春儒、赵进、王建，2006）。

目前，北京电子信息产业已成为北京经济发展最大的支柱产业，2004 年实现工业总产值 1 131.52 亿元，销售收入 1 217.90 亿元，并且保持着 10 多年来 20%~30% 的增长速度。2006 年，北京市电子信息产业销售收入为 2 383 亿元，实现 34.66% 的高增长率。在产业规模持续扩大的同时，产业结构不断优化（见表 7-3），北京市电子信息产业的盈利能力和出口能力得到了增强。2006 年北京市电子信息产业的工业增加值为 330.2 亿元，利润总额为 68.9 亿元，利税总额为 93.3 亿元，出口交货值为 1 067 亿元，分别实现的增长率为 27.98%、49.78%、39.88% 和 54.7%，增长率均创 5 年来历史最高水平。2008 年北京市电子信息产业的工业增加值为 1 291 亿元，占全市 GDP 比重达到 12.3%。北京市在 2009 年 7 月提出了首个产业振兴规划——《北京市调整和振兴电子信息产业实施方案》。根据该方案，预计到 2011 年年底电子信息产业增加值占全市 GDP 比重将达到 15%，其中信息服务业增加值占 GDP 的比重达到 11%。

表 7-3　　　　北京电子信息产业结构比重（2000 年、2005 年）

产业构成	2000 年		2005 年	
（支柱小行业）	工业总产值（亿元）	所占比例（%）	工业总产值（亿元）	所占比例（%）
软件产业	116	15.5	360	15.0
系统集成、服务	82	11.0	377	15.8
计算机产业	210	28.0	622	25.9
现代通信产业	116	15.5	360	15.0
集成电路产业	58	7.7	180	7.5
视听电子产业	140	18.7	408	17.0
其他	8	3.8	93	3.9

资料来源：北京市电子信息产业发展规划研究，2006 年。

北京市以中关村科技园区为核心，发挥软件、通讯、网络等领域的技术优势，在重大行业应用软件、第三代移动通信、数字电视、下一代互联网等技术的研发与应用上取得明显进展。自主创新带动了软件技术与服务、信息增值服务和网络服务的高速发展。北京市已经形成多种形式的产业组织创新，"闪联"、TD-SCDMA、下一代互联网、SCDMA、长风软件联盟等以企业为主体、高等院校和科研院所共同参与的技术联盟、产业联盟、标准联盟发展快速，形成了较为成熟和健全的协同创新机制，上下游企业齐备的IT产业集群。北京电子信息产业的产品升级和产业集聚的态势为北京城市经济的发展带来了巨大的推动力。

2. 天津

天津市电子信息产业与北京、上海、深圳不同，主要是由引入以美国摩托罗拉、日本三洋、韩国三星为代表的外资企业来建立产业生产链，形成产业集群。天津的电子信息产业的发展主要依靠科技园区和港口海关的政策和便利条件。2005年5月，信息产业部公布了首批国家电子信息产业园的名单，天津开发区有三个产业园位列其中，分别是国家（天津）移动通信产业园、国家（天津）片式元件产业园和国家（天津）集成电路产业园。

作为中国电子信息产业回报率最高的地区，天津吸引了众多外国投资者的目光。美国摩托罗拉、日本三洋、韩国三星集团先后在此投资设厂。这三大知名跨国公司，吸引了海内外200多家手机配套厂商落户天津，配套产品达400多个，年产值近200亿元人民币。目前，天津已形成了较为完善的产业链，包括手机产业和电子影像生产基地两条产业链。此外，三星数码相机正投资泰达微电子工业区，正在聚集、形成园区第三条数码相机产业链。拥有五大手机配套生产基地，包括以三星、松下、罗姆为代表的片式阻容元件生产基地；以飞思卡尔、中芯国际为代表的集成电路生产基地；以力神、蓝天三洋为代表的绿色能源生产基地；以西迪斯、通用为代表的器件生产基地。

2007年，天津电子信息产品制造业实现产值2 246亿元，综合经济效益指数位居全国第6位。目前电子信息产业已发展成为天津的第一支柱产业，40种电子信息产品的市场占有率位居全国前5位，其中17种产品位列第一，成为国内最大的电子元器件生产基地和移动通信手机三大基地之一。天津市政府信息化办公室主任路平介绍，天津市已经形成了以通信设备制造为核心的六大骨干产品制造群体。目前，天津市共有电子信息产品制造企业近千家，其中三资企业584家，在《财富》500强企业中，已有28家跨国公司在天津投资了48个IT产业项目。软件行业从业人员近2万人，其中科技人员占90%左右。天津地处的环渤海经济圈，是国内电子信息产品需求量最大的地区。此外，天津拥有国内完整的手机生产及配套企业和设施基础,是全球最具竞争力的移动通信产业群聚地之一。摩托罗拉、三星、三洋等跨国公司早已进驻天津开发区,形成了相当的生产规模①。

7.5.4 我国IT产业集聚的区域经济指标分析

为了更清楚地分析产业集聚对当地产业经济的影响,本章选取了几个常用的经济指标:人均销售收入、人均可支配收入、人均总产值和人均劳动生产率作为标准来分析。

我们把IT产业集聚省市的这三个指标和全国平均水平做对比,从而初步分析产业集聚对区域产业经济的影响,具体如图7-8~图7-11所示。

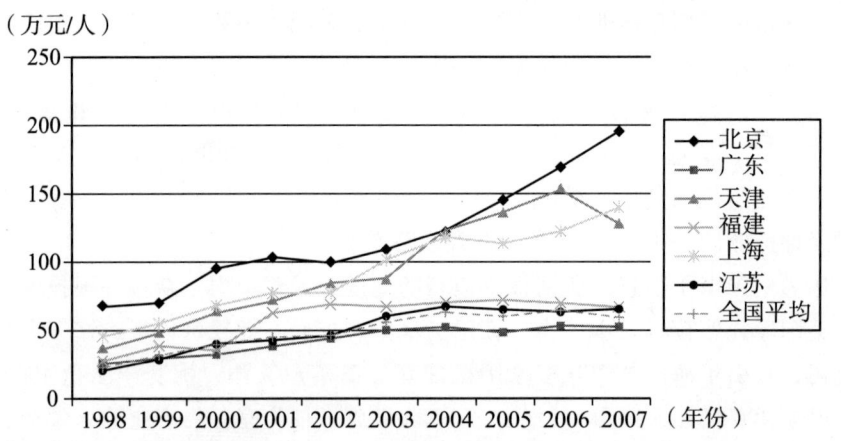

图7-8 IT产业集聚省市IT产业人均销售收入(1998~2007年)

资料来源:根据历年《中国统计年鉴》计算而得。

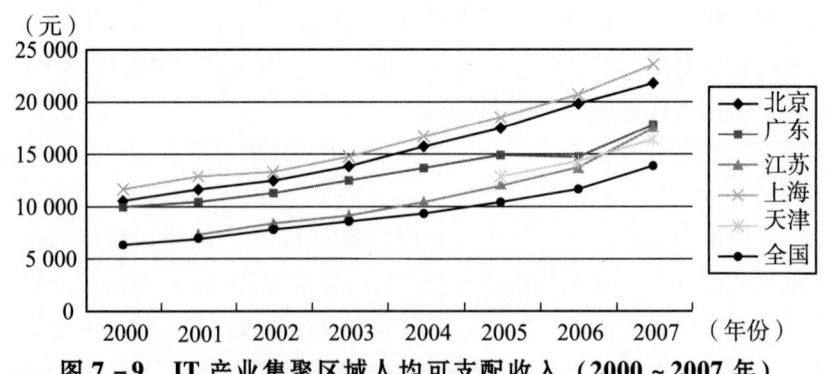

图7-9 IT产业集聚区域人均可支配收入(2000~2007年)

资料来源:根据历年《中国统计年鉴》计算而得。

---

① 资料来源:泰达科技创业网,《天津市电子信息产业发展情况》,2008年7月2日。

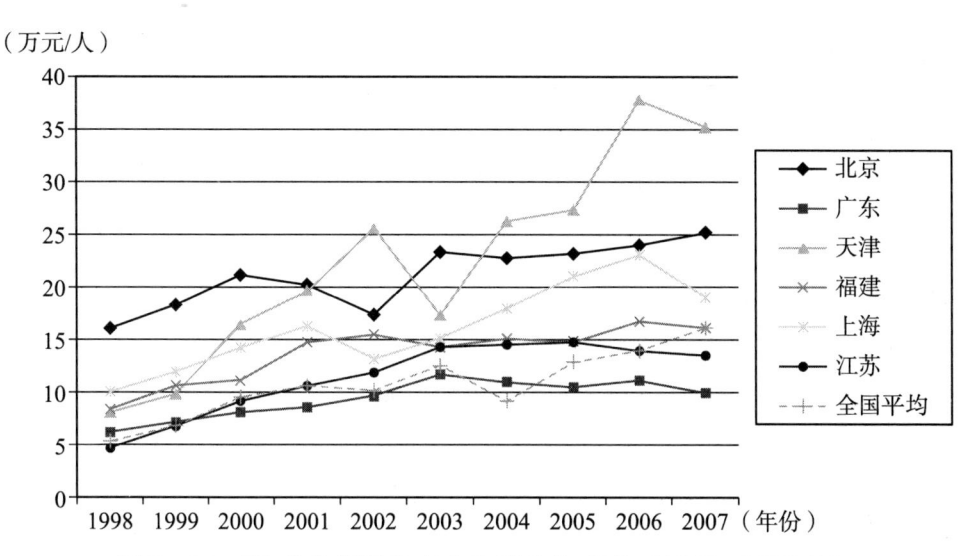

图 7-10　IT 产业集聚省市人均劳动生产率（1998~2007 年）

资料来源：根据历年《中国统计年鉴》计算而得。

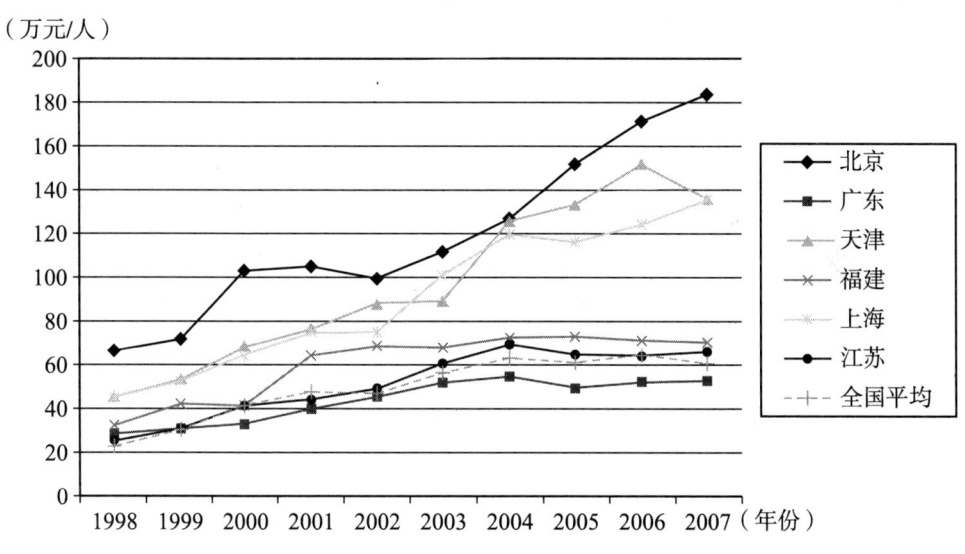

图 7-11　IT 产业集聚省市人均生产总值（1998~2007 年）

资料来源：根据历年《中国统计年鉴》计算而得。

从上面 4 个图的趋势可以看出，我国 IT 产业高度集聚省市的四大经济指标人均销售收入、人均可支配收入、人均劳动率和人均总产值在逐年增长，而且除了广东、江苏和全国水平相当，其他省市都比全国平均水平更高。需要指出的是，广东 IT 产业的规模居全国第一，但是四项指标却低于全国平均水平（江苏也类似），说明珠三角地区的 IT 产业大部分还是属于低附加值、劳动密集型的产业链的低端环节，需要进行产业升级和加大自主创新力度。

四大指标逐年增长的趋势说明我国IT产业正处于成长的阶段，这与本章推断的我国IT产业正处于倒"U"型的前半部分阶段的假说是相吻合的。IT产业高度集聚省市的指标普遍高于全国平均水平初步说明了产业集聚对当地的产业经济带来一定的竞争优势。我们还可以发现其中北京、天津和上海市三个地方的IT产业的经济指标远大于全国平均水平，从这三个地区的IT产业结构和全国其他地区作对比，可以发现这三个地区的IT产业在逐渐升级，而且这些地区IT产业的科技含量和科技人员素质都比较高，信息服务业（如软件开发）比较发达。可以预期，这将为集聚区域带来更强的竞争优势。

7.6 结论与政策建议

由于党的十七大提出要"推动信息化与工业化的融合"，新一代通信产品和数字电视的投资将继续增长，另外，和谐社会的发展和新农村建设为中西部地区和农村信息化发展创造了更好的环境，将推动中国电子信息产业的持续增长。因此，我国IT产业的在空间分布上仍将趋于集聚。从1998~2007年的产业数据来看，我国的IT产业向东部区域集聚的趋势还未改变。总体上，各级政府将继续采取鼓励电子信息产业作为区域经济发展的主导产业的政策，以此带动各地的产业升级和转型。这将有利于加快电子信息产业改造传统产业的步伐，从而促进电子信息产业的进一步发展。同时，由于电子信息产业对智力资源环境和城市基础设施环境的要求较高，发达地区与欠发达地区的经济地区差距也将会扩大。但是，由于土地和劳动力与生产成本的提高，电子信息产业中部分低附加值、能耗高的产品生产链条将可能会转移到中西部地区。信息服务业和软件业将会被东莞和苏州等地引入和发展起来，我国电子信息产业的升级和技术创新将会加快，东部地区将会更加注重为IT产业的高附加值部分的根植和发展创造良好的人文和社会环境，注重对内资企业技术创新的扶持，注重经济增长与社会和谐的关系协调发展，改变过去IT制造业的偏重外向型、低成本、高能耗式加工组装的生产模式，使产业集群的内涵提高和具有根植性，走内外资平衡、GDP增长与人均可支配收入增长协调的经济发展模式。根据美国硅谷和我国台湾地区的IT产业集群发展经验分析，每次产业集群的升级都伴随着新一轮的产业扩散过程。因此，我国中西部地区将由于东部的IT产业升级和转移，会承接东部原来IT制造业中的部分劳动密集和技术含量低的加工组装生产链，获得产业发展的良机，甚至可能由于国际IT产业的转移获得与全球产业链衔接的机会。同时由于西部其他产业自身升级的需求，也将促使中西部的IT产业迅速集聚和发展起来。例如，深圳的中兴、华为等著名IT企业在西安高新区都得到较好发展。

在国家加速发展网络和现代通信产业，以及"加速发展信息产业，大力推进信息化"的产业战略目标指导下，我国电子信息产业的内外资企业比例将更加趋于合理，IT产业对国民经济增长的推动作用将会更大。从国际电子信息产业发展的周期来看，传统的电子产品将被网络化、数字化技术新产品所取代，由此带来市场增长的新空间。但是，由于美国金融危机导致的全球经济增长放缓，以及各种不确定因素增多，我国经济面临的外部市场形势日趋复杂，电子信息产业必须积极适应宏观环境变化，克服各种制约因素，加快产业结构升级与调整，提高企业自主创新和市场拓展的能力，才能取得良好的发展空间。

对前人的文献研究表明，即使是在一个市场配置资源比较有效率的国家，政府的"有形之手"对产业的发展和资源配置仍然起到不可忽视的作用。作为国内许多地区主导产业（或是支柱产业）的IT产业，地方政府的有效政策扶持将会促进该区域IT产业的集聚和发展。国务院总理温家宝2009年2月18日主持召开国务院常务会议，审议并原则通过电子信息产业调整振兴规划。该规划指出，电子信息产业是国民经济战略性、基础性和先导性支柱产业。在当前国际市场需求急剧下降、全球电子信息产业深度调整的形势下，振兴我国电子信息产业，必须强化自主创新，完善产业发展环境，加快信息化与工业化融合，着力以重大工程带动技术突破，以新的应用推动产业发展。会议确定了今后3年电子信息产业的三大重点任务：一是完善产业体系，确保骨干产业稳定增长，着重增强计算机产业竞争力，加快电子元器件产品升级，推进视听产业数字化转型。二是立足自主创新，突破关键技术，着重建立自主可控的集成电路产业体系，突破新型显示产业发展"瓶颈"，提高软件产业自主发展能力。三是以应用带发展，大力推动业务创新和服务模式创新，强化信息技术在经济社会各领域的运用，着重在通信设备、信息服务和信息技术应用等领域培育新的增长点。我国政府将会对鼓励软件和集成电路产业发展政策提出指导，落实数字电视产业扶持政策，推进"三网融合"。调整高新技术企业认定目录和标准，继续保持电子信息产品出口退税力度，进一步发挥出口信贷和信用保险的支持作用，扩大中小企业集合发债试点。

东部发达地区地方政府应当继续在发展IT产业高端部分给予政策支持，加大政府采购的比例，通过发展数字化城市和建立公共信息平台，以刺激内需产生巨大的市场。在企业引进国内外IT产业的高端人力资源方面给予优惠政策，为IT产业的自主创新提供良好的产业和政策环境。要以重大工程技术突破，以新的应用推动 IT 产业发展。目前东部地区如上海、深圳、东莞等地区的地方政府在引进高端 IT 产业人才、创业环境和创新平台建设上下了很大的工夫,各地对高端人才在税收优惠和住房保障,以及教育医疗环境改善上投入较多,这些地区的 IT 产业的自主创新能力有了明显的提高,正在成为 IT 产业高端人才聚集的"高地"。东部地区 IT 产业正从劳动密集型向技术密集、资金密集型产业转化。

由于 IT 产业集聚的国际市场因素影响,东部地区未来仍然是 IT 产业集聚的重要地区,地区间的收益差异仍然存在。中西部地区政府应当立足本地区实际条件(原材料成本低和劳动力成本低的优势)来吸引东部 IT 制造业的转移,不要奢望本地过早发展 IT 产业的高端部分(如软件业和集成电路产业)。通过 IT 产业的转移来获得产业发展空间,进而促进本地区经济的协调发展,以信息化带动本地区工业化。在中西部地区有条件的中心城市如西安、武汉和重庆等地也可以利用本地科技资源优势来有针对性地与国外和我国东部地区联合发展软件产业和通讯产业,从而改善本地 IT 产业结构,达到区域产业经济协调发展的目标。

第 8 章

纺织产业集聚与扩散分析

8.1 基本问题与研究思路

8.1.1 产业背景与研究问题提出

1. 世界纺织产业生产中心的演变

纵观世界纺织产业的发展历程,可以发现,纺织产业是一国工业化初期阶段的支柱产业,而且在各国或地区大多呈现集聚发展的形态。在不同历史时期,伴随着世界纺织产业的升级演化,世界纺织产业的生产中心也在不断转换。在手工纺织阶段,具有悠久纺织产业传统的中国和印度成为丝绸、棉布等纺织品世界生产中心;到了第一次产业革命时期的机械化纺织阶段以后,世界制造中心就转移到以英、美、日为主的西方国家;19世纪末20世纪初,世界纺织制造中心从英国转到美国,1913年美国的棉纺织产量占到世界总产量的27.5%,英国占18.5%。20世纪20年代起,日本取代了美国的制造中心地位,1925年,纺织产品产值占其工业总产值的67.3%;从60年代起,世界纺织业制造中心从美国、日本和西欧转移到了亚洲新兴工业化国家和地区,如韩国、中国台湾和香港地区等新兴市场国家和地区；然后又从 80 年代开始至今，从这些国家和地区转向亚洲其他发展中国家，如中国大陆、印度、巴基斯坦和东南亚等地（王丽萍等，2005）。

纺织产业生产中心的转移是经济全球化过程中国际分工的必然结果，是产业对地区间比较优势选择的结果，也是当地政府产业政策引导的结果。纺织产业首先在发达国家经历了集聚、繁荣到衰落，其后转向发展中国家和区域发展，并在这些国家和地区内也呈现出先集聚后扩散的趋势。在此过程中，产业集聚带动和促进了这些地区的经济和社会发展。这已是不争的事实（钱纳里，1996；郭克莎，2002；徐维祥等，2005）。大量文献发现产业集群对当地经济社会发展有着重要影响。比如，徐维祥等（2005）的实证研究发现，浙江产业集群与当地工业化、城镇化具有互动关系。产业在工业园区的集聚发展，促进了当地的工业化发展，并为农民提供了大量就业机会。劳动的转移促进了城镇化的发展。同时，城镇化的发展又为工业化提供了市场、高素质人才和良好的基础设施等，反过来推动了产业的集群发展，最终形成一个良性的循环。

2. 我国纺织业发展现状

纺织产业作为轻工业，在工业发展史上具有重要的地位，肇端于英国的第一次工业革命就是从纺织业开始的，珍妮纺纱机的发明与应用成为当时工业革命开始的显著性标志。在近代的中国，纺织业发展也有较早的历史，据有关学者研究发现，早在鸦片战争以前，我国的纺织业小农经济就出现了分解现象，棉花与棉布具有广泛的商品市场。第一次世界大战前后，我国的民族工业也迎来短暂的春天，纺织业发展迅速，沿海的几个城市出现了一批有名的纺织企业，如荣氏兄弟等在无锡的振新纱厂，上海的恒丰纱厂等在当时初具规模，成为当时纺织行业内的领军企业。这一时期的纺织业发展特点是民族工业得到初步发展，纺织业发展主要集中在东部沿海无锡、上海、广东南海等地。新中国成立前，纺织业在我国得到较快的发展，除了原来的无锡、上海等城市以外，武汉、杭州、北京等城市的纺织业也先后发展起来，成为中国当时的纺织业集中之地。新中国成立后，政府对城市的工商业进行了社会主义改造，纺织业也进入了较快发展时期，上海、无锡等地的纺织产业进一步发展，成为当时全国主要的纺织业基地，浙江、广东等地在原有的基础上，一些农村开始出现了小型的手工纺织作坊。据有关统计，从 1952～1978 年，浙江纺织工业总产值增长 4.4 倍，占全国比重从 3.18% 上升到 4.18%。纺织业在广东、浙江、江苏南部等地的发展，为改革开放后的迅速发展奠定了基础。在改革开放后，我国纺织行业充分发挥了低成本比较优势，迅速成为世界纺织品主要产地。棉纱、棉布、呢绒、丝织品、化纤、服装等产量均居世界第1位，服装出口多年来也始终保持世界第1位。

随着纺织业的快速发展，纺织产业在空间分布结构上也发生了变化。以长三角、珠三角、环渤海湾三大经济圈为辐射中心，在纺织产业大省广东、浙江、江苏、山东、福建等地，围绕专业市场、出口优势形成了众多专业化的纺织产业集群。这些产业集群不但解决了本地就业问题，还吸引到大量内陆省份剩余劳动力和国内外资本的流入，成为了吸引资源要素的洼地，形成了很强的国际竞争力。

进入21世纪以来，纺织产业初步出现了由东部沿海省份中心城市向其周边地区和中西部省份扩散的趋势。一些中西部省份在承接东部沿海地区的纺织产业转移的基础上，形成新兴的纺织服装产业集群，比如，成都的女鞋产业集群、江西共青城的羽绒服装集群等就是在此过程中声名鹊起的。但是从总体格局来看，沿海地区依旧有很强的竞争优势，纺织产业转移的趋势到目前尚不十分明显。

3. 本章研究的问题

改革开放以来，一直作为我国传统支柱产业的纺织产业，在地域上呈现出先集聚、后扩散的态势，在浙江和广东等东、南部沿海省份形成多个纺织产业集群。近几年来，沿海地区开始出现要素成本上升和产业结构调整的趋势，这推动了纺织产业向中西部地区转移、扩散，在一些地区再集聚，并形成新的纺织产业集群。那么，长期以来纺织业在我国各省区的空间分布是怎样的？纺织业的空间分布经历了怎样的变化？推动这种变化的动因是什么？纺织产业的集聚对该地区经济、社会发展产生了哪些影响？对此，关注于产业生产组织形式、产业集群、产业集聚的文献，并没能从产业集聚这一具有空间经济意义的产业发展过程及其效应方面加以深入分析，尤其是从国家范围内予以描述。而这样的研究不仅能对相关理论有所发展，而且对于制定国家层面的产业发展政策、产业布局规划具有一定的指导意义，对于地方政府把握产业空间布局的规律也有所助益。在这一章，我们将依次研究以下三个相互关联的问题：

（1）近10年来，伴随着我国集群经济的发展壮大，纺织产业的空间布局发生了哪些变化调整？在沿海地区拥挤效应开始凸显的大背景下，是否发生了产业转移？

（2）推动纺织产业空间布局变化的原因是什么？

（3）纺织产业的集聚与扩散对于地区经济发展产生了什么影响？

8.1.2 研究思路和方法

本章沿用了第 6 章关于中国汽车产业的研究方法。首先，我们通过使用行业比重和区位商两个经济指标，区分出纺织产业空间分布的四种类型。其次，采用比较分析的方法，通过对比 1998 年和 2007 年纺织产业空间分布的变动情况，找出纺织产业集聚和扩散的特征。具体方法可见第 6 章，本章不再赘述。

8.1.3 产业界定与数据来源

本章研究的纺织业不仅包括毛纺、棉纺、丝织等行业，也包括服装制造、皮鞋制造、制帽等行业。按照国家统计口径，可以被分为"纺织业"与"纺织服装，鞋帽业"两个二位数产业部门。前者主要是生产纺织面料产品，后者是生产服装鞋帽，形成了广义纺织业中上下游的链条关系。为了避免语义上的歧义，在本书中用"纺织面料业"来代称二位数统计口径中的"纺织业"，用"服装鞋帽业"来代称二位数统计口径中的"纺织服装，鞋帽业"。

本章选取 1998~2007 年 10 年间的数据进行分析。所采用的数据来自《中国统计年鉴》（1999~2008）、31 个各省（市、自治区）（不包括中国台湾、香港特别行政区、澳门特别行政区）统计年鉴（1999~2008）、中国工业企业数据库、《绍兴统计年鉴》（2001~2007）等。

我们用《中国统计年鉴》（1999~2008）工业部分 39 个两位数行业的销售收入计算出各省（市、自治区）（不包括中国台湾、香港特别行政区、澳门特别行政区）39 个行业的区位商[①]、空间基尼系数，并计算出各省（市、自治区）各行业产值占该行业总产值的比重、各省各行业的从业人数。

根据中国工业企业数据库纺织业四位数行业的数据，我们以销售收入计算出了纺织业四位数行业的空间基尼系数、区位商和产业的份额。但是，由于在 2003 年前后四位数行业的统计口径发生了很大的变化，因而我们不用四位数行业的数据来进行直接比较，而是在必要的时候用作辅助说明。

---

① 由于各省（市、自治区）同一产品的价格不同，用销售收入来计算空间基尼系数和区位商会产生高估或低估该地区产业份额的现象，通常而言，用劳动力的劳动总时间来反映本地产业的集聚情况是比较适合的，但是，统计年鉴中，一些省份对工业 39 个两位数行业的就业人数没有统计，而各省对 39 个行业的平均劳动时间也没有统计，因此只能用销售收入来计算空间基尼系数和区位商。

8.2 空间分布特征

8.2.1 集聚的识别

本章沿用汽车产业章节所使用的集聚识别方法，首先我们将各地区按其行业规模从大到小排序，通过寻找地区之间的产业规模下降速度的极大值，加上累计产业比重超过50%的原则，来识别相邻位次的产业集聚的数量和区位。由于纺织产业同时包含了纺织面料和服装鞋帽两大类行业，而它们的生产区位并不完全一致，因此我们将这两个行业分开，分别进行识别。

图8-1表示了1998年经过按规模大小排序之后省际服装面料行业的规模变化率。横坐标从1~31分别代表全国31个省、市、自治区，按行业比重从大到小排序。根据峰值选取的方法，我们发现1998年全国31个省、市、自治区可以归为3个梯次。第一梯次是浙江、江苏两个省份，分别占全国纺织面料子行业比重的24%和16.5%。第二梯次是山东和广东两省，分别占全国纺织面料子行业比重的11%和10.9%。其他省份所占的行业比重都相对较小，排名第5位的上海市只有6.1%。第一梯次和第二梯次一共4个省份总共生产了全国62.4%的纺织面料。由此做出判断，1998年中国纺织行业主要集聚在这4个省份。依据同样的方法，2007年产业的集聚地区是浙江、江苏和山东3个省份，3个省份合计生产了全国65.8%的服装面料。

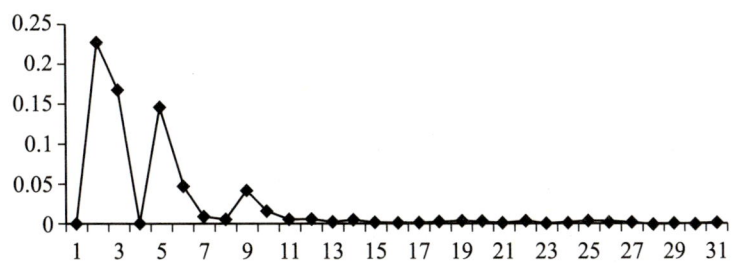

图8-1 省际纺织面料行业规模下降速度（1998年）

资料来源：根据中国工业企业数据库数据计算而得。

依据同样的方法，我们可以判断出服装鞋帽行业各自的产业集聚区位。根据分析我们发现，在1998年，纺织产业按规模来讲可以分为3个梯次（见图8-2），第一梯次是广东省，占据了全国28%的行业份额，远远领先其他地区。第二梯度是上海、浙江和江苏，代表了长三角的服装鞋帽业，各自都占据了全国10%以上的份额。从第三梯度开始，每个省份所占服装鞋帽业的比重都是非常的小。由于长三角和珠三角合计占到中国服装鞋帽生产的70%，因此我们将这4个地区列为1998年的服装鞋帽集聚区域。到了2007年，通过行业规模变化率同样可以区分出3个梯队，第一梯队包括了广东、浙江、江苏三省，依然是长三角和珠三角，只不过上海的纺织业规模大大缩小，已经不再是第一梯度了。这两个地区依然占到了全国纺织生产的59%。第二梯度是山东和福建，这两个省合计占到全国纺织产业的29%，但与第一梯度相比差距还是较大。因此我们将广东、浙江和江苏确定为2007年服装鞋帽集聚的地区。

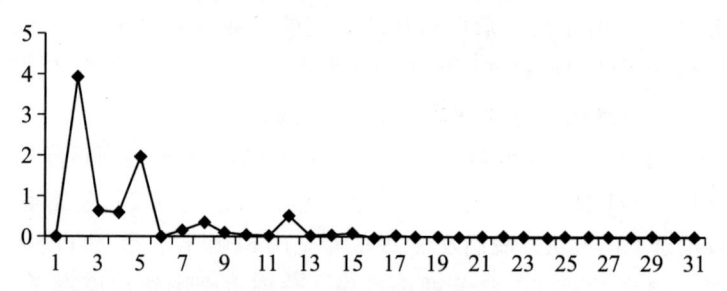

图 8-2　省际纺织面料行业规模下降速度（2007年）

资料来源：根据中国工业企业数据库数据计算而得。

8.2.2　四种类型划分

各地区纺织产业的发展规模不仅仅影响到纺织产业的集聚水平，同时也影响到不同地区间的分工。因此，我们需要同时从行业比重和相对专业化水平两个维度来完整刻画纺织产业在空间的分布特征。结合使用这两个维度，我们就可以得到四类分布类型。其中，区位商大于1，同时属于产业集聚的地区归入第1象限；区位商小于等于1，属于产业集聚的地区归入到第2象限；区位商大于1，不属于产业集聚的归入第3象限；区位商小于1，同时不属于产业集聚的地区归入第4象限。具体方法参见汽车产业章节的方法附录，此处不再赘述。

全国各省份纺织面料行业在1998年和2007年的空间分布分别如图8-3和图8-4所示。从图中我们可以看到，在1998年，同时存在着4种类型的产业分布情况。而到了2007年，原本位于象限2的广东省已经移到了象限4，仅仅剩下了3种分布类型。这里，广东省纺织面料份额的下降自然是由于广东省土地劳动力成本上升引起的。服装鞋帽行业的空间分布也表现出类似的特征（见图8-5、

图 8-6)。在 1998 年，位于第 1 象限的有广东、江苏、浙江和上海 4 个省市，到 2007 年，上海已经从第 1 象限移到了第 3 象限，其移动的原因也很有可能和上海市用地紧张、劳动力成本上升有关。此外，无论是纺织面料还是服装鞋帽行业，大部分产业区位都位于象限 1 和象限 4，这表明各省区之间纺织产业的专业化分工水平加深了。

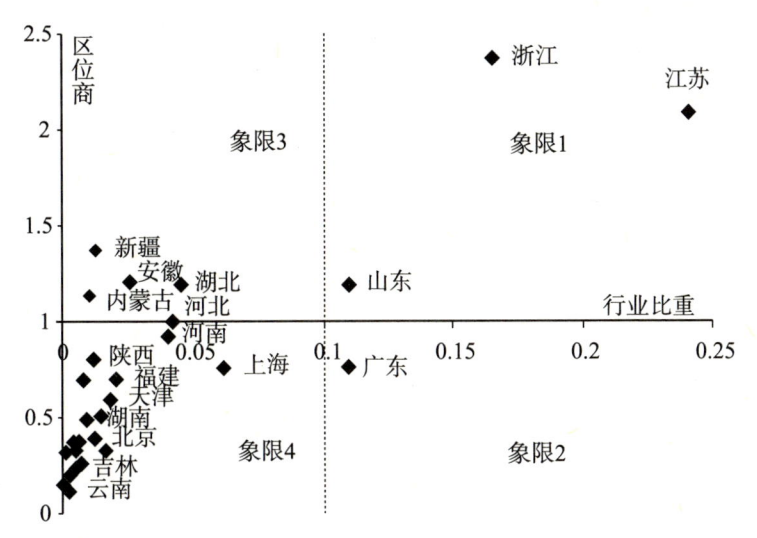

图 8-3　全国各省份纺织面料行业的空间分布（1998 年）

资料来源：根据中国工业企业数据库数据计算而得。

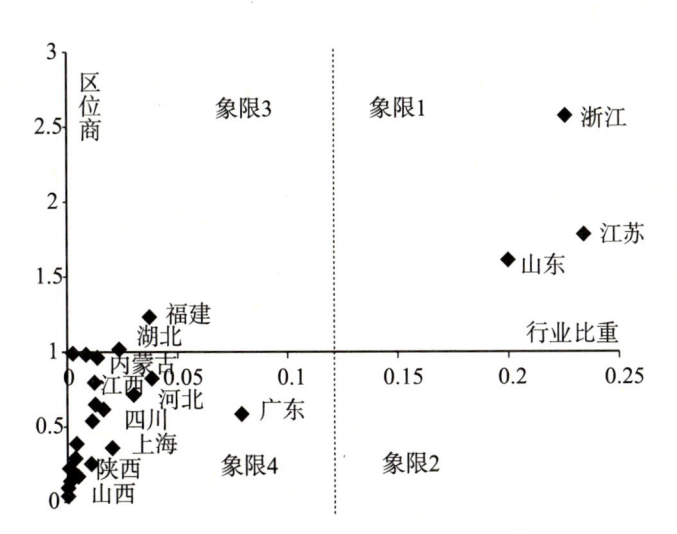

图 8-4　全国各省份纺织面料行业空间分布（2007 年）

资料来源：根据中国工业企业数据库数据计算而得。

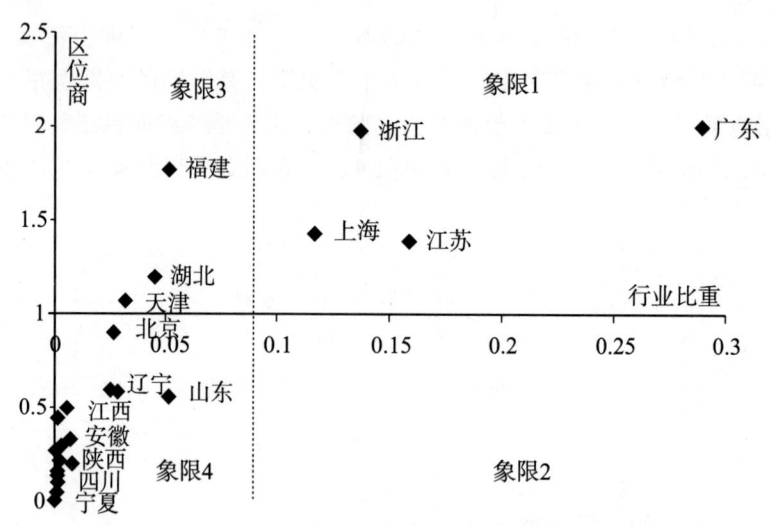

图 8-5 全国各省份服装鞋帽行业空间分布（1998 年）

资料来源：根据中国工业企业数据库数据计算而得。

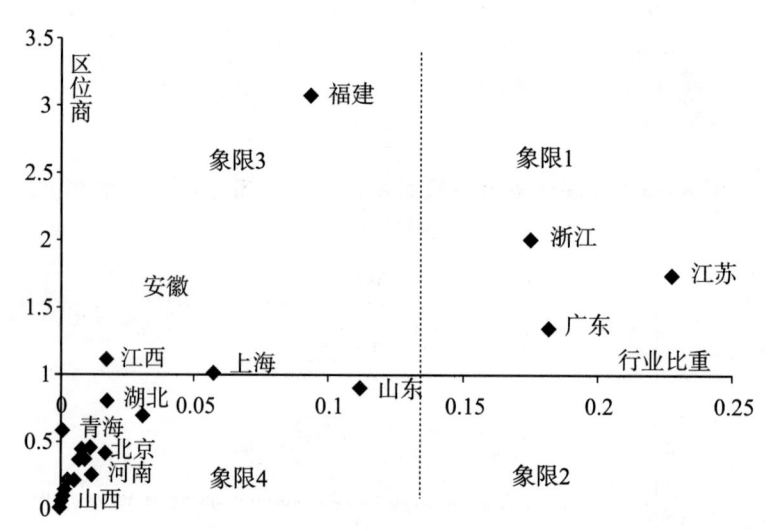

图 8-6 全国各省份服装鞋帽行业空间分布（2007 年）

资料来源：根据中国工业企业数据库数据计算而得。

8.3 产业集聚与扩散的特征

通过观察 1998 年和 2007 年纺织面料以及服装鞋帽行业的空间分布图，可以看出，中国的纺织产业表现出以下几个特征：

首先，无论是纺织面料，还是服装鞋帽，在空间上都是高度集聚的。从直观的图形观察就可以看出，与汽车产业相比，纺织行业的集聚在少数几个地区。其中纺织面料行业主要集中在长三角地区以及相邻的山东省，服装鞋帽业则主要集中在长三角和珠三角。纺织业集聚于沿海地区一方面是这些地区有纺织行业的历史传统，但更主要的原因还是来自于出口贸易的需要。

图8-7反映了自1998年以来我国纺织行业集聚程度变化情况。以空间基尼系数来衡量，无论是纺织面料行业还是服装鞋帽行业，2007年的基尼系数都达到了0.75左右。相比之下全国工业部门的平均水平仅为0.55。表明我国纺织行业的空间集中度要远远高于全国工业部门的平均水平。在纺织面料和服装鞋帽这两个部门中，又以服装鞋帽行业集聚的时间更早，空间集中度也更高。所以在这10年时间中，服装鞋帽行业的空间集中度一直是相对稳定的，而纺织面料行业的集聚趋势则一直持续到了2006年。

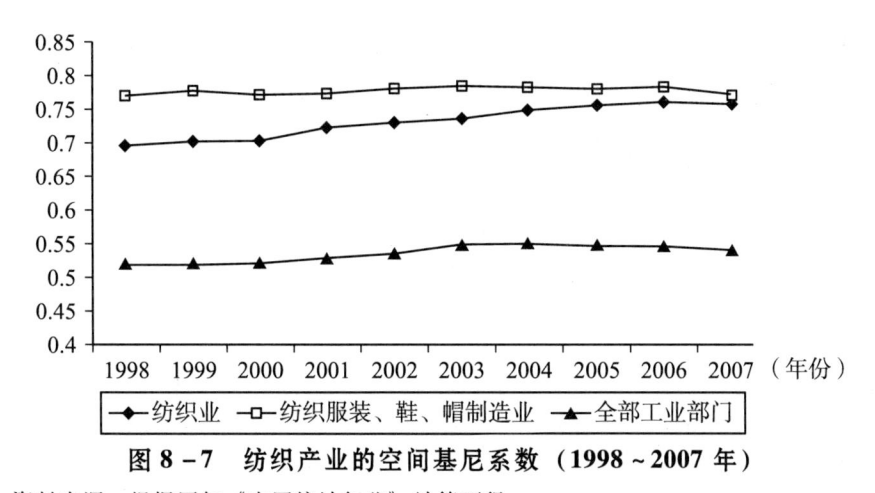

图8-7 纺织产业的空间基尼系数（1998~2007年）

资料来源：根据历年《中国统计年鉴》计算而得。

其次，纺织行业的产业转移趋势初步显现。按照产业转移理论，当一个地区出现了较为明显的拥挤效应之后，土地和劳动力成本上升会推动产业转移。虽然从两个时点的空间分布情况比较来看，纺织业的生产区位是大致稳定的。但是我们也看到，在纺织面料行业中，广东已经从原先的第2象限退到了第4象限。而在服装鞋帽中，上海也从原先的第1象限退到了第3象限。如果仔细考察近几年中西部地区纺织产业的行业比重变动，也能观察到一些产业转移的端倪。图8-8所示的是四川、广西、湖南、江西、安徽5个中西部省份纺织面料行业份额的变化情况[①]，

---

① 由于四位数的纺织业行业分类在2003年做过一次调整，调整后各行业划分标准和名称不同，所以调整前后的行业不能相比。因此，本书在此只能有两位数纺织业来说明扩散的问题。

从图8-8中可知，四川、安徽、广西、湖南四省从1998~2007年纺织业占行业的份额都经历了先下降后上升的过程，上升的时点都是在2006年。但据中国服装协会发布的运行报告显示，2008年以来，东部地区纺织生产规模开始收缩；同时，中部地区产量同比提高了30%左右。河南、湖南、安徽、四川等内陆省份已经成为服装企业投资活跃省份，例如成都的女鞋之都、江西奉新的纺织产业集群、安徽阜阳的服装产业集群等一批新的纺织产业集群正在中西部地区兴起。

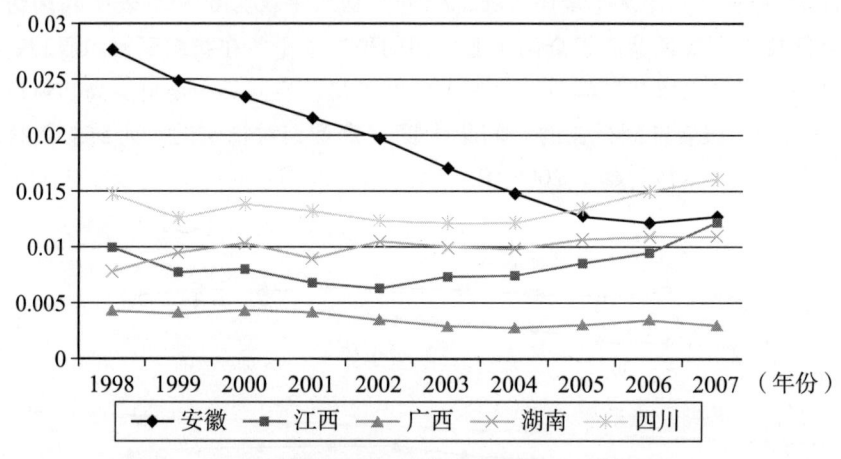

图8-8 五省纺织业份额变化情况（1998~2007年）

资料来源：根据中国工业企业数据库数据计算而得。

最后，地方性产业集群发展迅猛、专业化程度高。我国的纺织产业表现出典型的集群化发展方式，全国服装生产总量的70%以上是在产业集群中生产的。据中国纺织工业协会2008年发布的《中国纺织产业集群发展报告》显示，在我国纺织工业高速发展中形成的众多纺织产业集群已成为纺织产业的重要基础，目前已在15个省区市、59个市（县）、74个镇形成了133个地方发展纺织产业集群。在这些集群中有纺织企业16万多户。其中，服装产业集群（服装产业特色名城、镇）共有35个，分别分布在福建省（8个）、江苏省（8个）、浙江省（6个）、广东省（5个）、山东省和河北省（各2个）、上海市和江西省（各1个）。133个地方产业集群的纺织经济总量已经占到全国纺织经济总量的40%左右。

从发展势头来看，纺织产业集群的发展速度也明显高于行业发展的平均速度。以家纺行业为例，截至目前，经中国纺织工业协会评定，家纺行业共有以床品、布艺、绣品、毛巾、植绒、毯类等为特色产品的15个产业集群。这些家纺产业集群大多集中在东南沿海地区的乡镇地区，每个集群产值收入大多在100亿元以上，总体增长幅度高于行业平均水平。①

8.4 产业集聚与扩散的原因

从前面的分析可以看出，纺织行业是一种在空间高度集中的生产部门，自20世纪80年代以来，纺织行业逐步集聚到沿海地区，在当地形成了一批在全国乃至世界都有重要影响力的产业集群。从影响因素来看，纺织产业的历史传统以及改革开放初期发生的国际产业转移是形成产业集聚的历史起点。市场化改革让资本和劳动力流动起来，为早期的产业集聚和近期出现的扩散提供了条件。分权竞争赋予了地方政府发展的激励，随着沿海集聚区的土地和劳动力成本不断上升，纺织产业有向内陆省份转移的倾向，与此同时，内陆地方政府大量出台吸引纺织产业转移的产业承接政策，客观上加快了纺织产业向中西部转移。

8.4.1 历史传统

我国纺织业发展历史悠久，由于具有原料资源优势等，在全国很多地方很早就开始了纺织业的生产活动。改革开放后，对市场的管制越来越少，群众的创业热情逐渐高涨，创办了大量的乡镇企业或民营企业。一些具有悠久纺织历史和文化的地方，凭借对技术和市场的掌握和了解，大量的兴办纺织类乡镇企业以及家庭作坊，在当地逐渐形成了纺织产业聚集现象。而当地纺织业长久形成的知名度，又吸引了周边地区的客户以及消费者，为生产者提供了广泛的市场需求。这类产业聚集区主要集中在长江三角洲、珠江三角洲等区域，凭借"先走一步"的优势，促使纺织业聚集规模不断扩大。

广东省佛山市南海区西樵镇的纺织业有2 000多年的历史，在明朝期间已经成为广东最大的棉纺业中心，至嘉靖年间更享有了"广纱甲天下，丝绸誉神州"的美誉。到了19世纪末，陈启沅创办了我国第一家蒸汽缫丝厂——继昌隆缫丝厂，标志着我国纺织业进入了机器化大生产时代。到1924年，西樵有丝织机12 000台，占珠江三角洲总机台数的1/3。新中国成立之后，西樵继续被作为南海的主要纺织生产基地，南海国营丝织一、二、三厂全部设在西樵。珠三角的

---

① 《我国服装行业产业集群情况》，载《中国纺织产业集群发展报告》，中国纺织出版社2007年版。

"桑基鱼塘"生产模式在西樵处处可见。悠久的产业历史为西樵留下了浓郁的产业氛围和文化。作为岭南文化的一部分，西樵人更是有着"敢为天下先"的创业和创新精神。

1955年，西樵民乐村建立了南海第一家国营丝织工厂（即后来的南海丝厂），1956年成立了西樵丝织第一生产合作社（后来改为国营丝织二厂和国营丝织三厂），后来相继成立了其他国营纺织企业。到了1978年，县属纺织工业拥有缫丝设备520台，各种电动织机1 258台。改革开放后，随着国家对经济发展管制的逐步放松，除了国有丝织企业外，大量拥有技术和一定资金的村集体以及个人兴办纺织企业，更加促进了西樵纺织业的发展，逐步形成了纺织企业聚集的现象。1985年年初，西樵拥有200多家个体、联合体丝织厂，拥有K74、K274等织布机4 500台；到了1987年上半年，全镇的纺织品生产企业达到744家。到20世纪80年代末时，西樵纺织业形成了"千家厂、千家店、万台机、亿米布"的产销规模，纺织业成为西樵的传统特色产业。

经过20世纪90年代的快速发展，西樵逐渐形成了当今国内具有较大影响力的纺织产业集群。2002年西樵被中国纺织工业协会授予"中国面料名镇"的称号。2004年成为中国纺织工业协会在全国设立的第一个纺织产业升级示范区。西樵在经济总量、质量、效益同步提高的同时，还大力实施"内提外引"战略，优化投资格局。所谓"内提外引"，即对内，通过完善产业创新平台的搭建和公共服务体系的建设，提升纺织产业升级；对外，创新招商方式，提升引资质量，并集约开发土地资源，形成招商引资的聚集效应。2006年全年落实招商项目92个，总投资24.8亿元，其中超千万元项目57个，计划投资23亿元。内提取得新成效，2006年落实增资扩产项目70个，增资额8.43亿元，其中纺织业新增高速织机1 700多台，总值3.2亿元（岳芳敏等，2008）。2008年西樵经济发展在金融风暴冲击下仍然逆势上扬，工农业生产总值达391.4亿元，比上一年增长了47.2%。其中，纺织业产值达78.8亿元，比2007年增长了23.8%（岳芳敏，2009）。

作为我国著名的纺织业集群所在地，浙江绍兴的纺织业发展也有着悠久的历史，并积淀了浓厚的纺织文化。绍兴纺织业已有2 500多年的历史，早在隋唐五代，县城柯桥一带已"时闻机杼声，日出万丈绸"。浓郁的纺织文化，促使当地群众从事纺织业。改革开放后，各家各户大量兴办纺织作坊，从事个体纺织业，资金实力相对较强的家庭开始创办企业，当地纺织业得到迅速发展。1988年柯桥"中国轻纺城"前身——轻纺市场开业，更促进了当地纺织业的发展。中国轻纺城成立后，绍兴纺织的影响力进一步扩大，逐渐形成了目前纺织市场和生产聚集并存的具有高度影响力的纺织产业集群。目前，绍兴已成为全国产量最多、设备最先进、专业市场最大的化纤纺织产业集聚区。

基于对我国纺织产业集群的发展过程分析，可以发现悠久的纺织业历史和浓厚的纺织文化积累是一些地区形成纺织产业聚集的主要原因之一。

8.4.2 国际产业转移

从20世纪80年代初开始，世界范围内出现了大规模的产业转移。作为低端、劳动密集型的纺织业，在当时开始由韩国、中国的香港和台湾等国家和地区向发展中国家和地区转移。适逢中国改革开放，大量港资、台资纺织企业开始到大陆投资。考虑到地理邻近、出口方便的原因，这些投资多数集中在东部沿海地区。例如广东东莞的大朗镇、开平等地，以及福建晋江等地，当地纺织产业都是通过外商投资发展起来的。尤其是珠三角因为毗邻港澳，成为20世纪80、90年代港澳纺织业转移的重点落户地区。珠三角的服装鞋帽产业就是在外商投资的基础上逐步发展、集聚的。近年来，尽管受到生产成本上涨的影响，2007年广东的服装鞋帽产业依旧占到全国的18.9%，居全国第2位。

虎门纺织服装的发展就是一个依靠国际产业转移推动而发展起来的例子。在改革开放前，虎门并没有任何纺织服装产业。"文革"结束后的1978年4月，港商张子弥来到虎门，提出要在这里开办一家手袋厂，后经请示广东省委，允许设立太平手袋厂，这是我国第一家"三来一补"企业。虎门也因第一个引进"外资"，在海外享有极高的声誉，此后在短短一段时期内，有大量外资企业纷纷落户虎门，其中最多的就是制衣厂。目前，虎门已经发展成为我国最有影响的专业镇。

由于国际纺织产业转移到中国是以出口贸易为导向的，这也使得我国沿海地区纺织业的发展在很大程度上受到国际市场的影响。图8-9所示的是2007年纺织业份额比重排前6位的省份在1998~2007年纺织业就业人数的变化情况。从图中我们可以知道，10年来，除上海市外[①]，其余4省纺织业的就业人数都呈现出先下降后上升的趋势。从下降到上升的拐点在2003~2004年，这可能与我国加入WTO有关。在我国没有加入WTO之前，纺织业在出口方面受到各种限制，出口增长相对缓慢。2001年我国加入WTO以后，国际出口市场的限制逐渐减少，纺织业得以快速发展，就业人数不断增加。

---

① 20世纪90年代后期，上海为了提升市内的产业结构，对纺织业采取了"外迁"的策略，因此，上海的纺织业从1998年以来，无论是产值还是就业人数都是呈下降的趋势。

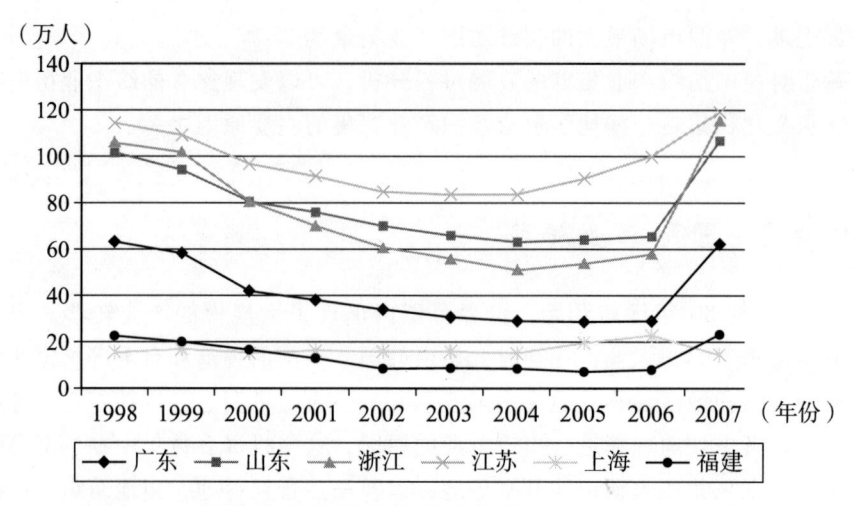

图 8-9　部分省市纺织业就业变化情况（1998~2007 年）

资料来源：根据六省 1999~2008 年统计年鉴计算而得。

8.4.3 市场化改革

改革开放后，我国经济体制改革逐步推进，允许各种经济成分共同发展。纺织产业由于需要的投资少，技术简单，是民间资本较早进入的行业。而国有企业由于治理结构的不完善，机制的不灵活，逐步被民间资本所取代。但是这些国有企业为当地培养了大量的纺织专业技术和管理人才，留下了大量的厂房、设备，在民营经济发展初期起到了关键性的孵化和支撑作用。

以佛山南海西樵的纺织面料集群为例，西樵在改革开放前有三大国有纺织企业，分别是南海丝织厂、民乐丝织二厂和民乐丝织三厂。改革开放后，三大国营丝织厂逐渐走向衰落，但民营丝织厂却越来越多。曾经在三大国营丝织厂的员工多达数千人，大车、小车百多辆，各种织机机型都有。由于国有企业缺乏激励等因素，这些企业经济效益逐渐滑坡，国营厂的员工纷纷离厂，单立门户自己开设工厂。这些民办工厂一遇到技术性问题，就找国有企业里面的人过来帮忙，许多"星期六工程师"应运而生。国有企业还为民营企业提供了充足的技术和管理人员。特别是在三大国有企业改制后，这些企业中的许多技术工人成为私营企业的技术和管理人员。有的人低价从国有企业购买了二手机器后自办企业，有的企业低价购买了国营企业的设备，缓解了资金不足的问题。此外，民营企业还从国有企业那里获取信息、原料等（岳芳敏等，2008）。这样，在西樵纺织集群的形成和发展过程中，国有企业成为民营企业的孵化器，为纺织产业在西樵的集聚发展发挥了重要作用。

8.4.4 专业化市场

王珺（2005）等学者对专业市场驱动产业集群形成进行了深入分析，他将市场需求看作是集群形成发展的一种重要因素，归纳了专业市场形成的几个阶段以及专业市场对集群形成的作用。第一个阶段是自然营销阶段，20世纪80年代国家对商业流通渠道保持控制，产品主要靠农民个体销售大军"走南闯北"进行；第二个阶段是兴办专业市场，形成"前店后厂"式的经营模式。专业市场主要承担着批发、零售以及市场信息功能。同时，由于存在着专业产品市场，厂商能够直接面对大量云集的采购商与购买者。这种供求之间的大量信息聚集以及面对面接触，极大地增加了厂商生产适销对路产品并加速资金周转的机会（王珺，2004）。专业市场的发展与产业集聚两者相互促进，共同发展。

虎门纺织服装业的发展就得益于本地服装市场的影响。改革开放初期，一些从虎门出去的香港人带回一些商品到地摊上卖，其中主要是服装。由于内地商品缺乏，这些商品非常畅销，吸引了越来越多的人利用各种途径从香港进货，逐渐在街边形成了市场。面对这一状况，1981年，虎门公社将散乱在太平街巷的各个地摊集中起来，开辟了虎门第一个"个体商户服装专业销售市场"。这里很快成了远近闻名的"洋货一条街"，包括其他乡镇的人们纷纷涌到这里购买以前难得一见的衣服和各类装饰品。1983年4月政府又在太沙路选择了一块空地，兴建了一个可以容纳300多户的"大市场"，当地人称为"大排档市场"。随着市场的不断发展，原来的"大排档"已不能满足需求，1986年，虎门镇政府创办了一个更大的市场：富民小商品批发市场，后来又投巨资兴建了富民商业大厦。富民商业大厦服装批发业务的红火，又吸引社会资本投资相继投资兴建了连卡佛、新时代、百老汇3家大型服装批发商场。这样，从最早的街边地摊，到现代化的商业大厦，虎门服装专业市场不断发展。市场的扩大，吸引了大量的人员到此创业，兴办生产厂家，以便可以迅速把产品推向市场，同时迅速接收各种市场信息以抢占服装流行市场的先机。虎门服装生产规模的不断扩大，又反过来进一步促进了服装市场的发展，使其市场影响力不断扩大。服装制造业与服装专业市场相得益彰、相互促进，逐渐使虎门形成了我国具有巨大影响力的服装产业集聚地（剑歌，2008）。

由专业市场推动产业集聚的现象，在浙江表现得同样非常明显。如义乌小商品市场的发展，促进了义乌当地及周边地区相关小商品生产厂家的聚集。绍兴柯桥轻纺市场以及"中国轻纺城"建立后，为当地带来了巨大人气和商机，吸引了全国各地的生产厂家进驻当地，促进了创业，使得当地纺织业进一步发展。

8.4.5 分权竞争

在我国市场经济建设和发展的过程中,各级政府及其职能部门仍然掌握着很大部分资源,政府的"有形之手"在促进经济社会发展过程中仍发挥了重要作用。分权竞争的体制促使地方政府有很强地意愿出台种种措施,推动本地区的经济发展。

在纺织产业的发展过程中,政府的引导作用主要表现在四个方面:

一是建设专业化产业园区,推动纺织业集聚发展。经过改革开放后30多年的发展,地方政府认识到产业集群对经济发展的重要性,也有意识地采取种种手段,鼓励地方产业集群的发展。为了吸引资本流入,各个地方政府都把极大的热情投入到产业园区的规划建设之中,力争形成有利于产业集聚的外部环境。例如湖北仙桃市彭场镇为了把无纺布产业做大做强,采取"一次规划、分期建设、业主开发、招商建厂、建厂租赁"的市场运作办法发展工业园区。园区建设于2001年启动。镇政府投资150万元,架设园区工业用电专线;投资50万元铺设新区供水管道;再投资200万元配套完成通向宜黄高速公路的道路建设。在园区建设完成后,政府开始大力引进外地无纺布生产企业,并引导本地无纺布生产企业进驻园区。目前园区内共聚集企业116家,形成绵延数公里的无纺布制品企业长廊。除了国内浙江、福建等地的投资者外,美国、芬兰、南非、中国香港、中国台湾等国家和地区的原料投资商也纷纷与本地企业合作,引进了9条无纺布生产线,一举改写了彭场无纺布制品依赖国外供应原料的历史①。

二是制定并实施土地、财政、税收等优惠政策。专业化产业园区的建设,只是为产业的聚集发展提供了集聚空间。为了使产业项目以及企业切实落户到产业园区,各地政府还出台相关的系列土地、财政以及税收等优惠政策。对于符合园区产业规划的项目,政府予以优惠的用地政策,如对于允许进入园区的项目,以较低的价格将土地卖给或租给企业使用;对于符合条件的项目,予以贷款优惠,由财政对贷款予以贴息;对于符合条件的项目,如符合国家减税条件、具有较高技术含量等,减少企业税收征收比例等。地方政府通过出台和实施这些优惠政策,吸引了纺织企业的进驻,促进了产业的集聚发展。

例如,在湖北荆州开发区,地方政府为了提高荆州印染循环经济工业园入园企业的竞争力,推动印染产业集群化发展,尽快把荆州印染循环经济工业园建成

---

① 中共彭场镇委员会、彭场镇人民政府:《中国无纺布出口基地发展历程》,http://pc.cnxiantao.com。

华中地区最大的印染基地，制定了一系列优惠政策。对不同时期投产的企业给予不同地优惠，如条例中规定，对于在 2008 年 10 月 1 日之前投产的印染企业，第一，由企业申请，开发区担保公司可给其提供额度在 300 万元以内的贷款担保（根据投资规模）；第二，印染企业征地款如尚未全部付清，但企业确有资金困难，在签订还款协议的前提下，可先将土地证办好交企业融资；第三，厂房及厂区内建筑配套费全免；第四，从投产之日起，3 年内企业增值税开发区留成部分全额返还，5 年内企业所得税开发区留成部分全额返还；土地使用税前两年全额返还，第三年减半返还（返还形式为先征后返）；第五，确保享受省发改委的政策资金扶持；第六，污水处理费为 1.65 元/吨（COD = 1 000）；第七，免交蒸汽开口费[①]。

在我国众多的其他纺织产业园中，也分别从土地、财政、税收等方面制定了类似的优惠政策。这些政策的设施，对于引导纺织企业进入产业园区，促进产业的集聚发展发挥了重要作用。

三是建设专业化公共创新平台促进产业升级。在我国，绝大多数纺织企业都是中小型企业，有的甚至是家庭作坊式，让每一家企业都投入上百万元购买技术设备、建立研发队伍开发新品种、跟踪国际最新流行信息不太现实，他们财力有限难以承受。同时，纺织业的国内以及国际竞争越来越激烈，要求新产品、新技术的推出速度越来越快，因此客观上又要求企业具备较高的技术研发能力。为了弥补当地纺织企业研发能力的不足，很多地方政府，特别是在一些纺织业发达地区的纺织业集群中，由政府出资或由政府牵头投资兴建技术创新中心，大力建设公共创新平台。通过公共创新平台的建设，提升集群的创新能力，为集群内企业提供技术研发和创新服务；与此同时，这一举措也吸引更多的企业进驻本地区，进一步促进了本地纺织业的集聚发展。

西樵是我国最早兴建纺织业创新中心的地区之一。1995 年，西樵地方政府提出了"科技兴纺"的发展战略。为了落实"科技兴纺"战略，1998 年，西樵镇政府先后投入 1 000 多万元建成了西樵轻纺城面料工艺制版公司，帮助企业研制新样品，进行工艺分析，并以成本价出售新样品，以带动企业创新。1999 年年底，各级政府又在西樵轻纺城面料工艺制版公司的基础上，总投入 1 亿多元筹建南方技术创新中心，并于 2002 年建成主体建筑。为了搭建好创新平台，政府大力引进各类研发机构进驻创新中心，并与东华大学、武汉科技大学等高等院校建立了合作关系。2003 年，南方技术创新中心成功引进了中国（南方）纺织面料检测中心，并投入 1 500 万元进行建设。创新中心各研发设计部门和检测中心

---

① 荆州印染循环经济工业园：《荆州开发区鼓励印染企业入园集群发展优惠政策》，http://www.huaxia.com/jztb/jmhz/zcfg。

以低于市场价的价格为本地企业提供新样品和创新服务，有效地帮助企业形成了一定的创新能力，提高了企业技术创新水平和市场竞争力，更进一步地促进了当地纺织业集聚发展水平的提升。

西樵南方技术创新中心的设立对于当地产业的集聚以及集群的进一步发展发挥了重要作用，并得到社会以及学界的普遍认可。其他地区地方政府纷纷借鉴西樵经验，建立当地的创新平台，以更好地促进产业集聚和竞争力的提高。自2008年起，中国纺织工业协会已经在全国133个纺织产业集群升级示点中推广西樵公共创新平台扶持企业创新、推动产业升级的经验。

四是做好产业转移的承接工作，引导从发达地区转出的纺织企业到本地落户。随着东部沿海地区的土地价格和劳动力成本上升，纺织产业向内陆转移的趋势逐步明显，内陆不少地方政府都开始积极筹备产业转移的承接工作。赣州是江西南部城市，由于受到区位条件的影响，经济发展水平一直比较落后。但当广东纺织业出现转移趋势之后，赣州由于紧邻广东，区位劣势变成了优势，成为了江西省承接沿海招商的重点地区。为了更好地承接来自东莞、广州、深圳等地的产业转移，把赣州打造成"承接产业转移的先行区"和"中西部地区承接产业转移第一城"，赣州政府出台了《关于加快推进承接产业转移工作的决定》（以下简称《决定》），推出了系列强有力的招商优惠政策，以强化承接载体与平台建设，优化发展环境，降低商务成本，营造竞争优势。《决定》明确规定，2008～2012年，通过5年的努力，初步建成以香港工业园为龙头的赣粤产业转移承接走廊和以台湾工业园为龙头的赣闽产业转移承接走廊，力争园区基础设施投入220亿元以上；各县（市、区）政府每年从房地产经营性用地项目的土地出让金纯收益中，按不少于20%的比例安排用于工业园区基础设施建设；赣州经济技术开发区土地收益全部用于园区建设；对于在赣州投资的新增企业，5年内缴纳的增值税和企业所得税的地方所得，60%奖励给企业补贴物流运输费用；新增企业水电分别补贴0.2元/吨和0.1元/度；行政事业收费实行零收费；企业只要按上年度职工月平均工资的60%缴纳基本养老保险，可自主选择参加医保，社保费用比周边低10%等。同时，赣州制定了产业指导政策，不断优化政策环境，先后出台了《赣州市鼓励投资实现开放型经济又好又快发展若干意见》、《赣州市人民政府关于加快承接产业转移的若干意见》和《赣州市人民政府关于加快工业园区建设的决定》等文件。为确保赣州重点产业招商引资工作的顺利推进，促进赣州轻工纺织产业的又好又快发展，结合市轻工纺织产业特点和优势，2009年，赣州市政府又出台了《赣州市轻工纺织重点产业招商方案》[①]。

---

① 中国赣州网：《打造承接产业转移第一城》，http：//www.gndaily.com/gzad/2008zhuanti/08/xg/xg.htm。

通过加强工业园区的建设以及出台一系列的优惠政策，近两年赣州成功承接了大量的沿海地区产业转移项目，纺织产业逐渐得到发展壮大。目前，在国内产值和规模都名列前列的东莞市华坚鞋业集团已进驻赣州。2005年集聚了360多家西裤、西服、衬衫生产企业的赣州南康就被授予"江西省纺织服装产业基地"。南康服装产品销往全国各地及东南亚等国家，拥有从业人员近6万人。

而在2005年3月成为江西第一个省级纺织服装产业基地的九江共青城羽绒服装产业基地，2006年5月顺利晋级为国家级纺织服装产业基地，被授予全国唯一的一个"中国羽绒服装名城"。这些称号带动了一批重点项目落户；引起了全国业界的广泛关注，投资15亿元的盛宏永国际服装工业城、投资5亿元的翔宇染整、投资5亿元的5万锭紧密纺等一批重大项目相继落户共青城，有效提升了共青城纺织服装产业发展层次。

在产业集聚发展效应下，共青城的纺织服装企业数量成倍增加。从2004年的95户增加到2007年的262户，增长1.76倍；纺织服装总量快速增长，主营业务收入从2004年的8.8亿元增长到目前的17亿元，增幅高达93.6%；服装品牌建设取得了明显成效，品牌数量从2004年年底的10个增加到2007年的45个，其中新增中国驰名商标1个（回圆），新增国家免检产品1个（回圆），新增江西名牌产品5个[①]。

成都制鞋业在承接东部产业转移的过程中得到了迅速发展，2005年12月被中国轻工联合会、中国皮革协会授予"中国女鞋之都"荣誉称号。成都有悠久的制鞋历史，近年来，随着东部沿海地区经济发展水平的提高，包括土地成本、劳动力成本等在内的商务成本不断提高，使东部沿海地区的制鞋业以及向中国转移的国际鞋业开始关注更具成本优势的中西部地区，逐步将中低档产品的制造环节和订单转向中西部地区，带动了成都等中西部地区制鞋产业集群的加快发展。为了更好地承接东部制鞋业的转移，成都出台了系列优惠政策，并努力建设完善的产业发展环境。在武侯区建设3.8平方公里土地面积的鞋都工业园，在崇州市建立制鞋生产基地，在金堂县建立制鞋工业园。在园区内建立的企业，享有地价、规费等方面的优惠。为了解决当地鞋业发展的原材料困境，在成都武侯区建立了中国西部规模最大、配套最完善的国际鞋材交易中心。同时，由广东新濠畔鞋材市场投巨资打造的西部最高端的鞋材贸易市场——成都新濠畔鞋材市场也即将破土动工。在享有能源、劳动力、土地资源等成本优势的同时，成都市以产业规划作引导，吸引鞋业转移，培育市场主体和自主品牌。2007年，成都出台了《成都制鞋产业集群发展规划》，制定了制鞋产业中期发展目标和相应的产业发

---

① 长三角商贸网：《江西纺织产业基地建设取得明显成效》，http://www.smcsj.com/item/Textile。

展政策,现阶段将紧紧抓住产业转移的机遇,以"一都两园"为主要载体,继续突出女鞋特色,发展壮大男鞋、运动鞋等产品,到 2015 年前,建成全国最大的鞋业生产基地、国内制鞋业重要的贸易中心、人才培训中心、品牌展示中心、研发设计及检测中心、信息中介服务中心。经过多年的发展,成都目前已有制鞋企业超过 1 500 家,包括制革、鞋底、鞋楦、鞋材、制鞋机构及零部件等配套企业超过 3 000 家,注册商标和品牌 300 多个,从业人员 10 万人左右,成为了成都重要的产业之一。

8.5 产业集聚与扩散对地区发展的影响

我国纺织产业主要集中在东部沿海发达地区,多数以产业集群的形式存在于这些地区的县(市)、镇中,许多集群等已经具备了世界级的规模,是这些地区竞争力的重要来源,在地方经济发展的过程中扮演了重要角色。近年来,在全球新一轮产业结构调整的背景下,中西部地区纺织产业集群的迅速发展,同时也加快了这些地区的工业化和城市化进程。

8.5.1 支撑区域经济增长

一般来说,产业集聚促进了上下游企业之间的联系,从而使得区域内的各个企业围绕整个产业链进行更加细致的专业化分工,处于中心市场的企业可以充分利用企业之间的紧密联系而带来的行业规模经济,行业内的规模经济又进一步促进了分工的深化,这种因果循环积累效应使得整个区域的企业进入一个良性的发展轨道,从而提高整个产业区的竞争力,推动经济的发展。

我国纺织产业的迅速发展对本地区的经济增长起到了重要促进作用。图 8 - 10 给出的是我国几个纺织大省广东、上海、江苏、浙江、福建、山东 6 省市 1998 ~ 2007 年纺织业占工业总产值比重的情况,从图 8 - 10 中可知浙江、福建、山东、江苏四省在 1998 ~ 2004 年纺织业的份额经过较快上升以后,从 2005 年起开始下降,但 2006 ~ 2007 年开始回升,而上海、广东两省市在 2004 年也经历了较大波动,但总体的下降趋势没有改变,这说明 1998 ~ 2007 年期间纺织业在这两省市的发展速度相对缓慢,或者由于产业结构的调整,部分纺织企业已经撤离了这些地区,谋求往新的地区发展,这也与近年来纺织企业向中西部进军的现实一致。虽然纺织业在这些地区的发展相对缓慢,值得说明的是,尽管这些地区的纺织业发展缓慢，但是，原有的产业基础还在，因此，短期内这些地区作为纺织业主要集中地的地位仍然维持，纺织业对这些地区的经济增长仍然起着重要作用。

根据有关资料统计，截至 2006 年年末，主要分布在我国三大经济圈（长江三角洲、珠江三角洲、环渤海湾地区）同时包括中西部在内的由中国纺织工业协会确认的 133 个试点纺织产业集群拥有企业 16 万户，工业总产值超过 14 000 亿元，出口交货值 3 500 亿元，利润总额 630 亿元，总资产 8 600 多亿元，职工总数 800 多万人，工业总产业和职工人数均占全国纺织产业的 40% 左右，其中棉纺行业的产能占 30% 以上，化学纤维产量占 60% 以上，服装产量占 70%，毛衫占 70% 以上，领带占 90% 以上，袜子全部在集群地区生产。在地方经济中，纺织产业是各县镇的经济主体，低的比重占 20%～30%，高的达 90% 以上。在社会经济方面，纺织产业集聚对解决农民脱贫致富，转移农村剩余劳动力、加快推进城市化的过程中也起到了重要作用，也培养了大批的民营企业主、企业家，并为创业提供了很好的平台①。

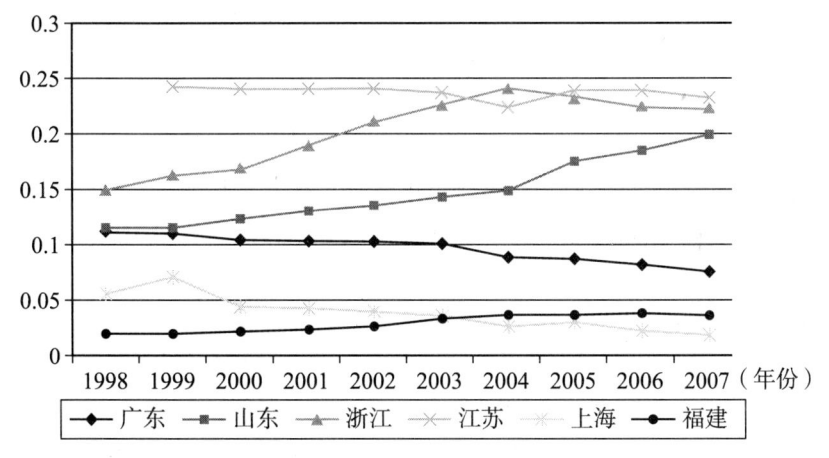

图 8-10　部分省市纺织业产值占工业总产值的比重（1998～2007 年）

资料来源：根据六省 1999～2008 年统计年鉴计算而得。

8.5.2　加速城镇化进程

纺织产业的集聚提高了集聚地区的城市化水平，这是因为城市化在一定程度上是工业化的空间表现形式（刘军、徐康宁，2008）。城市化的重要表现是农村人口向城市人口的转移。一般来说，农业和农村人口的转移有两种情况：一种是

---

① 中国纺织工业协会编：《中国纺织产业集群发展报告》，中国纺织出版社 2007 年版。

农村或农业人口直接向城市转移，在城市部门就业，这就是著名的二元经济理论的经济发展过程；另一种则表现为因某种特定的优势，一些原来的农村地区形成了大量承载工业化的乡镇，使原来的农村或农业人口变为城镇或工业人口。当第一种情况出现时，说明随着城市产业集聚程度的不断提高，大量的资源向城市部门集聚，追求收益最大化的劳动者也会向城市流动，从而提高了该地区的城市化水平。第二种情况则表明工业化带动了城市化发展。这些地区因具有区位优势、产业文化或要素条件，而逐步聚集了某一产业，比如纺织面料或服装产业，也有越来越多的本地人从事工业或相关的生产性服务业或生活服务业。这样制造业在带动服务业发展的同时，也带动了商业住房、酒店、餐饮业及公共基础设施建设的发展，使得原来的乡村演化为城镇，从而使当地的农村和农业人口就地转为非农户籍，成为城镇居民，并逐渐地形成城市人的生活习惯，市政建设也逐步完善。这样，随着本地城市化进程的逐步完成，一个新的城镇就出现了。

通过上述两种机制，我国纺织业集聚促进了当地城市化的发展。在20世纪90年代初期，随着国内外市场对纺织产品的需求的增加，广东、上海、浙江、江苏等省市的一些城市聚集了大量的纺织企业，这些企业以出口加工为主，为当地创造了大量的就业岗位。20世纪90年代后期以来，随着各个地区产业结构的调整，纺织业开始向周边的县镇扩散，加上一些原本具有优势的县镇，纺织行业以专业镇和块状经济的形式出现。浙江的绍兴、广东的西樵、江苏的古里镇等城镇相继兴起，这些县镇在承载工业化的进程中起到了重要作用，它们使当地的劳动力就地转移成为产业工人，加速了城市化的进程。

绍兴县位于浙江省绍兴市下辖的一个同名县，县域面积1 130平方公里，户籍人口70万，外来人口30万，下辖15个镇、4个街道。绍兴县纺织业历史源远流长。隋唐时，越罗名扬全国。及至明清，更有"时闻机杼声，日出万丈绸"之盛况。党的十一届三中全会以后，绍兴人开始大力发展以纺织、印染为主体的乡镇轻纺工业。随着各种类型的作坊和企业的出现，一些精明的绍兴人开始在轻纺企业较为密集、交通相对便利的柯桥，摆摊设点，坐地销售，一条专业布街悄然诞生[①]。

经过30年的发展，绍兴县由原来一个普通的轻纺市场成长为如今的国际纺织之都，随着纺织产业的迅速发展，绍兴县城市化速度也加快，一些乡镇在城市化的过程中迅速兴起。表8-1所示的是绍兴县三次产业产值的比重的变化情况。从表8-1中可知，经过30年的发展，第一产业在总产值中所占的比重下降迅速，从1985年的22.7%下降到2007年的3.2%，第三产业由12.9%上升到

---

① 见绍兴县经济统计网站。

31.5%，第二产业比重变化不大。由此可以看出，30 年来，围绕以纺织业为主的服务业迅速发展是绍兴县经济持续增长、城市化速度加快的主要动力。服务业的快速发展不仅有效地转移了当地的农村富余劳动力，而且加快城市化的进程，2006 年绍兴县建成区面积达到 38 平方公里，城市化水平由上年 54.1% 提高到 57.6%。

表 8－1　　　　　绍兴县三次产业产值比重变化情况　　　　　　单位：%

年份	第一产业	第二产业	第三产业
1985	22.7	65.4	12.9
1995	10.9	62.5	26.6
2000	6.5	64.5	29.0
2005	4.4	64.8	30.8
2007	3.7	64.8	31.5

资料来源：《绍兴统计年鉴（2008）》。

珠三角的佛山西樵镇也是一个以纺织面料业为主的专业镇，下辖 4 个城区，26 个行政村，常住人口 14 万，流动人口约 7 万。在 177 平方公里的辖区内集聚着 741 家纺织企业，年产 10 亿米纺织面料，从业人员 5.5 万。占地 1 000 亩的广东西樵轻纺城，政府和企业共投资 6 亿多元，建有 3 000 多家豪华商铺，云集了台、港澳及内地 26 个省市的客商在此经营，2006 年市场成交额约 178 亿元，是全国三大轻纺市场之一、华南地区最大的一级纺织品批发市场。

纺织产业在西樵的集聚发展带动了相关产业发展。如今，与纺织相关的第三产企业 2 000 多户，1 万人就业，产值 2 亿元。纺织产业集群的发展带动了商贸、饮食、房地产和酒店服务业的兴起，逐步奠定了西樵在南海西南片的商贸中心地位。城市建设亮点纷呈。目前，西樵镇基础设施日臻完善，城市面貌显著改观。新村镇建设全面推进，社会各项事业协调发展，这将推动西樵的城市化进程，从而加速本地的工业化进程，同时也将反过来推动西樵纺织产业集群的升级发展。

在纺织产业集聚发展带动下兴起的这些小城镇，在呈现为产业集群形式的同时，也给工业化和城市化注入了动力。这些专业化的城镇往往与某些产业的发展结合在一起，形成一个或几个产业集群，集群的进一步发展又对产业产生多样化的需求，从而形成新的城市。

8.5.3　带动落后地区发展

相对东部沿海地区而言，我国中西部地区拥有更加便宜的劳动力成本，土地成本也更加低廉,其他商务成本相对东部地区具有更大优势;东部地区和内陆地区有相似的文化环境和法律规范,对于东部的纺织企业而言,向内陆地区转移能规避投资风险,因此纺织产业向中西部转移将是一种趋势。特别是在目前情况下,中西部地区政府为了促进当地经济社会发展,更是出台了系列优惠政策予以支持,兴建专门的产业转移工业园,为吸引企业落户提供了良好条件。目前,已有很多纺织企业转移到中西部,如山东如意集团已收购原重庆海康集团,并计划投入超过40亿元的巨资在重庆万州区建设100万锭紧密纺生产基地;广东顺德的5家纺织服装企业已经签约进驻安徽阜阳"中国中部纺织工业城";深圳富宝化纤公司已迁移贵州;浙江维科集团已规划在江西九江兴建纺织工业园,该工业园以维科集团领衔招商,其上下游厂家也将落户该纺织工业园,以实现纺织产业链的转移等。对纺织企业转移的大量承接,使得当地的纺织业不断壮大,实力不断增强,进而推进了当地经济实力的增长。

产业转移促进了转入地的发展,主要表现在以下几个方面:一是促进了要素、资源的跨区转移,有利于要素、资源的合理利用;二是促进移入区的观念更新,推动管理方式的创新和企业家精神的传播,从而更新、改造欠发达区域的传统观念,推动欠发达区域制度环境的逐步改善;三是促进移入区产业技术进步;四是推动移入区的产业结构升级和经济发展;五是促进区域分工优化和区域经济协调发展。产业的转移,在某种程度上也促进了产业移出区的产业结构升级,提升了产业竞争力。根据迪肯(Dicken,1994)等人的相关理论,产业转移是分阶段进行的,从简单的设厂生产到逐步将与生产相关的各个环节链条转移到当地,产业集聚的作用将持续发生,促进当地经济发展。

重庆市璧山县近年的剧变,就是一个有力的佐证。该县有80多年的制鞋历史,但长期停留在家庭作坊生产低档鞋的阶段,温州市奥康集团进入,通过建立"鞋都工业园"、"西部鞋材交易中心"等,吸引浙、闽、粤等地数十家制鞋厂和数百家商户入驻,使璧山一跃成为集制鞋、展示、交易、物流、储运于一体的"西部鞋都",当地提供了数万个就业岗位;2007年全县财政收入10亿元左右,是2002年的3倍多。奥康集团也通过投资西部,拓展了发展空间,一跃成为温州鞋业中年销售额首个突破20亿元的企业集团(陈栋生,2008)。

8.6 结论与政策建议

通过以上分析,我们对我国纺织产业近30年来的发展与下一步的发展趋势得出如下结论：

纺织产业是我国传统上的优势产业。改革开放以来，基于对内开放和外资的带动作用，纺织产业以各种产业区、专业镇的形式，集聚在我国东南沿海省区，对当地的经济增长和城镇化建设都发挥了重要作用。近年来，随着中心地区的成本上升、资源紧缺等问题的出现，沿海地区的纺织产业面临越来越大的成本压力，向中西部地区转移和再集聚的趋势已经不可避免。同时，产业转移也并非意味着东部纺织业就此衰落，东部地区的区位、人才、技术和信息优势都是西部地区在短期内无法替代的。因此许多企业将会出现一种"'头脑'在沿海，'身体'在中西部"的格局，头脑主要从事创意、设计，身体主要从事制造、生产。从我国产业转移所发生的现实情况来看，上海等地在纺织产业的生产活动逐渐转移出去后，仍有大量的研发环节集聚当地，并不断壮大；大量的纺织服装贸易商不断发展。这样一来，我国纺织行业改革开放后所形成的"海外接单，沿海加工"模式在新的产业转移中将演变为"沿海接单，内地加工"的模式。沿海地区、中心城市的企业将进一步走"大经营，小生产"的路子，充分发挥其技术、信息和市场优势，发展成为设计、开发和贸易中心，而把生产加工向周边中小城镇、西部地区乃至境外转移，从而实现优势互补，促进我国纺织产业结构的合理布局。

此外，随着世界范围内的产业布局重新调整，区域经济同盟和经济多边协议在全球范围内的广泛兴起，都将对世界纺织业竞争格局产生重要影响。随着竞争的加剧，贸易保护和贸易摩擦将难以避免。为了保护本国产业发展，在市场放开和竞争加剧的同时，各国将更多采用非关税壁垒限制其他国家和地区纺织品进口，如提高环保标准、技术标准、社会责任标准和市场准入标准进行限制。将来，环保标准和社会责任标准将是我国纺织企业出口面临的两类最主要障碍。为应对越来越激烈的国际竞争，我国必须加快技术创新和产业升级的力度。政府应建立并完善知识产权和品牌保护机制，加强纺织品服装自主品牌建设的力度，强化企业品牌意识；加大行业产品设计、市场开拓等方面的力度，鼓励支持企业积极开展境内外商标注册，执行国际通行的质量管理体系、环境管理体系认证；鼓励纺织各行业、重点区域建立并发挥产业创新公共服务平台的作用，创建行业性、区域性公共品牌；重点扶持一批在品牌设计、技术研发、市场营销网络建设方面具有优势的企业。而企业也将更多地从发展生产能力转向发展市场营销体系。通过电子商务方式和网络平台，建立和扩大国际营销渠道，优化出口产品结构，增强我国自主品牌的国际竞争力，提高纺织服装自主品牌产品出口的比重。

从我国的经验来看，无论是在鼓励产业集聚、引导产业升级，还是在承接产业转移等方面，政府部门都可以有积极的作为。根据以上的结论，可以给出以下几点政策建议：

一是认识纺织产业集聚发展的规律。纺织产业的规模化发展要求在全球范围内分配产业资源和调整产业结构，这是纺织经济发展的必然选择。必须充分认识我国在世界纺织产业链中的国际地位，以便更好地发挥比较优势的作用和增强竞争优势，从国家层面上制定引导纺织产业升级和在中西部地区集聚发展的战略规划。鼓励地方政府大力承接产业转移。通过产业扩散转移和在中西部地区的再集聚，促进当地经济社会发展，从而缩小地区差距。

二是以系统思维制定纺织产业升级政策。产业升级是个系统工程，需要市场经济体制的完善，需要具备良好的软、硬环境。因此要系统思维，统筹规划，深化经济体制、行政体制改革、创新机制，全面提升。通过构建区域创新体系，加强产学研互动合作，提高纺织企业的技术创新、管理创新能力，提高企业的设计能力；加强纺织产业链上中下游各个环节的创新能力；打造区域品牌，提升纺织产业的高端竞争力。未来纺织产业内的最大赢家必将是那些掌握高新技术、具有资本实力、品牌实力和市场控制力的跨国公司。

三是加强纺织产业集聚过程中的环境保护，加强环境治理。尤其是承接产业转移的地区，应避免走先污染、后治理的传统工业化道路，要以循环经济发展理念为指导，落实科学发展观，走新型工业化道路，推动纺织产业的可持续发展。中西部地区，特别是西部地区，是我国生态脆弱、经济滞后、社会相对贫困的地区，在承接纺织产业转移的同时，应更加重视对资源和环境的保护。为了建设资源节约型和环境友好型社会，中西部地区将充分借鉴东部沿海地区在承接产业转移中的经验教训，提高纺织业的排放标准，减少对环境的污染；同时将更加科学合理地规划产业园区，走循环经济发展道路。

第 9 章

陶瓷产业集聚与扩散分析

9.1 基本问题与研究思路

9.1.1 产业背景与问题提出

1. 我国陶瓷产业的发展现状

陶瓷的生产在中国有着悠久的历史。早在 8 000 年前的新石器时期，我国的先民就已经会制造和使用陶器。在青铜器时代的中、晚期，原始青瓷也在华夏祖先充满智慧的劳动中被生产出来。但是，陶瓷成为一个对经济发展贡献卓越的产业，在中国还只是改革开放以后的事情。经过改革开放以来 30 余年的发展，中国已经成为世界陶瓷生产大国和消费大国。据统计，自 1993 年以来，中国建筑、卫生陶瓷产量一直位居世界第一。目前，中国建筑、卫生陶瓷的产量已经占据全世界总产量的半壁江山（陈国华、张志成、江惠民，2009）。

1998 年以来，中国陶瓷产业获得了飞速发展。从图 9 - 1 中可以看出，如果我们以 1998 年作为基准，我国 2007 年的 GDP 是 1998 年的 3 倍，2007 年的工业销售额是 1998 年的 6 倍多，而 2007 年的陶瓷产业销售额则是 1998 年的 11 倍多。由此可以看出，中国陶瓷产业的发展速度大大快于中国宏观经济的发展速度。

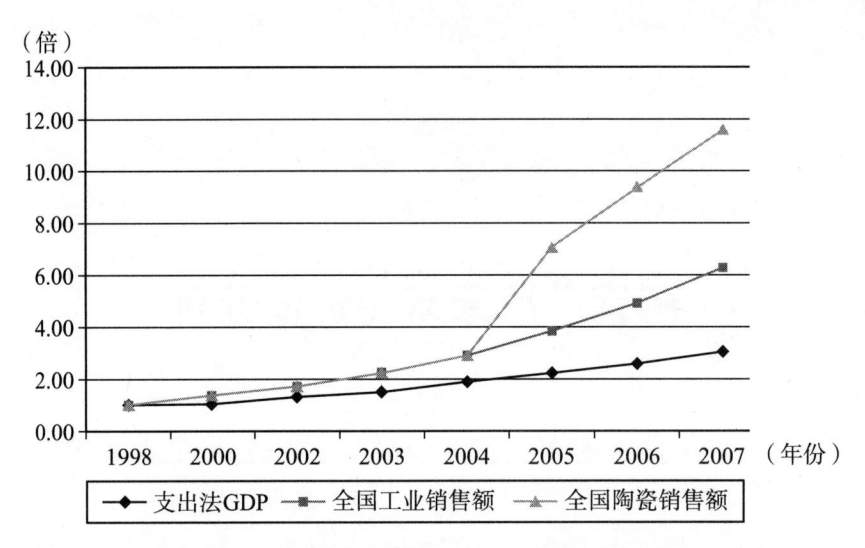

图 9-1 陶瓷产业增长趋势（1998~2007 年）

资料来源：根据《中国统计年鉴》和中国工业企业数据库计算而得。

中国陶瓷产业的飞速发展是多种因素综合作用的结果，但是，最根本的动力在于改革开放政策所促成的社会现代化。从某种程度上说，陶瓷产业是现代化的产物。在现代化、城市化的发展过程中，人们的居住结构、卫生观念、审美观念告别了传统的乡村文明，催生出对建筑、卫生陶瓷制品的巨大需求。由于欧美国家现代化的起步较早，因此，它们的陶瓷产业发展得也较早，技术相当成熟。在20世纪80年代，陶瓷产业在欧美国家已经被认为是一个高污染、高能耗的夕阳产业，受到日益苛刻的环保政策的限制，发展陷入困境。

中国实行对外开放，适逢欧美国家陶瓷产业向发展中国家转移之时。于是，中国东南沿海地区的广东、福建等地，成为国际陶瓷产业转移的首选地，因为它们靠近港口，便于出口，可以减少高昂的运输成本。广东、福建、浙江、上海等地的政府也积极营造投资环境，积极承接国际陶瓷产业转移，借助外力培育起庞大的陶瓷产业集群。在这种情况下，计划经济时期传统的陶瓷生产区，如唐山、景德镇等地，则遭遇了"逆水行舟，不进则退"的尴尬，一下子拉大了与沿海地区的差距。但是，时移世易，进入新世纪以来，随着交通运输条件的大大改善以及中西部陶瓷需求市场的形成，东部沿海地区的陶瓷生产企业迫于地价、出口、环保等因素的制约，纷纷在中西部地区设立工厂。如此一来，计划经济时期传统的陶瓷生产地区，在遭遇了20余年的沉寂之后，又迎来了发展、壮大的春天。

2. 问题的提出

本章主要探讨中国陶瓷产业自20世纪90年代中后期以来的空间演变轨迹，分析影响中国陶瓷产业空间集聚的基本因素，在此基础上评估其对中国区域经济协调发展的影响，并提出相关的政策建议。基于以上目的，我们提出以下3个方面问题：

（1）近10年来，我国陶瓷产业的空间布局发生了哪些变化？在沿海产业结构调整升级的大背景下，是否已经发生了显著的产业转移？

（2）推动陶瓷产业空间布局变化的原因是什么？

（3）陶瓷产业的集聚与扩散对于地区经济发展产生了什么影响？

9.1.2 研究思路和方法

本章沿用了第6章关于中国汽车产业的研究方法。通过使用行业比重和区位商两个经济指标，区分出纺织产业在空间分布的四种类型。然后采用比较分析的方法，通过对比1998年和2007年纺织产业空间分布的变动情况，找出陶瓷产业集聚和扩散的特征。具体方法可见第6章，本章不再赘述。

9.1.3 产业界定与数据来源

陶瓷产业主要包括建筑陶瓷、卫生陶瓷、日用陶瓷、工业陶瓷、艺术陶瓷、特种陶瓷等，由于分析数据的限制，本章所分析的陶瓷产业限定为特制建筑、卫生陶瓷产业。根据国民经济行业分类标准的定义，建筑陶瓷制品制造是指用于建筑物的内、外墙及地面装饰或耐酸腐蚀的陶瓷材料（不论是否涂釉）的生产，以及水道、排水沟的陶瓷管道及配件的制造。卫生陶瓷制品制造指卫生和清洁盥洗用的陶瓷用具的生产。2007年，中国建筑、卫生陶瓷产业的销售额占陶瓷产业总销售额的比重接近70%，这说明建筑、卫生陶瓷产业在整个陶瓷行业中居于主导地位（见表9-1）。

表9-1　　　　　各类陶瓷产业销售额比重（2007年）

陶瓷种类	销售额（万元）	比重（%）
建筑陶瓷	14 173.5	60
卫生陶瓷	2 063.1	9

续表

陶瓷种类	销售额（万元）	比重（%）
日用陶瓷	3 522.8	15
特种陶瓷	2 819.7	12
园林、艺术及其他	914.3	4

资料来源：根据中国工业企业数据库计算而得。

9.2 空间分布特征

9.2.1 集聚的辨识

沿用第6章汽车产业集聚识别方法，我们依据累计占全国行业比重和规模下降速度两个原则去判断各个年度陶瓷产业集聚的数量和区位。按照2007年全国各省份陶瓷产业总销售收入的大小，将全国31个省级行政区进行排序，然后选择销售额规模最大的前20个省级行政区并绘制出均值规模变化率的变化趋势图。从图9-2中可以看出，前3名省份之间的陶瓷产业规模下降速度都非常快。最大的差异在第一名和第二名之间，下降速度为4.77，表示销售额最大的地区与次大的地区相比，两者的差别是全省平均规模的4.77倍。在第二名和第三名之间的下降速度为3.8，到第三名和第四名之间的下降速度已经降为1.7，再往后的下降趋势已经相对平缓。说明我国排名前几名省份之间的产业规模变化很大，其他省份的陶瓷产业规模都大致接近。再考察各地区陶瓷产业的实际比重，发现排名第一的广东占到前20个省份陶瓷生产的42.4%，排名第二的山东占到19.4%，而排名第三的福建仅占9.5%，已经掉到10%以下。说明我国陶瓷产业在2007年大概呈现出3个梯队分布，第一梯队是广东，第二梯队是山东，其他地区基本可以归入第三梯队。其中广东和山东两省共占到总产量的61.8%，是我国陶瓷产业主要集聚区域。

采用同样的方法，我们可以确定1998年我国陶瓷产业集聚的地区只有广东一省。与2007年相比，1998年陶瓷产业更加集中在广东，产业份额占到全国前20个省份的51%，而位居第二的山东只占到11.6%。

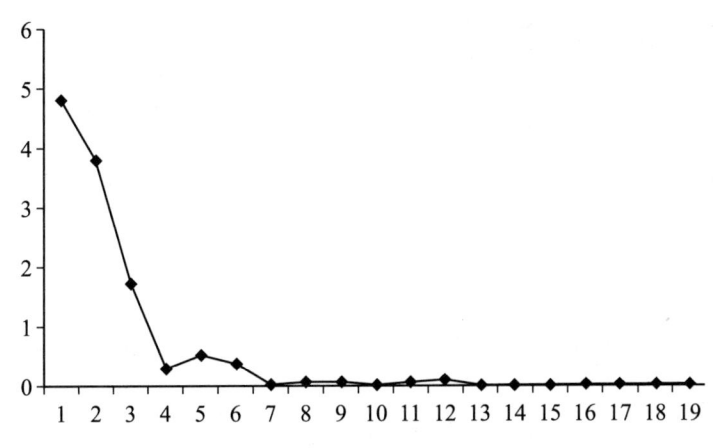

图9-2 省际陶瓷产业规模下降速度（2007年）

资料来源：根据中国工业企业数据库计算而得。

9.2.2 四种类型划分

产业集聚不仅仅影响到不同地区之间的产业规模，同时也影响到各个地区的产业结构和专业化水平。在早期的新经济地理学研究中，产业集聚与地方专业化往往被视为是一个硬币的两个方面，呈现出同方向的变动。但是更深入的研究表明，产业集聚与专业化之间的关系是复杂的。当产业在某个区域集聚的时候，未必就在该地区形成相对专业化的产业结构。所以，为了全面地判断陶瓷产业在全国的分布状况，有必要同时从生产活动集中程度和相对专业化水平两个维度同时进行观察。

分析生产活动专业化水平的常用工具是区位商，它由哈盖特（Haggett）首先提出并运用于区位分析中，主要用来衡量某一区域要素的空间分布情况，反映某一产业的地方专业化程度。当区位商大于1时，说明该地区的该产业有比较优势，供给能力强于需求能力，产品向外地出口。当区位商小于1时，说明该地区该产业的专业化水平低于全国水平，还须从该地区外进口；等于1时，说明该地区该产业基本自给自足（McCann，2010）。

图9-3和图9-4分别反映了1998年和2007年陶瓷产业在全国的分布情况。其中横轴值是各个省份陶瓷产业占全行业比重，反映了各个地区的陶瓷产业的规模大小。纵轴值是产业的区位商，反映了不同地区陶瓷产业的相对专业化程度。根据一个地区是否形成了产业集聚，以及是在陶瓷产业中形成了相对专业化，我们将这20个省市分为四类，分别落在坐标系的四个象限之中，其中，象限1表示陶瓷产业集聚，陶瓷产业在本地经济中占比相对高的地区。象限2表示

陶瓷产业集聚，但在本地经济中占比相对低的地区。象限 3 表示陶瓷产业占行业比重较低，但在本地经济中占比相对高的地区。象限 4 表示陶瓷产业无论占行业比重还是本地经济比重都相对较低的地区。

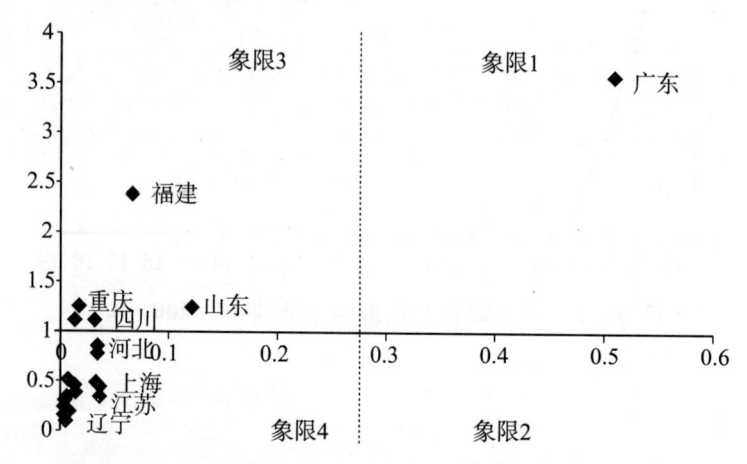

图 9-3 全国各省份陶瓷产业的空间分布（1998 年）

资料来源：根据中国工业企业数据库计算而得。

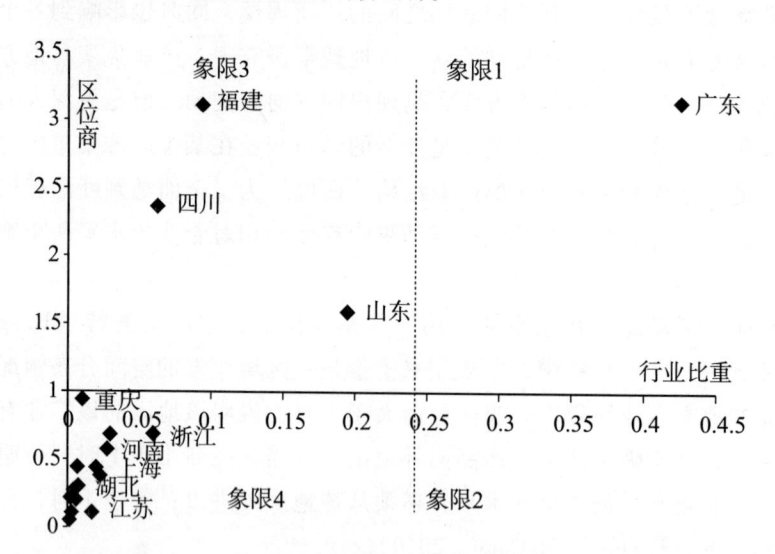

图 9-4 全国各省份陶瓷产业的空间分布（2007 年）

资料来源：根据中国工业企业数据库计算而得。

从这图 9-3、图 9-4 中我们可以发现，大部分地区都落在在象限 1 和象限 4 中。不存在象限 2 的类型，位于象限 3 中的地区也是非常少的。而且从 1998～2007 年，象限 3 的数量从 5 个进一步减少到 2 个。这表明中国陶瓷产业的集聚区位与用区位商表示的相对专业化区位是基本一致的。

9.3 产业集聚与扩散的特征

对比图9-3和图9-4,我们可以总结以下的陶瓷产业集聚与扩散的特征:

首先,产业集聚程度高,广东优势明显。1998年广东陶瓷产业规模占到了全国的51%,经过10年的发展,2007年广东依旧占到全国的42.4%。如果使用空间基尼系数来比较,就会发现陶瓷产业的集聚程度远远高于大部分工业部门。近10年来我国工业部门整体的基尼系数为0.55左右,陶瓷产业部门的基尼系数高达0.8以上(见图9-5)。这个集聚度不仅高于我们前面研究过的汽车行业,也高于同样为劳动密集型的纺织行业。因为纺织行业分别集聚在长三角和珠三角两大区域,而陶瓷行业则主要是集中在广东省。虽然近年来山东的陶瓷产业取得了较大发展,但与广东相比还是有较为显著的差距。

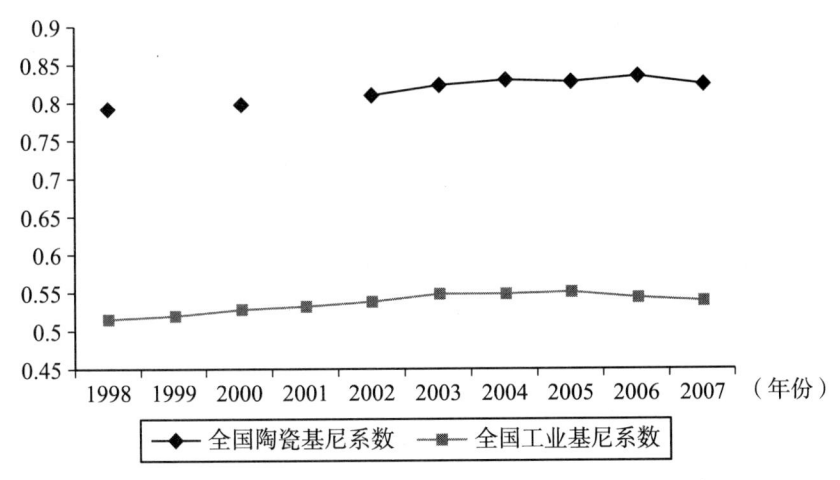

图9-5 陶瓷产业的空间基尼系数(1998~2007年)

注:全国陶瓷基尼系数缺失1999年、2001年的数据。
资料来源:根据中国工业企业数据库计算而得。

陶瓷产业不仅在省际之间表现出高度的空间集聚,在同一省份内部同样表现出高度集聚的特征。作为中国建筑、卫生陶瓷生产第一大省,广东省的建筑、卫生陶瓷产业主要集中在佛山市的南海、三水、禅城三区,其工业销售总额为449.76亿元,占广东省建筑、卫生陶瓷产业总销售额的75%。山东省的建筑、卫生陶瓷产业主要集中在淄博市的淄川和张店两区,其工业销售额为313亿元,占当年山东省建筑、卫生陶瓷产业总销售额的88%。除了广东和山东之外，四川和福建是我国另外两个陶瓷生产规模较大的省份。其中福建省的建筑、卫生陶瓷产业主要集中在泉州的晋江市，其工业销售值为114.21亿元，占当年福建省建筑、卫生陶瓷产业销售总额的68%。四川省的建筑、卫生陶瓷产业主要集中在乐山市的夹江县，其工业销售值为32.07亿元，占当年四川省建筑、卫生陶瓷产业销售总额的46%。

其次，生产区位相对稳定，向西部的产业转移规模有限。从工业部门的空间基尼系数来看，2004年是一个拐点，开始从集聚走向了扩散。陶瓷产业也在这个时期表现出了扩散的趋势，但是趋势并不是很明显。2004年，我国陶瓷产业的空间基尼系数为0.83，到2007年下降为0.82，仅仅下降了0.01。从全国产业分布图上观察，我国陶瓷产业的扩散主要发生在几个东部地区之间。与1998年相比，2007年广东在全国陶瓷产业中的比重下降，所失去的份额由山东填补。10年间山东的陶瓷产业份额从11.5%攀升到19.4%，是全国陶瓷产业增长最快的地区。其他出现增长的省份主要是福建和四川两省，其中福建省的行业比重从1998年的6.8%上升到2007年的9.5%，四川省从1998年的3.2%上升到6.3%。这表明，在土地和劳动力成本上涨的推动作用下，陶瓷产业向西部转移确实发生了。但与陶瓷产业在东部沿海地区的转移扩散相比，陶瓷产业向西部转移的规模还是相对较小的。目前陶瓷产业所发生的区位调整，并不足以改变东西部区域差距。

最后，地方保护主义保护了落后的生产格局，地区之间的贸易关系没有明显改善。区位商隐含着地区贸易的概念。当一个地区的陶瓷产业区位商大于1时，我们可以认为这个地区的陶瓷产业已经形成了相对专业化的产业结构，陶瓷产量超出了本地市场的需求，需要对地出口。当区位商小于1时，我们可以认为该地区陶瓷产业的产量无法满足本地市场需求，需要从外地市场进口从空间分布图上（图9-3和图9-4）来看，除了位于第1象限的陶瓷主要产区之外，绝大部分地区都落在象限4中。这些地区的陶瓷生产规模都非常小，区位商小于1，与广东、山东等陶瓷大省相比，既缺乏绝对规模优势，也缺乏相对比较优势。经过10年的演变后，象限4中的陶瓷生产规模并没有出现明显的缩小。在1998年，象限4中有13个省份，占到全国陶瓷行业比重的23.6%，平均每个省份仅占到1.8%的行业比重。到了2007年，处于象限4的省份上升到16个，平均每个省份依旧占到1.4%的行业比重。这表明尽管我国陶瓷产业总体上已经实现了很高的集聚水平，但地方保护力量依旧比较强，使得分散、落后的生产格局难以被淘汰。

9.4 产业集聚与扩散的原因

从第二部分的论述可以看出，建筑、卫生陶瓷产业在全国的空间分布表现出明显的动态、非均衡性的特征。这种非均衡，首先是来自于先天性的资源禀赋影响。与汽车、电子等现代制造业部门相比，陶瓷产业对特定资源的依赖程度更高。此外，陶瓷产业同样具有规模经济的特征，势必也要受到本地市场效应和价格指数效应的作用，推动产业在空间持续集聚。但是，由于陶瓷产业占地多，污染大，附加值相对较低，因此当其发展到一定阶段之后，拥挤效应也会表现得相当明显。随着东部沿海地区环境门槛的提升和地价不断上涨，其生产制造环节势必从集聚核心区向非集聚的外围区域转移。在这里，我们主要结合中国改革开放以来建筑、卫生陶瓷产业的空间集聚现象，从以下几个方面分析其形成的主要原因。

9.4.1 资源禀赋

如前所述，市场需求结构的变化会影响到陶瓷产业在全国的空间分布格局。那么从供给的角度来看，供给能力的此消彼长也在深刻地影响着陶瓷产业在全国的空间分布格局。对于陶瓷这样一个资源依赖型的产业，影响其供给能力的主要因素是陶土、煤炭、水等众多自然资源。所以，如果一个地区缺乏这些生产建筑、卫生陶瓷制品的自然资源，那么即使有旺盛的市场需求，也是很难发展起来的。

1993年，奥蒂（Auty）在研究产矿国经济发展问题时第一次提出了"资源的诅咒"（Resource Curse）这一概念，即丰裕的资源对一些国家的经济增长并不是充分的有利条件，反而是一种限制。徐康宁对我国各省经济增长速度和资源丰富程度的实证研究也表明，1978~2003年我国资源丰裕的地区经济增长速度普遍要慢于资源贫瘠的地区（徐康宁、韩剑，2005）。但是，对于后发地区来说，自然资源禀赋是其实现经济腾飞的基础条件，丰富的自然资源对于后发地区的经济发展来说，是后发比较优势的重要体现。

陶瓷的生产，需要陶土、煤炭、水、电等众多资源，所以，为了降低生产成本，陶瓷企业的选址必然要考虑到地理环境要素。在其他情况不变的条件下，将企业设在陶土、煤炭、水、电等资源丰富的地区是每一个企业的最优选择，因为它可以有效地降低生产成本，从而提高产品的竞争能力。

与广东、福建两省相比，山东、四川两省之所以能够形成陶瓷产业的集聚地区，很大程度上与其良好的资源禀赋不无关联。山东省有丰富的煤炭、石油、天然气和电力能源，四川省拥有丰富的水、电、煤炭和天然气、高岭土等资源。这些良好的资源禀赋为建筑卫生、陶瓷产业在该地区发展和集聚提供了坚实的基础。

从 2000 年起，国内能源价格开始不断走高，能源价格的提高导致佛山陶瓷产品的生产成本大大提高。同时随着越来越多的陶瓷企业集聚于广东佛山，导致了局部地区矿产资源超大规模的开采和消耗，引发"不可持续"的危机感，有人担心再过几年佛山会无泥可挖。正因为如此，佛山的陶瓷产业已经遇到了资源"瓶颈"，与山东、四川相比，佛山陶瓷企业要承担更高的水、电、油、土地价格，这就意味着，佛山陶瓷企业的成本优势正在消失。由于资源禀赋所显现出来的比较劣势，佛山的一些知名陶瓷企业也纷纷向这些资源禀赋好的地区进行转移，这为资源禀赋好的后发地区发展陶瓷产业提供了时机和条件。2000 年以来，广东省陶瓷产业份额的下降与资源禀赋条件的改变有直接关联。

9.4.2 历史文化

陶瓷的生产在中国有着悠久的历史，瓷器是我国古代劳动人民的一项伟大发明，它是中国优秀传统文化的重要组成部分。所以，陶瓷的生产不仅仅是一种创造利润的经济行为，它同时也是一种文化创造活动，正是由于此，我国当代陶瓷产业的空间布局也深受这种文化软约束的影响。

综观全国比较有名的陶瓷产业集聚区，大都有悠久的陶瓷生产的历史，积淀了深厚的陶瓷文化传统。如广东省佛山市的石湾镇，是目前闻名全国的陶瓷生产专业镇，而据史料记载，石湾窑在宋代就已经发展起来，在明清时期得到迅猛发展，盛极一时，成为岭南陶瓷文化的代表，有"石湾瓦，甲天下"的美誉[1]。新中国成立后，国家对石湾镇分散的陶瓷业手工作坊进行改组合并，组建了石湾建筑陶瓷厂。

山东省淄博市是目前我国仅次于佛山的陶瓷生产集聚地区，而该地区也同样具有悠久的历史和深厚的陶瓷文化积淀。据史料记载，在北齐时期，青瓷已在中国南方得到普遍发展和广泛流行，北方则发展相对滞后，而淄博寨里窑是目前唯一已知的北方青瓷的产地之一，它发展时间早，持续时间长，是北方青瓷的一个

---

[1] 中国硅酸盐学会编：《中国陶瓷史》，文物出版社 1982 年版，第 441～442 页。

重要产地①。

福建晋江的陶瓷生产被学者追溯到1 700多年前的西晋时期，经历史学家考证，晋江的磁灶镇也是中国陶瓷发源地之一，自西晋武帝泰始元年开始烧制陶器，宋朝时该地的陶瓷制品已扬名海外，距今已有1 700多年的陶瓷烧制历史（何振良、林德民，2005）。

同时，在江西的景德镇和宜春以及河南的禹州等中国传统陶瓷产区，也纷纷利用现代先进的陶瓷生产技术，发展陶瓷产业，发展势头良好。虽然，一些建筑、卫生陶瓷产区为了宣传自己的产品，会刻意地去过度挖掘历史资源。但是，如果一个地区客观上确实没有一点陶瓷生产的历史，那也是编造不出来的。同时，这些历史资源被挖掘出来，当作一种文化被陶瓷生产区推崇和利用，也证明了文化因素在陶瓷产业发展过程中确实有它的作用。所以，我们认为，历史文化因素也是影响建筑、卫生陶瓷产业空间分布的一个重要因素之一。

9.4.3 市场规模

在市场经济环境下，企业的区位选择以利润最大化为首要考量目标。奥古斯特·廖什（August Losch）的市场区位理论从市场需求的角度认为，企业合理的区位选择是靠近产品需求的地方。而威廉·劳恩哈特（Wilhelm Launhardt）和阿尔弗雷德·韦伯（Alfred Weber）的工业区位论则从降低成本的角度认为，产业的合理区位应该使运输成本最小化。陶瓷产业是一个高度依赖运输成本的行业，一旦销售半径扩大，销售成本就会明显提高，那么产品的成本优势就会削弱或者失去。为了降低建筑、卫生陶瓷产业的运输成本，企业往往会倾向于靠近市场生产。

从这个角度来看，陶瓷产业的空间分布格局的转变与建筑、卫生陶瓷产品市场需求变化有着密切的关系。我们知道，陶瓷制品属于一种重要的建筑材料，它的需求大户是房地产。所以，中国陶瓷产业的发展与中国房地产业的发展之间就存在着非常密切的关系。中国房地产业的蓬勃发展，建筑、卫生陶瓷产业国内市场需求日益旺盛，极大地改变了早期中国陶瓷产业主要依靠出口的局面，从而推动我国陶瓷产业的快速发展。这种国际、国内市场需求结构的相对变化，为处于北方和内陆地区陶瓷产业发展提供了契机，推动了中国陶瓷产业空间分布的变化。

回顾改革开放以来我国房地产业的发展历程，普遍认为，1998年是中国房地产业发展的分水岭。在1998年的下半年，国家取消了长期存在的福利分房政

---

① 中国硅酸盐学会编：《中国陶瓷史》，文物出版社1982年版，第162~164页。

策,一下子所有的中国人,要想取得住房,必须到市场上去购买,中国人对房产的有效需求在积压了几十年后突然被释放出来,中国房地产业获得了超速发展。中国房地产业的迅速发展拉动了建筑、卫生陶瓷制品的市场需求,所以,远离广东、福建的中、西部地区的陶瓷产业也逐渐起步并取得迅速发展。我们从前述的图9-5也可以看出,从1998年起,中国陶瓷产业基尼系数的增速都放缓了。到了2003年,中国房地产业的发展达到最高峰,在此之后,由于价格过高、结构不合理引发社会的广泛关注,从2004年开始,政府开始通过收紧土地与信贷来调控房产供给,此后国家一直通过宏观调控政策为房地产业降温。那么,2003年之后,中国房地产业的调整也意味着建筑、卫生陶瓷的市场需求增速在回落,这也深刻地影响陶瓷产业的空间分布格局,特别是对正向中国陶瓷产业第二梯次迈进的省份来说,是遭遇了来自市场的第一次消极影响。

我们从图9-6可以看出,广东、山东两省的陶瓷产业份额从1995~2007年的变化趋势中都有两个很显眼的拐点,第一个在1998年,第二个在2003年,而这与上述所描述的中国房地产业的发展趋势是一致的。这种一致性一方面可以说明,中国房地产业与中国陶瓷产业之间的密切关系;另一方面也表明,中国陶瓷产业空间分布格局是深受与房地产业相关的市场需求影响的。1998年,伴随着中国房地产业的蓬勃发展,国内建筑、卫生陶瓷市场被启动,这使得山东省的陶瓷产业凭借广阔的华北、华中、华东市场而迅速崛起。相反,这种由于住房政策变化释放出来的国内市场需求,对以出口为主导的广东省陶瓷产业集聚区来说,其消极影响是大于积极影响的。所以,我们在图9-6中看到,从1998年开始,山东省陶瓷产业的份额开始增加,而广东省陶瓷产业的产业份额开始下降。

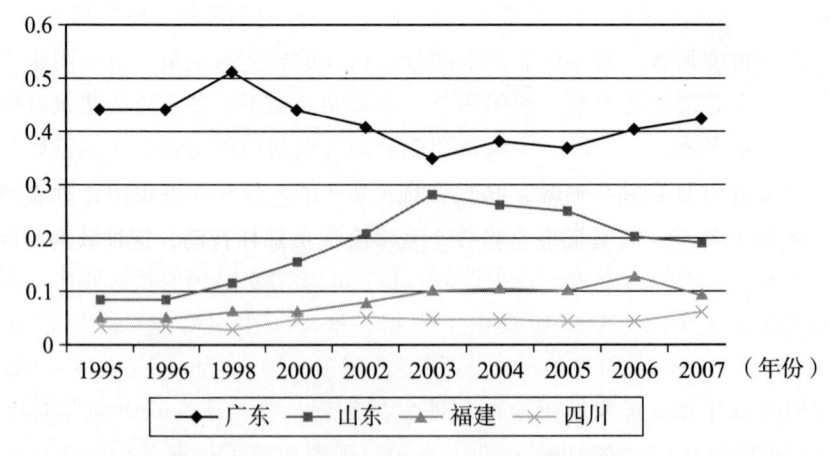

图9-6 闽粤鲁川四省建筑卫生陶瓷产业份额变化趋势(1995~2007年)

资料来源:根据中国工业企业数据库计算而得。

但是到了 2003 年，随着国内房地产业在达到高峰后的不断下调，中国国内市场对建筑、卫生陶瓷制品的需求增速放缓，山东省的陶瓷产业也立刻受到冲击，其份额从 2003 年开始下滑。相反，这一次的市场需求的调整，对以出口为主的广东省陶瓷产业的影响是有限的。所以，随着山东省份额的下滑，广东省的陶瓷产业的份额从 2003 年起开始止跌回升。那么，根据这种判断，由于受到国际金融危机的影响，国外市场需求开始萎缩，这将对以出口为主的广东省陶瓷产业产生较大的不利影响，相反，对以满足国内市场需求为主的山东省陶瓷产业的消极影响则相对有限，这就很有可能将两省陶瓷产业份额的变化趋势重新倒转过来。当然，由于最新的数据目前还看不到，所以现在还无法验证我们的推测。

同时，从降低成本的角度来讲，将陶瓷产业定位于产品需求旺盛的地区是合理的。但是，对于广东、福建的陶瓷生产企业来说，要占领广阔的北方市场和潜力巨大的西部市场，在成本上就输给了四川和山东省的建筑、卫生陶瓷企业。特别是 2000 年以来，我国燃料、能源价格的大幅上涨，更加剧了广东、福建陶瓷企业的成本弱势，而助长了四川、山东陶瓷企业的成本优势。正是在这种成本最小化的市场法则驱动之下，从 2000 年开始，广东佛山的一些陶瓷企业就开始外迁，将企业迁入靠近产品需求的西部地区和北方地区。如广东佛山的知名品牌陶瓷企业新中原在 2000 年就进驻四川省夹江县。从这个角度看，图 9-6 中广东省和山东省陶瓷产业份额在 1998~2003 年间的一降一升也与能源价格上涨导致的两地成本优势的相对变化有一定关系。

9.4.4 分权竞争

中国的市场化改革是在政府的主导下实施的，虽然市场在资源配置中发挥着基础性的作用，但是政府的主导地位并没有随着市场的扩张而削弱，反而在诸多方面是与市场共舞，市场力量在增长，政府的主导能力也在增长。戴慕珍用地方法团主义来概括中国地方政府的角色，她说："在经济发展过程中，地方政府具有公司的许多特征，官员们完全像一个董事会成员那样行动，这种政府与经济结合的新制度形式，我称之为地方法团主义……我所说的地方法团主义是指一个地方政府协调其辖区内各经济事业单位，似乎是一个从事多种经营的实业公司"[①]。

地方政府对经济发展的热情来自于中国的地方政府分权竞争体制。在财政收入最大化和个人政治精神的激励下，不同地方政府之间为了争夺资本流入，彼此

---

① 转引自丘海雄、徐建牛：《市场转型过程中地方政府角色研究述评》，载《社会学研究》2004 年第 4 期。

之间存在着激烈的竞争（周业安，2003；周黎安，2007）。黄世英通过对潮州枫溪和越南八幢两个陶瓷产业集群的比较研究发现，在潮州枫溪陶瓷产业集群中，地方政府与企业之间的关系可以概括为："你赚钱我发展，先让利后得利"、"你发财、我发展"。在经济利益驱动下，枫溪地方政府积极与当地陶瓷行业协会（半官方性质）联手，为辖区内的众多私人企业或整个产业提供发展所必需的公共物品，地方政府与行业协会两者职能混淆，相互替代。而越南八幢陶瓷产业集群则完全不同，越南尚未实行"放权让利"、"分灶吃饭"的政策，地方政府职能主要停留在管理农业和行政，缺乏激励去促进地方工业发展（黄世英，2005）。

由于地方政府在发展地方经济中的积极、主导角色，所以，市场竞争就不仅仅表现在企业层面，而且更多地表现在地方政府与地方政府之间。那么对于陶瓷产业来说，其空间分布格局一方面受制于市场竞争的逻辑；另一方面也受制于中国各地区、各级地方政府之间的权力博弈和优惠政策的比拼。

地方政府由于拥有各种可支配的资源，因此可以通过土地、税收、金融、财政等一系列优惠措施人为地打造出一个区域的产业发展优势，从而改变产业的空间分布格局。政治逻辑主导的产业空间分布意味着，哪些地方政府资源越多，提供政策越优惠，哪些地方就越有可能集聚起某种产业。那么，地方政府提供优惠政策的能力一方面取决于自身的财政实力；另一方面取决于争取上级政府支持的能力。要获得上级政府的支持，一方面取决于地方政府官员的关系资源和活动能力；另一方面取决于上级政府的经济发展战略。

从地方政府的财政实力来看，东部省份的地方政府更具财政实力打造所谓的"政策洼地"。但是，近几年来，西部大开发、振兴东北老工业基地以及中部崛起等区域经济协调发展战略的陆续推出，为中、西部地区的地方政府争取上级政府支持提供了契机，所以一些中、西部地区的地方政府正是接着这个契机迅速打造自己的"政策洼地"，招商引资，在某些产业上正在逐渐改变东部独大的格局，陶瓷产业就是其中的典型。东部地区由于受到国土空间和节能减排的限制，已经很难为陶瓷产业提供发展的空间了。在这种背景下，东部地区的地方政府开始鼓励陶瓷企业向外地转移，将置换出来的土地用于发展更具效率的产业部门。而原本在东部发展首先的陶瓷企业，在向中西部转移后放松了土地资源约束，纷纷出现了相当大规模的生产扩张，进一步缩小了产业规模的差异。

图 9-7 显示了四川陶瓷产业历年来占行业比重的变化。从图 9-7 中可以看出，四川省陶瓷产业份额正是在 1998 年和 1999 年的时候开始大幅度提高的。西部大开发战略的实施，一方面创造了大量的市场需求，另一方面，地方政府以西部大开发名义发展的产业项目更容易得到上级政府的各种支持，如财政拨款、基

础设施投资以及土地、税收等多方面的政策优惠措施，这都为后发地区产业的崛起提供了任何其他地区都不可能有的优势。

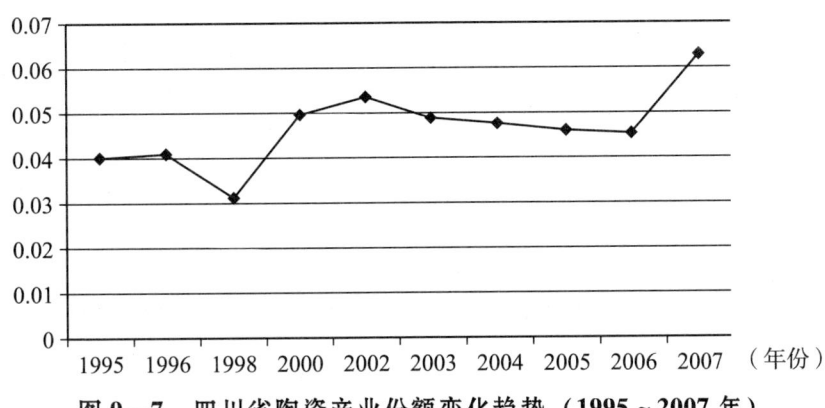

图 9-7 四川省陶瓷产业份额变化趋势（1995~2007 年）

资料来源：根据中国工业企业数据库计算而得。

9.4.5 产业政策

国家的宏观产业政策对陶瓷产业的空间分布也产生了重大影响。从 2000 年开始，国家先后四次调低陶瓷制品的出口退税率，2000 年前后从 17% 降至 15%，2003 年从 15% 降至 13%，2006 年从 13% 降至 8%，2007 年又从 8% 下调至 5%。出口退税政策的变化，对广东、福建等地的建筑卫生陶瓷企业以前所未有的压力。因为广东、福建的陶瓷产业主要以出口为导向，根据中国工业企业数据库的统计数据，1998 年，全国各县（或区）陶瓷产业的出口交货值总额约为 9.1 亿元，而广东、福建两省的建筑、卫生陶瓷产品出口交货值则约为 3.5 亿元，约占该产业全国出口额的 38%。2007 年，全国各县（或区）陶瓷产业的出口交货值总额约为 82.8 亿元，广东、福建两省的陶瓷产业出口交货值则约为 73.4 亿元，约占该产业全国出口额的 89%。出口退税率的下调，必然降低出口企业的利润，削弱出口贸易的比较优势，所以会促使一些建筑、卫生陶瓷企业积极开拓国内市场。但是，由于广东、福建偏于东南一隅，要进军国内消费市场，在运输成本上居于不利地位。所以，在出口退税政策的诱使下，广东、福建的一些建筑、卫生陶瓷企业纷纷实施产业转移战略，将部分或全部业务转向江西、四川或者北方的河南、山东、河北等地，以占取国内市场，以规避政策变化造成的不利影响，这也在一定程度上改变着中国陶瓷产业的空间布局。

另外两项重大的政策变化就是国家于 2008 年 6 月 1 日起实施的建筑、卫生陶瓷产品单位能源消耗限额国家标准以及正在讨论的《陶瓷工业污染物排放标准》。这两项政策对陶瓷产业空间布局的影响是多方面的,首先,它提高了该行业的准入门槛,制造了进入障碍,那些在建筑、卫生陶瓷生产方面"一穷二白"的地区,想再发展该产业几乎是不可能的了。其次,它提高了整个行业的生产成本,降低了整个行业的利润率。这就会阻止那些想涉足该行业的"跃跃欲试者",甚至导致该行业的资本转向其他行业。环保门槛的设置,会使一些技术落后、设备陈旧、能源消耗大、环境污染不达标的小企业关闭、停产,这将进一步促进陶瓷产业的优势要素的空间集聚。

9.5 案例分析:佛山陶瓷产业的集聚与扩散

在市场机制的主导之下,中国陶瓷产业在改革开放以来出现了明显的空间集聚现象,产业的地区间差距也随之明显拉大。但是,某些地区通过单一产业的空间集聚形成产业集群,可以产生明显的集群发展优势,为产业整体绩效的提升提供了平台。而且,产业集群发展到一定程度之后,随着集群内地价的攀升以及资源的限制,一些低附加值的环节或一些没有提升竞争力的企业就会被逼出集群,另谋"低就",这样就会形成地区之间产业分工,在一定程度上会弥补由于以前的高度集聚导致的日益扩大的地区差距。笔者以佛山陶瓷产业集群为个案,简要分析其对陶瓷产业发展以及区域经济协调发展的影响。

9.5.1 佛山产业集群的形成

广东佛山是目前中国最大的陶瓷生产区,被誉为"中国陶都"。佛山陶瓷产业集群的形成与其悠久的陶瓷生产历史有一定关系。据史料记载,在明清时期,佛山陶瓷生产就已经非常繁荣,有"石湾瓦,甲天下"的美誉。新中国成立后,佛山陶瓷生产得以延续,其出口量在 20 世纪 70 年代占全国陶瓷总出口量的 1/5。

1982 年,广东佛山陶瓷集团率先在中国内地引进第一条意大利年产 30 万平方米的彩釉砖自动生产线,而后又从德国引进了第一条现代化的卫生陶瓷生产线。现代陶瓷生产设备的引进,大大提高了陶瓷的生产效率,标志着中国陶瓷业迈出了告别传统工艺和传统生产方式的第一步。1992 年邓小平同志南方谈话后,我国发展市场经济的政治环境更加宽松,在当地政府的鼓励下,一批乡镇企业陶瓷企业纷纷成立,它们借助国内开发出的大型喷雾干燥塔、大吨位压机、宽断面辊道窑、抛光线等装备及新的生产技术，以低成本进入、低成本生产，不断发展壮大，逐渐成为产业发展的主角。

目前，陶瓷成为佛山市主要传统支柱产业之一，有石湾、三水、禅城、高明等以陶瓷为主导产业的陶瓷专业镇，集聚了上千家陶瓷企业，拥有近千条陶瓷生产线，与陶瓷生产相关的配套企业众多，专业市场十分发达。形成了集陶瓷研发、生产、销售于一体的集群网络。

9.5.2 佛山陶瓷产业的集群优势

同一产业或相关产业在某一地区集中的现象，新古典经济学代表人物马歇尔就对此做过经典的论述。马歇尔认为，产业在特定区域集中的主要原因在于外部规模经济，它主要体现在三个方面：第一是知识外溢，马歇尔写到，在产业集聚的地方，"行业的秘密不再成为秘密，而似乎是公开了，孩子们不知不觉地学到许多秘密。……如果一个人有了一种新思想，就会为别人所采纳，并与别人的意见结合起来，因此，它又成为更新思想的源泉。"第二是共享的劳务市场，马歇尔写道，"雇主们往往到他们能够找到需要的有专门技能的优良工人的地方去，同时，寻找职业的人，自然也要到有许多雇主需要像他们那样的技能的地方，因而，在那里技能就会有良好的市场。"（Marshall，1920）第三是配套产业和服务业的兴起，在产业集聚地区，由于有大规模的集中需求，所以为中心产业提供装备、原材料以及基础设施服务，可以产生规模效益。对于佛山陶瓷产业集群而言，马歇尔所分析的外部规模经济效应在此得到了鲜明的体现。

首先，佛山陶瓷产业集群有促进集群内厂商间知识共享的平台和机制。由于佛山陶瓷产业集群内集中了上千家陶瓷生产企业，这些企业集中在一个地区，有利于相互学习，共享行业知识。不仅如此，佛山产业集群还发展出各种现代传播媒介，来促进集群内企业之间的知识沟通与共享。目前，佛山陶瓷产业集群内存在各种提供技术知识和行业信息的公共平台，如广东佛山陶瓷集团1990年创办了中国第一份公开发行的陶瓷行业周报——《陶城报》。佛山陶瓷研究所于1991创办的《佛山陶瓷》，主要介绍陶瓷产业技术，报道中外陶瓷产业动态。广东省陶瓷协会于1985年创办《广东陶瓷讯息》，报道陶瓷产业相关政策和讯息。另外，佛山市从事陶瓷产品原料辅助材料、陶瓷装备生产、贸易的企业以及相关的科研、策划、教育、传媒、文化机构等单位还组成了佛山市陶瓷行业协会。有了这些知识、信息交流的公共平台，一个人或一个企业就可以将自己的私人知识转换为公共知识，如果其他的个人或企业看到了这些公共知识，就有可能产生新的思想和看法，这就完成了知识和信息从私有到共有然后再到私有的良性循环，实现了马歇尔所说的产业集聚的知识外溢效应。

其次,佛山陶瓷产业集群有庞大的专业市场体系。由于大量陶瓷企业的集中,带来了产品的丰富性和多样性,客户来佛山陶瓷产业集群最可能挑选到他想要的产品,特别是对于大型批发贸易公司来说更是如此,"佛山陶瓷"已经成为一个响亮的区域名片,吸引众多的国内外客商前来选购各种各样的陶瓷产品。目前,佛山陶瓷专业市场总面积超过100万平方米,其中华夏陶瓷博览城60万平方米,中国陶瓷城6万平方米,还有国际陶瓷博览中心、城南市场、置业市场、华艺装饰市场、沙岗市场等陶瓷批发市场和江湾路陶瓷一条街、南庄大道陶瓷一条街等。完善的专业市场体系为集群内企业的产品销售提供了便利,而且"佛山陶瓷"名片成为集群内所有企业共享的品牌,为集群内陶瓷企业的市场营销提供无形中的帮助。

最后,佛山陶瓷产业集群拥有完善的配套服务网络。大量陶瓷企业的集聚,带来了对相关服务的规模需求,这使得提供这些服务的企业获得了规模经济,成为有利可图的产业。所以随着集群内企业数量的不断增多,其相关的配套服务也日益完善。目前,佛山以力泰、科达等企业为主的陶瓷机械设备制造业不断发展壮大,陶瓷压机占全国市场份额的80%,抛光砖压机占85%。同时,亚洲最大的制釉企业——大鸿制釉公司也落户佛山,还有辊棒、耐火材料、模具、配件、筛网等配套企业几百家。在产品研发方面,成立于1958年的佛山市陶瓷研究所,是一家集科研开发、技术成果转化、技术服务及科技期刊出版为一体的广东省首批综合型高新技术企业。1991年,石湾镇陶瓷工业研究所成立,主要致力于瓷砖模具的研究和生产,诸如大型高寿命模、等静压模、陶瓷橡胶模等均为省或国家重点产品。这些众多的配套企业与陶瓷企业一起分工合作,最终形成一种新的组织形式——网络化组织。它既不同于市场,也不同于巨型的科层制企业,是一种具有较强市场适应能力和竞争优势的新型组织形式。

综上所述,陶瓷产业的空间集聚具有诸多孤立的单个企业所无法想象的市场竞争优势,正是因为同一行业企业的空间集聚有利于获得群体效率,所以才促使众多企业在特定空间的集聚。那么反过来,企业在特定空间的集聚不仅促进了单个企业的发展,同时也促进了整个行业生产绩效的提升。

9.5.3 佛山陶瓷产业的转移

佛山陶瓷产业集群在集聚产业要素达到一定程度之后,伴随着集群内地价的攀升和竞争的加剧,产业转移必然产生。按照佛山市政府的说法,2000年以来,佛山陶瓷产业有三次大规模的转移浪潮。

第一次是 2000 年开始的佛山陶瓷向四川夹江的转移，主要是为了寻求当地天然气价格低廉的优势。四川夹江陶瓷产业集群，为了招引佛山陶瓷企业，政府专门建设了"夹江广东佛山工业园区"。2008 年，夹江陶瓷产业销售收入超过 60 亿元，对县级一般预算收入贡献率为 75%，吸纳就业 6 万多人，成为西部地区为数不多的劳务输入县[①]。这说明，佛山陶瓷产业转移，对于承接产业转移的地区来说，是一个缩小与先发地区经济差距的大好时机。

第二次是 2002 年佛山陶瓷向周边的肇庆、清远等地转移。肇庆市地方政府也积极承接佛山陶瓷产业转移，对外来陶瓷企业进行园区规划，已培育出高要金陶工业园、高要白土陶瓷集聚基地、四会龙湾陶瓷工业城、鼎湖永安陶瓷工业园 4 个工业园区。2006 年，已有陶瓷生产厂家 60 多家，投资规模超过 80 亿元。陶瓷业随之成为肇庆市吸引外来投资第一大产业，稳居肇庆各产业总产值第 1 位，对当地就业和税收贡献明显[②]。

第三次是 2008 年开始在广东双转移政策下佛山陶瓷向全国各地转移。在 2008 年 4 月，佛山市政府连续出台三个文件：《佛山市陶瓷产业结构调整评价指导方案》、《佛山市陶瓷产业扶优扶强若干政策措施》、《佛山市陶瓷产业发展规划（2008～2015）》，为佛山陶瓷产业转移和产业升级制定了明确的路线图。按照政府的规划目标，在 3 年时间内，总数量在 80% 以上的陶瓷企业要迁出佛山。今后佛山的陶瓷产业将着重打造"总部经济"，专门搞陶瓷的研发和销售，与产业转移承接地区形成"前店后厂"的模式，向陶瓷产业价值链高端发展。

如果说 2008 年以前的陶瓷产业转移是企业主动扩张的话，那么 2008 年以后的产业转移则完全来自于政府部门的强烈意志。佛山陶瓷经过这么多年的发展，已经形成了完善的产业配套环境，产品出口到 170 多个国家和地区，在全国乃至全世界都享有非常高的知名度，所以大部分陶瓷企业并不愿意迁离佛山。之所以当地政府会作出强迫陶瓷产业转移的决策，是与陶瓷产业在佛山经济中的重要程度降低，以及佛山经济转型升级的需求分不开的。佛山紧邻广州，民营经济发达，制造业门类齐全，不仅有诸如家具、纺织、铝型材等传统行业，同时还发展了诸如电子、家电、汽车等一系列现代制造业和高新产业集群。仅在汽车产业方面，佛山南海一个区就拥有规模以上零配件企业 154 家，2009 年工业总产值超过了 280 亿元。等到 2013 年占地 2 000 亩的一汽大众华南汽车生产基地投产，佛山即将形成年产轿车 30 万辆的产能。相比之下，陶瓷产业占地多、污染大、能耗高，所创造的经济价值却相对有限。2007 年佛山陶瓷工业实现总产值

---

① 《夹江县陶瓷产业集群发展之路》，载《四川日报》经济新闻·专刊，2009 年 7 月 20 日。
② 《肇庆陶瓷业力争 10 年打造两个世界品牌》，http://www.clii.com.cn/news/content-131414.aspx。

614.45 亿元、利润总额 36.44 亿元，但仅占到全市规模以上工业的 7.3% 和 7.9%。而监测到陶瓷重点企业的工业粉尘、二氧化硫、氮氧化合物、工业废气排放量等，却占到了全市所有重点工业企业总和的 59.86%、42.15%、32.27% 和 29.85%。在能耗方面上，2007 年佛山市规模以上非金属矿物制品业（陶瓷工业总产值占到其中的 82.6%）单位产值能耗是规模以上工业的 4.17 倍，在各工业行业中仅次于电力、热力的生产和供应业而居于第 2 位。再加上陶瓷产业转移可以空出大量的土地，对土地资源已经基本耗尽的珠三角地区而言可说弥足珍贵。因此，当广东制定了双转移政策之后，高污染、高能耗、低附加值的陶瓷企业转出就已经势在必行了。

到 2010 年年底，为期 3 年的佛山陶瓷产业转移已经按计划完成。在佛山全市列入调整提升的 298 家建筑陶瓷生产企业中，关停转移的企业有 220 家。按照 2007 年佛山共有规模以上陶瓷企业 366 家计算，3 年间，有超过 80% 的陶瓷企业外迁。在被称为"中国建陶第一镇"的南庄镇，关停转移陶瓷企业 62 家，目前仅剩下 13 家，占原有数量的 17%。为此，南庄镇损失了 70 亿元的工业产值和近 2 亿元的税收收入。但是，陶瓷产业转出的收益也是很明显的，南庄镇 2009 年空气中二氧化硫和可吸入颗粒物的浓度值比 2003 年下降了一半。在节能减排方面，佛山市 2008 年和 2009 年单位 GDP 能耗下降率都位居广东省之首，2009 年佛山单位 GDP 能耗下降到 0.694 吨标准煤/万元，提前 1 年完成了"十一五"期间单位 GDP 能耗下降 20% 的目标任务。

佛山陶瓷产业转移吸引了内地诸多欠发达地区争取产业承接的努力。从转出的去向来看，广东省内主要集中在清远、河源、肇庆、揭阳、阳江等对口转移地区。省外转移主要集中在江西、广西、湖南、湖北、河南、山东、内蒙古、安徽等省区。其中江西引入的佛山陶瓷企业数量最多，新明珠和新中源迁到了江西高安市，东鹏和唯美等企业嵌入了江西省丰城市，乐华、金意陶、特地等企业则去了景德镇，正大陶瓷去了萍乡。可以预见，这些陶瓷企业的迁入将很快给当地经济生产可观的推动作用。但问题在于，陶瓷产业的转移会不会同时带来污染的转移，这是许多人目前非常担心和关注的。

9.6 结论与政策建议

改革开放以来，中国陶瓷产业摆脱了计划经济时期的低水平均衡陷阱，在经历了 20 余年的产业集聚之后，形成了相对稳定、集聚程度较高的产业布局。但是随着沿海地区产业结构的调整，尤其是对资源环境保护力度的加大，陶瓷产业也面临着产业转移和区位调整。对陶瓷产业的发展经验进行总结，我们提出以下三条政策建议：

第一，让市场主导产业布局。在前面的论述中我们知道，中国陶瓷产业空间布局的变化，从根本上说是在市场法则的引导下形成的。而我们知道，市场在资源的空间配置方面是高效的、灵活的。国内陶瓷产业从广东独大到山东、福建、四川等省份的崛起，从总体上看是实现了资源的合理配置。因为在改革开放的初期，广东省陶瓷产业的发展主要是出口激发的，后来由于路径依赖才导致其规模的集聚膨胀。但是随着国内房地产市场的蓬勃发展，国内巨大的市场需求被启动后，广东、福建的建筑、卫生陶瓷企业如果要开辟国内市场，就存在着巨大的资源浪费，广东一省独大的空间布局就成了一种不合理的资源空间配置格局。正是在这个意义上，中西部和北方陶瓷产业集聚区的崛起是在市场法则引导下，改变了这种不合理的资源空间配置局面。所以，在今后建筑、卫生陶瓷的空间布局上，我们应该继续坚持市场法则的基础性作用，相信市场法则是能够比较有效地实现合理、有效的资源空间配置的。

第二，要创造要素自由流动的环境。要确保市场的主导作用，政府必须创造有利于要素自由流动的发展环境。改革开放以来，广东佛山产业集群的发展壮大，也得益于国内劳动力的自由流动，景德镇、唐山等老瓷区的陶瓷技术工人，纷纷来到佛山，为佛山陶瓷产业发展做出重要贡献。试想，如果国家不放开劳动力市场，这些技术工人就无法流动到佛山，那么佛山引进的先进生产设备将无法运转。要促进要素的自由流动，必须减少要素流动的成本，最重要是减少运输成本。首先这就要求政府首先要搞好基础设施建设，为要素的集聚提供便利的交通条件。其次，必须破除影响要素自由流动的行政壁垒，市场是无界的，但是政府的管理却是有界的，一方面，地方政府经常为了地方利益保护本地陶瓷企业，限制外地陶瓷产品的进入，这就阻碍了市场竞争，不利于产业整体绩效的提升，因此必须通过各种措施，限制、惩罚某些政府的地方保护主义行为。另一方面，在公共服务方面的地区差距往往会限制劳动力的跨地区流动，目前最典型的就是社会保障的跨地区转移问题，所以政府要提高社会保障的统筹层次，实现公民基本公共服务的地区均等化，促进劳动力的自由流动，实现资源的优化配置。

第三，正确认识集聚与平等的关系。正如世界银行发展报告所述，不平衡的经济增长与和谐发展可以并行不悖，相辅相成（世界银行，2009）。中国改革开放以来陶瓷产业的不均衡发展说明，产业的空间集聚有其内在的逻辑，它是在市场主导下实现资源优化配置的体现，它也是提升产业发展水平的重要途径。从短期来看,它确实拉大了地区间的经济发展差距,但是这种差距会随着要素的自由流动而得到一定程度的弥补。所以,我们在处理产业集聚与区域经济协调发展的关系时,要具备阶段性思维,并制定有效的政策措施以加速产业发展从低水平均衡阶段向高水平阶段的演进。决策者要具有跨界思维的能力,主动参与全球性产业分工,从要素的全球性流动中获得本地经济、社会发展的机会。

第 10 章

家具产业集聚与扩散分析

10.1 基本问题与研究思路

10.1.1 产业背景与问题提出

1. 影响区域经济协调发展的产业

有的产业会影响不同区域之间发展的不平衡性,有的产业则不会,家具产业属于前者。从区域之间的贸易角度来看,一个区域内的产品可以分为三类:一是本区域特有的可贸易产品;二是各个区域都能够生产的可贸易产品;三是只在本区域生产和消费的不可贸易产品。对于区域之间的收入差距起到自动调节作用的是各个区域都能够生产的可贸易产品(孙洛平,2008)。例如,在各区域特有的贸易产品之外,两个区域都能够生产家具。家具可以用于本区域的消费,也可以销往对方区域,由此将形成一个区域之间收入调节的机制。不论两个区域的家具生产使用的是资本密集型还是劳动密集型的生产方法,一个区域的收入降低就将导致其生产家具的成本相对降低,并因此获得生产家具的成本优势,从而使贸易差额朝着提高本区域收入水平的方向转化,直至区域之间的收入水平达到新的平衡为止。

因此，只要不同的区域之间存在各自都可以生产的可贸易物品，区域的收入差距就不会过度拉大。不过，在我国的经济实践中，产业集聚现象却是一个重要的例外。当可贸易产品的生产在一个区域集聚时，相邻的区域将失去该产品的生产能力，这就破坏了区域收入差距的自动调节机制。其结果是，若产业在收入较低的区域集聚，不同区域之间的收入差距将缩小，反之，产业在收入较高的区域集聚，不同区域之间的收入差距将进一步扩大。

一般来说，对区域发展的平衡机制产生影响的产业需要具备三个条件：其一，产业对于经济的增长具有重要影响；其二，产业能够在不同的区域之间集聚，形成地域上的排他性；其三，地方政府能够对该产业的发展产生影响。条件一保证产业的发展能够提高地方经济的相对地位；条件二预示产业对于区域经济发展的平衡性将产生影响；条件三隐含政府在该产业的发展中能有所作为。家具产业就是一个同时具备以上三个条件的产业。

2. 家具产业的经济地位

家具是一种类似奢侈品的消费物品，当人们的收入达到一定的水平后，家具的需求和家具产业的规模会以比整个经济的平均水平更快的速率增长。自21世纪以来，随着我国房地产的走热，人们对家具的需求进入了快速增长的通道，家具产业已经成为我国国民经济中最重要和最有前途的产业之一。以规模以上企业的全国工业销售收入为参照，选取1998年的相关指标作为基准1，图10－1列出了规模以上家具产业销售收入和家具产业就业人数的指标。可以看出，从1998~2007年，我国的全国工业销售收入增长了4.72倍（达到1998年的5.72倍），而在同一时期，家具产业的销售收入则达到1998年的8.06倍。同时，2007年家具产业的就业人数则达到1998年的3.86倍。不难看出，一方面，家具产业的销售收入的增长速度高于整个工业的水平；另一方面，家具产业对就业人口的吸纳能力也远高于人口的增长。

我国家具产业不仅以相对较快的速度发展，更由于家具产业由发达国家向发展中国家转移而进一步加速发展（林具，2003；侯丽薇、谢赤，2008）。这种发达国家的家具产业向发展中国家转移的效应，给家具产业增添了国际贸易的机会，更增大了家具产业发展对于所在区域经济发展的影响力。

3. 家具产业地理分布的不平衡性

虽然家具产业对于区域经济的协调发展具有重要的影响，而且对家具的需求在地域上是分布式的，可是我国实际中的家具产业在地理分布上却是高度不平衡的。以木制家具为例，2007年，广东省的木制家具产业的销售收入占全行业（不包括中国台湾和港澳地区）的34%，木制家具产业的就业人数占全行业（不包括中国台湾和港澳地区）的26.1%①，远远超过广东省相应的产值和人口比例。我国许多地方家具产业的发展，并不是建立在当地具有原料优势的基础上，广东省的家具产业就是一个典型的例子。这个经验也向人们预示，一个地方即便没有原材料优势，也可以成为家具行业中的强者（钟运动，2005）。这更增强了家具产业能否在一个地方发展的不确定性。

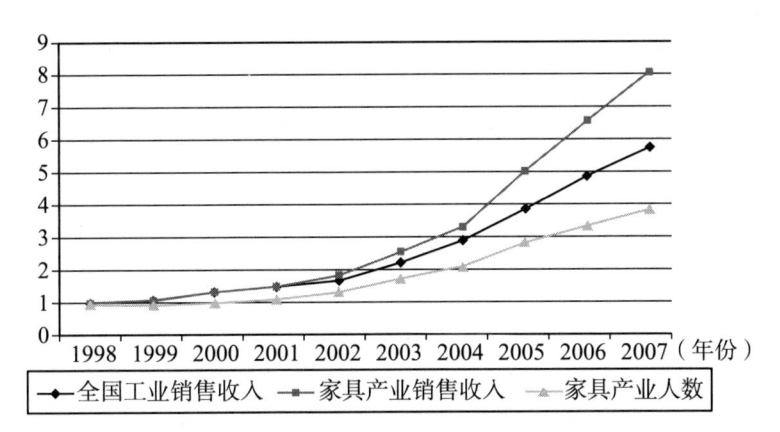

图 10-1　家具产业的增长情形（1998~2007年）

资料来源：历年中国工业企业数据库。

4. 政府在家具产业中的作用

我国的家具产业虽然以产业集群的方式存在，但却表现出很强的转移性和扩散性。家具产业的转移和扩散的原因来自于两个方面：其一，家具生产的劳动密集型和高污染引起的转移（侯丽薇、谢赤，2008）；其二，各地区争夺产业份额引起的转移（尤齐钧，2008）。尤其在不同的地方政府政策作用下，各个地方的家具产业之间表现出很强的转移性和扩散性，以致在许多地方的家具产业发展中，政府表现得更为积极主动（罗明忠，2006；高崇慧、李清，2007；祖树武，2009）。

在这里，我们面临的问题是：（1）如何识别在一个地方是否形成了在行业中具有影响力的家具产业集聚？（2）如何衡量不同地方的家具产业集聚之间的转移和扩散？（3）地方政府能够在多大的程度上促成或推动本地区家具产业的发展，以及政府推动家具产业发展受到的限制是什么？本研究试图对这些问题做出说明。

---

① 依据国家统计局提供的中国工业企业数据库的规模以上企业的统计口径计算。

10.1.2 研究思路和方法

1. 我国家具产业集聚的特点

我国的大多数家具生产的产业集群是一种典型的中国特色的产业集群。"家具产业有两种基本的发展模式：一是美国式，发展成为大规模综合性家具企业；二是欧洲式，强调专业分工和产业集群"（尹小勇，2009）。我国的家具生产类似欧洲模式，不过，它更有中国特色的产业集群的色彩，表现为在地理上高度集中的小企业群模式（秦政强，2008；秦政强、张利风，2008）。而且在地理上越是集中，生产的竞争力就往往越强（许美琪，2004）。

中国特色的产业集群的最大优势在于其制度上的优势，即在将分工协作推进到极高水平的同时，却大幅度地降低了协调分工的交易费用。具体地说，小企业群可以不依赖于现代企业制度条件，因为它不需要大企业的存在；也可以不依赖于规范化的市场规制条件，因为它用人际关系协调生产，不需要完善的市场法律制度来制约人们的机会主义行为（孙洛平、孙海琳，2006）。

在研究产业集聚与区域经济发展之间的关系时，人们通常将产业集聚现象看作是与经济发展水平和区域经济协调水平联系在一起的。这种联系在一般的意义上是有道理的，不过，对于家具制造产业来说不一定合适。其原因在于两个方面：其一，因为中国特色的产业集群的制度优势，使家具生产可以在经济相对发达的地区集聚，也可以在经济发展相对滞后的地区集聚。因此，不能简单地将区域经济的发展水平与家具产业的集聚水平联系在一起。其二，当在一个大的区域内部形成良好的分工协调格局时，家具生产在其中的一个地方集聚，其他产品的生产在另一个地方集聚，该区域内各个地方的经济发展可以处于相似的水平；如果在一个大的区域内部没有形成良好的分工格局，内部各个地方处于同质化发展阶段，那么家具生产在一个地方集聚将导致区域内各个地方的收入差距拉大。因此，也不能简单地将区域经济的协调水平与家具产业的集聚水平联系在一起。所以，本章研究家具产业的集聚与区域经济的协调发展时，不使用将家具产业集聚与经济发展和协调水平联系在一起的思路，虽然两者之间显然存在密切的关系。

2. 研究家具产业集聚的方法

我们这里的研究家具产业集聚现象的方法可以概括为以下两个方面：
第一，描述我国家具产业集聚的现状及其特点，并在此基础上分析形成现有家具产业格局的机制和原因。利用相关的统计资料绘制成图表,从全国的角度考察家具产业的地理分布格局。目的在于说明我国家具产业在地理分布上高度集中的现状。

第二,着重考察了政府在家具产业集聚中的作用。我们用案例形式来具体说明,并在此基础上得出一些具有政策启示的见解。这样做的原因是,我国经济发展的地区差异性很大,政府行为具有多样性,家具产业集聚具有不同的发展阶段,不可能找到一个"一刀切"的政府行为模式。我们把重点放在政府行为影响家具产业集聚的一些原则上面。

10.1.3 产业界定与数据来源

本研究的家具产业,限指国家统计局行业分类标准中行业代码为 21 的二位数制造业,包括木质家具制造,竹、藤家具制造,金属家具制造,塑料家具制造,其他家具制造总共 5 个 3 位数子行业。

包括家具行业在内的工业部门数据来自于中国工业企业数据库相关年度的统计数据,人均收入等其他经济数据来自历年的中国统计年鉴。

10.2 空间分布特征

10.2.1 产业集聚的识别

沿用第 6 章汽车产业集聚识别方法,我们可以从累计占全国行业比重和排序相邻地区规模下降极大值两个方面去判断各个年度家具产业集聚的数量和区位。将各个省份按家具产业的销售规模进行从大到小排序,根据公式 $V_K = \dfrac{S_K - S_{K+1}}{S}$,求出规模相邻省份之间的规模下降速度如图 10-2 和图 10-3 所示。从理论上来说,属于产业集聚的省份和非集聚省份之间最好存在着显著性的规模差异。表现在图中,就是集聚省份和非集聚省份之间存在着一个规模下降速度的极大值。但是从图 10-2 和图 10-3 我们发现,无论是 1998 年还是 2007 年,家具产业的规模下降速度的极大值都只有一个,位于第二的位置。因此如果按照极大值的区分标准,合适的家具产业集聚区域只有广东一个省份。以销售额占全国的行业比重来衡量,1998 年广东家具产业的行业比重为 26.75%,到 2007 年进一步上升到

27.65%，远远达不到我们要求集聚省份的累积行业比重应该接近或超过全国 50%的要求。因此，我们按照50%的标准，将达到这个门槛的前 N 个省份视作产业家具集聚的省份。按照这个条件，1998年排名居全国前4位的省份累计行业比重达到了54.28%，依次是广东、江苏、上海、山东。到2007年，按累计行业比重达到50%标准识别的产业集聚地区数量下降到3个，产业规模由大到小依次是广东、浙江和山东，累计占全国家具产业份额为54.01%。

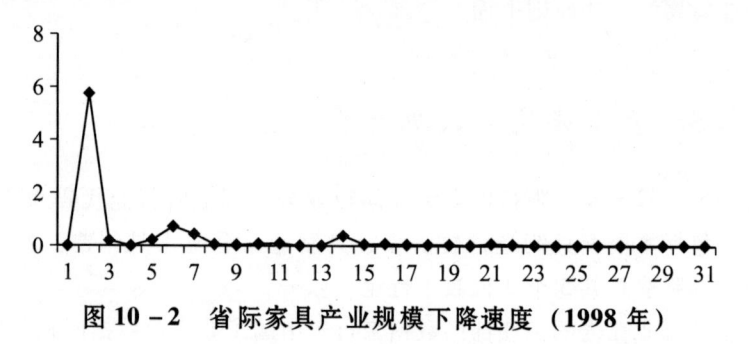

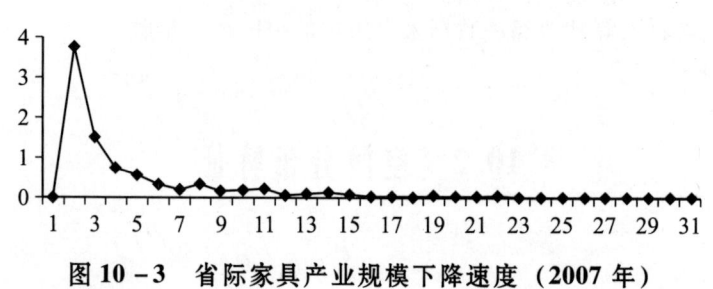

图 10-2　省际家具产业规模下降速度（1998年）

图 10-3　省际家具产业规模下降速度（2007年）

10.2.2　四种类型划分

用行业比重反映出的是一个地区的生产规模，另一个经常被用来分析产业空间分布的指标是区位商，它反映的是该产业在一个地区的相对专业化水平。产业规模与相对专业化水平之间存在着一定的相关性，但二者之间并不总是一致的。由于不同地区在人口规模和经济总量方面存在差异，会导致一些地区的家具产业的生产规模很大，但区位商值小于1；另一些地区家具产业的规模有限，但区位商值反而大于1。继续沿用前4章所采用的分析方法，可以将家具产业在全国31个省（直辖市）的空间布局划分为四种类型。第一象限表示家具产业集聚，同时形成了家具产业相对专业化的那些地区。第二象限表示家具产业集聚，但没有形成相对专业化的地区。第三象限表示没有家具产业集聚，但形成了家具产业相对专业化的地区。第4象限表示既没有家具产业集聚，也没有形成相对专业化的地区。图 10-4 和图 10-5 分别表示了 1998 年和 2007 年家具产业的分布特征。

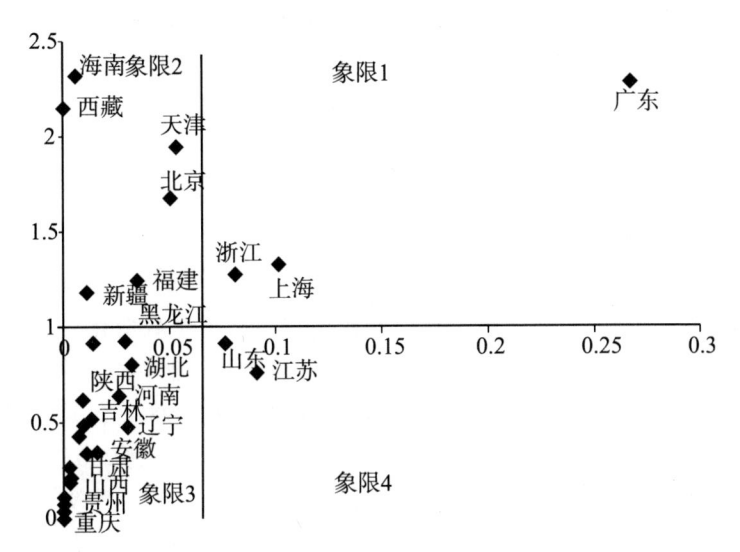

图 10-4　全国各省份家具行业的空间分布（1998 年）

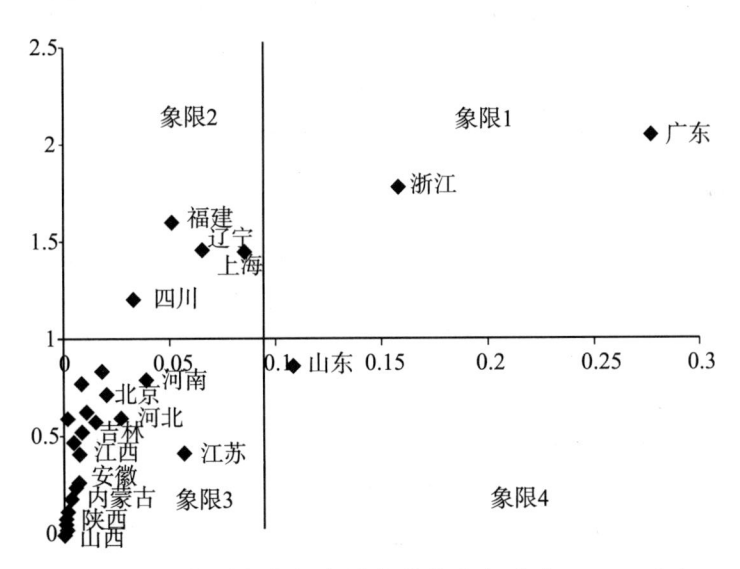

图 10-5　全国各省份家具行业的空间分布（2007 年）

10.3　产业集聚与扩散的特征

比较 1999 年和 2007 年中国家具产业的空间分布变化，可以发现中国的家具产业布局表现出以下变化特征：

首先，家具产业的空间集中程度进一步上升。比较图10-4和图10-5，很容易发现10年来中国的家具产业发生了向少数产业大省集聚。1998年，生产规模居前4位的省（市）累计占全国行业比重为54.28%。到2007，仅前3位的省份就占到了全国行业比重的54.09%。与1998年相比，在2007年规模排名前3位的省份中，除了广东省的行业比重轻微下降了0.21%之外，浙江上升了7.96%，是所有31个省（直辖市）中比重上升最快的，山东也上升了2.27%。

家具产业这种进一步集聚的情况也可以通过对空间基尼系数的观察发现。图10-6反映了1998~2007年间家具产业的空间基尼系数变化。从图10-6中可以看出，全国的家具产业集聚水平始终要高于全国工业平均水平，而且随着时间的推移，与全国工业集聚水平的差异还在拉开。在1998年，家具行业的空间基尼系数为0.66，同时期全国工业空间基尼系数为0.51。到2007年，家具行业的空间基尼系数上升到0.73，而整个工业部门的空间基尼系数仅为0.53。实际上，从2004年开始，全国工业的空间基尼系数开始出现了缓慢的下降，而家具制造业虽然没有继续集聚，但也没有出现同步下降的趋势。

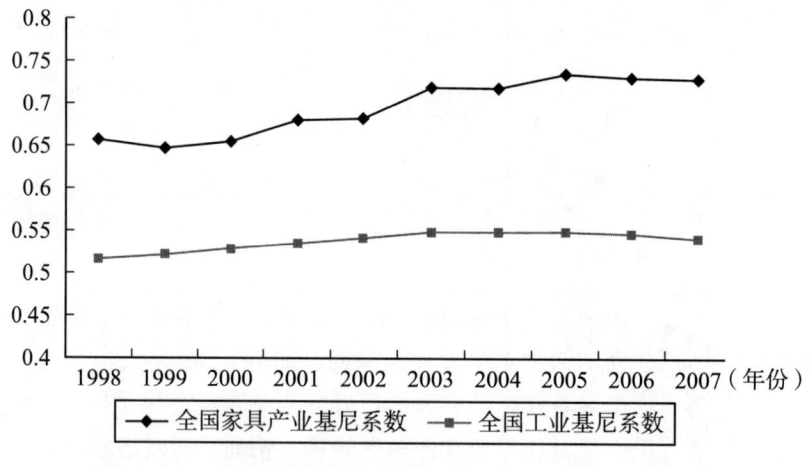

图10-6 家具产业的空间基尼系数（1998~2007年）

其次，家具产业的集聚中心稳定在东部，但受到地价上升的驱动，开始从上海、北京、天津等大城市退出。另外在全国布局上，出现了从东部地区向四川等中西部地区的产业转移。在1998年，在空间分布图的第1、第2象限的地区是广东、江苏、上海、浙江和山东，到2007年变为广东、浙江和山东，以东部沿海地区为中心集聚的格局并没有改变。但是在东部的三个直辖市中，上海的行业比重从1998年的8.58%下降到2007年的8.40%，在空间分布图中的位置也从第1象限转到了第3象限，已经不属于产业集聚地区，仅仅还维持相对专业化优势。北京、天津下降程度更大，分别从 2007 年的 3.45% 和 5.27% 下降到 2007 年的 1.90% 和 1.49%，在空间分布图上从 1998 年的第 3 象限转到了 2007 年的第 4 象限，既没有规模上的集聚，也失去了 10 年前的相对专业化优势。至于向中西部地区的产业转移，主要是以四川为中心展开的。1998 年四川省的家具行业比重仅占全国 1.47%，到 2007 年上升到 3.20%，扩张了 1 倍多。

10.4　产业集聚与扩散的原因

改革开放以来，我国的家具产业由传统的分散式生产发展到在地理上高度集中的集聚式生产，经历了一个生产模式剧烈演变的时期。在这个时期中，一方面是生产模式的变革；另一方面，各个地区争夺行业的主导权，表现出家具产业在地理分布上的不断变化。那些已经形成产业集聚的地区力图抑制周边地区同类家具产业的发展，那些尚未形成产业集聚的地区则试图创立自己的家具产业，由此导致家具行业的产业集聚的竞争和转移现象。一方面，地价上涨趋势家具产业从上海、北京等中心大城市中逐步退出。另一方面，来自国际产业转移、市场规模、分权竞争、产业政策方面的影响驱使我国家具业在更大的地理尺度上发生了产业集聚与扩散。

10.4.1　国际产业转移

我国的现代家具制造产业是在国际家具产业转移的大背景下，伴随着国内不同地区的家具产业之间的激烈竞争发展起来的。20 世纪 80 年代以来，发达国家的家具产业开始了战略性转移，转移大体沿着分两条路径进行：其一，家具生产向靠近消费地、劳动力相对比较便宜的地区转移。例如，西欧的家具产业向波兰转移，以致波兰家具的出口量占生产总量的比例接近 90%，而出口家具中的 78% 输往欧盟国家。墨西哥的家具及配件出口量中的 90% 销往美国。其二，家具生产向中国、马来西亚、越南等发展中国家转移，特别是向中国转移（侯丽薇、谢赤，2008）。发达国家的家具产业向我国的转移，有利于东部沿海地区的家具产业发展。在国内，广东依靠其毗邻港澳的国际贸易优势和国际运输成本优势，现代家具产业率先发展起来，紧跟其后，沿海经济相对发达的地区先后建立起各自的家具产业。

10.4.2 市场规模

家具的运输成本相对于其自身价值占有较大的比例，它预示生产的一方与需求的一方不能相距太远。同时，要建立高效率、大批量生产家具的新的生产模式，需要有一个稳定的、大量的市场需求，它要求人们的收入水平足够高和人口的数量足够大。这就是为什么主要的家具产业集聚区都是围绕着区域性中心城市展开的原因。按照文献，人们一般认为，我国现阶段家具产业主要的产业集聚区域有：以广州及周边中山、深圳、东莞、顺德为中心的珠三角家具制造产业集聚；以上海、江苏、浙江为中心的长三角家具制造产业集聚；以北京、天津、山东为中心的环渤海家具制造产业集聚；以大连、沈阳为中心的东北家具制造产业集聚；以成都为中心的四川家具制造产业集聚。从产业集聚的角度来说，中心城市对家具的需求是抑制家具产业集聚向远离中心城市转移的力量，它同时削弱了不同的中心城市的家具产业集聚地区之间的竞争性。

10.4.3 分权竞争

家具产业集群的形成和发展是政府和市场共同作用的结果，适度的政府支持是家具产业集群发展的催化剂。从国内家具产业集群的形成和发展过程来看，政府的推动作用在不同的历史时期是不同的，具体来说包括以下三个阶段：

第一阶段是专业市场驱动阶段：从20世纪80年代初到2000年左右，家具业在国内需求迅速升温的背景下，逐渐实现了从手工业向产业化和系列化生产的转型。在市场机制发挥基础性作用的基础上，一些经济发达的区域通过政府引导，在一些专业化交易集散地建立大型专业化市场，通过吸引企业靠近市场建厂经营而形成了具有区域特色的家具产业集群。

在这一时期，要素市场发育不完善，私人产权保护也不完善，制度不确定性高，在这种不完善的制度环境下，家具产业集群的发展首先得益于地方政府的资源动员和政治保护。地方政府采取灵活政策和基层组织的政治活动为家具产业集群的成长化解了外部环境压力，使得集群可以在较少受到传统体制和国家政策限制下发展。以珠江三角洲为例，家具产业集群的成长都是在镇、村两级政府的扶持下得到发展的，这两个最低级别的政府在财政分权改革的激励下，成为具有独立的经济利益和决策权的经济主体，它们在发展地方经济和增加地方财政收入的动机下，因地制宜，对本地已经自发形成的家具业进行产业引导和规划，促使其向集群式发展，形成集群效应。在促进集群形成过程中，镇、村两级基层政府对自身职能进行了重新界定，确立了"招商、亲商、稳商"的政府新角色，为企业提供土地和税收优惠，积极解决企业用水用电，兴建公共基础设施等，积极创造投资环境方面的比较优势。家具销售特别强调卖场氛围，基层政府通过政策引导和投资、招商引资，扶持了一批家具专业市场的形成，起到了吸引家具企业靠近市场经营的效果。

第二个阶段是地区品牌带动阶段：从2000~2007年。中国加入WTO以后，国际市场对中国家具出现了强劲的需求，地方政府本身也在"政绩"竞赛中开始打造地区形象。在这一背景下，县（区）一级政府强调区域整合，对20世纪90年代以来发展的后果加以协调，一些有利于促进家具产业集群发展的新的有利条件出现了，如产业配套和物流。家具产业发展需要众多配套供应和相关服务，就近获得大部分相关的配套供应和服务支持十分关键。如佛山市顺德区确立了"两家一花"的产业政策，各镇分工协作打造了完整的家具产业链，乐从镇成为国内最大的家具商贸重镇，家具制造企业主要集中在龙江镇，家具涂料企业集中分布在容桂镇，木工机械企业集中分布在伦教镇，家具五金配件企业集中分布在勒流镇。地方政府协助集群整合产业链的重点是结合地区城市化和城市营销，大力扶持家具展会经济，仅华南地区就有六大国际化家具展销会，包括中国对外贸易广州展览公司承办的"中国广州国际家具博览会"（每年两届），深圳市外贸局主办、深圳市家具协会承办的"深圳国际家具博览会"（每年两届），东莞市政府主办、厚街镇政府等承办的"国际名家具（东莞）展览会"（每年两届），顺德区龙江镇政府共同主办的"龙家具精品博览会"（每年两届），顺德区乐从镇政府主办的"中国（乐从）国际家具博览会"（每年两届），东莞家具协会和台湾家具同业公会共同主办的"中华国际家具（东莞）展销会"（每年一届）。地方政府还通过对外宣传集群品牌、组织集群企业出国考察等方式积极推动家具企业开拓国际市场。

政府在产业集群发展中发挥作用的基本依据在于市场失灵的存在，尤其是信息、技术和基础设施的外部性。地方政府积极介入展会经济，在家具企业之间难以形成集体行动以及民间组织协调能力不足的情况下，通过替代民间组织或扶持行业协会办展会，可以缓解市场失灵，实现资源的有效配置。

第三阶段是产业升级转移阶段：2008年以来，随着沿海发达地区提出"腾笼换鸟"，进行传统产业升级转移，以及国际金融危机对家具出口的重挫，内地加大了对沿海地区产业转移承接的力度。内陆省份的地方政府在承接产业转移过程中，除了加大招商引资力度外，对当地家具产业集聚的促进作用明显体现在学习能力得到增强，后发优势明显。一些内地地方政府在学习、借鉴沿海家具产业集群成功经验的同时，也看到了沿海家具产业集群以镇为产业边界发展所带来缺少协调等弊端,因而能够将当地家具产业集群的发展上升到地级市层次的产业规划中,产业布局更加合理。以成都市为例,该市在2008年9月修编的《成都家具产业集群发展规划》中,制定了涉及家具生产基地、家具产业链、集群基础设施和公共配套体系、商贸物流等全面、系统的产业集群规划。而且,成都家具企业在地方政府的大力扶持下,建立了遍布县、乡两级系统的物流体系,快速形成了覆盖农村内需市场的差异化竞争优势。2008年,四川家具行业的生产总值突破300亿元,金融危机对于主攻内需的四川家具行业影响并不大,不少四川家具企业2008年的销量增幅在30%~50%左右,四川全友家具一跃成为国内家具制造企业中销量最大的企业。

10.4.4 产业政策

环保方面的考虑会促使地方政府出台限制家具产业发展的政策法规。木制家具在生产过程中有噪音、粉尘、漆雾和有害气体等的污染,所以,生产造成的社会环境成本很高。随着经济发展水平较高的地区对环境保护的要求越来越严,这些地区会不断提高环保准入门槛,限制高污染的生产活动,由此导致家具产业在国内不同经济发展水平的地区之间的转移。

10.5 产业集聚与扩散对区域发展的影响

10.5.1 家具产业与地方经济发展的关系

以家具产业集群为基础形成的产业集聚是一种地方经济高度专业化的表现形式,它对于提高家具产业的生产效率有着重要的意义。尤其在那些现在企业制度和市场规制条件相对欠缺的地区,家具产业的产业集群更提供了一种发展地方经济的有效途径。以产业集群为基础形成的产业集聚,有着明显的地理空间上排他的特性,也就是说,一旦一个地区率先形成家具产业的产业集聚,就会给相邻地区发展同类家具产业造成很大的抑制力,造成家具产业在地理空间上分布的高度不均匀性。

家具产业在地理上分布的不均匀性,并不能预示地区经济发展的不平衡性。因为家具业仅仅是庞大的制造业中的一个产业,所以一个地区的经济发展未必要建立在家具产业的基础上。也就是说,不能简单地在地区经济发展水平与家具产业发展水平之间画等号。一般来说，对于经济发展水平相对较低的地区，若能够有效地形成家具产业的集聚，那么就能避开现代企业制度和市场规制方面的劣势，更有效地推动地区经济的发展。

由于家具产业集聚所要求的高度专业化，以及属于劳动密集型产业，所以当地区经济发展处于较高的水平时，一枝独秀的家具产业集聚的生产方式将难以适应地区产业多元化发展的要求，尤其是在中心城市，家具产业的发展将会受到抑制。我们以省级地区为单位，用基尼系数（2007年的数据）来衡量家具产业的产业集聚程度，按人均收入（2006年的数据）的升序排列，描绘两者之间的关系，见图10-7。为了能用同一标尺绘图，人均收入的单位是5万元/年。

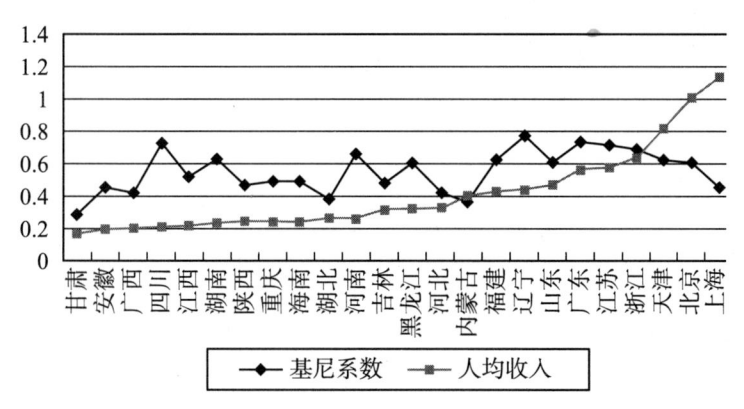

图10-7 省级地区家具产业的基尼系数与人均收入（5万元）的关系
资料来源：中国工业企业数据库及中国统计年鉴。

可以看出，在人均收入由低到高的一个较大的范围内，家具产业的产业集聚程度与人均收入之间看不出明显的相关关系，而在人均收入较高的中心城市，家具产业的集中度明显降低。这一现象预示：一方面，在经济欠发展地区，政府可以在推进家具产业集聚方面有所作为，而不必等到经济发展到一定的水平；另一方面，当经济发展到较高水平后，家具产业集聚与经济发展之间显示出一定的交替性，预示政府对家具产业的干预需要遵循一定的产业发展规律。

10.5.2 政府政策对家具产业的影响

1. 政府培育集群

产业集群的效率源自用中小企业之间的分工代替大企业内部的分工，从而不依赖于现代企业制度优势，用重复交易关系约束人们的机会主义行为，从而不依赖于市场规制条件。产业集群的规模越大,企业之间的分工就可以越精细,生产的效率也越高,同时,同一类(中间)产品的生产企业越多,市场竞争就越激烈,交易费用也越低。产业集群生产模式的一个重要特征是生产的效率与产业集群的规模成正比,它也导致产业集群的形成有一个起步规模,或称之为门槛效应,即产业必须达到一定的规模之后,才能发挥降低交易费用的优势(孙洛平、孙海琳,2006)。在我国,有竞争力的家具产业集聚几乎都是以产业集群为基础的形成的,它预示家具产业集聚的形成有一个起步门槛规模。

由于门槛规模的存在,单纯依靠市场的力量来形成家具产业集聚是很困难的。如果邻近地区已经存在家具生产的产业集聚,那么它将对其他地区发展家具产业的产生排斥力。这时,即便一个地区已经具备发展家具产业的潜力,也往往难以让潜力转变为实际的生产力。在这样的情况下,政府的推动力就显得尤为重要,它可以帮助市场有效的越过发展的门槛规模,进入良性发展的阶段。

2. 政府的局限性

组织学领域在近几十年来的大量研究表明,科层组织的行为常常是非理性的(March and Simon, 1958)。由于解决眼前的问题比贯彻长期目标更为急切,政府往往延续传统模式或屈从特殊利益集团,对产业集群的发展形成阻碍。为此,我们必须对政府的局限性有一个清醒的认识。

第一,地方政府追求短期"政绩"造成的损失。

政府机构作为一个政治联盟有着多重利益和目标。家具产业集群的发展也面对着地方政府的多重利益和诉求。地方政府的行动并非都是理性的,也并非都热心促进当地企业的发展(周雪光,2009)。而且,在干部交流制度下,基层政府的主要负责人通常在同一职务上只有3~5年的任期。在如此短的任期内,我们很难指望他们会对家具产业集群有着长远的规划。更加重要的是,地方政府首先是国家政权机构的一部分,他们要受到组织内部激励机制的影响。对于紧盯官场生涯的政府官员来讲,他们更在意行政指令,或者政府的利益,而非当地企业的利益。

即使地方政府在"政绩"信号的引导下,在调动资源促进家具产业集群的发展中发挥了积极作用,但是,这里的代价也是很大的。

家具企业一般占地面积很大,地方政府为了扶持家具企业集群的发展,往往表现为"铺摊子",过去政府主导的家具产业集群发展模式是在高度分权的背景下形成的,常常存在多个层级的政府经济主体在同时活动,政府与政府之间的竞争明显超过了合理的限度。各级政府利用对土地等稀缺资源的管制,不落实土地利用规划,执行规划不严格或任意修改规划,乱占滥用土地成为风气,导致家具产业集群过度分散。特别是县以下的家具企业，绝大多数设在村里，基础设施建设和其他公共服务很难改进和完善，而且由于高度分散，污水和垃圾处理成本很高，因而难以真正控制污染。

沿海省一级政府发动的产业升级转移这一新的"政绩工程"分离了地方政府和家具产业集群之间的利益连带关系，使得地方政府失去了扶持家具产业集群的激励。家具企业具有高污染、高能耗、经济总量低、税收贡献低等产业特点，被确定为沿海地方政府向内地转移的产业。以深圳为例，深圳市家具行业协会的统计数据显示，2007年深圳家具总产值达600亿元，而深圳当年生产总值6 765.41亿元，家具产业不及深圳产业总值的1/10。深圳家具企业已发展到1 800多家，从业人员达20万人。其中年产值在10亿元以上的大规模企业有11家；年产值在3亿~5亿元之间的中型企业有60多家，80%的企业是中小企业。这么多的家具企业，地税局和国税局的统计不到5.5亿元，而深圳华为公司一家企业就给政府纳税80亿元。由于深圳的支柱性产业增速较快，而家具行业则不属于深圳支柱性产业。因此，尽管深圳家具协会组织会员企业多年来向政府申请在坪山新区的坑梓街道金沙片区建设一个占地约180万平方米的现代家具产业集聚基地，但是始终未能得到市政府的批准。

第二，现有利益集团的影响。

20世纪90年代中后期以来，地方政府通过土地开发和城市经营，大量获取预算外收入来应对中央政府的财政集权化。地方政府凭借其对地区性生产要素的控制权，转向从整体上控制和经营地区经济，建构了一个政府经营与民间经营相结合的经济体系。在这个经济体系中，民间经营领域已充分市场化，并且竞争激烈，利润微薄；地方政府凭借行政权力积极主动地寻找有利可图的经营领域和控制办法。因此，即使在那些已经向民间开放的经营领域中，如果地方政府发现控制其经营权有利可图，政府官员仍有动力去建立控制的办法，这将导致地方政府重新进入这样的领域，或者迫使民营企业与政府的经营机构合作，走上政商结合的路子（周飞舟，2007；曹正汉、史晋川，2009）。

家具产业集群的组织结构均明显地表现为高度依赖大型专业市场物业发展商，物业发展商和家具制造商之间实力悬殊。大型家具专业市场要向当地地方政府缴纳数额不菲的物业交易税，这一税收属于预算外收入，可以直接进入地方政府的可支配财政收入中，因此，地方政府往往直接控制大型专业市场，或者在资源和政策上更多向物业发展商倾斜。

目前家具行业的成本主要集中在经销环节，特别是卖场租金。沿海镇一级家具专业市场的租金高达每月每平方米200元以上，中心城市卖场的租金高达500元。利润集中在卖场，导致家具产业集群的"向下竞争"，中小制造业发展没有动力进行技术创新和产业升级,只能通过降低原材料和制造成本来获取微薄的利润,从而不断降低了产品的品质,使得整个集群陷入低端发展的陷阱。

很显然,地方政府为了自身和物业发展商的利益,扭曲了市场竞争。而且由于地方政府可以通过行政权力配置资源,家具企业分散地向政府寻求庇护,使得横向的企业合作难以发育,限制了企业间采取集体行动谋求产业升级的可能。在利益追逐的引导下,大的家具企业越来越多地从事房地产投资,而非其核心业务。房地产成为家具企业的利润来源,由此产生的土地价格上涨,在很短时间内就"粉饰"了企业盈利。

因此,家具产业集群未来的发展的地方政策启示是,必须寻求新的治理机制来代替旧的政府主导模式。地方政府应从直接扶持企业集群成长的功能中逐渐退出,将过去一系列职能赋予企业、行业协会及其他民间组织去行使。这样,地方政府只需要在民间组织不能单独作用的领域与其共同进行协调,发挥"市场增进"的功能。有助于产业集群升级发展的地方政策应该主要体现为促进企业之间的合作,使企业联合行动,发挥集体效率,增强学习效应,应对外部激烈的竞争环境。

10.6 结论与政策建议

政府在家具产业发展与区域经济协调中的作用可以概括为以下几点:

第一,我国家具生产的竞争力来自于中国特色的产业集群,而产业集群在一个地方的形成具有路径依赖性,或者说,一个地方形成家具制造的产业集聚具有一定的偶然性。因此,政府在产业集聚形成初期的扶持政策能够起到很好的推进作用。尤其是在其他地方已经形成家具制造的产业集聚的情况下,要在一个地方形成新的家具产业集聚,没有地方政府的积极扶持,仅仅靠市场的自身力量是很难越过"门槛效应"形成的障碍的。

第二,我国各个地方的经济发展条件不一,差异很大,因此,在家具产业集聚形成的初期,政府的扶持政策具有很大的灵活性,表现出政策的多样性和可变性。灵活的政策有利于产业创业初期的发展,而一旦家具产业集聚达到一定的规模,产业集聚的内在扩张机制将发生作用,经营活动的市场规律要求政府尽量处于辅助的位置。政策的目标要及时转向的有利于市场发展的制度建设上来,保持政策的稳定性,让企业能够形成稳定的市场预期。

第三,即便是家具生产进入产业集聚的阶段,也存在市场失灵问题,要求政府在建设信息平台、提供集中的交易场所和会展中心、制定行业标准、治理污染等方面发挥作用，以利于家具产业集聚的不断壮大，更好地参与全国乃至世界的家具产业竞争。

第四，家具产业是一个劳动密集和较高污染的产业，当地方经济发展到一定的水平，存在一个产业转移和区域经济协调发展的问题。这时，需要政府及时引导产业布局调整，以利于区域的分工专业化协调，提高整个区域的协同竞争力。

概括而言，在家具产业的发展中，政府作用的发挥要建立在遵从市场规律的基础上。

第 11 章

东、中、西三大区域的产业集聚与协调发展

11.1 问题的提出与研究思路

11.1.1 问题的提出

在经济快速增长的同时，求得区域之间的协调是我国长期发展的题中应有之义。从长期和动态的角度来看，人均收入差距的缩小是区域协调发展的内在要求，而区域之间的专业化分工，则是区域协调发展的实现手段。因此，判断区域协调发展的标准，从长期和动态变化的角度来看，一是人均收入水平状况，二是产业分工状况。由于一定时期的要素流动特征决定了其区域分工和专业化的特征，而要素流动的结果则形成产业的集聚和扩散，因此，我们从地区的产业分工和集聚的动态角度来看待地区之间差距变化的原因。

对于我国而言，区域分工状况与区域差距之间的关联具有一个较为明显的动态演变过程。新中国成立后到改革开放以前，地区经济差距一直是国家关心的重大战略问题。改革之前，我国基本实行的是区域经济均衡发展的战略。为了缩小区域经济差距，中央政府在 20 世纪 50～70 年代持续实行了财政转移支付和平衡收入差距的政策，大批重点工程项目都设在了中西部地区，而 60 年代的"三线

建设"则进一步将工业重心由东部地区向内地转移,改变了工业生产力过分集中在东部地区的经济布局,一定程度上缩小了三大区域之间的经济差距。

1978年我国实行了改革开放,落实先富带动后富的政策,同时为了提高经济效率,扩大地方政府和企业的经济自主权,中央政府减少了经济发达地区的财政收入上缴比例,从而一定程度上减少了东西部之间的财政转移力度,而沿海开放政策则使东部沿海地区加速发展。通过改革,全国经济迅速增长,人均收入明显提高。与此同时,由于经济转型实行"向东倾斜,梯度推进"的区域非均衡发展战略等原因,我国的区域经济发展很不平衡,区域经济差距日益扩大,这种趋势促使研究者深入到大量与此相关的课题的研究之中。

对于中国区域差距的问题,国内外学者从不同角度进行了许多研究,主要集中于区域差距的演变趋势及其原因和影响因素的探究上。在区域经济差距的演变趋势方面,陆大道、刘毅、樊杰(1999)、覃成林(1997)等研究认为,改革开放后中国东中西部地区之间以及沿海与内陆之间的经济差距在不断扩大;王峥、葛昭攀(2002)等研究发现,中国东部与中西部地区之间的经济差距在20世纪90年代加速扩大,而中部与西部之间的差距变化较小;鲁凤、徐建华(2005)研究认为省内差距对于中国整体差距的影响比三大区域之间的差距和三大地区内省间差距显著得多,是构成全国整体差距的主要组成部分。在中国区域经济差距的形成原因及其影响因素的研究方面,王小鲁、樊纲(2005)研究认为,资本和劳动力的流动及配置状况、市场化进程、市场化程度的差异是我国区域经济差距的主要形成因素;其他的研究将中国区域经济差距的原因主要归结于以下几点:历史自然因素(王绍光、胡鞍钢,1999)、政策倾斜因素(Démurger,2001)、发展战略因素(林毅夫、刘培林,2003)、财政分权与转移支付因素、开放因素(赵人伟,2001)、外国直接投资因素(Sun,1998);市场化程度因素、产业结构因素(范剑勇、朱国林,2002)、所有制结构因素(郭兆准,1999)、知识和科技进步因素等。因此,基于目前研究的结果,中国三大区域的差距应当看作是区域内多种特征和因素综合作用的结果,而产业的区域分工与集聚对于收入的区域差异存在怎样的影响并未在现有的文献中得到较为充分的体现。因此,本书将基于区域产业发展和分工的视角来分析这一问题,以人均收入差距作为区域经济差距的主要度量,以探讨目前我国的产业集聚与产业布局和区域差距之间的关系,进而提出区域协调发展的思路和脉络。

11.1.2 理论假说

在产业集聚和扩散的过程中,就其分工特征来看出现了多样化和专业化两种模式。从我国的发展过程看，改革开放以来所取得的经济成就主要源自典型的外源工业化模式，外来资本在我国的经济发展过程中扮演了极为重要的角色。外资的引入既是我国东部沿海取得先发优势的重要条件，也是东部和中西部之间收入差距不断扩大的重要原因。我们可以根据区域之间分工的特征和收入差距的关系将这种外源型工业化的模式分为以下几个阶段。

在改革开放初期，东部地区利用其先天的区位优势，借助各种优惠政策吸引了大量的外来资金，而由于市场化的程度较低，运输成本较高，以及严重的区域市场分割等因素加大了要素流动的成本，使得东部地区的区位优势成为其吸引外资的核心竞争力，几乎所有的对华投资都集中在东部地区，这种几乎所有外来资本所形成的产业都向东部集聚的特征使得中国的区域差距无疑被拉大了，因此，这种外源工业化模式在初期所取得的经济成就是以地区之间的分化为代价的。同时，由于外资在初期主要进入的是轻纺等轻工业领域，因此促成了东部地区偏向轻工业的产业结构特征。因此，这一阶段我国大量产业向东部沿海集聚，而产业分工呈现出专业化的特征，同时，地区收入差距不断扩大。

随着经济的进一步发展，市场化程度不断提高，运输成本趋于下降，这时外来投资开始逐渐向内地扩展，区域之间为了吸引外资展开了激烈的竞争，纷纷采取低地价和低税收等优惠政策，这使得东部地区的区位优势开始下降，原先集中于东部地区的一些产业开始扩散到全国的其他区域，此时产业开始从沿海向内地的中西部地区扩散，而地区分工也呈现出多样化的态势。同时，由于外来资本开始向中西部地区扩散，区域之间的收入差距逐渐下降。

尽管全部资本向东部地区集聚的态势有所缓解，但由于先天的优势，东部地区仍然是吸引外资的主要区域。但是，当越来越多的资本进入同一地区时，该地区的土地和其他要素的价格必然会上升，拥挤效应的产生意味着，只有那些单位面积产值较高的高新技术产业以及服务业才能够在土地价格不断上升的东部地区存在，而那些单位面积产值较低的传统产业部门则不得不转移向其他地价较低的地区，此时，地价的上升使得发达的东部地区开始不得不进行产业结构的调整，由原先较为低端的轻工业转向更高端的产业结构。这一产业结构的动态调整过程也形成了区域之间新的分工，产业在进一步扩散的同时，地区分工再一次进入了专业化阶段。由于中西部地区与东部地区间的专业化分工加强，地区收入差距会进一步缩小。因此，在这一阶段中，土地价格的上升成为了引领区域之间产业结构调整和升级的重要因素。

因此，基于上述逻辑，我们提出一个关于产业集聚、专业化分工和收入差距的三阶段假说，并将在下面通过事实回顾和实证分析加以验证。

11.1.3 研究思路与方法

1. 研究思路

基于以上思路，本书的逻辑结构做如下安排：作为分析的起点，第二部分首先考察中国三大区域收入差距、产业分工和集聚的现状；第三部分进一步通过历史事实回顾和实证数据研究这种现状形成的机制及其演变特征；第四部分在以上机制和演变特征分析的基础上进一步对未来的发展趋势做出判断；最后，基于全书的分析，给出进一步实现区域协调发展的政策建议。

2. 主要研究方法

本书采用历史事实回顾和实证研究相结合的论证方式，在实证部分的数据分析中我们主要使用了以下指标进行核算。

（1）我们引入联合国工业发展组织（UNIDO）国际工业研究中心推荐的同构系数来分析三大区域的分工状况，其计算公式为：

$$S_{ij} = \sum_{k=1}^{n} X_{ik} X_{jk} \bigg/ \sqrt{\sum_{k=1}^{n} X_{ik}^2 \cdot \sum_{k=1}^{n} X_{jk}^2}$$

其中，S_{ij} 表示同构指数值；i、j 分别表示两个相比较的地区；n 表示产业数；X_{ik} 表示在地区 i 中，第 k 产业占整个国民经济的比重；X_{jk} 表示在地区 j 中，第 k 产业占整个国民经济的比重。一般而言，当 $S_{ij}=1$ 表示两区域结构完全一致，当 $S_{ij}=0$ 时表示两地区域结构完全不同，$S_{ij}<0.5$ 时趋同度小，若 $S_{ij}>0.5$ 表示两区域结构趋同度大，应当进行产业结构的调整。在对区域间产业结构相似程度评价时，以 0.8 为界来评判同构性的高低，当 $S_{ij}>0.8$ 时，表示产业结构已严重趋同。结构严重趋同会造成某些产品过剩，削弱企业的市场竞争力，经济效益和社会效益会转差。从动态来看，如果同构系数趋于上升则产业结构趋于相同，如果同构系数趋于下降，则产业结构趋异。

（2）我们使用区位商考察地区产业集聚的状况。区位商越高，表示某地区在某产业上的集聚优势越明显，该行业就是该地区的优势行业。

（3）我们用人均 GDP 的基尼系数来衡量各地收入水平差距，具体计算公式为：$G = 1 - \sum_{i=1}^{i=n}(2x_i^c - x_i)p_i$，其中，$x_i = \dfrac{X_i}{X}$，$x_i^c = \sum_{j=1}^{i} x_j$，$p_i = \dfrac{P_i}{P}$，$X_i$ 为地区 i 的生产总值，X 为全国生产总值，P_i 为地区 i 的人口，P 为全国总人口。G 的取

值范围在 0~1 之间，数值越大表明区域之间人均 GDP 水平的差异越大。

所有数据均来自《中国统计年鉴》、《中国工业经济统计年鉴》、《新中国五十年统计资料汇编》以及中国资讯行 1987~2007 年相应年份的统计数据，其中 1997 年以后的数据合并了重庆和四川，作为大四川加以处理。由于统计口径和产业划分的变动，个别年份的产业选取存在一定的差异，但从数据分析结果来看，这种差异并未影响统计结果的稳定性。

11.2 东、中、西三大区域经济发展的特征

基于我们的分析思路，这一部分首先展示我国区域之间的分工状况和三大区域收入差距的演变状况，以期发现二者之间的对应关系，从而为区域差距的变化寻找到产业分工层面的动因。

11.2.1 三大区域之间的产业分工状况

1. 整体的分工状况

通过同构系数计算，1987~2007 年间三大区域整体的分工状况如图 11-1 所示。

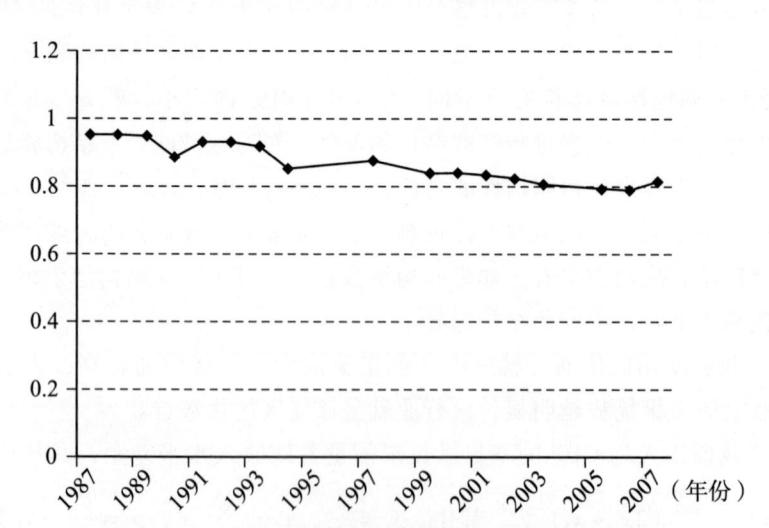

图 11-1 三大区域整体同构指数（1987~2007 年）

资料来源：历年《中国工业经济统计年鉴》和各省历年统计年鉴。

从三大区域之间的总体分工状况来看，其同构指数一直处于0.8以上的高位水平，只在近年来出现了小幅的下降，但在2006年之后又略有回升。这说明三大区域之间的整体产业结构趋同现象是比较严重的。但是总体而言，整体的同构指数大体上处于下行状态，即地区之间的产业同构状况得到了一定程度的改善。至于2007年出现的小幅翘尾，其趋势目前并不明显，因此整体而言，在区域产业同构仍然较为严重的条件下，全国的分工状态是改善的。

2. 三大区域之间的分工状况

下面我们进一步区分三大区域来考察东中部、东西部和中西部之间的分工状况。

从图11-2中的三大区域分工走势可以看出，东部与西部之间以及东部与中部之间分工的变化状况大体相似，同构系数在局部的波动之后都呈现下行趋势，并在2006年之后出现小幅的回升，表明东中部和东西部之间的分工得到了发展，产业结构趋同现象得到了改善，尽管由于时间较短，2006年之后的具体走势仍然不清楚。同时，中西部之间的同构系数一直在高位，在略有下降之后又缓慢上升，其变化较为稳定，表明二者之间的产业同构一直比较严重。

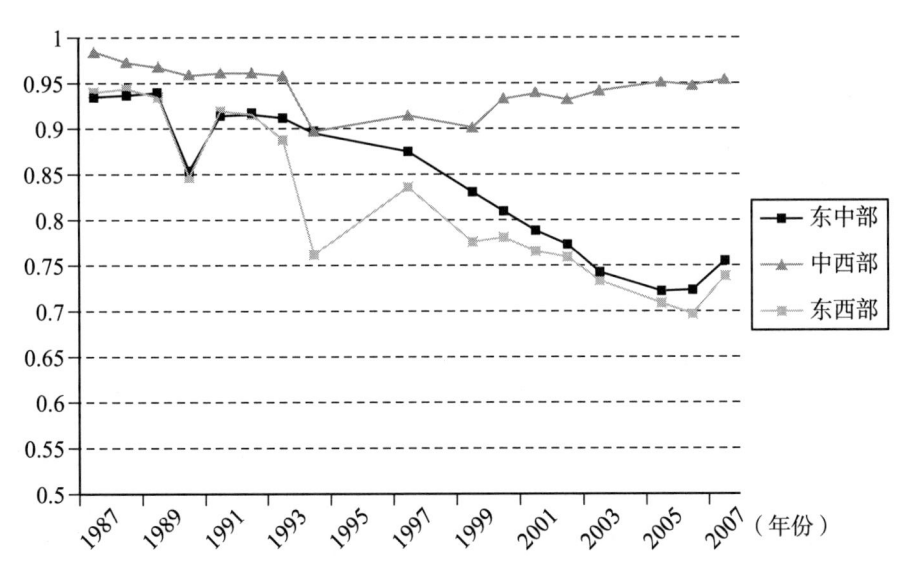

图11-2 中国三大区域之间的同构指数（1987~2007年）

资料来源：历年《中国工业经济统计年鉴》和各省历年统计年鉴。

11.2.2 三大区域的产业集聚态势

由于全国产业数目众多,下面我们列举三大区域几个重要的地区主导产业[①]数年来区位商的变化,以求管窥我国三大区域产业集聚态势的变迁。

1. 纺织业

从纺织业的区位商变化来看,东部地区在纺织业上一直具有明显的优势,且其相对份额 20 年来相当平稳(见图 11-3)。中部地区和西部地区在发展的初期阶段在纺织业上的份额近似,但是进入 20 世纪 90 年代,中部地区开始超越西部地区,在经历了份额差距扩大的阶段后,近年来二者份额的差距已经保持了较为平稳的状态。

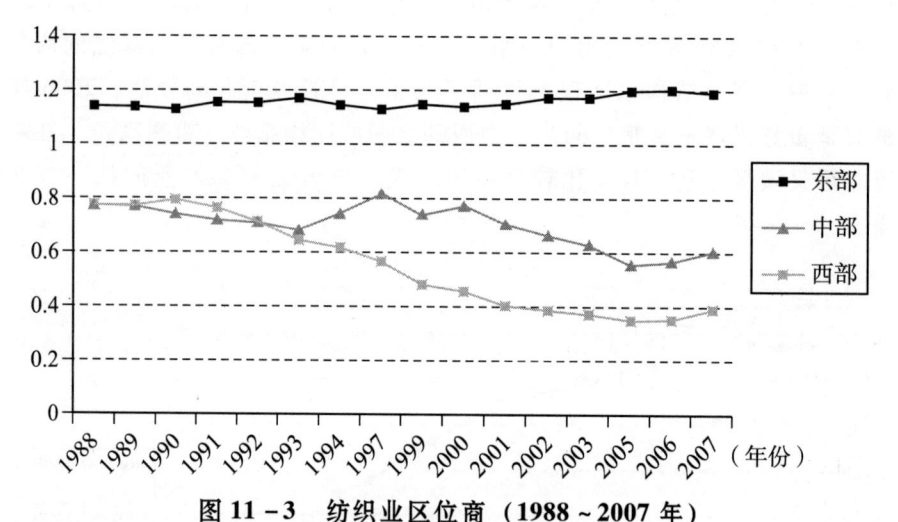

图 11-3 纺织业区位商(1988~2007 年)

资料来源:历年《中国工业经济统计年鉴》和各省历年统计年鉴。

而综合观察区域之间的纺织业区位商会发现,东部地区的相对份额在不断扩大之后近年开始下降,而中西部地区的份额在下降之后近年则开始上升,这一动态变化恰恰是东部地区产业扩散和产业结构调整的表现。在相当长的时间里,由于外商首先投资于东部沿海,因此,轻纺等产业就成了东部地区专业化生产的主要产业,但近年来由于运输成本下降和地区竞争的持续作用,纺织业已经明显出现了向中西部地区扩散的态势,且在时间上与专业化水平变化的拐

---

① 主导产业的计算依据可见区域分工状况的详细分析。

点相当吻合。

2. 化学制品业

如图11-4所示，三大区域之间在化学原料与化学制品制造业上的均没有明显的优势，但是近年来差距有略微扩大的趋势，东部地区倾向于稍稍领先，同时中部地区的份额有较为明显的下降。这一态势表明，化学原料及制品业呈现出向东部地区进一步集聚的态势，区域之间专业化分工的态势趋向明显。因此，与纺织业不同，该产业仍然处于向东部集聚的阶段。

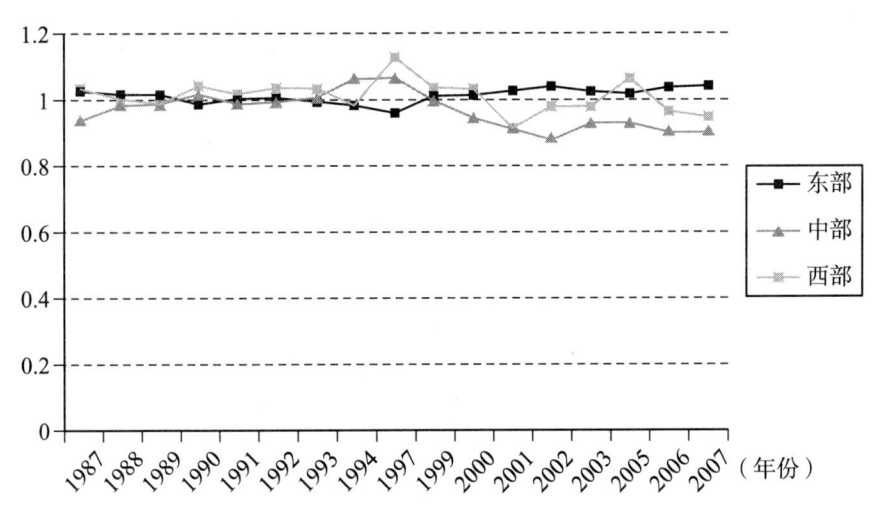

图 11-4　化学原料及化学制品制造业区位商（1987~2007 年）

资料来源：历年《中国工业经济统计年鉴》和各省历年统计年鉴。

3. 黑色金属加工业

东部地区在黑色金属冶炼及压延制造业上的份额较低，而中西部地区则相对较高，特别是在21世纪初，中部地区开始超过西部地区成为份额相对最高的区域（见图11-5）。但是在2005年之后三大区域在这一产业上的相对份额差异呈现出一定的收敛倾向。东部地区的份额上升，而中西部地区的份额则倾向于下降，这表明该产业可能在从中西部转向东部地区。因此，该产业也呈现出向东部集聚的态势。

4. 交通运输设备制造业

如图11-6所示，中部地区在交通运输设备制造业上一直具有相对优势，西部地区次之，东部地区的份额最低，但是近年来中西部地区之间的差距在缩小。

从区域之间的比较来看，东部地区的份额近年来逐渐上升而中西部地区的份额略有下降的态势，表明该产业在向东部集聚，这从一个侧面反映了东部地区近年来产业结构调整的趋向。

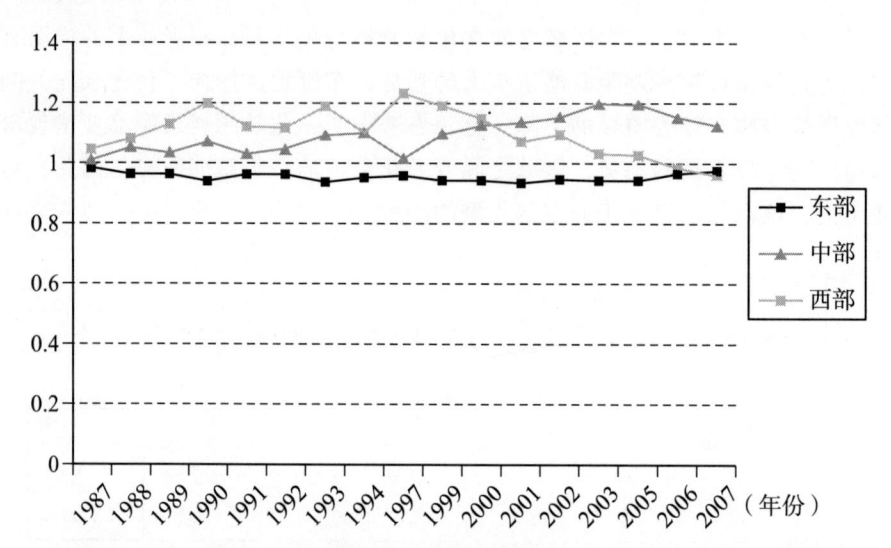

图 11-5　黑色金属冶炼及压延加工业区位商（1987～2007年）

资料来源：历年《中国工业经济统计年鉴》和各省历年统计年鉴。

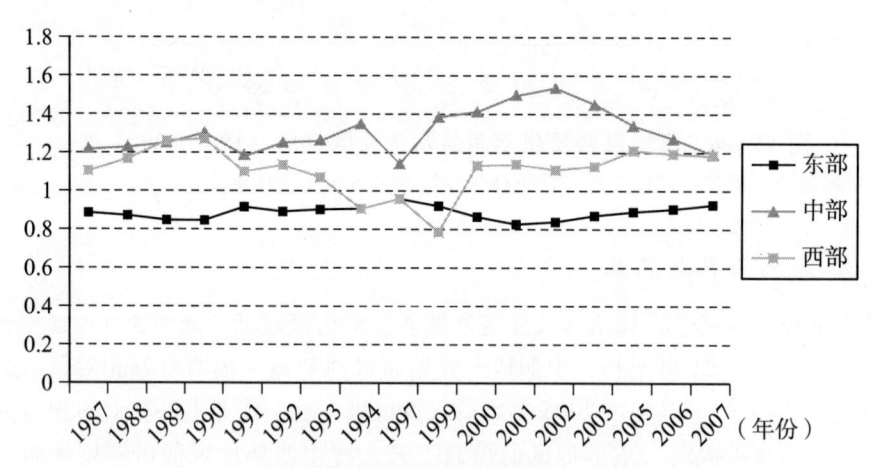

图 11-6　交通运输设备制造业区位商（1987～2007年）

资料来源：历年《中国工业经济统计年鉴》和各省历年统计年鉴。

5. 通信及电子设备制造业

改革初期由于计划经济下国家产业布局的特点，东西部地区之间在通信设备、计算机及其他电子设备制造业上的份额曾经接近（见图11-7）。但是二者的差距不断扩大，表现为东部地区相对份额的平稳上升和西部地区份额的急剧下降，而中部地区在不具有初始优势的情况下，近年来仍呈现出缓慢下行的趋势，西部地区的下降已使其接近中部地区的水平，二者与东部地区的差距不断扩大。这一对照特征较为显著地印证了我们前面的理论假说，即当东部地区发展到一定阶段之后，由于拥挤效应的推动，东部地区已经开始专业化于那些单位面积产值较高的高新技术产业，因此，这些产业便呈现出不断向东部集聚的态势。

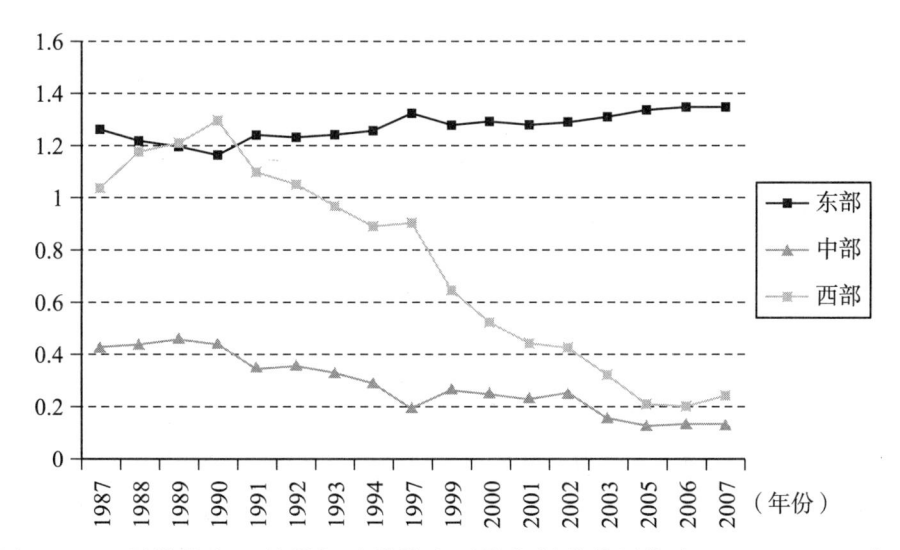

图 11-7 通信设备、计算机及其他电子设备制造业区位商（1987~2007 年）

资料来源：历年《中国工业经济统计年鉴》和各省历年统计年鉴。

6. 石油与天然气开采业

石油和天然气开采业属于资源依赖型产业，中部和东部地区的相对份额一直较为平稳，但由于新资源的发现和开采，西部地区该产业的相对份额持续上升。因此，总体而言，该产业不断向西部地区集聚，使得西部地区逐渐专业化于资源型产业的特征更为明显（见图 11-8）。

以上主导产业在区域之间相对份额的变化从实证的角度表明了工业化发展过程中，区域间产业集聚和扩散的基本特征：当经济发展到一定阶段之后，土地价格的高企等拥挤效应开始促使先发的东部地区进行产业结构的调整，重点发展那些单位面积产值较高的高新技术产业，而那些原先由东部地区发展的产业则部分转入了中西部地区。土地等生产要素价格上升所产生的拥挤效应，既是东部地区产业向中西部地区扩散的离心力，也同时构成了东部地区产业结构升级的推动力。这一态势表明，我国目前的外源性工业化正在进入我们所划分的第二和第三阶段，即区域之间的产业扩散和发达地区的产业结构调整的过程。如果依照这样的发展态势，可以预期，未来各个地区之间还将进一步实现专业化分工，东部地区的产业结构调整在不断促使自身产业结构升级的同时，也通过产业的转移和扩散带动了相对落后的中西部地区的发展。

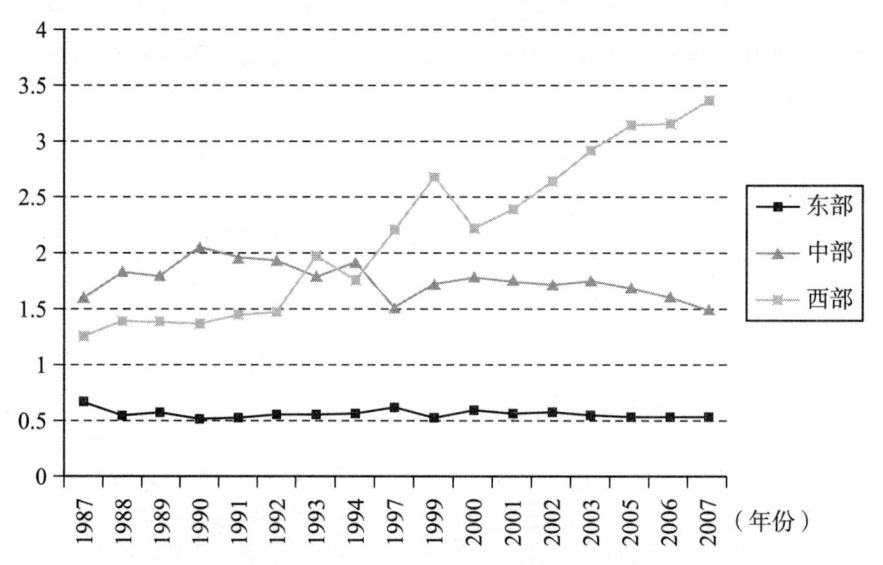

图 11-8　石油和天然气开采业区位商（1987~2007 年）

资料来源：历年《中国工业经济统计年鉴》和各省历年统计年鉴。

11.2.3　三大区域之间的收入差距状况

1. 全国整体的收入差距状况

我们首先考察全国人均收入的基尼系数作为收入差距变化的度量。

从图 11-9 可以看出，整体而言，全国的收入差距经历了一个先缓慢上升再逐渐下降的过程，即一个近似的倒"U"型状，但三大区域之间的收入差距仍需进一步考察。

2. 三大区域之间的收入差距

下面我们进一步考察三大区域之间的收入份额，以显示三大区域之间收入差距的演变过程（见图 11-10）。

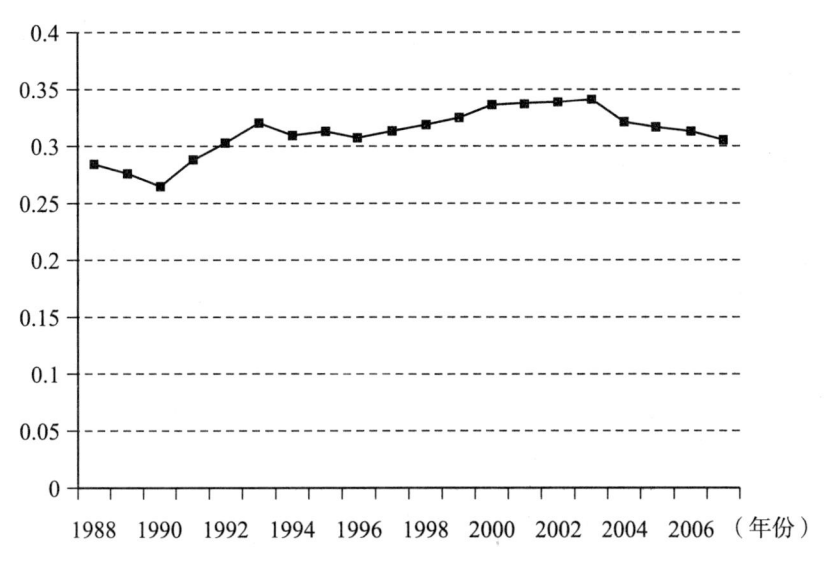

图 11-9　全国基尼系数（1988~2006 年）

资料来源：历年《中国统计年鉴》。

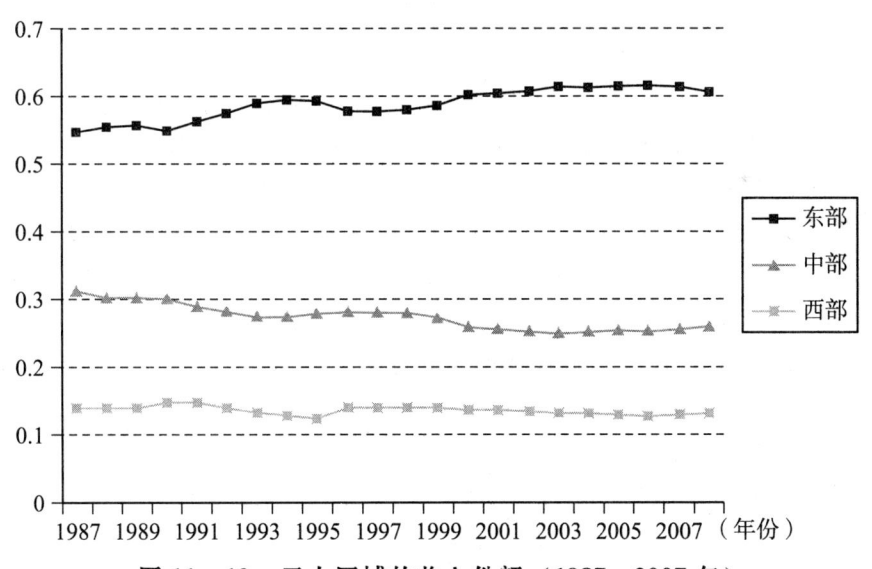

图 11-10　三大区域的收入份额（1987~2007 年）

资料来源：历年《中国统计年鉴》。

从三大区域之间的收入份额变化情况来看，东部和中部以及东部和西部之间均经历了一个差距先扩大，再趋于缩小的过程，目前这种差距似乎仍呈现出收缩的态势（见图 11-10）。中部和西部之间的收入差距程度不及二者与东部之间的差距，且变化状况基本平稳，在进入 21 世纪以后进入了一个差距略为收缩的区间。

我们再将收入份额平均到人，考察近年来三大区域人均收入水平的变化情况（见图11-11）。

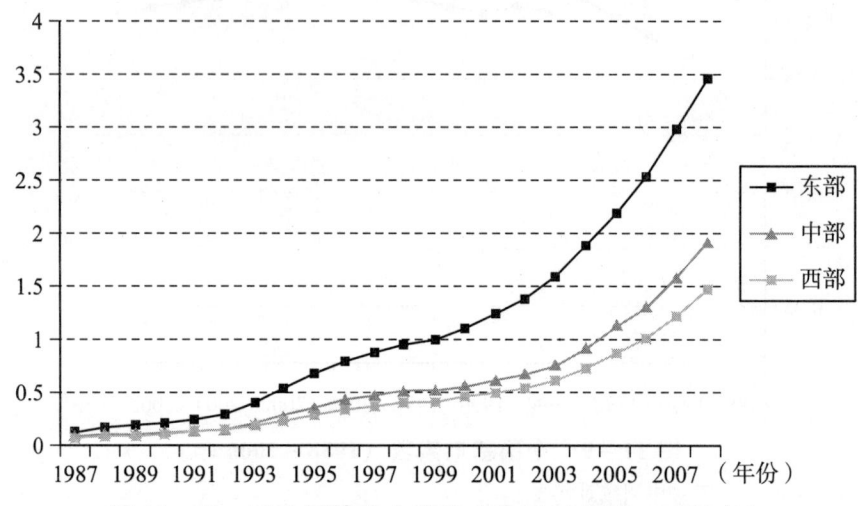

图11-11 三大区域的人均收入水平（1987~2007年）

资料来源：历年《中国统计年鉴》。

从以上人均收入水平的变化来看，与总量的变化趋势略微不同，东部与中西部之间，以及中西部地区之间经历收入差距扩大之后的小幅收敛并不明显，但是，扩张的趋势至少目前变得较为平稳（见图11-11）。

综合以上区域收入差距的分析可以发现：首先，以全国为样本来看，整体的收入差距经历了一个大幅扩张之后的小幅收敛，但是目前收敛的倾向并不明显。即总体而言，全国水平的收入差距经历了一个先扩张再小幅收敛的趋势，可以认为目前正处于一个倒"U"型曲线的顶端略偏右部分，只是这一趋势并不明显。其次，以三大区域为样本来看，就总量而言，东部和中西部之间的收入差距经历了一个先扩大再缩小的过程，而中西部之间的收入差距变化较为平稳，有略微缩小的趋势；而就人均水平而言，三大区域之间的收入差距仍呈现出进一步扩大的态势，但是这种态势的变化开始变得较为平稳。

综合上述关于专业化、产业集聚和收入差距的分析，我们发现，区域的产业分工状况和收入差距之间存在着一定的联系，初步印证了我们上文中的理论假说。首先，东部和中西部之间的产业同构度先下降后上升，人均收入水平的差距先扩大然后缩小，这基本符合了我国外源型工业化发展的基本特征，即在工业化的初期阶段，由于先天的区位优势，外来资本不断向东部地区集聚，该地区依据外来资本的特征形成了自身的产业结构，这必然会形成地区的专业化分工态势，从而在集聚的同时产业同构度下降，出现专业化分工的特征，而正是由于外来资本向东部地区集聚，东部和中西部之间的收入差距开始扩大；当工业化发展到一定阶段之后，运输成本的下降使得东部地区区位优势的吸引力开始下降，越来越多的资本开始扩散到中西部地区，这时地区之间的产业同构度便会略微上升，而由于承接外来资本的缘故，中西部地区的经济得以进一步发展，东部与中西部之间的收入差距开始缩小。其次，中西部地区的产业分工和收入差距的变化态势与东部和中西部之间的相似，但是变化较为平缓，这恰好从另一个侧面反映了我国外源型工业化的特征，即地区的分工梯度和收入差距主要是体现在东部和中西部之间，而不是在中部和西部之间，因为这种工业化模式在开始高度依赖地区之间的区位优势差别；同时，从产业集聚的动态特征来看，原先东部地区拥有优势的纺织等产业开始不断向中西部地区扩散，但信息通讯等高技术产业在东部的相对份额不断上升。这表明，在产业由向东部集聚转向扩散的同时，不同产业呈现出了不同的专业化态势，西部开始专业化于原先集聚在东部的优势产业，而东部则由于土地价格上升等拥挤效应的显现，开始专业化于那些单位面积产值较高的高新技术产业。因此，对应于前面的理论假说，我们的初步判断是，目前我国正处于第二阶段和第三阶段的发展过程。

11.3 三大区域产业分工与集聚的动因分析

下面我们进一步分析区域间产业集聚与扩散的态势变化，并以上面的逻辑建立内在的机制说明这种演变的逻辑基础。首先，我们从历史事实出发，论述三大区域之间分工协作的演变过程；其次，进一步通过数据从实证的角度分析三大区域产业结构的动态变化情况和内在变化机制，从产业结构的角度说明三大区域分工演变的逻辑；最后，我们重点说明促成三大区域产业集聚和扩散的几个重要推动力。

11.3.1 三大区域之间分工的演变

1. 三大区域的经济特征

根据国家近年来制定的宏观发展战略和相关政策，本书的研究将除台湾地区和港澳地区以外的全国划分为三大区域，并探究这三大区域之间经济关系的变化。这三大区域为：东部，包括北京、天津、河北、辽宁、上海、江苏、浙江、福建、山东、广东、海南;中部,包括山西、内蒙古、吉林、黑龙江、安徽、江西、河南、湖北、湖南;西部,包括重庆、四川、广西、贵州、云南、西藏、青海、宁夏、新疆。

西部地区资源丰富,战略位置重要。但由于自然、历史、社会等原因,经济发展相对落后,人均国内生产总值仅相当于全国平均水平的2/3,不到东部地区平均水平的40%,迫切需要加快改革开放和现代化建设步伐。

中部地区是我国的人口大区、经济腹地和重要市场,在中国地域分工中扮演着重要角色。从中国整体发展的角度考虑,只有中部地区得到了良好发展,中国经济才能协调健康发展。从这个意义上来说,加快中部地区发展是提高中国国家竞争力的重大战略举措,是东西融合、南北对接,推动区域经济发展的客观需要。

东部沿海地区主要涵盖了泛长三角和珠三角以及福建和海南,它们具有相似的资源条件、工业结构和政策优势。自20世纪80年代以来,东部发达地区就依靠政策优势和区位优势发展了具有相当规模、对地方经济起着极大带动作用的产业集群。如今,产业集群已经成为东部经济增长和竞争优势的重要来源,对地方经济的发展起到了极大的带动作用。

2. 三大区域的产业分工与协作

中国区域产业结构的调整和变动,是改革以来推动全国经济增长的内在因素。由于资源禀赋条件和产业政策的影响,中国东部、中部和西部地区的产业结构在水平、效益、产业构成和工业布局等方面出现明显的差异。

改革以来,中国区域产业结构在市场竞争和政府政策的双重作用下不断调整,各地区优势产业得到进一步发展,产业布局和规模持续扩大,各地区经济总量显著增加。2004年,三次产业GDP的构成或百分比,东部地区为9.6:52.4:38、中部地区为17.1:49.2:33.7、西部地区为18.8:44.6:36.6,与2000年相比,第一产业比重明显下降,第二、三产业比重上升。1979~2004年,东部、中部和西部地区GDP分别增长了48.3倍、34.8倍和37倍,年均增长速度都在10%以上。

在三大区域中,东部地区较好地起到了带动全国经济增长的作用。1979~2004年,东部地区GDP占全国经济总量的比重由52.9%提高到60.5%,年均增长近12%,高于全国平均增长速度2个百分点。钢铁、石化、轻纺、机电等一批带动产业结构升级的资金密集和技术密集型产业迅速发展,一批经济集聚区或城市群正在形成。2004年,长三角、珠三角和环渤海三大经济圈的GDP、实际利用外资额和进出口额分别占全国的35%、69%和77%,成为拉动全国经济持续快速发展的引擎。与此同时，中部和西部地区也已经或正在形成一批新的经济增长极，为促进产业合理布局提供了基础条件。贫困地区、少数民族地区和老工业基地的经济面貌逐步改观，经济活力进一步增强。

从三大区域的分工协作来看，目前还主要集中在区域之内的省际和经济圈内合作，跨区域的协作仍然不足。从产业结构水平和效益来看，尽管各个区域产业结构都或多或少得到了扩展，但各个地区低水平产业部门的发展挤占了大量经济资源，抑制了高水平产业部门规模的进一步扩大，尤其是各地重复建设直接导致全国产业结构整体效率降低。这种低水平扩展和低效率调整使得产业结构优化没有得到明显进展，没有出现"布局合理"、"优势互补"的专业化分工协作的局面。我们分别从三大区域来看这一问题，首先我们集中分析三大区域内部的产业分工与协作关系，以此为基础，我们进一步探讨三大区域之间的产业分工及其协作。

(1) 三大区域内部的产业分工与协作

东部地区

东部地区进一步细分，有长三角、珠三角和环渤海三大经济圈。

第一，长江三角洲地区。长江三角洲位于中国大陆海岸线中部、长江入海口。该区域内有上海1个直辖市、3个副省级城市和11个地级城市。从区位优势上评价，长江三角洲地区是中国经济、科技、文化最为发达的地区之一。但是，受行政区划和地方利益等因素的影响，长三角地区存在着比较突出的产业同构问题，一定程度上影响了长三角地区经济一体化进程和整体竞争优势。长三角地区内部产业结构基本上呈阶梯状，上海以装备工业和精深加工制造业以及金融、信息等产业占绝对优势，开始迈入"后工业化"阶段；浙江和江苏仍处于工业化的中后期水平，加工工业等第二产业仍是主要的产业部门，第三产业发展水平不高。但是，在长江三角洲地区，各省市产业结构雷同现象依然存在。在地区产业结构的差异方面，上海与江苏的相似系数为0.82，上海与浙江的相似系数为0.76，江苏与浙江的相似系数达到0.97。在支柱产业的选择方面，沪、苏、浙三省市均提出要重点发展汽车、石油化工及精细化工、电子通信设备等产业。产值排在前9位的主要工业大类，上海与江苏的相似率为100%，只有排序不同；上海与浙江、江苏与浙江，9大产业中分别有8个是相同的。沪、苏、浙三省市的"十五"高新技术产业发展规划中，集成电器产业的相似率为35%，纳米材料为48%，计算机网络为59%，软件产业为74%。在苏州、无锡和常州三市的主导产业选择中，都是选择机械、纺织、化工、冶金和食品业，且各行业的比重也十分接近。

第二，珠江三角洲地区。珠江三角洲位于广东省中南部，面向南中国海，为珠江出口处，毗邻港澳，包括广州、深圳两个副省级城市、五个地级市和七个县

（区）及县级市。目前，由于条块分割的经济体制，"珠三角"地区的市、县经济结构雷同的现象也比较严重。从不同城市看，广州、深圳、珠海、佛山、江门、肇庆、惠州7市的40大类产业中，排在前6位的大体都是电器、服装、电子、纺织、食品加工、非金属制品等6大产业。

第三，环渤海地区。环渤海地区包括北京、天津两个直辖市和辽宁、河北、山东、山西和内蒙古五个省（区），是中国城市密集的地区之一。这些城市构成了中国北方的政治经济文化等多功能的城市群体，在全国和区域经济中发挥着集聚、辐射、服务和带动作用，有力地促进了特色经济区域的发展。其中北京和天津已进入由工业化中期向工业化后期转变的阶段，高新技术产业将逐渐取代劳动和资金密集型产业的主导地位。北京第三产业增加值已接近第二产业增加值的1倍，天津第二、三产业GDP比重也已经持平。但是，在山西、河北和内蒙古，其产业结构的水平还相当落后。区域内单个产业结构体的巨大差别，造成整体性区域产业结构调整在内容、速度和方向上的不一致，从而加大了区域产业重组和协调上的难度。同时，区内产业高度同构，缺乏布局合理的产业分工。由于长期条块体制的分割，环渤海圈的项目安排上呈现产业结构雷同现象。除了大部分省市都有钢铁、煤炭、化工、建材、电力、重型机械、汽车等传统行业外，目前又在竞相发展电子信息、生物制药、新材料等高新技术产业，甚至都要求有自己的出海口。区域内各省、市大多已形成自我循环的"都市经济圈"，区域联合的意向多于实质性行动，争当"龙头"的倾向依然存在。在要素合理流动、特别是在共同利益基础上的项目开发和区内跨省市资产重组或共同组建大型企业集团方面进展并不大。各省市与国际经济联系的紧密程度甚至大于各省市之间的联系，在对外贸易和招商引资上存在着过度竞争行为。

中部地区

中部地区是我国重要的制造业基地，随着我国工业化的推进，中部地区制造业发展的优势逐渐显现出来。各地区支柱产业形成了一定的规模。以交通运输设备制造业为例，湖北有武汉至襄樊至十堰的汽车产业带，江西有江铃汽车集团和昌河汽车集团，安徽则有安凯、江淮、一汽扬子等大企业，均为各省的支柱产业；中部区域制造业间存在较强的互补性。以材料产业为例，虽都处于中部各省的支柱地位，但各有千秋，相互补充。湖北省的钢铁产业处于领先地位，武钢是龙头企业；江西以铜业、稀土、陶瓷等产业为骄傲；湖南树起了有色金属产业的品牌；河南则是著名的耐火材料基地；中部地区有丰富的能源和劳动力优势——比如山西的煤炭，在能源紧缺的今天，能源产品价格又已经大多放开的情况下，这一优势将越来越重要。中部丰富的劳动力资源也为劳动密集型制造业提供了源源不断的动力；中部地区有相对集中的工业布局，尤其是在传统工业制造业方面有一定的优势。但是，中部地区产业重复建设仍然比较严重。目前中部地区最严重的重复建设出现在纺织、塑料、化纤产品和建材产品等一般工业品领域。近1/3的经营性国有资产分布在一般加工工业，造成低档产品过剩和高档产品依赖进口的结构失衡状况。

西部地区

西部大开发以来，西部地区产业的发展取得了一定进步。其中重庆是中国重要的工业基地之一，工业门类比较齐全，综合配套能力较强，目前已形成汽车摩托车制造和化工医药两大支柱产业；四川省的经济总量居西部地区之首，电子、机械、冶金等产业基础坚实，科技、教育、研发实力雄厚；云南省经济总量居西部地区前列，烟草、矿业、生物资源开发、旅游、水电五大支柱产业实力雄厚；陕西省的经济总量居西部地区前列，高技术产业、装备制造业、能源化工业和畜牧果品业等产业基础雄厚，科技、教育、研发实力较强；经过多年发展，甘肃省也形成了以能源、有色冶金、黑色冶金、石油化工、化学医药、机械电子、轻纺食品、建筑材料、国防军工为主体的比较完整、特色明显的工业体系；青海也已形成了由电力工业、石油天然气工业、盐湖化工工业、有色金属工业组成的四大支柱产业；新疆维吾尔自治区形成了以农副产品深加工为主导力量，包括石油、石化、钢铁、煤炭等资源工业为主的、体系门类基本齐全，具有一定规模的工业体系。

西部地区产业结构不合理的状况大体上与中部相似。新中国成立以来在西部地区建立了许多大中型项目，为中西部经济的发展作出了巨大的贡献。但是，计划经济时代，特别是"三线"建设时期极不合理的工业布局，使这些项目缺乏经济发达的城镇作为支撑点，且分布在交通极不便利的地方，因此许多企业同当地的产业关联度极低。同时，西部的区域产业结构存在较为严重的雷同。计划经济时代，产业布局实行均衡发展战略，各个地区的产业结构，特别是工业结构趋同，损害了经济的规模效益、分工效益和产业的结构效益。

综上所述，从三大区域的内部分工来看，尽管由于经济发展水平的差异，存在着一定程度的差异化和产业分工，但是区域内部各省份之间的产业同构现象仍然相当明显。

（2）三大区域之间产业的分工与协作

长期以来，东部地区凭借优越的自然条件、区位优势和政策优惠，经济增长速度一直高于中西部地区。从人均GDP看，1991年以来，除一些特殊年份外，每年中部地区人均生产总值只占东部的40%多一点，而西部只占东部30%多一点。1985年，东、中、西部三个地区生产总值占全国的比重分别为51.96%、29.69%、18.35%，到2005年，差距进一步扩大，比重分别为59.52%、

23.49%、16.99%。这段时间，我国东、中、西部三个地区产业结构也出现了明显的差异。东部地区第二、三产业发达，占 GDP 比重逐年增加，从 1991 年的 79.8% 增加到 2004 年的 89.2%；而中西部地区第二、三产业增长速度虽然也较快，但其基数小，在全国的份额有限，第一产业的比重总体上还较高。随着东部沿海发达地区城乡居民消费层次、消费水平的提高，东部工业经济结构得到同步调整，工业产值在生产总值中所占的比重都保持在 45% 以上。在东部的上海、北京、广州、深圳等发达城市，以金融、保险、信息咨询、房地产等为主体的第三产业发展很快，在 GDP 中占有相当的比例。中部地区虽然第二产业占有相当的比例，但第二产业的优势仍不明显，第一产业比重虽然逐年下降，但与东部地区相比，仍然高出 6 个百分点左右。2004 年，西部地区第一产业所占比重更是高出东部 7.6 个百分点。从表面看，西部地区第三产业比重高于全国，但并不意味着其产业结构的高级化，而是因为工业化水平较低、农业不发达、社会生产比较落后而形成的。从中西部第三产业内部结构看，两地区均以传统的流通和服务业、交通运输业、批发零售业为主，为现代工业服务的金融、通讯和信息产业相当薄弱，现代化水平不高。

从制造业区域布局看，东部沿海地区是我国制造业集中分布的地带。第一次全国基本单位普查显示，在制造业 29 个行业的销售收入中，东部地区所占份额超过 90% 的有 4 个行业：文教体育用品制造业（94.93%）、电子及通讯制造业（92.64%）、服装及其他纤维制品制造业（92.4%）、皮革、毛皮、羽绒及其制造品业（90.96%）。另外，东部地区还有 20 个行业的销售收入份额超过 70%，仅有烟草加工 1 个行业的销售收入份额小于 50%。如果按 171 个小类行业来比较，东部地区有 43 个行业的销售收入份额超过 90%，占全部行业的 25%。其中，水产品加工、钟表制造业和文教体育用品更是超过 98%；有 124 个行业的销售收入份额超过 70%，有 157 个行业的销售收入份额超过 50%。中西部地区合计销售收入份额超过 50% 的行业只有 2 个，即中部地区的炼焦业（53.47%）和西部地区的烟叶烘烤业（62.38%）。也就是说，在全部制造业中，中西部地区只有 15% 能达到行业的平均份额。另外，东中西部产业布局各有侧重，东部以劳动和资本密集型产业为主，东部地区的销售收入占全国总销售收入的 90% 以上；而中西部地区比重较大的则是一些资源加工型产业，如烟草加工、金属冶炼、麻纺织业、盐加工业等。此外，中部地区在运输设备制造业、西部地区在航空航天设备制造业等方面占有较大比重。在各类出口加工产业中，东部地区比重都在 80%~90% 之间。出口的拉动、产业集聚效应、国家政策的相应倾斜等因素是形成东部地区与出口密切相关产业和资本密集型产业较快发展的主要原因。中西部由于区位劣势、资金不足、产业基础薄弱等因素，首先发展的只能是资源密集型产业。

进入 21 世纪以来，东部及沿海地区为加快产业结构升级，开始调整区域产业布局，实行产业区域转移，把资源和劳动密集型产业逐渐转移扩散出去，以集中力量发展高新技术产业和高端制造业。中西部地区交通、通讯和能源基础设施逐步完善，制度环境、投资环境、市场环境大大改观，其固有的区位劣势在不断弱化。外加低廉的土地、劳动力成本和丰富的资源，是大规模承接这种产业转移的理想区位。据统计，实施西部大开发以来，沿海地区约有 1 万多家企业到西部投资创业，投资总规模达 3 000 多亿元，目前仅浙江省在中西部地区的投资就已达 1 800 亿元。中国人民银行发布的《2005 年中国区域金融运行报告》表明，2005 年全国固定资产投资 8.9 万亿元，其中城镇固定资产投资 7.5 万亿元，增长 27.2%；农村固定资产投资 1.4 万亿元，增长 18%。城镇固定资产投资总额有近 50% 集中在东部地区，但中部、西部和东北地区的投资增速开始加快并明显高于东部地区。同时，中、西部和东北地区成为外资流入的新热点。2005 年，东部、中部、西部和东北地区实际利用外商直接投资额分别为 672 亿美元、96 亿美元、46 亿美元和 63 亿美元，分别增长 19%、31.3%、38% 和 124.4%。从具体产业看，一些传统的劳动密集型产业正加速由东部向中西部转移。以纺织业为例，中国服装协会发布的《2005~2006 年中国服装行业发展报告》显示，近年来，以河南、江西为代表的一些中部省份的服装行业成长非常迅猛，2005 年江西省超过福建省成为第五大投资省，投资增长最快的前 13 个省全部在中西部。国家发展和改革委员会公布的行业分析报告也反映了这一趋势，2006 年上半年，中西部地区纺织业投资增长 76%，高出东部地区 43.4 个百分点。

因此，从东中西三大区域之间的产业分工和协作来看，尽管在相当长的时间内，由于东部与中西部之间的产业梯度和大量产业向东部集聚的态势，区域之间的收入差距相当明显，但是随着经济的进一步发展和政府政策的调控，目前，区域之间的收入差距在逐渐缩小，而产业的合理分工态势也更加明显。

11.3.2 三大区域主导产业的演变

区域产业分工主要表现在地区产业结构的动态变化及区域之间这种变化的相互关系中，而主导产业的份额变化则是地区产业结构变化的直接表现。下面我们通过地区主导产业的变化状况来进一步分析形成上述区域之间分工格局的产业结构基础。我们通过分析各省区制造业的支柱产业来探讨区域间产业分工或者说专业化程度与各区域产业结构调整及变化之间存在的关系。

我们将东中西部 1987~2007 年主导产业及其份额的变化列表如下（见表 11-1）。

表 11-1　　　　　　　东部地区主导产业演变（1987~2007年）

年份	东部地区主导产业				
1987	纺织业	机械工业	食品	化学原料	黑色金属
	0.1579	0.1275	0.1088	0.0830	0.0747
1988	纺织业	机械工业	化学原料	食品制造业	黑色金属
	0.1401	0.1146	0.0781	0.067	0.0635
1989	纺织业	机械工业	化学原料	食品制造业	黑色金属
	0.1431	0.1071	0.0829	0.0660	0.0652
1990	纺织业	工艺品	机械工业	化学原料	黑色金属
	0.1358	0.1019	0.0874	0.0771	0.0637
1991	纺织业	机械工业	化学原料	黑色金属	食品制造业
	0.1377	0.0959	0.0767	0.0698	0.0630
1992	纺织业	机械工业	黑色金属	化学原料	食品制造业
	0.1253	0.1028	0.0749	0.0714	0.0582
1993	纺织业	黑色金属	化学原料	交通运输	非金属
	0.1039	0.0927	0.0596	0.0588	0.0568
1994	纺织业	黑色金属	化学原料	非金属	交通运输
	0.1077	0.0750	0.0591	0.0555	0.0545
1997	纺织业	电子	化学原料	交通运输	黑色金属
	0.0803	0.0770	0.0672	0.0587	0.0550
1999	通信	纺织业	电气	化学原料	交通运输
	0.1190	0.0851	0.0785	0.0771	0.0665
2000	通信	电气	纺织业	化学原料	交通运输
	0.1314	0.0793	0.0789	0.0767	0.0618
2001	通信	电气	纺织业	化学原料	交通运输
	0.1407	0.0805	0.0787	0.0781	0.0647
2002	通信	纺织业	电气	化学原料	交通运输
	0.1517	0.0775	0.0775	0.0764	0.0714
2003	交通运输	电气	黑色金属	化学原料	纺织业
	0.1150	0.1134	0.1130	0.1117	0.1082
2005	通信	黑色金属	电气	化学原料	电力
	0.1595	0.0856	0.0734	0.0720	0.0661

续表

年份	东部地区主导产业				
2006	通信	黑色金属	电气	化学原料	纺织业
	0.1569	0.0826	0.0768	0.0731	0.0651
2007	通信	黑色金属	电气	化学原料	交通运输
	0.1419	0.0878	0.0776	0.0745	0.0672

注：食品 = 食品、饮料、烟草制造业；化学原料 = 化学原料及化学制品制造业；黑色金属 = 黑色金属冶炼及压延加工业；交通运输 = 交通运输设备制造业；非金属 = 非金属矿物制品业；通信 = 通信设备、计算机及其他电子设备制造业；电气 = 电气机械及器材制造业；电力 = 电力、热力的生产和供应业；工艺品 = 工艺品及其他制造业；电子 = 电子及通信设备制造业。

资料来源：历年《中国工业经济统计年鉴》和各省历年统计年鉴。

从东部地区主导产业的演变过程来看，存在以下特点：首先，虽然逐年之间有小幅变动，但构成东部主导产业的主要是纺织业、机械工业、黑色金属冶炼及压延加工业、化学原料及化学制品制造业、交通运输设备制造业以及通讯设备制造业；其次，东部地区在发展初期产业结构主要偏向纺织业等轻工业，但进入21世纪之后经历了一次较为明显的产业升级，表现为通信设备、计算机及其他电子设备制造业跻身主导产业，并代替原先的纺织业成为第一大产业，这一产业结构变动的态势印证了我们的理论假说，即东部地区在工业化的发展初期由于利用区位优势依赖外来资本，所以形成了既定的产业结构特征，但当外资不断涌入所带来的拥挤效应推高了地价的时候，东部地区就开始了产业结构调整的过程，表现为那些单位面积产值较高的高新技术产业开始取代原先的轻纺工业成为了区域的主导产业。

下面我们来看中部地区主导产业的变化（见表11-2）。

表11-2   中部地区主导产业演变（1987~2007年）

年份	中部地区主导产业				
1987	食品	机械工业	纺织业	黑色金属	化学原料
	0.1554	0.1080	0.1045	0.0795	0.0758
1988	机械工业	纺织业	食品制造业	化学原料	黑色金属
	0.0977	0.0955	0.0819	0.0760	0.0693
1989	纺织业	机械工业	食品制造业	化学原料	黑色金属
	0.0975	0.0900	0.0806	0.0801	0.0698
1990	纺织业	机械工业	化学原料	食品制造业	黑色金属
	0.0906	0.0832	0.0798	0.0787	0.0729

续表

年份	中部地区主导产业				
1991	纺织业 0.0857	机械工业 0.0850	食品制造业 0.0802	化学原料 0.0749	黑色金属 0.0743
1992	机械工业 0.0889	黑色金属 0.0812	纺织业 0.0773	交通运输 0.0721	化学原料 0.0705
1993	黑色金属 0.1080	交通运输 0.0825	非金属 0.0648	化学原料 0.0602	纺织业 0.0609
1994	黑色金属 0.0869	交通运输 0.0810	纺织业 0.0705	非金属 0.0650	化学原料 0.0635
1997	化学原料 0.0747	食品加工业 0.0744	非金属 0.0734	交通运输 0.0696	电力 0.0610
1999	交通运输 0.1008	电力 0.0791	化学原料 0.0765	黑色金属 0.0703	农副食品加工业 0.0693
2000	交通运输 0.1018	电力 0.0764	石油和天然气 0.0734	化学原料 0.0712	黑色金属 0.0711
2001	交通运输 0.1176	电力 0.0804	黑色金属 0.0785	化学原料 0.0696	石油 0.0642
2002	交通运输 0.1304	电力 0.0834	黑色金属 0.0764	化学原料 0.0648	农副食品加工业 0.0629
2003	交通运输 0.1284	黑色金属 0.0959	电力 0.0824	化学原料 0.0675	石油 0.0637
2005	黑色金属 0.1086	电力 0.1008	交通运输 0.0901	煤炭 0.0758	化学原料 0.0659
2006	黑色金属 0.0986	电力 0.0975	交通运输 0.0882	煤炭 0.0749	有色金属 0.0722
2007	黑色金属 0.1015	电力 0.0976	交通运输 0.0869	有色金属 0.0806	电气 0.0776

注：食品＝食品、饮料、烟草制造业；化学原料＝化学原料及化学制品制造业；黑色金属＝黑色金属冶炼及压延加工业；交通运输＝交通运输设备制造业；非金属＝非金属矿物制品业；电气＝电气机械及器材制造业；电力＝电力、热力的生产和供应业；石油和天然气＝石油和天然气开采业；石油＝石油加工、炼焦及核燃料加工业；煤炭＝煤炭开采和洗选业；有色金属＝有色金属冶炼及压延加工业。

资料来源：历年《中国工业经济统计年鉴》和各省历年统计年鉴。

中部地区的主导产业发展具有以下特点：首先，主要主导产业为黑色金属冶炼及压延加工工业、交通运输设备制造业、电力热力的生产和供应、化学原料及化学制品制造业以及早期的纺织业；其次，与经济发展阶段相对应，中部地区的产业结构呈现出重型化的倾向，具体表现为，进入21世纪之后纺织和食品等轻工业从主导产业的行列中消失，到2007年所有的主导产业都成为典型的重工业。

下面我们来看西部地区的主导产业变化（见表11-3）。

表11-3 西部地区主导产业演变（1987~2007年）

年份	西部主导产业				
1987	食品	机械工业	纺织业	化学原料	黑色金属
	0.1745	0.1272	0.1001	0.0836	0.0795
1988	机械工业	纺织业	食品制造业	化学原料	黑色金属
	0.1162	0.0947	0.0864	0.0771	0.0713
1989	机械工业	纺织业	化学原料	食品制造业	黑色金属
	0.1082	0.0974	0.0800	0.0796	0.0765
1990	机械工业	纺织业	黑色金属	化学原料	烟草制品业
	0.0987	0.0957	0.0815	0.0809	0.0781
1991	机械工业	纺织业	黑色金属	食品制造业	化学原料
	0.1005	0.0907	0.0809	0.0786	0.0773
1992	机械工业	黑色金属	纺织业	烟草制品业	化学原料
	0.1066	0.0869	0.0779	0.0748	0.0734
1993	黑色金属	交通运输	烟草制品业	化学原料	非金属
	0.1178	0.0695	0.0659	0.0614	0.0581
1994	黑色金属	烟草制品业	化学原料	纺织业	交通运输
	0.0871	0.0694	0.0588	0.0587	0.0551
1997	化学原料	烟草制品业	黑色金属	石油和天然气	电力
	0.0790	0.0789	0.0705	0.0619	0.0606
1999	烟草制品业	石油和天然气	电力	化学原料	黑色金属
	0.0944	0.0908	0.0857	0.0789	0.0763
2000	石油和天然气	电力	交通运输	烟草制品业	化学原料
	0.0916	0.0827	0.0812	0.0799	0.0777
2001	交通运输	电力	石油和天然气	烟草制品业	黑色金属
	0.0892	0.0870	0.0798	0.0793	0.0741

续表

年份	西部主导产业				
2002	交通运输	电力	烟草制品业	石油和天然气	黑色金属
	0.0945	0.0868	0.0807	0.0745	0.0724
2003	交通运输	电力	黑色金属	石油和天然气	化学原料
	0.0990	0.0870	0.0831	0.0811	0.0713
2005	电力	黑色金属	石油和天然气	化学原料	石油
	0.1099	0.0934	0.0866	0.0754	0.0734
2006	电力	有色金属	石油和天然气	黑色金属	交通运输
	0.1052	0.0942	0.0853	0.0844	0.0825
2007	电力	有色金属	黑色金属	交通运输	石油和天然气
	0.1005	0.0990	0.0872	0.0863	0.0752

注：食品＝食品、饮料、烟草制造业；化学原料＝化学原料及化学制品制造业；黑色金属＝黑色金属冶炼及压延加工业；交通运输＝交通运输设备制造业；非金属＝非金属矿物制品业；电力＝电力、热力的生产和供应业；石油和天然气＝石油和天然气开采业；石油＝石油加工、炼焦及核燃料加工业；煤炭＝煤炭开采和洗选业；有色金属＝有色金属冶炼及压延加工业。

资料来源：历年《中国工业经济统计年鉴》和各省历年统计年鉴。

从表11－3来看，西部地区的主导产业主要有电力热力的生产和供应、黑色金属冶炼与压延加工、石油和天然气开采、烟草制品业、交通运输设备制造业、化学原料与化学制品制造业以及早期的纺织业，与中部地区相比较，西部地区的主导产业存在一定差异，但大体上是相同的，只是西部地区产业发展的资源依赖特点更为明显，表现为石油和天然气开采等产业在近年来兴起。同时，中西部地区产业发展的路径也存在一定的相似性，即主导产业的重型化倾向明显。这种中西部产业结构的重型化和东部产业结构的高新技术化形成了鲜明的对照，一定程度上印证了我们的推断，即随着地价的不断上升和拥挤效应的出现，东部地区会倾向于将原先单位面积产值较低的产业转移出去，从而地区之间形成了产业扩散的态势。

就以上主导产业的区域分布而言，首先，从产业的总体分工来看，三大区域之间存在较强的产业同构，特别是中西部地区之间的产业同构更为明显，这是与外源型工业化强烈依赖区位优势吸引外来资本密切相关的，因为东部和中西部之间的区位差要明显大于中西部之间的区位差；其次，从主导产业的发展路径来看，由于东部地区发展较为超前，外来资本进入导致的地价高企已经开始推动发达地区的产业结构调整，东部地区目前已经显现出较为明显的产业升级的特征，与之相对应中西部地区开始偏向发展重型主导产业，这一主导产业的动态变化正是产业在东部和中西部之间扩散的具体表现。

11.3.3 影响东中西部产业集聚和扩散的主要因素

上面详细分析了三大区域产业分工的动态格局演变，那么，促成这种产业集聚和扩散的具体机制是什么呢？我们从集聚和扩散两种力量的角度进行分析。

1. 促进产业向东部集聚的因素

事实上，产业向东部集聚的因素也就是东部较中西部在吸引外来资本方面的优势。这可以从区位优势、经济发展水平、市场开放程度和基础设施条件几个方面来考虑。

区位优势。这一区位优势包括了东部在地理上的先天禀赋和政策优势。就地理禀赋而言，我国的东部地区大多接近国际贸易的港口，在运输成本仍然较高的前提下，能够节省运输成本自然是外资投资的重要考虑因素。因此，东南沿海地区往往成为外资进入中国的首选。就政策环境而言，一个地区给予外资的优惠政策越多，对外商的吸引力越大。因此，在"两步走"的方针指引下，东部地区获得了政策上的先行优势，大量经济特区的建立，是吸引外资的重要力量。同时，我国东部沿海地区自改革开放以来得到大量优惠政策，为大规模吸引外资提供了良好的政策环境。20 世纪 90 年代初，珠江三角洲给予外资很多的优惠政策，吸引了大量 FDI，如 15% 的外资企业所得税率、免征地方所得税、"两免三减半"等。同时，根据地方政府的人员规模、工资规模、支出规模和消费规模等指标衡量的政府行政效率来看，东部沿海地区政府行政效率比中西部地区高。中西部地区政府机构庞大，行政能力较弱，行政效率较低，这势必增加当地政府的负担，不利于吸引外资。

经济发展水平。当上述先行优势使得东部地区获得外资进入的收益使经济发展水平提高后，循环累积效应的作用还会进一步吸引外资进入。一般而言，经济发展水平越高，市场规模和成长潜力越大，对 FDI 的吸引力就越大。研究表明，经济发展水平或市场规模与 FDI 流入量存在显著的正相关关系。外商更愿意选择市场容量较大的地区，以便接近消费者和要素市场，减少运输成本，获得有关市场需求的信息。我国东部沿海地区和中西部地区在 GDP 总量和人均 GDP 方面存在较大差异。东部沿海地区面积占全国的 13.5%，却集中了全国人口的 40% 以上，国内生产总值的 60%。2001 年，东部沿海地区和中西部地区的人均 GDP 分别为 1 604 美元和 698 美元，东部是中西部的 2.3 倍。

市场开放程度。市场开放程度是影响 FDI 的重要因素之一。由于需要对东道国市场、法规、经济和文化等因素进行全面的了解，外商面临着较高的信息成本和交易成本。一个国家和地区的开放程度越高，与国外的联系越紧密，外商对该地区的了解就越深入。较高的市场开放程度会降低信息成本和交易成本，有利于吸引 FDI。我国东部沿海地区的市场开放程度远远高于中西部。2001 年东部沿海的进出口贸易额为 4 701.26 亿美元，中西部地区只有 396.43 亿美元，东部和中西部的贸易依存度分别为 61% 和 7%，东部是中西部的 9 倍左右。

基础设施。完善、健全的基础设施可以把生产过程中的各个阶段联合成统一的整体，有利于外资企业降低运输成本和信息成本，提高投资收益。基础设施越完善，对 FDI 的吸引力越大。在很长一段时间内，由于中西部地区经济基础薄弱，投资能力有限，其基础设施的质量和数量与东部沿海地区相比存在明显劣势。以交通运输设施为例，西部地区的交通运输线路综合密度为 29 公里/平方公里，而东部地区为 1 597 公里/平方公里，是西部的 55 倍；西部地区的铁路密度仅为东部地区的 17%。

2. 促进产业向中西部扩散的因素

促进产业向中西部扩散的因素也就是随着经济的进一步发展，原先使产业向东部集中的因素的转变和新的促使产业向中西部扩散的原因。

运输成本的下降。随着经济发展水平的提高，交通设施条件的改善和电子通讯设备的应用，空间上的距离所造成的交易成本逐渐呈下降趋势，因此，仅仅从运输成本的角度来看，东部和中西部之间的优势差正在不断减小，这是部分产业开始逐渐向中西部地区转移的动因之一。

政策变迁。在中西部和东部之间的收入差距不断扩大的情况下，本着地区之间协调发展的方针，"西部大开发"、"中部崛起" 和 "振兴东北" 等促进区域之间协调发展的政策措施不断出台，大量的优惠政策开始在中西部地区实施。而东部地区在经历了改革开放后相当长时间对外来资本的政策优惠后，越来越多的呼声要求给予民营资本和外来资本相同的国民待遇，这也使得东部地区原先的政策优势不再显著。

拥挤效应。由于资本不断涌向东部地区，拥挤效应开始逐渐显现。东部地区城市的土地价格持续上升，而通勤成本也随之上涨，特别是城市中心的土地价格上升得更快。这使得那些占用土地较多而单位面积产值较低的企业不得不迁出城市中心，甚至迁往更远的地区进行生产，而这无疑给中西部地区的产业发展带来了机遇。这是产业向中西部地区扩散的推动力。图 11 - 12 ~ 图 11 - 15 考察了 2000 ~ 2010 年间中国三大区域 54 个重要城市的平均土地价格。其中，东部地区的城市包括：北京市、常州市、大连市、东莞市、佛山市、福州市、广州市、海口市、杭州市、湖州市、济南市、嘉兴市、南京市、南通市、宁波市、秦皇岛市、青岛市、上海市、深圳市、沈阳市、石家庄市、苏州市、天津市、温州市、无锡市、厦门市、扬州市、中山市、珠海市；中部地区的城市包括：长沙市、合肥市、南昌市、太原市、武汉市、郑州市、长春市、哈尔滨市、呼和浩特市、芜湖市；西部地区的城市包括：成都市、贵阳市、昆明市、兰州市、南宁市、乌鲁木齐市、西安市、西宁市、银川市、重庆市、成都市。

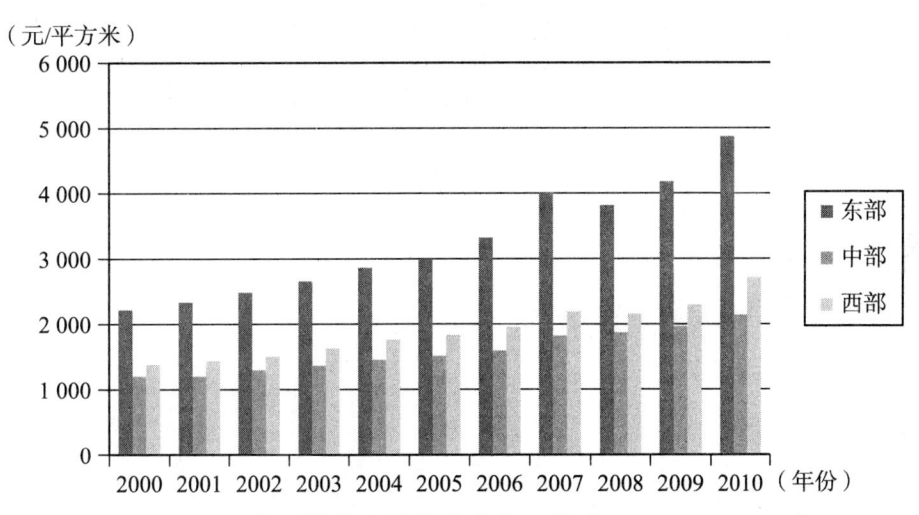

图 11-12　三大区域的土地价格变化（综合）（2000~2010 年）

资料来源：由中国资讯行的原始数据计算而得。

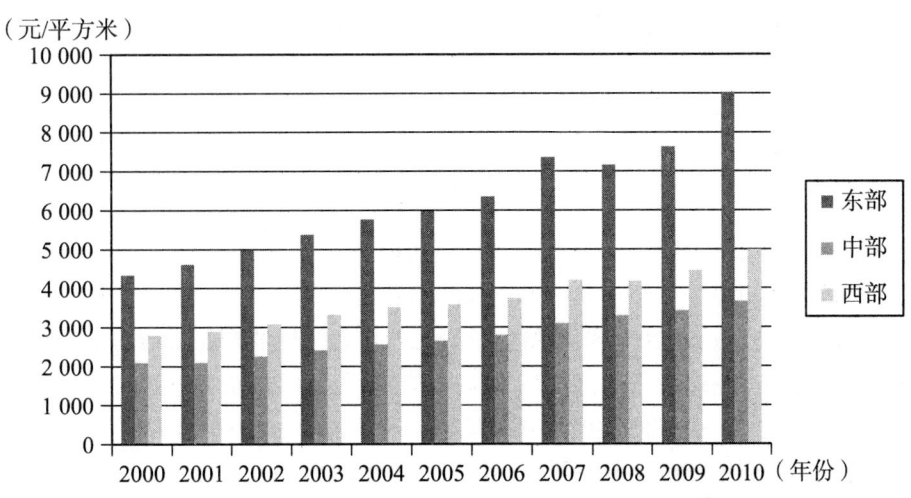

图 11-13　三大区域的土地价格变化（商业）（2000~2010 年）

资料来源：由中国资讯行的原始数据计算而得。

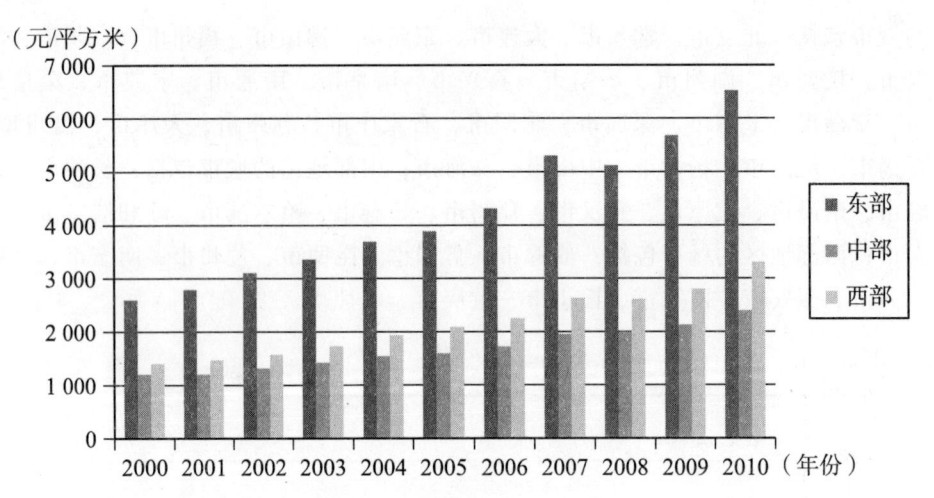

图 11 – 14　三大区域的土地价格变化（居住）（2000～2010 年）

资料来源：由中国资讯行的原始数据计算而得。

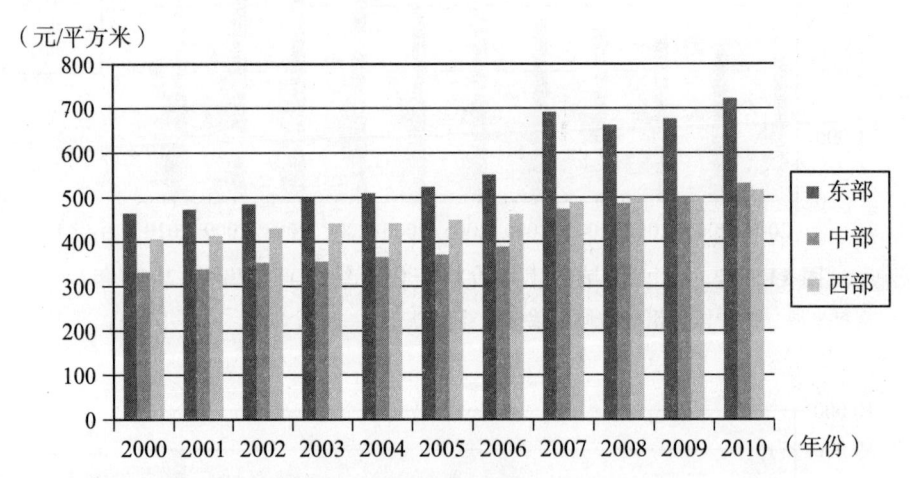

图 11 – 15　三大区域的土地价格变化（工业）（2000～2010 年）

资料来源：由中国资讯行的原始数据计算而得。

从图 11 – 12～图 11 – 15 可以看出，无论是综合用地、商业用地、居住用地，还是工业用地，东部地区的土地价格都要远远高于中西部地区，且仍然保持着较快的上升态势。这种土地价格的差异必然使得区域的产业结构发生相应的调整，即只有那些单位面积产值较高的高技术产业能够继续留在东部发展。而那些密集使用土地的产业则将不断向中西部地区迁移，因此，土地价格的上升和区域差异构成了东部地区产业向中西部地区扩散的推动力。

分权竞争。在中国式分权所产生的竞争压力下，各地方政府纷纷采取各种措施促进经济增长，特别是中西部地区，这种竞争压力更为强烈。一方面各地方政府通过改进基础设施来吸引外来资本,随着中西部地区基础设施建设提速,交通运输状况改善,水、电、通讯等供给能力的提高,中西部地区对外资的吸引力得以增强;另一方面则是通过各种优惠措施吸引外来企业的进驻。在许多省份,企业的实际税率实际接近于零,这是产业向中西部地区转移的拉力。

11.4 三大区域协调发展的趋势

上述分析表明了我国外源型工业化过程中东中西三大区域的分工发展过程,从我们的分析可以发现,随着经济发展过程的进一步推进,东部地区已经由原先依赖区位优势吸引外资,转向了由于拥挤效应推动而进行的产业结构调整,呈现出产业结构不断升级的特征,而中西部地区也由于承接东部地区的产业扩散而呈现出了产业结构重型化的态势。可以预期,在此发展趋势下,未来中国的各个区域将进一步实现专业化分工,并最终实现区域收入水平的趋同。那么在目前的发展状况下,这种发展趋势的走向如何才能进一步导向区域间收入差距的缩小呢,这一部分在上文理论和实证分析的基础上通过对区域间协调发展政策的历史考察,来分析区域协调发展进一步的变化趋势,即在经济发展的过程中各地区如何通过更好的产业分工,来实现区域之间进一步协调发展的目的,以及在其中市场和政策的作用。

11.4.1 区域协调发展的政策背景

新中国成立之初,以毛泽东为核心的党的第一代中央领导集体,积极探索适合中国国情的社会主义建设道路,提出了事关社会主义建设大局的十大关系问题,其中就包括东西部发展的重大问题。毛泽东在著名的《论十大关系》中讲道:"我国全部轻工业和重工业,都有约70%在沿海,只有30%在内地。这是历史上形成的一种不合理的状况。沿海的工业基地必须充分利用,但是,为了平衡工业发展的布局,内地工业必须大力发展……"改革之前,我国基本实行的是区域经济均衡发展的战略。为了缩小区域经济差距,中央政府在20世纪50~70年代持续实行了财政转移支付和平衡收入差距的政策,大批重点工程项目都设在了中西部地区,而20世纪60年代的"三线建设"则进一步将工业重心由东部地区向内地转移,改变了工业生产力过分集中在东部地区的经济布局,一定程度上缩小了三大区域之间的经济差距。

党的十一届三中全会以后，以邓小平为核心的党的第二代中央领导集体，立足现实，面向未来，为我国指定了"三步走"的发展战略；而随着改革开放和现代化建设的全面展开，邓小平1988年提出了包括促进东西部地区经济合理布局和协调发展的"两个大局"思想。其中：一个大局，就是沿海地区加快对外开放，较快地先发展起来，中西部地区要顾全这个大局；另一个大局，就是当沿海地区发展到一定时期，即到20世纪末全国达到小康水平时，全国要拿出更多的力量帮助中西部地区加快发展，东部沿海地区也要服从这个大局。

改革开放到20世纪末，沿海地区发生了巨大变化，西部地区也在加速发展；然而，由于西部的特殊条件，东西部的差距仍在扩大。为此，以江泽民为核心的党的第三代领导集体，根据邓小平的"两个大局"思想，1999年在党的十五届四中全会上明确提出实施西部大开发战略，这是面向新世纪、新形势、新任务而作出的重大的决策。江泽民还提出了加快西部地区开发的总原则，即"把加快西部经济社会发展同保持政治社会稳定、加强民族团结结合起来，把西部发展同实现全国第三步发展战略目标结合起来，在国家财力稳定增长的前提下，通过转移支付，逐步加大对西部地区的支持力度；在充分调动西部地区自身积极性的基础上，通过政策引导，吸引国内外资金、技术、人才等投入开发，有目标、分阶段地推进西部地区人口、资源、环境与经济社会的协调发展"。

进入21世纪，以胡锦涛为总书记的党中央根据当前区域发展的实际情况和全面推进现代化建设的要求，进一步提出了促进地区协调发展的战略布局：继续推进西部大开发，振兴东北地区等老工业基地，促进中部地区的崛起，鼓励东部地区率先发展，形成分工合理、特色明显、优势互补的区域产业结构，推动各地区共同发展。特别是，党的十六大明确提出支持东北地区等老工业基地加快调整和改造，支持以资源开采为主的城市发展接续产业，用新思路、新体制、新机制、新方式，走出加快老工业基地振兴的新路子。

面对东部崛起、西部大开发、振兴大东北，中部面临着尴尬的处境。为了解决这一问题，2004年3月，温家宝在《政府工作报告》中首次明确提出促进中部地区崛起，2005年3月的《政府工作报告》又提出：抓紧研究制定促进中部地区崛起的规划和措施。2006年2月15日，温家宝总理主持召开国务院常务会议，研究促进中部地区崛起问题，并将"促进中部崛起"战略写进"十一五"规划。

当然，区域经济的协调发展根本上要依靠市场机制，党和中央政府只能因地制宜地推动市场机制的发展，并对市场化过程中可能带来的问题进行适当的弥补。一般地，为推动区域协调发展和逐步缩小区域发展的差距，政府的主要作用在于健全公共基础设施，通过实现基本公共服务均等化以引导生产要素跨区域合理流动,这是我国未来相当长的时期内缩小区域发展差距的基本目标和促进区域协调发展的基本途径,也是当前一系列战略决策的重点。

在我国经济发展过程中影响区域协调发展的主要战略决策有以下几点:

1. 西部大开发

2000年1月19~22日,国务院西部地区开发领导小组在京召开西部地区开发会议,研究加快西部地区发展的基本思路和战略任务。会议指出,随着我国综合国力显著增强,人民生活接近小康水平,国家有能力加大对中西部地区的支持力度,特别是当前正在实施扩大内需的积极财政政策,可以用更多的财力直接支持西部开发。同时,现在我国已基本解决全国人民的吃饭问题,粮食出现了阶段性的供过于求,这是在生态脆弱地区,有计划、分步骤退耕还林(草),改善生态环境的大好时机。当前和今后一个时期,要集中力量抓好几件关系西部地区开发全局的重点工作。

第一,加快基础设施建设。要以公路建设为重点,加强铁路、机场、天然气管道干线建设;加强电网、通信和广播电视等基础设施建设;加强水利基础设施建设,特别是要坚持把水资源的合理开发和节约利用放在突出位置。

第二,切实加强生态环境保护和建设。要加大天然林保护工程实施力度,同时采取"退耕还林(草)、封山绿化、以粮代赈、个体承包"的政策措施,由国家无偿向农民提供粮食和苗木,对陡坡耕地有计划、分步骤地退耕还林还草,做到生态效益和经济效益相统一。

第三,积极调整产业结构。要抓住我国产业结构进行战略性调整的时机,根据国内外市场的变化,从各地资源特点和自身优势出发,发展有市场前景的特色经济和优势产业;要加强农业基础,调整和优化农业结构,增加农民收入;合理开发和保护资源,促进资源优势转化为经济优势;加快工业调整、改组和改造步伐;大力发展旅游等第三产业。

第四,发展科技和教育,加快人才培养。要确保教育优先发展,在办好高等教育的同时,特别要加快少数民族地区和贫困地区教育的发展,提高劳动者素质。要千方百计使用好现有人才,采取积极措施从国内外引进人才,大力培养各类人才。

第五,加大改革开放力度。要转变观念,面向市场,大力改善投资环境,采取多种形式更多地吸引国内外资金、技术、管理经验;要深化国有企业改革,大力发展城乡集体、个体、私营等多种所有制经济,积极发展城乡商品市场,逐步把企业培育成为西部开发的主体。

随后,西部大开发开始迈出实质性步伐:

西部地区"十大工程"——宁西铁路、渝怀铁路、西部公路建设、西部机场建设、重庆轻轨、涩北—西宁—兰州输气管线、青海 30 万吨钾肥工程、西部退耕还林还草工程、西部高校基础设施建设、四川紫坪铺水利枢纽等；到长达 1118 公里的青藏铁路开工建设，它纵贯青海、西藏两省区而成为沟通西藏、青海与内地联系的具有战略意义的大通道，同时也成为西部腹地路网骨架的重要组成部分。

西气东输——初期年供气量 120 亿立方米左右，以后随着资源勘探的深入和下游用气市场的开拓，逐步增加供气量；到西电东送——贵州洪家渡水电站、引子渡水电站、乌江渡水电站扩机工程、天生桥至广东第三回 500 千伏交流输电线路工程、云南宝峰至罗平 500 千伏交流输电线路工程于 2000 年 11 月 8 日同时在贵州、云南和广西等省、自治区开工建设。

西部地区大规模的机场建设——建设西安咸阳国际机场，以及以成都双流机场、昆明巫家坝机场、西安咸阳机场、兰州中川机场和乌鲁木齐机场为中心的支线航空网络，逐步形成一个以主要枢纽机场为中心的轮辐式支线航空运输网络；铁路、公路建设的全面启动——修建沟通东西部通道的铁路线，加强陆桥通道、京兰通道建设，研究修建西北至华北地区便捷铁路通道，强化沪昆通道，建设沿江通道，修建西部省区间通道铁路。

大规模的城市基础设施建设——公路国道主干线和路网建设进度明显加快，新增通车里程 1 万公里，其中高速公路 1000 公里，在优先安排和近两年利用国债资金建设的项目的基础上，多渠道、多方面筹集资金，鼓励企业、社会和国外资金加大对西部地区基础设施建设的投入；到大面积的退耕还林还草试点——退耕还林还草共完成 1 120 多万亩，宜林荒山荒地造林种草完成 780 多万亩。

2. 中部崛起

中部六省矿产资源丰富，是我国的能源基地和原材料基地；同时，有深厚的文化底蕴，人才荟萃，是我国重要的科研教育中心。但是，尽管中部地区具有如此的综合优势，中部的经济发展相对于它的周围地区的发展却过缓慢，这就是所谓的"中部塌陷"。为此，中央在 2005 年经济工作的六项任务中提出："促进区域经济协调发展是结构调整的重大任务。实施西部大开发，振兴东北等老工业基地，促进中部地区崛起，鼓励东部地区率先发展，实现相互促进、共同发展。"特别是，随着区域协调发展战略在中国的日趋清晰，中部崛起最终列入政府议事日程，是 2006 年全国人大审议通过的"十一五"规划纲要，规划明确提出了要增强中部地区粮食生产能力、支持该地区煤炭基地建设、加快产业结构调整，建设精品原材料基地、构建综合交通体系等内容。

中部六省对中部崛起战略非常拥护，并报有很高期望。河南希望借此"中原隆起"以实现跨越式发展，它把加快中原城市群发展和县域经济发展作为实现中原崛起的两大支撑，推进工业化、城镇化和农业现代化进程；湖北希望形成"武汉经济圈"，"把湖北建设成重要的农产品加工生产区、现代制造业聚集区、高新技术发展区、现代物流中心区"。山西希望推进打造"国家新型能源和工业基地"，并针对产业结构重型化、产品初级化和高度依赖煤炭的情况着手新型工业化和特色城镇化；湖南希望借助中部崛起政策做强长株潭城市群，建设湘中经济走廊，发展湘西经济带，同时积极承接珠三角产业转移，实现与珠三角的交通互连、产业互补、市场互通、资源互享，并参与泛珠三角合作，扩大与港澳地区交流。安徽、江西既"东张"又"西望"，一方面积极融入东南沿海，一方面期望与中部其他省份一道崛起；如江西实行对接"长珠闽"策略，把建设成沿海发达地区的"三个基地、一个后花园"作为直接目标：沿海发达地区产业梯度转移的承接基地、优质农副产品加工供应基地、劳务输出基地和旅游休闲的"后花园"。

显然，"中部崛起"的意义远远超乎中部地区本身。在中国区域发展总体战略中，中部省份起着"承东启西"的作用。中部地区粮食产量约占中国粮食总产量的40%，这个地区的山西、河南、江西等省拥有丰富的煤炭资源，该地区的发展无疑有利于提高中国粮食和能源保障能力，缓解资源约束。同时，农村人口2.44亿，占全国农村人口近1/3，在这一地区加大农业基础设施投入，提高农业生产能力，将有利于中国"三农"问题的解决，并通过农民增收最终助推"扩大内需"这一整体经济发展战略的实施。为此，中部六省希望中央加大对中部崛起的政策支持力度，支持中部建设全国粮食核心主产区，建立先进制造业基地，加快老工业基地改造、资源型城市转型和国有企业改革，解决交通设施的薄弱环节，治理生态和环境，支持中部教育卫生事业发展和减轻财政负担。

当然，中部发展战略需要吸取东部及西部的发展教训：既避免珠三角"成本导向型"外资战略所带来的资源消耗型产业发展弱势，又不重复西部地区"政策依赖性过高"、发展乏力的局面。一方面，中部地区初步定打造有别于珠三角、长三角、西部发展的"六个基地"：全国商品粮和优势农副产品生产加工基地、能源生产基地、重要原材料生产基地、有竞争力的制造业和高新技术产业基地、劳动力资源开发和输出基地、重要的文化和旅游基地。另一方面，由国家颁布优惠的财税政策来扶持这些地区的农产品加工、制造、交通等产业，如国务院办公厅下发了《关于中部六省比照实施振兴东北老工业基地和西部大开发有关政策范围的通知》，明确了享受优惠政策的具体城市、区县，这些地区不仅享受"购置固定资产进项税增量抵扣"的增值税政策，享受历史欠税豁免，而且，还可享受投资部分产业的税收优惠。在这种政策下，外国投资者选择在中部地区再投资可享受现行税法规定的相关税收优惠政策：如果把从外商投资企业获得的利润作为资本投资兴办其他外商投资企业，或者增加现有企业的注册资本，经营期超过5年，可以退还其再投资部分已缴纳税款的40%，如果兴办的是出口企业或高新技术企业，可以100%退还已缴纳税款。

3. 泛环渤海发展

狭义的"环渤海地区"抑或是"环渤海经济圈"仅指辽东半岛、山东半岛、京津冀为主的环渤海滨海经济带，但泛环渤海地区包括华北、东北和山东，区域内包括北京、天津、沈阳、大连、太原、济南、青岛、保定、石家庄等多座城市。显然，环渤海经济圈的发展与振兴东北具有一定的重合，因而这里合在一起讨论，并统称为泛环渤海地区。

（1）振兴东北

东北地区具有全国大多数地区发展经济难以企及的条件，如自然资源丰富、具有完整的重化工业体系和配套能力、发达的交通运输条件、教育事业发展水平和科技力量高于全国平均水平、人口城镇化程度高等。特别是，东北的重化工业规模大、配套能力强，这是沿海以及中西部地区所不具备的；不过，由于东北国有经济比重高，计划经济体制遗留的问题多，长期以来这种体制制约了东北经济的发展。为此，在发展社会主义市场经济实践中如何摆脱传统计划经济体制的束缚率先实现工业化，是振兴东北老工业基地的关键。事实上，加快东北地区等老工业基地调整和改造，是我们党在我国进入现代化建设新的发展阶段作出的重大战略决策和战略部署，党的十六大就提出"支持东北地区等老工业基地加快调整和改造"的工作，2003年10月中共中央、国务院正式下发了《关于实施东北地区等老工业基地振兴战略的若干意见》，实施这一战略要求，在积极实施西部大开发战略的同时，把振兴东北地区等老工业基地放在更加突出的位置，东西互动，促进地区协调发展。

一般地，振兴东北的重点在于优化重化工业的产品结构，增强重化工业的竞争力，而这又要改变传统观念、增强竞争意识；事实上，东北经济发展之所以滞后，根本上在于长期缺乏市场经济观念和市场体制，从而遏制了国有企业成为真正市场主体的步伐，抑制了非公有制经济的发展速度。因此，欲振兴东北老工业基地，必须打造"有限政府"，不仅要严格制约政府和官员的权力，防止"公权私用"，而且要把政府活动的范围严格限制在消除外部性、对少数特定行业实行规制、维护基本的社会公平和维护市场秩序等"市场失灵"的方面。同时，东北地区的农业资源条件好，与日本、韩国、俄罗斯具有结构互补优势；因此，必须找到一种有效的体制安排和产业组织方式，特别是要整顿和规范对俄出口贸易的渠道和秩序，从而把资源优势转化为经济优势和竞争优势。

目前，国家对东北的支持主要表现在两个方面：一方面是专项资金投入，目的是振兴东北老工业基地的高技术产业，推动东北地区的产业结构调整。重点有三个方面：一是根据东北地区的技术优势，支持一批已经比较成熟的具有自主知识产权的重大高科技成果产业化，延伸产业链，为东北地区培育新的经济增长点；二是支持东北地区优势产业和重点企业自主创新能力的建设，在信息、船舶、冶金、机械、汽车、新能源等产业领域建设一批国家工程研究中心和企业技术中心，推动企业整体素质和竞争力的提高，为东北地区的长期发展奠定技术基础；三是支持东北地区的高技术产业实施结构调整改造，实施一批具有一定优势的、有市场竞争力的企业技术进步和产业升级重点项目，形成具有特色的新兴产业。另一方面是优惠的财税政策，如允许商业银行进一步采取灵活措施，处置不良资产和自主减免贷款企业的表外欠息，以减轻企业的负担；对于部分企业历史形成的确实难以归还的历史欠税，按照规定条件，经过批准后可给予豁免。

(2) 环渤海经济圈发展

位于太平洋西岸的环渤海地区是日益活跃的东北亚经济区的中心部分，也是中国欧亚大陆桥东部起点之一。目前，中国北方经济结构调整以及日本、韩国新的开发计划同时集中于该地区，而区域经济发展的不平衡性又使三国的相近城市在经济上存在着垂直分工和水平分工交叉的依存关系，显然，中日韩三国的联合趋势将为环渤海经济区发展提供更多的机会。因此，环渤海地区在我国参与全球经济协作及促进南北协调发展中所处的重要位置，将使加快启动该地区发展成为必要选择。

环渤海是我国较发达的地区之一，拥有许多著名的大中型企业；其中工业包括钢铁、机械、电子仪器、石油、石油化工、造船等行业，在全国工业中发挥着重要的作用。外商在我国北方投资最密集的地区集中在此，且走势渐强；目前全球 80 多家跨国公司在华设立的研发机构 40% 以上在北京，而天津目前拥有外商投资企业 1 万余家，其中全球 500 强企业在此设有 200 余家生产性投资企业，大连的外商投资企业无论在数量和质量上在全国都是一流的。近年来，该地区工业发展迅速，环渤海经济圈是保证我国政治和经济稳定的核心地区，已成为和长三角、珠三角地区并驾齐驱的我国经济发展的第三大增长极；它在中国经济发展中的引领和带动作用已日益显现：不仅是三北地区发展的引擎，更是东北亚地区国际经济合作的前沿。从经济总量看，环渤海经济圈经济增量稳步提升，在全国的比重增加。2006 年环渤海五省市（北京、天津、河北、辽宁、山东）的地区生产总值达 54 775.4 亿元，占全国国内生产总值 209 407 亿元的 26.16%，接近于长三角和珠三角的总和60 984亿元。

环渤海地区已成为继珠江三角洲、长江三角洲之后的我国第三个大规模区域制造中心。一方面，依托原有工业基础，环渤海地区保持了诸如钢铁、原油、原盐等资源依托型产品优势；另一方面，新兴的电子信息、生物制药、新材料等高新技术产业也发展迅猛，珠江三角洲、长江三角洲和京津唐地区已经成为中国电子信息产业发展的三大中心。从规模上看，与长江、珠江三角洲两个IT业发展中心相比，目前环渤海中心区的IT产业仍存差距，但京津地区IT产业的优势正等待释放；究其原因，京津地区是中国科研实力最强的地区（仅北京重点高校占全国的1/4，而天津也拥有30多所高等院校和国家级研究中心），雄厚的科研力量将使之在IT业创新上发展出高端优势；有全国最大的电子信息产业科研、贸易、生产基地之誉的北京中关村地区目前已集中了软件开发及信息技术的各类优秀人才，摩托罗拉、惠普、松下、微软、富士通等均在北京设立了研发中心，蓄势待发；摩托罗拉、韩国三星等国际跨国公司进驻天津开发区早已形成相当生产规模，其自身及辐射作用仍在扩大。

该地区对构建环渤海经济圈持有非常高的积极性。如天津借势滨海发力"环渤海"而倾力打造市域内的"一小时市域快速交通圈"、京津冀都市圈一体化的"三小时都市经济圈"和服务环渤海区域经济发展的"八小时腹地服务圈"。天津滨海新区已纳入国家总体战略发展布局，得天独厚的港口、资源等地理条件将使之成为环渤海地区经济发展的强大引擎，所谓"20世纪80年代看深圳、90年代看浦东，21世纪看滨海新区"。随着滨海新区的不断壮大，以北京—天津—滨海新区为发展轴，以京津冀为核心区，以辽东、山东半岛为两翼的环渤海区域经济共同发展大格局日渐成型。保定则在倾力建设河北省保定国家高新技术产业开发区，这是国家级高开区之一；保定市也是科技部命名的全国唯一的国家火炬计划"新能源与能源设备产业基地"，是全国唯一的"太阳能综合应用示范城市"，是"中国低碳城市发展项目"首批两个试点城市之一，具有建设"中国电谷"、打造全国首座太阳城的独特优势。保定"中国电谷"已形成太阳能光伏发电、风力发电设备、新型储能材料、电力电子与电力自动化设备、输变电设备和高效节能设备六大产业体系，它将进一步形成国内电力设备产业的技术聚集区、人才聚集区、信息聚集区、产业聚集区，形成面向世界的新能源与电力设备产业发展平台，最终形成集研发、教育、生产、观光、物流为一体的世界级的新能源及电力技术创新与产业基地。此外，张家口将大力发展火电、风电，建成华北甚至北方重要的能源基地。

4. 泛珠三角整合

"珠三角"的概念最早起源于20世纪90年代初，90年代后期，在"（小）

珠三角"的基础上出现了"大珠三角"的概念，2003年，又提出了"泛珠三角"的概念。"泛珠三角"包括珠江流域地域相邻、经贸关系密切的福建、江西、广西、海南、湖南、四川、云南、贵州和广东9省区，以及香港、澳门2个特别行政区，简称"9+2"。这个区域的面积200.6万平方公里，户籍总人口45 698万，GDP总值52 605.7亿元（6 356亿美元）；其中，内地9省区面积占全国的20.9%，人口占全国的34.8%，GDP总值占全国的33.3%。该地区与广东既有地缘优势，又有合作基础，经贸关系较为密切，互补性较强，发展潜力很大；在内地与港澳地区合作日趋紧密的背景下，加强9省（区）与港澳地区交流与合作的"泛珠三角"如果实施顺利，将构成一个优势互补、资源共享、市场广阔、充满活力的区域经济体系，成为东、中、西部合作的一种新模式。"泛珠三角"区域合作的根本目的是实现生产要素的流动和优化组合，使"泛珠三角"区域的资金、技术、人才、信息、资源等要素有机结合，实现区域经济更高层次的发展。随着中国加入WTO，中国—东盟自由贸易区的建立与发展以及内地与香港地区、澳门地区CEPA的实施，"泛珠三角"区域合作将展现更广阔的前景。

11.4.2 区域协调背景下的分工格局

根据上面的实证分析，目前我国的工业化进程中，已经开始了东部地区产业结构调整和向中西部地区产业转移的过程，从这一发展态势来看，未来中国三大区域最终会形成水平分工结构和区域的进一步专业化，以求获得更大的规模效应和结构效应。但是这一区域分工的实现是一个逐渐的过程，在最终形成这一格局之前，应该首先有合理的垂直分工作为基础。在已有的"中西部提供原材料——沿海地区加工返销内地"的区际分工格局难以维持的情况下，目前东部地区主要是通过向中西部地区进行传统产业转移和制造业扩散，来发展本地区知识和技术密集型产业。这是一个减少本区域能耗、物耗和土地占用、向中西部地区进行经济技术能量辐射的双重过程。今后一段时期，中部与靠近中部和西部地区，仍会发展原材料与能源工业来支撑国家工业化，同时应用更多新技术来承接和改造传统工业。中西部地区可以开辟沿长江和铁路干线配置新工业；同时发展更多的农产品原料加工工业和劳动密集型产业，作为农产品生产的后续产业。

目前中国区域产业结构演进的趋势是：东部地区正进入工业结构高度化阶段；中部地区正处于工业结构重新调整期；西部地区尚未进入产业要素变动、重整和优化期。鉴于这种状况，在一定时期内，东部、中部和西部大部分地区产业转移的方向和主要内容是：

(1) 东部地区：知识—技术密集型产业。东部地区产业结构升级的主要优势是工业化速度快，但是原来的比较优势也在逐渐下降。东部地区继续保持经济高速增长的唯一出路，就是通过产业的区域转移和技术进步将产业结构升级，大力开发高科技尤其是知识技术密集型产业，节约能源、原材料，降低能耗、物耗，使工业、农业和服务业在全国率先进入知识经济行业。

(2) 中部地区：资源—资金密集型产业。中部地区产业结构优化的良好基础是第三产业发展较快。近几年国家在中部地区进行了大规模的基础设施建设，这些投资估计在未来 5~10 年内将陆续发挥作用。如果再加上中部自身每年进行的短期投资，资本投入对其经济增长的作用将大为提高。另外，中部劳动力充足，具有一定的素质，而且平均工资水平低于沿海地区，具有一定比较优势。但是，中部经济发展的劣势也比较明显，主要是资源潜力发挥和利用不够，产业开发缺乏合理性、层次不高，产品加工度和附加值不高。因此，中部的产业结构可以考虑从比较单一的资源开发向资源开发与加工并重的方向发展，提高加工业在第二产业中的比重，并提高工业新型化、农业集约化水平和能力。

(3) 西部地区：资源—劳动密集型产业。西部以能源、原材料生产为优势部门的产业结构，不可能在短期内发生根本性改变。因为西部地区是中国目前资源最丰富、储藏量最大的区域。但是，以新的能源和原材料生产为优势主导部门的产业结构，与过去的产业结构相比，仍然要有较大的进步和转变。西部产业结构的导向是资源型产业的进一步发展和优化。在提高质量并保持普通能源和原材料产业规模的同时，创建一个高价值能源和原材料工业生产体系，并以此为中心，形成西部合理的产业布局。

11.5 结论与政策建议

11.5.1 基本结论

区域协调本质上是地区收入差距和地区分工状况的两维体系，收入差距的缩小是其结果和表征，而地区分工是实现这种结果的动态过程，也是区域实现长期协调的根本动力。基于以上逻辑，本章指出，区域实现协调发展的动力是区域之间的动态分工模式，而这种分工模式所呈现出来的结果即是产业在区域之间的集聚和扩散。

从我国的发展过程看，改革开放以来所取得的经济成就主要源自典型的外源工业化模式，外来资本在我国的经济发展过程中扮演了极为重要的角色。外资的引入既是我国东部和南部沿海取得先发优势的重要条件，也是东部和中西部之间收入差距不断扩大的重要原因。我们的实证分析表明，整体而言，三大区域之间的收入差距在扩大之后开始下降，而与之相伴随的是产业同构水平的走低和随后的小幅上升，基于以上特征我们构建了外源型工业化模式下区域分工、产业集聚和收入差距关系的基本阶段划分，根据区域之间分工的特征和收入差距的关系将这种外源型工业化的模式分为以下几个阶段：

第一阶段：在改革开放初期，东部地区利用其先天的区位优势，借助各种优惠政策吸引了大量的外来资金，而由于市场化的程度较低，运输成本较高，以及严重的区域市场分割等因素加大了要素流动的成本，这使得东部地区的区位优势成为其吸引外资的核心竞争力，几乎所有的对华投资都集中在东部地区，这种几乎所有外来资本都向东部集聚的特征使得中国的区域差距被拉大。同时，由于外资在初期主要进入轻工业领域，因此促成了东部地区偏向轻工业的产业结构特征，在这一阶段我国的地区分工呈现出集聚和专业化分工的特征。

第二阶段：随着经济的进一步发展，市场化程度不断提高，运输成本趋于下降，这时外来投资开始逐渐向内地扩展，区域之间为了吸引外资展开了激烈的竞争，这使得东部地区的区位优势开始下降，原先集中于东部地区的一些产业开始扩散到全国的其他区域，此时的产业分工便呈现出多样化的态势。同时，由于外来资本开始向中西部地区扩散，区域之间的收入差距逐渐下降。

第三阶段：当越来越多的资本进入东部地区时，该地区的拥挤效应也会上升，这意味着，只有那些单位面积产值较高的高新技术产业以及服务业才能够在土地价格不断上升的东部地区存活，而那些单位面积产值较低的重工业等产业则不得不转移向其他地价较低的地区。此时，地价的上升所引起的拥挤效应使得发达的东部地区不得不开始进行产业结构的调整，由原先较为低端的轻工业转向更高端的产业结构。而这一产业结构的动态调整过程也形成了区域之间新的分工，开始进入了专业化分工的阶段。同时，由于中西部地区开始发展原先不具有的产业，因此其收入水平会进一步提高，从而，这个专业化阶段也同时伴随着地区收入差距的进一步缩小。

为了进一步考察我国产业集聚的阶段特征和区域之间分工的动态格局，我们在回顾三大区域内部和三大区域之间产业分工的基础上，着重分析了三大区域主导产业的动态变化。我们的考察表明，东部地区正在由原先依赖外资而形成的以轻纺和机械等工业为主的产业结构转向高新技术产业，而中西部地区的产业结构则有重型化的倾向，这一定程度上表明了在外源性工业化发展过程中，东部地区的产业结构调整和产业向中西部地区扩散的态势，我国目前的产业集聚正处于我们所划分的第二和第三阶段，产业的同构度小幅上升，而地区之间的收入差距逐渐缩小。在此基础上，进一步的发展趋势将是区域的进一步专业化分工和区域收入水平的趋同。我们在回顾既有的区域协调发展政策的基础上提出了未来三大区域实现协调发展所应具有的地区专业化和产业分工格局，即东部着重发展知识和技术密集型产业，中部地区着重发展资源和资金密集型产业，而西部地区则着力发展资源和劳动力密集型产业。

11.5.2 政策建议

基于我们的分析，在市场力量的作用下，区域发展将从低水平均衡，即低收入水平下的分工与较小的区域收入差距，到高水平均衡，即高收入水平下的分工与区域收入差距的趋同。这一从低水平均衡向高水平均衡的转化要求要素的自由流动和自由贸易，但实际的经济生活中，由于分权体制的作用存在着较为严重的区域市场分割和要素自由流动的障碍，这正是为何三大区域之间尽管经历了分工水平的演变，但目前产业同构水平仍较高，而区域之间收入差距的收敛也还不明显。这就对区域政策的协调提出了明确的要求，各地方政府应该通过制度安排、基础设施环境以及政策调整，加速要素流动和商品贸易流动，加速产业的地区性集聚或扩散等政策手段来实现区域经济的协调发展。这包括以下基本的要求：

首先，建立区域间的经济利益协调机制。产业分工与协作是区域经济合作的重要形式，需要地方政府间的协调配合。由于国内各省份甚至省内各地市的各级地方行政区都有相对独立的地方利益，在要素流动过程中难免存在利益冲突，因而，政府要从全局利益出发，建立区域间经济利益的协调和平衡机制，着力搭建良好的公共服务平台。我国目前的东中西部区域经济合作和产业分工虽然有所成效，但还存在一些问题：一是各省经济发展不平衡，在区域协调对话中的地位不平等；二是区域间的竞争多于合作，地方保护主义、市场垄断与分割现象突出；三是一些中西部地方政府区域定位不明晰，产业优势不突出，忽视自身比较优势，片面把高新技术、装备制造之类的高附加值、高技术含量的产业放在优先发展的位置，从而造成地区产业同构的后果，无法形成合理的区域产业分工体系。因此，各级政府应转变观念，加快政府管理体制改革，转变政府职能，加快区域协商机制的建立，推动区域产业的合理和有效转移，实现互动双赢的目标。

其次，营造良好的产业区域发展环境。政府在产业区域分工域协作中要发挥组织、领导、协调、服务的作用，搭建产业发展的平台，营造良好的产业环境，主要包括硬件环境建设和软件环境建设两方面的内容。在硬件建设上，首先，加大对交通、通讯等基础设施的投入，提高中西部地区承接发达地区产业转移的能力，缩小与发达地区的经济距离，使之逐步融入沿海发达地区的经济圈。其次，中西部省区（包括东部省市的欠发达地区）要搞好产业园区的规划，坚持从实际出发，合理布局，以形成产业集聚优势为目标，促进企业间的分工与合作。在软件环境建设上，首先，要健全和完善国内市场体系。打破省区之间和省内市县之间的区域封锁和投资贸易壁垒，以生产要素的流动促进企业跨区域横向联合协作，为企业进行跨区域产业转移、再造企业核心竞争力提供良好平台。其次，要解放思想、转变观念，完善企业的市场环境。欠发达地区由于市场化程度较低，平均主义、等级观念、封闭守旧的氛围比较浓厚，无法形成正常的市场竞争和人才竞争，存在较多的无效率的人际摩擦、扯皮内耗现象，降低了要素的生产效率，影响了企业家的投资预期，阻碍了区际产业转移和要素流动的发生。所以，要积极倡导竞争、效率、开放、诚信等市场经济观念，完善企业契约环境，稳定企业间的合作预期，从而推进产业分工和协作。最后，要建设服务型高效政府，完善企业营商环境。由于市场化程度较低，中西部地区官本位意识浓重，政府的工作方式和办事程序还有许多计划经济体制的痕迹，对经济领域存在过多不必要的干预，增加了企业的外部成本。欠发达地区地方政府要超越靠优惠政策招商引资的发展模式，转变政府职能，简化办事程序，提高行政效率，建设高效服务型政府，完善企业营商环境，降低企业运作成本。

第 12 章

广东省产业集聚与区域经济协调发展

12.1 基本问题与研究思路

12.1.1 问题的提出

作为我国首屈一指的经济大省,广东未来可持续发展面临着不少严峻的挑战,其中之一就是如何遏制省内不同区域之间的经济发展差距,具体而言,就是如何尽快缩小经济发达的珠三角与欠发达的东西北地区(东翼、西翼和北部山区)①的经济差距,实现全省区域协调发展。为此,近年来广东省出台了一系列政策措施以促进省际和省内的区域协调发展。在省际协调方面,2003 年 9 月,

---

① 广东的理论界和决策当局将全省划分为三个经济区域,包括经济发达的珠三角地区,以及经济发展相对落后的山区和东、西两翼地区。珠江三角洲经济区包括广州、深圳、珠海、佛山、江门、中山、东莞和惠州市的惠城区、惠阳、惠东、博罗,肇庆市的端州区、鼎湖区、高要、四会;山区经济区包括河源、清远、梅州、韶关、云浮、惠州和肇庆七市;东西两翼经济区则分别包括粤东的汕头、潮州、揭阳、汕尾四市和粤西的湛江、茂名、阳江三市。而最近出台的《珠江三角洲地区改革发展规划纲要》则把惠州和肇庆全部纳入了珠三角经济区,本书遵循这一划分。

广东省率先提出建设"泛珠三角"① 经济区的战略构想并积极加以实施；在省内协调方面，2005 年以来广东实施产业和人口的"双转移"战略，引导生产要素由经济发达的珠三角向欠发达的东西北地区转移，在促进珠三角地区产业升级的同时努力提高东西北地区的工业化水平，从而提高经济资源的整体空间配置效率。不管是省际协调还是省内协调都涉及产业在空间上的集聚和扩散，而产业的集聚与扩散又与地区专业化紧密相关。因此，本章拟通过分析广东省内区域协调发展的实际情况，来进一步阐明产业集聚、专业化和区域协调发展之间的关系。

对于如何解决我国区域发展差距问题，不少文献从分析地区差距的成因入手提出了有益的建议。例如，不少实证研究发现，要素投入、政策和制度因素、地理位置和历史因素是导致我国区域经济差距的主要原因（Raiser, 1998; Démurger, 2001; Acemoglu, Johnson and Robinson, 2001; Hu, 2002; Wei and Wu, 2001; Kanbur and Zhang, 2003; 万广华, 1998; 蔡昉、王德文和都阳, 2001; 蔡昉、都阳, 2000; 林毅夫、刘培林, 2003; 陆铭、陈钊, 2004），因此，区域差距问题的解决有赖于对上述各因素进行的改变。但是，现有研究基本上建立在新古典增长理论规模报酬不变假设的基础上，不仅难以解释生产函数中技术进步的内生机制，也无法解释产业空间集聚和地区专业化的内生机制。这使得现有文献还未能很好地阐述产业集聚、地区专业化和区域差距之间的关系，具体到广东省内区域经济发展的研究上更是如此。

从地区专业化的研究来看，有的文献认为改革开放以来，随着我国市场一体化进程加快，地区专业化水平有了较大的提高。诺顿（Naughton, 1999）通过分析我国各省市的投入—产出表，揭示了改革开放以来我国省际贸易，尤其是"行业内"贸易的增长趋势，并发现 1992 年我国的地区专业化水平比 1987 年有了很大的提高。梁琦（2004）计算了我国区域制造业分工指数，认为 1997 ~ 2001 年间我国各大区域间的专业化分工在不断加深。葛赢（2004）基于 Hoover 专业化系数和克鲁格曼专业化指数的研究发现，1985 ~ 1999 年，我国各地区的专业化程度显著增加，其中西部地区的专业化程度要高于中部地区，中部地区高于东部地区。范剑勇（2004）通过测算相对专业化指数和地区间专业化指数，也认为 2001 年我国地区专业化指数比 1980 年有了显著的提高。此外，另有一些文献则着重分析了分权改革过程中政府行为对区域专业化的负面影响，认为在财政分权的条件下，为了确保经济增长、扩大税基和提高财政收入，各地有较强的激励去保护本地产业免于竞争，限制商品和要素流动，导致国内市场一体化的进

---

① 泛珠三角经济区是指广东、广西、海南、福建、江西、湖南、四川、贵州和云南 9 个珠江流经的省份。

程受阻，从而阻碍了我国区际专业化分工格局的形成。杨（Young，2000）通过分析各地区国民收入的五个部分（农业、工业、建设、交通和贸易）以及国民生产总值中三大部门（第一产业、第二产业和第三产业）相对比重的演变，发现在地方保护主义的影响下我国省区专业化水平在降低。庞赛特（Poncet，2002）比较了我国各省区国际和国内市场一体化水平，指出各省的国际贸易水平在提高，但国内区际贸易强度减弱，国内市场分割情况严重，阻碍了地区专业化分工的深化。白重恩等（2004），以及胡向婷和张璐（2005）的研究表明，受地方保护较多的产业集中度较低，产业空间布局比较分散，地方保护和重复建设不利于我国地区专业化水平的提高。

从产业集聚的研究来看，现有文献侧重于对改革开放以来我国产业集聚水平及其变化趋势进行实证分析。梁琦（2003）计算了24个两位数工业部门的空间基尼系数，认为我国工业集聚水平逐渐提高，特别是知识密集型行业和劳动密集型行业的集聚水平提高得最快。罗勇、曹丽莉（2005）的实证研究发现，我国制造业集聚度虽然经历了短暂的下降，但长期呈增长趋势，集聚程度由高到低的行业依次为技术密集型、资本密集型和劳动密集型产业。范和斯考特（Fan and Scott，2003）分析了我国20个两位数制造业的地理特征，发现劳动密集型产业更为集中。徐康宁、冯春虎（2003）的实证分析发现，我国产业的地区化集聚特征十分明显，东部沿海地区在大多数产业中占有绝对主导地位，产业集聚在促进了东部地区经济高速发展的同时，也拉大了我国区域经济差距。吴学花、杨蕙馨（2004）分析了我国20个两位数制造业门类的集聚特征，发现我国部分制造业具有较强的集中性，且主要集中在东部沿海省市。文玫（2004）基于第二、三次工业普查的数据，利用产业的空间基尼系数考察了我国工业的区域集中度，结果表明自改革开放以来，中国制造业在地域上变得更为集中了。陈良文、杨开忠（2006）对我国各省区专业化水平、制造业各行业的集中程度和整个制造业的集聚程度进行了实证分析，发现我国各省份的专业化水平呈显著上升趋势，且大部分制造业的集中程度也有所提高。

综上所述，尽管现有研究就产业集聚、地区专业化和区域差距问题做出了较为深入的研究，但还未能将产业集聚、地区专业化与区域协调发展纳入到一个统一的框架内进行分析。从现有理论的发展脉络来看，我们认为，新经济地理理论可以为以上三者关系的分析提供一个较为合适的框架。该理论认为，产业的集聚与扩散取决于区域向心力（centripetal forces）和离心力（centrifugal forces）之间的对比。向心力主要来源于产业集聚所产生的一系列外部经济效应，包括金融外部性（pecuniary externalities）和技术外部性（technological externalities）。离心力来自于产业过度集聚所导致的拥挤成本（congestion cost），包括土地、房屋和水电等非贸易品价格和劳动力成本的上升,以及企业之间市场竞争强度加大而导致的盈利水平下降。在区域经济发展的过程中,向心力与离心力会随着市场一体化水平的改变而处于不断的变化之中,二者的动态权衡决定了产业空间分布的格局,并进而影响了区域之间的发展差距。有鉴于此,本章以新经济地理理论的分析框架为基础,来对广东省内产业集聚、地区专业化和区域发展差距进行实证分析。

12.1.2 理论假说

产业集聚过程必然伴随着资源(商品和要素)的空间流动,而商品和要素的流动性则要受到流动成本的影响。广义的资源流动成本是指商品和要素流动过程中所涉及的全部交易费用,它与区域间交通运输条件、各种限制性壁垒和文化制度差异有关。流动成本越高,商品或要素的流动越困难,区域产业分工和集聚就越难形成;如果地区间资源流动成本大到使任何商品和要素流动成为不可能,那么自然禀赋差异、市场规模效应和集聚效应也无从发挥作用,各地区处于自己生产、自己消费的自给自足状态。相反,随着市场一体化程度的提高,资源流动成本降低,地区间商品和要素的流动性增强,区域的产业集聚开始形成。在集聚效应的作用下,一个具有初始制造业优势的地区出现累积循环因果效应,从而吸引更多的制造业在本地集聚,这时产业分布就呈现出"中心—外围"格局。大量工业部门分布在中心地区,中心地区出现了多样化产业集聚,而外围地区工业化水平较低,主要从事农业等初级产品生产,地区之间的专业化分工水平上升,而伴随着中心地区产业集聚规模的扩大,中心与外围地区的发展差距扩大。因此,随着贸易成本的最初降低,即一体化水平从低水平向中级水平跨越,"中心—外围"的产业集聚现象发生并得到强化,区域之间实现了专业化的产业分工,区域发展差距也随之扩大。

但是产业在一个地区的集聚不是无限的,随着市场一体化程度的进一步提高,地区间资源流动成本进一步降低,产业开始出现向外围地区扩散的趋势。这是因为产业集聚达到一定程度后所导致的非贸易品和生产要素例如土地、劳动力等价格上升、环境污染等拥挤成本超过了集聚所带来的好处,产业便开始有向"外围"地区扩散的动力。技术含量低、劳动密集型产业将不得不率先从原制造业中心地带向各类要素成本更低的外围地区转移,而原制造业中心的产业集聚水平下降,新兴产业和贸易、金融等服务业得以发展,外围地区的工业化进程加速,区域产业结构趋向多样化。在这种情况下,区域发展差距也发生了动态调整,伴随着工业化进程的加快,外围地区的收入水平持续增加,区域之间的发展差距有所缓解。

如果将市场一体化推向另一个极端,即区域之间达到完全的市场一体化状态,资源的流动成本为零。在这种情况下,对于资源禀赋相同的两地区来说,产业分布是随机的,实际上不存在产业集聚,也就没有区域发展差距的问题。如果两地区资源禀赋不相同,则由不可移动的生产要素决定产业空间分布格局,各地区根据要素禀赋差异来选择生产,并由此决定了区域产业分工格局和区域发展差距。

综上所述,我们可以就产业集聚、地区专业化与区域协调之间的关系提出如下理论假说:在市场一体化水平很低的情况下,两地区没有贸易往来,各地生产都处于自给自足状态,地区间产业结构没有差异,也不存在经济发展差距;当市场一体化水平从低水平向中等水平推进时,如果某一地区获得了偶然的制造业初步优势,则由于集聚效应的作用,这一地区将不断吸收外部要素资源而扩大制造业在本地的集聚规模,并导致产业分布的"中心—外围"格局。在这一格局中,区域专业化分工程度上升,中心地区演变为制造业中心,经济规模扩大,收入水平不断上升,而外围地区逐渐边缘化,成为农业和初级产品基地,与中心地区的收入差距扩大,这是我们前述理论假说中的第一阶段;当地区间一体化水平从中等水平向更高水平推进时,由于土地等生产要素价格的上升所产生的拥挤效应,原制造业中心将出现产业向外扩散的现象,原外围地区通过承接核心区的产业转移,工业化进程开始加速,产业结构趋向多样化,并与原制造业中心实现新的产业分工,原中心地区产业集聚水平下降,区域发展差距开始缩小,这正是我们前述假说中的第二阶段;如果地区间实现了完全的市场一体化,产业的空间布局将完全取决于地区间的要素价格差异。如果两个地区具有相同的资源禀赋,则两地区生产结构将趋于相同,区域发展差距不同也不复存在,这是我们前述的第三阶段理论假说。本书就使用广东省作为一个样本来分析上述关于集聚、专业化和地区协调发展的三个阶段假说在现实中是如何展开的。

12.1.3 研究思路与方法

1. 主要研究思路

本章以广东区域经济发展为案例,重点关注地区间市场一体化在经历第一、二阶段的变化时广东省产业空间格局的动态演变,对产业空间格局演变与区域发展差距之间的关系进行描述,并对广东产业空间格局演变的动因和机制进行分析。为此,我们截取了1998年以来广东省内区域经济发展的相关数据,来对上述理论假说进行验证,以揭示广东省区域一体化和产业集聚所处的阶段。

本章安排如下:第一,简要分析产业集聚、地区专业化与区域协调之间的关系,为本章的研究提供一个理论框架;第二,实证分析自 1998 年以来广东制造业主要行业的集聚变化状况,以及伴随产业集聚的区域专业化分工情况;并对广东四大区域的发展差距作进一步的讨论;第三,对广东省产业集聚的动因和区域协调的机制进行分析;第四,总结本章,并作相关讨论。

2. 研究方法

在地区专业化方面,我们用联合国工业发展组织(UNIDO)国际工业研究中心推荐的同构系数来衡量区域之间的产业分工水平。

在产业集聚方面,我们用三个指标来刻画一个地区的产业集聚特征:

(1) 产业分布的空间基尼系数。具体计算公式为:$g = \dfrac{1}{2n^2\mu} \sum\limits_{i}^{n} \sum\limits_{j}^{n} |x_i - x_j|$。

其中,g 为某行业的空间基尼系数;x_i 和 x_j 分别为地级市 i 和地级市 j 在该行业总产值中所占的份额;n 为广东省地级以上城市数量($n = 21$);μ 为各地级以上城市在该行业总产出中所占比重的均值。该系数的取值范围在 0~1 之间,其值越大表示产业的空间分布越不均衡,产业集聚水平较高;反之,其值越小表示产业的空间分布越均衡,产业集聚水平较低。

(2) 产业平均集中率。具体计算公式为:$y_{ik} = \dfrac{\sum\limits_{k=1}^{n} x_i^k}{n}$,其中,$x_i^k = \dfrac{p_i^k}{\sum\limits_{i} p_i^k}$,$p_i^k$ 为地区 i 产业 k 的产出,N 为全省的地区样本数量,n 为产业数目,这里的地区样本分别为广东省内的珠三角、山区、东翼和西翼 4 个地区。

(3) 区位商。区位商越高,表示某地区在某产业上的集聚优势越明显,该行业就是该地区的优势行业。

我们用人均 GDP 的基尼系数来衡量各地收入水平差距。本章所使用的数据来源于中国工业企业统计数据库和《广东统计年鉴》。由于我国工业统计口径在 1998 年前后发生了很大的变化,为了保证数据口径的统一性,本章所使用数据的时间跨度为 1999~2007 年。在产业样本方面,我们一共采集了 33 个工业部门的数据,具体包括《国民经济行业分类》(GB/T4754—2002)所列出的 5 个采矿业部门(B07-11),以及除了废弃资源和废旧材料回收加工业以外的所有制造业部门。

12.2 广东省区域经济发展的特征

12.2.1 广东省区域专业化水平的演变

表 12-1 列出了广东各区域以及全省的产业同构系数的平均值。从中可以看出，广东省四大经济区域产业同构系数整体上数值不大，1999~2007 年间都在 0.5 以下，这表明自 20 世纪 90 年代中后期以来，广东省内四大经济区域之间已在较大程度上实现了产业分工。

表 12-1　广东各区域产业同构系数均值（1999~2007 年）

区域	1999 年	2000 年	2001 年	2002 年	2003 年	2004 年	2005 年	2006 年	2007 年	平均值
珠三角	0.499	0.471	0.475	0.438	0.387	0.364	0.455	0.457	0.490	0.448
山区	0.520	0.415	0.436	0.414	0.359	0.357	0.429	0.441	0.443	0.424
东翼	0.491	0.461	0.476	0.467	0.434	0.421	0.475	0.474	0.481	0.465
西翼	0.211	0.194	0.165	0.210	0.188	0.137	0.178	0.174	0.184	0.182
全省	0.430	0.385	0.388	0.382	0.342	0.319	0.384	0.387	0.400	0.380

注：(1) 各地区年份值为该地区与其他 3 个区域产业同构系数的平均值；(2) 各地区平均值为各地区年份值的平均值；(3) 全省的指标值为各地区指标值的平均值。

资料来源：广东省各地级市历年统计年鉴和历年中国工业企业数据库。

同时，各区域的专业化水平差异显著，根据表 12-1 的结果，西翼的专业化程度最高，产业结构与其他三个区域的差异最大，其 1999~2007 年间的产业同构系数均值仅为 0.182。山区的专业化程度排名第二，但其产业同构系数与排名第三、四位的珠三角和东翼地区差距不大，三者的产业同构系数分别为 0.424、0.448 和 0.465。可见，除了西翼地区以外，其他三个经济区域的专业化水平较为接近。

从动态角度来看，2007 年，全省各区域产业同构系数要低于 1999 年，从 1999 年的 0.43 下降到 2007 年的 0.4，这说明仅从这两个横截面的数据来看，广东的区域产业分工水平在 1999~2007 年间有所提高。但如果连续地来分析，广东省各区域产业同构系数在 1999~2007 年间经历了一个类似于"U"型的变化，这间接地表明广东区域分工水平经历一个近似于倒"U"型的变化。图 12-1 的结果显示，全省各地区产业同构系数从 1999 年逐年下降，到 2004 年达到最小值（即"U"型曲线的底部），之后又逐步上升。这表明，自 1998 年以来广东省区域专业化水平经历了一个先上升，后下降的过程。可见，自 2004 年以来，广东地区专业化的发展趋势与前面的理论假说是较为吻合的。其原因在于：（1）自 2004 年以来，广东省内产业扩散逐渐增多，原制造业中心区（珠三角）部分劳动密集型、低附加值产业向外围地区（东西北地区）转移，但这种转移过程远未完结，导致珠三角与东西北地区存在着一定程度的产业重合。（2）目前，珠三角的产业转移很多是一种环节性转移，企业将低端生产环节转移到东西北地区，而将研发、设计、营销、结算等经营环节留在珠三角，这就导致在统计上珠三角与东西北地区发生了产业重合。

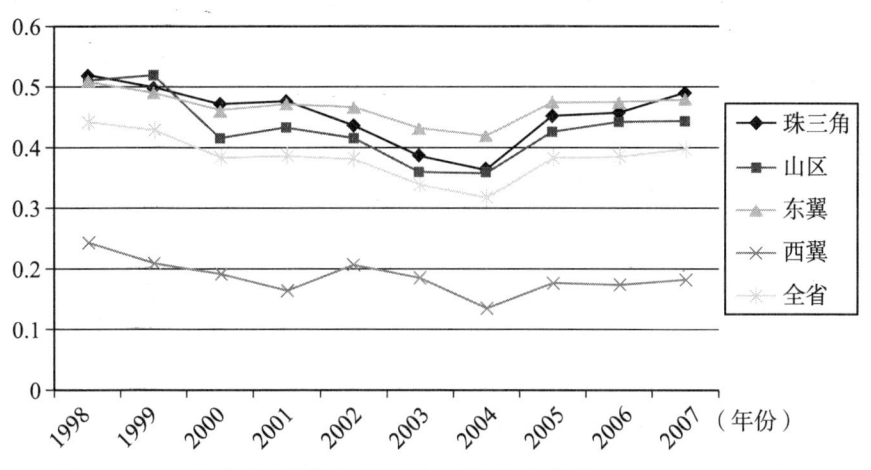

图 12 - 1 广东各区域产业同构系数变化趋势（1998 ~ 2007 年）

资料来源：广东省各地级市历年统计年鉴和历年中国工业企业数据库。

根据 2007 年的计算结果（见表 12 - 2），广东各区域间产业同构系数还有以下几个特点值得关注：（1）珠三角与东翼的产业同构系数最高，2007 年达到了 0.6736，表明这两个区域产业结构的相似性最大；并且，珠三角与山区的产业同构系数也较高，达到了 0.5771。可见，珠三角与这两个地区的产业分工还有待进一步提高。珠三角与西翼的产业同构系数较低，只有 0.2183，表明珠三角与西翼的产业结构的差异较大，两者之间实现较好的区域专业化分工。（2）除了与珠三角的产业结构较为相似以外，山区与东翼之间产业结构的相似性也颇大，产业同构系数达到了 0.5953，属于较高水平，说明两地产业同构程度较高。而山区与西翼产业结构的差异较大，产业同构系数只有 0.1576，处于较低的水平，两地产业实现了较好的地域分工。（3）东翼的潮州、汕头、揭阳和汕尾四市与珠三角和山区五市产业结构的相似性均较大，表明三地之间的专业化分工有待进一步加强,区域一体化程度还需进一步提高。东、西两翼的产业结构差异较大,产业同构系数较小,仅为 0.1751,两地产业实现了高水平的专业化分工。(4) 在广东四大区域中,西翼的湛江、茂名和阳江三市与其他地区产业结构的差异最大,产业同构系数均处于较低水平,表明西翼地区充分发挥了自身的区位和资源优势,产业发展的专业化特征较为显著。

表 12-2　　　　广东四大经济区域产业同构系数 (2007 年)

区域	珠三角	山区	东翼	西翼	平均水平
珠三角	0.0000	0.5771	0.6736	0.2183	0.4897
山区	0.5771	0.0000	0.5953	0.1576	0.4433
东翼	0.6736	0.5953	0.0000	0.1751	0.4814
西翼	0.2183	0.1576	0.1751	0.0000	0.1837
全省					0.3995

注:各地区产业同构系数的平均水平为该地区与其他三个地区产业同构系数的平均值,全省平均水平为各地区平均水平的平均值。

资料来源:广东省各地级市历年统计年鉴和历年中国工业企业数据库。

从本节的实证分析结果来看,1999~2004 年,广东省区域分工水平整体上有所提高,较高的区域分工水平有利于产业的空间集聚,但也存在导致地区发展失衡的潜在风险。在这一时期,广东基本上处于产业集聚阶段,大部分工业部门集中分布在初始优势显著的珠三角地区,东西北地区的工业化水平较低,从而形成珠三角与东西北地区的"中心—外围"产业分布格局,区域之间的专业化分工水平较高。而自 2004 年以来,珠三角中心区的产业开始向外扩散,东西北地区通过承接产业转移加快了工业化进程,产业结构向多样化方向发展,与珠三角地区的专业化分工水平有所降低。

12.2.2　广东省产业集聚的态势

1. 制造业部门的空间基尼系数

为了揭示广东省各类工业部门的空间分布格局,我们计算了广东 29 个制造业部门的空间基尼系数,表 12-3 列举了 1999、2004 和 2007 年三个时间截面的计算结果。从中我们可以看出,广东省产业分布的空间格局呈现出以下特点:

第一,从静态的角度来看,广东绝大多数行业表现出较强的空间集聚倾向。

在此，我们可以根据各行业空间基尼系数取值（表12-3中的均值）大小把这29个制造业部门分成以下三大类：

（1）高度地方化集聚行业（共有10个部门），它们的空间基尼系数取值均大于0.7，包括两种类型的产业：一是资源依赖型制造业，包括烟草制品业，石油加工、炼焦及核燃料加工业，化学纤维制造业，橡胶制品业，黑色金属冶炼及压延加工业，有色金属冶炼及压延加工业6个部门。二是装配制造业，包括交通运输设备制造业，电气机械及器材制造业，通信设备、计算机及其他电子设备制造业，仪器仪表及文化、办公用机械制造业4个部门。

（2）中度地方化集聚行业（共有16个部门），它们的空间基尼系数取值在0.60～0.7之间，包括三种类型的产业：一是资源依赖型制造业，包括农副食品加工业、化学原料及化学制品制造业、医药制造业、造纸及纸制品业、食品制造业；二是装配制造业，包括通用设备制造业、专用设备制造业；三是最终消费品制造业，如饮料制造业、家具制造业、文教体育用品制造业、皮革、毛皮、羽毛（绒）及其制品业，工艺品及其他制造业，印刷业和记录媒介的复制，塑料制品业，非金属矿物制品业和金属制品业。

（3）低度地方化集聚行业（共3个部门），它们的空间基尼系数取值小于0.60，基本上都属于劳动密集型的最终消费品制造业，包括纺织业、纺织服装、鞋、帽制造业、木材加工及木、竹、藤、棕、草制品业。从上面可以看出，在全部制造业样本中，有26个行业的地理集聚水平较高，只有3个行业的空间分布相对较为分散。

第二，从动态的角度来看，1999～2007年有17个部门的空间基尼系数增大，12个部门的空间基尼系数变小，表明直到2007年以前广东省内产业空间集聚的趋势总体上仍在加强。但这种产业集聚趋势也呈现出阶段性特征，在1999～2004年间有16个部门的空间基尼系数变大，13个部门的空间基尼系数变小，表明这一时期广东省内大多数制造业的空间集聚程度在提高。而2004～2007年间只有7个部门的空间基尼系数变大，22个部门的空间基尼系数变小，说明这一时期绝大多数部门的空间集聚程度有所下降，原产业中心区的集聚水平有所降低。

值得强调的是，虽然自2004年以来，在市场选择和政府推动的双重作用下，广东省内制造业转移的步伐加快，但不同产业表现出了不同的地区粘性。在大多数行业地方化集聚度下降的同时，一些规模经济性明显、产业价值链较长、产业关联度和技术密集度较高的行业地方化集聚度仍在提高，表现出很强的区位粘性，如交通运输设备制造业，电气机械及器材制造业，通信设备、计算机及其他电子设备制造业，仪器仪表及文化、办公用机械制造业等，这些行业的空间基尼系数一直处于上升状态（具体可见表12-3中的变化1、2和3值），行业集中度也进一步提高。交通运输设备制造业主要聚集在广州市，2001年广州交通运输设备制造业产值占全省行业总产出的比重为62.48%，到2007年上升到70%左右。特别是本田、日产和丰田三大日系品牌汽车整车及零部件企业集聚广州，广州目前已成为全国最大的汽车整车制造基地；通讯、计算机和其他电子产品制造业主要聚集在深圳、东莞和惠州，三地合计占全省行业总产出的比重从2001年75%上升至2007年的80%左右；电气机械及器材制造业，主要聚集在佛山、深圳、东莞和中山，四地合计占全省行业总产出的比重从2001年的59%上升至2007年的70%左右；仪器仪表及办公机械制造业主要聚集在深圳、佛山和东莞，三地合计占全省行业总产出的比重从2001年的65%上升到2007年的70%。

表12-3　　　　　　　　广东制造业分布的空间基尼系数

行业类别	1999年	2004年	2007年	变化1	变化2	变化3	均值
农副食品加工业	0.6140	0.5978	0.5941	-0.0199	-0.0162	-0.0038	0.6020
食品制造业	0.6581	0.6951	0.6513	-0.0068	0.0370	-0.0438	0.6682
饮料制造业	0.6349	0.7017	0.6896	0.0547	0.0668	-0.0121	0.6754
烟草制品业	0.8126	0.8451	0.9379	0.1253	0.0325	0.0928	0.8652
纺织业	0.5844	0.5773	0.5738	-0.0105	-0.0070	-0.0035	0.5785
纺织服装、鞋、帽制造业	0.5480	0.6212	0.5991	0.0512	0.0732	-0.0221	0.5894
皮革、毛皮、羽毛（绒）及其制品业	0.6652	0.6503	0.6052	-0.0600	-0.0149	-0.0451	0.6402
木材加工及木、竹、藤、棕、草制品业	0.6727	0.5818	0.5428	-0.1299	-0.0909	-0.0390	0.5991
家具制造业	0.6311	0.7094	0.6972	0.0661	0.0783	-0.0122	0.6792
造纸及纸制品业	0.6205	0.6687	0.6665	0.0460	0.0482	-0.0022	0.6519
印刷业和记录媒介的复制	0.6577	0.6502	0.6417	-0.0160	-0.0075	-0.0085	0.6499
文教体育用品制造业	0.7160	0.6905	0.6478	-0.0682	-0.0255	-0.0427	0.6848
石油加工、炼焦及核燃料加工业	0.8984	0.8858	0.8451	-0.0533	-0.0127	-0.0407	0.8764

续表

行业类别	1999年	2004年	2007年	变化1	变化2	变化3	均值
化学原料及化学制品制造业	0.6580	0.7243	0.6682	0.0102	0.0662	-0.0561	0.6835
医药制造业	0.6424	0.6622	0.6496	0.0073	0.0198	-0.0126	0.6514
化学纤维制造业	0.7309	0.6529	0.7666	0.0357	-0.0780	0.1137	0.7168
橡胶制品业	0.7804	0.7447	0.6987	-0.0817	-0.0357	-0.0461	0.7413
塑料制品业	0.6130	0.6529	0.6425	0.0294	0.0399	-0.0105	0.6361
非金属矿物制品业	0.6174	0.6411	0.6305	0.0130	0.0237	-0.0106	0.6297
黑色金属冶炼及压延加工业	0.7601	0.7028	0.6825	-0.0775	-0.0573	-0.0202	0.7151
有色金属冶炼及压延加工业	0.7646	0.7562	0.7306	-0.0340	-0.0083	-0.0257	0.7505
金属制品业	0.6187	0.6592	0.6429	0.0242	0.0405	-0.0163	0.6403
通用设备制造业	0.6871	0.6646	0.6407	-0.0464	-0.0226	-0.0239	0.6641
专用设备制造业	0.5975	0.7084	0.7079	0.1104	0.1110	-0.0005	0.6713
交通运输设备制造业	0.7722	0.8342	0.8499	0.0777	0.0620	0.0156	0.8187
电气机械及器材制造业	0.7014	0.7076	0.7131	0.0116	0.0061	0.0055	0.7074
通信设备、计算机及其他电子设备制造业	0.7809	0.8189	0.8248	0.0438	0.0380	0.0059	0.8082
仪器仪表及文化、办公用机械制造业	0.7852	0.7725	0.7898	0.0046	-0.0126	0.0172	0.7825
工艺品及其他制造业	0.5965	0.6775	0.6952	0.0988	0.0810	0.0177	0.6564

注：变化1为各行业2007年与1999年基尼系数值之差，变化2为各行业2004年与1999年基尼系数值之差，变化3为各行业2007年与2004年基尼系数值之差，均值为各行业1999年、2004年和2007年基尼系数的算术平均值。

资料来源：广东省各地级市历年统计年鉴和历年中国工业企业数据库。

2. 制造业部门的区域集中率

既然广东省绝大多数行业的地理集聚水平较高，那么这些行业主要集聚在那些地区呢？为了回答这个问题，我们计算了广东省四大经济区域的产业平均集中率，具体结果如表12-4所示。从中可以看出，广东省内的产业分布具有以下两个特点：

表12-4　　　　广东各区域的产业平均集中率（1998~2007年）

年份	珠三角	山区	东翼	西翼
1998	0.7833	0.0846	0.0516	0.0805
1999	0.7879	0.0866	0.0488	0.0767
2000	0.7830	0.0991	0.0471	0.0709
2001	0.7870	0.0919	0.0450	0.0761
2002	0.7794	0.0949	0.0470	0.0786
2003	0.7735	0.1009	0.0481	0.0775
2004	0.7791	0.0945	0.0516	0.0748
2005	0.7826	0.0986	0.0485	0.0702
2006	0.7726	0.1095	0.0463	0.0716
2007	0.7647	0.1180	0.0481	0.0692
平均水平	0.7793	0.0979	0.0482	0.0746

资料来源：广东省各地级市历年统计年鉴和历年中国工业企业数据库。

（1）从静态的角度来看，珠三角地区是最主要的产业集聚区，自1998年以来，该地区产业平均集中率接近78%，并且该指标在1998~2007年期间没有较大的波动，这说明自20世纪90年代中后期以来，珠三角地区一直处于产业集聚的强化阶段，吸收了大量的经济资源在本地集聚。在珠三角产业集聚虹吸效应的影响下，其他三个区域的产业平均集中率均较低，山区为9.79%，东翼为4.82%，西翼为7.46%。可见，广东省工业部门的空间分布存在着明显的"中心—外围"格局，珠三角是制造业发达的中心区，而东西北地区则是制造业缺乏的外围地区。

（2）从动态的角度来看，1998~2007年间，珠三角、东翼和西翼地区产业集中率有小幅的下降，分别从1998年的78.33%、5.16%和8.05%，下降到76.47%、4.82%和7.46%；而山区的产业集中率有所上升，从1998年的8.46%上升到2007年的11.80%。综上所述，广东省绝大多数工业部门主要集聚在珠三角地区，其他地区工业份额较低，珠三角和东西北地区存在着明显的产业分工。但是，近年来随着珠三角地区部分产业扩散的步伐加快，珠三角产业集聚的水平有所下降，东西北地区的工业化水平提高，产业结构趋向多样化。

12.2.3 广东省区域经济差距的动态变化

作为产业空间不均衡分布的结果，广东省区域经济发展严重失衡，主要表现为珠三角"中心"与东西北"外围"地区之间的经济差距较大。表12-5列举了广东四大区域的人均 GDP。从 2000 年的指标来看，珠三角人均 GDP 最高，达到 20 278 元，东翼、西翼和山区分列第 2、3 和 4 位，人均 GDP 分别为 7 294 元、7 099 元和 5 344 元；珠三角人均 GDP 相当于水平最低的山区的 3.8 倍。到 2008 年，珠三角仍然是人均 GDP 最高的地区，达到了 62 644 元，其余各区域的位次有所变化，西翼位列第二，人均 GDP 为 17 973 元，山区上升为第三位，人均 GDP 为 15 539 元，东翼则从第二位下降为第四位，人均 GDP 为 15 396 元；珠三角人均 GDP 相当于水平最低的东翼的 4.07 倍。虽然东西北地区的人均 GDP 排位有所变化，但广东区域经济发展的基本格局"发达的珠三角——欠发达的东西北"则还没有实质性的变化。

表 12-5　　　　广东各区域人均 GDP（2000~2008 年）　　　　单位：元

区域	2000	2001	2002	2003	2004	2005	2006	2007	2008
珠三角	20 278	22 062	24 921	29 188	34 488	40 259	47 071	54 721	62 644
东翼	7 294	7 295	7 517	8 069	8 953	9 934	11 200	13 125	15 396
西翼	7 099	7 762	8 258	9 207	10 253	11 933	13 608	15 412	17 973
山区	5 344	5 688	5 993	6 648	7 778	8 930	10 505	13 093	15 539

资料来源：历年广东省统计年鉴。

图 12-2 显示了广东省各区域人均 GDP 的基尼系数与全省产业同构系数之间的关系。从中可以看出，广东各大区域的发展差距也经历了一个类似的倒"U"型变化，直到 2006 年以前，广东省人均 GDP 的基尼系数一直在增大，反映了这时期广东各大区域的发展差距持续扩大；而自 2006 年以来，人均 GDP 的基尼系数开始变小，表明近几年来广东四大区域之间的发展差距有所缓解。这种变化态势同时伴随着区域产业同构系数的"U"型变化趋势，二者之间的动态关系印证了前面理论框架部分所讨论的产业集聚、地区专业化与区域差距之间的关系。

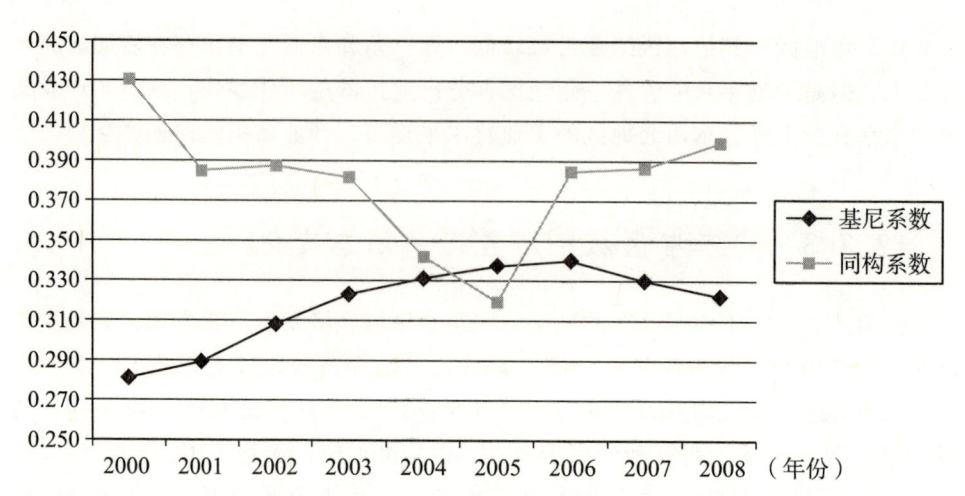

图 12-2　广东省人均 GDP 基尼系数与产业同构系数的关系（2000~2008 年）

资料来源：历年广东省统计年鉴。

12.3　广东产业集聚与扩散的动因分析

12.3.1　广东省产业集聚的影响因素

20 世纪 90 年代以来，经济活动的空间配置问题逐渐进入了主流经济学家的研究视野。克鲁格曼（Krugman，1991a）率先提出了产业空间分布的"中心—外围"模型，以探讨经济活动空间集聚的机制和后果。与新古典增长理论中的报酬不变和完全竞争假设不同，"中心—外围"模型以报酬递增和不完全竞争为前提假设，把历史、地理和贸易成本等因素纳入一个统一的分析框架，认为在一定的运输费用（贸易成本）条件下，历史和预期可以促成一个地区产业的初始集聚，而规模报酬递增则使得产业集聚一旦形成就会在以后的发展中得到进一步加强，形成产业空间分布的"中心—外围"结构，从而导致区域经济发展差距。新经济地理模型为我们认识珠三角的产业集聚问题提供了有用的研究视角，但是历史和预期为什么会在该地区产生作用，而不是其他区域，这就需要我们从整个中国区域经济发展的角度来分析珠三角相比于其他地区的比较优势，具体来说，我们可以将这种比较优势归结为地理区位、政府政策、基础设施、劳动力成本和文化习俗等几个方面因素的综合影响。

1. 地理区位优势

珠三角地区位于我国东南沿海，毗邻港澳台地区，靠近东南亚，海陆空交通便捷，地理位置十分优越。在包含香港地区、澳门地区在内的大珠三角地区有5个机场，它们之间的车程都在1~2小时，从这5个机场出发，3小时航程可以到达中国内地和整个东南亚地区。得天独厚的区位优势使得珠三角成为改革开放以来外资（尤其是港澳资本）进入我国的首选地区。20世纪80年代前后正是香港地区产业升级换代的转型期，在土地、厂房、水电和劳动力等生产要素成本上升的巨大压力下，港澳地区大量劳动密集型、低技术含量的企业有较强的经济激励将生产转移到各类要素投入成本更低的地方。珠三角以其独特的地理位置、人文优势以及生产成本优势，成为港澳资本的首选地区，先后大约有5万多家港澳制造业企业转移到珠三角来。以港澳台地区企业为主体的外资集聚极大地促进了珠三角区域经济的发展，使珠三角成为我国对外开放的前沿和经济先发地区。

珠三角的区位优势还体现在国际贸易便利上，由于处于沿海地带，货物出口的运输成本较低，尤其是毗邻港澳地区的优势使得珠三角商品出口在市场信息搜寻、交易洽谈、合约订立和贸易服务等方面的交易费用得以大大降低，这使得大量以出口为目标的"三来一补"企业在本地布局生产。

2. 政策优势

自1978年起，我国开始实行以改革开放政策为中心的市场化改革，在整个社会经济运行中逐步引入市场机制，并加快了与国际市场的融合进程。但是，我国的改革开放是一个渐进性的经济转轨过程（苗壮，1992；盛洪，1991，1992；樊纲，1993；林毅夫等，1994；胡汝银，1992），其发生的区域从沿海逐步向内陆推进。几乎所有的政策措施都有一个先在少数地区和部门进行试点，然后逐步推广的过程，而作为对外开放前沿的珠三角地区就成为绝大多数改革政策的先行试验区。德穆格尔等（Démurger et al.，2002）曾实证分析了经济政策对我国区域经济发展的影响，他们计算了我国省级地区的优惠政策指数，发现1978~1998年间广东的优惠政策指数为2.86，居于全国最高水平，而广东各类优惠政策的实施基本上集中于珠三角地区。改革开放优惠政策的实施极大地推动了珠三角地区对外贸易、FDI和民营经济的发展，区域工业化水平迅速提高，导致大量工业部门在本地区集聚。

3. 基础设施

从新经济地理学的角度来看，基础设施条件是影响一个地区产业集聚的重要变量，基础设施可以通过影响地区的资源流动成本而对产业的空间布局起作用。伴随着区域经济的高速发展，珠三角地区基础设施投资增长迅猛，交通、通讯和能源等基础设施建设水平明显高于其他地区。以交通基础设施为例，在公路方面，目前珠三角地区拥有广州环城、北二环、西二环和机场高速，广深、梅观、惠盐、深汕、广佛、广珠东线、机荷、江鹤、佛开等20多条高速公路，以及7条国道，构成了纵横交错的公路网络。该公路网以广州为中心，向珠三角城乡辐射，交通便捷。到 2007 年，珠三角地区公路通车里程达 42 049 公里，公路网密度约为 111 公里/平方公里。在铁路方面，珠三角铁路总通车里程为 640 公里，占全省铁路总里程的 34%，铁路网密度达 153 公里/平方公里，主要包括京广线、京九线、广深线和广三线。其中，京广和京九线是珠三角与我国内陆省份客货运输的重要通道，并通过广茂、广梅汕铁路沟通东西两翼地区。在港口及内河航运方面，珠三角的内河航运比较发达，在广东及周边地区大宗货物运输中占有重要地位，其货运量占广东全省内河货运量的 85% 以上，占全国的 18% 左右。珠三角内河航运的集装箱运输发达，已成为香港、深圳、广州等枢纽港口集装箱货物运输的主要方式。在航空运输方面，在珠三角 200 公里半径范围内，分布有香港、广州、深圳、珠海和澳门 5 个大型的现代化机场。其中广州新白云机场首期建成后年客运量为 2 700 万人次，中期建成后年客运量为 3 500 万人次，后期建成后年客运量可达 8 000 万人次。广州新白云机场的建成标志着，珠三角以广州机场为枢纽，深圳、珠海机场为干线机场，汕头、梅州和湛江机场为支线机场的大民用航空格局已经形成，极大地提高了珠三角地区的客货运效率。以交通为主的基础设施的长足发展，大大降低了珠三角地区的商品贸易成本，有力地促进了产业的本地化集聚。

4. 劳动力成本

与全国其他地区一样，在世界分工格局中，珠三角的另一个重要比较优势就是低廉的劳动力成本，低廉的劳动力成本吸引了大量劳动密集型产业，以及资本技术密集型产业的加工制造环节在本地区集聚。从图 12-3 可以看出，1998 年以前，广东省城镇职工年均工资还不到 10 000 元/人，大大低于同期世界发达国家的工资水平。

从劳动力供给来源看，除了本地劳动力在部门间发生转移之外，大量外来劳动力的跨地区迁移也是导致本地区劳动力成本低廉的重要原因。改革开放以来珠三角地区的初始产业集聚促进了本地区经济的快速发展，拉大了本地区与其他内陆省份的收入差距，引发了内陆省份劳动力的跨地区转移。大量外来劳动力的不断涌入增加了本地劳动力市场供给量，使得企业可以在较长的时间内将工资维持在一个较低的水平上,从而进一步强化了本地区的劳动力成本优势。根据范剑勇的研究(2004),在广东的外省农民工中,来自湖南省的占20.8%,占据当年该省农村转移劳动力的38.9%;来自四川和重庆的占16%,分别占据当年该省市农村转移劳动力的17.6%和30.8%,来自江西省的占15.7%,占据当年该省农村转移劳动力的38.4%。在这7个省市中,平均占该省市农村劳动力转移总数34%的部分流入了广东省,极大地推动了广东省的经济发展和产业集聚。

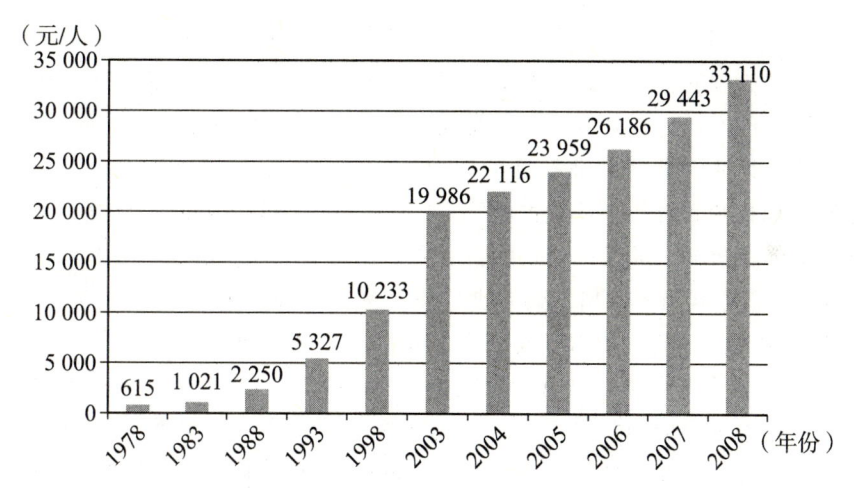

(元/人)

年份	工资
1978	615
1983	1 021
1988	2 250
1993	5 327
1998	10 233
2003	19 986
2004	22 116
2005	23 959
2006	26 186
2007	29 443
2008	33 110

图12-3 广东城镇单位职工平均工资(1978~2008年)

资料来源:历年广东省统计年鉴。

5. 文化传统

珠三角地区在历史上历来就是我国重要的商贸出海口,也是我国近代工业较为发达的地区之一,当地民众素有经商致富的传统。崇尚工商致富的历史传统造就了珠三角地区丰富的企业家资源储备,一旦政策放开,市场机制开始发挥作用,本地区的企业家资源就被激活,大量富余劳动力纷纷"洗脚上田",开办工商企业,从而引发了"镇、区、村、组、户"五个轮子一起转的创业热潮,促进了珠三角地区产业的发展和集中。

总之,珠三角地区在以上五个方面的优势使得大量产业和人口在本地区集聚,与周边地区形成新经济地理学所刻画的"中心—外围"产业分布格局。珠三角地区集聚了大量工业部门,甚至有些本地区并没有资源优势的产业为了获得出口贸易便利也在珠三角集聚,而周边地区的工业发展较为落后。这种"中心—外围"产业分布格局在促进珠三角经济快速发展的同时,也拉大了珠三角与其他地区的经济发展差距。

12.3.2 广东省内产业扩散的趋势和动因

1. 产业扩散的基本态势

从20世纪90年代后期起,珠三角地区产业和人口高度集聚所引致的拥挤效应开始显现,产业向外转移的现象逐渐增多。截至目前,珠三角产业转移已经历了两个阶段:(1) 20世纪90年代后期至2005年前后的自发转移阶段。这一阶段,在市场机制的作用下,产业扩散基本上属于企业自发的行为,一些劳动密集型、低附加值产业为了降低成本纷纷向外转移。珠三角边缘地区(江门、惠州、清远和肇庆地区)成为产业转移的首选地。这一时期大量陶瓷、金属制品、纺织服装、玩具和制鞋等企业成批向肇庆、惠东、清远和河源等地转移,并在当地迅速形成产业集群。如肇庆大旺高新区的铝型材加工业、清远源潭和和源仙塘的陶瓷产业、惠东和河源龙川的制鞋业,以及韶关开发区的玩具产业等。(2) 自2005年以来的政府推动阶段,这一阶段的产业扩散在很大程度上是政府强力推动的结果。为了实现珠江三角洲资金、管理、信息、品牌与山区及东西两翼土地、自然资源等方面的优势互补,推进省内区域经济协调发展,自2005年起广东省开始引导经济发达的珠三角地市与欠发达地市对口合作,在欠发达地区建设产业转移园,出台了一系列政策措施,鼓励产业从珠三角中心区向山区和东西两翼转移。2005年出台了《关于我省山区及东西两翼与珠江三角洲联手推进产业转移的意见》,大力推动珠三角产业向东西北地区转移。山区及东西两翼与珠江三角洲联手推进产业转移的形式,是转移双方按照合作开发协议,由山区或东西两翼地区政府在本地经国务院、省政府批准设立的开发区、工业园区、高新技术产业开发区和土地利用总体规划确定的建设用地中,整体或部分划出一定面积的土地,设立产业转移园区,主要用于承接珠三角的产业转移。园区总体规划面积须在400公顷以上(含400公顷),首期用地规划开发面积不少于50公顷(含50公顷),由珠三角地区政府负责组织规划、投资、开发、建设和招商引资等工作,并按约定比例分享转移企业缴纳的流转税和所得税中的当地留成部分,从而建立了珠三角和欠发达地区的利益共享机制。这种利益共享机制的建立有助于引导各地政府从竞争走向合作,在很大程度上影响了广东省内产业扩散的进程。此后,广东省有关部门相继出台了《广东省产业转移工业园认定办法》、《关于支持产业转移工业园用地若干意见》、《广东省产业转移工业园外部基础设施省财政补助资金使用管理办法》、《关于加强我省山区及东西两翼与珠江三角洲联手推进产业转移中环境保护工作的若干意见》等一系列的配套文件,在全省范围内大力推进产业转移园建设,产业转移工业园建设工作逐步在全省全面展开。到2008年,广东省又提出要推进珠三角产业和劳动力向本省欠发达地区的"双转移",出台了《关于推进产业转移和劳动力转移的决定》,把推进产业和劳动力区际转移作为缩小地区差距、促进区域协调发展、提高城乡居民生活水平的重要战略。

在省级政府的强力推动下,截至2008年6月底,6个珠三角地区市与13个欠发达地区市合作共建了28个产业转移园:(1)珠三角边缘区3个,具体包括中山(肇庆大旺)产业转移工业园、东莞凤岗(惠东)产业转移工业园和佛山(清远)产业转移工业园。协议投资项目57个,投资额191.4亿元。(2)山区13个,具体包括中山大涌(怀集)产业转移工业园、顺德龙江(德庆)产业转移工业园、东莞桥头(龙门金山)产业转移工业园、佛山顺德(云浮新兴新成)产业转移园、佛山禅城(云城都杨)产业转移工业园、中山(河源)产业转移工业园、深圳福田(和平)产业转移工业园、深圳罗湖(河源源城)产业转移工业园、深圳盐田(梅州)产业转移工业园[已更名为广州(梅州)产业转移工业园]、东莞石碣(兴宁)产业转移工业园、东莞石龙(始兴)产业转移工业园、东莞东坑(乐昌)产业转移园,以及中山三角(浈江)产业转移工业园。协议投资项目320个,投资额231.65亿元。(3)东翼4个,具体包括深圳南山(潮州)产业转移工业园、东莞大朗(海丰)产业转移工业园、珠海金湾(揭阳)产业转移工业园,以及深圳龙岗(汕头潮南)产业转移工业园。协议投资项目83个,投资额49.55亿元。(4)西翼8个,具体包括东莞大朗(信宜)产业转移工业园、广州白云江高(电白)产业转移工业园、佛山顺德(廉江)产业转移工业园、深圳龙岗(吴川)产业转移工业园、中山火炬(阳西)产业转移工业园、中山石岐(阳江)产业转移工业园,佛山禅城(阳东万象)产业转移工业园,以及东莞长安(阳春)产业转移工业园。协议投资项目176个,投资额204.02亿元。全部产业转移园已签订投资意向项目636个,协议投资额676.62亿元,已建成投产225个项目,实际投资额108.98亿元,为当地提供了5万多个就业机会,有力地推动了当地经济发展(见表12-6)。产业转移园的建设大大加快了广东省内产业扩散的步伐。

2. 产业扩散的动因

(1)要素成本压力

近年来我国经济发展内外环境发生了一系列变化,珠三角地区产业集聚区开始面临着巨大的拥挤成本,要素成本的大幅度上升对很多劳动密集型、低技术含量的产业形成了巨大的压力,使得这部门企业有了向外围地区转移,以降低生产成本的动力。

表 12-6　　广东省产业转移园概况　　单位：个、亿元、人

	工业园名称	所在地市	规划承接行业	协议投资项目		已建成项目			
				项目数	投资额	项目数	投资额	就业人数	本地就业人数
	合计			636	676.62	225	108.98	77 690	50 636
山区(13)	中山（河源）产业转移工业园	河源	手机、电子、机械制造、服装	62	58.92	32	28.7	28 368	16 980
	深圳福田（和平）产业转移工业园	河源	服装鞋业箱包，电子及通讯设备、竹木藤草制品、文具玩具、农产品加工、钟表制造	68	21.11	14	5.96	3 110	2 556
	深圳罗湖（河源源城）产业转移工业园	河源		23	36.8	4	8.9	200	70
	广州（梅州）产业转移工业园	梅州	电子信息、汽车零配件、轻工纺织、食品医药、电气及自动化	24	10.23	12	3.94	915	665
	东莞石碣（兴宁）产业转移工业园	梅州	汽车、电子	2	10.9	0	0	0	0
	东莞石龙（始兴）产业转移工业园	韶关	新材料、服装、电子电器、食品	9	8.46	0	0	0	0
	东莞东坑（乐昌）产业转移园	韶关	轻纺、电子、机械制造	8	4.75	1	0.15	133	70
	中山三角（浈江）产业转移工业园	韶关	电子信息、机械制造、生物制药	21	29.6	2	0.13	80	50
	中山大涌（怀集）产业转移工业园	肇庆	金属制品、木业、纺织、电子配件、食品加工	27	17.8	6	2.7	781	662
	顺德龙江（德庆）产业转移工业园	肇庆	打火机、制衣与家具制造	18	3.63	14	2.32	1 405	720

续表

工业园名称		所在地市	规划承接行业	协议投资项目		已建成项目			
				项目数	投资额	项目数	投资额	就业人数	本地就业人数
山区(13)	东莞桥头（龙门金山）产业转移工业园	惠州	电子电器、服装、家具、塑料制品	9	5.91	5	1.35	1 290	990
	佛山顺德（云浮新兴新成）产业转移园	云浮	电子通讯、纺织服装、五金机械、新型建材、生物医药	25	11.64				
	佛山禅城（云城都杨）产业转移工业园	云浮	陶瓷、新材料、机械、家具制造	24	11.9				
	合计			320	231.65	90	54.15	36 282	22 763
珠三角边缘(3)	中山（肇庆大旺）产业转移工业园	肇庆	服装、皮具、建材、高新技术产业						
	东莞凤岗（惠东）产业转移工业园	惠州	制鞋、纺织服装、电子信息、家用电器	40	130	8	2	1 770	990
	佛山（清远）产业转移工业园	清远	电子信息、移动通讯	17	61.4	16	9.3994	6 417	2 507
	合计			57	191.4	24	11.3994	8 187	3 497
东翼(4)	深圳龙岗（汕头潮南）产业转移工业园	汕头	电子信息、服装						
	深圳南山（潮州）产业转移工业园	潮州	电子、通讯、机械、新材料	75	37.5	42	24	15 988	11 000
	东莞大朗（海丰）产业转移工业园	汕尾	毛织、海洋资源开发、生物技术、电子信息、光电一体化	4	3.2				
	珠海金湾（揭阳）产业转移工业园	揭阳		4	8.85				
	合计			83	49.55	42	24	15 988	11 000

续表

	工业园名称	所在地市	规划承接行业	协议投资项目		已建成项目			
				项目数	投资额	项目数	投资额	就业人数	本地就业人数
西翼(8)	东莞大朗（信宜）产业转移工业园	茂名	毛纺	23	10.5	10	2.393	3 220	2 888
	广州白云江高（电白）产业转移工业园	茂名	农产品加、服装、珠宝玉器、电子电器、五金设备、石化乙烯加工	52	10.3	23	3.813	3 253	2 622
	佛山顺德（廉江）产业转移工业园	湛江	家电电子、新材料	10	11.32	16	3.7	7 412	5 664
	深圳龙岗（吴川）产业转移工业园	湛江	制鞋、玩具、服装、电子	4	26.8				
	中山火炬（阳西）产业转移工业园	阳江	轻纺、建材、五金制品、电子电器、装备制造、健康食品	25	18	6	1.5	0	0
	中山石岐（阳江）产业转移工业园	阳江	能源、钢铁、包装材料、电器	15	99.4	3	1.54	1 050	700
	佛山禅城（阳东万象）产业转移工业园	阳江	电子、家电、机械、制药、食品、新材料	34	10.2	8	3.2	1 598	957

资料来源：广东省经贸委信息中心。

第一，在土地成本方面，经过20多年的经济高速增长，珠三角地区的土地资源日益趋紧，土地成本高涨，土地出让价格每亩动辄达数百万元，一般的企业已难以承受。2009年珠三角地区商业地价是全国平均水平的2.27倍，比长三角地区、环渤海地区的平均水平分别高出38%和93%；居住地价是全国平均水平的1.54倍，比环渤海地区高34%，但比长三角地区低13%；工业地价是全国平均水平的1.17倍，比环渤海地区高出13%，而比长三角地区低

9%。此外,图 12-4 显示,珠三角地区综合地价增长率也显著高于全国平均水平,2009 年,珠江三角地区成为全国地价增长最快的地区,综合地价水平值较上年增长 9.47%,各用途地价均实现了快速增长,且商业、居住地价增长速度基本接近。珠三角地区的商业、居住地价增长率分别是长三角地区的 2.17 倍、1.20 倍,是环渤海地区的 7.65 倍、2.95 倍;在长三角和环渤海地区工业地价与 2008 年基本持平的情况下,珠三角地区的工业地价则呈较为明显的增长。

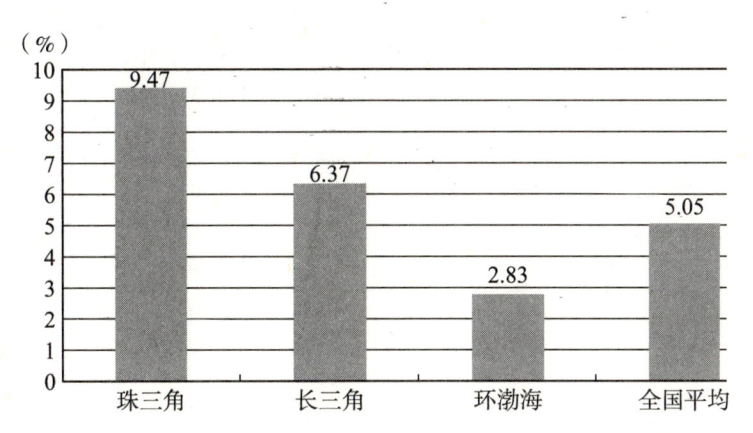

图 12-4 珠三角地区综合地价增长率(2009 年)

资料来源:根据国土资源部中国城市地价动态监测系统有关数据计算。

第二,在其他成本方面,自 2005 年开始出现的"民工荒"以及 2008 年实施的新《劳动法》,促使主要珠三角劳动力成本上升。根据我们最近开展的对珠三角地区 300 多家制造业企业的一项调查,2007 年珠三角人工成本环比平均上涨 15%,2008 年又上涨 11%。此外,由于大量企业的集聚,珠三角水、电需求急剧膨胀,"电荒"现象开始出现,导致企业用水、用电等方面的成本也上升很快。

在珠三角各类生产要素成本快速上升的同时,山区和东西两翼地区的要素成本优势开始凸显出来。表 12-7 对属于山区的清远市与珠三角有关要素投入成本进行了比较。从中可以看出,2005 年在清远购买土地的指导价为 50 元/平方米,折合每亩仅为 3 万元左右;如果租用土地,成本更低,旱地每亩年租金 150 元以下,山地 80 元以下,水田也仅在 350~650 元之间。在劳动力成本方面,在清远,企业作业员工资的政府指导标准为 500 元,比珠三角低 50%,新办企业还可以不为员工办理医疗保险,养老保险方面的缴费标准也较低。除了土地和劳动力成本以外,其他如水、电和有关行政规费的收取标准也比珠三角有明显的降低。上述要素投入成本方面的优势无疑对珠三角地区产业产生了较大的吸引力,

2002年以来，大量珠三角企业纷纷将生产基地迁移到清远。2002~2006年间，清远共引进投资项目2 634个，协议投资额达1 800多亿元。

表 12-7　　　　清远市与珠三角地区的要素成本比较（2005 年）

项目	珠三角标准	清远市指导价、标准
购买土地	含土地出让金、耕地占用税、土地垦复金等	50 元/平方米以下
租用土地	按实际协商	旱地 150 元/亩/年以下，山地 80/亩/年以下，水地 350~650 元/亩/年
租用厂房	按实际协商	4~6 元/平方米/月
工业用水	1.4 元/立方	1 元/立方
厂区自办水厂	征收水资源费	免收水资源费
企业生产用电	0.71 元/kW·h	0.5 元/kW·h
基建用电	0.794 元/kW·h	0.5 元/kW·h
最低工资	450 元/人·月	250 元/人·月
作业员平均工资	750 元/人·月	500 元/人·月
医疗保险	工资 8.5%（个人 2%、企业 6.5%）	新办企业暂不参加
养老保险	工资 18%（个人 8%、企业界 10%）	对外商新办投资企业参加社会保险最低可按 45 元/人/月，（其中企业交 25 元/人/月，个人交 20 元/人/月）的标准执行
失业保险	9 元/月/人（个人 3 元、企业 6 元）	新办企业暂不参加
工伤保险	6 元/月/人	3 元/月/人。由企业缴交
生育保险	职工平均工资 1%	新办外商投资企业暂不参加
报关费	每票 30 元（每票 1 壹车以上）	按最低标准减半收（每票 1 壹车以上）

资料来源：课题组调查所得。

(2) 市场需求的变化

除了成本因素以外,市场需求方面的变化也对企业的生产区位选择产生了重要影响。2005 年开始的人民币持续升值,提高了出口商品的价格,导致我国出口商品的需求增速回落。2008 年爆发的美国次贷危机,已逐渐扩大为全球性的经济衰退,导致全球主要市场的需求大幅下滑,对我国外贸出口造成了巨大冲击。这在广东省表现得尤为明显,2008 年全省出口增长 9.4%,增速大幅回落 12.9 个百分点,比全国低 7.8 个百分点。出口需求回落的压力一方面导致珠三角产业集聚区的经营环境恶化,企业之间的市场竞争日趋激烈,普遍面临着产业升级和转型的严峻挑战;另一方面也使得更多企业将目光投向内销市场,珠三角的出口便利对产业区位选择的影响已不如从前,一部分产业向更靠近内陆市场的东西北地区扩散的要求越来越强烈。

(3) 节能减排的压力

产业和人口的高度集聚使得珠三角地区的环境承载力已达极限,形成了巨大的环保压力,威胁到本地区的可持续增长,迫使本地区执行更为严格的环保和节能减排标准,使得企业在工艺革新和减少排放方面的投资压力加大,部分企业因而产生了向外转移的动机。例如,陶瓷行业是珠三角高度集聚的传统行业之一,产业发展过程中的资源、能源消耗比较大,所带来的环境污染治理压力也比较大。根据环保部门的统计,2007 年,佛山陶瓷行业重点企业的工业粉尘、二氧化硫、氮氧化物、工业废气、烟尘、氨氮、工业废水排放量和化学需氧量分别占环境统计中所有重点工业企业总和的 59.86%、42.15%、32.27%、29.85%、8.92%、2.70%、2.20% 和 1.95%(见图 12-5)。陶瓷行业的污染问题突出,生产工艺技术升级的要求迫切,珠三角陶瓷产业发展的政策环境趋紧,导致陶瓷产业成为当地政府鼓励向外转移的主要产业之一。为此,2008 年 4 月 16 日,佛山市人民政府以急件的形式印发了整治陶瓷行业的三个政策性文件:《佛山市陶瓷产业结构调整评价指导方案》(佛府办〔2008〕119 号)、《佛山市陶瓷产业扶优扶强若干政策措施》(佛府办〔2008〕120 号)和《佛山市陶瓷产业发展规划(2008~2015)》(佛府办〔2008〕121 号),明确陶瓷产业的调控目标,对现有陶瓷企业进行生产技术的环境达标整改,对达不到整改要求的企业进行关停和转移。在严格的行业监管政策的影响下,佛山不少陶瓷企业选择将生产设施向外转移。截至 2008 年 12 月底,佛山全市已有 144 家约占总数 50% 的建筑陶瓷企业自行转产、结业或被依法关闭。

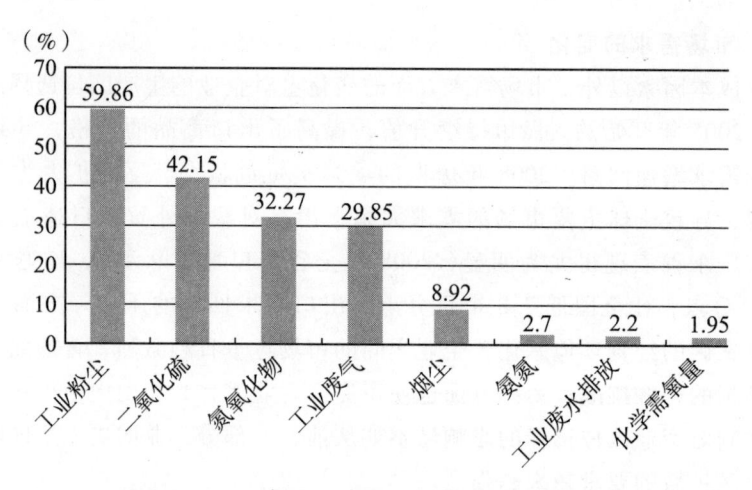

图 12-5　陶瓷企业污染物排放所占的比重

资料来源：佛山市政府《陶瓷产业发展规划》。

（工业粉尘 59.86，二氧化硫 42.15，氮氧化物 32.27，工业废气 29.85，烟尘 8.92，氨氮 2.7，工业废水排放 2.2，化学需氧量 1.95）

12.3.3　广东省促进产业扩散的政策分析

1. 地方政府绩效考评

广东省为了推进产业和劳动力向省内欠发达地区的"双转移"，实现区域经济协调发展，制定了针对性的考评办法来考评下辖各地方政府，通过绩效考评指标的差异化设置来保证区域协调战略的实施。绩效考评的对象为珠江三角洲地级以上市政府、山区及东西两翼地级市政府，以及经省政府批准认定的产业转移工业园。

第一，在考评指标方面，对珠三角各市政府的考核内容主要包括组织领导、政策措施、工作成效三个方面，既有定性的预期性要求，也有定量的约束性要求（见附表1）：(1) 在组织领导方面要求各市实行领导负责制，建立产业转移目标责任考评制度，逐级落实目标管理，并作为政绩考核的重要内容；将产业转移工作纳入当地经济发展规划和年度计划；落实负责产业转移工作部门，有专职人员负责组织协调工作；掌握当地劳动密集型产业状况，组织引导企业转移。(2) 在政策措施方面要求各市根据当地实际制订产业转移规划和实施方案；依照国家产业政策，实行行业准入差别，提高产业用地、能耗、水耗和排放标准，提高劳动密集型产业的准入门槛；严格履行并督促县、区、镇产业转移园合作建设协议；制定劳动密集型产业转移年度目标及劳动密集型产业所占本市工业增加值比重目标；每年组织本地企业到对口地区考察、交流与开展产业转移洽谈活动，协助对口地区举行招商活动;加大财政扶持力度,推动产业转移。(3)在工作成效方面,主要考核人均GDP增长率、劳动密集型产业转移目标完成情况、劳动密集型产业占本市工业增加值比重下降情况以及共建产业转移园区的情况等。

与珠三角类似,对山区及东西两翼各市政府的考核内容主要也包括组织领导、政策措施、工作成效三个方面(见附表2):(1)在组织领导方面要求各市实行领导负责制,建立承接产业转移目标责任考评制度,逐级落实目标管理;将产业转移工作纳入当地经济发展规划和年度计划;落实产业转移工作部门,有专职人员负责组织协调工作。(2)在政策措施方面要求各市根据当地实际制订承接产业转移规划和实施方案;设定符合当地产业发展的能耗、环保、技术以及安全标准;对产业转移园实行"零收费区",对入园企业不征收地方性收费;对产业转移园用地指标安排适度倾斜,保证其建设用地需要;实行产业转移园单位面积投资强度最低标准;将省财政安排的基础设施建设和经济建设发展专项转移支持资金主要用于产业转移园基础设施建设,省产业转移园建设有关专项资金要按规定专款专用,加大本市财政扶持力度。(3)在工作成效方面,主要考核规模以上工业增加值增长情况;人均GDP增长率;产业转移园工业增加值占全市工业增加值比例;产业转移园单位工业增加值能耗情况;以及园区外部配套基础设施建设情况。

对省级产业转移工业园的考核包括组织管理、规划建设,以及经济社会效益三个方面(见附表3)。在组织管理方面,要求各产业转移园管理机构健全,人员配备到位;管理制度完善,职责分明;入园企业必须证照齐全,合法经营;并按规定依时上报园区建设进度、招商引资等有关情况。在规划建设方面,要求各产业转移园严格实施园区总体规划,园区内外的道路、供电、供水、排水和污水集中处理等基础设施建设进度要相互匹配,第一年开发建成面积要达到全园总体规划面积10%以上,之后每年要达到20%以上,5年内开发完成;确保入园项目符合国家、省产业政策以及园区规划,严格落实园区环评批复要求和严格执行环保"三同时"制度;工业项目的行政办公及生活服务设施用地面积不超过工业项目总用地面积的7%。在经济和社会效益方面,主要考核园区创造税收占所在县(市、区)的工业税收比例;单位工业增加值能耗不高于全省平均水平;主导产业(≤2个)的工业总产值占全园比例;产出密度(工业增加值/土地面积);本地(园区所在地级市)就业人数占园区总就业人数比重;工业废水和生活污水集中处理率;以及固体废弃物安全处理处置率等。

第二,在考评程序方面,广东省地方政府产业转移绩效考评由省经贸委会同省人事厅和省产业转移联席会议成员单位实施,具体包括以下四个步骤:(1)自评。在每年的3月20日前,各地级市人民政府和产业转移工业园要上报前一年度产业转移工作情况书面自评材料,并填写《广东省产业转移目标责任考核评分表》,报送省经贸委。(2)核对。在收到各地自报材料后,省经贸委要对各市产业转移自评情况进行核对。(3)抽查。在检查核对各地自评材料的基础上,省经贸委会同省产业转移联席会议成员单位组成检查组,赴各地进行实地抽查核实。(4)评定。省经贸委根据自查、核对和抽查结果分别对各地产业转移工作提出初评意见,提交省产业转移联席会议评定并报省政府审定后公布。考评结果一共分为四个档次:高于90分的为优秀,在80~90分之间的为良好,在60~80分之间的为合格,低于60分为不合格。

第三,在考评结果的运用方面,严格将产业转移绩效考评结果与对当地政府的奖惩结合起来,以保证省级政府促进产业转移的政策能落到实处:对于考评分数在90分以上的,省政府给予通报表彰;考评分数在60分以下的,省政府给予通报批评;对因工作不力造成严重后果的,追究政府主要领导责任;考评分数在60分以下的园区,取消省产业转移工业园称号;对被通报批评或追究领导责任的市,取消其当年参加省政府综合性评优活动的资格;产业转移考评结果作为省重点扶持和奖励的依据。

2. 鼓励产业转移的支持性政策安排

广东省鼓励从珠三角转出的产业基本上属于技术密集度较低、本地关联不高的产业,产业政策导向与产业本身的扩散倾向较为契合。具体来看,广东省鼓励进行区际转移的产业包括:(1)传统劳动密集型产业,如服装、五金、玩具、制鞋、包装、家具等;(2)资源导向型产业,如陶瓷、水泥等建材工业,再生金属冶炼产品、有色金属合金冶炼或压铸产品等产业;(3)资本密集型产业中的加工制造环节,如IT产品制造、家电制造等产业;(4)对转出地其他部门带动效应较低的产业,如农产品加工、食品等产业;(5)在转入地存在主要的原材料供应基地的行业,如塑料制品、涂料、油漆等石化产业下游产品行业;(6)在转入地存在比较成熟的产业集群或者生产基地的行业,如玩具、音像制品生产、工艺品等产业。为了推动上述产业的省内区际扩散,广东除了通过绩效考评来激励和约束产业转移所涉及的各地政府的行为以外,还出台了一系列奖励性政策,支持欠发达地区产业转移园建设,鼓励降低转移企业的经营成本,提高预期收益。

第一,为了在用地指标方面支持各地产业转移工业园建设,广东省国土资源厅于2005年7月专门出台了《关于支持产业转移工业园用地若干意见》的文件,提出了一系列支持产业转移园用地的措施。具体包括以下几个方面:(1)允许各地调剂使用历年农用地转为建设用地结余指标,农用地转为建设用地计划指标的转让价格不低于当地耕地储备指标的转让价格①,转让双方不得自行协商价格转让。(2)鼓励各地积极盘活存量建设用地。对存量建设用地,可采取土地置换(易位)、土地使用权调整(易权)、改变土地用途(易用)等做法进行盘活。在建设用地总量不增加以及农用地(特别是耕地)面积不减少、质量不下降的情况下,可将已经批准但暂未利用的建设用地垦复并变更为农用地,与另一位置不同、面积相等的农用地或未利用地进行置换使用,被置换的农用地或未利用地变更为建设用地,不占用年度农用地转用指标,土地使用权人和土地用途可依法进行调整和改变。(3)鼓励各地进行土地整理垦复,各地对"空心村"、"城中村"、旧厂房、工矿废弃地等整理复垦为农用地或耕地的土地,经省国土资源厅会同省农业厅验收后,可与原有建设用地置换使用,不纳入年度农用地转变用途计划管理,并可有偿转让。对异地开发补充耕地的连片开发面积标准进行适当调整,将该标准下调为500亩。(4)对产业转移工业园有关土地使用的税费提供政策支持。产业转移工业园经国务院或省人民政府批准征收山区农用地或未利用地的,新增建设用地土地有偿使用费属省级分成的20%全部留给产业转移工业园所在的县(区),由其按规定用于耕地开发和土地整理。各产业转移园在盘活存量建设用地,实施建设用地位置调换时,如果建设用地总量不增加,可视为没有新增建设用地,不再征收新增建设用地有偿使用费;并且,如果不存在耕地数量减少和质量下降的情况,则可视为未占用耕地,不再征收耕地开垦费。

第二,在资金投入方面,为了加快各地产业转移园建设,减轻有关县(区)地方政府的财政压力。2005 年 12 月,广东省财政厅和广东省经济贸易委员会联合出台了《广东省产业转移工业园外部基础设施建设省财政补助资金使用管理办法》,为产业转移工业园外部基础设施建设提供补助资金。该项补助资金补助范围面向山区及东西两翼的地级市,具体包括汕头市、韶关市、湛江市、肇庆市、茂名市、惠州市、梅州市、汕尾市、河源市、阳江市、清远市、潮州市、揭阳市和云浮市 14 个市。省级财政对已建立产业转移工业园的地级市(不计产业转移工业园个数)定额补助 4 000 万元,自省级政府认定产业转移工业园之日起两年内安排,每年各安排 2 000 万元。补助资金专项用于产业转移工业园外部基础设施建设,如道路、供电、供水和环保工程等,并在两年内完成项目的建设和达标验收。

除了定额补助外,广东省还通过扩大财政转移支付和专项补助的办法,一方面帮助各地方政府筹集产业转移园建设资金,加快园区建设进度;另一方面对珠

---

① 该耕地储备指标转让价格按《广东省非农业建设补充耕地管理办法》(省政府第 66 号令)规定的耕地开垦费计征标准确定。

三角中心区的转移企业和劳动力进行风险补偿,降低企业和劳动力退出中心区的成本。2008~2012年,省级财政每年安排产业转移园区建设专项转移支付资金15亿元,对前述14个欠发达地级市和江门市每年补助1亿元,用于支持这些地区产业转移园区建设的贷款贴息及基础设施建设;每年安排重点产业转移园区专项资金15亿元,以竞争方式择优扶持欠发达地区3个示范性产业转移园区建设;每年安排产业转移奖励资金5亿元,鼓励珠三角地区企业加快向东西两翼和粤北山区转移;每年安排劳动力培训转移就业专项资金10亿元以上,用于劳动力职业技能培训、智力扶贫、劳动力转移就业服务等。

12.4 广东区域协调发展的趋势

12.4.1 广东产业分工的发展趋势

近年来在珠三角产业扩散的影响下,广东省四大区域之间产业的专业化分工趋势开始显现。根据广东省出台的《产业转移区域产业布局指导意见》,鼓励珠三角向东西两翼和粤北山区转移的产业包括以下几类:(1)传统劳动密集型产业,如服装、五金、玩具、制鞋、包装等;(2)资源依赖型产业,如陶瓷、水泥等建材工业,家具产业,再生金属冶炼产品、有色金属合金冶炼或压铸产品等有色金属产业;(3)资本密集型产业中的加工制造环节,如IT产品制造、家电制造等产业;(4)对珠三角其他产业带动功能较弱或带动后劲不足的产业,如农副产品加工等产业;(5)在东西北地区存在主要原材料供应基地的行业,如塑料制品、涂料、油漆等石化下游产品行业;以及存在比较成熟的产业集群或者生产基地的行业,如工艺玩具、音像制品生产、食品生产等产业。截至目前,珠三角转移到东西北地区的产业类型基本上属于以上几类行业(见表12-6)。随着这些产业扩散的加速进行,东西北地区的工业化水平开始提速,产业结构趋向多样化。与此同时,珠三角也加大了对都市型、资本技术密集型和高附加值产业的支持力度,广东各区域之间产业分工格局正处于新一轮调整之中。

与省级政府的产业转移区域布局政策相一致,珠三角地区各地级以上市都把推进产业转移作为实现产业结构优化升级、构建现代产业体系和转变经济增长方式的重要手段。例如,广州实施了比较有特色的产业转移"三圈"战略:第一圈是市区外围,主要承接从市区转出的汽车及零配件产业、机电加工业、轻工食品制造业、家电业、纺织业、橡胶业、重型装备制造业、石油化工制造业、医药制造业等产业；第二圈是省内的梅州产业转移园，主要承接机械、电子、食品、纺织、冶金、建材等产业；第三圈是省外的广西、重庆、湖南等地，承接有色金属、化工、造纸、建材、食品加工、矿产、塑料、家具等产业。深圳市2006年以来有超过1 000家塑胶、金属制品、服装、家具、电子元器件、工艺品、印刷、皮具、化工、玩具等企业迁出，导致这些行业在深圳国民经济中的比重大为减少。2006年佛山市推动90多家陶瓷企业、20多家铝型材企业、10多家塑料五金等企业转移到外地，传统高能耗、高排放产业的份额进一步缩小。东莞近年来转移到省内地区的企业（项目）累计超过1 000个，转移劳动力20多万人，大朗镇的毛织、厚街镇的家具和制鞋等行业都把劳动密集型工序转移到市外，而在东莞设立公司总部，主要从事价值链高端环节的业务，从而与承接地形成了高效的产业内分工。未来随着珠三角各市产业转移的进程加快，广东省各地区将会在自身综合比较优势的基础上进行更深层次的专业化分工。

12.4.2 广东区域经济协调发展的趋势

随着近年来珠三角产业扩散的步伐加快，广东省内四大区域经济差距开始出现缩小的趋势。从图12-6可以看出，2000~2006年广东省人均GDP的基尼系数一直在扩大，从2000年0.281增加到2006年的0.34，与工业分布的"中心—外围"格局相对应，广东省四大区域的经济发展差距也在扩大。但这一势头在2006年以后发生了逆转，人均GDP的基尼系数自2006年开始降低，从2006年的0.34下降到2008年的0.323，这表明伴随着珠三角的产业扩散，广东四大区域的经济发展差距问题也逐步得到缓解。

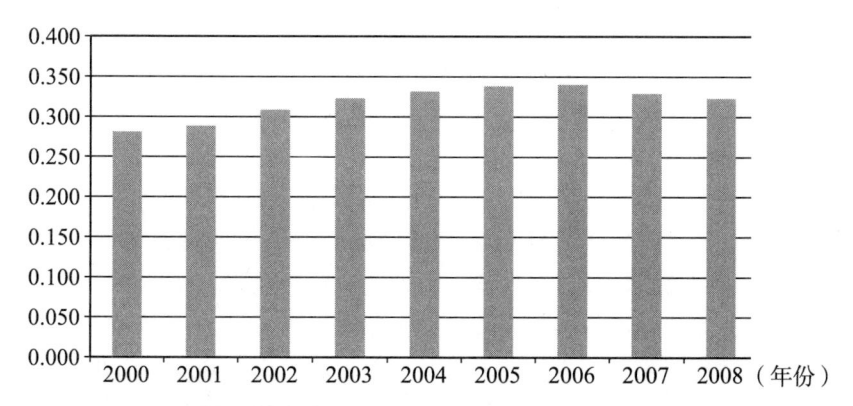

图12-6 广东省人均GDP基尼系数的变化（2000~2008年）

资料来源：历年广东统计年鉴。

广东四大区域经济差距缩小的主要原因在于东西北地区近年来经济增长，尤其是工业增长加快。从表12-8可以看出，东翼2008年GDP增长了13%，比珠三角高出0.4个百分点，山区则与珠三角持平，GDP增速均为12.6%，相比之下，西翼的经济增长速度仍然偏低，低于珠三角地区2.4个百分点。从更具象征意义的工业发展水平来看，东翼和山区的工业增速明显较快，分别达到了17.2%和16.7%，均比珠三角地区高出4个百分点以上，表明这两个地区的工业化进程明显加快。在此，我们以属于粤北山区清远为例，2009年清远实现生产总值（GDP）855.2亿元，比上年增长16.6%。其中，第一产业增加值103.6亿元，增长6.8%；第二产业增加值477.0亿元，增长18.8%；第三产业增加值274.6亿元，增长16.2%。在工业快速发展的带动下，清远的人均GDP已达到2.26万元，增长14%，与珠三角地区水平逐渐缩小。在承接珠三角大量工业项目转移的情况下去，清远的地区生产结构也发生了较大的变化，工业开始在地区经济发展中扮演重要的角色，2008年三次产业结构为12.8∶56.3∶30.9，工业化水平有了显著的提高，第二产业已经在区域经济发展中占据了绝对优势地位。

表12-8　　　　　　　广东省各区域经济增长速度（2008年）

区域	GDP	分行业指标			
		第一产业	第二产业	工业	建筑业
珠三角	12.6	2.6	11.9	12.6	0.7
东翼	13.0	4.2	16.0	17.2	2.0
西翼	10.2	4.2	9.9	10.8	1.8
山区	12.6	6.2	15.2	16.7	3.0

资料来源：历年广东统计年鉴。

12.4.3　广东省内产业扩散存在的问题

随着省政府垂直协调力度的加大，近年来广东省内"双转移"工作取得了重要进展，产业转移园对欠发达地区经济发展的带动作用日益明显。但与此同时，广东省产业转移园建设过程也暴露出一些问题，主要表现在以下几个方面：

第一，部分园区的产业规划不合理。由于在关联效应和要素结构上的差异，在面临同样的拥挤成本时，不同类型产业具有不同的扩散倾向。因此，政府在制定产业转移园产业规划时一定要适应不同类型产业扩散的机制和特征，并结合当地实际，来规划各转移园主要承接的产业类型。但从目前公布的情况来看，山东省有的产业转移园的产业规划并未充分考虑有关产业的扩散特征，所确定的转移产业类型不合理，这有可能导致园区招商引资和运营困难。例如，广州（梅州）产业转移园的规划产业为电子信息、汽车零配件、轻工纺织、食品医药、电气及自动化五大行业。其中电子信息、汽车零配件、电气及自动化三个行业的本地关联效应较大，技术密集度也较高，产业扩散一般会呈现出较强的空间连续性。广州或珠三角其他地区的企业通常不太愿意进行跨越较大空间维度的转移，由于梅州距离珠三角中心城市较远，如果政府强行推动，政策实施的效果可能并不好。其他如东莞石碣（兴宁）产业转移工业园、东莞大朗（海丰）产业转移工业园、佛山顺德（廉江）产业转移工业园、佛山禅城（阳东万象）产业转移工业园等园区的产业规划都有类似的问题。

第二，部分园区专业化优势不突出。不少园区在规划承接的产业类型时，未将推动珠三角产业转移与当地主导产业发展有效地结合起来：一方面，园区规划承接的产业类型庞杂，彼此之间没有内在的分工联系；另一方面园区产业规划对当地的综合比较优势考虑不足，基本上是从珠三角方现有的产业类型出发来进行园区的产业选择。这两方面原因加在一起导致不少园区的专业化优势不明显，主导产业发展战略不清晰。例如，深圳福田（和平）产业转移工业园规划承接的产业包括服装鞋业箱包、电子及通讯设备、竹木藤草制品、文具玩具、农产品加工、钟表制造六类；广州（梅州）产业转移工业园规划承接的产业为电子信息、汽车零配件、轻工纺织、食品医药、电气及自动化五类；东莞石龙（始兴）产业转移工业园规划承接的产业有新材料、服装、电子电器、食品四类；中山大涌（怀集）产业转移工业园规划承接的产业包括金属制品、木业、纺织、电子配件、食品加工五类；佛山顺德（云浮新兴新成）产业转移园规划承接的产业包括电子通讯、纺织服装、五金机械、新型建材、生物医药五类；东莞大朗（海丰）产业转移工业园规划承接的产业包括毛织、海洋资源开发、生物技术、电子信息、光电一体化五类；广州白云江高（电白）产业转移工业园规划承接的产业包括农产品加工、服装、珠宝玉器、电子电器、五金设备、石化乙烯加工六类；中山火炬（阳西）产业转移工业园规划承接的产业包括轻纺、建材、五金制品、电子电器、装备制造、健康食品六类。

同时，有的产业转移园地方政府急于追求任期内 GDP 增长效应，在承接产业转移过程中存在着短期行为倾向，一味地争项目、争资金，并没有在充分认识自身比较优势的基础上选择主导产业类型，这可能使得珠三角地区的产业同构现象在产业转移园区重演，导致园区主导产业不突出、产业配套不完善、产业集聚效应不明显。

第三，省政府的垂直协调力度有待加强。广东省政府主要在以下两方面对全省产业扩散进行了垂直协调：一是引导珠三角地区政府和欠发达地区政府进行产业转移合作，共同建设产业转移园；二是出台奖励性政策，鼓励珠三角企业转移，并支持欠发达地区产业转移园的建设。目前，随着《珠江三角洲改革发展规划纲要》的实施，广东省政府促进省内产业转移的奖励性政策力度正在加大，在促进产业转移中正发挥着越来越重要的作用。相比之下，在协调两地政府合作方面，省级政府垂直协调的力度和方式还存在一定程度的不足，具体表现在以下几方面：

首先，目前产业转移工业园合作双方的政府层级偏低。山区及东西两翼地区合作方多数为县（市、区）级政府，珠三角合作方则以镇（区）级政府为主，两地相关地级市政府的参与程度不高。在我国现行财政体制下，基层政府不能像高层级政府那样可以在较大的区域范围内统筹财政资源，因此，合作双方政府层级偏低导致当地用于产业转移园建设的财政资源受到极大的限制。

其次，珠三角合作方对产业转移园的支持力度还不够大。目前广东省产业转移园的投资经营模式有三种：（1）山区或东西两翼政府投资型。这类产业转移园建设资金主要来源于本地财政和省补资金，珠三角方政府基本上只负责协助园区的招商引资工作，实质性的资金援助不多。（2）双方政府共同投资型。这类产业转移园的建设资金由合作双方政府共同承担，珠三角合作方不仅协助园区的招商引资工作，还要投入资金进行园区开发。例如，中山河源产业转移工业园的"三联三帮"和"委托包干"的开发模式就是这类产业转移园的典型。"三联三帮"即联合签订协议、联合共建转移园，并设立联席会议制度和管理办公室、联合招商；以及中山市帮规划、帮项目和帮资金。"委托包干"是指转移园由中山市政府按每平方米土地75元的价格委托河源市政府包干开发，不足部分由河源市负责。（3）珠三角方企业投资型。这类产业转移园采用"政府合作，企业运营"的模式，投资开发主体为珠三角方的企业。例如，中山火炬阳西产业转移园除了建立政府性质的管委会作为园区的管理机构外，还以中山火炬区属下的六大集团公司为股东，组建了工业园运营实体——阳江市中阳联合发展有限公司，并授权其作为阳西园区规划、开发、招商、管理和服务的主体，具体负责园区的运营和做好入园企业的服务工作。在上述三类转移园中，第一种模式的园区数量最多，约有十几家，后两种模式较少，珠三角方地方政府对欠发达地区产业转移园建设的投资支持力度还不够大。

最后，两地政府的合作协议也比较松散，对双方行为的约束力有限，具体合作进程因而容易受到各种主客观因素的干扰，不确定性较大。山区及东西两翼政府在提高办事效率、改善投资环境和做好配套服务方面工作不到位；珠三角合作方政府在园区规划、资金投入、建设管理、招商引资和引导产业转移方面的主导作用也没有得到充分的发挥，大多数仅限于协助招商。

第四，部分转移园对产业升级重视不够。当面临同样的拥挤成本上升压力时，关联效应低、劳动密集度高的产业向外围地区扩散的动力最强，而这类产业一般生产技术水平较低，生产过程中的负外部性较大，简单的地域转移并不能改变生产过程的技术特征，不仅会导致欠发达地区经济发展的低阶道路锁定，还会带来环境污染等负的外部性问题。因此，为了保证产业转移园区的可持续发展，在吸引产业转移过程中促进产业升级具有十分重要的意义。但有的产业转移园地方政府受旧的 GDP 政绩观驱使，重转移轻升级，主要通过提供各种税费优惠政策吸引产业转移，对改善本地投资软环境不够重视，导致产业发展环境不佳，一方面削弱了本地区在长期内对外部投资者和劳动力的经济吸引力，另一方面也不利于园区企业综合竞争力的提高。

12.5 结论和政策建议

12.5.1 基本结论

本章以广东省作为案例，对产业集聚、地区专业化和区域协调三者之间的关系进行了实证分析。本研究发现，当市场一体化水平从低水平向中等水平推进时，如果某一地区获得了偶然的制造业初步优势，由于收益递增的影响，这一地区将不断吸收外部要素资源而扩大制造业在本地的集聚规模，并导致产业分布的"中心—外围"格局。在这一格局中，中心地区演变为制造业中心，成为主要的工业产品输出地，收入水平不断上升，而外围地区逐渐边缘化，成为农业和初级产品基地，与中心地区的收入差距扩大。当地区间一体化水平继续向更高水平推进时，由于产业集聚存在着拥挤成本，原制造业中心的部分产业受到成本和需求的压力开始向外扩散，原外围地区通过承接产业扩散，工业化进程加速，产业结构趋向多样化，并与原制造业中心实现新的产业分工格局，原中心地区产业集聚水平下降，区域发展差距开始缩小。广东省四大区域产业分工和经济发展的实践经验印证了上述理论判断，有助于我们进一步深化对区域经济协调发展机制的认识。

本章的研究也存在一些不足，主要有以下几点：（1）由于数据采集的原因，我们只使用了广东省 1998~2007 年的数据，数据的时间序列较短，对完整地刻画广东产业集聚和区域经济发展的动态演变过程显然是不够的。如果能用改革开放以来30多年的数据,本章的理论命题应该可以得到更好的检验和支撑。(2)在理论框架上,本章对地区专业化发展趋势的讨论还不够深入,地区专业化究竟会受到哪些因素的影响,以及在市场日益融合的情况下地区专业化究竟会如何发展等问题尚未得到清楚的解释。(3)在解释区域协调机制的过程中,本研究尚未能对地方政府的效用函数进行分析,现有的无论是财政联邦主义的解释,还是晋升锦标赛的解释,似乎都不能准确地涵盖我国现阶段地方政府官员的行为动机。本研究基本上回避了对这个问题的讨论,尽管这种讨论是非常有价值的。以上三点既是本研究的不足,也构成了未来进一步研究的方向。

12.5.2　政策建议

前面的分析,当前广东正处于新一轮产业分工调整的阶段,为了加快这一进程,促进区域经济协调发展,广东有必要进一步完善现有的产业转移政策,鼓励在珠三角已经没有比较优势的产业和生产环节加快向东西北地区扩散,具体可以从以下几方面着手:

1. 根据不同产业的扩散特征制定相关政策

政府在制定产业政策时要充分考虑不同类型产业的扩散倾向:对于关联效应低、劳动密集度低的行业来说,应把产业政策的实施重点放在提高本地区高素质人力资本供给水平、加强教育科研基础设施建设和优化技术创新制度环境等方面;对于关联效应高、劳动密集度低的行业来说,应重点扶持本地核心企业的发展,形成以核心企业为龙头的本地产业配套服务网络,努力促进行业的核心技术和核心装备本地化,并引导行业低端加工环节有序转移;对于关联效应高、劳动密集度高的行业来说,产业政策的重点应放在促进产业链的空间延伸上,鼓励产业链向两端的研发设计和品牌销售延伸,并实现跨区域产业配套;关联效应低、劳动密集度高的行业转移倾向最明显,因此,一方面要采取措施积极引导本地产业的转型升级,提高产品附加值和品牌效益,推动区域功能转换;另一方面也要遵循市场选择规律,加强区域之间的合作联动,引导劣势产业转移。

2. 进一步深化政府绩效考评改革

为了减小地方政府对任期 GDP 追求的负面影响,促进产业扩散有序进行,广东省有必要在以下几方面对现行《广东省产业转移和劳动力转移目标责任考核评价试行办法》进行进一步改革：第一，进一步完善考评指标设计。现行办法的考核指标主要包括"双转移"工作的组织管理、政策措施和工作成效三个方面。行为指标的比重过大，结果指标较少，导致考核结果严重依赖被考核对象以及上级职能部门的主观评价，客观性和科学性受到影响。今后应在增加工作成效指标权重的基础上，进一步完善绩效考评体系。对于产业转移园来说，不但要考核规划建设和招商引资情况，还要对其在生态保护、节能减排、社会管理和人居环境等方面的表现进行考核。对于珠三角方政府，应将在生态保护、节能减排、社会事业和人居环境方面的绩效考核与引导产业转移结合起来。对于山区及东西两翼方政府，还应增加对其在完善产业配套、做好农村富余劳动力培训、提升产业转移吸引力等方面的工作实效进行考核。第二，引进外部考核主体。现行办法的考核过程包括被考核对象自评和上级部门测评，属于内部考核，上级部门成为最主要的考核主体，这就使得在产业转移园建设过程中，缺乏外部评估主体的参与。在许多情况下，外部评估主体缺位可能导致绩效考评对地方官员行为的约束力不足。因此，今后有必要引入政府之外的社会主体，如大学和研究机构等，加强对各地产业转移园建设的外部评估。第三，加大基于考评结果的奖惩力度。现行考核办法中对有关地方政府的奖惩手段主要有四条：一是考评分数在90分以上的，省政府给予通报表彰；二是考评分数在60分以下的，省政府给予通报批评，并取消省级产业转移工业园称号。对因工作不力造成严重后果的，追究当地政府主要领导责任；三是对被通报批评或追究领导责任的市，取消其当年参加省政府综合性评优活动的资格；四是产业转移园的考评结果作为省政府重点扶持和奖励的依据。可见，现行办法的奖惩力度有待进一步提高，奖惩指向也有待进一步明确，特别是要将考评结果与干部的任用和升迁有效地结合起来。

3. 加大省政府的垂直协调力度

为了改变目前有的产业转移园建设过于依赖省级财政资金的现状，今后可考虑提高产业转移工业园合作双方的政府层级，要求两地相关地级市政府为产业转移园建设提供更多的实质性支持，强化合作协议对双方政府行为的约束力。

珠三角合作方除了要在园区规划、资金投入、建设管理和招商引资等方面发挥主导作用以外，还可以考虑在征税收益上更多地让利于欠发达地区。只有这样才能真正体现珠三角地区对欠发达地区的帮扶，有助于在较短时间内改善欠发达地区的财政状况，从而使欠发达地区有能力逐步改善本地经济发展环境。

4. 建立专门的区域协调职能部门

我国目前的区域管理机构设置基本采用分立的职能部门模式，广东省也不例外。在这种管理模式中，区域政策的实施分散于省级政府的许多部门，各部门不仅有权管理本部门范围内的区域发展事务，而且还单独实施区域政策项目。这种模式虽然能够在一定程度上提高有关部门参与区域开发的积极性，但也存在以下两点明显的不足：第一，由于各部门都有自己独特的利益，因此，各部门的区域政策目标不尽相同，有时甚至会出现相互冲突和矛盾的现象。各部门对区域政策资源的竞争，可能会导致重复建设和资源浪费。第二，由于下级地区要面对众多区域政策决策和实施主体，各部门在区域政策的制定和执行过程中标准和程序不尽相同，导致下级地区在争取政策扶持的过程中要付出巨大的交易成本。在某些情况下，这种交易成本还因为部门的寻租动机而具有较强的刚性，治理成本较高。因此，今后有必要改革现有的区域管理机构设置模式。考虑到我国省级行政区的人口规模和地域面积，我们可以参考欧洲单一制国家（如法国、意大利等）的区域管理机构设置模式，在省级政府层面设立专门的区域管理协调机构，将目前分散于各职能部门的区域管理事务集中起来统一管理，提高区域政策制定和实施的水平。

5. 加强欠发达地区内生发展机制建设

首先，欠发达地区应在认识不同类型产业扩散特征的基础上，根据自身的资源优势、区位条件等因素有选择地承接产业转移。在承接产业转移的过程中要充分认识产业集聚自增强效应的作用机制，注意营造本地产业网络，积极扶持本地专业化分工体系的形成，促进产业的本地化集聚。此外，关联效应弱、劳动密集度高的产业才较有可能发生大跨度的地域转移，欠发达地区不大可能仅依赖承接珠三角地区的产业转移来获得发展，因为这会使欠发达地区在产业发展上永远处于落后状态，难以实现跨越式发展。因此，欠发达地区除了有选择地承接发达地区产业转移之外，还应将产业政策的实施重点放在营造有利的创业环境，完善产业和技术能力的内生机制上，通过承接产业转移带动本地企业的发展。

其次，省级政府今后应逐步加大对欠发达地区的间接援助力度。目前广东省主要通过直接援助的方法，用财政资金补贴产业转移园建设，推动珠三角企业向本省欠发达地区转移。虽然直接援助能在短时间内推动区际产业转移，但对改善欠发达地区产业发展的整体环境作用有限，不利于欠发达地区内生发展机制的形成。因此，今后应加大对欠发达地区间接援助的力度，扩大对欠发达地区基础设施、科教文卫事业等地方公共物品投资；出台配套政策，在融资、技术创新和市场开拓等方面为欠发达地区企业提供良好的配套服务，形成鼓励创业的制度环境，帮助欠发达地区在承接外部产业转移的同时，推动产业升级，打破发展道路的低阶锁定。

附表1　　广东省珠三角地级以上市产业转移目标责任考核评分表

项目	考核内容	评分标准		自评		考察	
				得分	情况简述	得分	情况简述
一、组织领导（20分）	1. 建立清晰的产业转移领导架构，有明确的职责分工	是	5				
		否	0				
	2. 建立产业转移目标责任考评制度，逐级落实目标管理，并纳入政绩考核内容	是	5				
		否	0				
	3. 将产业转移工作纳入本市经济发展规划和年度计划，并提出具体工作目标	是	5				
		否	0				
	4. 落实负责产业转移工作部门，配备专职人员	是	5				
		否	0				
二、政策措施（40分）	1. 制订科学合理的产业转移规划和实施方案	两个都有	8				
		仅有一个	4				
		都没有	0				
	2. 实行行业准入差别，提高产业的用地、能耗、水耗和排放标准	是	5				
		否	0				
	3. 提高劳动密集型产业准入门槛	是	5				
		否	0				
	4. 严格履行产业转移园合作建设协议	完全履行	6				
		较好履行	4				
		基本履行	2				
	5. 制定劳动密集型产业转移年度目标及劳动密集型产业占本市工业增加值比重	是	6				
		否	0				
	6. 组织1~2次本地企业到对口地区考察、交流与产业转移洽谈活动，协助举行大型招商活动，并取得良好效果	效果突出	5				
		效果较好	3				
		效果一般	2				
	7. 加大财政支持力度，推动产业转移	很大	5				
		较大	3				
		一般	0				

续表

项目	考核内容	评分标准		自评		考察	
				得分	情况简述	得分	情况简述
三、工作成效（40分）	1. 人均GDP增长率高于GDP增长率2%以上	≥2%	10				
		1%～2%	8				
		0.5%～1.0%	4				
		0.1%～0.5%	2				
	2. 劳动密集型产业转移实现预期目标，劳动密集型产业比重降到预定目标以下	100%	8				
		80%～100%	5				
		60%～80%	3				
	3. 劳动密集型产业比重下降2%以上	≥2%	8				
		1%～2%	6				
		0.5%～1%	4				
		0.1%～0.5%	2				
	4. 共建产业转移园区50%以上项目由当地转入或与当地共同引进	≥50%	8				
		30%～50%	6				
		10%～30%	4				
	5. 共建产业转移园区平均得分良好以上并且无不及格	是	6				
		否	0				
总分				100			

附表2　　　　广东省东西两翼及山区地级以上市
产业转移目标责任考核评分表

项目	考核内容	评分标准		自评		考察	
				得分	情况简述	得分	情况简述
一、组织领导（20分）	1. 建立清晰的产业转移领导架构，有明确的职责分工	是	5				
		否	0				
	2. 建立产业转移目标责任考评制度，逐级落实目标管理，并纳入政绩考核内容	是	5				
		否	0				

续表

项目	考核内容	评分标准		自评		考察	
				得分	情况简述	得分	情况简述
一、组织领导（20分）	3. 将产业转移工作纳入本市经济发展规划和年度计划，并提出具体工作目标	是	5				
		否	0				
	4. 落实负责产业转移工作部门，配备专职人员	是	5				
		否	0				
二、政策措施（40分）	1. 制订科学合理的产业转移规划和实施方案	两个都有	8				
		仅有一个	4				
		都没有	0				
	2. 设定符合当地产业发展的能耗、环保、技术以及安全标准	是	6				
		否	0				
	3. 对产业转移园实行"零收费区"，对入园企业不征收地方性收费	是	4				
		否	0				
	4. 对产业转移园用地指标安排适度倾斜，保证其建设用地需要	是	5				
		否	0				
	5. 实行产业转移园单位面积投资强度最低标准	是	4				
		否	0				
	6. 省财政安排的基础设施建设和经济建设发展专项转移支持资金70%用于产业转移园基础设施建设	≥70%	4				
		50%~70%	3				
		40%~50%	2				
	7. 省产业转移园建设有关专项资金要按规定要求专款专用	是	3				
		否	0				
	8. 本市财政加大支持力度，推进产业转移	很大	6				
		较大	4				
		一般	2				
三、工作成效（40分）	1. 规模以上工业增加值增长率	≥10%	9				
		5%~10%	6				
		3%~5%	3				
		1%~3%	2				

续表

项目	考核内容	评分标准		自评		考察	
				得分	情况简述	得分	情况简述
三、工作成效（40分）	2. 人均GDP增长率	≥10%	9				
		5%~10%	6				
		2%~5%	4				
		1%~2%	2				
	3. 产业转移园工业增加值占全市工业增加值比例	≥10%	8				
		5%~10%	6				
		1%~5%	4				
	4. 产业转移园单位工业增加值能耗不高于全省平均水平	是	5				
		否	0				
	5. 园区外部配套基础设施建设有实质性的进展	很好	9				
		较好	6				
		一般	3				
总分			100				

附表3　广东省产业转移工业园产业转移目标责任考核评分表

项目	考核内容	分值	自查		考察	
			得分	情况简述	得分	情况简述
一、组织管理（20分）	1. 管理机构健全，人员配备到位	5				
	2. 管理制度完善，职责分明	5				
	3. 入园企业证照齐全，合法经营	5				
	4. 按规定依时上报园区建设进度、招商引资等有关情况	5				
二、规划建设（40分）	1. 严格实施园区总体规划	4				
	2. 园内外的道路、供电、供水、排水和污水集中处理等基础设施建设进度相匹配	5				
	3. 开发建成面积要达到全园总体规划面积第1年在10%以上，之后每年20%以上，5年内开发完成	5				

续表

项目	考核内容		分值	自查		考察	
				得分	情况简述	得分	情况简述
二、规划建设（40分）	4. 入园项目符合国家、省产业政策以及园区规划		5				
	5. 入园项目严格落实园区环评批复要求和严格执行环保"三同时"制度		5				
	6. 土地投资强度	≥60万元/亩	6				
		40万~60万元/亩	4				
		<40万元/亩	0				
	7. 建筑容积率	≥0.8	6				
		0.5~0.8	4				
		≤0.5	0				
	8. 工业项目的行政办公及生活服务设施用地面积不超过工业项目总用地面积的7%		4				
三、经济和社会效益（40分）	1. 园区创造税收占所在县（市、区）的工业税收比例（%）	第1~2年 ≥10	8				
		第1~2年 ≥5	4				
		第1~2年 <5	0				
		第3年以后 ≥20	8				
		第3年以后 10~20	4				
		第3年以后 <10	0				
	2. 单位工业增加值能耗不高于全省平均水平		4				
	3. 主导产业（≤2个）的工业总产值占全园的50%以上		4				
	4. 产出密度	≥40万元工业增加值/亩	6				
		30万~40万元工业增加值/亩	4				
		20万~30万元工业增加值/亩	2				

续表

项目	考核内容		分值	自查		考察	
				得分	情况简述	得分	情况简述
三、经济和社会效益（40分）	5. 本地（园区所在地级市）就业人数占园区总就业人数比重（%）	≥50	8				
		30~50	4				
		≤30	0				
	6. 工业废水和生活污水集中处理率（%）	100	5				
		≥80	3				
		<80	0				
	7. 固体废弃物安全处理处置率（%）	100	5				
		≥80	3				
		<80	0				
总分			100				

第13章

港澳珠江三角洲都会区：产业分工、集聚经济与协调发展[①]

13.1 基本问题与研究思路

13.1.1 问题的提出

在过去30年的中国区域经济协调发展格局中，港澳珠江三角洲地区无疑是最为成功的典范之一。在20世纪80年代，中国内地采取积极的经济改革与对外开放政策，以港资为首的境外直接投资进入内地市场，尤其是其毗邻的珠江三角洲地区，启动了广东省乃至全国的高速经济成长（Vogel，1989）。在这一过程中，广东省的经济发展，由一个基本上内向型的以农业为主的欠发达省份，脱胎

---

① 一般认为，港澳珠江三角洲地区包括香港地区、澳门地区和珠江三角洲经济区，东西长约300公里，南北宽200公里，面积约4.78万平方公里。其中，珠江三角洲经济区是1994年10月广东省委、省政府提出建立的，这个经济区范围包括广州市、深圳市、珠海市、东莞市、佛山市、江门市、中山市、惠州市以及惠阳县、惠东县、博罗县，肇庆市的端州区、鼎湖区以及四会市、高要市共14个县市，范围涵盖了珠江口沿岸的9个地级以上城市，区域的同质性更加鲜明。本书中有关的珠江三角洲统计数据包括该经济区的14个县市。为了便于资料的收集和对比，部分数据资料包括了上述9个地级城市所属的全部行政区划范围，资料来源将在书中作说明。

换骨成为一个以出口导向、加工业为主的经济发达省份，珠江三角洲更成为全球性的制造业基地。同样，香港地区经济成长过程中的广东因素的贡献，又使香港的经济发展，尤其是工业生产活动有了扩张的空间。由于土地等生产要素成本的上升，香港制造商通过把生产工厂向毗邻的珠江三角洲转移，获得了低成本的竞争优势，保持了香港产品在世界市场上的价格竞争力，并带动了服务部门的成长（Tuan and Ng，1995a），香港逐渐转型发展成为以服务业为主的经济体（毛艳华，2004）。按当年价格计算，在20世纪80年代香港GDP年均增长率达到15.8%，在90年代至亚洲金融风暴之前，香港地区GDP仍然保持着15%以上的增长率。近30年来，香港地区与珠江三角洲的经济差距不断缩小，区域经济日趋融合，尤其是CEPA签署以来，粤港澳三地经济的一体化进程加速，根据《珠江三角洲改革发展规划纲要（2008~2020）》，包括粤港澳在内的大珠江三角洲将建设成为全球最具竞争力的大城市群①。

　　港澳与珠江三角洲这种相互促进的、持续性的高速经济增长现象，一直是一个十分有趣和受到关注的研究课题。就现有的文献来看，基本上以"比较优势理论"来解释近30年来港粤经济成长的原因、过程和机制，认为珠江三角洲廉价的土地、工资、开放的政策与投资空间，是吸引港资，继而外资的决定性因素，并由此推动了珠江三角洲的工业化和香港向服务经济的转型（Sung et al.，1995；Tuan and Ng，1995b；Eng，1997）。事实上，比较优势理论能够解释改革开放以来我国外向型战略及沿海地区吸引外资的区位优势和外商投资的动机等相关问题，但能否吸引外资的主要因素则在于有无形成产业分工和集聚经济的竞争优势（例如，产业集群与配套产业的完整性、国际性或区域性的服务功能中心，以及以制造业为基础的外围城市）。从港澳珠江三角洲整体来看，目前已形成了香港国际服务中心和珠江三角洲制造业基地的地区分工格局。这种类似于"中心—外围"的地域分工方式为该区域的整体发展带来了巨大的发展动力。许多来珠江三角洲进行投资考察的外商，在做出是否在珠江三角洲投资以及选择具体的投资区位时，不仅会考虑珠江三角洲的生产配套能力，还会综合考虑利用香港这一国际服务中心所能得到的利益。因此，建立在地域分工和集聚经济效应基础上的竞争优势是粤港两地经济持续增长的重要驱动力。

　　长期以来，区域科学对城市聚集经济及其发展问题开展了大量的理论研究与实证分析（Carruthers，1981；Francois et al.，1982；Henderson，1988）。最近20余年，区域经济的成长，被部分归功于集聚效应所形成的竞争力，这已成为目前

---

① 20世纪50年代，地理学家简·戈特曼（Jean Gottman）提出都会区（megaloplis）的概念，指具有世界规模的一个多核心城市化体系，它对世界经济具有强大的集聚和辐射作用。在国内也称为城市群，或大城市连绵带等。

研究亚洲和欧美经济发展的主流观点之一（Krugman and Livas, 1996; Richardson, 1995; Venables, 1998）。世界银行原首席经济学家斯蒂格利茨在1997年12月于日本举行的"东亚奇迹的再思考"经济研讨会中，即将这个观点与其他五个主题（法律制度与国际规范的强化；产业政策与组织；外向型发展的多样性；金融发展、自由化与规范；在经济成长和环境保护间的取舍），并列为当时世界银行所开展的大规模研究项目的研讨重点（Stiglitz, 1997）。最近，在《2009年世界发展报告》中，世界银行的经济学家们把建立在分工和一体化基础上的集聚经济效应作为"重塑世界经济地理"的根本动力之一。

对集聚经济现象的关注，代表了主流经济学者对空间（都市/区域/土地）经济学的再认识与回归（Fujita and Ogawa, 1982）。20世纪90年代，以保罗·克鲁格曼（Paul Krugman）为代表的经济学家重新关注了空间经济学和经济地理学的理论和现实问题。他在1991年的一篇经典论文中建立了在规模收益递增机制下区域经济活动趋于集中的模型（Krugman, 1991a），而关于国际贸易的空间因素通论，则重新燃起了经济学家们对区域经济学的研究兴趣（Krugman, 1991b）。近年来，针对都市空间利用、多产业间聚集、核心—外围地区的发展、都会的运输聚集优势以及国际贸易与空间因素的联系等问题，学术界建立了一系列的理论模型（Fujita, Krugman and Venables, 1999）。

在实证的层面上，克鲁格曼曾针对北美工业集中带进行过探索。在对纽约市空间经济结构的分析中，证实了企业因坐落于大的经济区域，或者说大都会区内而获得种种成本上的节约，包括"外在规模经济"与其他"外在经济"。中心城市因为外在规模经济的存在而吸引了更多企业的投资和生产集中。奎格利（Quigley, 1998）认为聚集经济这一概念的外延表现方式可以是十分多元化的。其核心概念除了都市体系（核心城市与腹地形成的经济区域）提供的"规模经济"之外，还有"交易成本"、"共享投入"等性质的经济利益。例如，中小制造企业由于本身资本规模有限，特别需要上、中、下游的产销分工网络与网络内企业间信用融资以降低交易成本。此外，在经营上还需要能够共享都市提供的相关配套法律、金融、信息服务与利用较发达的会计、贸易、营销等行业。因此，只有当一个地区形成了整体都市体系的聚集经济后才能具备如此完善的配套网络。反过来讲，当地区经济越多样化，并形成多元化、多层次经济网络后，外部规模经济性则表现得越明显，地区的聚集经济效应也越强大。

港澳和珠江三角洲同属于一个经济地理区域，但在新中国成立后的很长一段时期，由于两地在社会经济形态上分为两个不同区域，加上一些人为的因素，使两地经济交往受到很大影响，经济差距也越来越大。因此，改革开放之前，香港与珠江三角洲的经济关系非常简单，主要是由珠江三角洲向香港提供初级农副产品、淡水及劳动力,是单纯的贸易关系,贸易发生量很少,珠江三角洲每年输港货值约 5 亿~6 亿美元,单向性强,每年通过香港输入少量的机械设备和成品。自改革开放后,香港与珠江三角洲的经济合作关系有很大的发展,珠江三角洲的外贸出口大幅度增长,而香港在内地的投资中有 80% 以上则集中在珠江三角洲。近年来,香港与珠江三角洲的经济关系已从单一的贸易关系发展到以制造业分工合作为主的旅游、基础设施、金融、科技和信息等多元经济合作关系。而广东省和香港的收入差距也呈现不断缩小的态势,产业分工的深入伴随着粤港区域发展的进一步协调。

因此,探讨改革开放以来港澳与珠江三角洲相互促进和持续性的高速经济增长这一现象背后的原因,分析 CEPA 以来港澳与珠江三角洲产业分工和集聚经济的发展趋势和面临的问题,对于提升港澳珠江三角洲的国际竞争力,建立港澳珠江三角洲大都会区,并在全国及亚太地区发挥经济成长极的作用具有重要的意义,对于如何在产业分工中实现区域发展协调也有重要的借鉴意义。本章以港澳珠江三角洲为研究对象①,分析香港与珠江三角洲两地产业分工的过程及其动因、两地产业结构的特征及其演变趋势、集聚经济对两地经济协调发展的贡献以及该区域产业分工的新趋势等问题。

13.1.2 理论假说

自 20 世纪 80 年代初期,香港制造业厂商经过摸索、试探后,从 80 年代中期开始大规模将劳动密集型产业的加工工序或装配环节内迁至以广东珠江三角洲为核心的南中国地区,形成了所谓的"前店后厂"的分工模式。进入 90 年代后,服务业的急剧扩张以及由此带动的经济快速增长引发了香港内部需求的过热,引发了以高通胀、高地价为特征的经济泡沫,持续的高通货膨胀、高楼价和高租金令本地的生产经营成本大幅上升,并严重侵蚀了香港经济的国际竞争力②。而随着珠江三角洲及内地沿海地区的基础设施、金融服务、远洋运输以及部分工业支援性服务的不断发展及提升,港资在珠江三角洲的制造业及内地企业对香港专业服务及融资的依赖逐渐减少,加上香港多年形成的房地产泡沫的破

---

① 就港澳珠江三角洲的产业分工和区域经济合作关系方面来看,由于澳门经济一直以博彩业为主,其产业结构比较特殊且相对独立,是典型的微型经济体。因此,本书主要探讨香港与珠江三角洲的产业分工和经济合作问题。

② 正如美国学者恩莱特(Enright)在其专著《香港优势》一书中指出:"影响香港目前和未来竞争力的各种问题中,最广受议论的是成本问题。众所周知,香港的住宅和办公室租金之高,在全世界数一数二。香港购物天堂的美誉已经被零售业的租金影响了,因为昂贵的租金已经转嫁到零售商品之上。"(恩莱特等著:《香港优势》,牛津大学出版社 1997 年版,第 175 页)。

灭，1997年之后香港金融服务业的服务量开始逐渐收缩，显露了"产业空洞化"引起的结构性问题。因此，香港面临着在"前店后厂"模式的基础上，加强与珠江三角洲在生产性服务业领域的合作，以延伸和扩大香港服务业的市场空间。香港与珠江三角洲的产业分工进入到以生产性服务业为主体的多元经济合作阶段，而在这种产业分工和专业化的过程中粤港的收入差距得以不断缩小。

因此，我们认为，香港和珠三角在改革开放后发展的历程基本上符合我们关于产业集聚、专业化和区域协调发展的第三阶段的假说，即在产业不断扩散的过程中，由于中心区地价上升等拥挤效应的作用，区域之间实现了梯度的产业分工，区域专业化水平的上升伴随着区域收入差距的进一步缩小。

13.1.3 研究思路与方法

1. 研究思路

全章内容包括五个部分：第一部分是本章的研究背景、研究问题和研究思路；第二部分分析了区域产业分工、集聚和地区收入差距的基本状况，应用GDP和人均GDP指标的变化趋势，说明区域产业分工合作对于缩小两地之间的发展差异从而实现区域经济协调发展的作用；第三部分的内容主要探讨专业化分工与区域经济协调发展的动因，探讨了区域内产业分工合作状况与协调发展的内在机制；第四部分说明了港澳珠三角地区产业集聚和区域协调的进一步发展趋势；第五部分是基本结论和政策建议，提出各地方政府如何通过制度安排、基础设施环境以及政策调整，加速要素流动和商品贸易流动，加速产业的地区性集聚或扩散等政策手段来实现区域经济协调发展。

2. 研究方法

本章仍然研究产业集聚、专业化分工和收入差距缩小之间的关系。我们应用地区间专业化指数[①]来衡量香港与珠江三角洲在制造业领域的分工程度。香港制造业数据来自香港统计处网站"按主要行业组别划分的所有制造业机构单位的主要统计数字"数据库，广东省制造业数据来自各年度《广东统计年鉴》中的"工业"栏目。由于香港与内地在制造业行业分类上存在差异，为了便于地区间

[①] 地区间专业化指数，又称 K-spec 指数（Krugman Specialization Index），它直接衡量的是两个地区间产业结构的差异程度，或两个地区的分工程度。地区间专业化指数取值范围为 0~2，指数越大，代表两个地区的产业结构差异越大，指数越小，两个地区产业同构性越大。

专业化指数的计算，本章分别对香港和广东的制造业部分行业进行了合并调整，以便两地行业的对应比较。另外，由于广东省在1985年之前的统计数据口径不一样，因此本章仅挑选1985年之后的数据。

13.2 港澳珠三角区域经济发展的特征

13.2.1 港澳珠三角地区专业化分工的演变

从图13-1中可以看出，总体上讲，改革开放30年来，香港与广东两地产业结构的差异性表现为先缩小后扩大的过程。即在改革开放初期到20世纪80年代末期，随着香港劳动密集型制造业的加工环节向广东的珠江三角洲不断迁移，粤港两地形成了以轻型劳动密集型制造业为基础的分工协作关系，两地的产业结构差异性不断缩小，产业结构相似程度不断提高。表现为地区间专业化指数不断下降，由1985年的0.83下降到1989年的0.71。在90年代，虽然地区间专业化指数处于波动的状态，但是"前店后厂"的模式仍然是这一时期粤港两地制造业分工协作的基本特征，因此粤港两地都表现出以轻型劳动密集型产业为主的制造业产业结构特点。但是，1997年香港回归和亚洲金融危机爆发之后，随着香港经济遭受亚洲金融危机的影响不断加快转型，同时珠江三角洲产业结构调整和升级的

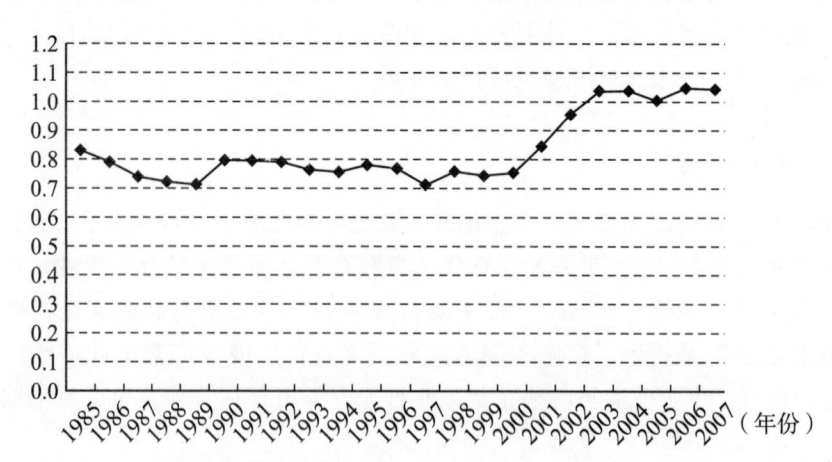

图13-1 粤港制造业专业化分工 K-spec 指数 (1985~2007年)

资料来源：根据广东统计年鉴和香港统计处网站数据计算而得。

步伐加速，粤港两地的产业结构差异程度不断扩大，相应地两地的产业分工程度不断提高。香港进一步演变成为以服务业为主的服务型经济，而珠江三角洲则发展成为全球性的制造业基地。

上述粤港两地产业分工特征与变化趋势也可从两地制造业支柱行业的更替作进一步地说明（表13-1和表13-2）。在1985年，香港制造业的支柱行业依次为衣着类制品业、纺织制品业、电器及电子工业制品业以及塑胶制品业等，而同时期的广东省制造业的支柱行业为食品制造业、电气机械及器材制造业、纺织业以及电子设备制造业，两地制造业的行业结构存在一定的差异性。到1989年，香港制造业的生产工厂虽然已大量迁移到珠江三角洲，但其支柱行业并没有太大的变化，而这一时期，电器、电子和纺织业则成为广东制造业的前3位支柱行业，食品制造业退居第4位，与香港制造业的行业结构具有很高的相似性。到1995年，香港制造业的支柱行业有所变化，服装和纺织虽然仍然分列第1位和第2位，但其份额明显下降，印刷行业在制造业中所占比重明显上升。而同一时期的广东省，电器制造行业和电子设备行业快速发展，显示出广东省产业结构的调整方向。

表13-1 香港主要支柱行业及其占工业总产值份额的变化（1985~2006年）

单位:%

1985年		1989年		1995年		2000年		2006年	
衣着类制品业（针织品及鞋类除外）	21.5	衣着类制品业（针织品及鞋类除外）	18.9	服装制品业（鞋类除外）	14.8	食品制造业	6.4	食品制造业	9.2
纺织制品业（包括针织）	16.4	纺织制品业（包括针织）	16.9	纺织制品业	13.8	服装制品业（鞋类除外）	12.7	服装制品业（鞋类除外）	8.1
塑胶制品业	8.9	塑胶制品业	7.6	印刷、出版及有关行业	9.0	纺织制品业	11.4	纺织制品业	11.0
金属制品业（机械及设备除外）	6.1	金属制品业（机械及设备除外）	6.4	金属制品业（机械及设备除外）	6.2	印刷、出版及有关行业	13.2	印刷、出版及有关行业	17.6

续表

1985 年		1989 年		1995 年		2000 年		2006 年	
电器及电子制品业（工业用除外）	10.6	电器及电子制品业（工业用除外）	10.4	办公室、会计及计算器材制造业	8.1	电子零件制造业	14.2	基本金属工业	16.9
电机及电子零件、附件及机械制造业	5.4	电机及电子零件、附件及机械制造业	6.7	电子零件制造业	6.4	其他机械、设备、仪器及零件制造业	6.1	电子零件制造业	5.9
其他专业及科学测量控制仪器，摄影及光学器材制造业	7.4	其他专业及科学测量控制仪器，摄影及光学器材制造业	6.7	其他专业及科学测量控制仪器，摄影及光学器材制造业	6.4	其他专业及科学测量控制仪器，摄影及光学器材制造业	4.6	运输工具制造业	6.5

资料来源：根据广东统计年鉴和香港统计处网站数据计算而得。

表13-2 广东省主要支柱行业及其占工业总产值份额的变化（1985~2006年）

单位：%

1985 年		1989 年		1995 年		2000* 年		2006* 年	
食品制造业	10.4	食品制造业	6.4	纺织业	5.9	纺织业	4.2	化学原料及化学制品制造业	4.6
纺织业	9.1	纺织业	9.1	纺织服装、鞋、帽制造业	5.3	纺织服装、鞋、帽制造业	4.2	塑料制品业	3.4
石油加工、炼焦及核燃料加工业	4.3	金属制品业	4.4	化学原料及化学制品制造业	5.2	化学原料及化学制品制造业	4.3	金属制品业	4.4
化学原料及化学制品制造业	4.6	化学原料及化学制品制造业	4.8	非金属矿物制品业	5.4	塑料制品业	4.4	交通运输设备制造业	5.3

续表

1985 年		1989 年		1995 年		2000*年		2006*年	
机械工业	7.8	机械工业	7.1	金属制品业	4.7	金属制品业	5.1	电气机械及器材制造业	11.8
电气机械及器材制造业	9.3	电气机械及器材制造业	10.4	电气机械及器材制造业	10.0	电气机械及器材制造业	11.0	通信设备、计算机及其他电子设备制造业	29.9
通信设备、计算机及其他电子设备制造业	8.0	通信设备、计算机及其他电子设备制造业	9.7	通信设备、计算机及其他电子设备制造业	17.3	通信设备、计算机及其他电子设备制造业	22.2	电力、热力的生产和供应业	5.8

注：*为 2000 年和 2006 年的行业数据为珠江三角洲经济区的数据，其他年份为广东全省数据。

根据麻省理工学院教授伯格（Berger）和莱斯特（Lester）出版的 *Made by Hong Kong*（1997）一书中的统计数据，在 20 世纪 80 年代，由于制造业工序的迁移，包括服装、纺织、塑料和玩具等劳动密集型轻型行业在香港制造业总产值中的份额明显下降，而印刷、包装材料和工业机械等制造业辅助行业的份额则明显上升。如在 1984 年，服装、纺织、塑料和玩具在香港制造业总产值中的份额分别为 26.1%、10.1%、8.9% 和 5.1%，到 1994 年其份额分别下降为 23.8%、7.9%、2.9% 和 1.1%，而印刷、包装材料和工业机械的份额则分别从 3.6%、0.8% 和 1.3% 上升至 8.2%、2.2% 和 3.2%，香港制造业内部这种结构性变化特征反映了 80 年代以来在"前店后厂"的模式中粤港制造业价值链分工的新格局。

进入 2000 年后，香港制造业的支柱行业包括电子零件制造、印刷、服装和纺织制品等，似乎变化不大，但是，珠江三角洲的制造业中的支柱行业却发生了明显的变化，通信设备制造业的比重大幅增加，出现了以新型制造业为主的产业结构，与香港的制造业结构差异明显。2006 年的制造业支柱行业数据显示，香港的制造业结构仍然维持着轻型和加工型的特点，但珠江三角洲已经形成了以电子、电器、交通设备制造和金属制品行业为主体的相对重型化和高加工度的制造业结构，粤港两地之间的产业结构差异性不断扩大。这种差异也大致反映了 20 世纪 90 年代后期以来粤港两地产业分工合作的趋势和广东产业结构调整的方向（王珺，2003）。

13.2.2 港澳珠三角地区产业集聚的态势

1. 香港生产性服务业集聚与经济转型

粤港产业分工合作的集聚经济效应，在最大限度上促进了香港工业和贸易的持续发展。根据香港政府统计处数据（表 13-3 和表 13-4），在 20 世纪 80 年代，制造业占本地生产总值的比重虽然有下降的趋势，但是其增加值却是持续上升的。到 90 年代，随着香港制造厂商把生产工序完全迁移至珠江三角洲，香港工厂的数目由 1989 年的 50 566 家降至 2006 年 3 月的 15 332 家，香港制造业在本地生产总值中的数量和比重都持续快速下降。但是，这些工厂并没有消失，其中一些转型为贸易公司在港继续经营，负责管理、协调及支援其离岸生产活动，它们在统计上被归类为贸易商。与此同时，价格具竞争力的货源增多，也为在本港或境外设有生产活动的贸易商带来大量商机。这样一来，新开设的贸易公司不断增加，在 1989～2006 年间净增 44 810 家。因此，在粤港两地制造业分工协作的过程中，与珠江三角洲制造业基地相关的香港进出口贸易业却获得了巨大的发展，在香港本地生产总值中，进口与出口贸易业无论是数量还是比重都快速上升。到 2007 年，工业和贸易的附加值占到香港经济的 23%，一直是香港最大的产业。

表 13-3　　　　　以当时价格计算按经济活动划分的香港
本地生产总值（1980～2007 年）　　单位：百万港元

经济活动	1980 年	1985 年	1990 年	1995 年	2000 年	2007 年
农业及渔业	1 102	1 211	1 432	1 453	920	895
采矿及采石业	213	356	210	317	241	114
制造业	30 995	55 133	96 258	81 415	67 646	39 319
电力、燃气及水务业	2 040	7 205	13 814	25 535	36 917	39 673
建造业	8 846	12 551	29 701	53 694	62 054	40 153
批发及零售业	7 772	13 745	27 759	42 019	40 283	52 546
进口与出口贸易业	13 512	30 973	83 297	182 271	231 720	317 159
饮食及酒店业	5 206	11 065	24 923	38 366	36 597	47 633
运输及仓库业	7 518	15 250	40 518	73 724	92 916	116 142
通讯业	1 893	4 781	11 209	26 053	26 058	25 607

续表

经济活动	1980年	1985年	1990年	1995年	2000年	2007年
金融及保险业	9 368	16 061	38 158	104 187	149 157	301 998
地产业	17 352	15 577	51 386	92 358	63 868	71 265
商用服务业	2 782	7 450	19 381	43 644	55 374	77 725
社区、社会及个人服务业	16 180	42 306	80 963	174 652	245 629	265 108
楼宇业权	11 458	25 690	55 838	120 860	135 653	156 631
本地生产总值	136 237	259 354	574 847	1 060 548	1 245 033	1 551 968

资料来源：香港统计处网站。

表13-4　以当时价格计算按经济活动划分的香港本地生产总值构成（1980～2007年）　　单位：%

经济活动	1980年	1985年	1990年	1995年	2000年	2007年
农业及渔业	0.8	0.5	0.2	0.1	0.1	0.1
采矿及采石业	0.2	0.1	0.0	0.0	0.0	0.0
制造业	22.8	21.3	16.7	7.7	5.4	2.5
电力、燃气及水务业	1.5	2.8	2.4	2.4	3.0	2.6
建造业	6.5	4.8	5.2	5.1	5.0	2.6
批发及零售业	5.7	5.3	4.8	4.0	3.2	3.4
进口与出口贸易业	9.9	11.9	14.5	17.2	18.6	20.4
饮食及酒店业	3.8	4.3	4.3	3.6	2.9	3.1
运输及仓库业	5.5	5.9	7.0	7.0	7.5	7.5
通讯业	1.4	1.8	1.9	2.5	2.1	1.6
金融及保险业	6.9	6.2	6.6	9.8	12.0	19.5
地产业	12.7	6.0	8.9	8.7	5.1	4.6
商用服务业	2.0	2.9	3.4	4.1	4.4	5.0
社区、社会及个人服务业	11.9	16.3	14.1	16.5	19.7	17.1
楼宇业权	8.4	9.9	9.7	11.4	10.9	10.1
本地生产总值	100	100	100	100	100	100

资料来源：香港统计处网站。

在粤港"前店后厂"的制造业分工协作格局中，香港经济由以制造业为基础转型为偏重于生产服务业，香港也由远东的加工装配中心蜕变成亚太地区的金融贸易服务中心（Tao and Wong, 2002）。据统计，由于转口贸易的蓬勃发展，香港对外贸易总额急速增长，从 1979 年的 1 618 亿港元增加到 1995 年的 28 205 亿港元，16 年间增长超过 16 倍。这一时期，香港的贸易地位从全球第 23 位跃居第 8 位。到 20 世纪 90 年代中后期，香港已拥有约 10 万家贸易公司，汇集了各类采购公司、贸运代理商和贸易融资专才，其市场网络已延伸到全球近 150 国家和地区。转口贸易的蓬勃发展带动了航运、航空、仓储、码头、通讯、保险、金融、地产、法律、会计以及旅游等各类服务业的全面发展。另外，而在珠江三角洲设厂的香港公司大幅扩展业务规模也对香港的相关生产服务产生巨大的需求，造成香港本地服务业的生产率和边际利润远远高出制造业，使大量资金和劳动力从制造业流向服务业，推动服务业的高速增长。因此，自 80 年代开始，香港制造业占本地实际生产总值的比重不断下降，而生产服务业的比重则不断上升（见表 13-5）。

表 13-5　香港制造业和生产服务占实质本地生产总值比重变化（1980~2001 年）

单位：%

类别	1980 年	1985 年	1990 年	1995 年	2000 年	2001 年
制造业	17.1	15.9	17.6	11.1	7.2	6.8
所有服务业	74.2	74.0	74.5	81.5	85.7	86.2
生产服务	42.8	37.3	40.5	48.5	52.6	52.5
消费服务	26.7	30.0	28.3	27.1	27.5	27.8
政府服务	4.7	6.7	5.6	5.9	5.6	6.0
其他	8.7	10.0	7.9	7.4	7.1	7.0

资料来源：香港特别行政区政府统计处，《香港统计年刊》，相关年份。

在粤港经济相互促进发展的过程中，香港本地的这种经济结构转变，使香港逐步发展成为国际金融中心、国际贸易中心以及国际航运中心，形成了生产性服务业集聚。以金融服务业为例，随着大量金融机构的集聚，银行之间可发展众多的合作项目和业务联系，如商业银行的银团贷款业务、联合的票据结算中心等，这将导致香港金融体系的外部规模经济效益。商业银行与投资银行之间、商业银行与保险公司之间、保险公司与证券公司之间都可开拓出众多的跨专业业务合作关系。金融清算与结算领域也存在巨大的规模经济效益。随着金融机构的集聚，香港国际金融中心的规模递增收益日益明显。2007 年，在 200 家认可的机构中，有 135 家银行是在境外注册的，占到银行总数的 66%。其中在持牌银行中有 119 家银行是在香港境外注册的，占到总持牌银行总数的 83.88%。从其变化过程来看，自 1995 年以来，在香港认可的银行机构中，境外注册的机构占比在逐年上升；而在持牌银行中，其占比基本上维持在80%左右，12年来变化不大，而且其比例远远高于所有认可机构中境外注册所占的比例（见表13-6）。

表13-6　　　　香港银行业产业集聚情况（1995~2007年）　　　　单位：家

年份	持牌银行		有限制牌照银行		接受存款公司		所有认可机构	本港代表办事处
	香港注册	境外注册	香港注册	境外注册	香港注册	境外注册		
1995	31	154	37	26	129	3	380	157
2000	31	123	28	20	61	0	263	118
2005	24	109	20	13	33	0	199	86
2007	23	119	16	13	29	0	200	79

资料来源：香港金融管理局。

2. 珠江三角洲工业化与制造业集聚

改革开放以来，粤港两地"前店后厂"的制造业合作模式对珠江三角洲产业结构调整起到了巨大的推动作用。由于香港工业结构以轻型劳动密集型为特征，至20世纪90年代中期，香港制造业的主要行业，如塑胶业的90%、制衣业的90%、电子业的85%、钟表和玩具业的90%的工厂或加工工序，转移到珠江三角洲后，珠江三角洲成为世界上增长最快的出口型加工基地。根据《中国乡镇企业年鉴》来样加工产业统计数据，在1995年全国来样加工的工缴费为746.4亿元，而广东省的来样加工工缴费达到732.6亿元，占全国的98.15%。从来样加工的产业分布来看，除畜产业外，在来样加工的几乎所有领域，广东上缴的工缴费都占全国的90%以上，在轻工、食品、服装、化工、纺织等领域则占有95%以上的比例。因此，这些数据能大致反映出珠江三角洲地区80年代形成的以劳动密集型轻型消费品加工制造业为特征的经济结构。

从珠江三角洲轻重工业结构比例关系的变化来看（见图13-2），在改革开放初期的1980年，珠江三角洲轻工业的比重为68.41%，重工业的比重为31.59%，1985年轻工业的比重上升到71.82%，而重工业的比重下降到28.18%，到1990年，轻工业的比重更进一步上升到73.19%，而重工业的比重则下降到26.81%。一直到20世纪90年代中期，重工业的增长率明显低于同时期轻工业的增长率。相应地，广东的劳动密集型轻型消费品制造业获得了快速发展，"珠江水、广东粮、粤家电、广东装"形象地概括了改革开放以来广东轻工业大省的地位及其轻型消费品在国内市场的竞争优势。因此，珠江三角洲地区的快速工业化和传统制造业成长在很大程度上得益于改革开放以来香港在这一地区的大规模直接投资和技术转移。

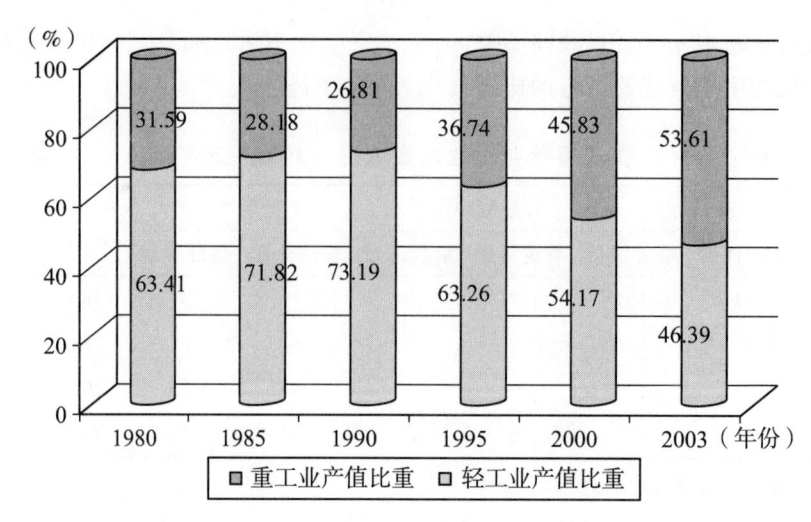

图 13-2　珠江三角洲工业内部结构变动情况（1980~2003 年）

资料来源：历年广东统计年鉴。

在珠江三角洲工业化进程中，通过吸收港澳台地区和国外的资本、先进技术和经验，形成了独特的粤港产业分工模式，产业结构调整和产业升级也体现出其独特性（见图 13-3）。第一，"前店后厂"的制造业分工模式快速启动了珠江三角洲的农村工业化，因此第一产业的比重一直保持下降的趋势。据统计，早期进入中国内地的香港资本大约 95% 投资在广东，而在广东的投资中有近 70% 集中在包括广州、深圳、珠海、佛山、江门、东莞、中山和惠州等珠江三角洲地区。第二，出口导向型工业化导致珠江三角洲产业结构中第二产业的比例一直处于较高的状态，因此，第三产业的比例远低于发达国家或地区在相同经济发展水平时期的比值（毛艳华，2009）。第三，香港作为服务中心的角色是 20 世纪 90 年代中期以来珠江三角洲抓住全球产业结构调整的机遇实现产业成功升级的重要条件。长期以来，香港与珠江三角洲的产业分工和集聚经济效应是珠江三角洲制造业基地吸引外资的主要优势，外商在珠江三角洲及泛珠三角地区进行投资决策时，往往会考虑以港澳珠江三角洲为核心区域的整体竞争优势和外围地区的市场优势。

珠江三角洲的工业化进程也伴随着集聚经济的效应。从产业区位的角度看，形成了一个多层次协调发展的产业布局，出现了交通运输设备、电气机械及器材、通信设备、计算机及其他电子设备、仪器仪表及文化、办公用机械制造等优势产业集群。珠江三角洲各城市也形成了各自优势的产业集群，广州的汽车制造、饮料、烟草制造产业优势明显，深圳的通信设备、计算机及其他电子设备制造业、石油和天然气开采业具有较强优势，佛山的非金属矿物制品业、有色金属冶炼及压延加工业、电气机械及器材制造业具有比较优势、惠州形成通信设备、计算机及其他电子设备、化学原料及化学制品制造业等优势产业。东莞形成文教体育用品、家具制造业、造纸及纸制品业优势产业集群。

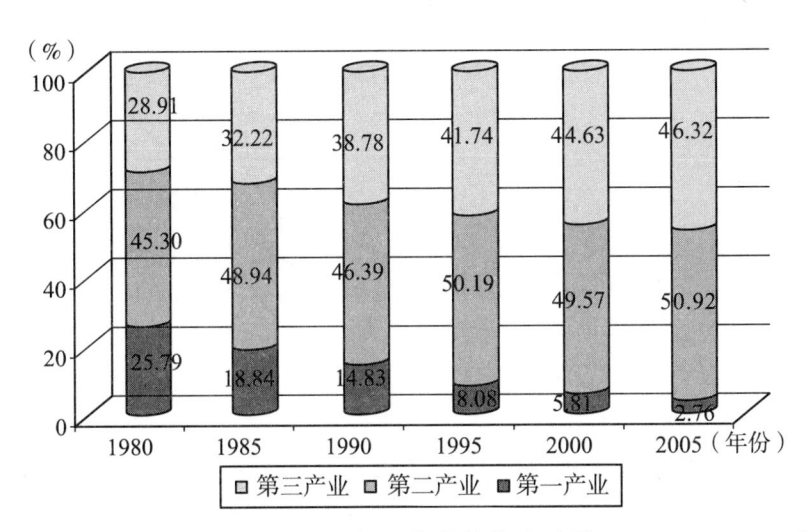

图 13-3　改革开放以来珠江三角洲产业结构变动情况（1980～2008 年）
资料来源：历年广东统计年鉴。

13.2.3　港澳珠三角地区收入差距的动态变化

改革开放以来，在香港和珠三角产业集聚的过程中，港澳珠江三角洲建立的产业分工合作关系在推动两地经济快速增长的同时，也在很大程度上缩小了两地之间的经济发展差异，从而促进了区域经济的协调发展。图 13-4 和图 13-5 分别是广东省与香港 GDP 和人均 GDP 比值的变化趋势曲线图，与前面香港与广东的专业化分工指标（克鲁格曼指数）进行对比可以大致发现，随着分工指数的扩大，无论是 GDP 比值还是人均 GDP 比值都扩大。即粤港两地建立产业分工合作关系后，相对于香港的经济总量和人均经济总量来讲，广东省的经济总量和人均经济总量的增幅更为明显，尤其是在 20 世纪 90 年代中期以来，随着香港经济转型和珠江三角洲产业结构的升级，广东经济发展速度加快，经济总量在 2002 年超过了香港，广东人均 GDP 的增幅也显著提升。这一趋势表明，近 30 年以来，香港与珠江三角洲通过建立产业分工联系，香港演变成为服务经济中心，而珠江三角洲则成为制造业集聚基地，两地建立在专业化基地上的分工协作促进了区域经济的协调发展。

与此同时，珠江三角洲经济的飞跃发展，提供了丰富的税收来源，增加了居民的财富与收入。2007年,珠江三角洲地方财政一般预算收入1 882.01亿元,比1978年增长87.6倍,年均增长16.7%。2007年深圳、东莞、广州、佛山和

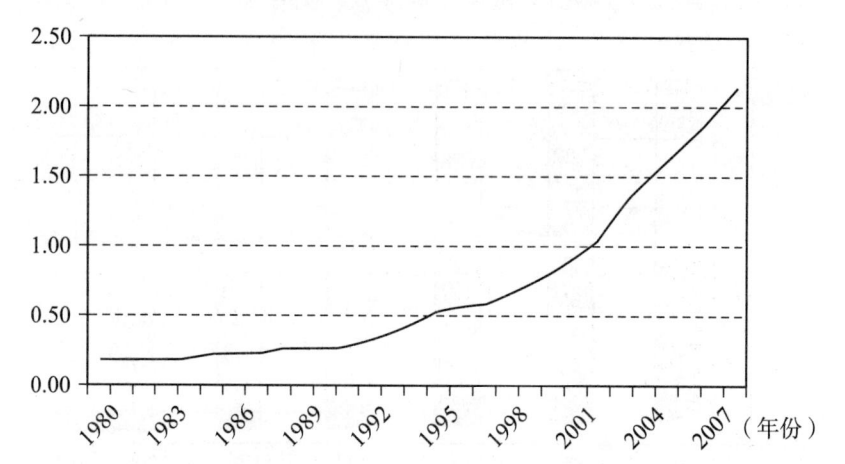

图13-4 广东省与香港GDP比值的变化趋势（1980~2007年）
资料来源：历年广东统计年鉴和香港统计处网站数据整理。

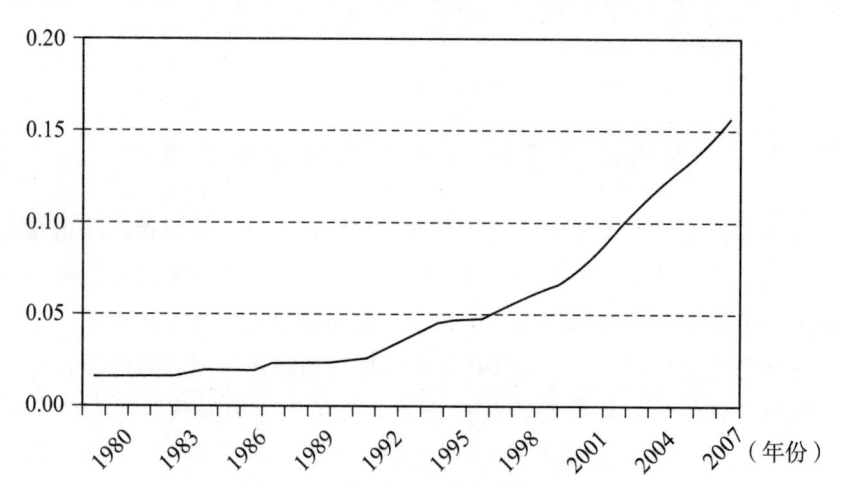

图13-5 广东省与香港人均GDP比值的变化趋势（1980~2007年）
资料来源：历年广东统计年鉴和香港统计处网站数据整理。

珠海市城镇居民人均可支配收入分别达33 592.78元、28 209.41元、22 469.22元、21 112.15元和20 515.53元,分别高出全省平均水平的89.8%、59.4%、26.9%、19.3%和15.9%,居民生活水平显著提高。世界银行以人均GNP值的高低把世界上的国家或地区分为低收入（1995年人均GNP值为765美元,甚至更低）、中等收入（包括中低等人均收入766~3 035美元）、中高等收入（人均收

入 3 036～9 385 美元）以及高收入（人均 9 386 美元甚至更多）四类①。一般认为，人均 GDP 超过 1 万美元，是公认的从发展中状态进入发达状态的标线。日本人均 GDP 在 1984 年超过了 1 万美元，中国香港地区、新加坡、中国台湾地区和韩国的人均 GDP 分别是在 1987 年、1989 年、1992 年和 1995 年超过了 1 万美元。2007 年深圳人均 GDP 为 10 628 美元，成为中国内地首个跨越 1 万美元的"发达"状态标线的城市。当年珠三角九市人均 GDP 达到 54 721 元。按当年平均汇率计算为 7 196 美元（见表 13-7）。参照世界银行的划分标准，已经达到中上等收入水准。

表 13-7　　港澳珠江三角洲及主要城市人均 GDP 情况（2007 年）

分阶段	市名	人均 GDP（美元）
10 000 美元以上	澳门	36 357
	香港	29 800
	深圳	10 474
7 000～10 000 美元	广州	9 444
	珠海	8 113
	佛山	8 048
3 000～7 000 美元	中山	6 508
	东莞	6 053
	惠州	3 807
	江门	3 535
1 000～3 000 美元	肇庆	2 093
珠江三角洲 9 市平均水平		7 196
广东省人均 GDP		4 230

资料来源：历年广东统计年鉴。

13.3　港澳珠三角产业分工与协调发展的动因分析

13.3.1　港澳珠三角产业分工合作的演变过程

总体上讲，改革开放以来，香港与珠江三角洲的产业分工与经济合作关系大致经历了两个阶段。即以"前店后厂"为特征的制造业分工合作阶段和以生产

---

① 资料来源：http://www.worldbank.org/depweb/chinese/beyond/pdf/beg_02.pdf。

性服务业合作为主体的多元经济合作阶段。

1. "前店后厂"模式与制造业的分工合作机制

香港地区作为战后新兴工业化经济体和亚洲"四小龙"之一，在经历了工业化时期的高速经济增长后，到20世纪70年代末期，工业发展面临劳动力短缺的压力，而且经济飞速发展带来的高租金、高工资直接导致了劳动密集型制造业的经营成本上升，影响了香港工业品在国际市场上的竞争力。一方面，劳工短缺问题严重影响着各经济行业尤其是劳动密集型制造业的发展。据统计，80年代后期香港的失业率一度低至1.1%的历史最低水平，就业不足率仅0.8%，实际上已达到全民充分就业。另一方面，在当时，制造业工人的平均工资不及服务业人员平均收入的六成，在吸引劳动力方面明显处于劣势。而且，70年代以来香港的土地和劳工成本持续大幅上升，港产品出口每扩大1倍，工业用地价格就上涨3倍，而劳动人口的平均工资水平更是由80年代初期的1 500港元攀升到90年代中期的10 000港元以上。因此，在全球价值链的分工体系中，香港劳动密集型轻型消费品制造业已完全失去了比较优势和竞争优势，而中国内地推行的对外开放政策无疑为香港劳动密集型制造业的加工装配环节迁移到内地提供了难得的机会。

珠江三角洲是我国最早实行改革开放的区域。在1979年中央批准设立的4个"经济特区"中，深圳和珠海两个经济特区分别毗邻香港地区和澳门地区。在1984年广州又被列为首批14个沿海开放城市之一。1985年，除广州、深圳和珠海之外的总面积4.26万平方公里的大珠江三角洲7市21县也被划为沿海经济开放区。中央赋予广东改革开放"先行一步"的特殊政策，要求开放区按"贸—工—农"方针来调整生产结构，强调要"大抓出口和创汇"，为"增加我国的外汇收入多做贡献"。同时，有关建立商品经济的经济体制改革探索也在珠江三角洲率先进行试验。例如，调整农产品价格，打破"以粮为纲"，加快农业结构调整；推行财政包干制，解决地方政府兴办乡镇企业的动力。因此，珠江三角洲凭借率先改革开放的"天时"、毗邻港澳的"地利"和华侨华人众多的"人和"等有利条件，成为香港劳动密集型制造业转移的理想场所。另外，珠江三角洲廉价的劳动力（包括来自内地丰富的劳动力和技术人员）和房地产供给，加上当时各级地方政府纷纷出台优惠的招商引资政策，吸引了大量香港制造业资本在珠江三角洲的投资。

自20世纪80年代初期，香港制造业厂商经过摸索、试探后，从80年代中期开始大规模将劳动密集型产业的加工工序或装配环节内迁至以广东珠江三角洲为核心的南中国地区。在80年代中期，香港在广东的工厂雇佣人数为在港人数的8倍，在广东的投资占在港投资的22%。至90年代初，包括成衣、纺织、塑胶、电子和精密仪器等劳动密集型或轻型消费品产业的主要生产加工工序下包到珠江三角洲。因此，在香港总部是很小的家庭式中小企业，负责生产的组织和协调、分配（有时也向广东的工厂派遣一些高层管理人员），而广东的工厂则可能达到几百人直至几千人的规模。这种区域生产分工关系在当时的粤港合作中被形象称为"前店后厂"模式。在粤港两地形成的这一制造业分工合作格局中（见图 13-6），香港商人发挥的是"店"的功能，他们直接与国际市场联系，负责订单处理、购买原材料、供给成品及半成品和资金调配等主要环节，保持着对生产、营销、设计等环节的控制、协调，而珠江三角洲的企业则进行产品的加工和制造，扮演"工厂"的角色。

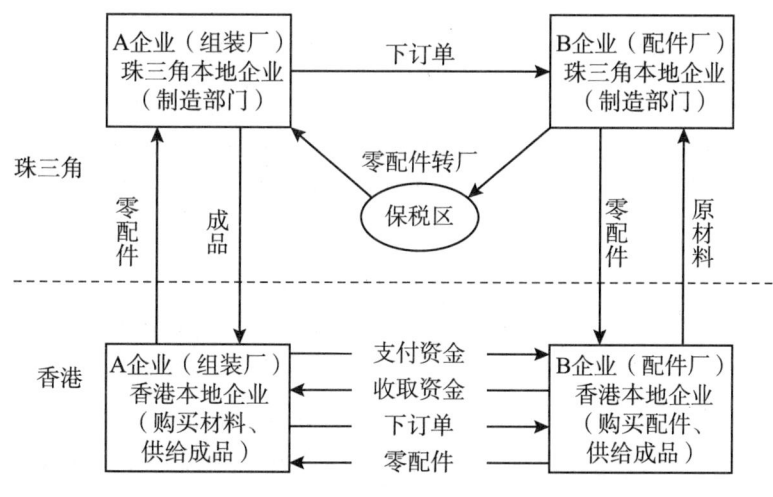

图 13-6 粤港"前店后厂"合作模式

资料来源：毛艳华，《产业分工、区域合作与港澳经济转型》，中国社会科学出版社 2010 年版，第 17 页。

从表面上看，这仅仅是一种建立在两地经济比较优势基础上的制造业产业转移或迁移现象。因此，国内对香港制造业大规模向内地的投资设厂也普遍称为"产业转移"。从严格意义上讲，"前店后厂"模式与"产业转移"现象是有本质上的区别的。"产业转移"是指整个产业从一个经济地区向其他地区的转移，而"前店后厂"则是大都会区产业分工和集聚经济的形成过程[①]。即伴随着"前

---

① 李新春（2000）从新国际分工体系的角度来解释粤港"前店后厂"的制造业分工模式，认为"前店后厂"是全球商品链向珠江三角洲的延伸，香港与珠江三角洲基于各自的比较优势处于全球商品链的不同环节。笔者认为，新国际分工主义虽然对于全球化趋势下的产业国际分工模式具有普遍的解释意义。但是，就当时的粤港区域经济演化的关系来看，它是一种典型的"中心—外围"地域分工格局的出现和集聚经济的形成过程。

店后厂"的制造业分工协作新格局的出现,香港发展成为中国内地尤其是以珠江三角洲为核心的华南地区的工业支援中心,而珠江三角洲则成为香港制造业的生产基地。从微观层面来看,随着加工装配环节的北移,香港本地制造商越来越专注于制造业的生产服务环节。根据香港贸易发展局1991年对2 895家香港公司的一份调查研究报告,制造业大规模北移后,留在香港的公司主要从事贸易融资、档案处理、业务洽谈、运输、产品设计、商品买卖、研究与发展、市场推广、市场研究、售后服务等活动。香港因此出现生产性服务业的集聚效应,而从事产品加工和制造的企业则集中在珠江三角洲。在整个20世纪80年代,珠江三角洲成为世界上增长最快的出口型制造业地区。

2. 以生产性服务业合作为主体的多元经济合作阶段

进入20世纪90年代后,随着香港经济发展的内部条件和外部环境的变化,香港与珠江三角洲的产业分工进入到以生产性服务业为主体的多元经济合作阶段。从香港的内部发展条件来看,服务业的急剧扩张以及由此带动的经济快速增长引发了香港内部需求的过热,出现了以高通胀、高地价为特征的经济泡沫,持续的高通货膨胀、高楼价和高租金令本地的生产经营成本大幅上升,并严重削弱了香港经济的国际竞争力[①]。从外部发展环境来看,随着珠江三角洲及内地沿海地区的基础设施、金融服务、远洋运输以及部分工业支援性服务的不断发展及提升,港资在珠江三角洲的制造业及内地企业对香港专业服务及融资的依赖逐渐减少,加上香港多年形成的房地产泡沫的破灭,1997年之后香港金融服务业的服务量开始逐渐收缩,显露了"产业空洞化"引起的结构性问题。因此,香港面临着在"前店后厂"模式的基础上,加强与珠江三角洲在生产性服务业领域的合作,以延伸和扩大香港服务业的市场空间。

1997年香港回归后,粤港两地政府也具有加强生产性服务业领域合作的动力。一方面,香港特区政府制定了第三次经济转型的策略,提出通过运用新知识、新技术、提供高增值的服务,推动新的增长,以巩固和发展其国际金融中心、商业服务、信息及物流中心和旅游中心的地位[②]。这就要求将一些低端的生产性服务业转移到低成本的珠江三角洲地区。另一方面,20世纪90年代中期以

---

① 正如美国学者恩莱特(Enright)在其专著《香港优势》一书中指出:"影响香港目前和未来竞争力的各种问题中,最广受议论的是成本问题。众所周知,香港的住宅和办公室租金之高,在全世界数一数二。香港购物天堂的美誉已经被零售业的租金影响了,因为昂贵的租金已经转嫁到零售商品之上。"(恩莱特等著:《香港优势》,牛津大学出版社1997年版,第175页)。

② 2002年7月1日,董建华在就任第二任香港特别行政区行政长官的就职演说中,重点阐述了香港经济转型的必要性和路向。

后珠江三角洲的轻型劳动密集型产业也面临升级的压力，广东省希望粤港两地创新"前店后厂"分工合作模式，形成多领域、多层次经济合作关系，将合作内容从大规模的制造业合作向技术创新与产业升级方面转变，加大力度引进香港的现代服务业投资。

粤港两地加强生产性服务业的合作还面临一些有利条件。1999年11月中美两国签署关于中国加入世界贸易组织的双边协议。中国加入WTO以来，服务业对外开放的步伐大大加快，为香港服务业进入中国内地市场尤其是珠江三角洲带来了发展机遇。同时，中国加入WTO意味着中国经济将全面融入全球市场，中国全方位对外开放必将吸引更多的跨国企业到中国内地投资，新来的投资者多数仍会以香港为跳板，在香港设立总部或办事处。因此，在未来很长的时期，香港不仅继续成为跨国公司的地区总部，而且将成为中国企业进入海外市场的总部和服务中心。无疑，中国加入WTO之后，香港作为亚洲国际都会的地位将不断得到巩固和加强。另外，为了解决香港经济结构转型所面临的难题，《内地与香港关于建立更紧密经贸关系的安排》（CEPA）在2003年6月正式签订，CEPA中有关货物贸易、服务贸易和贸易投资便利化的各项措施，不仅大大地增强了香港作为国际企业营运基地的角色，巩固香港国际金融中心、国际航运中心、国际信息中心和国际物流中心的地位，而且加快了香港服务业进入内地尤其是珠江三角洲的步伐。

在多种因素的作用下，从1994年开始港资开始正式涉足珠江三角洲的金融、保险业，香港恒生银行于1996年直接在广州设立了分行，同时在香港的中资机构和企业也利用香港回归之际，在香港加快了发展步伐，扩大了投资与业务范围，并逐步增加了中资企业在香港资本市场的影响。由于珠江三角洲具有较低的技术人员成本，港澳与珠江三角洲建立服务业的产业链合作，不仅能够提高港澳服务业的国际竞争力，而且可以加快珠江三角洲服务业的发展。事实上，CEPA实施以来，服务业的跨境投资成效显著，根据有关统计数据，仅2008年港澳服务业在广东的投资项目就达到3 160个，同比增长了57%左右，其中服务业投资占香港在广东总投资项目的41%。从上述粤港两地产业分工协作的关系来看，从早期港商在珠江三角洲的直接投资，到20世纪90年代推动外商在大珠江三角洲的大规模直接投资，香港都担负着核心城市的功能，并以此帮助和提升了珠江三角洲制造业的竞争力[①]。

---

① 香港工业总会于2003年委托香港大学香港经济研究中心完成的《珠三角制造——香港制造业的蜕变》研究报告指出，在香港与珠江三角洲之间的经贸联系中，尤其是有关制造业分工协作中，有78%的香港工贸公司经香港进口其内地工厂所需的原材料，其中有14.8%的公司利用香港港口进口几乎所有的原材料（高达90%~100%），另外，香港工贸公司内地生产活动所使用的原材料和半成品，也大部分是从香港和其他海外市场进口的。

就香港与内地生产性服务业的大致分工合作关系，香港贸易发展局在 2006 年 3～6 月对 682 家香港出口商进行的一项问卷调查结果表明，一些附加值较低的贸易支援活动，如生产及运输安排，确实已跟随制造业外移（主要在珠江三角洲）。在贸易活动中，出口商转而以香港作为营运及控制中心，协调及管理在内地和世界各地的业务。他们在香港从事附加值较高的服务，沿着全球生产价值链向上发展。同时，出口商有策略地安排在香港及内地的活动，充分利用两地的比较优势及经济互补性（见图 13-7）。这一调查结果也进一步说明，香港出口商仍根据不同地方的优势来分布其业务。技术要求较低的劳动力密集活动，所在地点主要取决于劳工成本，非耐用品生产通常属于这一类别。至于采购及运输安排，由于属于标准化活动，竞争力也主要由成本推动，因此进行地点必须与生产地点接近。此外，对于知识及资讯主导的活动，如总部功能、财务及会计、销售及市场推广、贸易融资等，贸易商较关心的是所在地的营商环境、资金及资讯流通、基础设施支援、知识产权保护等。

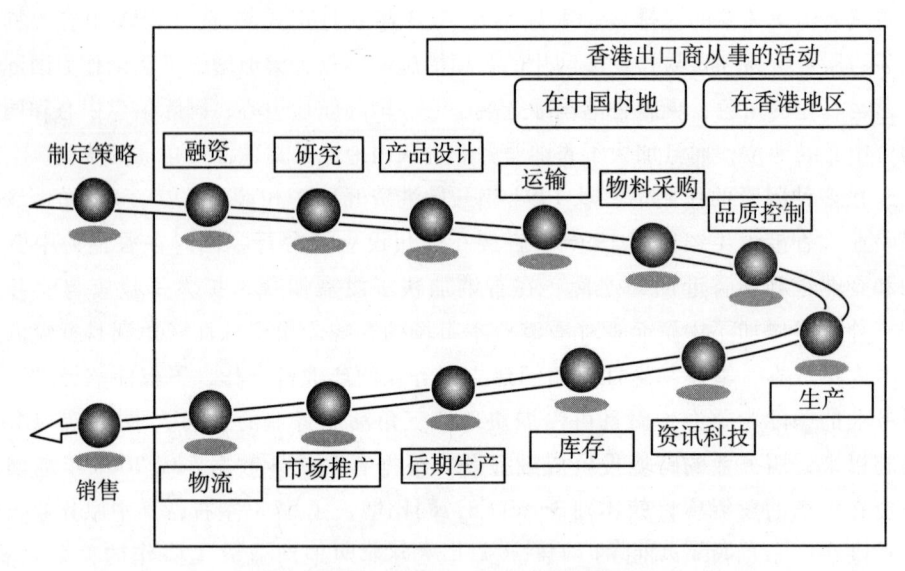

图 13-7　全球供应链中香港出口商在粤港两地所专注的活动

资料来源：《香港工贸的发展和贡献》，载《香港贸易发展局研究报告》，2006 年 11 月 23 日。

13.3.2　区域产业分工的协调机制分析

与上述港澳珠江三角洲产业分工合作的演进阶段相对应，这一区域产业分工的协调机制也经历了从市场自发协调到政府与市场双重推动合作的过程。

1. 市场自发的协调机制

从改革开放以来粤港两地经济合作关系的整体来看，在 1997 年香港回归之前，两地的"前店后厂"合作模式完全是在缺乏政府支持下的以私人合作为主的自由市场行为。这种产业分工合作在客观上建立在比较优势的基础上，即香港与珠江三角洲在要素禀赋及经济发展水平方面的差异，由于香港的经济发展水平较高，集聚效应带来了土地和劳动力等要素成本的快速上升，而毗邻的珠三角地区则由于发展水平尚低，从而具有土地和劳动力价格低廉的特点，因此，香港主要向珠江三角洲输出资金、技术、设备等要素并与珠江三角洲的劳动力、土地等要素相结合。因此，在"前店后厂"的产业分工过程中，香港与珠江三角洲地区经济相互促进的发展在很大程度上是受双方利益驱动的自由发展的结果，尤其是香港经济的发展一直是在没有明确的政府工业政策和科技政策下的企业家独立奋斗的结果。在这种自由发展政策的主导下，粤港两地所形成的经济合作关系也是在缺乏明确的政府之间产业与技术合作政策之下的自由合作关系。这一自由合作关系实际上是由独立的港商与内地（主要在珠江三角洲地区）企业形成的一种松散的自由联系，因此缺乏整体的和战略的合作计划和动机。

在粤港两地"前店后厂"的制造业分工合作模式中，无论是香港还是珠江三角洲地区的企业都主要是在这一分工合作下寻求企业的扩张，香港的企业并没有充分利用内地丰富的研究和发展资源，只是将珠江三角洲的工厂作为其扩大生产、降低成本的企业规模经济方式，而珠江三角洲的企业也只在非常有限的程度上借助于引进外资和技术而对传统产业进行改造，因此，其产业高度和技术能力都还没有超越香港工业化时期加工业的水平。例如，当时对东莞市 4 500 家"三来一补"和"三资"企业的一份调查表明，劳动密集型企业占 87%，技术密集型仅占 10.5%。而这些企业所引进的技术设备中，平均每台不到 9 000 港元的廉价设备占到 90% 以上，技术水平较高的设备仅占 7.2%。MIT 在 1996 年发表的有关香港制造业状况及前景的调研报告也大致说明了香港制造业如何通过与珠江三角洲建立起新的劳动分工关系来实现规模扩张的[1]。该报告的调查显示，在 1997 年，香港制造业企业在港和在内地的工厂雇用有 500 万人，比 1984 年高峰时期还高出 5 倍。在广东境内，尤其集中在珠江三角洲地区，直接受雇于香港公司的工人超过 400 万人，这个数据相当于香港整个制造业就业工人数的 4 倍。

---

[1] MIT 在 1996 年专门设立"由香港制造"（Made by Hong Kong）研究小组对香港制造业状况及前景进行调研。该报告指出，"在香港制造"（Made in Hong Kong）的制造业下降的同时，"由香港制造"（Made by Hong Kong）却大大扩大了规模。后者是指由香港所属和管理控制的工厂（在香港之外）所生产的产品/服务，通过将其生产中的一部分向中国内地迁移，香港企业的制造能力和规模大大扩大了。

从另一角度来看，这种市场自发的调协机制在客观上也促进了港澳珠江三角洲都会区集聚经济的出现。自 20 世纪 80 年代以来，珠江三角洲的外贸出口水平一直占据全国重要的地位，这种外向型加工贸易能够长期发挥其国际竞争优势，在很大程度上得益于大都会区集聚经济在生产和供给上的灵活性以及对国际市场需求反应的快捷性。另外，珠江三角洲是我国率先推行市场化改革与对外开放政策的地区，较早形成了市场经济的创业精神和创业活力，这无疑大大降低了集聚经济和出口网络的交易成本。而作为全球最成熟的市场经济体，香港由新兴工业化经济体逐渐向国际贸易、金融、信息和服务中心的服务经济体转变，充当了珠江三角洲制造业基地的"服务总部"的角色，并承担组织协调生产，以及原材料、机器设备的国际化采购、商品的分销和信息收集等功能。

2. 政府与市场双重推动

亚洲金融危机爆发后，粤港两地都具有寻求在政府明确的产业和技术政策之下的经济合作动机，而 1997 年香港正式回归祖国为各个层面的政府合作提供了可能性[①]。因此，在 1998 年 3 月"粤港联席会议机制"正式建立。随着国内区域经济一体化和区域经济竞争格局加剧，香港特区政府和社会各界达成共识，也认为需要进一步整合港澳珠江三角洲区域经济。例如，2002 年 7 月香港特区政府设立了驻粤经济贸易办事处，专职于香港与广东的经济合作与贸易关系事务，有计划地加强香港与内地的联络和交流。在 2004 年 6 月，泛珠江三角洲合作框架建立后，驻粤经济贸易办事处的服务范围扩展到福建、江西、广东、广西和海南 5 省。

2003 年 6 月签订的 CEPA 是香港与内地一体化过程中的一个重要的体制性突破。特别是 CEPA 的推出，大大消除了香港与内地在贸易、投资方面的制度性障碍，为香港与珠江三角洲在更宽更广领域的经济合作奠定了良好的基础。随着香港与内地更紧密经贸关系安排的实施（即 CEPA），香港和内地的经济合作关系已进入到一个通过制度性安排去规范和推动经济整合的新阶段，这也为粤港两地建立新的经济技术合作关系提供了契机。

在 2003 年 8 月 5 日召开的粤港合作联席会议第六次会议上，粤港双方达成"粤主制造、港主服务"的共识，明确了香港与广东经济发展的定位。双方一致认为要进一步促进优势互补，推进两地资源的更充分整合，把广东的制造业、技术、市场、劳动力、资源优势，与香港的国际商贸、金融、管理、人才等优势结合起来，促进香港作为商贸物流平台与广东作为世界制造业基地的整合，共同营造大珠

---

① 1997 年首任行政长官董建华在第一份施政报告中，提出要建立一个高水准的组织机构来改善和确保香港与内地的一体化。

江三角洲制造业和服务业并举的格局，提高整体国际竞争力，实现共同繁荣和发展。

2008年12月出台的《珠江三角洲地区改革发展规划纲要》指出，"支持珠江三角洲地区与港澳地区在现代服务业领域的深度合作，重点发展金融业、会展业、物流业、信息服务业、科技服务业、服务业、外包服务业、文化创意产业、总部经济和旅游业，全面提升服务业发展水平。"在《珠江三角洲地区改革发展规划纲要》中指出，珠江三角洲地区建设现代服务业基地的战略定位是"发展与香港国际金融中心相配套的现代服务业体系，建设与港澳地区错位发展的国际航运、物流、贸易、会展、旅游和创新中心"。

除政府官方机构外，香港准公有团体也建立或者扩大它们的分支机构来扩展它们的服务范围。作为香港传统的全球经济贸易推广机构，香港贸易发展局在全球有超过40个办事处，其中在内地有包括广州在内的11个城市。香港生产力促进局一直致力于粤港一体化，并且帮助香港企业从2003年签订的"内地与香港关于建立更紧密经贸关系的安排"（CEPA）中获得更多的商业机会。目前，香港生产力促进局已经把它的服务网络扩展到整个珠江三角洲和广东其他地区。香港生产力促进局在东莞、广州和深圳的附属咨询公司加强了香港生产力促进局驻广州办事处的作用。最后，香港中华总商会建立了中国委员会，香港工业总会设立珠江三角洲委员会，为它们在珠江三角洲以及其他地区的会员企业服务。

13.4 港澳珠三角协调发展的趋势

13.4.1 专业化分工推动香港经济的持续增长

自20世纪80年代香港与珠江三角洲建立产业分工协作关系后，香港厂商将原材料及半制成品输往内地加工，制成后产品再经香港转口到海外市场。据测算，港商把劳动密集型工序转移到珠江三角洲，一般可降低生产成本30%~40%（丁励松，1991）。香港制造业加工工序向珠江三角洲迁移，有效缓解了内部高工资、高地价的生产成本压力，在80年代世界市场不景气和内部通货膨胀高的双重打击下，仍能以较强的优势参与国际市场竞争，从而使得经济保持较高的增长率。根据香港贸易发展局的研究报告，2000~2005年，工业和贸易对香港GDP实质增长的贡献最大，占总增幅的比例超过40%，表现远胜其他行业，其中单是贸易便占整体GDP实质增长超过50%。在香港各行业之中，工业及贸易的净利润最高，2004年达1 790亿港元，占所有行业的30%。金融服务业、运输及服务业次之，净利润分别为670亿港元及550亿港元。在过去20年，工业及贸易的表现一贯出色，按年率计算，1980~2004年之间盈利增长超过10%。

这种分工合作模式也使香港对外贸易无论在数量或还是结构上都发生了深刻的变化。一方面，在数量和规模上香港对外贸易获得了巨大的增长，进口贸易从1983年的1 754.4亿港元快速上升到1993年的10 726.0亿港元，到2007年更达到28 680.1亿港元；整体出口（包括港产品出口和转口贸易）从1983年的1 607.0亿港元快速上升到1993年的10 462.5亿港元，到2007年更达到26 875.1亿港元。另一方面，从出口贸易结构来看（见图13-8），从1988年起转口贸易开始超越港产品出口成为香港出口贸易的主要形式。事实上，由于香港的进出口贸易绝大部分与珠江三角洲的工业加工贸易有关，因此香港对外贸易数量和规模的快速扩大反映了珠江三角洲制造业产能的快速扩张和集聚经济的规模扩大，而香港整体出口贸易中港产品出口的逐渐萎缩和转口贸易的快速增长也反映了粤港两地形成的产业分工协作关系。

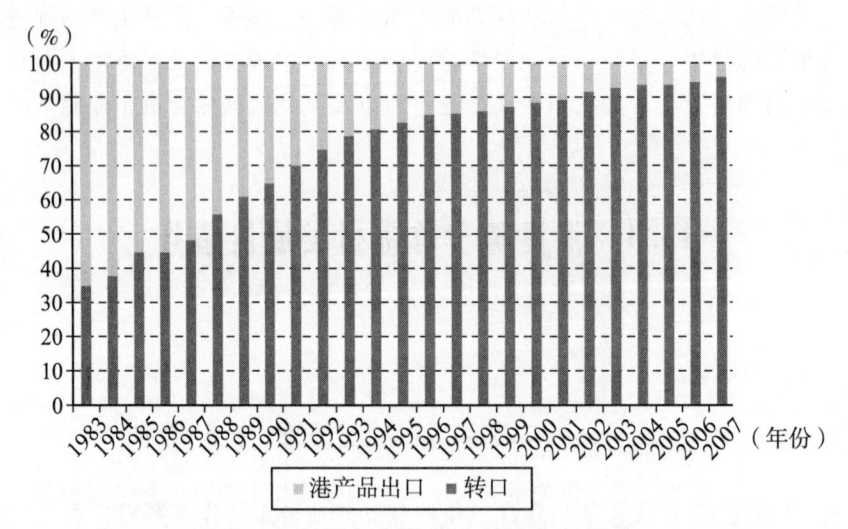

图13-8　香港整体出口结构的变化趋势（1983~2007年）

资料来源：毛艳华，《香港对外贸易发展研究》，北京大学出版社2009年版，第69页。

工业和贸易对香港经济的促进作用除了反映在对GDP的直接贡献之外，贸易活动还会带动对运输、保险和金融等中介服务的需求（见图13-9）。这些贸易支援行业创造的附加值及职位显然也应算入贸易的贡献。同时，影响并不是一次性的，工业和贸易的收益可带动消费开支，从而形成进一步的需求。一直以来，香港工业向珠江三角洲迁移后，香港工业腹地获得了扩展，有助于提升香港整体的服务内容。工业和贸易也为本地其他行业带来大量商机。香港的制造商及贸易商在处理生产及出口业务的过程中，依靠本地公司提供技术、物流、品质控制、设计、金融、保险及其他中介服务，因而形成了一个精密的工贸网络。这个网络包括了设计及产品开发公司、品质检查员、检验所、货运代理、银行、保险公司、律师、会计师等。因此，工业和贸易的持续发展又通过对中介服务形成巨大的市场需求从而间接地推动了香港经济的全面增长。

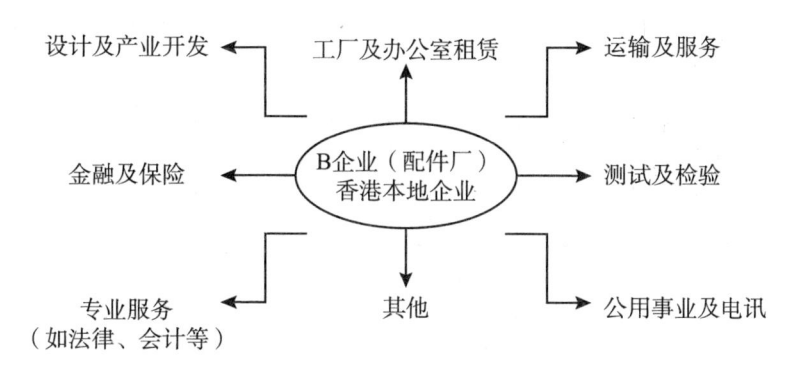

```
        设计及产业开发 ←    工厂及办公室租赁    → 运输及服务

        金融及保险     ← B企业（配件厂）       → 测试及检验
                         香港本地企业

        专业服务       ←      其他            → 公用事业及电讯
        （如法律、会计等）
```

图 13-9　香港工贸界所需的中介服务

资料来源：课题组根据相关资料整理。

综上所述，粤港分工合作的集聚经济效应，在最大限度上促进了香港工业和贸易的持续发展。而且，生产及贸易活动不仅自身对经济产生直接的影响，而且通过对其他贸易支援行业的服务需求对香港经济发展产生间接的影响，从两个方面对香港经济发展产生促进作用，推动了香港经济的持续增长（见图 13-10）。按当年价格计算的香港 GDP 增长率，在 20 世纪 80 年代基本保持了二位数的增长，年均增长率达到 15.8%，1987 年的增长率更高达 23.3%。在 90 年代的前半期，仍然保持着 15% 以上的增长率。1997 年亚洲金融危机后，香港经济进行了全面的转型，加上 2001 年的"9·11"事件和 2003 年爆发的"SARS"影响，香港经济连续 4 年为负增长。但是，自 2003 年年底《香港与内地关于建立更紧密经贸关系安排》签署后，香港与内地的经济合作关系进入了通过制度安排来协调发展的新时期，香港作为贸易中心和产业支援服务中心的角色更为凸显，经济增长又获得了全面恢复。

13.4.2　专业化分工促进珠江三角洲经济的高速增长

改革开放以来，香港与珠江三角洲建立分工联系，以港资为主的外商投资的进入，使广东尤其是珠江三角洲经济发展突破了过去长期存在的资金、技术等生产要素瓶颈的约束，大大释放了潜在的巨大生产能量，把地区经济发展与国内、国外两个市场日益紧密地联系起来，参与了国际分工，从而促进了珠江三角洲发展成为世界级制造业加工中心。因此，大规模投资和进出口贸易使珠江三角洲走上了出口导向型经济的发展道路，促进了珠江三角洲经济的高速增长（见表13-8）。在1980~1990年，珠江三角洲的GDP年均增长率高达22%，GDP增长了7.3倍。对比于亚洲"四小龙"在工业化时间的经济增长情况，从1960~1980年间，中国香港地区经济增长了7.8倍，中国台湾地区5.2倍，新加坡4.5倍，韩国4.8倍。因此，在整个20世纪80年代，珠江三角洲经济增长速度名列世界第一，珠江三角洲10年相当于亚洲"四小龙"20年。珠江三角洲因此成为亚太地区经济发展最快的"增长三角"①（见图13-11）。

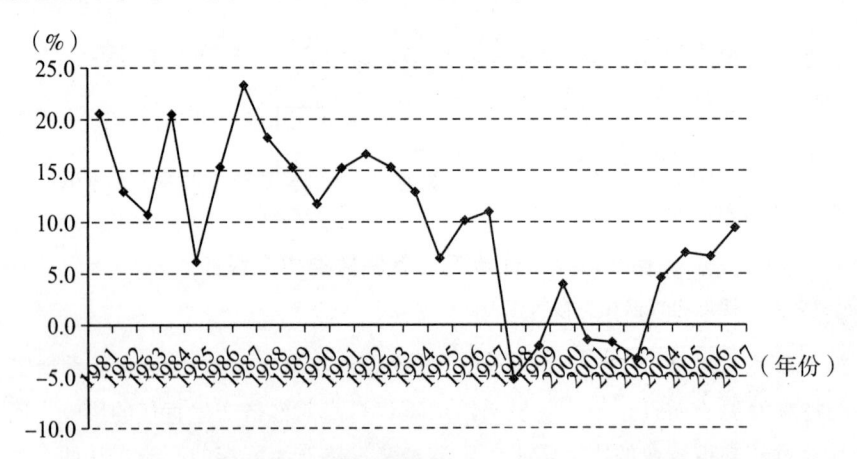

图 13-10 当年价格计算的香港 GDP 增长率（1981~2007年）

资料来源：香港统计处网站数据整理。

表13-8 珠江三角洲实际利用外资及其占全省百分比变化情况（1980~2008年）

单位：亿美元

	1980年	1985年	1990年	1995年	2000年	2005年	2008年
A：珠江三角洲实际利用外资	1.01	7.36	15.38	85.79	125.41	113.34	169.21
B：广东省实际利用外资	2.14	9.19	20.23	121.00	145.75	151.74	212.67
C：全国实际利用外资	—	47.60	102.89	481.33	593.56	638.05	952.53
A/B（%）	47.20	80.09	76.03	70.90	86.04	74.69	79.56
A/C（%）	—	15.46	14.95	17.82	21.13	17.76	17.76

资料来源：《广东省统计年鉴》和《中国统计年鉴》相应年份。以及《珠江三角洲经济区统计资料》（1980~1994），中共广东省委办公厅综合处。

---

① 在1992年，国际著名商业杂志《财富》（FORTUNE, February, 1992）以专题方式报道了有关珠江三角洲在中国改革开放后的经济成就，并确定珠江三角洲在过去12年平均增长达15%，乃全球之冠。

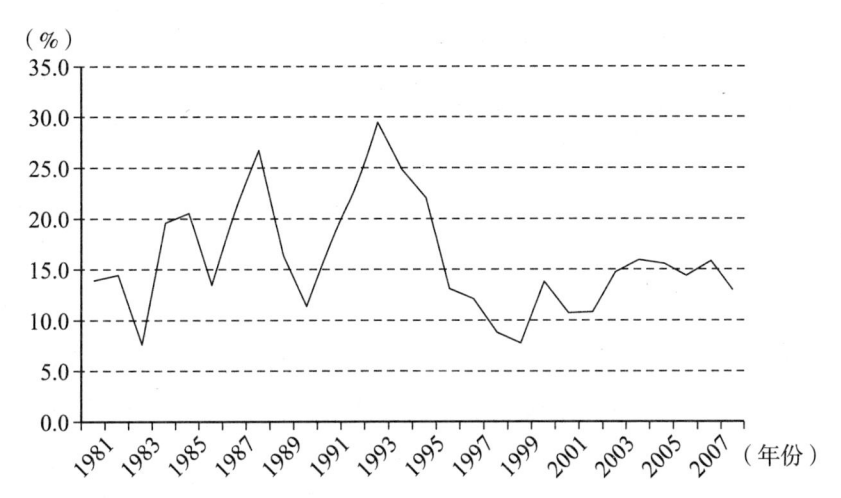

图 13-11　当年价格计算的广东省 GDP 增长率（1981~2007 年）

资料来源：根据历年广东统计年鉴计算而得。

港澳珠江三角洲的产业分工和集聚经济效应又成为珠江三角洲持续吸引外资的主要因素，成为外商投资的主要地区之一。1979~1999 年，珠江三角洲累计实际利用外资 706.13 亿美元，占全省的 63.8%。2000~2007 年，珠江三角洲吸收外商直接投资累计达 958.65 亿美元，占全省的 88.8%。在整个 20 世纪 90 年代，在中国实行全方位对外开放的条件下，珠江三角洲仍然具有明显的吸引外资优势，其实际利用外资占广东省和全国的份额都呈明显的扩大趋势。如珠江三角洲在 1990 年实际利用外资 15.38 亿美元，分别占广东省和全国当年实际利用外资的 76.0% 和 14.9%，而在 2000 年珠江三角洲实际利用外资已达到 125.41 亿美元，占广东省和全国当年实际利用外资额的比重分别上升至 86.0% 和 21.1%，10 年间珠江三角洲实际利用外资年均增长率达到 26.3%。2008 年，珠江三角洲实际利用外资已达到 212.67 亿美元，占广东省和全国当年实际利用外资额的比重分别为 79.56% 和 17.76%。而珠江三角洲实际利用外资中，香港资本一直占主要部分。根据广东全省的统计数据，来自香港的实际直接投资一直占 60% 以上，个别年份甚至高达 75%。

在粤港产业分工协作中，珠江三角洲的工业产品大多通过香港这一经贸平台直接或间接地进入国际市场，形成了外向型经济的发展格局，珠江三角洲因此成为广东省乃至全国的主要出口基地。如表 13-9 所示，2008 年，珠江三角洲外贸出口总额达 3 872.08 亿美元，是 1980 年的 621 倍，年均增长 25.82%；占广东全省出口总额比重从 1980 年的 28.43% 提高到 2008 年的 95.80%，比 1978 年增加 67.37 个百分点。其中深圳市 2005 年出口总额已突破千亿美元大关，成为全国首个出口超千亿美元的城市。珠江三角洲外向型经济在中国对外贸易中占有举足轻重的地位，珠江三角洲外贸出口在全国的比重，已从1980年的3.44%快速上升到2008年的27.06%，在个别年份这一比例更超过1/3。长期以来，珠江三角洲的工业制品直接或间接通过香港地区出口到美国、日本、欧盟、东盟和中国台湾地区等经济体，分布在各地的工业集群所需要的生产原料、零配件和半成品也通过中国香港地区进口。从图13-12中可以看出，在整个20世纪80年代，广东对香港的进出口一直保持快速增长，到90年代，对香港的进出口贸易增幅虽然减缓，但经香港出口的商品货值仍然较大。依托香港这一服务中心，珠江三角洲工业外向度水平得到快速提高，工业产品的国际市场竞争力不断增强。

表13-9 珠江三角洲对外贸易及其占全省百分比变化情况（1980~2008年）

单位：亿美元

	1980年	1985年	1990年	1995年	2000年	2005年	2008年
A：珠江三角洲外贸出口	6.24	16.29	81.41	461.06	847.41	2 273.18	3 872.08
B：广东省外贸出口	21.95	29.53	105.60	565.92	919.19	2 381.71	4 041.88
C：全国外贸出口	181.2	273.5	620.9	1 487.8	2 492.0	7619.5	14 306.9
A/B（%）	28.43	55.16	77.09	81.47	92.19	95.44	95.80
A/C（%）	3.44	5.96	13.11	30.99	34.01	29.83	27.06

资料来源：《广东省统计年鉴》和《中国统计年鉴》相应年份。以及《珠江三角洲经济区统计资料》（1980~1994），中共广东省委办公厅综合处。

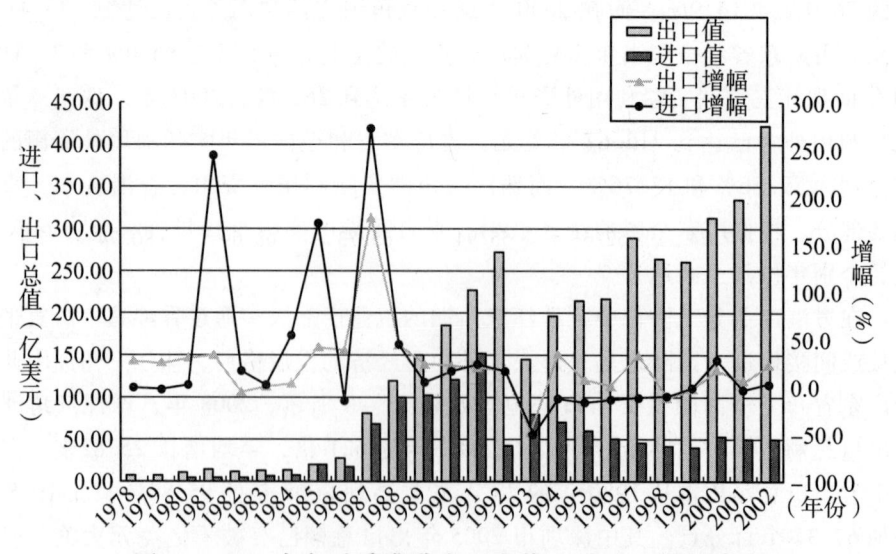

图13-12 广东对香港进出口走势（1978~2002年）

因此，粤港两地"前店后厂"的制造业合作模式对珠江三角洲经济增长起到了巨大的推动作用。在改革开放初期的1980年，珠江三角洲本地生产总值为119.19亿元，1990年达到872.18亿元，进入21世纪后，珠江三角洲的经济发展速度进一步加快，2000年完成生产总值7 378.58亿元。到2008年，珠江三角洲完成生产总值29 745.58亿元。相应地，珠江三角洲占全省GDP比重从1980年的47.74%提高到83.33%，占全国GDP的比重从1980年的2.62%提高到9.89%。珠江三角洲以占全国3.6%的人口和占地不足0.6%的土地，创造出了经济总量（GDP）占全国比重高达9.89的经济奇迹。珠江三角洲经济的快速增长也改变了广东在中国经济版图中的地位。广东省20世纪80年代以来的经济增长率在全国处于遥遥领先的地位，其主要经济总量指标的增长速度大大高于全国同期的平均水平。按当年价格计算，广东的GDP在全国的比重已从1980年的5.49%大幅上升到2008年11.87%（见表13-10）。

表13-10　　珠江三角洲国内生产总值变化情况（1980~2008年）

单位：亿元

	1980年	1985年	1990年	1995年	2000年	2005年	2008年
A：珠江三角洲国内生产总值	119.19	303.85	872.18	3 899.69	7 378.58	18 059.38	29 745.58
B：广东省国内生产总值	249.65	577.38	1 559.03	5 933.05	10 741.25	22 366.54	35 696.46
C：全国国内生产总值	4 545.6	9 016.0	18 667.8	60 793.7	99 214.6	183 217.4	300 670.0
A/B（%）	47.74	52.63	55.94	65.73	68.69	80.74	83.33
A/C（%）	2.62	3.37	4.67	6.41	7.44	9.86	9.89
B/C（%）	5.49	6.40	8.35	9.76	10.83	12.21	11.87

资料来源：《广东省统计年鉴》和《中国统计年鉴》相应年份。以及《珠江三角洲经济区统计资料》（1980~1994），中共广东省委办公厅综合处。珠江三角洲2005年和2008年资料来自《广东统计年鉴》，包括9市数据。

13.5 基本结论和政策建议

13.5.1 基本结论

（1）改革开放以来，香港与珠江三角洲的产业分工与经济合作关系大致经历了两个阶段。即以"前店后厂"为特征的制造业分工合作阶段和以生产性服务业合作为主体的多元经济合作阶段。伴随着"前店后厂"的制造业分工协作新格局的出现，香港发展成为中国内地尤其是以珠江三角洲为核心的华南地区的工业支援中心，而珠江三角洲则成为香港制造业的生产基地。在这一分工合作过程中，香港因此出现生产性服务业的集聚效应，而珠江三角洲企业则进行产品的加工和制造，在整个20世纪80年代，珠江三角洲成为世界上增长最快的出口型制造业地区。进入90年代后，随着香港经济发展的内部条件和外部环境的变化，香港与珠江三角洲的产业分工进入到以生产性服务业为主体的多元经济合作阶段。从粤港两地产业分工协作的关系来看，从早期港商在珠江三角洲的直接投资，到90年代推动外商在大珠江三角洲的大规模直接投资，香港都担负着核心城市的功能，并以此帮助和提升了珠江三角洲制造业的竞争力。

（2）与上述港澳珠江三角洲产业分工合作的演进阶段相对应，这一区域产业分工的协调机制也经历了从市场自发协调到政府与市场双重推动合作的过程。在过去的近30年来，粤港之所以能够发挥各自的比较优势从而推动两地经济的持续发展，在很大程度上和香港与珠江三角洲各城市建立了基于市场力量的分工协作紧密联系。香港与珠江三角洲各城市如能主动、积极地完善更全面的经济、社会联系，必能进一步增进整个大珠江三角洲的聚集经济效益与地区竞争力，使包括粤港澳在内的大珠江三角洲在全球化经济的进程中继续保持国际竞争力，推动区域经济的持续发展。2003年6月签订的CEPA是香港与内地一体化过程中的一个重要的体制性突破。特别是CEPA的推出，大大消除了香港与内地在贸易、投资方面的制度性障碍，为香港与珠江三角洲在更宽更广领域的经济合作奠定了良好的基础。服务业合作是CEPA的重要内容，也是新时期推进粤港更紧密合作的关键。粤港服务业合作互补性强、前景广阔。

（3）在改革开放的20世纪80年代，香港的土地和劳动力等要素的价格不断上升，由于毗邻的珠江三角洲具有土地和劳动力（包括大部分到珠江三角洲务工的农民工）成本的优势，香港制造商便把生产设施搬到珠江三角洲。在生产规模获得快速扩张的同时，由于当时的珠江三角洲缺乏相关的配套服务业，因此，在珠江三角洲生产的香港工厂便对香港的生产服务业产生了巨大的市场需求。这种港商跨境组织生产方式的结果是，香港形成和完善了以国际金融、贸易、航运中心为主要标志的服务型经济体系，香港经济逐渐从以制造业为主转型为以服务业为主的经济。而珠江三角洲则走上了工业化的道路，形成了以制造业集群为特征的工业城市。从粤港珠江三角洲整体来看，目前已形成了香港国际服务中心和珠江三角洲制造业基地的地区分工格局。这种类似于"中心—外围"的地域分工效应为该区域的整体经济发展带来了巨大的发展动力。而在这一产业结构调整和变化的过程中，土地等要素价格的上升发挥了重要的推动作用。

（4）建立在地域分工和集聚经济效应基础上的竞争优势是粤港两地经济持续增长的根本驱动力。一方面，粤港分工合作的集聚经济效应，在最大限度上促进了香港工业和贸易的持续发展。而且，生产及贸易活动不仅自身对经济产生直接的影响，而且通过对其他贸易支援行业的服务需求对香港经济发展产生间接的影响，从两个方面对香港经济发展产生促进作用，推动了香港经济的持续增长。另一方面，香港与珠江三角洲建立分工联系，以港资为主的外商投资的进入，使广东尤其是珠江三角洲经济发展突破了过去长期存在的资金、技术等生产要素"瓶颈"的约束，大大释放了潜在的巨大生产能量，把地区经济发展与国内、国外两个市场日益紧密地联系起来，加快了产业组织的网络化和集群化发展，从而促进了珠江三角洲发展成为世界级制造业加工中心。因此，粤港两地"前店后厂"的制造业合作模式对珠江三角洲经济增长起到了巨大的推动作用。

（5）通过对比专业化分工指数和香港与珠江三角洲 GDP 相对比重、人均 GDP 比例的变化关系，说明港澳珠江三角洲建立的产业分工合作关系在推动两地经济快速增长的同时，也在很大程度上缩小了两地之间的经济发展差异，从而促进了区域经济的协调发展。因此，作为中国经济快速发展的一极，港澳珠三角的发展历程印证了我们关于产业集聚、专业化和区域协调发展的第三阶段假说，即专业化分工深入与区域收入差距缩小的同时实现。

13.5.2 政策建议

《珠江三角洲改革发展规划纲要（2008~2020）》（以下简称《纲要》）提出，应通过建立粤港澳紧密合作框架，使粤港澳地区率先成为具有更高国际化、开放程度的世界级的先进制造业和现代服务业基地，建成具有世界一流水平的创新区域，建成世界级新经济区域。要实现这一目标，各级政府要通过制度安排、基础设施环境以及政策调整，加速要素流动和商品贸易流动，加速产业的地区性集聚或扩散等政策手段来实现区域经济协调发展。

1. 加快珠江三角洲区域经济一体化进程

产业集群效应是大珠江三角洲集聚经济的主要表现形式之一。从分工角度来考察，区域经济一体化是市场范围增加的过程，有利于促进地区分工水平的演进；而产业集群是专业化分工的产物，是降低专业化分工产生的交易费用和获取由分工产生的报酬递增的一种经济空间表现形式，产业集群的作用主要体现在市场深度的增加。因此，区域经济一体化和产业集群成长从市场的广度和深度两个方面实现了市场创造，深化了分工，降低了交易成本。同时，区域经济一体化与产业集群成长之间能够形成一种良性的互动关系。一方面，区域经济一体化进程降低了区域间要素流动的障碍，从空间上扩大了市场范围，为产业集群成长提供了重要的前提条件。另一方面，产业集群成长为区域经济一体化的发展提供了微观层面上的基础，加速了区域经济一体化的进程。因此，区域经济一体化与产业集群成长二者之间的这种良性互动机制共同推动了区域经济的持续、快速和稳定发展。

20世纪90年代以来，在对外开放和市场化改革的背景下，珠江三角洲依靠专业镇产业集群的范围经济优势，取得了地方经济的飞速发展。同时，与集聚经济相关的专业化分工和要素流动也进一步推动了该地区的市场化和城市化进程，珠江三角洲的市场化和城镇化水平一直处于国内领先地位。《纲要》提出，珠江三角洲在2012年要初步实现区域经济一体化，到2020年要实现区域经济一体化。从专业化分工和市场范围扩大的演进机制来看，产业集群成长和区域经济一体化是珠江三角洲经济持续发展的两个重要推动力量。同时，产业集群成长与区域经济一体化在区域经济发展中将显现出良性互动的关系，一方面，产业集群成长是珠江三角洲经济一体化发展的微观基础；另一方面，区域经济一体化为产业集群成长提供了制度保障。

第一个提出经济一体化定义的荷兰经济学家丁伯根（Tinbergen，1954）认为，经济一体化是将有关阻碍经济最有效运行的人为因素加以消除，通过相互协作与统一，创造最适宜的国际经济结构。丁伯根还从政府促进经济一体化的措施方面，把经济一体化分为"消极一体化"和"积极一体化"。消极一体化是要消除各种规章制度，即消除各国的物质、资金和人员流动的壁垒；积极一体化是要建立新的规章制度以纠正自由市场的错误信号并强化自由市场正确信号的效果，从而加强自由市场的统一力量。区域经济一体化降低了区域间要素流动的障碍，从空间上扩大了市场范围，为产业集群成长提供了重要的前提条件。从产业集群成长的角度来看，要素市场一体化、规章制度一体化和合理的补偿机制是珠江三角洲产业集群成长的重要制度保障。

2. 在 CEPA 框架下深化粤港在服务业领域的深度合作

改革开放 30 年来,香港经济转型为以服务业为主,而广东近 10 多年也从简单的加工贸易迈向重工业、高新技术和服务业多元化发展,粤港合作随之从贸易投资扩展深化至服务业层面。《纲要》提出珠江三角洲在构建开放合作新格局中要推进与港澳更紧密合作。另外,《纲要》还指出"深化落实内地与港澳更紧密经贸关系安排(CEPA)力度,做好对港澳的先行先试工作","支持珠江三角洲与港澳地区在现代服务业领域的深度合作"。从产业层面来看,CEPA 框架下粤港合作重点就是现代服务业领域的深度合作。

大珠江三角洲集聚经济的竞争优势之一就是中小企业出口网络的灵活性和适应性。CEPA 安排为实现"珠江三角洲制造 + 香港服务"这一优势整合提供了机遇。内地服务业市场向香港开放后,香港大量的生产性服务企业将把业务范围延伸到珠江三角洲,这一地区的制造业将获得更为便利的和低成本的工商服务支持,制造业的技术创新能力和国际品牌形象将会得到提升和加强。因此,粤港两地的合作有助于推动珠江三角洲传统产业从产品输出阶段向品牌国际化阶段演进。CEPA 框架下珠江三角洲与港澳地区在现代服务业领域的深度合作能够创造多方共赢的格局。

(1)从合作基础来看,珠江三角洲与港澳地区在服务业发展水平方面差异较大,具有很好地互补性合作基础。改革开放 30 年来,珠江三角洲经济高速发展,本地生产总值(GDP)快速增长。2007 年珠江三角洲人均 GDP 达到了 54 721 元,按当年平均汇率计算折合 7 196 美元。参照经济合作与发展组织的划分标准,珠江三角洲已经达到了中上等收入水平标准。但是,由于服务业发展滞后,导致产业结构滞后于 GDP 发展水平。2007 年珠江三角洲的第三产业比重仅为 46.6%,与中上等收入国家水平相比,这一比重相差近 17 个百分点,产业结构明显落后于经济水平相近的国家或地区。同样,珠江三角洲的就业结构也滞后于 GDP 发展水平,2007 年第三产业的就业比例仅为 37.4%,第三产业就业结构远低于发达国家水平,也远向下偏离产业结构。而相比之后,香港和澳门是以服务业为主的经济体,服务业规模大,竞争力强。2007 年,香港服务业增加值占本地 GDP 的比重达到 92.3%,第三产业就业人数占总就业人数的比例为 86.6%;澳门服务业增加值占本地 GDP 的比重达到 85.1%,第三产业就业人数占总就业人数的比例为 76.6%。因此,开展服务业领域的深度合作有利于扩大香港服务业的市场规模,促进香港服务业升级和向高增值知识密集型服务业的转型,有利于巩固香港作为国际金融、贸易、航运、物流、高增值服务中心和澳门作为世界旅游休闲中心的地位。同时，利于珠江三角洲加快发展金融业、会展业、物流业、信息服务业、科技服务业、服务业、外包服务业、文化创意产业、总部经济和旅游业等现代服务业，全面提升服务业发展水平。

（2）从政策层面来看，CEPA 相关安排赋予了珠江三角洲有关地市在落实 CEPA 安排方面先行先试的政策优势。2009 年 5 月，《内地与香港关于更紧密经贸关系的安排》（CEPA）补充协议六在香港签署，使 CEPA 框架下内地市场对香港服务业的开放领域增至 42 个，包括旅游、银行、证券、会展、法律、运输、创意产业等香港具优势的产业；服务贸易开放和便利化措施增至 250 项，其中有相当一部分在广东先行先试，推动服务业深度合作。

相比于制造业领域"前店后厂"的合作模式，珠江三角洲与港澳地区开展服务业合作可以采取多种多样的模式。

第一，扩大港澳对珠江三角洲的服务贸易输出。香港服务贸易具有很强的国际竞争力，2007 年用于反映服务贸易竞争力的香港 RCA 指数达到了 1。通过服务输出的方式能够继续发挥香港离岸贸易中心的作用，促进香港服务业与珠江三角洲制造业和其他服务业的互动。在这一互动过程中，不仅有利于扩大香港与贸易相关服务的出口，提高包括运输、金融、保险以及各种专业服务等行业的效率和竞争力，而且有效地支持了珠江三角洲的港澳加工贸易企业延伸产业链、实现转型升级。

第二，在服务全球化的背景下扩大港澳服务业的跨境投资。由于珠江三角洲较低的技术人员成本，促进部分港澳服务业以投资的方式向邻近的珠江三角洲转移。港澳与珠江三角洲建立服务业的产业链合作，不仅能够提高港澳服务业的国际竞争力，而且可以加快珠江三角洲服务业的发展。事实上，CEPA 实施以来，服务业的跨境投资成效显著，例如，根据有关统计数据，仅 2008 年港澳服务业在广东的投资项目就达到 3 160 个，同比增长了 57% 左右，其中服务业投资占香港在广东总投资项目的 41%。

第三，通过合资或联营的方式与港澳服务提供者积极开展合作。这种合资或联营的方式既可以是粤港澳三地政府层面的合作行为，如《纲要》指出"规划建设广州南沙新区、深圳前后海地区、深港边界区、珠海横琴新区、珠澳跨境合作区等合作区域，作为加强与港澳服务业、高新技术产业等方面合作的载体。"也可以是企业之间的市场合作行为，如《纲要》指出"鼓励共同发展国际物流产业、会展产业、文化产业和旅游业。"在合作过程中，珠江三角洲的服务企业可以从中学习国际上先进的管理经验、技术手段和企业运作模式，加速与国际惯例接轨；推动珠江三角洲服务业的市场化和产业化，开发潜在的服务业市场需求。

第四，发挥先行先试的政策优势开展资格互认和从业人员培训的合作。在

CEPA 框架下粤港澳三地积极开展银行、证券、保险、评估、会计、法律、教育、医疗等领域从业资格互认的工作，允许符合条件的港澳专业服务人员来珠江三角洲执业，也鼓励珠江三角洲专业人士在港澳执业，通过专业人才的流动扩大溢出效应，突破各自专业服务发展的市场"瓶颈"和人才"瓶颈"。尤其可以解决珠江三角洲高端服务人才不足的问题。另外，港澳地区服务业发展相对成熟，加强从业人员培训领域的合作，可以加快广东"双转移"政策的落实，为珠江三角洲服务业的发展创造条件。

3. 建设大珠江三角洲城市群提升区域国际竞争力

进入 21 世纪，城市群在全球经济中的功能、地位和作用的发挥受到越来越多的关注，同时，城市群也是一个国家经济综合实力在空间形式上的集中体现，是一个国家参与国际分工和国际竞争的能力标志。例如，美国东北部的"波士华"城市群集中了美国全国 20% 的人口和全国 GDP 的 24%，是美国的政治、经济和文化中心，而国际城市纽约依托这一大城市群的综合竞争实力，不仅成为美国最大的城市，而且成为世界最大的城市和最重要的国际金融中心，并位居国际经济中心城市之首。目前，全球大城市群以美国东北部的"波士华"城市群、英国大城市群和日本东海岸城市群最为典型。

改革开放 30 年来，粤港澳三地在经济领域、城市建设、居民生活等各方面迅速而广泛的融合，香港逐渐成为国际金融、贸易、信息和旅游中心，澳门则成为以博彩旅游业为特色的国际城市，而广东尤其是珠江三角洲发展成为国际制造业基地。随着粤港澳区域经济的逐渐一体化，以香港这一国际城市为核心的"大珠江三角洲城市群"逐渐形成已经是一个不争的事实。按照"一国两制"基本原则，香港和澳门都是 WTO 的独立关税区，与中国内地具有不同的经济制度和政治制度，因此，在粤港澳区域范围内，广东、香港和澳门拥有不同的关税制度以及经济制度和政治制度。这一点上粤港澳大城市群与其他国际城市群是十分不同的。如何在"一国两制"前提下最大限度地发挥粤港澳三地各自的比较优势，提升粤港澳城市群的区域国际竞争力是一个需要不断解放思想和创新合作机制的课题。

克鲁格曼（1991）从产业集聚的角度用"中心—外围"模型来解释了区域经济一体化中产业区位的动态性变化，其最核心的思想就是与分工相关的规模报酬递增和外部规模经济理论。粤港澳合作 30 年来的实践证明，它是一种建立在相互比较优势发挥基础上的地缘经济合作模式。粤港澳合作有助于提升香港的国际竞争力。当前，作为国际城市的香港所面临的主要发展问题是经济结构转型，粤港澳合作有助于各种生产要素按照市场机制在区域内自由流动，实现最优化配置，促进香港在金融服务业领域比较优势的发挥，使香港保持其国际金融中心、国际贸易中心和国际航运中心等的地位。同时，粤港澳合作也有利于广东产业结构的调整与升级，香港在市场信息、资金和品牌方面的优势能够促进广东现代高新技术产业和先进制造业的发展以及传统产业的转型升级。因此，依托粤港澳区域在人口和占地面积的优势，作为国际城市的香港与作为经济腹地的广东形成相互促进的发展有利于粤港澳区域国际竞争力的提升，将粤港澳区域发展成为国际大城市群。

第 14 章

沪苏浙产业集聚与区域经济协调发展

14.1 基本问题与研究思路

14.1.1 问题的提出

改革开放以来,长三角地区迅速发展,成为中国经济起飞的发动机之一,对国内其他地区产生了强烈的示范作用,对国家的现代化建设做出了重大贡献。"十一五"期间长三角经济占全国 GDP 的比重稳步提高,对全国经济拉动作用相当明显。在全球经济一体化的趋势下,长三角地区凭借区位优势、产业配套优势、人力资本优势、综合科技优势、投资环境优势,积极主动接受国际产业转移,成为近年中国吸引跨国公司投资的主要战略区域之一。区域经济一体化是全球化的必由之路,近年长三角区域经济一体化步伐进一步加快,以上海构筑国际大都市为引领,以构筑沪苏浙现代化大城市群为重点,展开了经济一体化的进程。

沪苏浙区域经济一体化进程将进一步调整区域内部结构,完善区域内部功能,形成新的竞争优势,并对沿江经济带产生新的带动作用,同时,也将改变东亚地区的经济格局,提升中国在世界经济体系中的地位。上海正努力将自身建成世界性的服务中心，江浙则致力于打造全球制造业高地，世界第六大城市群正在悄然崛起。

因此，沿着我们关于地区分工、产业集聚和区域协调发展的思路，这一部分将分析长三角——沪、苏、浙这个中国改革开放"先行一步"者的产业发展和收入差距状况。但是，与我们的一般思路略有差异的是，由于区位和政策环境的高度相似，以及经济发展水平的高度趋同，我们很难区分究竟谁才是该地区的领跑者，我们更关注的问题是，作为整个中国经济发展的最前沿地区，沪苏浙这三个地理区位和经济发展都高度相似的省市如何才能够实现合理的地域分工和区域的一体化，而前者又恰恰是后者实现的重要条件。

与我们关于产业分工和区域发展的思路一致，我们发现，在中国最发达的沪苏浙地区，产业合理分工的构建，同样带动了区域收入差距的缩小，从而更好地促进了区域一体化的实现。基于我们的理论逻辑，可以认为，由于该地区在全国的先发地位，其产业集聚和区域协调之间的动态关系，事实上已经走进了我们理论划分中的第三阶段，即区域合理的产业分工和收入差距缩小同时实现的高水平均衡阶段。因此，研究沪苏浙产业分工和区域协调发展所经历的阶段、推动其演进的内在原因、存在的问题等，对于深化产业分工和区域一体化协调发展的研究具有重要理论价值，对于进一步促进沪苏浙区域经济协调发展具有现实意义，对于其他地区产业分工和区域一体化协调发展也具有重要借鉴意义。

近年，国内学者对长三角产业集聚、区域分工、协调发展、一体化等方面进行了大量的研究。一些研究通过探索造成区域经济差距的原因，寻求解决差距的对策；一些研究分别独立研究产业集聚、区域分工、一体化问题，这些研究对本研究具有重要的借鉴意义。

例如，就产业集聚和分工而言，范剑勇（2004）认为，地区差距扩大与产业集聚有密切关系，地区差距扩大的推动力在1995年以前表现为以第二产业高份额为主的结构效应，而在1995年以后转变为结构效应与以产业集聚为主的集中效应并重。梁琦（2004）计算了中国区域制造业分工指数及其变化率，并与美国、欧盟比较，认为在一定范围内，产业分工与地理位置有关，空间距离较近的区域之间，产业同构性较强，环渤海互补性更大，长三角同构性更强。杜传忠（2009）指出，市场集中和空间集聚作为现代产业组织演进的两条基本路径，二者在功能上不能完全替代，在发展趋势上呈现相互融合、功能互补的态势。在我国的现阶段，产业的市场集中和空间集聚都有待于得到进一步的发展和壮大。刘富朝、袁锋和武友德（2009）认为，区域间产业结构的同构与异构取决于在市场调节和宏观调控中生产要素的结构与流动特征，其特征的相似性导致产业结构的同构，产业同构在一定时空条件下具有合意性。随着区域经济一体化进程的加快，其非合意性愈显突出。区域产业同构优化的本质动力在于生产要素结构及其流动特征量的变化，通过不同层级区域产业规划战略和区域间经济合作实现生产要素的合理组合与流动，以产业集群化之路实现区域产业结构的高级化，使区域产业结构朝着优化、持续的方向发展。

在区域一体化方面，姚莉（2009）认为，区域经济一体化发展要求加快形成各城市间优势互补、资源共享、市场共通、利益共有的经济一体化格局，但我国现行体制上存在的诸多制度障碍，却阻碍了区域经济一体化的进程。要建立有利于区域经济协调发展的导向和机制，必须消除现行体制机制上的深层次障碍，进行大胆的制度创新，通过科学、有效的制度安排，加快区域经济一体化的进程。毛艳华（2009）认为，产业集群成长推动区域经济一体化发展，产业集群出现的一个主要原因是专业化分工的深化和交易网络的扩展，而集群成长又进一步扩大了市场容量，促进了进一步分工，从而实现了产业集聚与分工深化的循环，使市场的深化创造能持续进行，提高了区域竞争力和一体化的福利水平。全毅（2009）认为，区域经济一体化是按照自然地域经济内在联系、商品流向、文化传统以及社会发展需要形成的经济联合体。同时，它是建立在区域分工与协作基础上，通过生产要素的区域流动，推动区域经济整体协调发展的过程。跨地区的经济协作区和城市群联合体等，是我国沿海地区经济一体化发展的两种主要形式。

就长三角本身的产业发展和一体化而言，袁丰、陈江龙、吴威和薛俊菲（2009）选择专业化指数和基尼系数两种方法来定量分析江苏省21个沿江省级以上开发区空间分工、制造业集聚和转移态势。结果表明：2002~2006年江南沿江开发区通过向江北沿江开发区转移部分传统产业，逐渐形成了江南沿江技术/资本密集型制造业"中心"和江北沿江劳动密集型制造业"外围"的空间分工格局；江南沿江开发区内部、江北沿江开发区内部尚未形成良好的分工关系；受开发区发展阶段、区域产业政策、本地化资源供给和市场需求等因素影响，并未发现理论所预期的普遍存在的产业集聚现象，仅纺织服装、石化、电力、塑料橡胶等产业呈现集中趋势。在市场机制基础上的共同利益和共性需求是区域合作的基本动力，是以规划手段推进区域合作的前提条件，也是编制长三角区域发展规划的现实基础。张仁开（2009）研究了江浙沪产业集群协同创新问题，认为其主要问题和障碍是：集群技术创新能力不足；集群跨区域联系较弱；科技中介服务能力有限；人力资本流动不畅；产业结构雷同，同业竞争严重；区域性政策体系尚未建立等。覃艳华、马争、梁士伦（2009）分析了长三角一体化的合作协调机制，认为主要包括4个层次：两省一市主要领导年度会晤制度；"沪苏浙经济合作与发展座谈会"制度；"沪苏浙重点合作专题"与"长三角城市经济协调会";长三角内部区域中心城市的合作和以行业协会与企业为主体的交流会议和论坛等。韩佳（2008）总结了长三角经济一体化的现状，存在的主要问题，如产业结构趋同，地方政府干预经济导致恶性竞争，产业结构不合理制约产业升级，区域内基础设施建设缺乏统一规划布局，区域内经济发展不平衡，等等。提出各地方政府应转变发展观，正确处理行政区经济与区域经济的关系、市场主导与政府调节的关系、相关地方政府的角色定位及相互关系问题。

上述文献对于产业集聚、分工和区域一体化做了大量深入的研究，但是，大多依据新古典增长模型，缺乏对产业空间集聚内生机制的解释，也没有建立市场一体化、产业集聚与分工、区域一体化协调发展内在联系的理论逻辑框架，缺乏一个动态的研究思路，这正是本章的努力方向。

14.1.2 理论假说

由于苏沪浙所处的长江三角洲所具有的区位优势和改革开放的政策倾斜，外来资本首先进入了这个中国经济发展的前沿地带，因此该地区的生产模式受到外来资本的高度影响。在改革后的相当长时间内各省市之间都存在着产业结构高度相似的特征。随着市场化水平的进一步提高，在由于拥挤效应产生的要素价格上升的助推力和政府一体化政策的作用下，各省份之间得以从高度同构的产业结构走向了专业化分工的产业结构，而这种发挥了各自比较优势的专业化分工又带来了区域之间收入水平的趋同，使得区域一体化进一步走向成熟。由于先天禀赋和初始产业布局的差别，地区的收入水平在一段时间内仍然保持着差异，但人均收入水平稳步增长，1999 年浙江、江苏、上海的人均生产总值分别为 12 214 元、10 695 元和 27 071 元。基于我们对于产业集聚、分工和收入差距的理论假说，沪苏浙地区专业化发展和收入差距缩小的过程恰好印证了我们的第三阶段特征，即在地区分工走向专业化的同时，收入差距得以缩小，区域协调逐渐实现。只是，在这一过程中，由于省份差别的客观存在，各省市之间仍存在一定的差异。

14.1.3 研究思路与方法

1. 主要研究内容

本章内容包括五个部分，第一部分是基本问题与研究思路，提出本章研究的问题、对象、研究意义及研究思路;第二部分研究沪苏浙产业集聚、地区分工与收入差距的现状和特征,对沪苏浙的经济密度、产业同构度与地区人均 GDP、人均工资差距进行实证分析;第三部分进一步分析沪苏浙产业集聚、地区分工的动因与区域协调发展的机制,从市场、行政两个角度分析沪苏浙区域产业分工合作的演变过程、驱动力变化,以及人均收入水平差距的缩小;第四部分分析该地区区域经济一体化的趋势,阐述一体化发展的有利条件、存在的突出问题,展望其一体化发展前景;第五部分是基本结论与政策建议。

2. 研究方法和数据来源

本章将联合国工业发展组织(UNIDO)国际工业研究中心提出的同构系数与区域人均 GDP、城镇人均工资水平等指标结合,研究沪苏浙产业同构度或区域分工与区域收入差距变化的趋势。

本章中沪苏浙数据分别来自历年《中国统计年鉴》、《上海统计年鉴》、《江苏统计年鉴》、《浙江统计年鉴》、《中国工业经济统计年鉴》、《长江和珠江三角洲及港澳特别行政区统计年鉴》(2003~2007 年)、《中国科技统计年鉴》等。为了在同一统计口径下进行比较研究,本研究的时间区间为 1999~2007 年。

14.2 沪苏浙区域经济发展的特征

14.2.1 产业集聚的演变

产业集聚是一个经济密度问题。当产业活动向某些地区集中时,产业集聚水平是提高的。因此,对于一个区域来说,经济密度越高,产业集聚水平也越高。

我们先考察上海、江苏和浙江这三个地区内部的经济密度,看各省市内部产业集聚水平发生了怎样的变化。我们以省为观测单元,用单位土地上的工业增加值来刻画一个地区内部的经济密度。这里的土地,我们使用的是建设用地中居民点与工矿用地。从 2000~2007 年,各地区的经济密度都有大幅增长,说明沪苏浙各省市内部的产业集聚水平都在增加(见图 14-1)。从 2000~2007 年,上海的经济密度由 8 090.50 万元/平方公里上升到 24 770.47 万元/平方公里;浙江的经济密度从 2 657.91 万元/平方公里提高到 9 626.60 万元/平方公里;江苏的经济密度则从 1 916.50 万元/平方公里增加到 8 174.84 万元/平方公里。

(千元/平方公里)

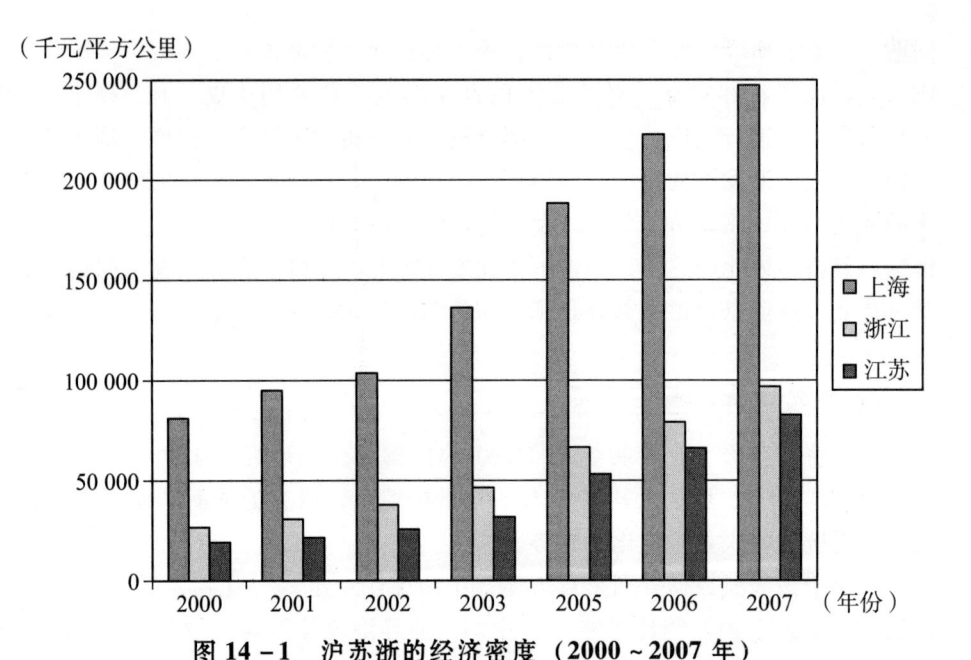

图 14-1　沪苏浙的经济密度（2000~2007年）

资料来源：根据《中国统计年鉴》、《国土资源年鉴》和国家统计局统计资料汇编的原始数据计算而得。

然而，更为重要的问题是，沪苏浙地区作为一个整体，近年来产业集聚水平发生了什么样的变化？这里，我们可以用地区间经济密度相对值的变化来对这个问题进行考察。如果各地经济密度的差异在不断增加，那么，沪苏浙地区整体上的工业分布会更不均匀，这意味着集聚；反之，如果各地经济密度的差异在缩小，那么，沪苏浙地区整体上的工业分布会变得均匀，这也就意味着扩散。

处理的结果呈现在图 14-2 中。我们可以看到，上海和浙江、上海和江苏以及浙江和江苏之间经济密度的比值都在减少。2000 年，上海和浙江之间经济密度的比值为 3.04∶1，2007 年，这一比值下降为 2.57∶1，这说明上海与浙江之间经济密度的差异在缩小。类似地，2000~2007 年，上海与江苏之间经济密度的比值从 4.22∶1 下降到 3.03∶1；浙江与江苏之间的比值则从 1.39∶1 下降到 1.18∶1。从上述数据我们可以看到，在考察期间，尽管沪苏浙各省内部的产业集聚水平在提高，但是，由于地区间经济密度差距在不断缩小，因此，从沪苏浙整个地区的角度看，产业活动的分布变得更加均匀了，也就是说，产业集聚水平在下降。

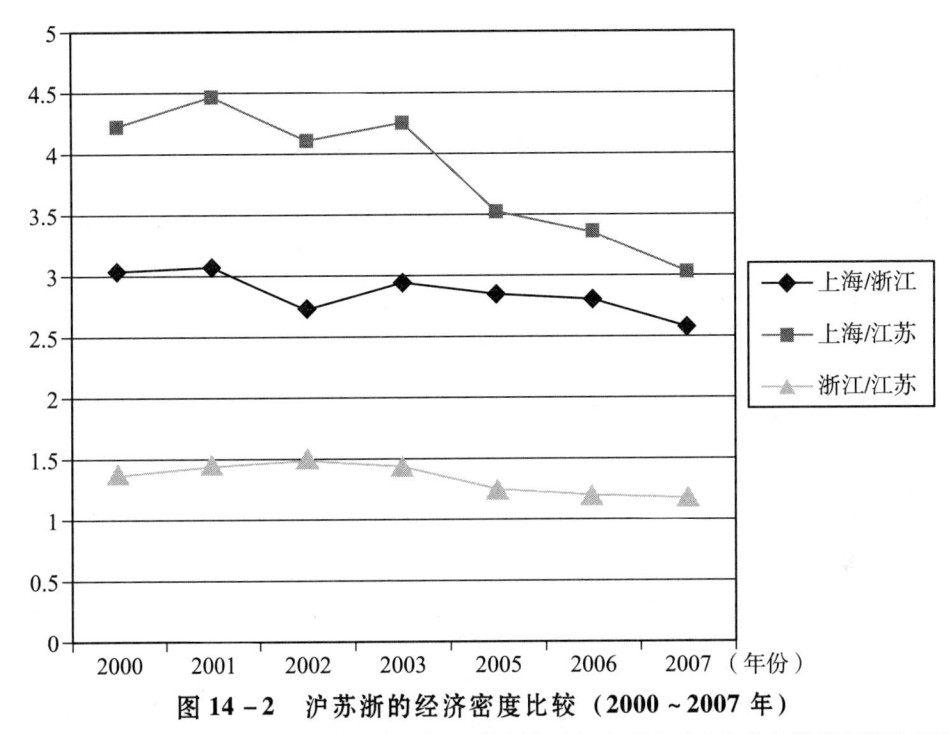

图 14-2 沪苏浙的经济密度比较（2000~2007 年）

资料来源：根据《中国统计年鉴》、《国土资源年鉴》和国家统计局统计资料汇编的原始数据计算而得。

14.2.2 沪苏浙区域分工状况的演变

我们计算了 1999~2007 年上海、江苏、浙江制造业 40 个行业的同构系数，结果呈现在表 14-1 中。

表 14-1   上海、江苏、浙江制造业 40 个行业同构系数

年份	沪苏同构系数	沪浙同构系数	苏浙同构系数
1999	0.863	0.772	0.951
2007	0.902	0.680	0.843
1999~2007	0.039	-0.092	-0.018

资料来源：根据 2000 年和 2008 年上海、江苏、浙江三省市的统计年鉴计算而得。

表 14-1 测算结果显示，长三角两省一市 40 个制造业行业的结构相似系数演进状况为：沪苏结构趋同较严重，并有加剧趋势，由 1999 年的 0.86 上升至 2007 年的 0.90；沪浙结构趋异，同构系数较低，且不断下降，由 1999 年的 0.77 降至 2007 年的 0.68，表明其地区分工加强；苏浙原本结构严重趋同，但有下降

趋势，由1999年的0.95降至2007年的0.84。总体判断，长三角产业结构的趋同现象较为严重，尤其是沪苏之间，其次为苏浙之间。

另外，根据赵连阁和胡颖莹（2007）对长三角工业产业的研究：1988~2005年江苏同浙江的结构相似系数均在0.90以上，上海同江苏的结构相似系数从0.92下降到0.80左右，上海同浙江的结构相似系数从0.86下降到0.70以下。将它们1988年的数据和本研究1999年、2007年的数据结合，可形成以下沪苏浙制造业同构系数表14-2。

表14-2　　　　　　　　　　沪苏浙制造业同构系数表

年份	沪苏同构系数	沪浙同构系数	苏浙同构系数
1988	0.92	0.86	0.97
1999	0.86	0.77	0.95
2007	0.90	0.68	0.84

资料来源：1988年的数据来自赵连阁、胡颖莹（2007），1999年和2007年的数据根据2000年和2008年上海、江苏、浙江三省市的统计年鉴计算而得。

可见，沪苏在20世纪80年代末期结构相似程度很高，到90年代末期略有下降，2007年回复到高位，20年变化呈"U"型，但总体趋势在下降；苏浙20世纪80年代末期的结构相似程度最高，此后持续下降；沪浙之间的同构程度相对较小，也呈现出持续下降趋势。总体而言，长三角制造业行业结构同构度较高，20年来呈持续下降态势，专业化分工在强化。

同时，长三角制造业大类、中类也呈现出结构趋同的情况。如2003年，沪苏浙间的服装及其他纤维制品制造业同构系数大于0.97，烟草加工业同构系数为0.99，石油加工及炼焦业同构系数均大于0.93，化学纤维制造业同构系数均大于0.94。在制造业中类层面，三省市之间都有相当一部分中类产业的同构度大于其所对应的大类产业的同构度，如江苏与浙江电子计算机制造业和家用视听设备制造业的同构度大于两地电子及通信设备制造业大类的同构度。长三角制造业从大类到中类，有相当数量的产业处于同构状态。

严格来说，长三角制造业同构系数可能仅反映其工业结构相似性的综合特征，不能充分显示具体行业和产品的趋同情况，因此，下列数据资料亦可从不同角度进一步反映长三角产业结构的趋同现象：

第一，主要工业产品构成趋同。2006年34种主要工业产品中，沪苏浙有20余种工业产品产量各自超过10%的全国市场份额，其中沪苏间有3种产品趋同：初级形态的塑料、微型电子计算机、乙烯；苏浙间有9种产品趋同：化学纤维、家用洗衣机、金属切削机床、化学农药原药、机制纸及纸板、家用电冰箱、大中型拖拉机、移动通信手持机、布。沪浙乘用车产品的同构度为0.850，沪苏布产品的同构度达0.956，三省市间服装产品和鞋产品的同构度均高于0.930，三省市间黑色家电和白色家电产品同构度均高于0.70，苏浙摩托车产品同构度达0.992，沪苏钢产品同构度达0.983。

第二，主要工业行业构成趋同。据统计，1988～2005年沪苏浙工业制造业行业产值位居前10名的行业中，上海与江苏有8个行业相同，而且位次极其相似。1997～2006年，在36种工业行业中产值位居前10名的行业中，1997年沪苏浙三省市间有5个行业相同（电子、电气、化工、普通机械、纺织），苏浙之间有7个行业相同，苏沪和浙沪之间各有6个行业相同。2006年年末，沪苏浙之间有6个行业完全相同（电子及通讯设备制造业、电气机械及器材制造业、交通运输设备制造业、通用设备制造业、化学原料及化学制品制造业、电力、热力的生产和供应业）；其中苏沪之间有7个行业完全相同（加上纺织业），苏浙之间有8个行业完全相同（加上黑色金属冶炼及压延加工业和金属制品业）。近二十年，长三角主要工业行业构成趋同仍然比较严重。

第三，不同隶属关系也在同一地区选择相同行业。在南京方圆30公里范围内分布四家石化企业：扬子石化公司、金陵石化公司、仪征石化公司和南京化学工业公司，分属中国石化总公司、纺织总会和江苏省。

第四，产业规划中重要产业的选择趋同。长三角很多城市"十五"规划都提出大力发展信息产业和高新技术产业，在产业规划中，排在前四位的多为：电子信息、汽车、新材料、生物医药。在高新技术领域产业规划中，集成电路的同构率达35%、纳米材料为48%、计算机网络为59%、软件产业为74%。

第五，高新技术开发区内产业结构趋同。常州、无锡、苏州、南京4个城市的高新技术开发区内产业结构几乎没有区别，均是电子与信息、光机电一体化、生物医药、化工新材料。而毗邻的浙江杭州和安徽合肥的高新技术开发区的产业结构，也同样如此。

从以上沪苏浙地区的分工情况来看，虽然其同构系数的变化在两两之间存在一定的差异，但是总体而言，该地区的产业同构水平在趋于下降，区域内的省市在从产业高度同构的生产模式走向专业化分工。

14.2.3 沪苏浙区域经济差距的动态变化

1. 地区相对人均生产总值与同构系数的变化

20世纪80年代以来，沪苏浙人均生产总值均经历了较快的增长，在同一时期，江苏最初高于浙江，后被浙江超越，并拉大差距。近期这种差距虽然缩小，但浙江仍然处于领先地位，二者与上海差距则有所缩小。如图14-3所示，1978年上海人均生产总值是江苏的5.78倍，浙江的7.5倍；1980年是江苏的5倍，浙江的5.7倍；1985年是江苏的3.6倍，浙江的3.57倍；1990年是江苏的2.8倍，浙江的2.76倍；1999年是江苏的2.53倍，浙江的2.21倍；2007年则是江苏的1.96倍，浙江的1.77倍；1978年浙江人均生产总值是江苏的77%；1985年是江苏的101.3%；1995年是江苏的111.3%；1999年是江苏的114.2%；2007年是江苏的110.27%。

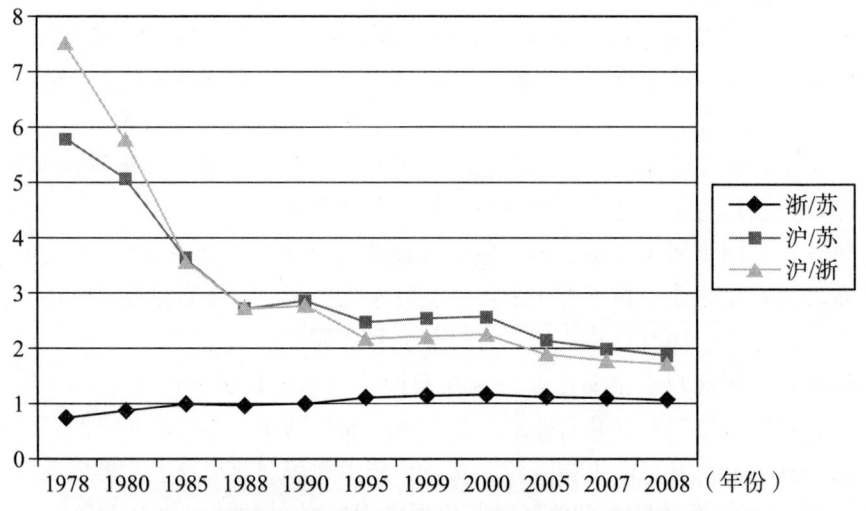

图14-3　沪苏浙相对人均生产总值对比（1978~2008年）

资料来源：根据沪苏浙相关年份统计年鉴计算而得。

由此可见，两省与上海的差距在逐渐缩小，特别是浙江的差距减少得更快。1978年浙江人均生产总值略低于江苏，1985年赶上并略超过江苏，1999年浙江为江苏的1.14倍，差距扩大，2007年浙江为江苏的1.10倍，差距有缩小趋势（见表14-3）。

表14-3　沪苏浙同构系数人均生产总值差距表

年份	沪苏同构系数	人均生产总值（沪/苏）	沪浙同构系数	人均生产总值（沪/浙）	浙苏同构系数	人均生产总值（浙/苏）
1988	0.92	2.69	0.86	2.74	0.97	0.98
1999	0.86	2.53	0.77	2.22	0.95	1.14
2007	0.90	1.96	0.68	1.77	0.84	1.10

资料来源：根据沪苏浙相关年份统计年鉴计算而得。

总体来看，同构系数与人均生产总值差距大体呈同向变化，即同构系数越高，人均生产总值差距越大；同构系数降低，人均生产总值差距缩小。但不同省市间略有差异。如果表14-3所示，沪苏间无论同构系数升降，其人均生产总值差距均在下降，沪苏同构系数最高时，人均生产总值差距最大，同构系数下降时，人均生产总值差距下降，同构系数上升时，人均生产总值差距仍在下降。沪浙间同构系数与人均生产总值差距呈同向变化，其同构系数一直下降，人均生产总值差距也一直下降。浙苏间同构系数与人均生产总值差距亦呈同向变化，同构系数较高时，人均生产总值差距较接近，同构系数最高时，人均生产总值差距最大，同构系数下降时，人均生产总值差距下降。

2. 地区相对人均生产总值、相对平均工资和同构系数的变化

(1) 沪苏比较

城镇职工人均工资变化亦可与工业制造业同构系数进行比较，如图14-4和表14-4所示，值得注意的是，二者同构系数与二者人均工资差距呈反向变化，同构系数变化呈"U"型，人均工资差距变化呈倒"U"型：1988年二者同构系数为0.92时，上海职工平均工资为江苏职工平均工资的127%；1999年二者同构系数为0.86时，上海职工平均工资为江苏职工平均工资的154%；2007年二者同构系数为0.9时，上海职工平均工资为江苏职工平均工资的127%。

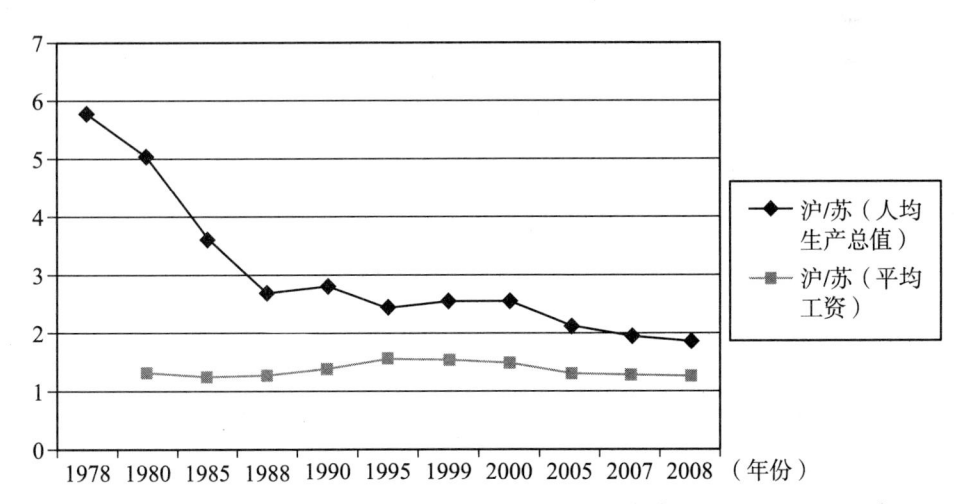

图14-4 沪苏相对人均生产总值和相对平均工资变化（1978~2008年）

资料来源：根据沪苏浙相关年份统计年鉴计算而得。

表 14-4　　　　　　　　沪苏人均工资与同构系数比较

年份	沪苏同构系数	人均生产总值（沪/苏）	人均工资（沪/苏）
1988	0.92	2.69	1.27
1999	0.86	2.53	1.54
2007	0.90	1.96	1.27

资料来源：根据沪苏浙相关年份统计年鉴计算而得。

总结起来，同构系数与二者人均工资差距反向变化，同构系数最高时，二者职工平均工资差距较大，同构系数降低时，二者职工平均工资差距最大，同构系数上升时，二者职工平均工资差距较大。

（2）苏浙比较

苏浙相对人均生产总值和相对平均工资变化见图14-5。1978~1985年浙江与江苏的人均生产总值比例都是上升的，1986~1988年这一比例略有下降，1989~1999年，这一比例稳步上升，2000~2008年这一比例下降。1985~2008年浙江与江苏的相对工资之比呈先上升后下降的倒"U"型趋势，1985~2005年这一比例稳步上升，2005~2008年这一比例下降。

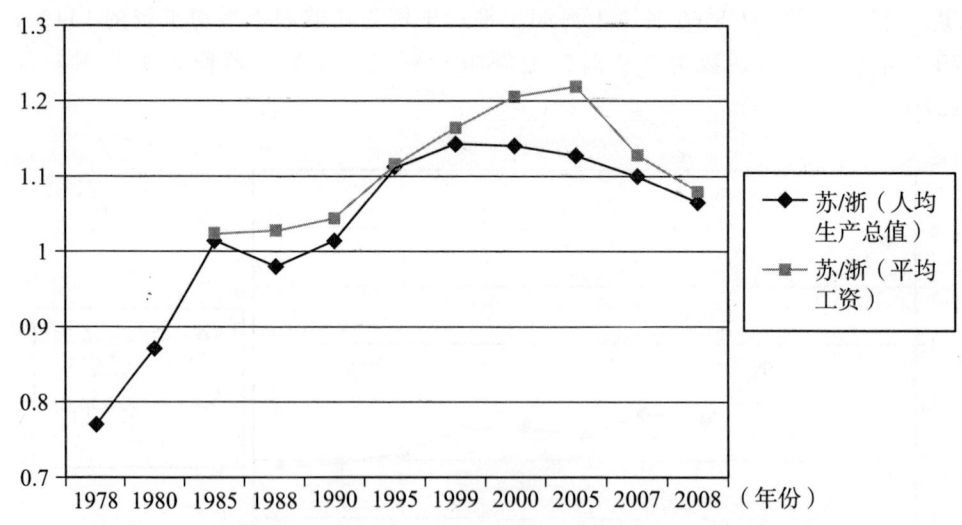

图14-5　苏浙相对人均生产总值和平均工资变化（1978~2008年）

资料来源：根据沪苏浙相关年份统计年鉴计算而得。

如果把苏浙的相对人均生产总值、相对平均工资与同构系数结合起来。如表14-5所示，产业同构系数与产总值都呈倒"U"型，二者同向变化。1988年二者同构系数为0.9时，浙江人均生产总值占江苏人均生产总值的比重为98%；

1999 年二者同构系数为 0.95 时，浙江人均生产总值占江苏人均生产总值的比重为 114%；2007 年二者同构系数为 0.84 时，浙江人均生产总值占江苏人均生产总值的比重为 110%。苏浙同构系数与工资比重的变化均呈倒"U"型。1988 年二者同构系数为 0.97 时，浙江职工平均工资占江苏职工平均工资的比重为 103%，1999 年二者同构系数为 0.95 时，浙江职工平均工资占江苏职工平均工资的比重为 116%，2007 年二者同构系数为 0.84 时，浙江职工平均工资占江苏职工平均工资的比重为 113%。

表 14-5　　　　浙苏相对人均生产总值、人均工资与同构系数

年份	浙苏同构系数	人均生产总值（浙/苏）	人均工资（浙/苏）
1988	0.97	0.98	1.03
1999	0.95	1.14	1.16
2007	0.84	1.10	1.13

资料来源：根据沪苏浙相关年份统计年鉴计算而得。

(3) 沪浙比较

沪浙相对人均生产总值和相对平均工资变化见图 14-6，1978~2008 年沪浙相对人均生产总值从 7.5 下降到 1.7，而相对平均工资变化不大，从 1988 年的 1.22 下降到 2008 年的 1.15。

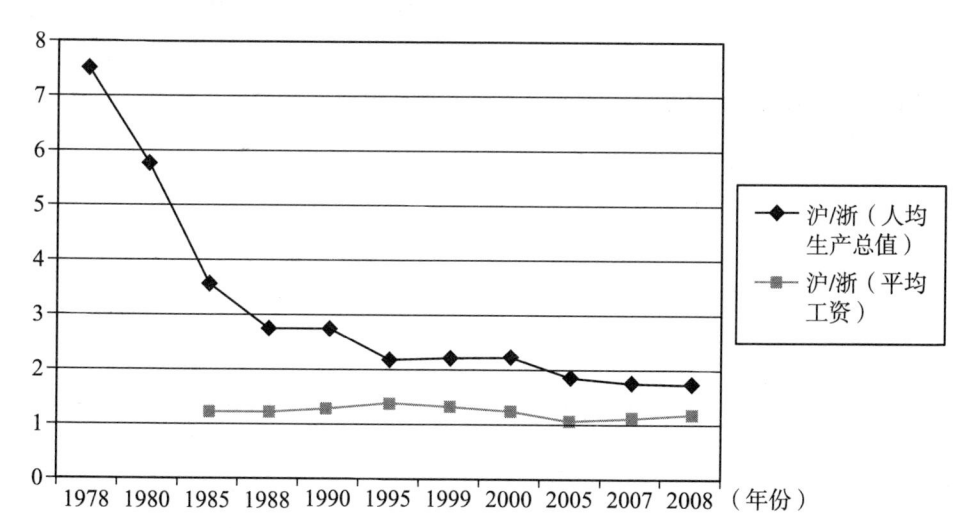

图 14-6　沪浙相对人均生产总值和相对平均工资变化（1978~2008 年）

资料来源：根据沪苏浙相关年份统计年鉴计算而得。

如表 14-6 所示，沪浙同构系数与二者的人均生产总值差距呈同向变化，均

呈下降趋势：1988年二者同构系数为0.86时，上海人均生产总值为浙江人均生产总值的274%；1999年二者同构系数为0.77时，上海人均生产总值为浙江人均生产总值的222%；2007年二者同构系数为0.68时，上海人均生产总值为浙江人均生产总值的177%。因此，降低沪浙同构系数，可明显降低二者的人均生产总值差距，使区域协调发展。更具体地讲，沪浙同构系数变化呈下降趋势，但二者职工平均工资比重变化呈倒"U"型。1988年二者的同构系数为0.86，相对平均工资为1.24，1999年二者的同构系数下降为0.77，相对平均工资上升为1.33，2008年二者同构系数为下降为0.68，而相对平均工资下降为1.12。

表14-6　　　　　　沪浙人均工资与同构系数比较

年份	沪浙同构系数	人均生产总值（沪/浙）	人均工资（沪/浙）
1988	0.86	2.74	1.24
1999	0.77	2.22	1.33
2007	0.68	1.77	1.12

资料来源：根据沪苏浙相关年份统计年鉴计算而得。

综上所述，如表14-7所示，同构系数与人均工资差距变化呈如下关系：沪苏同构系数呈"U"型，沪苏人均工资差距呈倒"U"型；沪浙同构系数持续下降，沪浙人均工资差距呈倒"U"型；浙苏同构系数呈倒"U"型，浙苏人均工资差距呈倒"U"型。

表14-7　　　苏浙同构系数、人均产值差距、人均工资差距

年份	沪苏同构系数	人均生产总值（沪/苏）	沪浙同构系数	人均生产总值（沪/浙）	浙苏同构系数	人均生产总值（浙/苏）	人均工资（沪/苏）	人均工资（沪/浙）	人均工资（浙/苏）
1988	0.92	2.69	0.86	2.74	0.97	0.98	1.27	1.24	1.03
1999	0.86	2.53	0.77	2.22	0.95	1.14	1.54	1.33	1.16
2007	0.90	1.96	0.68	1.77	0.84	1.1	1.27	1.12	1.13

资料来源：根据沪苏浙相关年份统计年鉴计算而得。

3. 结论

由上面的分析，我们可以得出以下几点结论：

第一，沪苏间同构系数与人均生产总值差距呈同向下降趋势。沪苏间无论同构系数升降，其人均生产总值差距均在下降，沪苏同构系数最高时，人均生产总

值差距最大，同构系数下降时，人均生产总值差距下降。江苏通过长期保持与上海相近的工业产业同构度，以缩小与上海的人均生产总值差距，显示重化工业阶段赶超战略的特点。

第二，沪苏同构系数呈"U"型线，沪苏人均工资差距则呈倒"U"型线，二者反向变化。同构系数降低，人均工资差距却扩大，同构系数较高时，人均工资差距却较低。短期降低同构系数可能不利于缩小人均工资差距。

第三，浙苏同构系数变化呈下降趋势，人均生产总值差距呈倒"U"型。同构系数最高时，二者人均生产总值差距接近，同构系数较高时，二者人均生产总值差距最大，同构系数下降时，二者人均生产总值差距下降。

第四，浙苏同构系数变化呈下降趋势，职工平均工资差距呈倒"U"型（与人均生产总值差距同向变化）。同构系数最高时，职工平均工资差距较小，同构系数较高时，二者职工平均工资差距最大，同构系数降低时，二者职工平均工资差距呈缩小趋势。

第五，沪浙同构系数变化与人均生产总值差距呈同向下降趋势，而二者职工平均工资差距呈倒"U"型。同构系数最高时，职工平均工资差距较大，同构系数降低时，二者职工平均工资差距最大，同构系数进一步降低时，二者职工平均工资差距呈缩小趋势。

总体看，随着该地区同构系数的降低，人均收入水平的差距也在缩小，因此，专业化分工本身伴随着收入差距的缩小，因此专业化分工和区域协调之间得到了同时实现。而这种产业从一个地区转向另一个地区，形成专业化分工的机制又是什么呢？下面我们做进一步的具体分析。

14.3 沪苏浙产业分工与一体化发展的动因分析

14.3.1 沪苏浙产业分工的原因

改革开放加速推进之后，沪苏浙地区产业均衡发展，区域间产业分工程度有所提高，区域间收入差距也在下降，出现了专业化扩散的特征，其背后主要的推动力是基础设施改善引起的运输成本下降和政府间协调合作推动的区域市场一体化。

1. 沪苏浙交通基础设施改善迅速

从交通基础设施的流量上看，沪苏浙地区交通运输基础设施建设速度较快，这促进了沪苏浙两省一市之间的运输成本快速下降。上海、江苏及浙江在交通运输、仓储和邮政业方面的投资额在 2004～2008 年均有较大幅度的增长，其中上海的增长速度最快，2004 年投资额为 303.4 亿元，2008 年为 783.33 亿元，江苏和浙江在 2004 的投资额分别为 540.91 亿元和 536.64 亿元，到 2008 年分别增长至 730.36 亿元和 764.99 亿元（见图 14-7）。

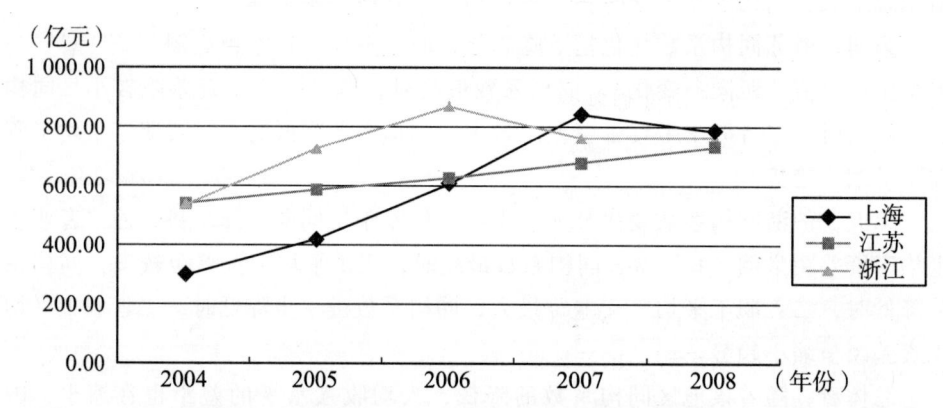

图 14-7　沪苏浙地区交通运输、仓储和邮政业投资额的变化（2004～2008 年）
资料来源：根据《中国统计年鉴》的原始数据计算而得。

从交通基础设施的存量上看，近年来沪苏浙地区的交通基础设施条件也得以改善，这为产品流通提供了便利。沪苏浙地区铁路总里程由 1998 年的 0.22 万公里增长到 2008 年的 0.326 万公里，公路总里程由 1998 年的 7.034 万公里增长到 2008 年的 26.043 万公里，高速公路总里程 1998 年为 0.084 万公里，2008 年为 0.744 万公里，是 1998 年的近 10 倍（见表 14-8）。

表 14-8　　　　　　　　沪苏浙地区陆路运输线路里程　　　　　单位：万公里

年份	铁路里程	公路里程	高速公路里程
1998	0.220	7.034	0.084
1999	0.221	7.261	0.109
2000	0.220	7.625	0.183
2001	0.222	10.895	0.227
2002	0.223	11.207	0.325

续表

年份	铁路里程	公路里程	高速公路里程
2003	0.223	11.824	0.368
2004	0.226	13.300	0.438
2005	0.312	13.945	0.531
2006	0.314	23.267	0.632
2007	0.319	24.900	0.684
2008	0.326	26.043	0.744

资料来源：根据《新中国60年统计资料汇编》整理而得。

近10年来，沪苏浙交通基础设施建设改善的速度总体上快于全国水平，运输线路的密集度也较全国水平高出许多。由公路里程增长率可以看出，在10年间有7年沪苏浙的增长速度要高于全国平均水平，1998~2008年沪苏浙平均增长率为114%，全国为111%（见图14-8）。对于高速公路里程增长率，10年间有6年沪苏浙的增长率高于全国平均水平，1998年全国至2008年沪苏浙平均增长率为124%，全国为121%（见图14-9）。而且，沪苏浙每平方公里土地面积的铁路、公路和高速公路里程，即运输线路的密集度均高于全国水平（见表14-9），高速公路的密集度与全国平均水平的差距最大，1998年沪苏浙高速公路的密集度是全国水平的4.37倍，2008年为5.61倍，1998年铁路密集度和公路密集度分别是全国水平的1.5倍和2.5倍，2008年这一数值分别为1.86倍和3.18倍（见图14-10）。

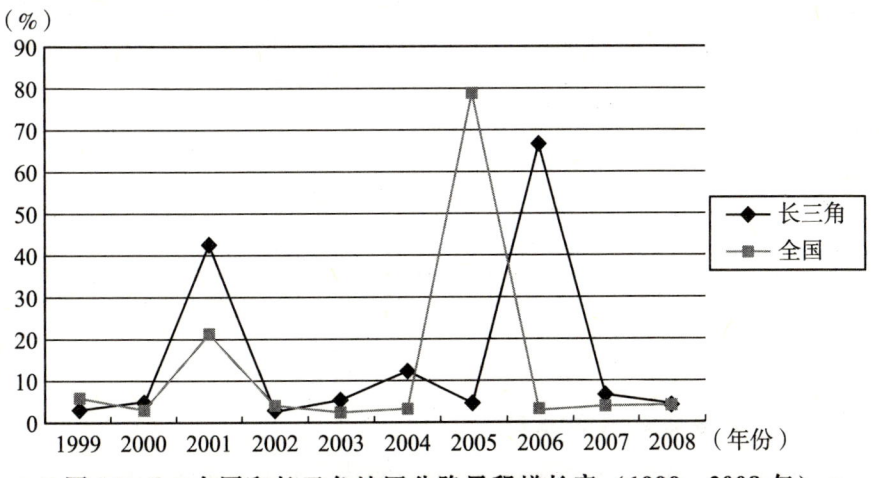

图14-8 全国和长三角地区公路里程增长率（1999~2008年）

资料来源：根据《新中国60年统计资料汇编》的原始数据计算而得。

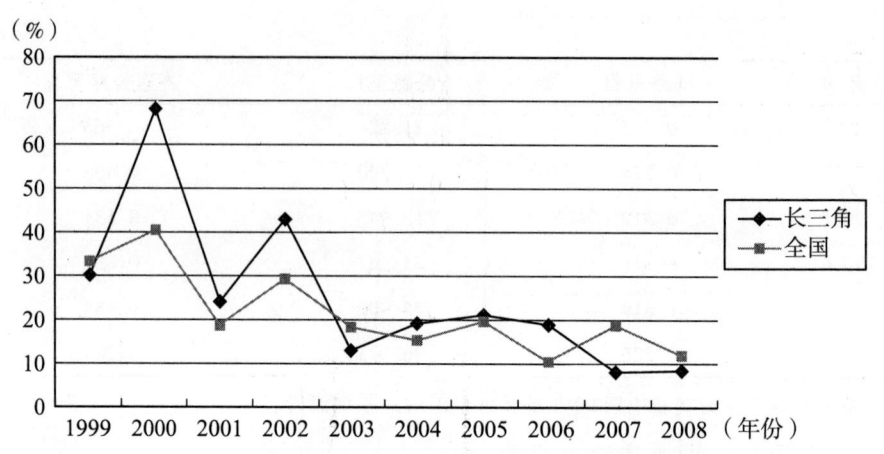

图14-9 全国和长三角地区高速公路里程增长率（1999~2008年）

资料来源：根据《新中国60年统计资料汇编》的原始数据计算而得。

表14-9　　　　　　　　全国及沪苏浙地区运输线路密集度

单位：公里/平方公里

年份	铁路里程密集度		公路里程密集度		高速公路里程密集度	
	沪苏浙	全国	沪苏浙	全国	沪苏浙	全国
1998	0.0104	0.0069	0.3338	0.1332	0.0040	0.0009
1999	0.0105	0.0070	0.3445	0.1408	0.0052	0.0012
2000	0.0104	0.0072	0.3618	0.1461	0.0087	0.0017
2001	0.0105	0.0073	0.5170	0.1769	0.0108	0.0020
2002	0.0106	0.0075	0.5318	0.1839	0.0154	0.0026
2003	0.0106	0.0076	0.5611	0.1885	0.0175	0.0031
2004	0.0107	0.0078	0.6311	0.1949	0.0208	0.0036
2005	0.0148	0.0079	0.6617	0.3485	0.0252	0.0043
2006	0.0149	0.0080	1.1041	0.3601	0.0300	0.0047
2007	0.0152	0.0081	1.1816	0.3733	0.0325	0.0056
2008	0.0155	0.0083	1.2358	0.3886	0.0353	0.0063

资料来源：根据《中国统计年鉴》和《新中国60年统计资料汇编》的原始数据计算而得。

2. 要素价格的影响和推动

苏沪浙地区集中了大量经济发展迅速的城市，但在这些城市中，三省市的省会城市是劳动力和资本集中的中心，而上海则无疑是中心城市中的核心城市。作

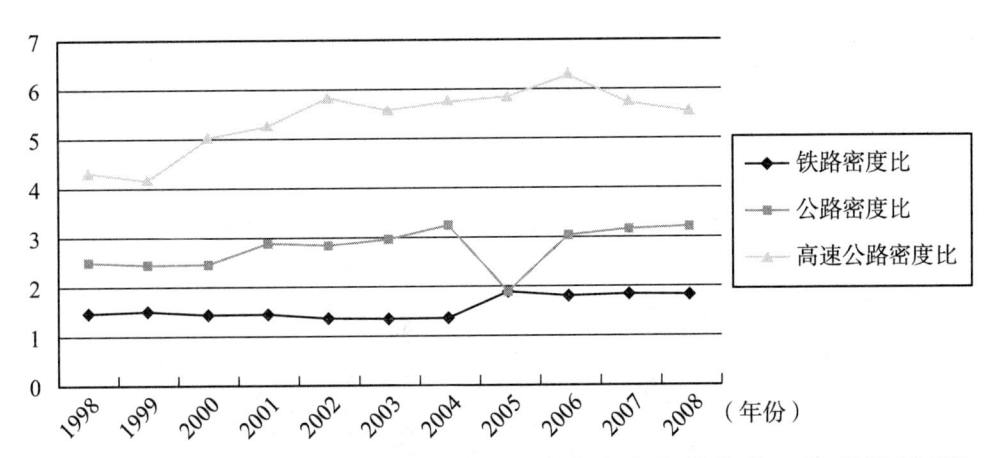

图 14-10　沪苏浙地区与全国运输线路密集度的比值（沪苏浙/全国）（1998~2008 年）

资料来源：根据《中国统计年鉴》和《新中国 60 年统计资料汇编》的原始数据计算而得。

为中国著名的沿海城市，历史积淀、区位特征和政策优势使得上海的发展在苏沪浙各城市中起着领跑者的作用。而这一核心城市在吸引大量劳动力和投资的过程中，要素价格上升的趋势也日渐显现，最为明显的就是上海作为一线城市急剧上升的土地价格。杭州、南京和上海三市的土地价格在 2000~2010 年 10 年间的变动情况如下（见图 14-11~图 14-13）。

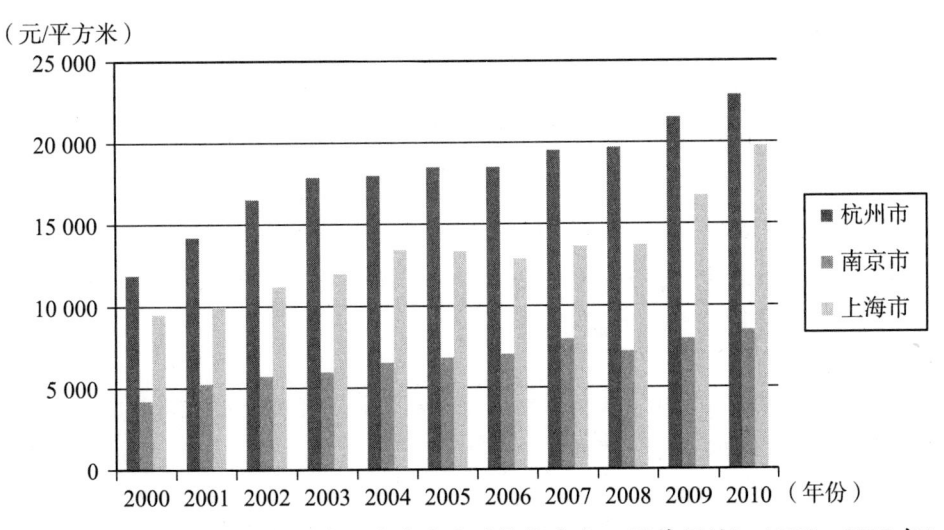

图 14-11　杭州市、南京市和上海市土地价格变化（居住用地）（2000~2010 年）

资料来源：根据中国资讯行的原始数据计算而得。

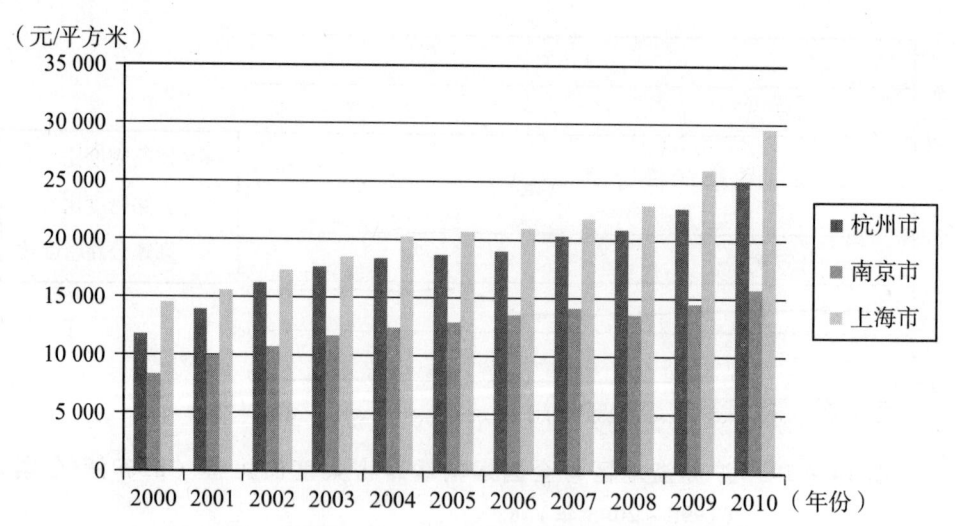

图 14-12　杭州市、南京市和上海市土地价格变化（商业用地）（2000~2010 年）
资料来源：根据中国资讯行的原始数据计算而得。

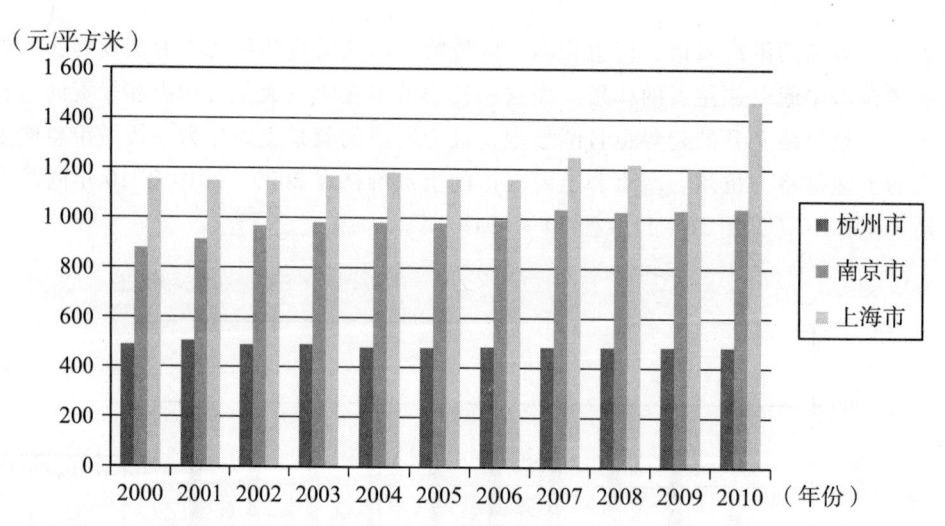

图 14-13　杭州市、南京市和上海市土地价格变化（工业用地）（2000~2010 年）
资料来源：根据中国资讯行的原始数据计算而得。

从图 14-11~图 14-13 可以看出，尽管宜居的环境使得杭州的居住用地价格一直处于三市的最高位，但是在与经济发展直接相关的商业和工业用地方面，上海一直保持在最高水平，并且土地价格的上升较为迅速。这种要素集聚所产生的拥挤效应无疑构成了三地产业结构调整的重要推动力。由于经济用地的价格高企，只有那些集约用地和单位面积产值较高的金融和总部经济会继续集中于上海发展，而那些密集使用土地的产业则因为难以承担不断上升的土地价格而不得不转向周边地区发展。这种土地价格的差异构成了推动苏沪浙地区产业结构进一步调整的重要动力。

3. 沪苏浙区域经济一体化的体制与政策

目前，在长江三角洲地区，中央政府的推动和地方政府之间的主动合作是区域经济一体化发展的主要动力，也是促进区域协调发展的重要制度和政策保证。1997年，党的十五大召开后，成立了长江三角洲城市经济协调会，在区域经济协调发展中第一次明确提出长三角经济圈概念。2003年沪苏浙高层频繁互访，签订了一揽子区域合作协议。2007年5月15日，温家宝总理在上海举行长三角经济社会发展专题座谈会，成为长三角区域协调发展举行的最高规格的座谈会。党的十七届三中全会后，国务院发布《关于进一步推进长江三角洲地区改革开放和经济社会发展的指导意见》，此时长江三角洲地区一体化发展已上升为国家战略。20世纪80年代以来，长三角地方政府推动产业分工与区域协调发展的措施主要涉及以下几个层面：

（1）加强市场合作，促进要素流动

近年来，沪苏浙之间的合作协议频频出台。2005年以来，锡沪、沪杭分别签署合作交流协议；长三角16个城市市长签署《长三角地区城市合作（南通）协议》；长三角能源规划研究和草案编制工作已完成。金融领域的合作也初见成效，中国人民银行上海分行银行票据业务已覆盖苏州、湖州地区；苏浙沪地区的股份制商业银行与外资银行可办理异地贷款业务。市场监管合作也取得长足进展，2003年以来，签订《长三角地区消费者权益保护合作协议》，建立"华东六省一市商标侵权案件信息网上移送和信息交换系统"；签署《长三角质量技术监督合作互认宣言》；签署《长三角食用农产品标准化互认（合作）协议》；等等。沪苏浙联合健全产权交易市场。1997年以来，先后成立"长江流域产权交易共同市场"；开通"产权交易共同市场信息网"；举行"长江流域产权交易共同市场"年度会员大会。"两省一市"加强知识产权保护。2003年以来，16城市签订《省际间专利行政执法协作协议》；签订《长三角16城市加强知识产权保护倡议书》；召开了"2006年长三角地区专利行政执法协作联席会议年会"。这些合作措施抑制、削弱了地方壁垒，降低了要素流动成本，进一步推动了产业分工发展。

（2）加强重大基础设施建设合作

近年，沪苏浙先后衔接8条高速路，1条铁路；签署《长三角道路运输合作一体化协议》；建立长三角道路运输协调委员会制度；成立长三角地区高速公路网规划编制工作组；创建长三角都市圈省际公路发展论坛；沪苏浙联合发布

《长三角地区道路货运一体化发展共同宣言》;目前已拟定"十六枢纽、六廊、五圈"区域交通发展框架,加快了长三角地区各城市交通规划对接。这些措施使沪苏浙地区具有较大公共性和外部性的交通运输设施建设有了很大的进展,有助于区域间运输成本的进一步下降,为沪苏浙一体化发展奠定了物质基础。

(3) 推进科技、人才合作,整合区域综合优势

2003年以来,先后签署《长三角科技中介服务合作联盟协议书》、《长三角技术与资本对接服务平台》、《长三角技术信息服务平台》、《推进长三角技术经纪人合作平台》、联合组建"长三角联合研究中心";签署《长江三角洲人才开发一体化共同宣言》;建立《长江三角洲人才开发一体化联席会议制度》,成立联席会议办公室。这些措施为沪苏浙产业分工与区域协作发展提供了科技、人才支撑,将重新整合区域综合优势。

4. 国际分工的影响

基础设施的改善和运输技术的进步降低了运输成本,这使全球生产成为可能。国际贸易的发展和外国直接投资的增加,推动沪苏浙地区日益深入地参与国际分工,逐步融入全球经济。沪苏浙地区的产业分工既是改革开放的结果,又是顺应经济全球化趋势的结果。

(1) 外商直接投资

20世纪80年代以来,大量外商直接投资流入沪苏浙地区。在改革开放后相当长的一段时期内,劳动力充裕和资本缺乏是我国要素禀赋的一种基本结构。外资在我国进行直接投资,将部分生产环节设置在中国,能够从垂直分工中获得好处。当我国的经济发展起来时,巨大的市场需求也进一步吸引外资进入。

从沪苏浙的经济发展看,外商直接投资增长迅速(见图14-14)。1985～2008年,上海实际利用的外商直接投资从0.62亿美元上升到100.84亿美元;江苏从0.12亿美元上升到251.20亿美元,浙江从0.16亿美元上升到100.73亿美元。

大量外商直接投资流入沪苏浙地区,是促进该地区专业化分工的重要推动力量(见表14-10)。1999～2007年间,上海引进直接投资年均增幅下降,相应的,该市相对专业化的产业从17个减少到15个。这里所说的相对专业化的产业,指的是区位商在1以上的行业。这说明引进直接投资是推动上海工业参与国际分工的重要因素。在这个时期,江苏、浙江引进直接投资的年均增长率分别为16.62%和26.99%;在外商直接投资保持平稳增长的同时,江苏相对专业化产业的数量从12个增加到13个,浙江则从13个增加到14个。

（亿美元）

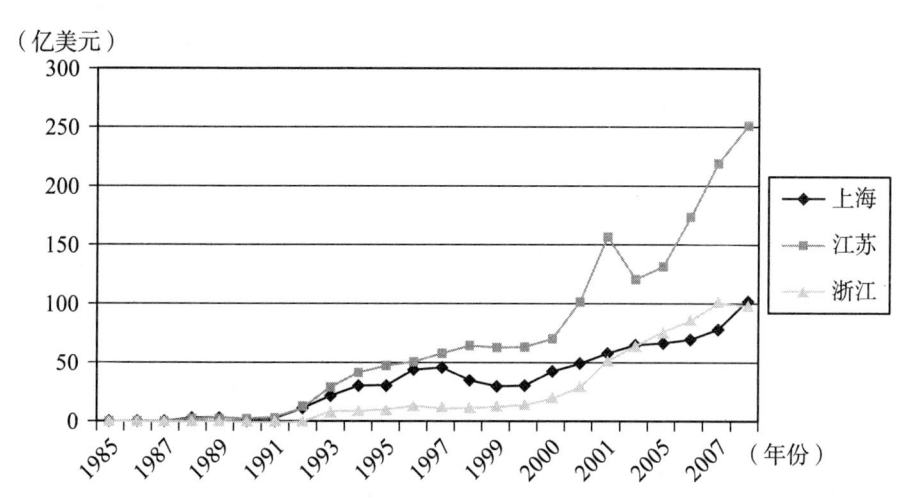

图 14-14　沪苏浙的经济密度比较（2000～2007年）

资料来源：根据《新中国60年统计资料汇编》的原始数据计算而得。

表 14-10　　　　　　　　沪苏浙的外商直接投资与产业布局

1999 年数据	上海	江苏	浙江
引进直接投资额（亿美元）	41.04	63.99	15.32
占全国比重（%）	10.18	15.87	3.80
相对专业化的行业（个）	17	12	13
2007 年数据	上海	江苏	浙江
引进直接投资额	148.71	218.92	103.63
占全国比重（%）	19.89	29.28	13.86
相对专业化的行业（个）	15	13	14

资料来源：根据《中国统计年鉴》和国家统计局工业企业数据库的原始数据计算而得。

（2）对外贸易

从进出口总额看，沪苏浙地区的对外贸易增长迅速，参与国际分工的程度逐步加深（见图 14-15）。1985 年，上海、江苏、浙江的进出口总额分别为 41.74 亿美元、19.87 亿美元和 11.23 亿美元；到了 2008 年，分别增加为 3 221.38 亿美元、3 922.68 亿美元和 2 111.09 亿美元。

从出口占地区生产总值比重的角度看，沪苏浙地区参与国际分工的程度也表现出上升的趋势（见图 14-16）。1998 年，上海、江苏和浙江这三个省市出口占地区生产总值的比重分别为 0.35、0.18 和 0.18；2007 年，分别上升到 0.90、0.60 和 0.52；2008 年，由于受到国际金融危机的影响，在 2007 年的基础上略有下降，分别下降为 0.86、0.55 和 0.50，这反过来说明沪苏浙地区对国际市场的依赖程度很高,当国际收入水平下降时,国际需求减少,因此出口额也随之减少。

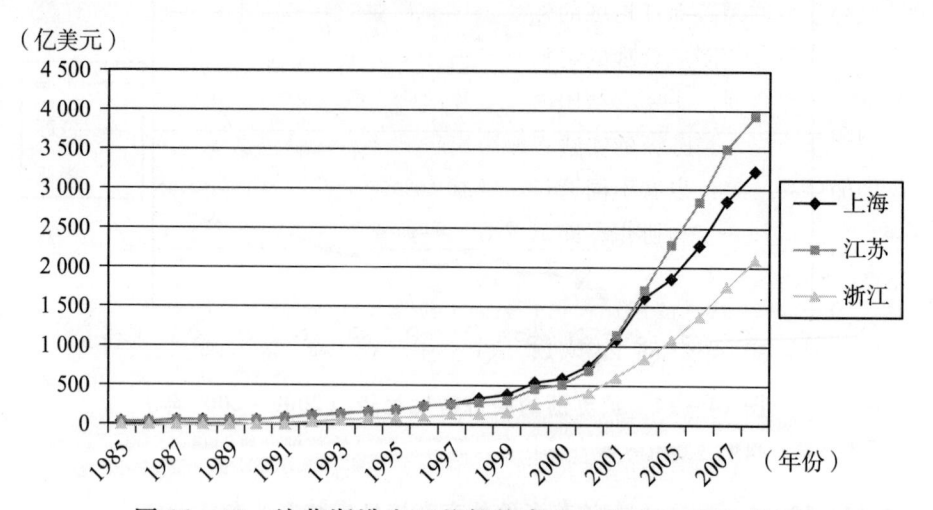

图 14-15 沪苏浙进出口总额的变化(1985~2007 年)

资料来源:根据《新中国 60 年统计资料汇编》的数据整理而得。

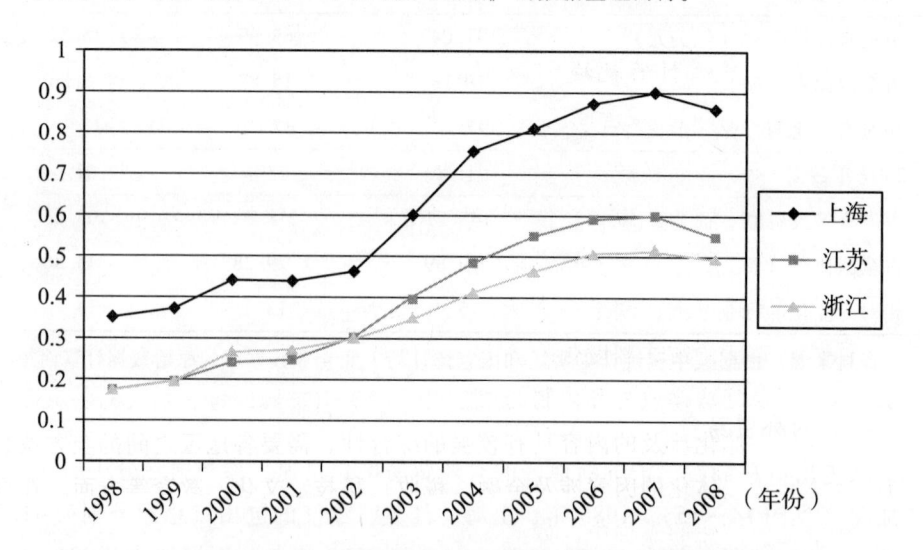

图 14-16 沪苏浙出口占地区生产总值的比重(1998~2008 年)

资料来源:根据《中国统计年鉴》和《新中国 60 年统计资料汇编》的原始数据计算而得。

经济学理论认为,贸易的发展及通过复杂的贸易网进行协作是建立在生产专业化和精细的劳动分工的基础上的。国际产业分工格局与高度的专业化为国际贸易发展奠定了坚实基础,沪苏出口贸易大幅增加,并形成较高的外贸依存度,是参与国际分工的结果，但由此也导致产业结构的同质化，沪苏的工业同构系数一直较高。

值得注意的是，浙江地区的外商直接投资和外贸出口额相对不高，但是，专业化的产业数量较多。合理的解释是参与分工的范围不同，沪苏主要参与国际分工与国际合作，浙江主要参与国内分工与国内合作，前者主要为外源经济，后者主要为内源经济。沪苏浙的实践表明内源经济、外源经济都可以产生专业化和产业集聚，产业集聚可以有不同途径。同时，专业化和产业集聚可以通过内贸和外贸两种方式进行分工与协作，即国内分工与协作和国际分工与协作。

14.3.2 沪苏浙区域经济一体化发展中存在的突出问题

长三角是我国经济发展的推进器之一，不仅对我国经济社会又好又快发展做出了突出贡献，也对我国的改革开放和社会主义市场经济体制的建立完善起到了巨大的推进作用。但在区域快速发展、区域一体化、泛长和泛珠协调等方面，仍存在值得注意的问题。

1. 面临体制机制的挑战

改革开放以来，沪苏浙一体化取得实质性突破的机会不多，在更多的时间里，两省一市在有限的范围内沟通合作，在空间上则局限于长三角内部的区域面积，同时受行政体制的阻隔，长三角一体化在空间延伸上受到根本性的制约，更重要的是未能实现要素自由流动这一一体化的本质目的。区域经济之间和内部合作动力不足，各自为政，缺乏一个具有强有力管理与协调职能的机构。地区经济合作与协调基本停留在非制度化阶段，一些区域性组织协调多表现为地区领导人之间的承诺，缺乏法律效力和体制约束，地区政府对资源配置有很大的随意性。

区域经济一体化涉及的内容具有较强的综合性，需要各地区之间的全方位合作与融合，制约一体化的因素涉及金融、税收、科技、文化、教育等方面。在今后沪苏浙市场一体化的过程中，如何在现有体制下打破目前的行政壁垒，探索新的区域分工方式，是三个地区实现产业结构升级、区域协调发展的主要问题。

2. 面临产业结构调整的挑战

长三角产业结构不合理现象日趋突出，部分产业扩散与转移迫在眉睫。（1）结构趋同和产业同构现象突出。长三角相距不远的16个城市中，有11个城市选择汽车零配件制造业；有8个城市选择石化业；12座城市选择通信产业。内各市产业结构没有形成合理梯度，造成区域内过度竞争。（2）产业结构趋向重化工业。2007年长三角三次产业结构为3.4∶54.4∶42.2。与工业化处于全面实现阶段的指标相比，长三角农业比重很低，工业比重较高，第三产业比重仍偏低。（3）第三产业比重变化缓慢。2007年，长三角第三产业比重为42.2%，比上年提高0.9个百分点。多年来徘徊在41%的水平。与世界其他国家比较，长三角第三产业比重比2005年世界平均水平低20多个百分点，与低收入国家的52%相比，长三角低近10个百分点。产业结构的趋同不仅限制了规模经济的发挥，而且也制约了产业升级，从而影响了地区经济增长。在全国基础设施不断改善，交通运输成本不断降低的条件下，如何调整各自的产业结构，形成相互分工、互相协助的分工体系是三个省市长期面临的问题。

3. 面临经济转型的挑战

长三角的崛起主要得益于低端制造业基地的建立与发展，其竞争优势很大程度上依赖于生产要素（土地、劳动力）的低成本。高投入、高能耗、低技术、低效率的粗放型和外源型经济增长模式必然制约经济的持续快速增长。当宏观政策、资源约束等政策环境、产业环境、区域环境发生变化时，区域经济的发展必然会受到不利影响。这在一定程度上反映出长三角进行经济战略转型的重要性和紧迫性。

4. 面临要素成本攀升的挑战

长三角发展的低成本时代在2007年已经结束，高成本时代正在逼近。第一，土地供应紧张的问题日益突出。江苏经济每增长一个百分点，需要占用2.4万亩土地，而江苏可用土地资源已经越来越少。2007年年末，长三角人均土地面积1.96亩，仅相当于全国的18%。人均耕地面积已由20年前的1.25亩降至0.6亩，远低于1.38亩的全国平均水平，已处于联合国确定的人均0.8亩耕地的警戒线以下。2007年一季度，浙江省工业用地供应量减少64%，而土地价格上升47%，达到18.65万元/亩；其中，杭州市一般工业用地价格为30万~40万元/亩，部分区域突破了100万元/亩。第二，劳动力等生产要素成本压力。长三角地区企业长期依靠的低成本生存和发展方式逐渐被打破，进入了"高成本运营时期"。2008年以来，长三角地区劳务成本平均上升10%以上；绍兴纺织服装业成本上升30%，化纤行业成本上升40%。第三，能源要素制约不断增加。2008年1~4月份，长三角地区电力供应缺口259.18亿千瓦时。据估计，整个长三角2010年能源消耗将达到4.3亿吨标准煤，而长三角能源自给率很低。2006年，上海原煤、原油、天然气等一次能源自给率为1.5%；浙江一次能源自给率为

9.2%，其中原煤自给率仅 0.1%；江苏一次能源自给率也只有 13.4%，其中原煤、原油自给率分别为 16.5% 和 8.2%。

5. 面临节能减排的挑战

近年来，部分高耗能、低产出的工业项目加快扩张，使长三角本已紧张的能源供应、生态环境不堪重负，加剧了节能减排的压力。长三角各地出台了加快淘汰落后产能、严格控制耗能项目、大力推进技术改造等举措，合力做好节能减排各项工作，取得了一些初步成效。但是，在当前产品高盈利的诱导下，企业投资重化工业项目的动力仍然较高，促使高耗能企业生产继续较快扩张，2007 年上半年，江苏钢材、乙烯产量同比分别增长 21.6%、13.6%，增幅提高 2.5 个、0.1 个百分点；浙江水泥、黑色金属等高耗能行业工业总产值比 2006 年同期增长 26.8%，高于规模以上工业增速 1.7 个百分点，造纸、电力等高污染行业总产值同比增长 28.1%，增幅提高 4 个百分点，产值的过快增长加剧了节能减排的压力。同时，在目前的体制管理下，地方上马重化工项目的热情很高，这进一步推动了高耗能产业规模的扩大。从长三角目前的工业技术水平看，企业可挖潜改造的力度在短期内难有大的突破，即使一些技术先进的生产项目，节能降耗的空间也不大，这使减少耗能和污染排放的技术路径受到阻塞。应当看到，长三角实施节能降耗是一项长期的复杂的系统工程，因此，推进产业升级，构建高技术、低能耗支撑的新的产业集聚是长三角面临的严峻任务。

6. 出口面临诸多不确定因素的挑战

长期过高的贸易依存度存在巨大的经济风险。2006 年 9 月 15 日，国家出台《调整出口退税和加工贸易税收政策》，对长三角加工贸易和低附加值产品出口较快增长起到了一定的抑制作用。2007 年 7 月 1 日按照《财政部国家税务总局关于调低部分商品出口退税率的通知》，国家进一步取消了 553 项"高耗能、高污染、资源性"产品的出口退税，降低了服装、鞋帽等 2 268 项容易引起贸易摩擦的商品的出口退税率，受此政策影响，长三角具有出口优势的纺织、服装和出口量较大的钢铁等资源性产品的出口增长得到抑制，增速回落幅度较大。近期，为了应对国际金融危机，中央政府一再提高出口退税，上述问题才得以缓解。在国家政策调整的同时，人民币连续升值提高了长三角商品出口价格，一定程度上降低了产品竞争力，影响出口增长。从外部需求看，金融危机对国际经济增长埋下阴影，对长三角商品需求扩大带来制约。2008 年受国际金融危机的冲击，长三角多项经济指标出现萎缩，工业增加值大幅回落，财政收入增幅回落，新增就业人数减少，尽管近期上述问题得以缓解，但国际环境、宏观政策对出口行业带来的不确定因素日趋明显。因此，转变增长方式、推行内源与外源经济双轮驱动、扩大内需和国内贸易发展，以此推进区域新的产业集聚，形成区域新的专业化，分工是应对不确定性因素的必然选择。

14.4 沪苏浙区域协调发展的趋势

14.4.1 沪苏浙区域经济一体化的有利条件

沪苏浙具有推动区域经济一体化发展的坚实基础。沪苏浙经济实力雄厚，区域经济水平差距较小，地区结构、城乡结构、产业结构、资本结构、技术结构等相近，为扩大、强化区域经济一体化提供了坚实基础。这主要表现在：

第一，拥有密集的产业集群和发达的城市群。沪苏浙区域内产业集群密集，使区域内的企业具有专业化效应、协作效应、低交易成本；共享的公共设施、健全的服务体系使企业具有外部优势；信息累积效应、技术溢出效应使企业具有创新优势；产业链的延伸、产业整合力的增强使企业拥有扩张优势。产业集群的发展有利于区域产业分工的深化，促进区域经济的协调发展。沪苏浙区域内城市体系完备，城市群发达，有利于形成各级城市间的合理分工，推动城市间、城乡间的协调发展。

第二，产业通过一体化发展仍有进一步集聚的潜力。从国外大城市群发展历程看，沪苏浙城市群在面积、人口和经济总量等方面的比重均相对偏小。如长三角城市群土地面积约占全国的1%，人口占6%，GDP占18.7%。美国东北部大西洋沿岸城市群面积占全美的1.5%，人口占20%，制造业产值占70%，城市化水平达90%以上。日本太平洋沿岸城市群面积占全国的6%，人口占61%，工业产值占65%。英国以伦敦为中心的城市群面积占全国的20%，人口占61%。沪苏浙城市群及产业通过一体化发展可形成新的集聚扩展空间，发挥进一步集聚的潜力。

第三，区域内重大基础设施建设完善。区域内的机场、港口、公路、水路、邮电、通讯、电力等已经形成较发达的交通网络，交通运输十分便利，降低了要素流动的运输成本，为区域经济一体化发展提供了物质技术基础。

此外，沪苏浙区域经济一体化的软件条件日趋成熟。三地政府已达成"合作共赢"的共识，政府、金融、企业制度改革不断深化，世博会的成功举办，将进一步推动长三角地区共同市场的形成，有力推动新一轮的区域经济一体化发展。

14.4.2 沪苏浙一体化发展趋势

区域经济一体化发展是市场化和政府行政监管两种力量共同作用的结果。市场机制的作用日趋强化，成为促进区域产业分工和区域一体化发展的动力，但在经济转轨中，行政分权的制度安排会使地方利益成为经济一体化发展的阻力。两种力量的较量，决定了区域经济一体化的发展将是一个曲折、缓慢的过程。

目前中央和三个省市都出台了相关政策来推动经济的一体化发展。2010年5月，国务院已正式批准《长江三角洲地区区域规划》，明确了长三角地区发展的战略定位，即亚太地区重要的国际门户、全球重要的现代服务业和先进制造业中心、具有较强国际竞争力的世界级城市群。上海主要实施国家区域发展总体战略，更好地服务长江三角洲地区、服务长江流域、服务全国，推动长江三角洲地区不断增强综合实力、创新能力、可持续发展能力和国际竞争力，在科学发展与和谐社会建设上走在全国前列。浙江加强分类指导，完善区域发展战略和政策；围绕基础设施、科技创新、市场准入、环境保护等重点领域，深化与沪苏合作；扩大浙江城市与江苏、上海城市的"同城效应"，缩小时空距离。江苏要加速与长三角各地在政策、制度设计等软件层面的合作，推进联动发展。江苏在推进医保全省联网、省内城市联网结算的同时，将进一步推动医保卡的异地联网刷卡。这对长三角探索交通"一卡通"、医保"一卡通"的异地联网刷卡具有示范作用。

可以预期，随着沪苏浙区域经济一体化进程加快，沪苏浙产业同构度将进一步下降，区域专业化分工将进一步强化，区域差距将进一步缩小，将打造成世界重要的现代服务业和先进制造业中心、形成具有较强国际竞争力的世界第六大城市群。

14.5 结论与政策建议

14.5.1 基本结论

通过我们的研究发现，长三角的沪苏浙等几个省市改革开放后的发展初步印证了我们关于产业集聚、分工和区域协调发展的第三阶段的假说，即专业化水平和地区收入差距缩小的同时实现。

苏浙产业集聚经历了早期历史上贸易推动的专业化阶段；改革开放后为缩小收入差距形成多样化产业集聚阶段；区域一体化发展则带来区域分工与专业化深化阶段。在市场和政府两种力量共同作用下，沪苏浙区域产业分工和区域一体化发展取得了可喜的进步，但分权化改革造成的局部利益割据仍对区域一体化进程具有阻碍作用。其中市场机制的主导作用、运输条件的大幅改善、制度环境的变革，大幅降低了交易费用，促进了要素流动，这些是区域分工与专业化深化的客观条件。同时，政府正确的产业配置政策有助于缩小地区收入差距，促进区域产业分工和区域一体化发展。

苏浙产业同构系数总体呈下降趋势，即区域产业分工呈深化趋势，区域收入差距日趋缩小。因此，从这个角度来看，扩大区域产业分工有助于缩小区域收入差距、有助于区域协调发展，这正是我们进行产业分工和区域协调发展的题中之意。

14.5.2 政策建议

1. 创新地方政府体制机制，调整区域政策

《长江三角洲地区区域规划纲要》（以下简称《纲要》）的公布实施，将长三角一体化战略上升到国家战略层面，三省市应在《纲要》指引下打破一体化进程中的地域限制，弱化原有体制格局下的地方利益障碍，推进政府体制机制创新，摒弃传统的以单位行政区划为基础的惯性思维，建立沪苏浙一体化综合管理委员会，可在市长联席会议基础上加以完善。这是一种双层多核的治理结构，在水平方面，应突破三地内部公共事务管理的行政区域壁垒，一体化综合管理委员会主要由省市主要领导、区域内各行业的精英代表、资深专家、学者等组成，就一体化协调发展方面的重大问题进行磋商，促成一致协议。垂直方面，应强化国务院有关部门对三省市整体利益的协调功能，各级地方政府应建立健全对应机构，实施和推行达成的协议。

推行"多元复合行政"理念，要建立高效的合作机制，在政府、企业、社会和市场中介组织等多个层面建立制度化的合作机制，形成推进一体化发展的强大合力，以解决区域经济一体化与行政区划冲突问题。调整区域产业政策，建立区域资源综合管理体制，探索区域内城市跨界发展的有效模式。

2. 协调规划基础设施建设

充分发挥《长江三角洲地区区域规划纲要》的引领作用，以战略思维和整体理念进一步深化对三个省市的功能定位、空间布局和综合承载力的研究，加快实施区域一体化发展规划。依据三省市各自的资源禀赋和比较优势，立足于提升整体竞争力，进一步明确三省市间的规划统筹协调、基础设施共建共享、产业发展合作共赢、公共事务协作管理的目标和任务，形成有利于一体化的经济社会发展指标体系和政策体系，引领三省市错位发展、资源共享、优势互补、互利共赢。

坚持以交通基础设施建设为先导，充分发挥基础设施在优化区域空间布局和资源配置中的先导作用。要制订和实施交通一体化发展的总体规划和解决方案，积极推进重大基础设施的一体化建设，根据交通方式之间的互补性，重点加强轨道交通和快速交通建设。合作完善综合交通运输体系，促进国家高速公路网建设，加强港口群协调发展，完善集装箱运输系统，航空枢纽和配套支线机场建设。合作构建能源安全体系。合作改进和健全信息基础设施，提高地理空间信息社会化应用与共享程度。

3. 加速区域要素流动与贸易发展

按照区域经济社会发展规律，充分发挥行政机制的引导作用和市场机制配置资源的主导作用，实现资源由行政区域配置向经济区域配置的转变。促进区域内资金、技术、人才、信息等要素合理流动，建立统一开放的产品、技术、产权、资本、人力资源等各类市场，合作构建经济、金融信息共享平台，形成资源要素优化配置、商品贸易自由发展的新格局。

加快建立科技资源合作共享机制，加速区域科技资源的集聚、流动、辐射与共享，为区域科技进步与创新提供支撑和保障。建立人力资源共享和联动机制，推动区域产学研合作，促进基地、平台、人才、项目一体化发展。

合作整顿和规范市场秩序，建立区域社会信用平台与体系。实施统一的准入标准和技术标准，建立区域市场准入和质量互认制度。形成稳定规范和可遇见的政策环境以及与国际通行的做法相适应的、区域内相对统一的法制环境，把长江三角洲建设成区域经济社会一体化发展的示范区。

4. 区域产业集聚与扩散，促进区域经济合作

按照区域产业一体化发展的要求，充分利用三省市产业基础和发展条件，优

化产业布局，共同构建结构优化、布局合理、各具特色、协调发展的现代产业体系。

第一，各省市要集中有限的资源，大力扶持、发展各省市的高梯度系数、地位重要的相对优势产业，应根据各自定位提升、形成新的集聚。宁、沪杭沿线应重点发展具有先导效应、发展潜力大的电子信息、生物、新材料等产业；在沿江、沿海、杭州湾沿线优化发展产业链长、带动性强的石化、钢铁、汽车、船舶等产业。加快连云港、温州等发展潜力较大地区的发展，形成新的增长极，带动江苏沿海、东陇海沿线、浙江温台沿海、金衢丽高速公路沿线发展，在长三角地区形成网状格局。通过强强联合等方式整合区域内产业梯度系数较高的、共同的主导产业，发挥其整体效应。这些行业已经形成了高度的产业集聚，若转向其他地区，成本将大大增加，因此短期内这部分产业不宜大规模转移出去。

第二，优势互补，实施产业转移。通过优势互补方式，在三省市内实行产业优化配置，可分重点、分层次、分步骤将有些产业向长三角周边省市转移。原则上长三角重点发展科技含量高的产业，应选择电子信息、生物医药等已具有良好基础和国内优势的高技术领域，使其逐步成为区域主导产业，提升国际竞争力。淘汰和转移落后产业，充分利用国际技术转移契机，吸纳国际前沿技术，注入现代技术，促进传统产业结构的改造和提升。加大资源性产业和环境保护性产业的开发力度，大力发展高新技术产业。

第三，加强泛长合作和双三角相互配合。区域的竞争一定程度上是腹地的竞争，通过泛长合作可扩大腹地。江苏应发掘苏北的潜力，以沿海为重点、以连云港为突破口。发挥浙江既有的机制、体制、民资优势，使浙江形成新的经济发展极。上海应向国际经济、金融、贸易、航运中心不断迈进，加快发展大都市服务型经济，寻求更多的机会拓展国际市场，加快国际化趋势。泛长合作可促使长三角区域产业升级、转移，优化产业布局。

总之，要通过合理的区域产业集聚与扩散，提高吸收方的产业结构层次和水平，实现产业转移方和吸收方产业结构优化的双赢，形成错位发展、互补互促的区域产业发展格局，推动三省市城乡经济社会一体化发展，缩小地区人均收入差距。

参考文献

英文部分

[1] Abdel-Rahman H. M. When Do Cities Specialize in Production?. *Regional Science and Urban Economics*, 1996, 26 (1): 1 – 22.

[2] Abdel-Rahman, H. M. Fujita, M. Product variety, Marshallian Externalities and City Size. *The Journal of Regional Science*, 1990, 30: 165 – 183.

[3] Acemoglu D., Johnson S. and Robinson J. A. Reversal of Fortune: Geography and Institutions in the Making of the Modern World Income Distribution. *NBER Working Paper*, No. 8460. 2001.

[4] Acemoglu D. and Zilibotti F. Was Prometheus Unbound by Chance? Risk Diversification and Growth. *The Journal of Political Economy*, 1997, 105 (4): 709 – 751.

[5] Aiginger K. and Davies S. W. Industrial Specialisation and Geographic Concentration: Two Sides of the Same Coin?. *The Journal Apply Economics*, 2004, 7 (2): 231 – 248.

[6] Aiginger K. and Rossi-Hansberg E. Specialization and Concentration: A Note On Theory and Evidence. *Empirica*, 2006, 33 (4): 255 – 266.

[7] Alonso W. *Location and Land Use*. Cambridge, MA: Harvard University Press. 1964.

[8] Amiti, M. Specialisation Patterns in Europe. *Centre for Economic Performance*, Discussion Paper, No. 363, London School of Economics. 1997.

[9] Anuradha D. G. and Husain A. M. Centripetal Forces in China's Economic Take-off. *IMF Working Paper*, No. 00/86. 2000.

[10] Audretsch D. B. and Feldman M. P. R&D Spillovers and the Geography of Innovation and Production, *The American Economic Review*, 1996, 86 (3): 630 – 640.

[11] Baicker K. The Spillover Effects of State Spending. *The Journal of Public Economics*, 2005, 89: 529 – 544.

[12] Barro R. J. Economic Growth in a Cross Section of Countries. *The Quarterly Journal of Economics*, 1991, 106 (2): 407 – 443.

[13] Barro R. J. Inequality and Growth in a Panel of Countries. *The Journal of Economic Growth*, 2000, 5 (1): 5 – 32.

[14] Barro R. J. and Sala-i-Martin X. *Economic Growth*, New York: McGraw-Hill. 1995.

[15] Baumol W. J. Productivity Growth, Convergence and Welfare: What the Long-Run Data Show. *The American Economic Review*, 1986, 76 (5): 1072 – 1085.

[16] Baum-Snow N. Did Highways Cause Suburbanization? . *The Quarterly Journal of Economics*, 2007, 122 (2): 775 – 805.

[17] Becker G. S. and Mruphy K. M. The Division of Labor, Coordination Costs, and Knowledge, *The Quarterly Journal of Economics*, 1992, 107 (4): 1137 – 1160.

[18] Behrens K. International Trade and Internal Geography Revisited. *Université de Bourgogne*, LATEC/LEG Working Paper, No. 2003 – 09. 2003.

[19] Berger S. and Lester R. K. *Made by Hong Kong*, Oxford: Oxford University Press. 1997.

[20] Besley T. and Case A. Incumbent Behavior: Vote-Seeking, Tax-setting, and Yardstick Competition. *The American Economic Review*, 1995, 85: 25 – 45.

[21] Black D. and Henderson J. V. Spatial Evolution of Population and Industry in the United States. *The American Economics Review*, 1999, 89 (2): 321 – 327.

[22] Carruthers N. Central Place Theory and the Problem of Aggregating Individual Location Choices. *The Journal of Regional Science*, 1981, 21 (2): 243 – 261.

[23] Chamberlin E. H. *Theory of Monopolistic Competition*, 8th ed. , Cambridge, MA: Harvard University Press. 1962.

[24] Chan K. M. , Henderson J. V. and Tsui K. Y. Spatial Dimensions of Chinese Economic Development, in Brandt L. , Rawski T. G. (eds.). *China's Great Economic Transformation*, New York: Cambridge University Press, 2008: 776 – 828.

[25] Chen S. and Ravallion M. Data in Transition: Assessing Rural Living Standards in Southern China. *China Economic Review*, 1996, 7 (1): 23 – 57.

[26] Chenery H. B. and Srinivasan T. N. *Handbook of Development Economics*, Vol. 1, Amsterdam: North-Holland. 1988.

[27] Chenery H. B. and Syrquin M. *Patterns of Development*, 1950 – 1970. Lon-

don: Oxford University Press for the World Bank. 1975.

[28] Christaller W. and Baskin C. W. (trans.) *Central Places in Southern Germany*, London: Prentice-Hall. 1966.

[29] Clark C. *The Conditions of Economic Progress*, London: Macmillan and Co. 1940.

[30] Combes, P. P., G. Duranton and H. G. Overman Agglomeration and the adjustment of the spatial economy. *Papers in Regional Science*, 2005, 84 (3): 311 – 349.

[31] Dayal-Gulati A. and Husain A. M. Centripetal Forces in China's Economic Takeoff. *IMF Working Paper*, 2000, 49 (3): 364 – 394.

[32] DeLong J. B. Productivity Growth, Convergence, and Welfare: Comment. *The American Economic Review*, 1988, 78 (5): 1138 – 1154.

[33] Démurger S. Infrastructure Development and Economic Growth: An Explanation for Regional Disparities in China?. *The Journal of Comparative Economics*, 2001, 29 (1): 95 – 117.

[34] Démurger S., Sachs J. D., Woo W. T., Bao S., Chang G. and Mellinger A. Geography, Economic Policy and Regional Development in China. *NBER Working Paper*, No. 8897. 2002.

[35] Desmet K. and Rossi-Hansberg E. Spatial Development. *NBER Working Paper*, No. 15349. 2009.

[36] Dicken P. Global-Local Tensions: Firms and States in the Global Space-Economy. *Economic Geography*, 1994, 70 (2): 101 – 128.

[37] Dixit A. K. and Stiglitz J. E. Monopolistic Competition and Optimum Product Diversity. *The American Economic Review*, 1977, 67 (3): 297 – 308.

[38] Duranton G. Agricultural Productivity, Trade and Industrialisation. *Oxford Economic Papers*, New Series, 1998, 50 (2): 220 – 236.

[39] Duranton G. Urban Evolutions: The Fast, the Slow, and the Still. *The American Economics Review*, 2007, 97 (1): 197 – 221.

[40] Duranton G. and Overman H. G. Testing for Localization Using Micro-Geographic Data. *Review of Economic Studies*, 2005, 72 (4): 1077 – 1106.

[41] Duranton G. and Puga D. Nursery Cities: Urban Diversity, Process Innovation, and the Life Cycle of Products. *The American Economics Review*, 2001, 91 (5): 1454 – 1477.

[42] Duranton G. and Puga D. Micro-foundations of Urban Agglomeration Econo-

mies. *Handbook of Regional and Urban Economics*, Vol. 4, Amsterdam: North-Holland, 2004: 2063 – 2117.

[43] Eberts R. W. and McMillen D..P. Agglomeration Economies and Urban Public Infrastructure, in Cheshire P. C. and Mills E. S. (eds.). *Handbook of Regional and Urban Economics*, Vol. 3, Amsterdam: North Holland, 1999: 1455 – 1495.

[44] Economist Intelligence Unit. *How Technology Sectors Grow: Benchmarking IT Industry Competitiveness* 2008, London: EIU. 2008.

[45] Eeckhout J. Gibrat's Law for (All) Cities, *The American Economics Review*, 2004, 94 (5): 1429 – 1451.

[46] Ellison G. and Glaeser, E. L. Geographic Concentration in U. S. Manufacturing Industries: A Dartboard Approach, *The Journal of Political Economy*, 1997, 105 (5): 889 – 927.

[47] Eng I. The Rise of Manufacturing Towns: Externally Driven Industrialization and Urban Development in the Pearl River Delta of China. *The International Journal of Urban and Regional Research*, 1997, 21 (4): 554 – 568.

[48] Ethier W. J. National and International Returns to Scale in the Modern Theory of International Trade. *The American Economic Review*, 1982, 72 (3): 389 – 405.

[49] Fan C. C. and Scott A. J. Industrial Agglomeration and Development: A Survey of Spatial Economic Issues in East Asia and a Statistical Analysis of Chinese Regions. *Economic Geography*, 2003, 79 (3): 295 – 319.

[50] Forslid R. Agglomeration with Human and Physical Capital: An Analytically Solvable Case. *CEPR Discussion Paper*, No. 2102. 1999.

[51] Forslid R. and Ottaviano G. I. P. An Analytically Solvable Core-Periphery Model. *The Journal of Economic Geography*, 2003, 3 (3): 229 – 240.

[52] Fujita M. and Hamaguchi N. Intermediate Goods and the Spatial Structure of an Economy. *Regional Science and Urban Economics*, 31 (1): 79 – 109.

[53] Fujita M. and Hu D. Regional Disparity in China 1985 – 1994: The Effects of Globalization and Economic Liberalization. *The Annals of Regional Science*, 2001, 35 (1): 3 – 37.

[54] Fujita M., Krugman P. R. and Venables A. J. *The Spatial Economy: Cities, Regions and International Trade*, Cambridge, MA: MIT Press. 1999.

[55] Fujita M., Mori T., Henderson J. V. and Kanemoto Y. Spatial Distribution of Economic Activities in Japan and China. *Handbook of Regional and Urban Economics*, Vol. 4, Amsterdam: North-Holland, 2004: 2911 – 2977.

[56] Fujita M. and Ogawa H. Multiple Equilibria and Structural Transition of Non-monocentric Urban Configurations. *Regional Science and Urban Economics*, 1982, 12 (2): 161 – 196.

[57] Fujita M. and Thisse J. F. *Economics of Agglomeration: Cities, Industrial Location, and Regional Growth*, 1st ed., Cambridge, UK: Cambridge University Press. 2002.

[58] Fujita, M. and Mori, T. Frontiers of the New Economic Geography. *Papers in Regional Science*, 2005, 84 (3): 377 – 405.

[59] Gabaix X. Zipf's Law and the Growth of Cities *The American Economics Review*, 1999, 89 (2): 129 – 132.

[60] Gereffi G. The Organization of Buyer-driven Global Commodity Chains: How U. S. Retailers Shape overseas Production Networks, in Gereffi G., Korzeniewicz M. (eds.) *Commodity Chains and Global Capitalism*, Westport, Conn.: Greenwood Press. 1994.

[61] Gereffi G. International Trade and Industrial Upgrading in the Apparel Commodity Chain. *The Journal of International Economics*, 1999, 48 (1): 37 – 70.

[62] Glaeser E. L. Learning in Cities. *The Journal of Urban Economics*, 1999, 46 (2): 254 – 277.

[63] Glaeser E. L., Kallal H. D., Scheinkman J. A. and Shleifer A. Growth in Cities. *The Journal of Political Economy*, 1992, 100 (6): 1126 – 1152.

[64] Glaeser E. L., Scheinkman J. A. and Shleifer A. Economic Growth in a Cross-section of Cities. *The Journal of Monetary Economics*, 1995, 36 (1): 117 – 143.

[65] Gottschalk P. and Smeeding T. M. Cross-National Comparisons of Earnings and Income Inequality. *Journal of Economic Literature*, 1997, 35 (2): 633 – 687.

[66] Griliches Zvi. Research Cost and Social Returns: Hybrid Corn and Related Innovations. *The Journal of Political Economy*, 1958, 66 (5): 419 – 431.

[67] Grossman G. M. and Helpman E. *Innovation and Growth in the Global Economy*, Cambridge, MA: MIT Press. 1991.

[68] Grossman G. M. and Helpman E. Integration versus Outsourcing in Industry Equilibrium. *The Quarterly Journal of Economics*, 2002, 117 (1): 85 – 120.

[69] Grossman V. *Inequality, Economic Growth, and Technological Change-New Aspects in an Old Debate*. New York: Physical-Verlag, Heidelberg. 2001.

[70] Hallet M. Regional Specialisation and Concentration in the EU. *European*

Economy-Economic Papers, No. 141. 2000.

［71］Hanson G. Industry Agglomeration and Trade in Mexico, Cambridge, MA: MIT Ph. D. thesis. 1992.

［72］Harris C. D. The Market as a Factor in the Localization of Production. *Annals of the Association of American Geographers*, 1954, 44: 315 – 348.

［73］He C. and Zhu S. Economic Transition and Regional Industrial Restructure in China: Structural Convergence or Divergence? *Post-Communist Economies*, 2007, 19 (3): 321 – 346.

［74］Heckscher E. F. The Effect of Foreign Trade on the Distribution of Income. *Ekonomisk Tidskrift*. 1919.

［75］Helpman E. and Krugman P. R. *Market Structure and Foreign Trade: Increasing Returns, Imperfect Competition, and the International Economy*, Cambridge, MA: MIT Press. 1985.

［76］Helpman, E. The size of Regions. The Foerder Institue for Economic Research, Working Paper. 1998.

［77］Helsley R. W. and Strange W. C. Matching and Agglomeration Economies in a System of Cities. *Regional Science and Urban Economics*, 1990, 20 (2): 189 – 212.

［78］Henderson J. V. The Sizes and Types of Cities, *The American Economic Review*, 1974, 64 (4): 640 – 656.

［79］Henderson J. V. *Urban Development: Theory, Fact, and Illusion*, New York: Oxford Univ. Press. 1988.

［80］Henderson J. V. Externalities and Industrial Development. *The Journal of Urban Economics*, 1997, 42 (3): 449 – 470.

［81］Henderson J. V. Marshall's Economies, *NBER Working Paper*, No. 7358. 1999.

［82］Henderson J. V. Urbanization in Developing Countries. *World Bank Research Observer*, 2002, 17 (1): 89 – 112.

［83］Henderson J. V., Lee T. and Lee Y. J. Scale Externalities in Korea. *The Journal of Urban Economics*, 2001, 49 (3): 479 – 504.

［84］Hirschman A. O. *The Strategy of Economic Development*, New Haven: Yale University Press. 1958.

［85］Hoover E. M. *The Location of Economic Activity*, New York: McGraw Hill. 1948.

［86］ Hotelling H. Stability in Competition. *The Economic Journal*, 1929, 39 (153): 41 – 57.

［87］ Hu A. and Wang H. Changes in China's Regional Disparities. *The Washington Center for China Studies Papers*, 1996, 6 (9).

［88］ Hu D. Trade, Rural-Urban Migration, and Regional Income Disparity in Developing Countries: A Spatial General Equilibrium Model Inspired by the Case of China. *Regional Science and Urban Economics*, 2002, 32 (3): 311 – 338.

［89］ Imbs J. and Wacziarg R. Stages of Diversification. *The American Economics Review*, 2003, 93 (1): 63 – 86.

［90］ Isard W. *Location and Space-economy*, New York: Wiley. 1956.

［91］ Jacobs, J. 1969. The Economy of Cities. New York: Random House.

［92］ Jian T., Sachs J. D. and Warner A. Trends in Regional Inequality in China. *China Economic Review*, 1996, 7 (1): 1 – 21.

［93］ Jin H., Qian Y. and Weingast B. Regional Decentralization and Fiscal Incentives: Federalism, Chinese Style. *The Journal of Public Economics*, 2005, 89: 1719 – 1742.

［94］ Jovanovic B. and Rob R. The Growth and Diffusion of Knowledge. *Review of Economic Studies*, 1989, 56 (4): 569 – 582.

［95］ Kanbur R. and Zhang X. Fifty Years of Regional Inequality in China: A Journey Through Central Planning, Reform and Openness. *Review of Development Economics*, 2005, 9 (1): 87 – 106.

［96］ Keller W. Geographic Localization of International Technology Diffusion. *NBER Working Paper*, No. 7509. 2000.

［97］ Kim S. Expansion of Markets and the Geographic Distribution of Economic Activities: the Trends in US Regional Manufacturing Structure, 1860 – 1987. *The Quarterly Journal of Economics*, 1995, 110 (4): 881 – 908.

［98］ Kim S. Economic Integration and Convergence: U. S. Regions, 1840 – 1987. *NBER Working Paper*, No. 6335. 1998.

［99］ Kim S. Spatial Inequality and Economic Development: Theories, Facts, and Policies. *Commision on Growth and Development Working Paper*, No. 16. 2008.

［100］ Krugman P. R. Increasing Returns, Monopolistic Competition, and International Trade. *The Journal of International Economics*, 1979, 9 (4): 469 – 479.

［101］ Krugman P. R. Scale economies, Product Differentiation, and the Pattern of Trade. *The American Economic Review*, 1980, 70 (5): 950 – 959.

[102] Krugman P. R. *Geography and Trade*, Cambridge, MA: MIT Press. 1991a.

[103] Krugman P. R. Increasing Returns and Economic Geography. *The Journal of Political Economy*, 1991b, 99 (3): 484 – 499.

[104] Krugman P. R. First Nature, Second Nature, and Metropolitan Location. *The Journal of Regional Science*, 1993, 33 (2): 129 – 144.

[105] Krugman P. R. What's New about the New Economic Geography? . *Oxford Review of Economic Policy*, 1998, 14 (2): 7 – 17.

[106] Krugman P. R. and Livas E. R. Trade Policy and the Third World Metropolis. *The Journal of Development Economics*, 1996, 49 (1): 137 – 150.

[107] Krugman P. R. and Venables A. J. Lobalization and the Inequality of Nations. *The Quarterly Journal of Economics*, 1995, 110 (4): 857 – 880.

[108] Krugman, P. What's New about the New Economic Geography? *Oxford Review of Economic Policy*, 1998, 14 (2): 7 – 17.

[109] Kuznets S. Economic Growth and Income Inequality. *The American Economic Review*, 1955, 45 (1): 1 – 28.

[110] Kuznets S. *Modern Economic Growth: Rate, Structure and Spread*, New Haven: Yale University Press. 1966.

[111] Lalkaka, R. Business Incubators as a Means to Small Enterprise Creation and Growth. *International Small Business Congress*, 1994: 311 – 325.

[112] Lardy N. R. *Agriculture in China's Modern Economic Development*, Cambridge UK: Cambridge University Press. 1983.

[113] Lewis W. A. Economic Development with Unlimited Supplies of Labour. *The Manchester School*, 1954, 22 (2): 139 – 191.

[114] Lösch A. , Woglom W. H. and Stolper W. F. (trans.) *The Economics of Location*, New Haven: Yale University Press. 1954.

[115] Lucas R. E. Jr. On the Mechanics of Economic Development. *Journal of Monetary Economics*, 1988, 22 (1): 3 – 42.

[116] Lucas R. E. Jr. and Rossi-Hansberg E. On the Internal Structure of Cities. *Econometrica*, 2002, 70 (4): 1445 – 1476.

[117] Lyons T. P. Interprovincial Disparities in China: Output and Consumption, 1952 – 1987. *Economic Development and Cultural Change*, 1991, 39 (3): 471 – 506.

[118] March J. G. and Simon H. A. *Organizations*, New York: John Wiley &

Sons, Inc. 1958.

[119] Marshall A. Principles of Economics, 8th ed. London: Macmillan and Co. 1920.

[120] Martin P. and Ottaviano. Growing Locations: Industry Location in a Model of Endogenous Growth. *European Economic Review*, 1999, 43: 281 – 302.

[121] Martin P. and Rogers C. A. Industrial Location and Public Infrastructure. *The Journal of International Economics*, 1995, 39 (3 – 4): 335 – 351.

[122] Maurel F. and Sédillot B. A Measure of the Geographic Concentration in French Manufacturing Industries. *Regional Science and Urban Economics*, 1999, 29 (5): 575 – 604.

[123] Midelfart-Knarvik K. H., Overman H. G., Redding S. J. and Venables A. J. The Location of European Industry. *Report prepared for the Directorate General for Economic and Financial Affairs*, European Commission. 2000.

[124] Moretti E. Human Capital Externalities in Cities, in Henderson V. and Thisse J. F. (eds.) *Handbook of Regional and Urban Economics*, Vol. 4, Amsterdam: North Holland, 2004: 2243 – 2291.

[125] Moses L. N. Location and the Theory of Production. *The Quarterly Journal of Economics*, 1958, 72 (2): 259 – 272.

[126] Murata Y. Rural-urban Interdependence and Industrialization. *The Journal of Development Economics*, 2002, 68 (1): 1 – 34.

[127] Murata Y. A Simple Model of Economic Geography à la Helpman-Tabuchi. *The Journal of Urban Economics*, 2005, 58 (1): 137 – 155.

[128] Murata Y. Engel's Law, Petty's Law, and Agglomeration. *The Journal of Development Economics*, 2008, 87 (1): 161 – 177.

[129] Myrdal G. Economic Theory and Underdeveloped Regions, London: G. Duckworth & Co. 1959.

[130] Naughton B. How Much can Regional Integration Do to Unify China's Markets?. *Conference on Policy Reform in China*, Center for Research on Economic Development and Policy Research, Stanford University, November 18 – 20. 1999.

[131] Ohlin B. *Interregional and International Trade*, Cambridge, MA: Harvard University Press. 1935.

[132] Ottaviano G. I. P. *Monopolistic Competition, Trade, and Endogenous Spatial Fluctuations*, London: CEPR. 1996.

[133] Pflüger, M. and Tabuchi, T. The size of regions with land use for produc-

tion. *Regional Science and Urban Economics*, 2010, 40 (6): 481 – 489.

[134] Poncet S. Domestic Market Fragmentation and Economic Growth in China. *ERSA (European Regional Science Association) conference papers*, ersa 03 p117. 2003.

[135] Porter M. E. *The Competitive Advantage of Nations*, New York: Free Press. 1990.

[136] Porter M. E. *Clusters and the New Economics of Competition*, MA: Harvard Business Review. 1998.

[137] Prud'homme R. Infrastructure and Development. *Paper Prepare for the Annual Bank Conference on Development Economics*. 2004.

[138] Puga D. and Venables A. J. The Spread of Industry: Spatial Agglomeration in Economic Development. *The Journal of the Japanese and International Economies*, 1996, 10 (4): 440 – 464.

[139] Quigley J. M. Urban Diversity and Economic Growth. *The Journal of Economic Perspectives*, 1998, 12 (2): 127 – 138.

[140] Raiser M. Subsidizing Inequality: Economic Reforms, Fiscal Transfers and Convergence Across Chinese Provinces. *The Journal of Development Studies*, 1998, 34 (3): 1 – 26.

[141] Ray D. *Development Economics*, Princeton, NJ: Princeton University Press. 1998.

[142] Ricardo D. *Principles of Political Economy and Taxation*, London: J. Murray. 1817.

[143] Richardson H. W. Economies and Diseconomies of Agglomeration, in Giersch H (eds.). *Urban Agglomeration and Economic Growth*, Berlin: Springer. 1995.

[144] Robinson J. V. *The Economics of Imperfect Competition*, 2nd ed., London: Macmillan. 1969.

[145] Romer P. M. Increasing Returns and Long-Run Growth. *The Journal of Political Economy*, 1986, 94 (5): 1002 – 1037.

[146] Rosen K. T. and Resnick M. The Size Distribution of Cities: An Examination of the Pareto Law and Primacy. *The Journal of Urban Economics*, 1980, 8 (2): 165 – 186.

[147] Rosenthal S. S. and Strange W. C. Geography, Industrial Organization, and Agglomeration. *The Review of Economics and Statistics*, 2003, 85 (2): 377 – 393.

[148] Rosenthal S. S. and Strange W. C. Evidence on the Nature and Sources of Agglomeration Economies, in Henderson V. and Thisse J. F. (eds.). *Handbook of Regional and Urban Economics*, Vol. 4, Amsterdam: North Holland, 2004: 2119 – 2171.

[149] Rossi-Hansberg E. A Spatial Theory of Trade. *The American Economic Review*, 2005, 95 (5): 1464 – 1491.

[150] Samuelson P. A. The Transfer Problem and Transport Costs, II: Analysis of Effects of Trade Impediments. *The Economic Journal*, 1954, 64 (254): 264 – 289.

[151] Saxenian A. L. *Regional Advantage: Culture and Competition in Silicon Valley and Route* 128, Cambridge, MA: Harvard University Press. 1994.

[152] Schmitz H. and Knorringa P. Learning from Global Buyers. *The Journal of Development Studies*, 2000, 37 (2): 177 – 205.

[153] Scitovsky T. Two Concepts of External Economies. *The Journal of Political Economy*, 1954, 62 (2): 143 – 151.

[154] Solow R. M. A Contribution to the Theory of Economic Growth. *The Quarterly Journal of Economics*, 1956, 70 (1): 65 – 94.

[155] Stigler G. J. The Division of Labor is Limited by the Extent of the Market. *The Journal of Political Economy*, 1951, 59 (3): 185 – 193.

[156] Stiglitz J. E. and Yusuf S. *Rethinking the East Asian Miracle*, Oxford: Oxford University Press. 2002.

[157] Sun H. *Foreign Investment and Economic Development in China: 1979 – 1996*, Aldershot UK: Ashgate. 1998.

[158] Sung Y. W., Liu P. W., Wong Y. C. R. and Lau P. K. *The Fifth Dragon: The Emergence of the Pearl River Delta*, Singapore: Addison Wesley Publishing Co. 1995.

[159] Tao Z. and Wong Y. C. R. Hong Kong: From An Industrialized City To A Center of Manufacturing-Related Services. *Urban Studies*, 2002, 39 (12): 2345 – 2358.

[160] Thisse J. F. and Beguin H. Location Theory and Transportation Costs. *Regional Science and Urban Economics*, 1982, 12 (4): 529 – 545.

[161] Thun E. Keeping up with the Jones: Decentralization. *Policy Imitation and Industrial Development in China*, 2004, 98: 507 – 524.

[162] Thünen, Jvon *The Isolated State*, English ed., London: Pergamon

Press. 1826.

［163］Tibout C. A Pure Theory of Local Expenditures. *The Journal of Political Economy*, 1956, 64 (5): 416-424.

［164］Tinbergen J. *Centralization and Decentralization in Economic Policy*, Amsterdam: North Holland. 1954.

［165］Traistaru I., Nijkamp P. and Longhi S. Economic Integration, Specialization of Regions and Concentration of Industries in EU Accession Countries, in I. Traistaru, P. Nijkamp and L. Resmini (eds.). *The Emerging Economic Geography in EU Accession Countries*, Ashgate Publishing, Aldershot, 2003: 331-371.

［166］Tuan C. and Ng L. F. Y. Manufacturing Evolution under Passive Industrial Policy and Cross-border Operations in China: The Case of Hong Kong. *The Journal of Asian Economics*, 1995a, 6 (1): 71-88.

［167］Tuan C. and Ng L. F. Y. Hong Kong's Outward Investment and Regional Economic Integration with Guangdong: Process and Implications. *The Journal of Asian Economics*, 1995b, 6 (3): 385-405.

［168］Venables A. J. Geography and Specialisation: Industrial Belts on a Circular Plain, in Baldwin R., Cohen D., Sapir A., Venables A. J. (eds.). *Market Integration, Regionalism and the Global Economy*, Cambridge UK: Cambridge University Press. 1999.

［169］Vogel E. F. *One Step ahead in China: Guangdong under Reform*, Cambridge MA: Harvard University Press. 1989.

［170］Weber A. *Theory of the Location of Industries*, Chicago: University of Chicago Press. 1929.

［171］Wei S. J., W. Y. Globalization and Inequality: Evidence from Within China. *NBER Working Paper*, No. 8611. 2001.

［172］Wei Y. D. *Regional Development in China: States, Globalization and Inequality*, New York: Routledge Press. 2000.

［173］Williamson J. G. Regional Inequality and the Process of National Development: A Description of the Patterns. *Economic Development and Cultural Change*, 1965, 13 (4) Part 2: 1-84.

［174］Young A. The Razor's Edge: Distortions and Incremental Reform in the People's Republic of China. *The Quarterly Journal of Economics*, 2000, 115 (4): 1091-1135.

［175］Zhang X. and Zhang K. H. How Does Globalisation Affect Regional Inequality within A Developing Country? Evidence from China. *The Journal of Development Studies*, 2003, 39 (4): 47 – 67.

中文部分

[1] 白重恩、杜颖娟、陶志刚、仝月婷:《地方保护主义及产业地区集中度的决定因素和变动趋势》,载《经济研究》2004 年第 4 期,第 29~40 页。

[2] 薄一波:《若干重大决策与事件的回顾》(上卷),中共中央党校出版社 1991 年版。

[3] 蔡昉、都阳:《中国地区经济增长的趋同与差异——对西部开发战略的启示》,载《经济研究》2000 年第 10 期,第 30~37、80 页。

[4] 蔡昉、王德文、都阳:《劳动力市场扭曲对区域差距的影响》,载《中国社会科学》2001 年第 2 期,第 4~14、204 页。

[5] 蔡昉、王美艳、曲玥:《中国工业重新配置与劳动力流动趋势》,载《中国工业经济》2009 年第 8 期,第 5~16 页。

[6] 曹正汉、史晋川:《中国地方政府应对市场化改革的策略:抓住经济发展的主动权——理论假说与案例研究》,载《社会学研究》2009 年第 4 期,第 1~27、243 页。

[7] 查志强:《长江三角洲台资 IT 产业集群研究》,载《国际贸易问题》2003 年第 3 期,第 57~61 页。

[8] 陈栋生:《东西互动、产业转移是实现区域协调发展的重要途径》,载《中国金融》2008 年第 4 期,第 20~21 页。

[9] 陈良文、杨开忠:《地区专业化、产业集中与经济集聚——对我国制造业的实证分析》,载《经济地理》2006 年第 S1 期,第 72~75 页。

[10] 陈秀山、徐瑛:《中国区域差距影响因素的实证研究》,载《中国社会科学》2004 年第 5 期,第 117~129、207 页。

[11] 仇保兴:《小企业集群研究》,复旦大学出版社 1999 年版。

[12] 单豪杰:《中国资本存量 K 的再估算:1952~2006 年》,载《数量经济技术经济研究》2008 年,第 17~31 页。

[13] 邓翔、路征:《欧盟区域差距演变的历史测度》,载《国际经贸探索》2009 年第 2 期,第 67~71 页。

[14] 邓小平:《邓小平文选》(第 3 卷),人民出版社 1991 年版。

[15] 丁励松主编:《粤港经济合作新阶段》,广东人民出版社 1991 年版。

[16] 杜传忠:《市场集中与空间集聚:现代产业组织演进的两条基本路径》,载《中国工业经济》2009 年第 7 期,第 142~151 页。

[17] 杜渐:《汽车工业作为经济增长支柱产业的分析》,上海情报服务平台,2004-6-29,http://www.istis.sh.cn/list/list.aspx?id=516,最后访问时间:2010-2-10。

[18] 樊纲、王小鲁、张立文:《中国各地区市场化进程相对指数2000年报告》,载《经济研究资料》2001年第7期,第3~11页。

[19] 樊纲:《两种改革成本与两种改革方式》,载《经济研究》1993年第1期,第3~15页。

[20] 樊纲:《中国市场化指数:各地区市场化相对进程2006年报告》,经济科学出版社2007年版。

[21] 范剑勇、朱国林:《中国地区差距演变及其结构分解》,载《管理世界》2002年第7期,第37~44页。

[22] 范剑勇:《产业集聚与中国地区差距研究》,格致出版社2008年版。

[23] 范剑勇:《产业结构失衡、空间集聚与中国地区差距变化》,载《上海经济研究》2008年第2期,第3~13页。

[24] 范剑勇:《市场一体化、地区专业化与产业集聚趋势——兼谈对地区差距的影响》,载《中国社会科学》2004年第6期,第39~51、204~205页。

[25] 符正平:《中小企业集群生成机制研究》,中山大学出版社2004年版。

[26] 高崇慧、李清:《西部地区传统产业集群整合途径研究——以成都市家具产业集群为例》,载《时代经贸》2007年第7期,第112~113页。

[27] 葛赢:《产业集聚与对外贸易》,2004年第四届中国经济学年会会议论文。

[28] 工业化与城市化协调发展研究课题组:《工业化与城市化关系的经济学分析》,载《中国社会科学》2002年第2期,第44~55、206页。

[29] 郭克莎:《汽车产业对经济发展的带动作用》,载《财经问题研究》2001年第9期,第3~8页。

[30] 郭岚:《中国区域差异与区域经济协调发展研究》,四川出版集团巴蜀书社2008年版。

[31] 郭兆淮:《论所有制结构与缩小地区经济差距》,载《经济理论与经济管理》1999年第5期,第67~69页。

[32] 国家统计局:《中国统计年鉴》,中国统计出版社1999~2008年版。

[33] 国家统计局国民经济综合统计司:《新中国55年统计资料汇编》,经济科学出版社2005年版。

[34] 国务院发展中心课题组:《中国:加快结构调整,推进发展方式转变》,载张玉台编:《中国发展高层论坛2010——中国和世界经济:增长调整合

作》，人民出版社 2010 年版，第 241 页。

[35] 韩佳：《长江三角洲区域经济一体化发展研究》，华东师范大学 2008 年博士论文。

[36] 何晓星：《再论中国地方政府主导型市场经济》，载《中国工业经济》2005 年第 1 期，第 31~38 页。

[37] 何振良、林德民：《磁灶陶瓷》，厦门大学出版社 2005 年版。

[38] 贺灿飞、刘洋：《产业地理集中研究进展》，载《地理科学进展》2006 年第 2 期，第 59~69 页。

[39] 贺灿飞、谢秀珍：《中国制造业地理集中与省区专业化》，载《经济地理》2006 年第 2 期，第 212~222 页。

[40] 贺灿飞：《中国制造业地理集中与集聚》，科学出版社 2009 年版。

[41] 侯丽薇、谢赤：《我国成为全球家具制造中心的动力因素研究》，载《工业技术经济》2008 年第 10 期，总第 180 期，第 40~42 页。

[42] 胡汝银：《中国改革的政治经济学》，载盛洪主编：《中国的过渡经济学》，上海人民出版社 1992 年版。

[43] 胡向婷、张璐：《地方保护主义对地区产业结构的影响——理论与实证分析》，载《经济研究》2005 年第 2 期，第 102~112 页。

[44] 黄玖立、李坤望：《对外贸易、地方保护和中国的产业布局》，载《经济学季刊》2006 年第 3 期，第 733~760 页。

[45] 黄玖立：《对外贸易、地理优势与中国的地区差异》，中国经济出版社 2009 年版。

[46] 黄佩华：《21 世纪的中国能转变经济发展模式吗?》，载《比较》2005 年第 18 期，第 29~46 页。

[47] 黄世英：《地方政府法团主义和地方社会法团主义——中越陶瓷专业产品区的比较研究》中山大学 2005 年博士论文。

[48] 剑歌：《虎门服装发展简史》，载《南方企业家》2008 年 10 月 6 日，http://business.sohu.com/20081006/n259871907.shtml。

[49] 江小娟：《经济转轨时期的产业政策：对中国经验的实证分析与前景展望》，上海人民出版社 1996 年版。

[50]《江苏陶瓷》编辑部：《我国已成为世界陶瓷的生产和消费大国》，载《江苏陶瓷》2009 年第 6 期，第 40 页。

[51] 金煜、陈钊、陆铭：《中国的地区工业集聚：经济地理、新经济地理与经济政策》，载《经济研究》2006 年第 4 期，第 79~89 页。

[52] 李传志、张兵：《东莞 IT 产业现状与前景分析》，载《管理科学文摘》

2006a 年第 3 期, 第 14~15 页。

[53] 李传志、张兵:《广东东莞市 IT 产业特点分析》,载《科技管理研究》2006b 年第 3 期, 第 42~43 页。

[54] 李春儒、赵进、王建平、李枚、任冉齐、俞慈声:《北京市电子信息产业发展规划研究》,北京市电子科技情报研究所,北京市科委,1998 年北京市科技进步三等奖。(http://www.bjkw.gov.cn/n1143/n1240/n1465/n2216/n3710709/3719488.html)

[55] 李刘胜、朱晨波:《我国各省级行政区交通运输业发展状况及其与国民经济发展状况相关关系研究》,载《物流科技》2009 年第 6 期, 第 26~28 页。

[56] 梁琦:《产业集聚论》, 商务印书馆 2004 年版。

[57] 梁琦:《中国工业的区位基尼系数——兼论外商直接投资对制造业集聚的影响》,载《统计研究》2003 年第 9 期, 第 21~25 页。

[58] 梁琦:《中国制造业分工、地方专业化及其国际比较》,载《世界经济》2004 年第 12 期, 第 32~40 页。

[59] 林具:《从世界家具业角度来看中国家具业发展》,载《国际木业》2003 年第 1 期, 第 1~2 页。

[60] 林毅夫、蔡昉、李周:《中国的奇迹: 发展战略和经济改革》, 上海人民出版社 1994 年版。

[61] 林毅夫、蔡昉、李周:《中国经济转型时期的地区差距分析》,载《经济研究》1998 年第 6 期, 第 5~12 页。

[62] 林毅夫、刘明兴:《中国的经济增长收敛与收入分配》,载《世界经济》2003 年第 8 期, 第 3~14、80 页。

[63] 林毅夫、刘培林:《中国的经济发展战略与地区收入差距》,载《经济研究》2003 年第 3 期, 第 19~25、89 页。

[64] 刘富朝、袁锋、武友德:《区域分工与合作视角下区域产业同构问题及优化路径》,载《资源开发与市场》2010 年第 1 期, 第 28~31 页。

[65] 刘贵清:《日本城市群产业空间演化对中国城市群发展的借鉴》,载《当代经济研究》2006 年第 5 期, 第 40~43 页。

[66] 刘军、徐康宁:《产业聚集在工业化进程及空间演化中的作用》,载《中国工业经济》2008 年第 9 期, 第 37~45 页。

[67] 刘世锦主编:《中国产业集群发展报告 (2007~2008)》, 中国发展出版社 2008 年版。

[68] 刘夏明、魏英琪、李国平:《收敛还是发散?——中国区域经济发展争论的文献综述》,载《经济研究》2009 年第 7 期, 第 70~81 页。

[69] 刘志迎、丰志培、董晓燕：《中国轿车产业发展——基于产业组织理论的研究》，合肥工业大学出版社 2005 年版。

[70] 鲁凤、徐建华：《基于二阶段嵌套锡尔系数分解方法的中国区域经济差异研究》，载《地理科学》2005 年第 4 期，第 19~25 页。

[71] 陆大道、刘毅、樊杰：《我国区域政策实施效果与区域发展的基本态势》，载《地理学报》1999 年第 6 期，第 496~508 页。

[72] 陆铭、陈钊：《城市化、城市倾向的经济政策与城乡收入差距》，载《经济研究》2004 年第 6 期，第 50~58 页。

[73] 陆铭、陈钊：《分割市场的经济增长——为什么经济开放可能加剧地方保护?》，载《经济研究》2009 年第 3 期，第 42~52 页。

[74] 陆铭、陈钊：《中国区域经济发展中的市场整合与工业集聚》，上海人民出版社 2006 年版。

[75] 鹿燕：《全球价值链视角下的产业集聚升级研究——以 IT 产业集群为例》南京师范大学 2008 年硕士论文。

[76] 罗明忠：《集群——国外家具产业发展的经验与启示》，载《中国林业经济》2006 年第 11 期，第 53~56 页。

[77] 罗勇、曹丽莉：《中国制造业集聚程度变动趋势实证研究》，载《经济研究》2005 年第 8 期，第 106~115、127 页。

[78] 罗勇：《产业集聚、经济增长与区域差距：基于中国的实证》，中国社会科学出版社 2007 年版。

[79] 毛艳华：《CEPA 与香港经济结构转型研究》，载《中国软科学》2004 年第 6 期，第 106~111 页。

[80] 毛艳华：《珠三角产业集群成长与区域经济一体化》，载《学术研究》2009 年第 8 期，第 20~22 页。

[81] 毛艳华：《珠三角增长模式：特征、影响与转型》，载《广东社会科学》2009 年第 5 期，第 10~17 页。

[82] 苗壮：《制度变迁中的改革战略选择问题》，载《经济研究》1992 年第 10 期，第 72~80 页。

[83] 钱敏泽：《库兹涅茨倒"U"字形曲线假说的形成与拓展》，载《世界经济》2007 年第 9 期，第 56~63 页。

[84] 秦政强、张利凤：《全球价值链下嘉善家具产业集群治理结构的演变》，载《商场现代化》2008 年第 4 期，第 265~266 页。

[85] 秦政强：《全球价值链下温州家具产业集群发展研究》，载《经济论坛》2008 年第 9 期，第 22~25 页。

[86] 全毅：《经济全球化与中国沿海区域经济一体化》，载《亚太经济》2009年第5期，第75~79页。

[87] 上海市信息委：《信息产业：从新兴工业到"第一支柱"》，载《解放日报》，2008年12月5日，02版。

[88] 沈坤荣、马俊：《中国经济增长的"俱乐部收敛"特征及其成因研究》，载《经济研究》2002年第1期，第39、94~95页。

[89] 盛洪：《市场化的条件、限度和形式》，载《经济研究》1992年第11期，第71~79页。

[90] 盛洪：《寻求改革的稳定形式》，载《经济研究》1991年第1期，第36~43、35页。

[91] 世界银行，毛晓威等译：《1994年世界发展报告：为发展提供基础设施》，中国财政经济出版社1995年版。

[92] 世界银行，蔡秋生等译：《1996年世界发展报告：变革世界中的政府》，中国财政经济出版社1997年版。

[93] 世界银行：《2009年世界银行报告重塑世界经济地理》，胡光宇等译，清华大学出版社2009年版。

[94] 四川日报：《夹江县陶瓷产业集群发展之路》，载《四川日报》2009年7月20日，经济新闻·专刊（06版）。

[95] 宋霞：《美国硅谷开发史》，载何顺果主编：《比较开发史》，世界图书出版公司2002年版。

[96] 孙洛平、孙海琳：《产业集聚的交易费用理论》，中国社会科学出版社2004年版。

[97] 孙洛平：《我国传统产业集聚对区域经济发展的影响》，载《学术研究》2008年第6期，第85~87页。

[98] 覃成林：《中国区域经济差异研究》，中国经济出版社1997年版。

[99] 覃艳华、马争、梁士伦：《长三角一体化合作协调机制及其对珠三角的启示》，载《宏观经济管理》2009年第5期，第45~47页。

[100] 万广华：《中国农村区域间居民收入差异及其变化的实证分析》，载《经济研究》1998年第5期，第37~42、50页。

[101] 王缉慈：《创新的空间》，北京大学出版社2001年版。

[102] 王珺：《产业集群中的地方技术组织行为研究》，载《中山大学学报》（社会科学版），2005年第4期，第110~116、143页。

[103] 王珺：《集群成长与区域发展》，经济科学出版社2004年版。

[104] 王珺：《社会资本与生产方式对集群演进的影响——一个关于企业

集群的分类与演进框架的讨论与应用》，载《社会学研究》2004年第5期，第37~47页。

[105] 王珺：《衍生型集群：珠江三角洲西岸地区产业集群生成机制研究》，载《管理世界》2005年第8期，第80~86页。

[106] 王珺：《制造业适应性调整与竞争力提升——对广东发展机械装备工业的战略性思考》，载《广东社会科学》2003年第2期，第56~61页。

[107] 王丽萍、李创、汤金勇：《世界纺织产业发展特征及发展动力机制研究》，载《国际纺织导报》2005第11期，第4、6~8、15页。

[108] 王绍光、胡鞍钢：《中国：不平衡发展的政治经济学》，中国计划出版社1999年版。

[109] 王小鲁、樊纲：《中国地区差距的变动趋势和影响因素》，载《经济研究》2004年第1期，第33~44页。

[110] 王晓燕、郑京淑：《浅析产业集群下的"苏州模式"》，载《经济与管理》2007年第4期，第23~28页。

[111] 王亚芬、肖晓飞、高铁梅：《我国收入分配差距及个人所得税调节作用的实证分析》，载《财贸经济》2007年第4期，第18~23、126、128页。

[112] 王峥、葛昭攀：《中国区域经济发展的多重均衡态与转变前兆》，载《中国社会科学》2002年第4期，第31~39、204页。

[113] 魏后凯、白玫、王业强：《中国区域经济的微观透析——企业迁移的视角》，经济管理出版社2010年版。

[114] 文玫：《中国工业在区域上的重新定位和聚集》，载《经济研究》2004年第2期，第84~94页。

[115] 吴传钧：《中国经济地理》，科学出版社1998年版。

[116] 吴敬琏：《当代中国经济改革》，上海远东出版社2004年版。

[117] 吴学花、杨蕙馨：《中国制造业产业集聚的实证研究》，载《中国工业经济》2004年第10期，第36~43页。

[118] 伍一聆：《台湾IT产业向长三角转移的分析》，厦门大学2007年硕士论文。

[119] 冼国明、文东伟：《FDI、地区专业化与产业集聚》，载《管理世界》2006年第12期，第18~31页。

[120] 肖仁浩：《论世界贸易组织主要成员IT产业发展模式及其对我国的启示》对外经济贸易大学2006年硕士论文。

[121] 徐康宁、冯春虎：《中国制造业地区性集中程度的实证研究》，载《东南大学学报》（哲学社会科学版），2003年第1期，第37~42页。

[122] 徐康宁、韩剑：《中国区域经济的"资源诅咒"效应：地区差距的另一种解释》，载《经济学家》2005年第6期，第97~103页。

[123] 徐康宁：《产业集聚形成的源泉》人民出版社2006年版。

[124] 徐维祥、唐根年、陈秀君：《产业集群与工业化、城镇化互动发展模式研究》，载《经济地理》2005年第6期，第868~872页。

[125] 徐现祥、舒元：《中国省区经济增长分布的演进（1978~1998）》，载《经济学（季刊）》2004年第2期，第619~638页。

[126] 许美琪：《中国家具产业的集聚和工业（园）区》，载《木材工业》2004年第1期，第9~11、19页。

[127] 许召元、李善同：《近年来中国地区差距的变化趋势》，载《经济研究》2006年第7期，第106~116页。

[128] 颜炳祥、任荣明：《中国汽车产业集聚程度及变动趋势的实证分析》，载《工业工程与管理》2007年第6期，第1~6页。

[129] 杨建梅、冯广森：《东莞台资IT企业集群产业结构剖析》，载《中国工业经济》2002年第8期，第45~50页。

[130] 姚莉：《区域经济一体化视角下的制度创新》，载《湖北社会科学》2009年第11期，第93页。

[131] 尹小勇：《东莞厚街家具产业集群形成过程和条件分析》，载《企业经济》2009年第7页、第114~116页。

[132] 尤齐钧：《珠三角家具业加速向外转移》，载《国际木业》2008年第11期，第29页。

[133] 袁丰、陈江龙、吴威、薛俊菲：《江苏省沿江开发区空间分工、制造业集聚与转移》，载《长江流域资源与环境》2009年第8期，第403~408页。

[134] 张吉鹏、吴桂英：《中国地区差距：度量与成因》，载《世界经济文汇》2004年第4期，第60~81页。

[135] 张军、高远、傅勇、张弘：《中国为什么拥有了良好的基础设施？》，载《经济研究》2007年第3期，第4~19页。

[136] 张军：《分权与增长：中国的故事》，载《经济学季刊》2007年第1期，第21~52页。

[137] 张可云：《中国地方经济发展政策：演变、现状与未来》，载Anwar S.，沈春丽编：《地方政府与地方财政建设》，中信出版社2005年版。

[138] 张慕、程建国：《中国地带差距与中西部开发》，清华大学出版社2000年版。

[139] 张仁开：《江浙沪产业集群协同创新的对策研究》，载《江南论坛》

2009 年第 8 期, 第 13~15、58 页。

[140] 张晏、夏纪军：《税收竞争理论评介——兼对我国地方政府减免税竞争行为的分析》, 载《经济学动态》2005 年第 2 期, 第 12~19 页。

[141] 张晏：《标尺竞争在中国存在吗？——对我国地方政府公共支出相关性的研究》, 载《中国社会主义市场经济研究中心工作论文》, 2005 年。

[142] 张晔、刘志彪：《产业趋同：地方官员行为的经济学分析》, 载《经济学家》2005 年第 6 期, 第 63~68 页。

[143] 赵连阁、胡颖莹：《对长三角产业同构问题的新认识》, 载《经济纵横》2007 年第 8 期, 第 60~63 页。

[144] 赵凌云：《1979~1991 年间中国区域经济格局变化、原因及其效应》, 载《中国经济史研究》2001 年第 2 期, 第 64~79 页。

[145] 赵人伟：《总结省域经济转型的有益探索——评方民生等著〈浙江制度变迁与发展轨迹〉一书》, 载《经济研究》2001 年第 2 期, 第 86~90 页。

[146] 支道隆：《核算全要素生产率》, 载《统计研究》1997 年第 3 期, 第 45~48 页。

[147] 中共中央文献研究室：《建国以来重要文献选编》第 11 册, 中央文献出版社 1995 年版。

[148] 中共中央文献研究室：《建国以来重要文献选编》第 6 册, 中央文献出版社 1993 年版。

[149] 钟运动：《山区经济发展的产业集群思考——南康市家具业兴起的一点启示》, 载《企业经济》2005 年第 2 期, 第 120~121 页。

[150] 周飞舟：《生财有道：土地开发和转让中的政府和农民》, 载《社会学研究》2007 年第 1 期, 第 49~82、243~244 页。

[151] 周黎安：《中国地方官员的晋升竞标赛模式研究》, 载《经济研究》2007 年第 7 期, 第 36~50 页。

[152] 周雪光、赵伟：《英文文献中的中国组织现象研究》, 载《社会学研究》2009 年第 6 期, 第 145~186、245~246 页。

[153] 周业安：《地方政府竞争与经济增长》, 载《中国人民大学学报》2003 年第 1 期, 第 97~103 页。

[154] 朱希伟、陶永亮：《经济集聚与区域协调》, 打印稿, 2011 年。

[155] 祖树武：《促进产业集群形成迎接家具业大发展》, 载《辽宁经济》2009 年第 6 期, 第 34 页。

[156] 陈金永、亨德森、崔启源（Kam Wing Chan, J. Vernon Henderson and Kai Yuen Tsui）：《中国经济发展的空间因素》, 载《伟大的中国经济转型》, 格

致出版社 2009 年版，第 665~703 页。

[157] H. B. 钱纳里著、吴奇等译：《工业化和经济增长的比较研究》，上海三联书店 1989 年版。

[158] 彼得·迪肯著，刘卫东等译：《全球转为——重塑 21 世纪的全球经济地图》，商务印书馆 2007 年版。

[159] 印德尔米特·吉尔、霍米·卡拉斯著，黄志强等译：《东亚复兴——关于经济增长的观点》，中信出版社 2008 年版。

[160] 简·雅各布斯著，项婷婷译：《城市经济》，中信出版社 2007 年版。

[161] 菲利普·麦卡恩著，李寿德、蒋录全译：《城市与区域经济学》，格致出版社 2010 年版。

[162] 庞赛特（Pocet, S.）：《中国市场正在走向"非一体化"——中国国内国际市场一体化程度的比较分析》，载《世界经济文汇》2002 年第 1 期，第 3~17 页。

[163] M. E. 波特著：《区位、集群与公司战略》，载《牛津经济地理学手册》，商务印出版社 2005 年版。

[164] 萨克斯著，邹光译：《贫穷的终结：我们时代的经济可能》，上海人民出版社 2007 年版。

[165] 江小涓：《体制转轨中的产业政策：对中国经验的实证分析及前景展望》，上海人民出版社、上海三联出版社 1996 年版。

[166] 魏后凯、刘楷、周民良、杨大利、胡武贤：《中国地区发展：经济增长、制度变迁与地区差异》，经济管理出版社 1997 年版。

后 记

　　产业集聚与地区经济不平衡是经济发展过程中两个重要的经济现象。虽然这两个重要的经济现象已经先后为学界所关注，就目前的研究来说，很少有文献能把二者较好整合在一个框架下来研究发展中国家的经济发展过程。在中国这样一个幅员辽阔、内部自然资源禀赋、地理、气候差异非常大的国家，产业集聚与区域差距伴随经济发展始终，并影响着整个国家的政策取向、发展方式和增长的绩效。改革开放30年来，中国经济平均每年保持了9.8%的增长速度，珠三角、长三角、环渤海地区先后发展成为中国乃至世界著名的制造业基地，产业集聚水平不断提升。同时，区域收入差距，特别是东、中、西部之间的收入水平差距也不断扩大，已经成为学者、普通百姓和政策制定者所关注的共同话题。"拉美陷阱"警示我们，在经济发展的过程中，处理好发展与公平的关系是如此重要，以至于与区域发展有关的任何政策都面临二者之间的权衡。如果说产业集聚会带来效率，区域协调则更多是着眼于公平。既然产业集聚与区域经济差距如影随形，那么如何处理二者之间的关系就是一个亟需回答的理论问题。

　　本课题的研究正是对这一问题长期思考的结果。在研究过程中，课题组先后到全国各地进行了实地调研，多次组织内部讨论，邀请国内外著名学者前来交流和研讨，在此基础上发表一系列高水平的阶段性成果。课题主持人王珺教授发表的《"中国制造"：特征、影响与升级》（《学术研究》2007年第12期）一文分析了我国深入参与国际分工对国内产业结构及区域发展的影响，并着重研究了我国制造业转型和升级的路径，该文被《新华文摘》（2008年第7期）全文转载。课题组成员王珺和岳芳敏在《管理世界》上发表《技术服务组织与集群企业技术创新能力的形成》一文通过案例研究，考察了产业集群中企业创新能力如何形成的问题，从理论上解释了在一个缺乏创新动机与能力的中小企业集群中，技术创新活动如何通过技术服务组织的有效性扶持得以发生的内在机理与过程，该文的主要观点被广东省有关部门采纳，也被张曙光教授主编的《中国制度变迁案例分析（广东卷）》所采用。课题组成员王珺和杨本建在《管理世界》上发表《企业所有权结构与产业集群的形成》一文，较早地把企业所有权与区域经济发展结合起来分析，为区域经济分析提供了新视角。课题组成员毛艳华的研究报告《关于推进深汕特别合作区体制机制创新的建议》分析了发达地区与落后地区合作发展的微观机制，先后获得中央政治局委员、广东省委书记汪洋同志、广东省人民政府副省长刘昆同志的两次批示，部分观点被广东"十二五"规划所吸收。这些成果不仅在理论上对中国的区域发展问题进行了一些新思考，提出了一些新观点，同时也对地区经济的发展政策产生了广泛的影响。

本课题的研究也获得相关机构和人士的大力支持和帮助，其中包括广东省委政策研究室、广东省发展研究中心，广东省《珠江三角洲改革和发展规划纲要》实施办公室，广东省农村工作领导小组办公室，广州市委政策研究室，东莞市委、市政府、东莞寮步、虎门、石碣、石龙、厚街、大朗、长安镇政府、东莞松山湖科技园管委会，佛山南海区政策研究室、中山大涌镇、南海西樵镇科技局、经贸局、北窖镇政府、禅城区陶瓷产业技术创新平台、阳江市政府、云浮新兴县政府、韶关市委政研室、河源市委政研室、汕尾市委政研室、深圳市发改局、经贸局、交通局、水利局、卫生局、惠州发改局、经贸局、交通局、卫生局、教育局、江西景德镇市政府、江苏省昆山市委政策研究室、昆山市清华科技园、苏州市委政策研究室、江阴县政府，包头市九原区政府，东莞光宝集团、东莞石龙京瓷光学有限公司、广东电子工业研究院、广东易事特电源股份有限公司、东莞冠越玩具有限公司、美的集团、东莞以纯集团、大连础明集团、吉林华正集团、南京雨润集团、重庆华牧集团、海南罗牛山科工贸集团、山东六合集团、包头神华煤化工集团、包头东方希望铝业集团海平面电石分公司。在本课题即将结题之际，课题组全体成员对课题研究顺利进行有过帮助的部门、机构、企业及人士表示衷心感谢。

我们关注的三十年不过是中国经济发展历史长河中的一段故事，即使是这三十年，中国产业的空间结构与区域经济发展也异彩纷呈，变化万千。透过纷繁复杂的现象去抓住事物的本质，不仅需要深厚的学术功底，同时也需要对这些现象进行长时间的跟进，以及去粗取精、去伪存真、由此及彼、由表及里的深入分析，要在短短四年完成这一过程，并非易事。虽然课题组每一个成员倾注了大量的心血，但由于我们的学识水平有限，本书也难免存在不足之处。我们欢迎广大同仁批评指正。

作者

2012年3月

教育部哲学社会科学研究重大课题攻关项目成果出版列表

书　名	首席专家
《马克思主义基础理论若干重大问题研究》	陈先达
《马克思主义理论学科体系建构与建设研究》	张雷声
《人文社会科学研究成果评价体系研究》	刘大椿
《中国工业化、城镇化进程中的农村土地问题研究》	曲福田
《东北老工业基地改造与振兴研究》	程　伟
《全面建设小康社会进程中的我国就业发展战略研究》	曾湘泉
《自主创新战略与国际竞争力研究》	吴贵生
《转轨经济中的反行政性垄断与促进竞争政策研究》	于良春
《中国现代服务经济理论与发展战略研究》	陈　宪
《当代中国人精神生活研究》	童世骏
《弘扬与培育民族精神研究》	杨叔子
《当代科学哲学的发展趋势》	郭贵春
《面向知识表示与推理的自然语言逻辑》	鞠实儿
《当代宗教冲突与对话研究》	张志刚
《马克思主义文艺理论中国化研究》	朱立元
《历史题材创新和改编中的重大问题研究》	童庆炳
《现代中西高校公共艺术教育比较研究》	曾繁仁
《楚地出土戰國簡冊［十四種］》	陳　偉
《中国市场经济发展研究》	刘　伟
《全球经济调整中的中国经济增长与宏观调控体系研究》	黄　达
《中国特大都市圈与世界制造业中心研究》	李廉水
《中国产业竞争力研究》	赵彦云
《东北老工业基地资源型城市发展接续产业问题研究》	宋冬林
《中国民营经济制度创新与发展》	李维安
《中国现代服务经济理论与发展战略研究》	陈　宪
《中国加入区域经济一体化研究》	黄卫平
《金融体制改革和货币问题研究》	王广谦
《人民币均衡汇率问题研究》	姜波克
《我国土地制度与社会经济协调发展研究》	黄祖辉

书　名	首席专家
《南水北调工程与中部地区经济社会可持续发展研究》	杨云彦
《产业集聚与区域经济协调发展研究》	王　珺
《我国民法典体系问题研究》	王利明
《中国司法制度的基础理论问题研究》	陈光中
《多元化纠纷解决机制与和谐社会的构建》	范　愉
《中国和平发展的重大国际法律问题研究》	曾令良
《中国法制现代化的理论与实践》	徐显明
《生活质量的指标构建与现状评价》	周长城
《中国公民人文素质研究》	石亚军
《城市化进程中的重大社会问题及其对策研究》	李　强
《中国农村与农民问题前沿研究》	徐　勇
《中国边疆治理研究》	周　平
《中国大众媒介的传播效果与公信力研究》	喻国明
《媒介素养：理念、认知、参与》	陆　晔
《创新型国家的知识信息服务体系研究》	胡昌平
《新闻传媒发展与建构和谐社会关系研究》	罗以澄
《教育投入、资源配置与人力资本收益》	闵维方
《创新人才与教育创新研究》	林崇德
《中国农村教育发展指标体系研究》	袁桂林
《高校思想政治理论课程建设研究》	顾海良
《网络思想政治教育研究》	张再兴
《高校招生考试制度改革研究》	刘海峰
《基础教育改革与中国教育学理论重建研究》	叶　澜
《公共财政框架下公共教育财政制度研究》	王善迈
《中国青少年心理健康素质调查研究》	沈德立
《处境不利儿童的心理发展现状与教育对策研究》	申继亮
《WTO主要成员贸易政策体系与对策研究》	张汉林
《中国和平发展的国际环境分析》	叶自成
*《马克思主义整体性研究》	逄锦聚
*《面向公共服务的电子政务管理体系研究》	孙宝文
*《西方文论中国化与中国文论建设》	王一川

书　名	首席专家
＊《中国抗战在世界反法西斯战争中的历史地位》	胡德坤
＊《近代中国的知识与制度转型》	桑　兵
＊《中国水资源的经济学思考》	伍新林
＊《转型时期消费需求升级与产业发展研究》	臧旭恒
＊《京津冀都市圈的崛起与中国经济发展》	周立群
＊《中国金融国际化中的风险防范与金融安全研究》	刘锡良
＊《中部崛起过程中的新型工业化研究》	陈晓红
＊《中国政治文明与宪法建设》	谢庆奎
＊《地方政府改革与深化行政管理体制改革研究》	沈荣华
＊《知识产权制度的变革与发展研究》	吴汉东
＊《中国能源安全若干法律与政府问题研究》	黄　进
＊《农村土地问题立法研究》	陈小君
＊《中国转型期的社会风险及公共危机管理研究》	丁烈云
＊《我国资源、环境、人口与经济承载能力研究》	邱　东
＊《产权理论比较与中国产权制度变革》	黄少安
＊《西部开发中的人口流动与族际交往研究》	马　戎
＊《中国独生子女问题研究》	风笑天
＊《当代大学生诚信制度建设及加加强大学生思想政治工作研究》	黄蓉生
＊《农民工子女问题研究》	袁振国
＊《边疆多民族地区构建社会主义和谐社会研究》	张先亮
＊《数字传播技术与媒体产业发展研究》	黄升民
＊《数字信息资源规划、管理与利用研究》	马费成
＊《非传统安全合作与中俄关系》	冯绍雷
＊《中国的中亚区域经济与能源合作战略研究》	安尼瓦尔·阿木提
＊《冷战时期美国重大外交政策研究》	沈志华

……

＊为即将出版图书